Glencoe French

Welcome to **GLENCOE FRENCH**, the *all new* program with a totally fresh and timely approach to the teaching of French at the junior high and high school levels.

With a focus on language in real-life contexts, **GLENCOE FRENCH** teaches French in a communicative manner, giving teens the skills to make friends and survive in the French-speaking world. The program utilizes many types of interactive and communicative activities and a *new* focus on interdisciplinary readings.

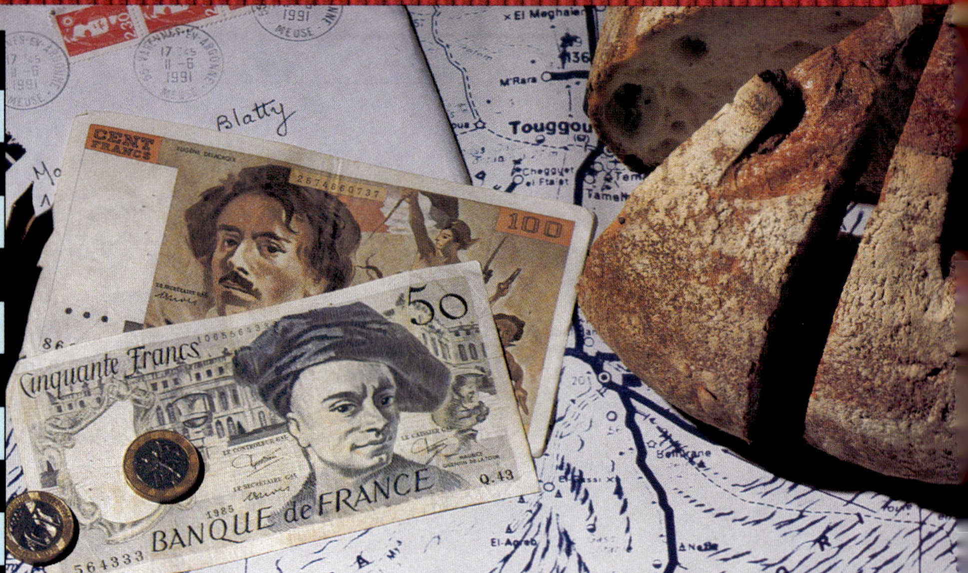

100
Cinquante Francs
50
BANQUE de FRANCE

ALL NEW DESIGN!

ALL NEW CONTENT!

ALL NEW ART!

ALL NEW PHOTOS!

ALL NEW REALIA!

OBJECTIVES FOR SUCCESS

Each colorful two-page chapter opener visually sets the scene for the chapter theme and lists survival skills the student can expect to master by the end of the chapter.

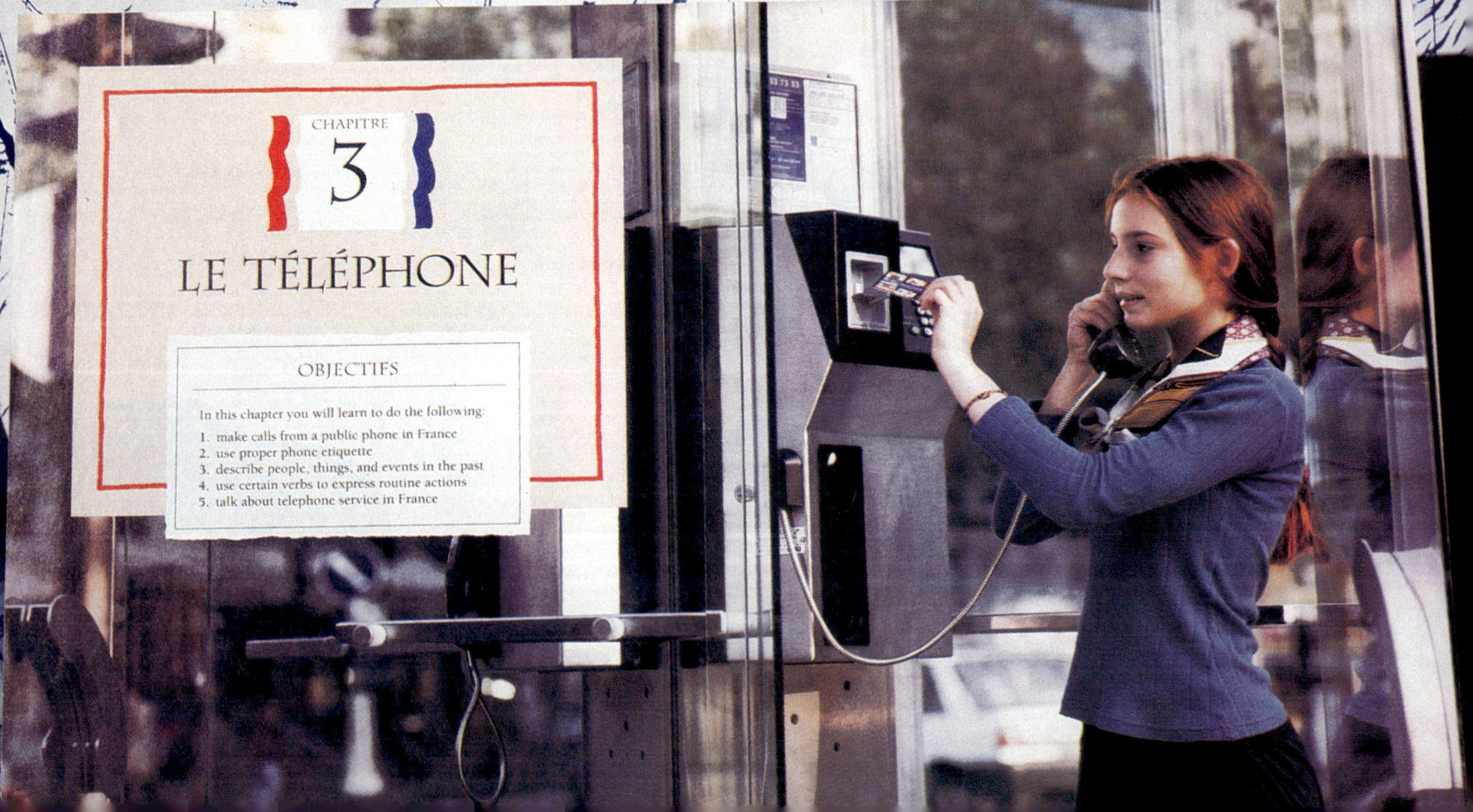

CHAPITRE
3
LE TÉLÉPHONE
OBJECTIFS
In this chapter you will learn to do the following:
1. make calls from a public phone in France
2. use proper phone etiquette
3. describe people, things, and events in the past
4. use certain verbs to express routine actions
5. talk about telephone service in France

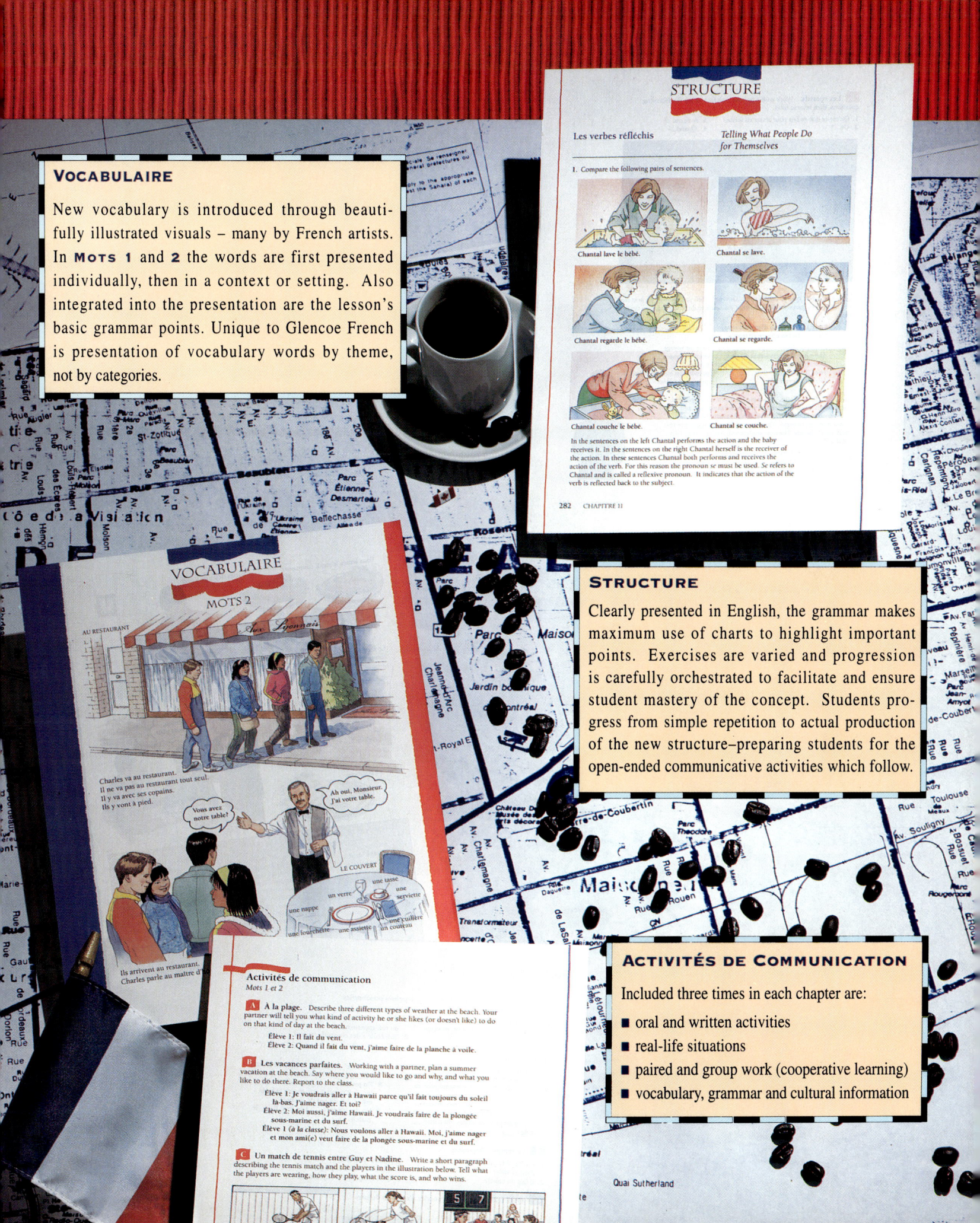

VOCABULAIRE

New vocabulary is introduced through beautifully illustrated visuals – many by French artists. In **MOTS 1** and **2** the words are first presented individually, then in a context or setting. Also integrated into the presentation are the lesson's basic grammar points. Unique to Glencoe French is presentation of vocabulary words by theme, not by categories.

STRUCTURE

Clearly presented in English, the grammar makes maximum use of charts to highlight important points. Exercises are varied and progression is carefully orchestrated to facilitate and ensure student mastery of the concept. Students progress from simple repetition to actual production of the new structure–preparing students for the open-ended communicative activities which follow.

ACTIVITÉS DE COMMUNICATION

Included three times in each chapter are:
- oral and written activities
- real-life situations
- paired and group work (cooperative learning)
- vocabulary, grammar and cultural information

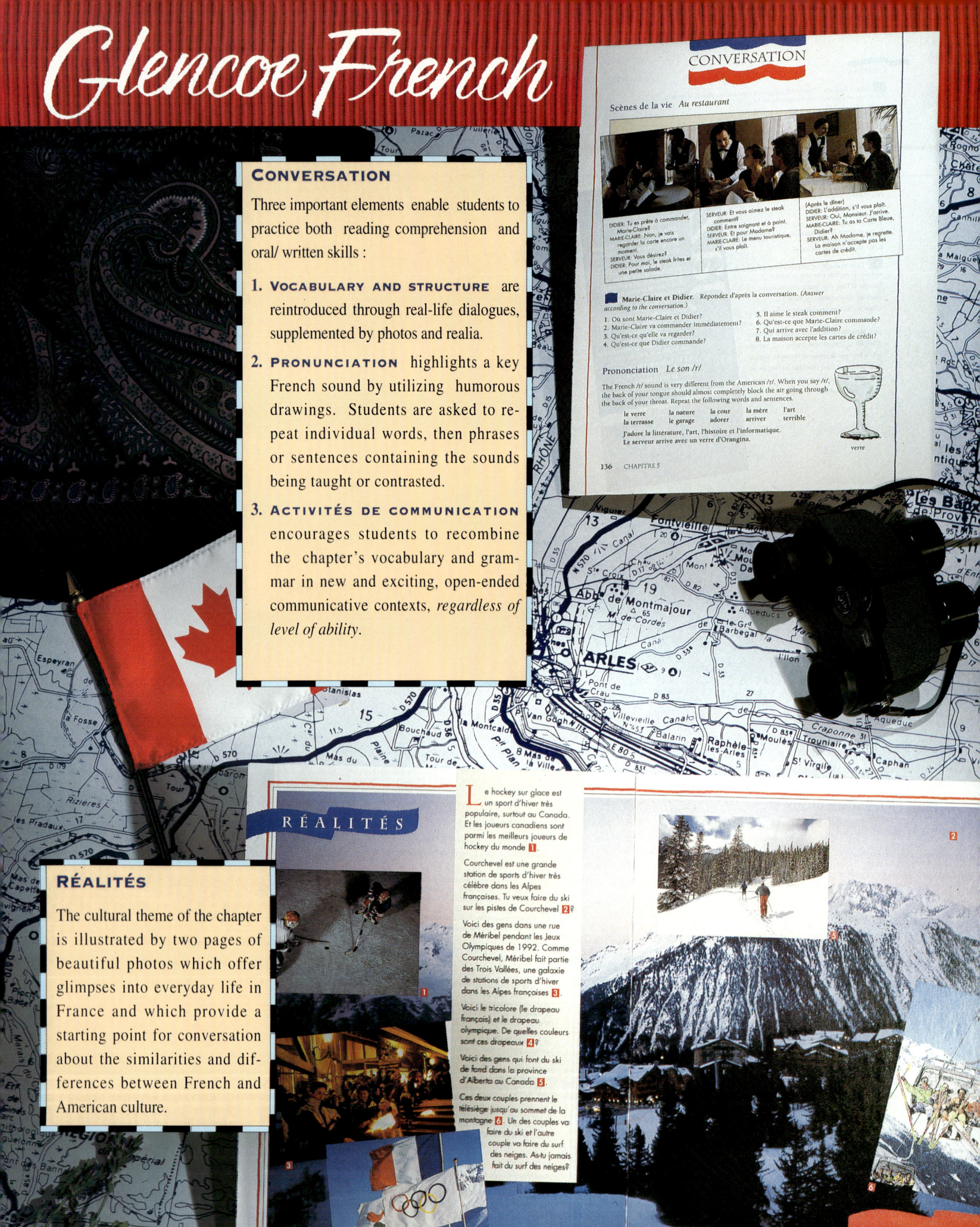

LETTRES ET SCIENCES

HISTOIRE: JOSÉPHINE ET NAPOLÉON

Avant la lecture
1. Martinique is one of the French West Indies. Read about Martinique at the time of the French Revolution and Napoleon.
2. Read about the prestigious career of Napoleon.

Lecture

Joséphine (Marie-Josèphe) Tascher de la Pagerie est née en 1763 à Trois-Ilets, à la Martinique, aux Antilles. En 1779, elle épouse Alexandre de Beauharnais. Ils vivront en France et auront deux enfants, Eugène et Hortense. Mais en 1789, c'est la Révolution, et les Beauharnais sont des aristocrates. En 1794, Alexandre de Beauharnais est guillotiné. Joséphine et ses enfants échappent à la mort².

En 1795, Joséphine rencontre Napoléon Bonaparte et elle l'épouse l'année suivante. Napoléon n'est que général, mais il a d'autres ambitions... Par le coup d'État du 18 brumaire An VII (9 novembre 1799), il prend le pouvoir³. En 1804, il se fait sacrer⁴ empereur des Français sous le nom de Napoléon I", et il sacre lui-même Joséphine, impératrice.

Pendant quelque temps, Joséphine est la femme de l'homme le plus puissant⁵ du monde. En effet, Napoléon a conquis l'Italie, l'Espagne, l'Égypte, les Pays-Bas et une grande partie de l'Europe centrale.

Prud'hon: «L'Impératrice Joséphine».

«Le Sacre», par Jacques-Louis David

«Bonaparte au Grand-Saint-Bernard», par David

Mais pour survivre, cet empire a besoin d'un héritier⁶, et malheureusement Joséphine ne peut plus avoir d'enfant. Alors, en 1809, malgré⁷ l'amour qu'il a encore pour sa femme, Napoléon la répudie pour se marier avec la fille de l'empereur d'Autriche. Joséphine se retire au château de La Malmaison que Napoléon avait acheté pour elle. Elle gardera toujours beaucoup d'influence sur Napoléon, avec qui elle correspondra jusqu'à sa mort, en 1814.

Quant à⁸ Napoléon, sa chance tourne⁹ en 1812, quand il envahit la Russie et doit battre en retraite. En 1814, battu par les coalitions européennes, il abdique. Il essaie de revenir en 1815, mais il est battu à Waterloo et envoyé en exil dans l'île de Sainte-Hélène, où il mourra en 1821.

¹ épouse marries
² échappent à la mort escape death
³ le pouvoir power
⁴ se fait sacrer has himself crowned
⁵ puissant powerful
⁶ un héritier heir
⁷ malgré in spite of
⁸ quant à as for
⁹ sa chance tourne his luck changes

Après la lecture

A Napoléon et Joséphine. Répondez aux questions.
1. Où est la Martinique?
2. Pourquoi Alexandre de Beauharnais a-t-il été guillotiné?
3. Qu'était Napoléon quand il a rencontré Joséphine?
4. En quelle année Napoléon devient-il empereur?
5. Combien d'années a-t-il été empereur?
6. Pourquoi Joséphine et Napoléon ont-ils divorcé?

B Napoléon après Joséphine. Napoléon s'est remarié. Faites des recherches, et écrivez la suite de l'histoire.

C Couples célèbres. Napoléon et Joséphine font partie des couples célèbres de l'Histoire. Pouvez-vous réunir les personnages suivants:

Roméo
Cléopâtre
Robin
Ferdinand
Marianne
Iseult
Juliette
Tristan
Isabelle
Marc Antoine

D Où est la vérité (truth)? L'Histoire de chaque pays interprète les évènements et les personnages historiques de façons différentes. L'image que se font les Américains de Napoléon vient des Anglais qui étaient ses ennemis. Racontez l'histoire de Napoléon «à l'anglaise», puis «à la française».

220 LETTRES ET SCIENCES

LETTRES ET SCIENCES 221

LETTRES ET SCIENCES

This optional section for independent student study contains readings, questions and activities in three main areas:

- Natural Sciences
- Social Sciences
- Arts and the Humanities

Loosely related to the chapters by theme, the topics present true French course material in simplified language.

CULMINATION

Each chapter review includes activities (oral or written) for further integration and evaluation of previously introduced language and cultural concepts. The **RÉINTRODUCTION ET RECOMBINAISON** section integrates the practice of newly learned structures with vocabulary and structure from previous chapters.

A number of valuable support materials are included in the comprehensive **GLENCOE FRENCH** series:

- **WRITING ACTIVITIES WORKBOOK AND STUDENT TAPE MANUAL** is a two-part workbook that offers:
  a. Additional writing practice to reinforce the vocabulary and grammatical structures in each chapter.
  b: Activity sheets students use when listening to the audio cassette recordings

- **COMMUNICATION ACTIVITIES MASTERS** provide a booklet of Blackline Masters that provide further opportunities for students to practice their communication skills in French.

- **TESTING PROGRAM** consists of three different types of tests, two of which are bound into the testing booklet on **BLACKLINE MASTERS**. The third type of test is available as part of the computer software component.
  - **DISCRETE POINT TESTS** measure student mastery of specific grammar and vocabulary items.
  - **PROFICIENCY TESTS** measure students' ability to apply vocabulary and grammar on a more global, whole-language level.
  - **COMPUTER SOFTWARE: PRACTICE AND TEST GENERATOR PROGRAM (IBM, MACINTOSH, APPLE)** gives teachers the option of simply printing out ready-made chapter tests, or customizing tests by selecting only certain items, and/or adding original test items.

- **CHAPTER QUIZZES** consist of short quizzes designed to help both students and teachers evaluate quickly how a specific vocabulary section or grammar topic has been mastered.

- **VOCABULARY TRANSPARENCIES** offer colorful visual cues to present and practice vocabulary along with situational visuals to stimulate classroom conversation.

- **VIDEO CASSETTE PROGRAM** captures the flavor of the cultural settings in the student text while reinforcing the functions and vocabulary chapter-by-chapter. The video is accompanied by a **VIDEO ACTIVITIES BOOKLET**.

GLENCOE
Macmillan/McGraw-Hill

ORDERING INFORMATION FOR GLENCOE FRENCH

	LEVEL 1	LEVEL 2	LEVEL 3
Student Edition(Parts A&B)............ISBN	0-02-636556-1	0-02-636587-1	0-02-636609-6
Teacher's Wraparound Edition........	0-02-636557-X	0-02-636588-X	0-02-636611-8
Writing Activities Workbook & Student Tape Manual...................	0-02-636558-8	0-02-636589-8	0-02-636612-6
Writing Activities Workbook, TAE	0-02-636559-6	0-02-636591-X	0-02-636613-4
Student Tape Manual, TE	0-02-636566-9	0-02-636597-9	
Situation Cards.................................	0-02-636571-5	0-02-636601-0	0-02-636617-7
Chapter Quizzes...............................	0-02-636568-5	0-02-636599-5	0-02-636614-2
Testing Program...............................	0-02-636561-8	0-02-636592-8	0-02-636615-0
Audio Cassette Program..................	0-02-636562-6	0-02-636593-6	0-02-636616-9
Video Cassette Program..................	0-02-636563-4	0-02-636594-4	
Video Activities Program................	0-02-636567-7	0-02-636598-7	
Overhead Transparencies.................	0-02-636564-2	0-02-636595-2	
Communication Activities Masters	0-02-636569-3	0-02-636602-9	
Classroom Resource Box.................	0-02-636573-1	0-02-636604-5	0-02-636618-5
Practice & Test Generator:			
IBM...	0-02-636584-7	0-02-636605-3	
Apple..	0-02-636585-5	0-02-636606-1	
Macintosh.....................................	0-02-636586-3	0-02-636607-X	

1. NORTHEAST REGION
GLENCOE
17 Riverside Drive
Nashua, NH 03062
603-880-4701
800-424-3451

2. MID-ATLANTIC REGION
GLENCOE
5 Terri Lane, Suite 5
Burlington, NJ 08016
609-386-7353
800-553-7515

3. ATLANTIC-SOUTHEAST REGION
GLENCOE
Brookside Park
One Harbison Way, Suite 101
Columbia, SC 29212
803-732-2365

4. SOUTHEAST REGION
GLENCOE
6510 Jimmy Carter Boulevard
Norcross, GA 30071
404-446-7493
800-982-3992

5. MID-AMERICA REGION
GLENCOE
4635 Hilton Corporate Drive
Columbus, OH 43232
614-759-6600
800-848-1567

6. MID-CONTINENT REGION
GLENCOE
846 East Algonquin Road
Schaumburg, IL 60173
708-397-8448
800-762-4876

7. SOUTHWEST REGION
GLENCOE
320 Westway Pl., Suite 550
Arlington, TX 76018
817-784-2100
800-828-5096

8. TEXAS REGION
GLENCOE
320 Westway Pl., Suite 550
Arlington, TX 76018
817-784-2100
800-828-5096

9. WESTERN REGION
GLENCOE
610 E. 42nd St., #102
Boise, ID 83714
208-378-4002
800-452-6126
Includes Alaska

10. CALIFORNIA REGION
GLENCOE
15319 Chatsworth Street
P.O. Box 9609
Mission Hills, CA 91346
818-898-1391
800-423-9534

For more information contact your nearest regional office or call 1-800-334-7344.

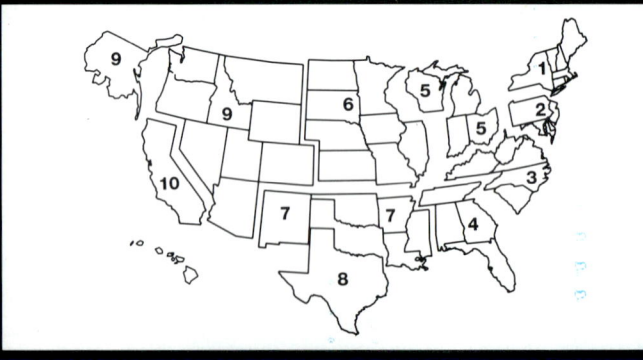

FOR CANADA
Maxwell Macmillan Canada
1200 Eglinton Ave., East, Suite 200
Don Mills, Ontario M3C 3N1
Telephone: 416-449-6030
Telex: 069-59372
Telefax: 416-449-0068

OVERSEAS AND HAWAII
Macmillan/McGraw-Hill International
866 Third Avenue
New York, N.Y. 10022-6299
Telephone: 212-702-3276
Telex: 225925 MACM UR
Telefax: 212-605-9377

GLENCOE CATHOLIC SCHOOL REGION
GLENCOE
25 Crescent Street, 1st floor
Stamford, CT 06906
203-964-9109
800-551-8766

FL 90831-0

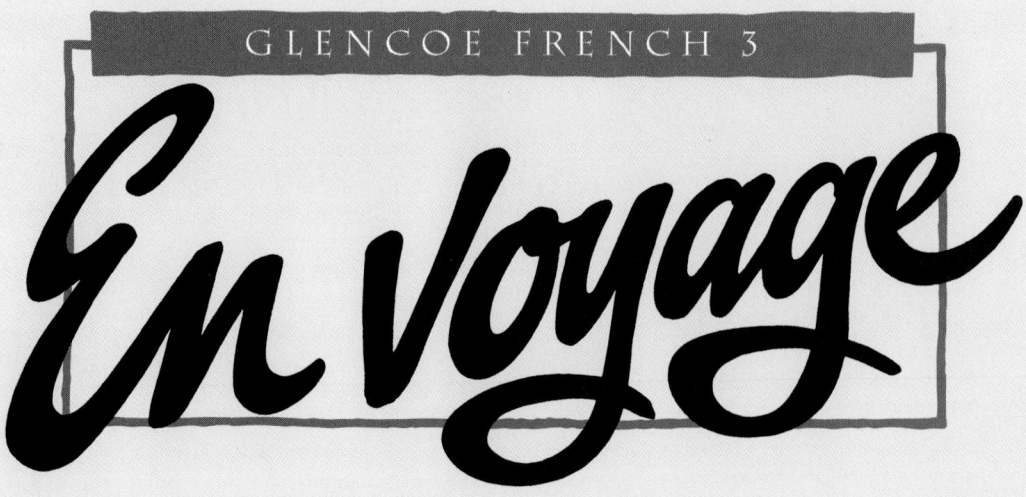

Conrad J. Schmitt

Katia Brillié Lutz

GLENCOE

Macmillan/McGraw-Hill

New York, New York   Columbus, Ohio   Mission Hills, California   Peoria, Illinois

Copyright © 1995 by the Glencoe Division of
Macmillan/McGraw-Hill School Publishing Company. All
rights reserved. Except as permitted under the United States
Copyright Act, no part of this publication may be reproduced
or distributed in any form or by any means, or stored in a
database or retrieval system, without prior permission of the
publisher.

Printed in the United States of America.

Send all inquiries to:
Glencoe Division, Macmillan/McGraw-Hill
15319 Chatsworth Street
P.O. Box 9609
Mission Hills, CA 91346-9609

ISBN 0-02-636611-8

1 2 3 4 5 6 7 8 9   RRW   99 98 97 96 95 94

CONTENTS

Introduction   T 5

Features and Benefits   T 6

Series Components   T 12

Organization of the Student Textbook   T 13

Suggestions for Teaching the Student Textbook   T 15

Organization of the Teacher's Wraparound Edition   T 21

Additional Ancillary Components   T 24

Cooperative Learning   T 26

Suggestions for Correcting Homework   T 29

Pacing   T 30

Difficulty Level   T 31

Additional French Resources   T 32

ABOUT THE AUTHORS

Conrad J. Schmitt

Conrad J. Schmitt received his B.A. degree magna cum laude from Montclair State College, Upper Montclair, NJ. He received his M.A. from Middlebury College, Middlebury, VT. He did additional graduate work at Seton Hall University and New York University.

Mr. Schmitt has taught French and Spanish at the elementary, junior, and senior high school levels. He was Coordinator of Foreign Languages for the Hackensack, New Jersey, Public Schools. He also taught French at Upsala College, East Orange, NJ; Spanish at Montclair State College; and Methods of Teaching a Foreign Language at the Graduate School of Education, Rutgers University, New Brunswick, NJ. He was editor-in-chief of Foreign Languages and Bilingual Education for McGraw-Hill Book Company and Director of English Language Materials for McGraw-Hill International Book Company.

Mr. Schmitt has authored or co-authored more than eighty books, all published by Glencoe, a Division of Macmillan/McGraw-Hill, or by McGraw-Hill. He has addressed teacher groups and given workshops in all states of the U.S. and has lectured and presented seminars throughout the Far East, Europe, Latin America, and Canada. In addition, Mr. Schmitt has travelled extensively throughout France, French-speaking Canada, North Africa, the French Antilles, and Haiti.

Katia Brillié Lutz

Ms. Lutz was Executive Editor of French at Macmillan Publishing Company. Prior to that, she taught French language and literature at Yale University and Southern Connecticut State College. Ms. Lutz also served as a senior editor at Harcourt Brace Jovanovich and Holt, Rinehart and Winston. She was a news translator and announcer for the BBC Overseas Language Services in London. Ms. Lutz has her *Baccalauréat* in Mathematics and Science from the Lycée Molière in Paris and her *Licence ès lettres* in Languages from the Sorbonne. She was a Fulbright Scholar at Mount Holyoke College. Ms. Lutz is the author of many foreign language textbooks at all levels of instruction. She presently devotes her time to teaching French at the United Nations and to writing.

INTRODUCTION

Welcome to **Glencoe French**, the junior high and high school French series from the Glencoe Division of Macmillan/McGraw-Hill School Publishing Company. Every element in this series has been designed to help you create an atmosphere of challenge, variety, cooperation and enjoyment for your students. From the moment you begin to use **Glencoe French**, you will notice that not only is it packed with exciting, practical materials and features designed to stimulate young people to work together towards language proficiency, but that it goes beyond by urging students to use their new skills in other areas of the curriculum.

Glencoe French uses an integrated approach to language learning: from the introduction of new material, through reinforcement, evaluation and review, its presentations, exercises, and activities are designed to span all four language skills. Another characteristic of this series is that students use and reinforce these new skills while developing a realistic, up-to-date awareness of French culture.

The Teacher's Wraparound Edition you are reading has been developed based on the advice of experienced foreign language educators throughout the United States in order to meet your needs as a teacher both in and out of the foreign language classroom. Here are some of the features and benefits which make **Glencoe French** a powerful set of teaching tools:

- random access format
- student-centered instruction
- balance among all four language skills
- contextualized vocabulary
- thorough, contextual presentation of grammar
- an integrated approach to culture

FEATURES AND BENEFITS

Random Access Format While we have taken every opportunity to use the latest in pedagogical developments in order to create a learning atmosphere of variety, vitality, communication, and challenge, we have also made every effort to make the **Glencoe French** series teacher-friendly. And this is where the flexibility, which is especially important to Level 3 teachers, comes in. For example, some third-year students need a great deal of grammar review. Other groups are ready to read unabridged literature. **Glencoe French 3** (*En voyage*) meets the needs of all third-year classes by providing a variety of materials in each chapter that can be taught independently of each other.

The Student Textbook and the Teacher's Wraparound Edition provide an instructional method that, if covered in its entirety, will provide a solid foundation of advanced French study for high-school students. Each chapter of the Student Textbook includes seven sections: *Culture, Conversation, Langage, Structure I, Journalisme, Structure II,* and *Littérature*. (The content of each section is described in detail on page T 13.) You may decide to cover all the sections in a chapter or to omit an entire section or sections. For example, *Structure I* typically recycles two or three grammar points from **Glencoe French 1** and **2**. However, if your class has an excellent background in these points, you may decide to skip them completely. You can cover only those points that you feel your students need to review. You may also decide to cover material in a different order from that in which it appears in a chapter. For example, you may wish to present communicative strategies from *Langage* at the beginning of a chapter, as a means of motivating students by allowing them to quickly participate in some of the chapter's real-life situations. Because the material in *En voyage* does not become progressively more difficult and there are easy and difficult sections in each chapter, plenty of room has been built in for you to be flexible. You can draw on your own education, experience, and personality in order to tailor a language program that is suitable and rewarding for the individual "chemistry" of each class.

In the Student Textbook, there is a marked difference between learning exercises (*Exercices*) and communication-based activities (*Activités*), both of which are provided in each section of each chapter. The former serve, as their name implies, as exercises for the acquisition and practice of new vocabulary and structures, while the latter are designed to get students communicating in open-ended contexts using the French they have learned. You can select the exercises and activities that best suit the needs of your students.

The Teacher's Wraparound Edition that accompanies *En voyage* contains an abundance of suggestions for techniques, strategies, additional practice, chapter projects, independent (homework) assignments, and informal assessment. In addition, the veritable banquet of resources available in the wide array of ancillary materials provided in the series is what makes **Glencoe French** truly flexible and teacher-friendly. They guarantee you a great pool of ideas and teaching tools from which to pick and choose in order to create an outstanding course.

Student-Centered Instruction Teaching a foreign language requires coping with different learning styles and special student needs. It requires the ability to capitalize on the great cultural and economic diversity present in many classrooms and to turn this diversity into an engine for learning by putting students together in goal-oriented groups. And it often requires effective techniques for managing large classes.

Glencoe French anticipates these requirements by offering ideas for setting up a cooperative-learning environment for students. Useful suggestions to this end accompany each chapter, under the heading Cooperative Learning, in the bottom margin of the Teacher's Wraparound Edition (TWE). Additional pair- and group-work activities are found in the Student Textbook (*Activités*), and under other headings such as Additional Practice and Paired Activities in the TWE.

Besides cooperative learning strategies, **Glencoe French** contains many other student-centered elements that allow students to expand their learning experiences. Here are a few examples: Suggestions are offered in the TWE for out-of-class projects on topics related to the chapter theme. The Audio Cassette Program allows students to work at their own pace. They may stop the tape whenever necessary to make directed changes in the language or to refer to their activity sheets in the Student Tape Manual. These and other features discussed elsewhere in this Teacher's Manual have been designed with the student in mind. They assure that each individual, regardless of learning style, previous preparation, background, or age, will have the necessary resources for becoming proficient in French.

Balance Among All Four Language Skills
Glencoe French provides a balanced focus on the listening, speaking, reading, and writing skills throughout all phases of instruction. And since it is "teacher-friendly," it gives you leeway if you wish to adjust the integration of these skills to the needs of a particular individual, group, or class. Several features of the series lend themselves to this: the overall flexibility of format, the abundance of suggested optional and additional activities, and the design of the individual activities themselves. Flexibility was discussed above. Let's look at some sections of a typical chapter as examples of the other two characteristics mentioned.

Four of the seven chapter sections (*Culture, Conversation, Journalisme,* and *Littérature*) begin with a brief introduction and an illustrated vocabulary presentation. If the suggested presentation is followed, students are introduced to new words and phrases in the *Vocabulaire* sections by the teacher, and/or by the audio cassette presentation. The focus is on listening and speaking through modeling and repetition. The *Exercices* which accompany each *Vocabulaire* section can be performed with books either closed (accentuating listening and speaking) or open (accentuating reading, listening and speaking). However, these *Exercices* can just as well be assigned or reassigned as written work if the teacher wishes to have the whole class or individuals begin to concentrate on reading and writing. Throughout the *Vocabulaire* sections, optional and additional reinforcement activities are suggested in the TWE.

Reading and writing activities, while present from the very earliest stages in the **Glencoe French** series, naturally become more sophisticated and receive greater emphasis in **Glencoe French 3**. In each chapter there is an original cultural reading, two or three authentic pieces from contemporary French magazines and newspapers, and one to three unabridged selections from Francophone literature. Writing activities range from grammar exercises to literary analysis. These textbook activities are further reinforced in the Writing Activities Workbook.

Let's take a closer look at how each of the four skills is woven into the Student Textbook, the TWE and the ancillary materials.

Listening You are the primary source for listening as you model new vocabulary, dialogues, sample language, structures and pronunciation, as you share your knowledge of French culture, history, geography, and literature with the students and talk to them about their lives and your own, or engage in culturally-oriented activities and projects. And as always, it is your ability to use French as much as possible with your students, both in and outside of the classroom, which determines how relevant and dynamic their learning experience will be.

Glencoe French offers numerous ways in which to develop the listening skill. There are teacher-focused activities, which provide the consistent modeling that students need. Teachers who use the Audio Cassette Program will find that these recordings help students become accustomed to a variety of voices, as well as rates of speech. And activities in which students interact with each other develop listening spontaneity and acuity.

In the Student Textbook, new vocabulary will be modeled by the teacher. Following each *Vocabulaire* presentation (found in the *Culture, Conversation, Journalisme,* and *Littérature* sections) are several *Exercices* for practicing the new vocabulary. These can be done with books closed for listening comprehension practice. The readings in the *Culture* and *Journalisme* sections and the new language in the *Langage* section can be modeled by the teacher, while the *Scènes de la vie* dialogues from *Conversation* and the *Littérature* selections are featured on the audio cassettes. At the end of each of these sections there are comprehension exercises (*Compréhension*) and *Activités*, in which students may work in pairs or groups and must listen to each other in order to find information, take notes, or report to others on what was said in their group. In *Structures I* and *II*, students listen as the teacher models grammatical material and then are given a chance to practice each structure in several *exercices*. Once again, closing the book will provide increased focus on the listening skill.

In addition to the Student Textbook, the TWE offers several other listening-based activities correlated to the chapters, including those suggested under the headings Cooperative Learning, Paired Activities, and Additional Practice, all of which are found in the bottom margins of each TWE chapter.

The Audio Cassette Program has two main listening components. The first is practice-oriented, wherein students further reinforce vocabulary and grammar, following directions and making changes in utterances. They can self-check their work by listening to the correctly modeled utterances, which are supplied after a pause.

The second part of the program places more emphasis on receptive listening skills. Students listen to language in the form of dialogues, announcements, or advertisements—language delivered at a faster pace and in greater volume—and then are asked to demonstrate their understanding of the main ideas and important details in what they have heard. The Student Tape Manual contains activity sheets for doing this work, and the Teacher's Edition contains the complete transcript of all audio materials to assist you in laying out listening tasks for your class.

Speaking The twin centerpieces of each chapter, in terms of spoken French, are the *Conversation* and *Langage* sections. Each presents the language as it is currently spoken in everyday functional contexts so that, from the start, your students will be accustomed to speaking in a way that is reflective of contemporary French. The *Scènes de la vie* dialogues from *Conversation* may be repeated by the students after they are modeled by the teacher or the audio cassettes, or may be read aloud by students taking the roles of the various characters. The functional language in *Langage* may also be modeled by the teacher. Each section is followed by *Activités de communication* that allow students to use new language in role-plays and real-life situations. Here, students are engaged in meaningful, interesting sessions of sharing information, all designed to make them want to speak and experiment with the language.

In addition, most of the areas of the Student Textbook and the TWE described above, under **Listening**, also simultaneously develop the speaking skill. After hearing a model in the *Vocabulaire* or *Structure* sections, students may repeat it, either as a whole class, in small groups, or as individuals. From these modeled cues, they will progress to visual ones—the photos and art in the textbook. The real aim of the *Exercices* accompanying these two sections is to get students to produce this new material actively.

The speaking skill is stressed in the first part of each recorded chapter of the Audio Cassette Program, where pauses are provided for the student to produce directed, spoken changes in the language. This is an excellent opportunity for those students who are self-conscious about speaking out in class to feel more comfortable speaking French. The Audio Cassette Program gives these students a chance to work in isolation. And the format of making a change in the language, uttering the change and then listening for the correct model may improve the speaking skill. Sensitively administered, the Audio Cassette Program can serve as a confidence-builder for such students, allowing them to work their way gradually into more spontaneous speech with their classmates.

The packet of Situation Cards provides students with yet another opportunity to produce spoken French. They put the student into a contextualized, real-world situation where they must ask and/or answer questions in order to perform successfully.

Reading Each chapter of the Student Textbook opens with a *Culture* reading that establishes the theme of the chapter. The *Journalisme* section contains two or three authentic readings taken from contemporary French magazines and newspapers. All selections are preceded by an introduction with background information for the English-speaking student and a *Vocabulaire* that presents key words students will encounter. The readings are followed by comprehension exercises and activities.

The final section of each chapter, *Littérature*, contains the most challenging readings. It features from one to three unabridged excerpts of Francophone literature from a variety of periods, each accompanied by a pre-reading activity, a vocabulary presentation with exercises, an historical introduction, comprehension exercises, and communicative activities.

The Writing Activities Workbook offers additional readings under the heading *Un Peu Plus*. These selections and the accompanying exercises focus on reading strategies such as cognate recognition, building vocabulary through related word forms, and the use of context clues.

In addition to the reading development discussed above, students are constantly presented with authentic French texts such as announcements from periodicals, telephone listings, transportation schedules, labeled diagrams, floor plans, travel brochures, school progress reports, etc., as sources of information. Sometimes these documents serve as the bases for language activities, and other times they appear in order to round out a cultural presentation, but, in varying degrees, they all require students to apply their reading skills.

Writing Written work is interwoven throughout the language learning process in **Glencoe French**. The exercises, which occur throughout the *Vocabulaire* and *Structure* sections of each chapter in the Student Textbook, are designed in such a way that they can be completed in written form as well as orally. Frequently, you may wish to reassign exercises that you have gone over orally in class as written homework. The TWE makes special note of this under the topic Independent Practice. At the end of each *Culture*, *Journalisme*, and *Littérature* section, direct focus is placed on writing in the *Activités*. Here students are given the opportunity to do more extensive writing tasks. These may be descriptive, narrative, argumentative, or analytical. They may also appear in the form of dialogues or interviews. Often a context is set up and then students are asked to develop an appropriate written response.

The Writing Activities Workbook is the component in which writing skills receive the most concentrated attention. All of the exercises in it are writing-based, and they vary in length from one-word answers to short compositions. They are designed to focus on the same vocabulary and grammar presented in the corresponding chapter of the Student Textbook, but they are all new and all contextualized around fresh visual material or situational vignettes. Since they often have students making lists, adding to charts and labeling, they provide an excellent means for them to organize the chapter material in their minds and make associations that will help them retain it. As the students' knowledge of French increases, longer written pieces are required of them.

Besides these major sources of writing, students are asked to make implicit use of writing almost everywhere in the series. They are constantly taking notes, listing, categorizing, labeling, summarizing, comparing or contrasting on paper. Even the Audio Cassette Program involves students in writing through the use of activity sheets. By choosing among these options, you can be sure that your students will receive the practice they need to successfully develop their writing skills.

Contextualized Vocabulary From the moment students see new words at the beginning of each chapter in **Glencoe French**, they see them within an identifiable context. This contextualization remains consistent throughout the practice, testing, and recycling phases of learning.

In the *Vocabulaire* segments of the *Culture*, *Journalisme*, and *Littérature* sections, a context for new and relevant vocabulary is established through brief *Introductions*. The vocabulary is then presented together with interesting, colorful visuals. And so, from the start, students learn to group words by association, thereby enhancing their ability to assimilate and store vocabulary for long-term retention. The result is that students see at a glance the new language set into a real-life situation that provides "something to talk about"—a reason for using it. The accompanying exercises enrich this context. Each *exercice* practice item is related to the others within the set, so that when taken together they form a meaningful vignette or story. Throughout the chapter, these words and phrases are reintroduced frequently.

Moreover, future chapters build on vocabulary and grammar from previous ones. Chapter themes introduced in Levels 1 and 2 are reintroduced in Level 3 along with additional related vocabulary. Special attention has been given vocabulary in the reading sections of the series as well. For example, in *Journalisme* and *Littérature*, students are encouraged to stretch their vocabularies in order to get as much meaning as possible from these authentic and unsimplified selections.

Thorough, Contextual Presentation of Grammar A quick look through the chapters of *En voyage* will show the role grammar plays in the overall approach of the **Glencoe French** series. Although grammar is by no means the driving force behind the series, it is indeed an important aspect. In **Glencoe French 3**, grammar is presented in two of the seven sections in each chapter. *Structure I* recycles two or three grammar points from Levels 1 and 2, while *Structure II* reviews points from the second half of Level 2, beginning with the present subjunctive, and goes on to introduce advanced grammar topics. Depending on the ability of the class, these sections may be used to review French 1 and 2 material or to present structures for the first time. What makes this series particularly effective is that, as well as being thorough, the presentation of grammar runs concurrent with, and is embedded in, the chapter-long situational themes. Students are presented with French structure both directly, as grammar, and as a set of useful functions that will aid them in communication, in expanding and improving their French across the four skills, and in learning about French culture as well as other areas of the school curriculum. Another important characteristic is that each *Structure* section has been divided into short, coherent "doses" of related grammar points, which prevents grammar from becoming overwhelming to the student.

As you use this series to teach various grammar topics, you will see that student interest remains high due to the presence of meaningful context and the diversity of the tasks that are given. The individual practice items in the grammar section are related to each other contextually in order to heighten interest and enable students to assimilate and personalize a new structure.

You will find that it is easy to move in and out of the teaching of grammar per se, dipping into the other sections of a chapter or other components as you see fit. This is true for several reasons: the grammar segments are short and intelligently divided, each one providing a good sense of closure; language elements—including grammar—taught in one section have been included as much as possible in the others; and again, there is a coherent contextual theme.

Aside from the Student Textbook and TWE, with their focus on grammar in the *Structure* sections of each chapter, **Glencoe French** offers students opportunities to practice grammar in other components as well. Chapter by chapter, the Writing Activities Workbook provides ample tasks in which students must put into writing the new structures on which they have been working in class. The Audio Cassette Program includes recorded sections in every chapter of the Student Tape Manual which correspond directly to *Structure* in the Student Textbook. Each grammatical structure is also practiced in the Situation Cards.

An Integrated Approach to Culture

True competence in a foreign language cannot be attained without simultaneous development of the awareness of the culture in which the language is spoken. That is why **Glencoe French** places such great emphasis on it. Accurate, up-to-date information on French culture is present from the very beginning of each chapter. The *Culture* section sets the stage on which the other chapter materials will be played out, presenting a variety of materials about a specific cultural theme that will be recycled and expanded either implicitly or explicitly throughout every phase of language learning and in every component of the series. Many culturally-oriented questions raised by students may be answered in this introductory *Culture* section. Through vocabulary presentations, readings, captioned visuals, and guided activities, these sections provide fundamental knowledge about such topics as French travel and tourism, the media, leisure and pastimes, and the European Economic Community, among many others. This information is presented with the idea that culture is a product of people—their attitudes, desires, preferences, differences, similarities, strengths, and weaknesses—and that it is ever changing. Students are always encouraged to compare or contrast what they learn about French culture with their own, thereby learning to think critically and progress towards a more mature vision of the world.

The presentation of all language in each chapter of the Student Textbook is embedded in running contextual themes, and these themes richly reflect the culture of France and areas of the world influenced by France. Even in chapter sections that focus primarily on vocabulary or grammar, the presence of culture comes through in the language used as examples or items in exercises, as well as in the content of the accompanying illustrations, photographs, charts, diagrams, maps or other reproductions of authentic, French documents. This constant, implicit inclusion of cultural information creates a format that not only aids in the learning of new words and structures, but piques student interest, invites questions, and stimulates discussion of the people behind the language.

Culture is also important in the two other reading sections of each chapter, *Journalisme* and *Littérature*. The readings here serve as valuable sources of information on current events in French-speaking countries and on the rich tradition of Francophone literature.

All of the cultural material described in the Student Textbook can be augmented by following a variety of suggestions in the Teacher's Wraparound Edition. There are guidelines for culturally rich instruction and activities, as well as useful, interesting facts for the teacher, under headings such as Chapter Projects, Geography Connection, History Connection, Critical Thinking, Literature Connection, Art Connection, Did You Know?, and others.

SERIES COMPONENTS

In order to take full advantage of the student-centered, teacher-friendly curriculum offered by **Glencoe French**, you may want to refer to this section to familiarize yourself with the various resources the series has to offer. Level 3 of **Glencoe French** contains the following components:

- Student Edition
- Teacher's Wraparound Edition
- Writing Activities Workbook & Student Tape Manual, Student Edition
- Writing Activities Workbook, Teacher's Annotated Edition
- Student Tape Manual, Teacher's Edition (Student edition and tapescript)
- Audio Cassette Program
- Bell Ringer Review Blackline Masters
- Situation Cards
- Quizzes with Answer Key
- Testing Program with Answer Key

ORGANIZATION OF THE STUDENT TEXTBOOK

Each of the eight chapters of *En voyage* is divided into the following sections:

- *Culture*
- *Conversation*
- *Langage*
- *Structure I*
- *Journalisme*
- *Structure II*
- *Littérature*

Culture This section contains original readings on one aspect of contemporary French life. High interest level has been a prerequisite in the choice of topics, which range from vacation preferences of the French to breakthroughs in scientific research. Each reading is preceded by a brief introduction to the chapter theme. New vocabulary is then presented through a combination of illustrations and definitions in French. Vocabulary is practiced through various contextualized *Exercices*. The reading is followed by two tiers of activities: *Compréhension*, which enables students to demonstrate their understanding of the material at the word, sentence, paragraph, and main idea levels; and *Activités*, which ask students to analyze and personalize what they have read in oral and written tasks.

Conversation This section presents advanced vocabulary in the situational contexts of real-life conversations related to the chapter theme. Each *Conversation* section begins with a vocabulary presentation with exercises similar to those in *Culture*. The focal point of the section, *Scènes de la vie*, presents several authentic, culturally rich dialogues that can be used for class or individual repetitions, for reading aloud by students, or for role-play or adaptation through substitution. The dialogue is accompanied by comprehension exercises. Then students are invited once again to recombine and use all the new language in a variety of oral group and paired activities, many of them role-plays, via the *Activités de communication*.

Langage This section is new to Level 3. Each presentation offers students communicative strategies that will allow them to negotiate such real-life situations as extending invitations, expressing opinions, and making small-talk. The language presented is always that spoken by contemporary French people, never the "complete sentence" textbook French that leaves students who travel to France for the first time wondering what language they have been studying all these years! Each *Langage* presentation is followed by one or more *Activités de communication*, which ask students to imagine themselves in various situations and react accordingly, using the new language.

Structure I This is the first of two grammar sections in each chapter. It recycles two or three grammar points from **Glencoe French 1 and 2**. Depending on the ability and background of each class, the teacher will decide to use this section as a review or as a new grammar presentation. Each of the segments provides a step-by-step description in English of how the new grammatical structure is used in

T 13

French, accompanied by examples, tables, and other visuals. Each segment's presentation is followed by a series of flexible and contextualized *Exercices*: examples as well as items in the exercises are never separate and unrelated but always fit together in vignettes to enhance meaning. These vignettes are always directly related to the overall chapter theme.

Journalisme This section introduces students to the type of material French people read every day—newspaper and magazine articles, headlines, weather reports, advertisements—with a good deal of linguistic and cultural support to make it meaningful to them. Each section opens with an *Introduction* containing cultural and historical background information and a description of the texts they will read. Then, there follows an illustrated vocabulary presentation with exercises, which introduces key words and expressions they will encounter in the selections. Each *Journalisme* section contains two or three authentic readings, and each selection is followed by comprehension items and *Activités* that ask students to go beyond the readings in oral and written open-ended tasks including letter-writing and oral presentations.

Structure II This second grammar section of the chapter follows the format established in *Structure I*, but here students are presented with advanced grammar topics not usually taught in the first two years of French study (*le passé simple, le plus-que-parfait*), as well as recycled structures from the second half of **Glencoe French 2** (*les emplois du subjonctif, l'imparfait*). As with *Structure I*, clear explanations of formation and usage are given in English, and the practice exercises offer communicative contexts for using the new structures. In addition, these exercises present to the students more information abut French culture, history, art, etc.

Littérature This section introduces students to a sample of the great literature produced throughout the French-speaking world. Great care has been taken to select pieces that students can read in their original, unsimplified versions that nevertheless do not overwhelm students with their level of difficulty. Included are poems, songs, and excerpts from novels and plays. Emphasis has been placed on contemporary literature, but several classics of the past have also been included. To begin each *Littérature* section, *Avant la lecture* encourages the students to recall relevant thematic or linguistic information they may already have. A vocabulary presentation with exercises follows. To aid students in their first attempts at reading unadapted French literature, the *Introduction* places the selection and its author in historical and literary context. The selection itself contains marginal glosses for those words whose meanings cannot be easily ascertained from their contexts. A series of *Compréhension* exercises after the reading establishes the students' grasp of the content and has them draw some basic inferences. Several *Activités*, which range from creative-writing topics based on the theme of the reading to elementary literary analysis, end the section.

SUGGESTIONS FOR TEACHING THE STUDENT TEXTBOOK

The first day of class, teachers may wish to reiterate the importance of the French language and reasons for continuing the learning process in the third year. Some suggested activities are:

- Show students the map of *Le Monde francophone* (*En voyage*, page 433) to remind them of the extent of the French-speaking world.
- Have students discuss the areas within North America in which there is a high percentage of French speakers. Ask them to name local French-speaking sources, including any individuals or groups they may know in their community.
- Make a list of place names such as Baton Rouge, Terre Haute, Des Moines, Vermont, or names in your locality that are of French origin.
- Explain to students the possibility of using French in numerous careers such as: foreign service, teaching, business (banking, import/export), tourism, translating.
- Do a brief survey of the textbook, showing students that this year they will have the opportunity to read authentic French newspaper and magazine articles and unabridged literary excerpts.
- The first day you may wish to find out whether your students used French names in last year's French class. If they didn't, this is a good time to give students a French first name, or to let them take a new French name, if they wish.

Teaching Various Sections of the Chapter

One of the major objectives of the **Glencoe French** series is to enable teachers to adapt the material to their own philosophy, teaching style, and students' needs. As a result, a variety of suggestions are offered here for teaching each section of the chapter.

Vocabulaire

New vocabulary is introduced in four of the seven chapter sections: *Culture, Conversation, Journalisme,* and *Littérature*. All vocabulary presentations follow the same format and may be taught in similar ways. The *Vocabulaire* section always contains some words that are accompanied by an illustration that depicts the meaning of the new word. Other new words and expressions are defined in French with brief explanations or synonyms.

General Techniques

All the *Vocabulaire* sections in each chapter are recorded on the Audio Cassette Program. Have students listen to the new vocabulary and then ask them to repeat these words after you.

Specific Techniques

Option 1 best meets the needs of those teachers who consider the development of oral skills a prime objective.

- While students have their books closed, read each new term or play the audio cassette. Have students repeat the word after you several times. Enhance this presentation by giving explanations of the new terms using known vocabulary, cognates, gestures, and mime. After you have presented several words in this manner, ask questions such as:

    Je fais du cyclisme?
    Je fais de la planche à voile?
    Qu'est-ce que je fais? (*miming riding a bicycle*) (*En voyage*, Chapter 1, *Culture*)

- To teach the new vocabulary terms that are defined with explanations or synonyms, read the words or play the audio cassette, having students repeat each new item after you. For each term, read the definition given in the textbook, expanding it if necessary to make sure students understand. Then ask questions about the item. For example, the following items appear in *En voyage*, Chapter 1, *Littérature*:

    flâner *se promener sans but, aller çà et là*
    The teacher should illustrate the meaning of *flâner* by strolling around the classroom in a relaxed manner. Then, to check comprehension, the teacher could ask:

    Tu flânes de temps en temps?
    Quand est-ce que tu flânes?
    Où est-ce que tu aimes flâner?
    Quelle sorte de personne aime flâner?

    Additional questions that practice the new vocabulary are provided for you in the presentation section of each *Vocabulaire* in the TWE.

- After this basic presentation, have students open their books and read the new vocabulary for additional reinforcement.
- Go over the exercises that follow orally.
- Assign the exercises for homework. Also assign the corresponding vocabulary exercises in the Writing Activities Workbook.
- The following day, go over the exercises that were assigned for homework.

Option 2 meets the needs of those teachers who wish to teach the oral skills but consider reading and writing equally important.

- Have students repeat each word once or twice after you. Enhance this presentation by giving explanations of the new term using the definitions in the textbook, explanations with known vocabulary, cognates, gestures, and mime.
- Ask students to open their books. Have them read the *Vocabulaire* section. Correct pronunciation errors as they are made.
- Go over the exercises that follow.
- Assign the exercises for homework. Also assign the vocabulary exercises in the Writing Activities Workbook.
- The following day, go over the exercises that were assigned for homework.

Option 3 meets the needs of those teachers who consider the reading and writing skills of utmost importance.

- Have students open their books and read the *Vocabulaire* items as they look at the illustrations and read the definitions.
- Give students several minutes to look at the exercises, then go over them.
- Assign the exercises, as well as the corresponding vocabulary exercises in the Writing Activities Workbook for homework, and go over them the following day.

Expansion activities

Teachers may use any one of the following activities from time to time. These can be done in conjunction with any of the options previously outlined.

- After the vocabulary has been presented, have students open their books and make up as many original sentences as they can, using the new words. This can be done orally or in writing.
- Have students work in pairs or small groups. As they look at the illustrations in the textbook, have them make up as many questions as they can. They can direct their questions to their peers. It is often fun to make this a competitive activity. Individuals or teams can compete to make up the most questions in three minutes. This activity provides the students with an excellent opportunity to use interrogative words.
- Call on one student to read to the class one of the vocabulary exercises that tells a story. Then call on a more able student to retell the story in his/her own words.

- With slower groups, you can have one student go to the front of the room. Have him or her think of one of the new words. Let classmates give the student the new words until they guess the word that the student in the front of the room has in mind. This is a very easy way to have the students recall the words they have just learned.

Culture and *Journalisme*

After the preliminary vocabulary presentations in both of these sections, there are one or more readings accompanied by comprehension exercises and communicative activities. The readings in each of these sections can be taught in similar ways.

Option 1 In some chapters, depending on time and interest, you may want the students to go over the reading selection thoroughly. In this case, all or any combination of the following techniques can be used.

- Read the *Introduction* that precedes the section to give students a brief synopsis of the section theme.
- Ask brief comprehension questions about the *Introduction*.
- Have students open their books. Call on individuals to read.
- Ask questions about what was just read.
- Have students read the selection at home and complete the accompanying comprehension exercises.
- Go over the exercises in class the next day.
- Call on a student to give a summary of the selection in his/her own words. If necessary, guide students in the development of their summaries. Ask several questions, the answers to which review the main points of the reading. After the oral review, students can take several minutes to write a summary of the section.

Option 2 You may wish to be less thorough in the presentation of some of the reading selections. In this case, the following techniques should be helpful:

- Call on an individual to read a paragraph.
- Ask questions about the paragraph.
- Assign the entire reading to be read at home. Have students do the *Compréhension* exercises that accompany the reading selection.
- Go over the exercises the following day.

Option 3 Sometimes, you may wish merely to assign the readings and exercises for homework and then go over them the following day. The *Activités* that follow each *Culture* or *Journalisme* selection assist students in working independently with the language. In some cases, teachers may want the whole class to do all the activities. In other cases, teachers can decide which activities the whole class will do. Another possibility is to break the class into groups and have each group work on a different activity.

Conversation

Specific Techniques After the initial vocabulary presentation with exercises, this section provides a series of related dialogues in thematic context. These *Scènes de la vie* dialogues appear on the Audio Cassette Program, which can be used in their presentation. You may wish to vary the presentation of the *Conversation* from one chapter to another. In some chapters, the dialogues can be presented thoroughly and in other chapters they may be presented quickly as a reading exercise. Some possible options are:

- Have the class repeat each dialogue after you. Then have students work in pairs to prepare and present one of the *Scènes de la vie* dialogues to the class. The dialogue does not have to be memorized. If students change it a bit, all the better.
- Have students read the dialogues several times on their own. Then have them work in pairs and read one of the dialogues as a skit. Encourage them to be animated and to use proper intonation and gestures, when appropriate.
- Instead of reading the dialogue together, students can work in pairs on a related activity. One makes up as many questions as possible related to the dialogue and the other answers his/her questions.
- Once students can complete the *Compréhension* exercise(s) that accompany the dialogue(s) with relative ease, they know the dialogue sufficiently well without having to memorize it.
- Students can tell or write a synopsis of the dialogue.

- You may wish to assign a class period for the preparation and presentation of the role-plays in *Activités de communication*, or ask students to prepare one or more of the activities outside of class and present them during the following class period. You may want to have the whole class do all the activities, to select some activities the whole class will do, or to break the class into groups and have each group work on a different activity.

Langage

Specific Techniques The techniques suggested for teaching *Conversation* may also be used to present the functional language in *Langage*. You should make the context clear by reading the brief introductions that precede each language box and by using the appropriate gestures and intonation. Students should repeat each utterance after the teacher. Exercises can be done in class or assigned for homework, and the *Activités de communication* that end each *Langage* section can be prepared at home or in class and then presented in class.

Structures I and II

The *Structure* sections of the chapter open with a grammatical explanation in English which is accompanied by many examples. Related grammar points are grouped together within a *Structure* section; for example, *Structure I* in Chapter 5 presents direct and indirect object pronouns, two object pronouns used in the same sentence, and object pronouns with commands. Whenever the contrast between English and French poses problems for students in the learning process (for example, with the subjunctive), a contrastive analysis between the two languages is made.

Learning Exercises

The exercises that follow the grammatical explanation are constructed to build from simple to more complex. The first few exercises that follow the grammatical explanation are considered **learning exercises** because they assist the students in grasping and internalizing the new grammar concept. These learning exercises are immediately followed by test exercises—exercises that make students use all aspects of the grammatical point they have just learned. This format greatly assists teachers in meeting the needs of the various ability levels of students in their classes. Every effort has been made to make the grammatical explanations as succinct and complete as possible. We have purposely avoided extremely technical grammatical or linguistic terminology that most students would not understand. Nevertheless, it is necessary to use certain basic grammatical terms.

Since the structures in each *Structure II* section are recycled from the second half of **Glencoe French 2**, teachers who feel students need more practice with certain grammar points can use exercises from *À bord* to supplement those in *En voyage*.

Certain grammar exercises from the Student Textbook are recorded on the Audio Cassette Program. Whenever an exercise is recorded, it is noted with a cassette icon ▭ in the TWE.

The exercises in the Writing Activities Workbook also parallel the order of presentation in the Student Textbook. The Teaching Resource boxes and the Independent Practice topics in the TWE indicate when certain exercises from the Writing Activities Workbook can be assigned.

Specific Techniques for Presenting Grammar

Option 1 Some teachers prefer the deductive approach to the teaching of grammar. When this is the preferred method, you can begin each *Structure* section by presenting the grammatical rule to students or by having them read the rule in their textbooks. After they have gone over the rule, have them read the examples in their textbooks or write the examples on the chalkboard. Then proceed with the exercises that follow the grammatical explanation.

Option 2 Other teachers prefer the inductive approach to the teaching of grammar. If this is the case, begin the *Structure* section by writing the examples that accompany the rule on the chalkboard or by having students read them in their textbooks. Let us take, for example, the future vs. the future perfect. The examples the students have in their textbooks (*En voyage*, Chapter 4, page 194) are:

Nous *irons* à Paris en mai.
Malheureusement, nos amis *seront* déjà *partis*.
Ils *rentreront* à Paris en juin.
Malheureusement, nous *aurons* déjà *repris* l'avion pour New York.

In order to teach this concept inductively, teachers can:

- Have students find the verb in the first sentence of each pair. Say it or underline the verb if it is written on the board. Ask students what tense these verbs are in.
- Have students find the verb in the second sentence of each pair. Say it or underline the verb forms on the board. Ask students how this verb tense is formed.
- Ask students about the relationships between the two sentences in each pair. Which action will happen first, the one in the first sentence or the one in the second sentence?
- Tell students that this new tense is called the *futur antérieur*. Ask: How is it formed? When is it used?

By answering these questions, students have induced, on their own, the rule from the examples. To further reinforce the rule, have students read the grammatical explanation and then continue with the grammar exercises that follow. Further suggestions for the inductive presentation of the grammatical points are given in the TWE.

Specific Techniques for Teaching Grammar Exercises

In the development of the **Glencoe French** series, we have purposely provided a wide variety of exercises in the *Structure* section so that students can proceed from one exercise to another without becoming bored. The types of exercises they will encounter are: short conversations, answering questions, conducting or taking part in an interview, making up questions, describing an illustration, filling in the blanks, multiple-choice, completing a conversation, completing a narrative, etc. In going over the exercises with students, teachers may want to conduct the exercises themselves or they may want students to work in pairs. The *Structure* exercises can be gone over in class before they are assigned for homework or they may be assigned first. Many teachers may want to vary their approach.

All the *Exercices* in the Student Textbook can be done with books open. Many of the exercises such as question-answer, interview, and transformation can also be done with books closed.

Littérature

The literary selections in this section can be taught implementing many of the same techniques used for the readings in *Culture* and *Journalisme*. However, because these readings contain more sophisticated concepts and language, they may present special problems. For example, very often in a literary selection there will be a long descriptive or detailed paragraph that students will find difficult to understand. Encourage students to read this sort of passage for the main idea or the most important information it contains. Facilitate this type of reading by asking them to find the answers to only a few questions about the passage. You may want to give them the questions before they read.

Example: *Les Misérables* (**En voyage,** Chapter 5, page 256, Paragraph 2)
1. Où est Jean Valjean?
2. Qu'est-ce qu'il met dans son sac?
3. Comment part-il de la maison? Pourquoi?

If students can answer these questions correctly, it indicates that they have understood the main idea of the paragraph (Jean Valjean is stealing the bishop's silverware.)

Students may find the poetry selections especially daunting, since many of them will not have learned to read poetry in English. One technique that is especially effective in presenting poetry is the paraphrase.

Example: *"Le Jet d'eau"* (**En voyage,** Chapter 8, page 416)

After students discuss the unusual form of this poem, the teacher may read the first 14 lines aloud, then paraphrase them as follows:

Le poète se souvient du passé. Il se souvient de plusieurs de ses amis—Braque, Max Jacob, Derain, Raynal, Billy, Dalize, Cremnitz —qui sont partis en guerre; c'est-à-dire, qui sont peut-être morts à la guerre. Il est triste quand il pense à ses amis partis en guerre, même quand il pense à leurs noms. Il s'imagine que leurs noms jaillissent vers le firmament, le ciel, comme un jet d'eau sacré. Il

compare leurs noms à des pas silencieux dans une église, parce que les souvenirs de ses amis lui sont sacrés.

After you give this paraphrase, you may wish to ask a few quick comprehension questions about it, then have the students read the 14 lines silently or aloud. Then call on a student to paraphrase what he/she just read in his/her own words. Continue with the rest of the poem.

ORGANIZATION OF THE TEACHER'S WRAPAROUND EDITION

One important component, which is definitive of **Glencoe French** and adds to the series's flexible, teacher-friendly nature, is the Teacher's Wraparound Edition (TWE), of which this Teacher's Manual is a part. Each two-page spread of the TWE "wraps around" a slightly reduced reproduction of the corresponding pages of the Student Textbook and offers in the expanded margins a variety of specific, helpful suggestions for every phase in the learning process. A complete method for the presentation of all the material in the Student Textbook is provided—basically, a complete set of lesson plans—as well as techniques for background-building, additional reinforcement of new language skills, creative and communicative recycling of material from previous chapters, and a host of other alternatives from which to choose. This banquet of ideas has been developed and conveniently laid out in order to save valuable teacher preparation time and to aid you in designing the richest, most varied language experience possible for you and your students. A closer look at the kinds of support in the TWE, and their locations, will help you decide which ones are right for your pace and style of teaching and the differing "chemistries" of your classes.

The notes in the TWE can be divided into two basic categories:

1. Core notes, which appear in the left- and right-hand margins, are those which most directly correspond to the material in the accompanying two-page spread of the Student Textbook.

2. Enrichment notes, which appear in the bottom margin, are meant to be complementary to the material in the Student Textbook. They offer a wide range of options aimed at getting students to practice and use the French they are learning in diverse ways, individually and with their classmates, in the classroom and for homework. The enrichment notes also include tips to the teacher on clarifying and interconnecting elements in French language, culture, geography, and history—ideas that have proved useful to other teachers and which are offered for your consideration.

Description of Core Notes in the Teacher's Wraparound Edition

Chapter Overview At the beginning of each chapter there is a brief description of the language functions which students will be able to perform by chapter's end.

Chapter Objectives This guide immediately follows the Chapter Overview and is closely related to it. Here the focus is on grammatical objectives for the chapter, which are stated in a concise list.

Chapter Resources The beginning of each chapter includes a reference list of all the ancillary components of the series that are applicable to what is being taught in the chapter, including the Writing Activities Workbook and Student Tape Manual, Audio Cassette Program, Situation Cards, and Testing Program. A more precise version of this resource list will be repeated at the beginning of each section within the chapter, so that you always have a handy guide to the specific resources available to you for each and every point in the teaching process. Using these chapter and section resource references will make it easier for you to plan varied, stimulating lessons throughout the year.

Bell Ringer Reviews These short activities recycle vocabulary and grammar from previous chapters and sections. They serve as effective warm-ups, urging students to begin thinking in French, and helping them make the transition from their previous class to French. In *En voyage,* the Bell Ringers review topics directly related to the lesson about to begin. Minimal direction is required to get the Bell Ringer Review activity started, so students can begin meaningful, independent work in French as soon as the class hour begins, rather than wait for the teacher to finish administrative tasks, such as attendance, etc. Bell Ringer Reviews occur consistently throughout each chapter of Level 3.

Geography Connection These suggestions encourage students to use the maps provided in the Student Textbook or those available from outside sources in order to familiarize them with the geography of France and the Francophone world. These optional activities are another way in which **Glencoe French** crosses boundaries into other areas of the curriculum. Their use will instill in students the awareness that French class is not just a study of language but an investigation into a powerful culture that has directly or indirectly affected the lives of millions of people all over the globe. Besides studying the geography of France, students will be urged to trace the presence of French culture throughout Europe, Africa, the Americas, Asia, and the Pacific. The notes include interesting geographical and historical background information that you may decide to share with your students.

Vocabulary Expansion These notes provide the teacher handy access to vocabulary items which are thematically related to those presented within the Student Textbook. They are offered to enrich classroom conversations, allowing students more varied and meaningful responses when talking about themselves, their classmates, or the topic in question. Note that none of these items, or for that matter any information in the TWE, is included in the Chapter Tests accompanying **Glencoe French**.

History Connection This information provides teachers with a very effective springboard from the French classroom into the History and Social Studies areas of the curriculum. Students are invited to discuss the cultural, economic and political forces which haved shaped the Francophone world. The notes will assist you in providing this type of information yourself or in creating projects in which students do their own research, perhaps with the aid of a history teacher. By making the history connection, students are encouraged to either import or export learning between the French classroom and the History or Social Studies realms.

Description of Enrichment Notes in the Teacher's Wraparound Edition

The boxed notes in the bottom margin of the TWE enrich students' learning experiences by providing additional activities to those in the Student Textbook. These activities will be helpful in meeting each chapter's objectives, as well as in providing students with an atmosphere of variety, cooperation, and enjoyment.

Chapter Projects Specific suggestions are given at the start of each chapter for launching individual students or groups into a research project in keeping with the chapter theme. Students are encouraged to gather information by using resources in school and public libraries, visiting local French institutions, or by interviewing French people or other persons knowledgeable in the area of French culture whom they may know. These types of projects may serve as another excellent means for students to make connections between their learning in the French classroom and other areas of the curriculum.

Learning from Photos and Realia Each chapter of **Glencoe French** contains many colorful photographs and reproductions of authentic French documents filled with valuable cultural information. In order to help you take advantage of this rich source of learning, notes containing additional, interesting information have been provided to assist you in highlighting the special features of this up-to-date realia. Questions designed to enhance learners' reading and critical thinking skills are supplied so that you may challenge your students to examine the photos and realia thoughtfully and incisively.

Cooperative Learning At least three cooperative-learning activities have been included in each chapter. These activities include guidelines both on the size of groups and on the tasks the groups will perform. They reflect two basic principles of cooperative learning: (a) that students work together, being responsible for their own learning, and (b) that they do so in an atmosphere of mutual respect and support, where the contributions of each peer are valued. For more information on this topic, please see the section in this Teacher's Manual entitled COOPERATIVE LEARNING.

Advanced Games These are a new feature in *En voyage*. They appear in the *Vocabulaire* and *Structure* sections throughout the textbook and can often be adapted for use in chapters other than the one in which they first appear. All games are essentially cooperative learning activities.

Paired Activities In every chapter there are at least three paired activities which complement the activities in the Student Textbook.

Additional Practice There are a variety of Additional Practice activities which complement the presentation of material in the Student Textbook. Frequently they focus on personalization of the new material and employ more than one language skill. They will equip you with an ample, organized repertoire from which to pick and choose should you need extra practice beyond the Student Textbook.

Independent Practice Many of the exercises in each chapter lend themselves well to assignment or reassignment as homework. In addition to providing extra practice, reassigning exercises that were performed orally in class as homework makes use of additional language skills and aids in informal assessment. Suggestions for independent practice from the Student Textbook and from the Writing Activities Workbook are included.

Critical Thinking Activities To broaden the scope of the foreign language classroom, suggestions are given that will encourage students to make inferences and organize their learning into a coherent "big picture" of today's world. These and other topics offered in the enrichment notes provide dynamic content areas to which students can apply their French language skills and their growing knowledge of French culture. The guided discussions suggested here are based on the chapter themes and once again encourage students to make connections between what they learn in the French program and other areas of the curriculum.

Did You Know? This is a teacher-resource topic containing information on a large variety of topics related to the chapter theme. This topic might give you some interesting information to share with your students to spur their interest in research projects, enliven class discussions, and round out their awareness of French culture, history, and geography.

Literature Connection This topic gives background material on the *Littérature* readings and authors and on the various literary periods and movements related to them. When appropriate, these notes also appear in other sections of the chapters.

Literary Analysis These analytical questions may be used by teachers whose classes are ready to go beyond the activities in the *Littérature* section of the student text. They ask students to analyze specific parts of the reading in more depth than the student book activities.

Art Connection and Music Connection These topics give background material as needed on French-speaking artists, composers, and musicians and their works.

ADDITIONAL ANCILLARY COMPONENTS

All ancillary components are supplementary to the Student Textbook. Any or all parts of the following ancillaries can be used at the discretion of the teacher.

The Writing Activities Workbook and Student Tape Manual

The Writing Activities Workbook and Student Tape Manual is divided into two parts: all chapters of the Writing Activities Workbook appear in the first half of this ancillary component, followed by all chapters of the Student Tape Manual.

Writing Activities Workbook The consumable workbook offers additional writing practice to reinforce the vocabulary and grammatical structures in each chapter of the Student Textbook. The workbook exercises are presented in the same order as the presentation of material in the Student Textbook. The exercises are contextualized, often centered around line-art illustrations. Workbook activities employ a variety of elicitation techniques. There are short answers, matching columns, personalized questions, and compositions. The workbook provides further reading skills development in the *Un Peu Plus* section, in which students are introduced to a number of reading strategies such as scanning for information, distinguishing fact from opinion, drawing inferences, and reaching conclusions, for the purpose of improving their reading comprehension and expanding their vocabulary. The *Un Peu Plus* section also expands the cultural themes presented in the corresponding Student Textbook chapter. The Writing Activities Workbook, Teacher's Annotated Edition provides the teacher with all the material from the student edition of the Writing Activities Workbook plus the answers—wherever possible—to the activities.

Student Tape Manual The Student Tape Manual contains the activity sheets which students will use when listening to the audio cassette recordings. The Teacher's Edition of the Student Tape Manual contains, in addition, the answers to the recorded activities, plus the complete tapescript of all recorded material.

The Audio Cassette Program

The recorded material for each chapter of **Glencoe French 3** is divided into two parts—*Première partie* and *Deuxième partie*. The *Première partie* consists of additional listening and speaking practice for the *Vocabulaire* presentations (from the *Culture, Conversation, Journalisme,* and *Littérature* sections) and the *Structure* sections of each chapter. There is also a dramatization of the *Scènes de la vie* dialogues from the *Conversation* section of the Student Textbook, and a reading of the *Littérature* selection. (In the case of longer selections, only excerpts are read.)

The *Deuxième partie* contains a series of activities designed to further stretch students' receptive listening skills in more open-ended, real-life situations. Students indicate their understanding of brief conversations, advertisements, announcements, etc. by making the appropriate response on their activity sheets located in the Student Tape Manual.

Situation Cards

This is another component of **Glencoe French** aimed at developing listening and speaking skills through guided conversation. For each chapter of the Student Textbook, there is a corresponding set of guided conversational situations printed on hand-held cards. Working in pairs, students use appropriate vocabulary and grammar from the chapter to converse on the suggested topics. Although they are designed primarily for use in paired activities, the Situation Cards may also be used in preparation for the speaking portion of the Testing Program or for informal assessment. Additional uses for the Situation Cards are described in the Situation Cards package, along with specific instructions and tips for their duplication and incorporation into your teaching plans. The cards are in Blackline Master form for easy duplication.

Bell Ringer Reviews on Blackline Masters

These are identical to the Bell Ringer Reviews found in each chapter of the TWE. For your convenience, they have been converted to this (optional) Blackline Master format. They may be either photocopied for distribution to students, or you may convert them to overhead transparencies by placing a blank acetate in the paper tray of your photocopy machine as though you were making a paper copy.

Chapter Quizzes with Answer Key

There is a brief quiz for every vocabulary section and every individual structure point in each chapter. These quizzes are provided on blackline masters, and all answers appear at the end of the Chapter Quizzes booklet.

Tests with Answer Key

Because one of the goals of **Glencoe French 3** is to give teachers the flexibility to select the material from each chapter that is most appropriate for their classes, each chapter section has its own test which will take approximately one-half a class period to administer. The following chapter sections are represented in the testing program:

- *Culture* These tests evaluate new vocabulary acquisition through fill-in-the blanks, matching, multiple-choice items, and comprehension questions on the cultural information in the readings.
- *Conversation / Langage* These two chapter sections have a combined test which evaluates new vocabulary acquisition and the students' ability to react to different thematic and functional situations using the new expressions presented in the *Langage* section.
- *Structures I* and *II* Separate tests for *Structure I* and for *Structure II* ensure that students have learned the grammar points through such discrete-point techniques as fill-in-the-blanks, short answers, true/false, and multiple choice.
- *Journalisme* and *Littérature* Each selection in these two sections has its own test, unless there are two or more very short readings in a section (for example, in *Journalisme*, Chapter 5, one test covers the three short articles). Each test evaluates the acquisition of active vocabulary (those words and expressions introduced in the *Vocabulaire* presentations). The tests go on to ask students to demonstrate comprehension of the reading selection and to analyze it in more open-ended, essay-type answers.
- *Global listening comprehension test* Every chapter has one listening comprehension test which covers the entire chapter but emphasizes the *Conversation, Langage,* and *Structure* sections. This test is designed to be useful to all teachers using **En voyage**, whether or not they complete all sections of a chapter. For this reason, factual recall of cultural or literary material is not tested here. The test relies heavily on the new active vocabulary and grammar presented in the chapter.

All tests are provided on blackline masters, and all answers appear in an Answer Key at the end of the *Testing Program*.

COOPERATIVE LEARNING

Cooperative learning provides a structured, natural environment for student communication that is both motivating and meaningful. The affective filter that prevents many students from daring to risk a wrong answer when called upon to speak in front of a whole class can be minimized when students develop friendly relationships in their cooperative groups and when they become accustomed to multiple opportunities to hear and rehearse new communicative tasks. The goal of cooperative learning is not to abandon traditional methods of foreign language teaching, but rather to provide opportunities for learning in an environment where students contribute freely and responsibly to the success of the group. The key is to strike a balance between group goals and individual accountability. Group (team) members plan how to divide the activity among themselves, then each member of the group carries out his or her part of the assignment. Cooperative learning provides each student with a "safe," low-risk environment rather than a more threatening whole-class atmosphere. As you implement cooperative learning in your classroom, we urge you to take time to explain to students what will be expected of every group member—listening, participating, and respecting other opinions.

In the TWE, cooperative learning activities have been written to accompany each chapter of the Student Textbook. These activities have been created to assist both the teacher who wants to include cooperative learning for the first time, and for the experienced practitioner of cooperative learning as well.

Classroom Management

Many of the suggested cooperative learning activities are based on a four-member team structure in the classroom. Teams of four are recommended because there is a wide variety of possible interactions. At the same time the group is small enough that students can take turns quickly within the group. Pairs of students as teams may be too limited in terms of possible interactions, and trios frequently work out to be a pair with the third student left out. Teams of five may be unwieldy in that students begin to feel that no one will notice if they don't really participate.

If students sit in rows on a daily basis, desks can be pushed together to form teams of four. Teams of students who work together need to be balanced according to as many variables as possible: academic achievement in the course, personality, ethnicity, gender, attitude, etc. Teams that are as heterogeneous as possible will ensure that the class progresses quickly through the curriculum.

Following are descriptions of some of the most important cooperative learning structures, adapted from Spencer Kagan's *A Structural Approach to Cooperative Learning*, as they apply to the content of *En voyage*.

Round-robin In turn, each member of the team answers a question or shares an idea with teammates. Responses should be brief so that students do not have to wait long for their turn.

Example from *En voyage,* Chapter 2, *Journalisme:*

To review large numbers, teams recite years by fives from 1900 to the present in a round-robin fashion. Different students may begin additional rounds so that everyone ends up needing to know all the numbers. Variations include starting the list with a different year or using a race format, i.e., teams recite the list three times in a row and raise their hands when they have finished.

Roundtable Each student in turn writes his or her contribution to the group activity on a piece of paper that is passed around the team. If the individual student responses are longer than one or two words, there can be four pieces of paper with each student contributing to each paper as it is passed around the team. Example from **En voyage,** Chapter 3, *Structure II, Le subjonctif après les expressions d'émotion:*

Students take turns adding one expression at a time to a list of expressions that require the subjunctive. They may help each other with what to write and with correct spelling.

Numbered Heads Together Numbered Heads Together is a structure for review and practice of high consensus information. There are four steps:

Step 1: Students number off in their teams from 1 to 4.
Step 2: The teacher asks a question and gives the teams some time to make sure that everyone on the team knows the answer.
Step 3: The teacher calls a number.
Step 4: The appropriate student from each team is responsible for reporting the group response.

Answers can be reported simultaneously, i.e., all students with the appropriate number either stand by their seat and recite the answer together, or they go to the chalkboard and write the answer at the same time. Answers can also be reported sequentially. Call on the first student to raise his or her hand or have all the students with the appropriate number stand. Select one student to give the answer. If the other students agree, they sit down; if not, they remain standing and offer a different response.

Example from *En voyage,* Chapter 5, *Structure II, Le passé simple:*

Step 1: The teacher says a third person singular present indicative form (*Il devient*).
Step 2: Students put their heads together to come up with the corresponding *passé simple* form (*Il devint*).
Step 3: The teacher calls a number.
Step 4: The appropriate student from each team is responsible for reporting the group response.

Pantomimes Give each team one card. Have each team decide together how to pantomime for the class the action identified on the card. One team presents the pantomime for ten seconds while the rest watch without talking. Then each of the other teams tries to guess the phrase and writes down their choice on a piece of paper. (This is a good way to accommodate kinesthetic learning styles as well as vary classroom activities.)

Example from *En voyage,* Chapter 5, *Journalisme, Vocabulaire:*

The teacher writes the following sentences on slips of paper and places them in an envelope:

1. Ils courent dans un marathon.
2. Ils sont coincés entre un mur et un grand camion.
3. Ils se précipitent à la cantine.
4. Ils confient leurs livres à d'autres élèves.
5. Ils lisent la manchette d'un journal.

Each team will draw one slip of paper from the envelope and decide together how to pantomime the action for the class. As one team pantomimes their action for 30 seconds, the other teams are silent. Then the students within each team discuss among themselves what sentence was acted out for them. When they have decided on the sentence, each team sends one person to write it on the chalkboard.

Inside/Outside Circle Students form two concentric circles of equal number by counting off 1-2, 1-2 in their teams. The "ones" form a circle shoulder to shoulder and facing out. The "twos" form a circle outside the "ones," facing them, to make pairs. With an odd number of students, there can be one threesome. Students take turns sharing information, quizzing each other, or taking parts of a dialogue. After they finish with their first partners, rotate the inside circle to the left so they repeat the process with new partners. For subsequent rounds, alternate rotating the inside and outside circles so they get to repeat the identified tasks, but with new partners. This is an excellent way to structure 100% participation combined with extensive practice of communication tasks.

Other suggested activities are similarly easy to follow and to implement in the classroom.

Student enthusiasm for cooperative learning activities will reward the enterprising teacher. Teachers who are new to these concepts may want to refer to Dr. Spencer Kagan's book, *A Structural Approach to Cooperative Learning*, published by Resources for Teachers, Inc., Paseo Espada, Suite 622, San Juan Capistrano, CA 92675.

SUGGESTIONS FOR CORRECTING HOMEWORK

Correcting homework, or any tasks students have done on an independent basis, should be a positive learning experience rather than mechanical "busywork." Following are some suggestions for correcting homework. These ideas may be adapted as the teacher sees fit.

1. Put the answers on an overhead transparency. Have students correct their own answers.
2. Ask one or more of your stronger students to write their homework answers on the chalkboard at the beginning of the class hour. While the answers are being put on the chalkboard, the teacher involves the rest of the class in a non-related activity. At some point in the class hour, take a few minutes to go over the homework answers that have been written on the board, asking students to check their own work. You may then wish to have them hand in their homework so that they know this independent work is important to you.
3. Go over the homework assignment quickly in class. Write the key word(s) for each answer on the chalkboard so students can see the correct answer.
4. When there is no one correct answer, i.e., "Answers will vary," give one or two of the most likely answers. Don't, however, allow students to inquire about all other possibilities.
5. Have all students hand in their homework. After class, correct every other (every third, fourth, fifth, etc.) homework paper. Over several days, you will have checked every student's homework at least once.
6. Compile a list of the most common student errors. Then create a worksheet that explains and practices the underlying grammar points causing the problem(s).

PACING

En voyage has been designed on the principle of "random access," allowing teachers to select those materials in each chapter that are most appropriate for their students. You may choose to follow the exact order of the chapter or omit certain sections that you feel are not necessary for your class. Similarly, you may want to present a literary selection without interruption or to intersperse some material from the *Structure* section, if it proves useful. The chapters do not become progressively more difficult, so you may even do the chapters in any order that reflects the interests and abilities of your students. Since this flexibility is the guiding principle of **Glencoe French 3**, it would be counterproductive to give detailed lesson plans here. However, the following are several ways you may wish to organize your course.

Option 1
Monday: *Structure*
Tuesday: *Culture*
Wednesday: *Journalisme*
Thursday: *Conversation/Langage*
Friday: *Littérature*

Option 2
Week 1: *Structure*
Week 2: *Culture*
Week 3: *Journalisme*
Week 4: *Conversation/Langage*
Week 5: *Littérature*

Option 3
Month 1: *Structure*
Month 2: *Culture*
Month 3: *Journalisme*
Month 4: *Conversation/Langage*
Month 5: *Littérature*

You may also wish to follow no structured timeline at all, instead choosing to select lessons at random as the need or desire arises.

DIFFICULTY LEVEL

As stated, *En voyage,* unlike most foreign language texts, does not become progressively more difficult throughout the book. Some sections in a given chapter are more difficult than others and some portions of a given section are more difficult than others. For example, the nature of literature makes it intrinsically more difficult than everyday conversation. Therefore, the *Littérature* section of a chapter is more difficult than the *Conversation* section. It is beneficial for students to encounter these ups and downs in difficulty level: in using a language in real-life situations, some exchanges, written or oral, are more challenging than others. It is therefore realistic and meaningful to teach the language accordingly. French 3 students should not be left with the impression that the more they learn and speak French, the more difficult it becomes.

In the introductory material for each chapter of the Teacher's Wraparound Edition there is a section called "Difficulty Plateaus." It explains the rating system used to evaluate the relative difficulty level of each reading selection, conversation, and structure topic included in that chapter, and can be used by the teacher in lesson planning. The relative difficulty of the chapter as a whole is also indicated.

ADDITIONAL FRENCH RESOURCES

Pen pal sources Following is a list of French and American organizations that assist in finding French pen pals:

1. American Association of Teachers of French
   Bureau de Correspondance Scolaire
   57 East Armory Avenue
   Champaign, IL 61820
   Tel: (217) 333–2842

2. Fédération Internationale des Organisations de Correspondance et d'Échanges Scolaires (FIOCES)
   29, rue d'Ulm
   75230 Paris CEDEX 05
   France

3. Contacts
   55, rue Nationale
   37000 Tours
   France

4. Office National de la Coopération à l'École
   101 bis, rue du Ranelagh
   75016 Paris
   France

5. Mairie
   Maison des Sociétés
   Square Weingarten
   69500 Bron
   France

6. Student Letter Exchange
   R.R. 4
   Waseca, MN 56093

7. World Pen Pal
   1694 Como Avenue
   Saint Paul, MN 55108

French Embassy and Consulates in the U.S.

French Embassy
Press and Information Service
4101 Reservoir Road, N.W.
Washington, DC 20007
Tel: (202) 944-6060

French Consulates

Atlanta: (404) 522-4226
Boston: (617) 266-1680
Chicago: (312) 787-5359
Honolulu: (808) 599-4458
Houston: (713) 528-0512
Los Angeles: (213) 479-4426
Miami: (305) 372-9799
New York: (212) 606-3688
New Orleans: (504) 897-6381
San Francisco: (415) 397-4330
San Juan, Puerto Rico: (809) 753-1700

The Embassy of France distributes neither French flags nor posters. To purchase a flag contact one of the following manufacturers:

U.N. Association
Capital Area Division
3141 N Street, N.W.
Washington, DC 20007

Abacrome
151 West 26th Street
New York, NY 10001
(212) 989-1190

Conrad J. Schmitt

Katia Brillié Lutz

GLENCOE
Macmillan/McGraw-Hill

New York, New York   Columbus, Ohio   Mission Hills, California   Peoria, Illinois

About the Cover

The château de Chenonceaux is a beautiful Renaissance palace on the River Cher in the Loire Valley near Tours. It was built between 1513–1521 for François Ier's Minister of Finance, Thomas Bohier. Its famous inhabitants include Diane de Poitiers and Catherine de Médicis.

Acknowledgments

We wish to express our deep appreciation to the numerous individuals throughout the United States and France for their valuable assistance in the development of these teaching materials. Special thanks are extended to Françoise Leffler (U.S.), Irène Tatischeff, Fabienne Raab, and the Brillié family (France).

Copyright ©1995 by the Glencoe Division of Macmillan/McGraw-Hill School Publishing Company. All rights reserved. Except as permitted under the United States Copyright Act, no part of this publication may be reproduced or distributed in any form or by any means, or stored in a database or retrieval system, without prior permission of the publisher.

Printed in the United States of America.

Send all inquiries to:
Glencoe Division, Macmillan/McGraw-Hill
15319 Chatsworth Street
P.O. Box 9609
Mission Hills, CA 91346-9609

ISBN 0-02-636609-6 (Student Edition)
ISBN 0-02-636611-8 (Teacher's Wraparound Edition)

1 2 3 4 5 6 7 8 9   RRW   99 98 97 96 95 94

TABLE DES MATIÈRES

CHAPITRE 1
LES VOYAGES

CULTURE	Les Français et les voyages 2
	Les vacances des Français 5
CONVERSATION	Avion ou train? 8
LANGAGE	En voyage! 14
STRUCTURE I	Le passé composé avec *avoir*: verbes réguliers 16
	Le passé composé avec *avoir*: verbes irréguliers 18
	Le passé composé avec *être* 21
	Le passé composé de certains verbes avec *être* et *avoir* 23
JOURNALISME	L'Acadie 24
	L'Accueil acadien 26
	La météo 28
	Météorologie 31
STRUCTURE II	Le subjonctif présent des verbes réguliers 33
	Le subjonctif présent des verbes irréguliers 35
	Le subjonctif avec les expressions de volonté 36
	Le subjonctif avec les expressions impersonnelles 38
LITTÉRATURE	*Le Petit Prince,* Antoine de Saint-Exupéry 40
	Agence de voyages, Eugène Ionesco 46

CHAPITRE 2

LE QUOTIDIEN

CULTURE	Les jeunes Français et l'actualité 54
	Les médias dans la vie des lycéens 57
CONVERSATION	Au bureau 60
LANGAGE	Invitations 65
STRUCTURE I	L'interrogation 67
	Les expressions négatives 70
	L'imparfait 73
JOURNALISME	Les jeunes Français et l'argent 76
	L'argent de poche 78
	La France en 1900 81
	Comment vivait-on en 1900? 83

STRUCTURE II	Les adjectifs 88
	Le subjonctif ou l'infinitif 92
	D'autres verbes au présent du subjonctif 93
LITTÉRATURE	*La Nausée*, Jean-Paul Sartre 94
	La Réclusion solitaire, Tahar Ben Jelloun 98

CHAPITRE 3
LES LOISIRS

CULTURE	Les loisirs en France 106
	Les loisirs, le temps et l'argent 109
CONVERSATION	Le théâtre 114
LANGAGE	Les goûts et les intérêts 120
	Les antipathies 124
STRUCTURE I	L'imparfait et le passé composé 128
	Le comparatif et le superlatif 130

JOURNALISME	Un spectacle 133
	Les «Mis» 134
	La surfeuse et le coureur 136
	Trois spots d'or pour une surfeuse d'argent 138
	Thierry Pantel gagne dans la tempête 139
STRUCTURE II	Le subjonctif après les expressions d'émotion 142
	Le subjonctif dans les propositions relatives 143
	Le subjonctif après un superlatif 144
	Le passé du subjonctif 145
LITTÉRATURE	*Les Feuilles mortes*, Jacques Prévert 146

CHAPITRE 4

LE PAYS

CULTURE	L'Europe des Douze 154
	La Communauté européenne 157
CONVERSATION	Américains et Français 162
LANGAGE	Impressions personnelles 166
STRUCTURE I	Les prépositions avec des noms géographiques 168
	Le pronom *y* 171
	Le futur 173
JOURNALISME	L'écologie 176
	Pour comprendre l'écologie 178
	La protection des animaux 180
	Ces animaux en danger de mort 183
	Les Touaregs 186
	Les hommes bleus 189
STRUCTURE II	Le futur antérieur 194
	Le futur et le futur antérieur avec *quand* 196
	Le présent et l'imparfait avec *depuis* 197
LITTÉRATURE	*Gens du Pays*, Gilles Vigneault 199
	La Dernière Classe, Alphonse Daudet 203

CHAPITRE 5
FAITS DIVERS

CULTURE	Les faits divers 214
	Accidents et délinquance 217
CONVERSATION	Au voleur! 220
LANGAGE	D'accord ou pas 224
	Oui, non, peut-être 225
	Savoir converser 226
STRUCTURE I	Les pronoms compléments directs et indirects 227
	Deux pronoms compléments ensemble 230
	Les pronoms compléments avec l'impératif 232

JOURNALISME	La manchette 234
	Les gros titres 236
	À la rubrique «Faits divers» 238
	Un Airbus d'Air Inter s'écrase en Alsace 240
	Le car-ferry éperonne une baleine 242
	Un chaton parcourt 1.000 km 243
STRUCTURE II	Le passé simple des verbes réguliers 244
	Le passé simple des verbes irréguliers 246
	Le subjonctif après les conjonctions 250
LITTÉRATURE	*Les Misérables,* Victor Hugo 252

CHAPITRE 6

LES VALEURS

CULTURE	Adultes/Jeunes 264
	Avez-vous les mêmes valeurs? 266
CONVERSATION	Vivre en famille 270
LANGAGE	Félicitations et condoléances 275
STRUCTURE I	Le partitif 277
	Le pronom *en* 279
	Les pronoms relatifs *qui* et *que* 281
	Le pronom relatif *dont* 282
JOURNALISME	Les grandes occasions 284
	Le carnet du jour 286
	Entretien avec l'abbé Pierre 288
	«et les autres?» 290
STRUCTURE II	Les prépositions avec les pronoms relatifs 293
	Le subjonctif avec des expressions de doute 295
	Le plus-que-parfait 296
LITTÉRATURE	*La Mauvaise Réputation*, Georges Brassens 298
	Lettres persanes, Montesquieu 303
	Liberté, Paul Éluard 307

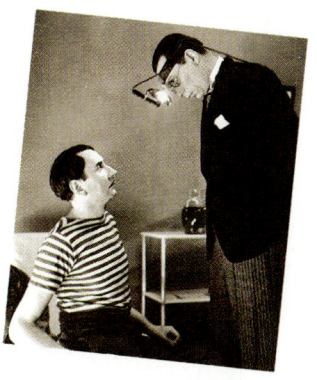

CHAPITRE 7

SANTÉ ET BIEN-ÊTRE

CULTURE	La santé des Français 314	
	La santé et le sport 317	
CONVERSATION	En pleine forme 322	
LANGAGE	La santé physique 327	
	Le bien-être psychologique 329	
STRUCTURE I	Les verbes réfléchis 333	
	Les verbes réfléchis au passé composé 336	
	Le pronom interrogatif *qui* 340	
	Les pronoms interrogatifs *que* et *quoi* 342	
JOURNALISME	L'oreille et le bruit 344	
	L'oreille 346	
	Le bruit 347	
	Régime 350	
	Les pièges du grignotage 352	
STRUCTURE II	Les pronoms interrogatifs et démonstratifs 354	
	Les pronoms possessifs 357	
LITTÉRATURE	*Le Malade imaginaire*, Molière 360	
	Knock, Jules Romains 365	

CHAPITRE 8
ARTS ET SCIENCES

CULTURE	Les Français et les arts 372
	Le Grand Louvre 375
	La recherche scientifique 378
	Le Centre national de la recherche scientifique 380
CONVERSATION	Visite à la Grande Arche 384
LANGAGE	Réactions 389
STRUCTURE I	Le conditionnel présent 392
	L'infinitif passé 393
	Le participe présent 395
JOURNALISME	Toulouse-Lautrec vu par Fellini 397
	Toulouse, mon frère 400
	Les aventures de Tintin 403
	On a marché sur la Lune 405
STRUCTURE II	Le conditionnel passé 410
	Les propositions avec *si* 411
	Le *faire* causatif 412
LITTÉRATURE	*Le Jet d'eau*, Guillaume Apollinaire 414
	Sans dessus dessous, Jules Verne 418
	La Légende de la peinture, Michel Tournier 422

APPENDICES

Cartes   430

Verbes   434

Vocabulaire Français-Anglais   458

Vocabulaire Anglais-Français   502

Index Grammatical   524

En Voyage

CHAPITRE 1

CHAPTER OVERVIEW

In this chapter students will learn about the vacation habits of the French. While they are learning this new material a great deal of information from *Bienvenue* and *À bord* will be reincorporated. In the *Conversation* section students will review vocabulary dealing with air and train travel. Additional vocabulary needed to resolve more complex travel problems such as cancelled flights or missed trains will be presented.

CHAPTER OBJECTIVES

In this chapter, students will:
1. learn where the French like to spend their vacations and what they enjoy doing while on vacation
2. review essential travel vocabulary and weather expressions
3. review the *passé composé* with *avoir* and *être*
4. read a tourist brochure about Canada's Acadia region and a weather report from a French newspaper
5. review the formation and uses of the present subjunctive of regular and irregular verbs
6. review verbs and impersonal expressions that require the use of the subjunctive
7. read and analyze literary texts by two 20th-century authors: Saint-Exupéry and Ionesco

CHAPTER 1 RESOURCES

1. Workbook
2. Student Tape Manual
3. Audio Cassette 1
4. Bell Ringer Review Blackline Masters
5. Situation Cards
6. Chapter Quizzes
7. Testing Program

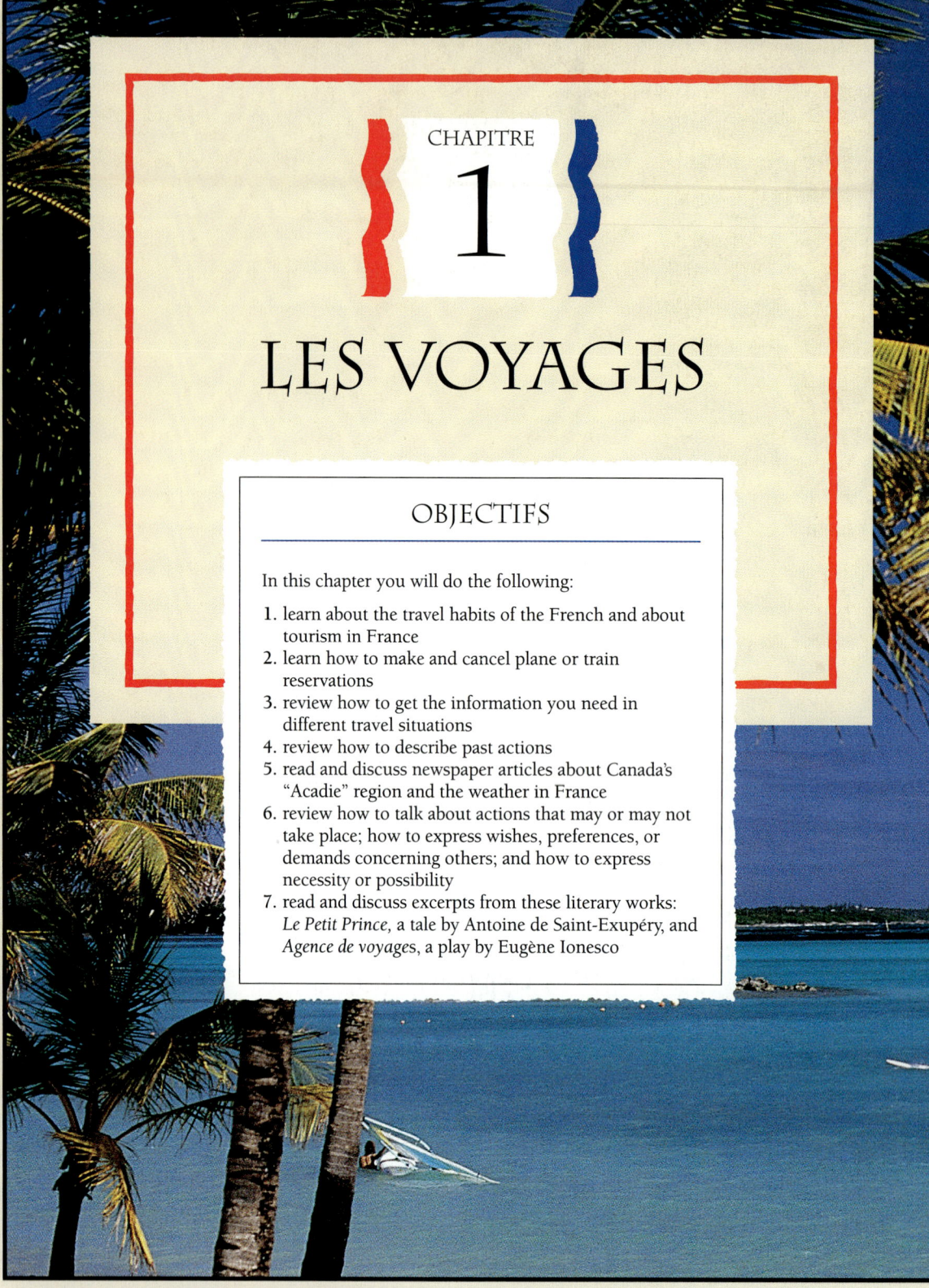

CHAPITRE 1

LES VOYAGES

OBJECTIFS

In this chapter you will do the following:

1. learn about the travel habits of the French and about tourism in France
2. learn how to make and cancel plane or train reservations
3. review how to get the information you need in different travel situations
4. review how to describe past actions
5. read and discuss newspaper articles about Canada's "Acadie" region and the weather in France
6. review how to talk about actions that may or may not take place; how to express wishes, preferences, or demands concerning others; and how to express necessity or possibility
7. read and discuss excerpts from these literary works: *Le Petit Prince*, a tale by Antoine de Saint-Exupéry, and *Agence de voyages*, a play by Eugène Ionesco

CHAPTER PROJECTS

(optional)

1. Divisez la classe en quatre groupes. Chaque groupe doit faire une enquête sur le sujet suivant: comment les membres de chaque groupe passent leurs vacances d'été. Comparez les résultats de chaque groupe aux habitudes des Français.
2. Choisissez une région ou une ville en France, au Canada, aux Caraïbes ou en Afrique du Nord et faites une affiche ou un dépliant touristique pour cette région ou cette ville.
3. Choisissez une région des États-Unis et faites un dépliant touristique pour inciter les Français à visiter cet endroit.
4. Vous allez être auteur. Écrivez une nouvelle au sujet d'un voyage. Votre voyage peut être réel ou imaginaire, sérieux ou drôle, réaliste ou absurde.

DIFFICULTY PLATEAUS

Each chapter of *En voyage* is divided into the following sections: *Culture, Conversation, Langage, Structure I, Journalisme, Structure II,* and *Littérature. Structure II* presents advanced grammar, which includes new topics as well as the grammar topics presented in the last six chapters of *À Bord.*

The following is a rating of the level of difficulty of the various sections of the book:

Easy: *Conversation, Langage, Structure I*

Intermediate: *Culture*

Intermediate/Difficult: *Journalisme*

Difficult: *Structure II, Littérature*

Each structure topic, conversation, and reading selection is rated as follows:
- ◆ Easy
- ◆◆ Intermediate
- ◆◆◆ Difficult

Please note that the material in *En voyage* does not get progressively more difficult as the students progress. Within each chapter there are easy and difficult sections.

The overall rating of this chapter is ◆ Easy.

RANDOM ACCESS

Because of the above type of rating, it is not necessary to follow the sequencing of the book exactly. You should feel free to omit any selection that does not interest you or that does not meet the needs of your students.

EVALUATION

Quizzes: There is a quiz for every vocabulary section and every structure point.

Tests: To accompany *En voyage* there are global tests for both *Structures I* and *II*, a combined *Conversation/Langage* test, and one test for each reading in the *Culture, Journalisme,* and *Littérature* sections. There is also a chapter Listening Comprehension Test.

CHAPTER PROJECTS
(continued)

5. Organisez un festival cajun. Demandez aux élèves de préparer des spécialités cajun. Après le festival, faites traduire en français les recettes des plats les plus appréciés. Vous pouvez en faire un petit livre de cuisine cajun.

LEARNING FROM PHOTOS

You may wish to ask your students the following questions about *la plage des Salines à la Martinique:* À votre avis, où cette photo a-t-elle été prise? Décrivez ce que vous voyez. On parle quelle langue dans cette île? On parle français dans d'autres îles de cette région? Lesquelles? Racontez tout ce dont vous vous souvenez au sujet de cette île.

1

CULTURE

LES FRANÇAIS ET LES VOYAGES

> **Bell Ringer Review**
> Write the following on the board or use BRR Blackline Master 1-1: Faites des phrases avec les mots suivants:
> au bord de la mer
> la plage
> bronzer
> la crème solaire
> nager
> faire du ski nautique, de la planche à voile
> se promener, faire une promenade

Introduction

PRESENTATION *(page 2)*

In this section students will learn about France as a tourist destination. In addition they will learn about the travel habits and vacation preferences of the French.

A. If you wish to present this introduction thoroughly you can call on individuals to read it aloud. After each paragraph you may wish to ask comprehension questions such as: *Qu'est-ce que la plupart des gens aiment? Est-ce que cela dépend de la nationalité? Qu'est-ce que les Français aiment faire de temps en temps?*

B. You may, however, wish to have students read the *Introduction* silently. You may then call on one or two individuals to explain it in a few sentences.

> **GEOGRAPHY CONNECTION**
> **Cannes est une station balnéaire sur la Côte d'Azur. Chaque année dans cette ville a lieu le festival de films le plus célèbre du monde.**

2

CULTURE

LES FRANÇAIS ET LES VOYAGES

Cannes: la plage en été

INTRODUCTION

La plupart des gens aiment voyager, quelle que soit leur nationalité. Et les Français ne sont pas l'exception. Eux aussi, ils aiment faire un petit voyage de temps en temps.

Quand voyagent-ils? Ils voyagent bien sûr pendant leurs vacances, et comme la majorité a ses vacances en été, beaucoup de Français voyagent en août—le mois des grandes vacances.

Combien de semaines de vacances les Français ont-ils? Le Français typique a cinq semaines de vacances: quatre semaines en été et une semaine en hiver.

2   CHAPITRE 1

VOCABULAIRE

augmenter devenir plus grand
attirer avoir la préférence, séduire
s'initier commencer à apprendre
souhaiter désirer

la baisse la diminution, le fait de devenir plus bas
la hausse le fait de devenir plus haut, le contraire de baisse
le sens la direction
le stage une période d'études pratiques

fort vigoureux, solide
faible le contraire de fort, qui manque de vigueur
proche pas loin, le contraire de lointain
croissant qui devient plus grand, qui augmente

ne... guère pas beaucoup
malgré en dépit de, contre la volonté de quelqu'un
par rapport à en comparaison avec

CULTURE 3

Vocabulaire

Vocabulary Teaching Resources
1. Audio Cassette 1
2. Student Tape Manual
3. Workbook
4. Chapter Quizzes

RECYCLING

A. Have students look at the photo on page 2 and identify as many items as they can. (Beach vocabulary was presented initially in *Bienvenue,* Chapter 9.)
B. You may wish to have students tell you about a beach vacation in their own words.
C. Have students make a list of some summer weather expressions.

PRESENTATION *(page 3)*

A. Have students open their books to page 3 and repeat the vocabulary words after you or Cassette 1.
B. **Definitions:** Give students several minutes to peruse the definitions silently. Then call on individuals to read the definitions aloud.

Vocabulary Expansion

De nombreux noms sont formés en ajoutant *-ation* à la racine du verbe correspondant:
augmenter   augmentation
initier   initiation
Les noms qui se terminent en *-ation* sont généralement féminins.

ADDITIONAL PRACTICE

You may wish to ask the following easy questions to get students using some of the words defined here.
1. Quand on construit beaucoup d'hôtels dans une station balnéaire est-ce que le tourisme augmente? Le nombre de touristes qui visitent cet endroit est en baisse on en hausse?
2. Est-ce que les jolies plages attirent beaucoup de touristes? Les touristes s'initient à faire de la planche à voile? Ils font un stage? Est-ce que les plancheurs préfèrent les vents forts ou faibles?

Exercices

ANSWERS

Exercice A
1. Oui, il y a beaucoup de vacanciers.
2. Oui, ils passent leurs vacances dans un camping.
3. Ils ont des caravanes.
4. Oui, le paysage est beau.
5. Les jeunes font de la planche à voile.
6. Oui, ils vont à la pêche.

Exercice B
1. L'Égypte est un pays qui est loin de la France. (L'Espagne est un pays qui est proche de la France.)
2. On appelle la France «l'Hexagone».
3. Oui.
4. Oui.
5. Les joueurs de tennis professionnels ne s'initient pas à jouer au tennis. (Les joueurs de tennis débutants s'initient à jouer au tennis.)
6. Si le tourisme augmente, il y a plus de touristes.
7. Voyager attire les Français.

Exercice C
1. Le nombre de voyageurs ne varie guère.
2. Malgré le mauvais temps, les vacanciers vont à la plage.
3. Un nombre croissant de Français souhaite prendre des vacances.
4. Les migrations vont dans le sens nord-sud.
5. Par rapport aux Allemands ou aux Hollandais, les Français ne vont pas beaucoup à l'étranger.
6. Il souhaite s'amuser pendant ses vacances.
7. Il n'a guère de travail.

Exercice D
1. augmenter
2. croissant
3. faible
4. proche
5. la baisse

Exercices

A Vacances en France. Répondez d'après le dessin.

1. Il y a beaucoup de vacanciers?
2. Ils passent leurs vacances dans un camping?
3. Ils ont des caravanes ou des tentes?
4. Est-ce que le paysage est beau?
5. Les jeunes font du cyclisme ou de la planche à voile?
6. Ils vont à la pêche?

B Oui ou non? Corrigez.

1. L'Égypte est un pays qui est proche de la France.
2. On appelle la France «le Pentagone».
3. Les vacanciers souhaitent rentrer chez eux bronzés et reposés.
4. Pour bien apprendre un métier ou un sport, il faut faire un stage.
5. Les joueurs de tennis professionnels s'initient à jouer au tennis.
6. Si le tourisme augmente, il y a moins de touristes.
7. Voyager n'attire pas les Français.

C Synonymes. Exprimez d'une autre façon ce qui est en italique.

1. Le nombre de voyageurs ne varie *pas beaucoup*.
2. *En dépit du* mauvais temps, les vacanciers vont à la plage.
3. Un nombre *plus grand* de Français souhaite prendre des vacances.
4. Les migrations vont dans *la direction* nord-sud.
5. *En comparaison avec* les Allemands ou les Hollandais, les Français ne vont pas beaucoup à l'étranger.
6. Il *désire* s'amuser pendant ses vacances.
7. Il a *très peu de* travail.

D Contraires. Donnez le contraire des mots suivants.

1. baisser
2. descendant
3. fort
4. lointain
5. la hausse

4   CHAPITRE 1

Un camping dans les Alpes

PAIRED ACTIVITY

Have students work in pairs to do the following activity:

You are leaving on a trip. With a partner make a list of all the preparations necessary to arrange transportation to your destination, your finances, and the care of your home, mail, and pets in your absence.

INDEPENDENT PRACTICE

Assign any of the following:
1. Workbook, *Culture*
2. Exercises A–D on this page

LES VACANCES DES FRANÇAIS

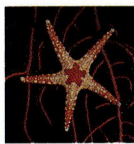

La grande majorité des vacanciers français reste fidèles[1] à l'Hexagone, bien que le nombre des séjours à l'étranger augmente faiblement. La mer et son complément naturel, le soleil, ont de plus en plus la préférence des Français.

87% des vacanciers restent en France

Cette très forte proportion ne varie guère dans le temps, malgré la baisse des prix des transports aériens. Elle reste très supérieure à celle que l'on mesure dans d'autres pays.

On peut voir trois raisons à ce phénomène. La première est la richesse touristique de la France, avec sa variété de paysages et son patrimoine[2] culturel. La seconde est le caractère plutôt casanier[3] et peu aventureux des Français. Enfin, les contraintes financières ont pesé d'un poids croissant au cours des années récentes, avec la stagnation ou parfois la régression du pouvoir d'achat[4], et l'accroissement récent des inégalités de revenus.

13% des vacanciers vont à l'étranger

Un Français sur huit va à l'étranger passer ses vacances. C'est très peu par rapport aux autres Européens.

Marrakech: la piscine d'un grand hôtel

La quête du soleil explique que les plus grands courants de migration se font dans le sens nord-sud. La plupart des départs se font pour des destinations européennes proches comme l'Espagne et le Portugal, qui représentent à elles deux le tiers[5] des départs. L'Afrique du Nord est une destination de plus en plus fréquente. Des pays lointains (comme l'Égypte, la Thaïlande ou l'Amérique du Sud) attirent de plus en plus les Français depuis quelques années.

Touristes à Saint-Paul-de-Vence, en Provence

---

[1] fidèles *faithful*
[2] le patrimoine *heritage*
[3] casanier *homebody*
[4] le pouvoir d'achat *buying power*
[5] le tiers *one third*

CULTURE 5

DID YOU KNOW?

Saint-Paul-de-Vence est un joli village provençal sur la Côte d'Azur pas très loin de Cannes. C'est un centre touristique et artistique. La Fondation Maeght, un musée d'art contemporain, se trouve tout près du village. Une partie du musée est en plein air. On y trouve des œuvres de Chagall, Braque, Derain et Matisse.

Les Vacances des Français ◆◆

Note: Based on your interests and the interests and needs of your students, you can determine the degree of thoroughness with which you wish to present this reading. You may want to do an in-depth reading of the entire selection or you may wish to have students read it silently. You may wish to do some sections more thoroughly than others.

PRESENTATION (pages 5–6)

A. Tell students to look for the following important information as they read:
  1. Où est-ce que la plupart des Français aiment passer leurs vacances?
  2. Qu'est-ce qui influence les préférences des Français?
  3. Quel est le rôle du soleil?
  4. Qu'est-ce que les Français aiment faire pendant leurs vacances? Quelles sont leurs activités préférées?
B. You may wish to call on individuals to read sections of the reading selection aloud.
C. Or, you may wish to read the selection (or parts of it) to the class as the students follow along in their books.
D. You may have students read the selection silently and then proceed to the exercises.
E. Go over the *Compréhension* exercises.

Bell Ringer Review

Write the following on the board or use BRR Blackline Master 1-2: Décrivez un ou plusieurs des endroits suivants:
Nice
Cannes
Èze
La Baule
La Martinique ou la Guadeloupe

Vocabulary Expansion

You may want to give your students the following golf vocabulary to help them describe the picture on this page:
le terrain de golf
le départ *(teeing ground)*
le rough
le bunker *(sand trap)*
le green
le drapeau
le trou
le chariot de golf, le caddie *(golf bag)*
la balle de golf
le tee
les clubs: les fers et les bois

Les activités sportives restent les plus pratiquées…

Pour beaucoup, les vacances constituent une occasion unique de s'initier à la pratique d'un sport ou de s'y perfectionner. Les préférences vont au tennis et au cyclisme, suivis de près par la planche à voile. Les stages d'initiation ou de perfectionnement connaissent depuis quelques années un succès considérable. Après le tennis, le golf attire chaque été un nombre croissant de vacanciers.

Des joueurs de golf au Pays Basque

…mais les activités culturelles sont de plus en plus recherchées[6]

Un nombre croissant de Français souhaite profiter des vacances pour enrichir leurs connaissances et découvrir des activités auxquelles ils n'avaient jamais eu l'occasion de s'intéresser. Les possibilités qui leur sont offertes sont aussi de plus en plus nombreuses, que ce soit pour s'initier à l'informatique, à la pratique d'un instrument de musique ou à la dégustation[7] des vins. Les organisateurs de vacances multiplient les formules culturelles—artistiques, traditionnelles ou récentes—qui permettent à chacun de faire apparaître ou de réveiller une vocation enfouie[8].

La Côte d'Azur

Vacances = détente[9]

Les vacanciers français qui se rendent au bord de la mer recherchent en priorité la détente, avant le soleil, l'eau, la santé, la plage, les sports nautiques, la famille, l'aventure et la pêche.

---

[6] **recherchées** *sought after*
[7] **la dégustation** *tasting*
[8] **enfouie** *buried, hidden*
[9] **détente** *relaxation*

Compréhension

A **Que font-ils pour les vacances?** Répondez d'après le texte.

1. Qu'est-ce que l'Hexagone?
2. Où la grande majorité des Français passe-t-elle ses vacances?
3. Quelles sont les raisons pour lesquelles les Français aiment passer leurs vacances en France?
4. Quand les Français vont à l'étranger, quels sont les deux pays où ils vont le plus souvent?
5. Qu'est-ce qui explique la migration nord-sud des Français?
6. Quels sont les sports préférés des Français?
7. Quel type de vacances commence à intéresser les Français?

B **Oui ou non?** Corrigez d'après le texte.

1. La plupart des Français préfèrent passer leurs vacances à la montagne.
2. La plupart des Français voyagent à l'étranger.
3. Les prix des transports aériens ont augmenté.
4. La situation économique en France a été très favorable aux grands voyages, ces dernières années.
5. Les Français voyagent à l'étranger plus que les autres Européens.
6. Presque tous les Français pratiquent un sport toute l'année.

C **Familles de mots.** Choisissez le mot qui correspond.

1. préférer
2. les vacances
3. bas
4. acheter
5. haut
6. partir
7. loin
8. initier
9. perfectionner
10. connaître

a. lointain
b. un achat
c. la préférence
d. le départ
e. le vacancier
f. le perfectionnement
g. la connaissance
h. la baisse
i. la hausse
j. l'initiation

Touristes étrangers sur la Place du Tertre, à Paris

Activités

A **La France, pays touristique.** Les statistiques indiquent que la France est le premier pays touristique en Europe, et le deuxième dans le monde. Vous avez beaucoup appris sur la France. Écrivez un paragraphe qui explique pourquoi les touristes du monde entier aiment tant aller en France.

B **Vous allez en France.** Imaginez que vous allez faire un voyage en France. Préparez une liste de tout ce que vous allez faire et voir.

CULTURE 7

COOPERATIVE LEARNING

Activités A & B, page 7: Have students divide into small groups and choose a leader. Students can work together on these activities. The leader makes all the final corrections in the paragraph and on the list then shares his/her corrections with the other members of the group to ascertain if there is a consensus of opinion.

INDEPENDENT PRACTICE

Assign any of the following:
1. *Compréhension* exercises on this page
2. Workbook, *Culture*

Compréhension
ANSWERS

Compréhension A
Answers will vary but may include the following:
1. C'est la France.
2. En France.
3. Les Français aiment passer leurs vacances en France à cause de la richesse touristique de la France, du caractère peu aventureux des Français, et de leurs contraintes financières.
4. En Espagne et au Portugal.
5. La quête du soleil explique la migration nord-sud des Français.
6. Le tennis, le cyclisme et la planche à voile.
7. Les vacances culturelles commencent à intéresser les Français.

Compréhension B
1. La plupart des Français préfèrent passer leurs vacances à la mer.
2. La plupart des Français restent en France.
3. Les prix des transports aériens ont baissé.
4. La situation économique en France n'a pas été très favorable aux grands voyages ces dernières années.
5. Les Français voyagent à l'étranger moins que les autres Européens.
6. Pour beaucoup de Français, les vacances constituent une occasion unique pour pratiquer un sport.

Compréhension C
1. c
2. e
3. h
4. b
5. i
6. d
7. a
8. j
9. f
10. g

Activités
ANSWERS

Activités A and B
Answers will vary.

7

CONVERSATION

AVION OU TRAIN?
Vocabulaire

Vocabulary Teaching Resources
1. Audio Cassette 1
2. Student Tape Manual
3. Workbook
4. Chapter Quizzes

PRESENTATION *(page 8)*

A. Have students open their books to page 8. Have them repeat each word, expression, or sentence after you or Cassette 1.
B. Call on a student to read the words and definitions. You may wish to have one student read the word, and another the definition.
C. You can intersperse the questions from Exercise A as you are presenting the vocabulary.
D. In more able groups, you may call on individuals to use the new words in an original sentence.

Note: You may wish to point out to students that the word *aérogare* which they learned in *Bienvenue* and *À bord* as the city airport bus terminal also means the airline terminal at the airport.

CONVERSATION

AVION OU TRAIN?

VOCABULAIRE

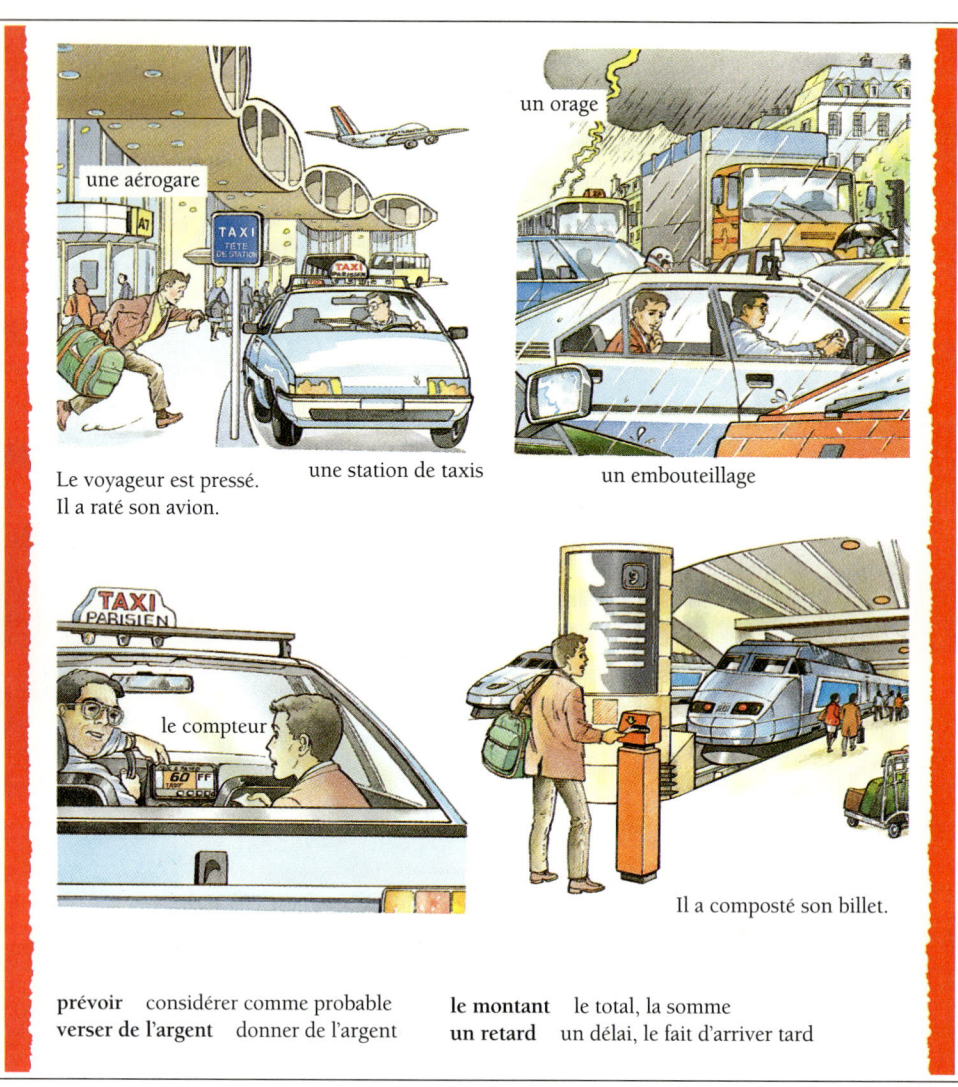

Le voyageur est pressé. Il a raté son avion.
une station de taxis
un orage
un embouteillage
le compteur
Il a composté son billet.

prévoir considérer comme probable
verser de l'argent donner de l'argent
le montant le total, la somme
un retard un délai, le fait d'arriver tard

8 CHAPITRE 1

CRITICAL THINKING

(Thinking skills: Identifying consequences)
Quelle influence le mauvais temps exerce-t-il sur les transports? Quelles en sont les conséquences?

Exercices

A Embouteillage. Répondez d'après le dessin.

1. Il y a un orage?
2. Il y a un embouteillage?
3. Cette femme ne peut pas avancer?
4. Cette femme est pressée?
5. Où va-t-elle?
6. Comment y va-t-elle?
7. Le train est déjà parti?
8. Elle a raté son train?

B Quel est le mot? Trouvez le mot qui correspond à la définition donnée ici.

1. file de voitures qui ne peuvent pas avancer
2. endroit où on peut trouver un taxi
3. somme totale
4. mauvais temps
5. faire un pronostic
6. dans un taxi: appareil qui indique le prix à payer
7. gare pour voyageurs qui prennent l'avion

C Familles de mots. Choisissez le mot qui correspond.

1. retarder   a. le compteur
2. verser   b. le composteur
3. monter   c. le versement
4. rembourser   d. une indication
5. compter   e. le remboursement
6. indiquer   f. le montant
7. composter   g. le retard

CONVERSATION   9

INDEPENDENT PRACTICE

Assign any of the following:
1. Exercises A–C on this page
2. Workbook, *Conversation*

Exercices
PRESENTATION (page 9)
Extension of *Exercice A*
Students can describe the illustration in their own words.

Extension of *Exercices B and C*
You can do Exercise C a second time. Have students cover the second column and come up with the word on their own.

In more able groups you may have the students use the words in Exercises B and C in original sentences.

ANSWERS
Exercice A
1. Oui, il y a un orage.
2. Oui, il y a un embouteillage.
3. Oui, cette femme ne peut pas avancer.
4. Oui, elle est pressée.
5. Elle va à la gare.
6. Elle y va en taxi.
7. Oui, le train vient de partir.
8. Oui, elle a raté son train.

Exercice B
1. un embouteillage
2. une station de taxis
3. le montant
4. un orage
5. prévoir
6. le compteur
7. une aérogare

Exercice C
1. g
2. c
3. f
4. e
5. a
6. d
7. b

Scènes de la vie

Bell Ringer Review

Write the following on the board or use BRR Blackline Master 1-3: Écrivez dix mots dont on pourrait se servir à l'aéroport.

PRESENTATION *(page 10)*

A. You may wish to divide the conversation into three parts or present the entire conversation at once.
B. Have students listen to the *Conversation* on Cassette 1 with their books closed.
C. Call on students to read the *Conversation* aloud. Each one takes a different part.
D. You may wish to do the corresponding *Compréhension* exercise each time you complete a section of the *Conversation*.

SCÈNES DE LA VIE

À l'aéroport

M. BLOT: J'ai raté mon vol pour Nice. J'ai passé une bonne demi-heure dans un embouteillage sans avancer d'un centimètre.
HÔTESSE: Mais vous n'avez pas raté votre vol.
M. BLOT: Il n'est pas encore parti? Il a été retardé?
HÔTESSE: Non, il a été annulé à cause d'un problème technique.
M. BLOT: À quelle heure est le prochain vol, alors?
HÔTESSE: Il y a un autre vol qui doit partir à 13 h 55, mais on prévoit un retard de deux heures, au moins.
M. BLOT: Pourquoi? Encore un problème technique?
HÔTESSE: Non. Il y a de violents orages sur Nice, et les avions ne peuvent pas atterrir.
M. BLOT: Je crois que je vais prendre le train, alors. La compagnie peut me rembourser mon billet?
HÔTESSE: Bien sûr! Vous l'avez payé avec une carte de crédit?
M. BLOT: Oui.
HÔTESSE: Alors, au comptoir là-bas, on va vous donner un bulletin de remboursement et le montant sera versé à votre compte.
M. BLOT: Merci, mais je suis pressé. J'irai chez mon agent de voyages.
HÔTESSE: D'accord.
M. BLOT: Où est-ce que je peux trouver un taxi?
HÔTESSE: Quand vous sortez de l'aérogare, vous avez une station de taxis sur votre gauche.

10   CHAPITRE 1

LEARNING FROM PHOTOS

Ask students the following question: Qu'est-ce qui se passe au comptoir? Imaginez une autre conversation entre le passager et l'agent.

Dans un taxi

M. BLOT: Gare de Lyon, s'il vous plaît.
LE TAXI: Oui, Monsieur.
M. BLOT: Il faut que j'y sois avant 13 h. C'est possible?
LE TAXI: Oui, ça ne roule pas mal à cette heure-ci. On verra… Avec un peu de chance!
M. BLOT: C'est combien pour aller à la gare de Lyon?
LE TAXI: Ce que le compteur indiquera.

À la gare

M. BLOT: Le prochain train pour Nice part à quelle heure, s'il vous plaît?
EMPLOYÉ: À 13 h 24.
M. BLOT: C'est un express?
EMPLOYÉ: C'est un TGV.
M. BLOT: Il arrive à quelle heure?
EMPLOYÉ: À 20 h 22.
M. BLOT: Bien, alors donnez-moi un aller simple en seconde, s'il vous plaît.
EMPLOYÉ: Très bien. Ça fait 500 F et 40 F pour la réservation. Ça fait 540 F en tout… Et voilà votre billet, Monsieur. Surtout n'oubliez pas de le composter.

CRITICAL THINKING

(Thinking skills: Supporting Statements with Reasons, Problem-solving)

1. Donnez votre opinion. M. Blot a-t-il bien fait quand il a décidé d'aller à la gare et de prendre le train? Pourquoi?
2. Qu'est-ce que vous auriez fait si vous aviez été M. Blot?

Compréhension

PRESENTATION (page 12)

Compréhension A, B, and C

After you go over each exercise, call on a student to retell the corresponding part of the conversation in his/her own words.

Extension of *Compréhension A, B,* and *C*

Have students make up and answer their own questions about the conversation.

ANSWERS

Compréhension A
1. M. Blot va à Nice.
2. Il est arrivé en retard parce qu'il a passé une bonne demi-heure dans un embouteillage.
3. Non, son vol n'est pas parti. Il a été annulé.
4. Le vol a été annulé à cause d'un problème technique.
5. Le prochain vol partira en retard parce qu'il y a de violents orages sur Nice et les avions ne peuvent pas atterrir.
6. Il décide de prendre le train.
7. Oui, la compagnie peut lui rembourser l'argent qu'il a payé.
8. On va lui donner un bulletin de remboursement.
9. Il ira à son agence de voyages parce qu'il est pressé.
10. Il veut aller à la gare en taxi.
11. Il peut trouver un taxi dans une station de taxis, à la sortie de l'aérogare.

Compréhension B
1. Il va à la gare de Lyon.
2. Il veut y être avant 13 heures.
3. Oui, c'est possible.
4. Parce que ça roule pas mal à cette heure-là.
5. C'est ce que le compteur indiquera.

Compréhension C
1. à 13h24
2. TGV
3. à 20h22
4. un aller simple en seconde
5. 540F en tout

Compréhension

A **M. Blot à l'aéroport.** Répondez d'après la conversation.

1. Où va M. Blot?
2. Pourquoi est-il arrivé à l'aéroport en retard?
3. Son vol est parti?
4. Pourquoi le vol a-t-il été annulé?
5. Pourquoi le prochain vol partira-t-il en retard?
6. Qu'est-ce que M. Blot décide de faire?
7. La compagnie peut lui rembourser l'argent qu'il a payé?
8. Qu'est-ce qu'on va lui donner?
9. Pourquoi M. Blot ira-t-il à son agence de voyages?
10. Comment veut-il aller à la gare?
11. Où est-ce qu'il peut trouver un taxi?

B **M. Blot dans un taxi.** Répondez d'après la conversation.

1. M. Blot va à quelle gare?
2. Il veut y être quand?
3. C'est possible?
4. Pourquoi?
5. C'est combien pour aller de l'aéroport d'Orly à la gare de Lyon?

C **M. Blot à la gare.** Complétez d'après la conversation.

1. Le prochain train pour Nice part ___.
2. C'est un ___.
3. Il arrive à Nice ___.
4. M. Blot prend ___.
5. Le billet lui a coûté ___.

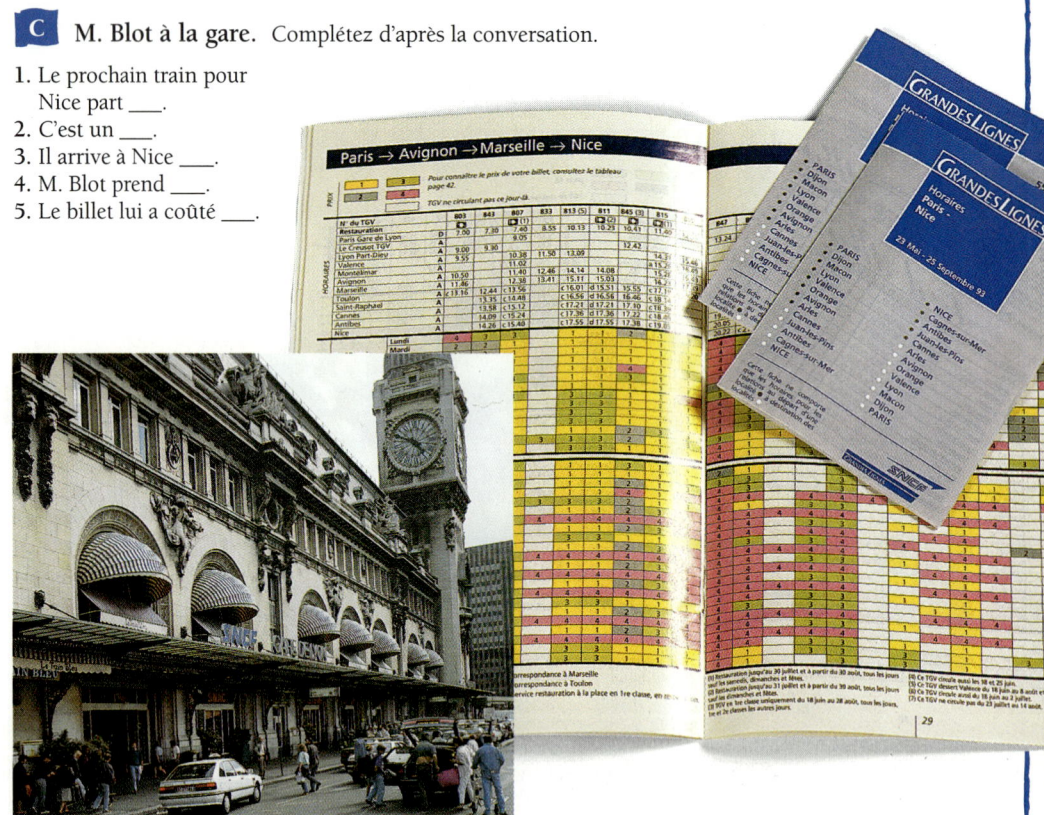

La gare de Lyon, à Paris

12   CHAPITRE 1

COOPERATIVE LEARNING

Exercice B, page 12: This exercise can be done as a paired or group activity.

Activités de communication

A **À l'aéroport Charles-de-Gaulle.** Vous allez de Paris à New York. Vous êtes au comptoir de la compagnie aérienne. Votre vol a du retard. Préparez une conversation avec un(e) camarade de classe qui sera l'agent de la compagnie aérienne. Voici des mots que vous avez déjà appris et dont vous aurez peut-être besoin:

> le départ, les bagages, la porte, le vol, l'avion, l'appareil, décoller, atterrir, faire enregistrer les bagages, à destination de, en provenance de

B **À la gare de Lyon.** Vous allez de Paris à Marseille. Vous êtes dans la gare de Lyon à Paris. Vous avez peur d'avoir raté votre train. Préparez une conversation avec un(e) camarade qui sera l'employé(e) du chemin de fer *(railway)*. Voici des mots que vous avez déjà appris et dont vous aurez peut-être besoin:

> la salle d'attente, attendre le prochain train, un haut-parleur, l'annonce, partir à l'heure, en avance, en retard, le guichet, un billet aller-retour, en première, en seconde, mettre ses bagages à la consigne, monter en voiture, changer de train

Nice: la baie des Anges et l'Hôtel Negresco

C **À l'hôtel.** Vous venez de passer une semaine à Nice. Malheureusement, vous devez repartir aujourd'hui pour les États-Unis. Vous êtes à la réception de votre hôtel pour payer votre facture. Vous voulez aussi un taxi pour aller à l'aéroport. Préparez une conversation avec un(e) camarade qui sera le/la réceptionniste. Voici des mots que vous avez déjà appris et dont vous aurez peut-être besoin:

> libérer la chambre, rendre sa clé, vérifier les frais, descendre les bagages, demander la facture, payer avec une carte de crédit, avec un chèque de voyage, en espèces

CONVERSATION 13

LANGAGE

Bell Ringer Review
Write the following on the board or use BRR Blackline Master 1-4: Écrivez cinq lieux que vous voudriez visiter si vous visitiez une grande ville française. Indiquez ce que vous voudriez y faire.

EN VOYAGE!

OVERVIEW
The language section gives students the opportunity to use real-life expressions they would need in all types of travel situations.

REGISTER
You may wish to give students some information concerning register as they learn to ask questions.

Formal
Pardon, pourriez-vous me dire…
Auriez-vous…

Less formal
Pardon, vous pouvez me dire…
Vous avez…

PRESENTATION *(page 14)*
A. It is suggested that you read the explanatory information to the class.
B. Have the class repeat the expressions. This can be done in unison. Have the students use as much expression as possible. Pay particular attention to intonation.

LANGAGE

EN VOYAGE!

À quelqu'un qui part en voyage, vous dites:

> Bon voyage!
> Bonnes vacances!
> Amuse-toi bien!

Quand vous êtes en vacances ou quand vous voyagez, il faut prendre toutes sortes de renseignements. Il faut toujours savoir où, quand, à quelle heure quelque chose aura lieu. Si vous voulez demander des renseignements à quelqu'un, pour être poli(e), vous pouvez commencer par:

> Pardon, Monsieur/Madame/Mademoiselle!
> Excusez-moi, mais…
> Pardon, pourriez-vous me dire…
> Pardon, vous pouvez me dire…
> … où se trouve la poste, s'il vous plaît?
> … quand a lieu le concert?
> … à quelle heure part le train pour Lyon?

Si vous voulez savoir comment faire quelque chose, vous pouvez demander:

> Comment dois-je faire pour…
> … téléphoner aux États-Unis?
> … réserver une place dans le TGV?
> … aller à la gare de Lyon?

Si vous voulez savoir si quelque chose est disponible, vous pouvez demander:

> Est-ce que vous auriez…
> … une chambre pour une personne?
> … une table de libre?
> … une place côté fenêtre?
> Est-ce qu'il y a encore des places?

14   CHAPITRE 1

Il vaut mieux savoir le prix de quelque chose avant de l'acheter ou de la réserver. Aussi, vous pouvez demander:

> Quel est le prix de ce chemisier?
> Ça coûte combien, cette chambre?
> C'est combien l'aller-retour?
> À combien sont les pommes?
> Ça fait combien tout ça?

Si quelqu'un vous demande quelque chose et que vous ne pouvez pas lui répondre, vous pouvez dire:

> Je suis désolé(e)…
> … mais je ne suis pas d'ici.
> … mais je ne sais pas.

Activités de communication

Prenez tous les renseignements. Imaginez que vous voyagez en France et que vous vous trouvez dans les situations suivantes. Travaillez avec un(e) camarade.

1. Vous voudriez aller de Paris à Madrid en avion. Allez voir votre agent de voyages et prenez tous les renseignements dont vous avez besoin.
2. Vous voudriez aller de Paris à Marseille par le train. Allez dans une gare prendre tous les renseignements dont vous avez besoin, et achetez votre billet.
3. Vous êtes à l'aéroport de Nice et vous voulez aller à Cannes en taxi. Parlez d'abord à l'agent des renseignements, puis à un chauffeur de taxi.
4. Vous arrivez, avec des amis, dans un hôtel à Saint-Malo, en Bretagne. Demandez tous les renseignements nécessaires pour obtenir de bonnes chambres pour vous et vos trois amis.
5. Votre chanteur préféré est à Paris. Vous voulez aller à son concert. Posez à la réceptionniste de votre hôtel parisien toutes les questions nécessaires pour pouvoir aller à ce concert.
6. Vous voulez savoir où vous pouvez acheter un journal en anglais près de votre hôtel. Demandez à la réceptionniste.

7. Vous voulez savoir comment utiliser un téléphone public. Demandez à un(e) passant(e).
8. Vous êtes dans un magasin de vêtements. Il y a des choses qui vous intéressent et que vous voudriez acheter. Demandez les prix.

LANGAGE 15

STRUCTURE I

Structure Teaching Resources

1. Workbook, *Structure I*
2. Student Tape Manual, *Structure I*
3. Audio Cassette 1
4. Chapter Quizzes, *Structure I*
5. Testing Program, *Structure I*

Bell Ringer Review

Write the following on the board or use BRR Blackline Master 1-5: Mettez les phrases suivantes au présent:
1. J'ai passé toute la journée à la plage.
2. J'ai vu mes amis.
3. Nous avons nagé.
4. Nous avons bronzé.
5. Nathalie a loué un petit bateau.
6. Robert n'a pas fini son travail.
7. Nous n'avons pas attendu Robert à la plage.

Le passé composé avec avoir: verbes réguliers ◆

PRESENTATION (pages 16–17)

A. Many groups should be able to skip the review of this topic.
B. Have students repeat the past participles. Write them on the board and underline the ending.
C. Have students open their books and read the paradigms aloud.
D. Call on students to read the expressions and model sentences in Steps 5, 6, and 7.

16

STRUCTURE I

Le passé composé avec *avoir*: verbes réguliers
Describing Past Actions

1. The *passé composé*, or conversational past tense, is used for actions that both began and ended in the past. The *passé composé* of most verbs is formed by using the present tense of *avoir* and the past participle of the verb.

2. The past participle of regular verbs is formed by dropping the ending of the infinitive and adding *-é* to the *-er* verbs, *-i* to the *-ir* verbs, and *-u* to the *-re* verbs.

   parler →   parl-é →   parlé
   finir →   fin-i →   fini
   attendre →   attend-u →   attendu

   Almost all past participles end in the sounds /é/, /i/, or /ü/.

/é/	/i/	/ü/
parlé	fini	perdu
regardé	choisi	attendu

La fontaine Stravinski près du Centre Pompidou

3. Review the forms of the *passé composé* of regular verbs.

PARLER	FINIR	ATTENDRE
j' ai parlé	j' ai fini	j' ai attendu
tu as parlé	tu as fini	tu as attendu
il a parlé	il a fini	il a attendu
elle a parlé	elle a fini	elle a attendu
nous avons parlé	nous avons fini	nous avons attendu
vous avez parlé	vous avez fini	vous avez attendu
ils ont parlé	ils ont fini	ils ont attendu
elles ont parlé	elles ont fini	elles ont attendu

4. The verbs *dormir*, *servir*, and *sentir* have regular past participles.

   dormir → *dormi*   servir → *servi*   sentir → *senti*

16   CHAPITRE 1

COOPERATIVE LEARNING

After completing the exercises on page 17, have students do the following activity. Have students work in groups of four. Give them the following verbs and phrases: *voyager, travailler, attendre le train*. Students 1–3 will prepare a mini-conversation for each verb or phrase and Student 4 will report to the class.
É1: Avec qui as-tu voyagé?
É2: J'ai voyagé avec mon ami.
É3: Quand avez-vous voyagé?
É2: Nous avons voyagé l'été dernier.
É4 (*à la classe*): É2 et son ami ont voyagé l'été dernier.

5. The *passé composé* is often used with the following time expressions:

>   hier   avant hier
>   hier soir   la semaine dernière
>   hier matin   l'année dernière

> *J'ai parlé* à Mathieu *hier soir*.
> Il *a fini* ses cours *avant hier*.
> Il *a perdu* son chien *la semaine dernière*.

6. The negative of the *passé composé* is formed by putting *ne* (*n'*) before the form of *avoir* and *pas* after it.

> Il *a voyagé* avec elle.
> Il *n'a pas voyagé* avec elle.

7. Note how questions are formed in the *passé composé*.

> Tu *as voyagé* avec elle?
> Est-ce que tu *as voyagé* avec elle?
> *As*-tu *voyagé* avec elle?

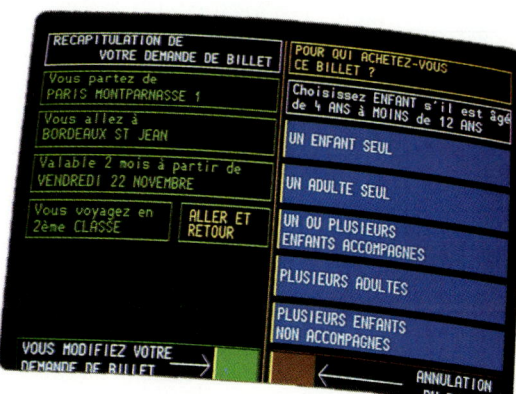

Exercices

A Hier soir. Donnez des réponses personnelles.

1. Tu as dîné en famille hier soir?
2. Qu'est-ce que vous avez mangé?
3. Après le dîner, tu as préparé tes leçons?
4. Tu as beaucoup étudié?
5. À quelle heure as-tu fini tes devoirs?
6. Ensuite, est-ce que tu as regardé la télé?
7. Tu as choisi quel programme?
8. Le téléphone a sonné?
9. Qui a répondu au téléphone?
10. Tu as parlé au téléphone?
11. Qui a téléphoné?
12. Vous avez parlé en anglais ou en français?

B Les voyageurs. Mettez au passé composé.

1. Les voyageurs attendent le train.
2. J'entends l'annonce du départ du train.
3. Le conducteur crie «En voiture!»
4. Je cherche ma place.
5. Tous les passagers louent leurs places à l'avance.
6. Je trouve ma place.
7. Tu dors pendant le voyage?
8. On sert un repas aux voyageurs?

STRUCTURE I 17

INDEPENDENT PRACTICE

Assign any of the following:
1. Exercises on this page
2. Workbook, *Structure*

Exercices

PRESENTATION (page 17)

Exercices A and B
Note that we have used the conversational word order in these questions—rising intonation at end of question. These exercises can be done with books closed, open, or once each way.

Extension of Exercices A and B
Have students give the information from these exercises in their own words.

ANSWERS

Exercice A
Answers will vary.

Exercice B
1. Les voyageurs ont attendu le train.
2. J'ai entendu l'annonce du départ du train.
3. Le contrôleur a crié: «En voiture!»
4. J'ai cherché ma place.
5. Tous les voyageurs ont loué leurs places à l'avance.
6. J'ai trouvé ma place.
7. Tu as dormi pendant le voyage?
8. On a servi un repas aux voyageurs?

17

Bell Ringer Review

Write the following on the board or use BRR Blackline Master 1-6: Complétez au présent.
1. Je le ___ et vous le ___. (dire)
2. Il ___ et nous ___. (rire)
3. Le prof ___ et les élèves ___. (comprendre)
4. Elle ___ et nous ___. (écrire)
5. Je l' ___ mais tu ne l' ___ pas. (avoir)
6. Je ___ , mais ils ne ___ pas. (pouvoir)

Le passé composé avec avoir: verbes irréguliers ◆

PRESENTATION *(page 18)*

A. Explain to students who need this review that most irregular past participles end in the same sounds as regular past participles. The sound /i/ can have several spellings.

B. Then have students read the past participles aloud. Tell them to focus their attention on the spelling as they read.

Teaching Tip

To avoid doing large segments of grammar at one time, you may wish to intersperse the grammar points as you are doing other sections of the lesson. If your students need to do the review grammar, you may wish to go over these points as you are doing the *Culture*, *Conversation*, and *Langage* sections of the chapter. If you prefer, however, you can spend two or three class periods in succession doing the review grammar.

Le passé composé avec *avoir*: verbes irréguliers

Describing Past Actions

1. The past participle of most irregular verbs ends in either the sound /i/ or /ŭ/. Note, however, that the spellings of the /i/ sound can vary. Review the following irregular past participles of commonly used verbs.

/i/		/ŭ/	
-i		**-u**	
rire	ri	devoir	dû
sourire	souri	avoir	eu
suivre	suivi	boire	bu
		lire	lu
-is		pouvoir	pu
		voir	vu
mettre	mis	connaître	connu
permettre	permis	recevoir	reçu
prendre	pris	vouloir	voulu
apprendre	appris	falloir	fallu
comprendre	compris	courir	couru
		vivre	vécu
-it		croire	cru
dire	dit		
écrire	écrit		
conduire	conduit		
produire	produit		

2. The past participles of the following verbs end in *-ert*.

ouvrir	ouvert	offrir	offert
couvrir	couvert	souffrir	souffert
découvrir	découvert		

3. The past participles of *être* and *faire* are also irregular.

   être → été   faire → fait

18   CHAPITRE 1

Exercices

A **Au café.** Répondez par «oui».

1. Jacques a fait un voyage?
2. Il a été au café?
3. Il a regardé les gens?
4. Il a vu des copains?
5. Il a bu un café?
6. Il a lu le journal?
7. Il a ouvert sa correspondance?
8. Il a reçu beaucoup de lettres?
9. Il a écrit des cartes postales?
10. Il a mis des timbres sur ses cartes?

B **Un magazine de voyages.** Répondez par «oui».

1. Tu as voulu acheter un magazine français?
2. Tu as lu ce magazine?
3. Tu l'as compris?
4. Tu as beaucoup appris?
5. Tu as mis le magazine sur la table?
6. Ton ami a vu le magazine?
7. Il a ouvert le magazine?

C **Un voyage au Canada.** Mettez au passé composé.

1. Nathalie fait un voyage au Canada.
2. Elle prend sa voiture.
3. Elle conduit avec prudence.
4. Elle met sa ceinture de sécurité.
5. Elle obéit aux limitations de vitesse.
6. Elle lit les panneaux en français.
7. Elle les comprend.
8. Elle doit payer beaucoup de péage.
9. Elle veut visiter Montréal.
10. Elle peut faire du ski au Mont-Tremblant.
11. Elle suit ses amis jusqu'à Québec.

Vue panoramique de Québec, prise du Saint-Laurent; et Le Château Frontenac

STRUCTURE I   19

DID YOU KNOW?

1. Le château Frontenac est un site célèbre de Québec. C'est un hôtel. Frontenac est le nom du gouverneur général de la Nouvelle-France de 1672 à 1682.
2. La ville de Québec a été fondée par Samuel de Champlain en 1608. C'est le premier village français en Amérique du Nord. Jusqu'en 1763, c'est la capitale de la Nouvelle-France, c'est-à-dire, le centre administratif d'un immense territoire qui va du golfe du St-Laurent au golfe du Mexique et des Appalaches aux Montagnes Rocheuses. De nos jours, Québec est la capitale de la province du Québec. Québec attire chaque année de nombreux touristes, surtout au moment des célébrations du Mardi Gras, présidées par Bonhomme Carnaval.

Exercices

Note: Note that although the major objective of these exercises is the review of irregular past participles and verbs in the *passé composé*, students learn some interesting historical information from the exercises. Exercise D deals with the *châteaux* of the Loire Valley. Exercise E gives information concerning the discovery and colonization of Canada.

PRESENTATION *(page 20)*

A. Because of the historical information in these exercises, you may wish to have students who do not really need a review of the *passé composé* do them anyway.

B. Have students prepare these exercises before going over them in class.

Extension of *Exercices* D and E

Give students four minutes to write down all the information they recall from the exercises.

ANSWERS
Exercice D
1. a fait
2. ont eu
3. a passé
4. a fait
5. a écrit
6. ont passé
7. a construit
8. a vu
9. ont vécu
10. a acheté
11. a servi

Exercice E
1. a vu
2. a quitté
3. a découvert
4. a cru
5. a donné
6. a pris
7. a été
8. a colonisé
9. a été
10. a fondé

D Une excursion aux châteaux de la Loire. Complétez au passé composé.

1. La semaine dernière, la classe de Serge ___ une excursion aux châteaux de la Loire. (faire)
2. Malheureusement, ils n'___ pas ___ le temps de les visiter tous. (avoir)
3. Serge ___ plusieurs heures au château de Chambord. (passer)
4. Dans ce beau château, le roi Louis XIV ___ représenter des pièces de Molière. (faire)
5. Molière est un grand écrivain du XVIIe siècle qui ___ beaucoup de comédies. (écrire)
6. Après leur visite du château de Chambord, Serge et ses camarades ___ quelques heures au château de Chenonceaux. (passer)
7. On ___ le château de Chenonceaux au XVIe siècle. (construire)
8. À Chenonceaux, Serge ___ les appartements des rois. (voir)
9. Plusieurs rois de France ___ dans les appartements de Chenonceaux. (vivre)
10. En 1733, le fermier général Dupin ___ le château. (acheter)
11. Au XVIIIe siècle, le château ___ de résidence à beaucoup d'écrivains et de philosophes, comme Voltaire et Rousseau. (servir)

E Un Malouin célèbre. Complétez au passé composé.

Saint-Malo est une jolie ville sur la côte bretonne. Cette ville ___(1) (voir) naître plusieurs personnages célèbres, tels que Jacques Cartier.

Cartier ___(2) (quitter) la Bretagne en 1534 pour chercher une route vers l'Asie par le nord du Nouveau-Monde. Arrivé dans la région de Terre-Neuve, il ___(3) (découvrir) l'estuaire du Saint-Laurent. Il ___(4) (croire) que c'était l'estuaire d'un grand fleuve d'Asie.

Dans la langue des Hurons, les Indiens de la région, le mot «canada» signifie «village». C'est Jacques Cartier qui ___(5) (donner) le nom de Canada au pays. Il ___(6) (prendre) possession du Canada au nom du roi de France.

Cartier ___(7) (être) le «découvreur» du Canada, mais ce n'est pas lui qui ___(8) (coloniser) le pays. C'est Samuel de Champlain qui ___(9) (être) le colonisateur du Canada français et qui ___(10) (fonder) la ville de Québec en 1608.

«Jacques Cartier», d'après une peinture par P. Gendon

CHAPITRE 1

DID YOU KNOW?

En 1534, Cartier traverse l'Atlantique en 20 jours—un voyage rapide à cette époque!

INDEPENDENT PRACTICE

Assign any of the following:
1. Exercises on pages 19–20
2. Workbook, *Structure I*

Le passé composé avec être — *Describing Past Actions*

1. Review the following verbs that are conjugated with *être*, rather than *avoir*, in the *passé composé*. Note that many verbs conjugated with *être* express motion to or from a place.

aller →	allé	arriver →	arrivé	rester →	resté
venir	venu	partir	parti	devenir	devenu
entrer	entré	passer	passé	tomber	tombé
sortir	sorti	retourner	retourné	naître	né
rentrer	rentré	monter	monté	mourir	mort
revenir	revenu	descendre	descendu		

2. With verbs conjugated with *être*, the past participle must agree in number (singular or plural) and gender (masculine or feminine) with the subject.

ALLER	NAÎTRE
je suis *allé(e)*	je suis *né(e)*
tu es *allé(e)*	tu es *né(e)*
il est *allé*	il est *né*
elle est *allée*	elle est *née*
nous sommes *allé(e)s*	nous sommes *né(e)s*
vous êtes *allé(e)(s)*	vous êtes *né(e)(s)*
ils sont *allés*	ils sont *nés*
elles sont *allées*	elles sont *nées*

Exercices

A En France! Répondez d'après les indications.

1. Tu es allé(e) où? (en France)
2. Tu y es allé(e) avec qui? (mon prof de français)
3. Comment êtes-vous allés en France? (en avion)
4. L'avion est parti à l'heure? (oui)
5. Il est arrivé à l'heure? (oui)
6. Vous êtes partis de quel aéroport? (Kennedy à New York)
7. Vous êtes arrivés à quel aéroport? (Charles-de-Gaulle à Paris)
8. Tu es resté(e) combien de jours à Paris? (cinq)
9. Vous êtes montés en haut de la tour Eiffel? (oui)
10. Vous êtes descendus dans les Catacombes? (non)
11. Tu es passé(e) devant l'Élysée? (oui)
12. Vous êtes sortis seuls? (non, avec un guide)

STRUCTURE I

DID YOU KNOW?

The entrance to Paris' Catacombs is in the Place Denfert-Rochereau in the 14th *arrondissement*. The catacombs were originally Gallo-Roman excavations that were dug at the bases of three mountains: Montparnasse, Montsouris, and Montrouge. They were turned into ossuaries in 1785. Several million skeletons from the Innocents and other cemeteries were then transported to the catacombs.

During World War II, the Resistance movement established its headquarters in the catacombs.

Bell Ringer Review
Write the following on the board or use BRR Blackline Master 1-7: Récrivez au présent.
1. Nous sommes allés à la plage.
2. Robert est venu avec nous.
3. Nous sommes descendus à la plage.
4. Nous sommes restés toute la journée à la plage.

Le passé composé avec être ◆◆

PRESENTATION (page 21)
A. Read Step 1 to students and have them repeat the past participles aloud.
B. Have students repeat the paradigms aloud in unison.

Exercices
ANSWERS
Exercice A
1. Je suis allé(e) en France.
2. J'y suis allé(e) avec mon prof de français.
3. Nous sommes allés en France en avion.
4. Oui, l'avion est parti à l'heure.
5. Oui, il est arrivé à l'heure.
6. Nous sommes partis de l'aéroport Kennedy à New York.
7. Nous sommes arrivés à l'aéroport Charles-de-Gaulle à Paris.
8. Je suis resté(e) cinq jours à Paris.
9. Nous sommes montés en haut de la tour Eiffel.
10. Non, nous ne sommes pas descendus dans les Catacombes.
11. Oui, je suis passé(e) devant l'Élysée.
12. Non, nous sommes sortis avec un guide.

Exercices

PRESENTATION (continued)

Exercice B

This exercise can be done with books closed, open, or both.

Exercice C

It is suggested that you have students prepare Exercise C before going over it in class.

Extension of Exercice C

Upon completion of Exercise C, have one student give the class all the information in his/her own words.

ANSWERS

Exercice B

Answers will vary.

Exercice C
1. est allée
2. sont allés
3. est descendue
4. est arrivée
5. est entrée
6. sont montés
7. sont restés
8. est né, est mort
9. sont sortis
10. sont allés
11. est arrivé, sont montés
12. est rentrée
13. est tombé
14. est montée

RECYCLING

Ask students what they remember about Impressionism. Information regarding the French Impressionists can be found in *Bienvenue*, page 428.

HISTORY CONNECTION

The original gare d'Orsay was opened on July 14, 1900 for the *Exposition Universelle*. Because of electrification, the main-line trains (*les grandes lignes*) moved to the gare d'Austerlitz and only suburban trains used the gare d'Orsay. The building was about to be demolished but in 1973 it was classified as a historical monument. The new museum was opened in 1987.

B Au cinéma. Répondez.
1. Tu es sorti(e) hier soir?
2. Tu es sorti(e) avec qui?
3. Vous êtes allé(e)s au cinéma?
4. À quelle heure êtes-vous arrivé(e)s au cinéma?
5. Et vous êtes sorti(e)s à quelle heure?
6. Tu es rentré(e) chez toi à quelle heure?
7. Et ton copain, à quelle heure est-il rentré?
8. Et ta copine, à quelle heure est-elle rentrée?

Le grand hall du Musée d'Orsay

C Au Musée d'Orsay. Complétez d'après les indications.
1. Hier, Camille ___ au Musée d'Orsay avec des copains. (aller)
2. Ils ___ voir l'exposition Renoir. (aller)
3. Camille ___ du métro à la station Musée d'Orsay. (descendre)
4. Elle ___ au musée à quatorze heures. (arriver)
5. Elle ___ dans le musée avec ses copains. (entrer)
6. Ils ___ au deuxième étage. (monter)
7. Ils ___ une heure à regarder les tableaux de Renoir. (rester)
8. Renoir, le célèbre peintre impressionniste, ___ en 1841 et il ___ en 1919. (naître, mourir)
9. Camille et ses copains ___ de l'exposition à quinze heures trente. (sortir)
10. Ils ___ à la station de métro ensemble. (aller)
11. Le train ___ et ils ___. (arriver, monter)
12. Camille ___ chez elle à seize heures trente. (rentrer)
13. L'ascenseur ___ en panne. (tomber)
14. Camille ___ à pied à son appartement. (monter)

22 CHAPITRE 1

Pierre Auguste Renoir: «Jeunes Filles au Piano»

PAIRED ACTIVITY

Have students do the following paired activity:

Travaillez avec un(e) camarade. Parlez de tout ce que vous avez fait l'été dernier. Dites à la classe si vous avez fait la même chose ou des choses différentes.

INDEPENDENT PRACTICE

Assign any of the following:
1. Exercises on pages 21–22
2. Workbook, *Structure I*

Le passé composé de certains verbes avec *être* et *avoir*

Describing Past Actions

Verbs conjugated with *être* do not take a direct object. However, verbs such as *monter, descendre, sortir, rentrer, retourner,* and *passer* can be used with a direct object. When they are, their meaning changes, and the *passé composé* is formed with *avoir,* rather than *être.* Compare the following sentences:

WITHOUT DIRECT OBJECT	WITH DIRECT OBJECT
Elle *est montée* à pied.	Elle *a monté* les bagages.
Elle *est sortie* en voiture.	Elle *a sorti* le chien.

Exercice

 Visite à Notre-Dame. Mettez au passé composé.

1. Les touristes montent en haut des tours de Notre-Dame.
2. Ils montent 387 marches.
3. Ils descendent l'escalier beaucoup plus vite qu'ils ne le montent.
4. Ils sortent de la cathédrale après une visite d'une demi-heure.
5. Après la visite, Anne sort des pièces de monnaie de sa poche pour le guide.
6. Les touristes rentrent à l'hôtel pour le dîner.
7. Avant le dîner, ils montent dans leurs chambres.
8. Ils montent les souvenirs qu'ils ont achetés.

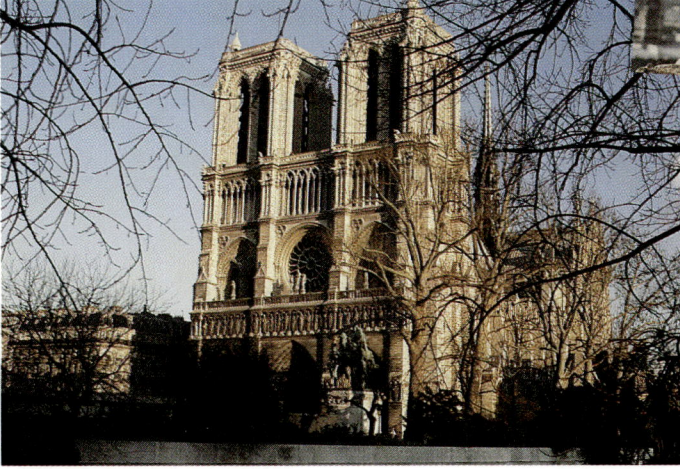

Notre-Dame de Paris

JOURNALISME

L'ACADIE

Bell Ringer Review
Write the following on the board or use BRR Blackline Master 1-8: Écrivez au moins quatre choses que vous vous rappelez au sujet du Canada.

Introduction

PRESENTATION (pages 24–25)

A. Explain to students: *Dans cette introduction vous allez vous familiariser un peu avec l'histoire d'une région du Canada. Quelque chose de très triste y est arrivé— le «Grand Dérangement».*
B. Have students locate the following on a map: *la Nouvelle-Écosse, le Nouveau-Brunswick, la Louisiane.*
C. You can have students read this introduction aloud or silently.
D. After the reading ask: *Qu'est-ce que le «Grand Dérangement»?*

LITERATURE CONNECTION
Have students read the poem "Evangeline" and analyze their feelings about it in French.

JOURNALISME

L'Acadie

«L'expulsion», gravure sur bois de F.O.C. Darley; et la Statue d'Évangéline à Saint-Martinville en Louisiane

INTRODUCTION

L'Acadie est une ancienne région du Canada qui correspond à ce qui est aujourd'hui la Nouvelle-Écosse et le Nouveau-Brunswick. Cette région a été cédée par la France à l'Angleterre en 1713.

En 1755, les Anglais ont expulsé les Acadiens de leur région. Après leur expulsion qu'ils ont appelée le «Grand Dérangement», la plupart des Acadiens sont partis vers la Louisiane. À cette époque, la Louisiane était encore un territoire français. Beaucoup ne sont jamais arrivés: ils ont disparu en mer, le long de la côte est des États-Unis. Ceux qui sont arrivés en Louisiane sont devenus les «Cajuns»—déformation d'«Acadiens».

Le poète américain, Henry Wadsworth Longfellow, a immortalisé le «Grand Dérangement» dans son poème *Évangéline*. Évangéline est une Acadienne qui a passé toute sa vie à chercher son fiancé, Gabriel, dont elle avait été séparée pendant le «Grand Dérangement».

L'article qui suit est une publicité qui a paru dans un journal canadien, pour encourager le tourisme dans la région acadienne. Cette publicité s'adresse-t-elle aux Canadiens anglophones ou aux Canadiens francophones? À vous de décider en la lisant.

CHAPITRE 1

DID YOU KNOW?

En s'aidant des cartes du cours du Mississippi établies par les explorateurs Jolliet et Marquette, Robert Cavelier de la Salle entreprend de descendre le Mississippi jusqu'au Golfe du Mexique. Il part de Fort Frontenac sur le Saint-Laurent, en 1679. Il arrive dans le delta du Mississippi en avril 1682. Cavelier de la Salle donne aux nouveaux territoires qu'il vient de découvrir le nom de Louisiane, en l'honneur du roi de France Louis XIV.

Après avoir été expulsés d'Acadie, beaucoup d'Acadiens vont à La Nouvelle-Orléans, mais ils y sont mal reçus parce que ce sont des paysans, alors que les Français de la Nouvelle-Orléans sont des aristocrates. Les Acadiens décident donc d'aller s'installer plus loin à l'intérieur des terres, dans les bayous.

VOCABULAIRE

une auberge

Les Acadiens sont accueillants.
Ils accueillent avec le sourire.
Leur accueil est chaleureux.

Les Acadiens aiment giguer.
Ils giguent au son des violons.

abriter   donner un endroit où habiter
surmonter   réussir à passer un obstacle
le dépaysement   état d'une personne qui vient de changer d'environnement
les mets (m.)   les aliments, la nourriture

Exercice

 Visitez la région acadienne. Complétez.

1. Quand les gens vont à l'étranger, ils ressentent un ___.
2. ___ des étrangers peut être chaleureux ou hostile.
3. On a plus de chance de recevoir un accueil chaleureux dans une ___ que dans un hôtel.
4. Beaucoup d'Acadiens habitent cette région. Cette région ___ beaucoup d'Acadiens.
5. Beaucoup de gens n'aiment pas manger de ___ trop épicés, trop piquants.
6. Il faut travailler dur pour ___ les obstacles.
7. La danse traditionnelle des Acadiens est la gigue. Les Acadiens aiment ___ au son des ___.
8. Les Acadiens ___ les gens avec le sourire. Ils sont ___.

JOURNALISME 25

L'Accueil acadien ◆◆

Bell Ringer Review

Write the following on the board or use BRR Blackline Master 1-9: **En cinq ou six phrases, décrivez la région où vous habitez.**

PRESENTATION (page 26)

A. Ask students to try to determine for whom this article was written.
B. You may wish to have the students read this selection in detail. If so, you may intersperse their reading (of it) with questions from Exercise A as students read aloud.
C. *L'idée principale:* À votre avis, quelle est l'idée principale de cet article? (Une possibilité: La joie de vivre existe toujours chez les Acadiens. Elle est contagieuse.)
D. Ask: *Pour qui cet article a-t-il été écrit?* (les Canadiens francophones)
E. Go over the *Compréhension* exercises on this page.

L'ACCUEIL ACADIEN

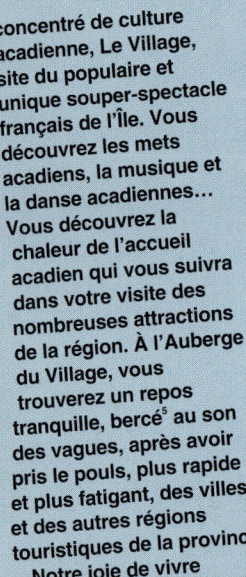

"Évangéline, Évangéline! Tout chante ici ton noble nom..."
Évangéline, c'est cette héroïne romantique par laquelle l'Acadie a été connue au delà des frontières d'espace et de temps, grâce à la plume[1] de Longfellow.

Évangéline, c'est aussi la région de l'Île-du-Prince-Édouard dont les habitants perpétuent la joie de vivre, l'hospitalité de l'héroïne, sa culture et sa langue, qui est aussi la vôtre, à quelques pointes d'accent près[2].

Située dans la partie sud-ouest du «Jardin du golfe», la région Évangéline abrite une population d'environ 2 000 Acadiens de langue maternelle française. La région Évangéline vous offre le dépaysement sans avoir à surmonter l'insécurité que cause une langue inconnue; le rythme de vie, basé ici sur les humeurs[3] d'une mer omniprésente, ne manquera pas de vous séduire. Et combien réparateur[4], ce regard porté sur l'eau, jusqu'à un horizon sans limites.

Le Musée acadien de l'Île, situé à Miscouche, est considéré comme la porte d'entrée de cette région. La porte s'ouvre et vous voilà lancé à l'aventure. Vous découvrez, à Mont-Carmel, un concentré de culture acadienne, Le Village, site du populaire et unique souper-spectacle français de l'Île. Vous découvrez les mets acadiens, la musique et la danse acadiennes... Vous découvrez la chaleur de l'accueil acadien qui vous suivra dans votre visite des nombreuses attractions de la région. À l'Auberge du Village, vous trouverez un repos tranquille, bercé[5] au son des vagues, après avoir pris le pouls, plus rapide et plus fatigant, des villes et des autres régions touristiques de la province.

Notre joie de vivre proverbiale est contagieuse et vous sentez déjà dans vos jambes l'envie de giguer au son de nos violons? Communiquez avec nous, à l'Association Touristique Évangéline et nous vous ferons parvenir toute l'information que vous désirez sur nos nombreux festivals et fêtes, sur notre histoire peu commune et sur notre culture. Nos violons sont accordés[6], prêts pour la fête. Joignez-vous à nous!

Association Touristique Évangéline, Case postale 12, Wellington (Î.-P.-É) C0B 2E0, tél. (902) 854-3131.

---

[1] **la plume** *pen*
[2] **à quelques... près** *apart from a hint of an accent*
[3] **humeurs** *moods*
[4] **réparateur** *refreshing*
[5] **bercé** *lulled*
[6] **accordés** *tuned*

26 CHAPITRE 1

DID YOU KNOW?

Prince Edward Island is located in the Gulf of Saint Lawrence off the coast of New Brunswick. Because of its warm ocean currents, beautiful red or white sandy beaches, and good fishing, the island is a popular summer resort.

Compréhension

A **Évangéline.** Répondez d'après le texte.

1. Qui est Évangéline?
2. Qui a écrit *Évangéline*?
3. Évangéline est aussi autre chose. Qu'est-ce que c'est?
4. Où se trouve la région Évangéline?
5. Combien d'Acadiens y a-t-il dans cette région?
6. Quelle est leur langue maternelle?
7. Quel est l'instrument de musique favori des Acadiens?

B **D'après vous.** Analysez.

1. Quelles sont les phrases de cet article qui indiquent qu'il s'adresse aux Canadiens francophones?
2. Pourquoi la mer est-elle «omniprésente»? Pourquoi y a-t-il «un horizon sans limites»?

L'Île-du-Prince-Édouard

Activités

A **Attractions.** Préparez une liste des attractions qui attendent le touriste dans la région acadienne.

B **Renseignements.** Vous voudriez aller visiter l'Île-du-Prince-Édouard. Écrivez une lettre à l'Association Touristique Évangéline. Dites ce que vous voudriez recevoir comme renseignements sur les Acadiens et la région acadienne.

C **Les Cajuns.** Préparez un exposé sur les Cajuns de la Louisiane.

Saint-Martinville (Louisiane): une vieille maison acadienne

JOURNALISME   27

DID YOU KNOW?

Saint-Martinville est le cœur du pays cajun. C'est là, sur le Bayou Tèche, que se réfugient de nombreux Acadiens (Cajuns) après le Grand Dérangement. C'est à Saint-Martinville que l'héroïne du poète Longfellow retrouve son grand amour Gabriel. Le poème *Evangeline* est basé sur une histoire vraie: l'histoire d'Emmeline Labiche et de Louis Arceneaux.

INDEPENDENT PRACTICE

Assign any of the following:
1. *Compréhension* exercises on this page
2. Workbook, *Journalisme*

Compréhension

ANSWERS

Compréhension A
1. Évangéline est une héroïne romantique.
2. Longfellow a écrit *Evangeline*.
3. Évangéline est aussi la région de l'Île-du-Prince-Édouard.
4. Évangéline se trouve dans la partie sud-ouest du «Jardin du Golfe».
5. Il y a environ 2 000 Acadiens dans cette région.
6. Leur langue maternelle est le français.
7. Leur instrument favori est le violon.

Compréhension B
Answers will vary but may include the following:
1. «… et sa langue, qui est aussi la vôtre, à quelques pointes d'accent près», «… sans avoir à surmonter l'insécurité que cause une langue inconnue».
2. La mer est «omniprésente» parce que l'île est entourée de la mer. Il y a un «horizon sans limites» parce que l'île est dans l'océan Atlantique et qu'on ne voit pas d'autres pays quand on regarde la mer.

Activités

If you receive a particularly interesting report on *les Cajuns* (*Activité C*), have the student who prepared it present it to the class.

ANSWERS

Activités A, B, and *C*
Answers will vary.

HISTORY CONNECTION

L'Île-du-Prince-Édouard a été abordée par Jacques Cartier en 1534. Champlain la baptise Isle Saint-Jean. Elle fait partie avec la Nouvelle-Écosse et le Nouveau-Brunswick de ce qui s'appelait l'Acadie. Ses habitants français sont expulsés de l'île en 1755 (Le Grand Dérangement) pour faire place aux immigrants anglais.

Bell Ringer Review

Write the following on the board or use BRR Blackline Master 1-10: Écrivez quatre phrases pour décrire: **Le temps en été et le temps en hiver là où vous habitez.**

LA MÉTÉO
Introduction

RECYCLING

Have students make a list of all the weather expressions they have already learned.

PRESENTATION *(page 28)*

Before reading the *Introduction*, ask students to make a list of adjectives under each type of weather they came up with for the Recycling activity above. Now ask volunteers to describe how the weather affects them emotionally.

Vocabulaire

Vocabulary Teaching Resources
1. Audio Cassette 1
2. Student Tape Manual
3. Workbook
4. Chapter Quizzes

PRESENTATION *(pages 28–29)*

A. Have students open their books to page 28 and repeat each expression after you or Cassette 1.
B. Upon completion of the vocabulary presentation, have students list storms according to severity: *une averse, un orage, une tempête.*

LA MÉTÉO

INTRODUCTION

Le temps intéresse toujours les voyageurs. Le mauvais temps peut créer des problèmes de transport et forcer les voyageurs à annuler leurs excursions. Et le beau temps fait sourire—les gens ont le sourire quand le ciel est bleu et que le soleil brille très fort. Alors presque tout le monde lit la météo pour savoir quel temps il fera. Le bulletin météorologique que vous allez lire a paru dans *Le Figaro* pour les 18 et 19 décembre de l'année dernière.

VOCABULAIRE

Le soleil brille.
Le ciel est dégagé.

un nuage

Il y a des nuages.
Le ciel est couvert/nuageux.

la pluie   une goutte de pluie

Il pleut.
Le temps est pluvieux.

28   CHAPITRE 1

Il va y avoir un orage.   Il fait chaud.
Le temps est orageux.   Il y a de gros nuages noirs.

la grêle   Boom!   un éclair
le tonnerre

Il fait de l'orage.
Il tombe de la grêle.

La pluie tombe.   La mer est agitée.   Le ciel se dégage.
Le vent souffle.   Il y a une tempête.   Il y a une éclaircie.
                                        Le soleil brille à nouveau.

une averse   pluie soudaine et abondante
une éclaircie   endroit clair dans un ciel nuageux
une rafale   coup de vent violent et momentané
la bruine   petite pluie fine
la brume   un peu d'humidité dans l'air
le brouillard   beaucoup d'humidité dans l'air, des nuages près du sol

changeant   variable
agité   avec des perturbations, le contraire de calme

Vocabulary Expansion

Notez les intempéries et les adjectifs correspondants:
la pluie - pluvieux
un orage - orageux
un nuage - nuageux
la brume - brumeux
le soleil - ensoleillé
la neige - enneigé

Exercices

PRESENTATION (page 30)

A. Exercise A can be done orally with books closed or open as soon as the vocabulary presentation is completed.

B. Exercises B and C can be assigned first and then gone over in class.

INFORMAL ASSESSMENT

Have students give a complete description of today's weather.

ANSWERS

Exercice A
Answers will vary.

Exercice B
Answers will vary but may include the following:
1. La pluie tombe.
2. Il tombe de la bruine.
3. Il y a du brouillard.
4. Il y a des nuages.
5. Le ciel sera nuageux.
6. Le temps est changeant.
7. Il y aura des éclaircies.
8. Il y aura des rafales.
9. Il fait de l'orage. (Le temps est orageux.)
10. Il y a un (Il fait de l') orage.
11. Il y a de la brume.
12. Il y aura une averse.
13. Il pleut. (La pluie tombe.)

Exercice C
1. orageux
2. (il) pleut
3. nuageux
4. l'éclaircie
5. changeant
6. agité(e)

Exercices

A Quel temps fait-il? Donnez des réponses personnelles.

1. Il pleut souvent là où vous habitez?
2. Le temps est pluvieux aujourd'hui?
3. Le ciel est nuageux ou dégagé?
4. Il y aura des éclaircies cet après-midi?
5. Il y a du vent? Le vent souffle?
6. La mer est calme ou agitée?
7. En quelle saison y a-t-il de la grêle?
8. En quelle saison y a-t-il beaucoup d'averses?
9. En quelle saison y a-t-il des orages?
10. En quelle saison y a-t-il de grosses tempêtes?

B Synonymes. Exprimez d'une autre façon.

1. Il pleut.
2. Il tombe une petite pluie fine.
3. Il y a beaucoup d'humidité dans l'air.
4. Le ciel est couvert.
5. Il y aura des nuages.
6. Le temps est variable.
7. Le ciel se dégagera.
8. Il y aura des coups de vent violents.
9. Il fait un temps orageux.
10. Il y a des éclairs et du tonnerre.
11. Il y a un peu d'humidité dans l'air.
12. Il y aura une pluie soudaine et abondante.
13. Il tombe des gouttes de pluie.

C Familles de mots. Donnez un mot apparenté.

1. un orage   3. un nuage   5. changer
2. la pluie   4. éclaircir   6. agiter

30   CHAPITRE 1

LEARNING FROM PHOTOS

Have students write the weather report for the type of weather pictured in the top photo.

INDEPENDENT PRACTICE

Assign any of the following:
1. Exercises on this page
2. Workbook, *Journalisme*

MÉTÉOROLOGIE

SITUATION LE 18 DÉCEMBRE À 0 HEURE

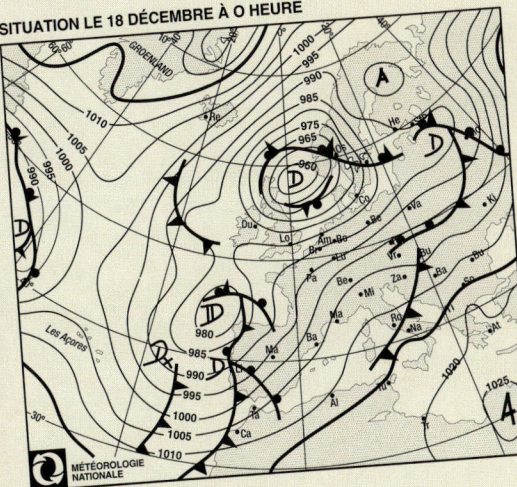

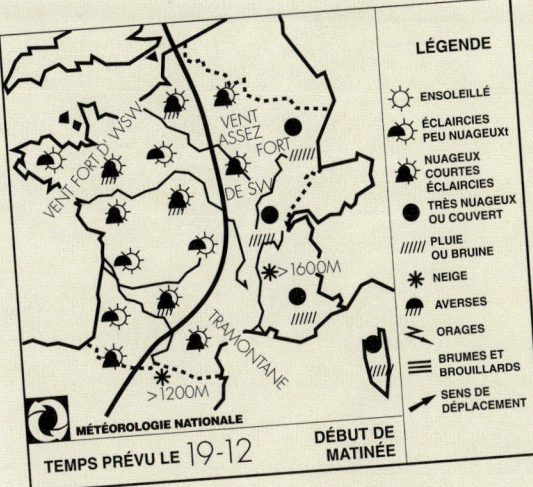

Évolution probable du temps en France entre le lundi 18 et le mardi 19 décembre à 24 heures.

Le temps restera très agité. Une première vague nuageuse et pluvieuse traversera le pays dans la journée de lundi et la nuit suivante. Après une accalmie temporaire, le vent se renforcera à nouveau mardi après-midi, avec l'arrivée d'une nouvelle perturbation.

Mardi: éclaircies et averses, couvert et pluvieux sur l'ouest dans l'après-midi. À l'est d'un axe Normandie-Centre-Provence-Côte d'Azur et Corse, le temps sera très changeant. Éclaircies et passages nuageux se succéderont rapidement. Nul ne sera à l'abri[1] d'averses passagères mais violentes, parfois orageuses, accompagnées de grêle et de fortes rafales de vent. En cours d'après-midi, les ondées[2] se raréfieront[3] nettement. C'est en début de matinée et en fin d'après-midi, excepté sur l'Ouest où le ciel se voilera, que le soleil effectuera ses plus belles percées[4].

De la Bretagne au Limousin, au Midi-Pyrénées et aux côtes atlantiques, il ne faudra pas se fier[5] au temps relativement clément[6] du début de journée. Le ciel se voilera progressivement. Les premières gouttes de pluie tomberont près des côtes à la mi-journée, puis le temps pluvieux s'installera dans l'après-midi. Seules les régions proches des Pyrénées seront épargnées[7]. Attention, le vent de sud-ouest se renforcera à nouveau pour souffler très fort.

Sur le Languedoc-Roussillon, tramontane et mistral* dégageront le ciel. Ils faibliront en soirée.

Malgré une baisse sensible, les températures resteront très douces[8]. Elles seront comprises entre 7 et 12 degrés au lever du jour, entre 10 et 15 degrés dans l'après-midi, avec des pointes à 20 degrés dans le Midi.

---

[1] **nul ne sera à l'abri** no one will escape
[2] **les ondées** showers
[3] **se raréfieront** will become less frequent
[4] **percées** breakthroughs
[5] **se fier** to go by
[6] **clément** mild
[7] **épargnées** spared
[8] **douces** mild

* **la tramontane, le mistral** strong cold winds that blow from the north/northwest towards the Mediterranean.

JOURNALISME   31

DID YOU KNOW?

1. La tramontane est un vent qui vient du Nord sur la côte méditerranéenne ou qui vient de l'autre côté des montagnes—les Alpes ou les Pyrénées.
2. Le mistral est un vent violent qui souffle du Nord vers la mer, dans la vallée du Rhône vers la Méditerranée.

Météorologie ◆◆

PRESENTATION *(page 31)*

A. Ask students to scan the article to find out what day and month this weather report is for. Now ask them: *Quel temps fait-il en décembre en France?* Try to elicit as many answers as possible.

B. Have some students who like science convert the temperatures in the reading from Centigrade to Fahrenheit. (See *Bienvenue,* page 327 for the conversion formula.)

C. You may also wish to review compass directions with the students before beginning the reading.

D. It is suggested that you have students read this selection silently as if they were leisurely reading the newspaper.

Compréhension

ANSWERS

Compréhension A

1. C'est la météo pour le lundi 18 et le mardi 19 décembre.
2. Les conditions atmosphériques sont agitées.
3. La première perturbation apportera nuages et pluie.
4. Cette première vague traversera le pays dans la journée de lundi et la nuit suivante.
5. L'accalmie sera temporaire.
6. La nouvelle perturbation arrivera mardi après-midi.
7. Mardi, sur l'est du pays, le temps sera très changeant.
8. Éclaircies et passages nuageux se succéderont.
9. Le soleil effectuera de belles percées en début de matinée et en fin d'après-midi.
10. Mardi matin, sur l'ouest du pays, le ciel se voilera et l'après-midi, le temps sera couvert et pluvieux.
11. Le mistral et la tramontane souffleront sur le Languedoc-Roussillon.
12. Les températures seront très douces.

Compréhension B

1. Il a fait froid: entre 4 et 14 degrés centigrades. Et le ciel était couvert.
2. Il a fait très froid: entre -18 et -13 degrés centigrades. Et le ciel était nuageux.
3. Il a fait chaud: entre 23 et 33 degrés centigrades. Et le ciel était nuageux.
4. Il a fait très froid: entre -13 et -7 degrés centigrades. Et il a plu.
5. Il a fait chaud: entre 15 et 28 degrés centigrades. Et le ciel était dégagé.
6. Il a fait froid: entre 9 et 14 degrés centigrades. Et il a plu.
7. Il a fait froid: -3 degrés centigrades. Et il a neigé.

Activités

ANSWERS

Activités A, B, and C

Answers will vary.

Compréhension

A La météo. Répondez d'après le texte.

1. C'est la météo pour quels jours?
2. Les conditions atmosphériques sont-elles calmes ou agitées?
3. Qu'apportera la première perturbation?
4. Quand cette première vague traversera-t-elle le pays?
5. L'accalmie sera temporaire ou permanente?
6. Quand la nouvelle perturbation arrivera-t-elle?
7. Comment sera le temps sur l'est du pays, mardi?
8. Qu'est-ce qui se succédera?
9. Quand le soleil effectuera-t-il de belles percées?
10. Comment sera le temps sur l'ouest du pays, mardi matin? Et l'après-midi?
11. Dans quelle région souffleront le mistral et la tramontane?
12. Comment seront les températures?

TEMPÉRATURES maxima - minima et temps observe

FRANCE							
AJACCIO	18	10	D	BERLIN	12	10	D
BIARRITZ	19	16	N	BRUXELLES	14	10	N
BORDEAUX	17	10	P	LE CAIRE	22	10	D
BOURGES	15	8	N	COPENHAGUE	7	6	P
BREST	12	9	P	DAKAR	27	23	N
CAEN	13	9	P	DELHI	23	7	B
CHERBOURG	11	9	P	DJERBA	22	11	D
CLERMONT-FER.	16	7	N	GENÈVE	14	4	C
DIJON	15	2	D	HONGKONG	21	18	P
GRENOBLE St-M-H	20	13	D	ISTANBUL	15	11	D
LILLE	13	9	P	JÉRUSALEM	17	7	D
LIMOGES	13	6	C	LISBONNE	17	12	A
LYON	16	8	N	LONDRES	12	6	P
MARSEILLE-MAR.	20	12	C	LOS ANGELES	18	8	D
NANCY	16	7	N	LUXEMBOURG	12	7	C
NANTES	15	10	P	MADRID	15	11	P
NICE	16	11	P	MARRAKECH	28	15	D
PARIS-MONTS	14	9	P	MEXICO	24	10	B
PAU	18	9	C	MILAN	15	6	B
PERPIGNAN	22	10	D	MONTRÉAL	-13	-18	N
RENNES	13	10	P	MOSCOU	-7	-13	P
ST-ÉTIENNE	16	7	D	NAIROBI	26	15	C
STRASBOURG	15	7	-	NEW-YORK	4	-7	C
TOURS	14	9	P	OSLO	-3	-3	*
TOULOUSE	19	8	N	PALMA-DE-MAJ	21	11	P
POINTE-À-PITRE	30	20	D	PÉKIN	4	4	N
				RIO-DE-JANEIRO	33	23	N
ÉTRANGER				ROME	19	15	D
				SINGAPOUR	30	24	C
ALGER	30	16	D	STOCKHOLM	-1	-2	B
AMSTERDAM	13	9	A	SYDNEY	22	15	D
ATHÈNES	18	13	C	TOKYO	15	7	D
BANGHKOK	31	20	D	TUNIS	25	13	D
BARCELONE	20	10	C	VARSOVIE	9	7	N
BELGRADE	21	11	D	VENISE	15	7	B
				VIENNE	13	6	P

A	B	C	D	N	O	P	T	*
averse	brume	ciel couvert	ciel dégagé	ciel nuageux	orage	pluie	tempête	neige

B Le temps—le lundi 18 décembre. Répondez d'après le tableau des températures ci-contre. Suivez le modèle.

—Quel temps a-t-il fait à Dakar?
—*Il a fait chaud: entre 23 et 27 degrés centigrades. Et le ciel était nuageux.*

1. Quel temps a-t-il fait à Genève?
2. Et à Montréal?
3. Et à Rio-de-Janeiro?
4. Et à Moscou?
5. Et à Marrakech?
6. Et à Paris?
7. Et à Oslo?

Activités

A Quel temps fait-il aujourd'hui? Quel temps fait-il aujourd'hui là où vous habitez? Donnez tous les détails.

B Bulletin météo en français. Lisez la météo pour votre région dans le journal ou écoutez-la à la radio ou à la télévision. Ensuite, préparez la même météo en français et présentez-la comme si c'était une émission télévisée.

C Le temps et les saisons. Décrivez le temps qu'il fait dans votre région à chaque saison de l'année. Dites quelle saison vous préférez et pourquoi.

INDEPENDENT PRACTICE

Assign any of the following:

1. *Compréhension* exercises on this page
2. Workbook, *Journalisme*

STRUCTURE II

Le subjonctif présent des verbes réguliers
Talking about Actions that May or May Not Take Place

1. The verb tenses studied thus far have been mostly in the indicative mood. The subjunctive mood is also used a great deal in French. The subjunctive is most frequently used to express an action that *may* occur. It depends upon something else.

2. Compare the following sentences:

    Robert fait tous ses devoirs.
    Ses parents veulent que Robert *fasse* tous ses devoirs.
    Il faut que Robert *fasse* tous ses devoirs.

    The first sentence above is an independent statement of fact: "Robert does his homework." The next two sentences contain a dependent clause: "that Robert do his homework." Although Robert's parents want him to do his homework and although it is necessary that Robert do his homework, it is not certain that he will. The action in the dependent clause may or may not occur. For this reason, the verb must be in the subjunctive. Clauses containing the subjunctive are always introduced by *que*.

3. The present subjunctive is formed by dropping the *-ent* ending from the third person plural *(ils/elles)* form of the present indicative and adding the subjunctive endings to this stem.

INFINITIVE	PARLER	FINIR	VENDRE	ENDINGS
STEM	ils *parl*ent	ils *finiss*ent	ils *vend*ent	
SUBJUNCTIVE	que je parle	que je finisse	que je vende	-e
	que tu parles	que tu finisses	que tu vendes	-es
	qu'il parle	qu'il finisse	qu'il vende	-e
	qu'elle parle	qu'elle finisse	qu'elle vende	-e
	que nous parlions	que nous finissions	que nous vendions	-ions
	que vous parliez	que vous finissiez	que vous vendiez	-iez
	qu'ils parlent	qu'ils finissent	qu'ils vendent	-ent
	qu'elles parlent	qu'elles finissent	qu'elles vendent	-ent

PRESENTATION (continued)

C. On the board, write the *ils* form of each verb from the chart. Cross out the ending and have students repeat the subjunctive forms.

Note: The most important concept for the students to grasp is that the indicative is used when reporting an objective, real fact. The subjunctive is used when reporting something that is not necessarily real, or that depends upon something else. It, therefore, may or may not happen. When students understand this concept, they no longer have to memorize the long lists of expressions that are followed by the subjunctive. It is a question of logic.

Exercice

PRESENTATION

The purpose of this exercise is to have students use the verbs in the subjunctive form.

Extension of *Exercice*

Have students redo the exercise with *Mes parents veulent que nous ___*.

ANSWERS

1. Les parents de Paul veulent qu'il parle anglais couramment.
2. ... qu'il étudie beaucoup.
3. ... qu'il choisisse un bon métier.
4. ... qu'il finisse ses études.
5. ... qu'il vende sa vieille moto.
6. ... qu'il ouvre un compte d'épargne.
7. ... qu'il lise de bons livres.
8. ... qu'il écrive à ses grands-parents.
9. ... qu'il suive des cours de tennis.
10. ... qu'il leur dise tout ce qu'il fait.
11. ... qu'il parte en vacances avec eux.
12. ... qu'il descende les valises.
13. ... qu'il mette les valises dans le coffre.
14. ... qu'il conduise avec prudence.

---

4. Since the third person plural of the present indicative serves as the stem for the present subjunctive forms, most verbs that have an irregularity in the *ils/elles* form of the present indicative maintain that irregularity in the present subjunctive.

INFINITIVE	STEM	PRESENT SUBJUNCTIVE	
ouvrir	ils *ouvrent*	que j' *ouvre*	que nous *ouvrions*
courir	ils *courent*	que je *coure*	que nous *courions*
offrir	ils *offrent*	que j' *offre*	que nous *offrions*
partir	ils *partent*	que je *parte*	que nous *partions*
dormir	ils *dorment*	que je *dorme*	que nous *dormions*
servir	ils *servent*	que je *serve*	que nous *servions*
mettre	ils *mettent*	que je *mette*	que nous *mettions*
lire	ils *lisent*	que je *lise*	que nous *lisions*
écrire	ils *écrivent*	que j' *écrive*	que nous *écrivions*
suivre	ils *suivent*	que je *suive*	que nous *suivions*
dire	ils *disent*	que je *dise*	que nous *disions*
conduire	ils *conduisent*	que je *conduise*	que nous *conduisions*
connaître	ils *connaissent*	que je *connaisse*	que nous *connaissions*

Exercice

 Des parents exigeants. Suivez le modèle.

lire beaucoup
Les parents de Paul veulent qu'il lise beaucoup.

1. parler anglais couramment
2. étudier beaucoup
3. choisir un bon métier
4. finir ses études
5. vendre sa vieille moto
6. ouvrir un compte d'épargne
7. lire de bons livres
8. écrire à ses grands-parents
9. suivre des cours de tennis
10. leur dire tout ce qu'il fait
11. partir en vacances avec eux
12. descendre les valises
13. mettre les valises dans le coffre
14. conduire avec prudence

34 CHAPITRE 1

PAIRED ACTIVITY

Have students do the following paired activity:

Travaillez avec un(e) camarade. Vous lui direz des choses que vos parents veulent que vous fassiez. Votre camarade vous dira si ses parents veulent qu'il/elle fasse les mêmes choses. Ensuite vous déciderez ce que vos parents ont en commun.

INDEPENDENT PRACTICE

Assign any of the following:
1. The exercise on this page
2. Workbook, *Structure II*

Le subjonctif présent des verbes irréguliers

Talking about Actions that May or May Not Take Place

1. The following commonly used verbs are irregular in the present subjunctive.

ÊTRE	AVOIR	ALLER	FAIRE
que je sois	que j' aie	que j' aille	que je fasse
que tu sois	que tu aies	que tu ailles	que tu fasses
qu'il soit	qu'il ait	qu'il aille	qu'il fasse
qu'elle soit	qu'elle ait	qu'elle aille	qu'elle fasse
que nous soyons	que nous ayons	que nous allions	que nous fassions
que vous soyez	que vous ayez	que vous alliez	que vous fassiez
qu'ils soient	qu'ils aient	qu'ils aillent	qu'ils fassent
qu'elles soient	qu'elles aient	qu'elles aillent	qu'elles fassent

SAVOIR	POUVOIR	VOULOIR
que je sache	que je puisse	que je veuille
que tu saches	que tu puisses	que tu veuilles
qu'il sache	qu'il puisse	qu'il veuille
qu'elle sache	qu'elle puisse	qu'elle veuille
que nous sachions	que nous puissions	que nous voulions
que vous sachiez	que vous puissiez	que vous vouliez
qu'ils sachent	qu'ils puissent	qu'ils veuillent
qu'elles sachent	qu'elles puissent	qu'elles veuillent

2. The verbs *pleuvoir* and *falloir* are used in the third person only.

> pleuvoir → *qu'il pleuve*
> falloir → *qu'il faille*

Exercice

 Recommandations. Suivez le modèle.

> faire le voyage
> *Il faut que vous fassiez le voyage.*

1. aller au consulat
2. avoir votre passeport
3. être en bonne santé
4. pouvoir partir tout de suite
5. savoir parler français
6. vouloir s'adapter
7. faire des efforts

INDEPENDENT PRACTICE

Assign any of the following:
1. Exercise on page 35
2. Workbook, *Structure II*

Le subjonctif avec les expressions de volonté

Expressing Wishes, Preferences, and Demands Concerning Others

1. The subjunctive must be used after the following verbs which express a wish, a preference, or a demand.

vouloir que	to want
désirer que	to desire
aimer (mieux) que	to like (better)
préférer que	to prefer
souhaiter que	to wish
exiger que	to demand
insister pour que	to insist

2. All the above verbs are followed by the subjunctive because they describe personal wishes or desires concerning other people's actions. Even though one wishes, prefers, demands, or insists that another person do something, one can never be sure that the other person will in fact do it. It may or may not occur, and the subjunctive must be used.

> Les parents de Patrick *désirent qu'il ait* beaucoup de succès.
> Ils *souhaitent qu'il puisse* réussir.
> Ils *exigent qu'il fasse* tout pour réussir.
> Ils *veulent qu'il soit* premier en tout.

Exercices

A À l'agence de voyages. Répondez par «oui».

1. Tu veux que Charles téléphone à l'agence de voyages?
2. Tu préfères qu'il y aille en personne?
3. Tu aimerais qu'il fasse les réservations?
4. Tu insistes pour qu'il choisisse les hôtels?
5. Tu souhaites qu'il choisisse bien?
6. Tu voudrais qu'il mette les frais sur sa carte de crédit?

B Le prof d'anglais est exigeant? Répondez.

1. Il exige que vous fassiez vos devoirs?
2. Il exige que vous lisiez beaucoup de livres?
3. Il exige que vous écriviez des rédactions?
4. Il exige que vous écoutiez tout ce qu'il dit?
5. Il exige que vous soyez silencieux quand il parle?

36 CHAPITRE 1

C **Tu veux que j'y aille avec toi?** Répondez.

1. Tu veux que je t'accompagne chez le médecin?
2. Tu préfères que je conduise la voiture?
3. Tu veux que je t'attende?
4. Tu ne veux pas que le médecin te fasse une piqûre?
5. Tu insistes pour que je lui parle?
6. Tu exiges que je sois avec toi dans le cabinet?
7. Tu aimerais que le médecin te donne de bonnes nouvelles?

D **Qu'est-ce qu'elle veut?** Suivez le modèle.

> Je suis là.
> *Elle veut que je sois là.*

1. Je fais le voyage avec elle.
2. Je vais au Canada avec elle.
3. Je conduis sa voiture.
4. Nous allons dans la région Évangéline.
5. Nous visitons l'Île-du-Prince-Édouard.
6. Les excursions sont intéressantes.
7. Les gens font le maximum pour nous accueillir.

E **Qu'est-ce que vous voulez que je fasse?** Répondez d'après le modèle.

> Vous venez avec moi.
> *Je voudrais que vous veniez avec moi.*

1. Vous m'attendez.
2. Vous sortez avec moi.
3. Vous avez votre voiture.
4. Vous allez faire des courses avec moi.
5. Vous m'aidez à trouver un cadeau pour Suzanne.
6. Vous ne dites rien à Suzanne.

F **Un voyage ensemble.** Complétez.

1. Elle veut que je ___ ce voyage en France. (faire)
2. Mais moi, j'aimerais qu'elle y ___ aussi. (aller)
3. Je voudrais qu'elle me ___ qu'elle est libre. (dire)
4. Je préférerais qu'elle ___ avec moi. (venir)
5. Je souhaite qu'elle ___ m'accompagner. (pouvoir)
6. Je veux qu'elle ___ que je ne partirai pas sans elle. (savoir)
7. J'exigerai qu'elle ___ toujours la meilleure chambre. (avoir)
8. J'insisterai pour qu'elle ___ toujours bien servie. (être)

Des touristes américains devant le Pont Alexandre III, à Paris

STRUCTURE II 37

Le subjonctif avec les expressions impersonnelles

Expressing Necessity or Possibility

1. The subjunctive is used after the following impersonal expressions.

il faut que	il est juste que
il est indispensable que	il vaut mieux que
il est nécessaire que	il se peut que
il est important que	il est possible que
il est bon que	il est impossible que
il est temps que	

Il vaut mieux que nous *soyons* là.
Il est important que je le *sache*.
Il faut qu'ils me *disent* quelque chose.
Il est indispensable que nous *arrivions* à un accord.

2. Note that the above expressions are followed by the subjunctive since the action of the verb in the dependent clause may or may not occur. Although it is important, necessary, or good that someone do something, it is not definite that he/she will actually do it.

Exercices

A Quelques problèmes possibles. *Répondez.*

1. Il faut que tu y ailles en avion?
2. Il est indispensable que tu sois là demain?
3. Il est possible que l'avion parte en retard?
4. Il se peut que le vol soit annulé?
5. Il vaut mieux que tu partes aujourd'hui?

38 CHAPITRE 1

B **Un voyage.** Complétez.

1. Il est nécessaire que nous ___ ce voyage. (faire)
2. Il faut que nous ___ nos places. (réserver)
3. Il vaut mieux que nous ___ nos places à l'avance. (choisir)
4. Il est important que tu ___ à l'agence de voyages. (aller)
5. Il est indispensable que tu lui ___ que nous voulons un vol sans escale. (dire)
6. Mais il est possible qu'il n'y ___ pas de vols sans escale. (avoir)
7. En ce cas, il se peut que nous ___ ailleurs. (aller)
8. Il vaut peut-être mieux que nous ___ le train. (prendre)

C **Que de choses à faire!** Donnez des réponses personnelles.

1. Dites ce qu'il faut que vous fassiez demain.
2. Dites ce que vos parents exigent que vous fassiez.
3. Dites ce que vos parents souhaitent que vous fassiez.
4. Dites ce qu'il est possible que vous fassiez dans l'avenir.

LE PETIT PRINCE

Avant la lecture

PRESENTATION *(page 40)*

Have students do the pre-reading activity. They will encounter many of these terms in the reading.

Vocabulaire

Vocabulary Teaching Resources
1. Audio Cassette 1
2. Student Tape Manual
3. Workbook, *Littérature*
4. Chapter Quizzes

PRESENTATION *(page 40)*

A. Have students repeat the new words and expressions after you or Cassette 1.
B. To vary the procedure, you may wish to read definitions to the students. To help the students better understand the words being defined, you may wish to use them in sentences: *Monsieur flâne dans son jardin. L'agent de police l'interroge. Il veut savoir s'il a vu ce qui est arrivé. La guerre entraîne beaucoup de problèmes. Elle fournira tous les matériaux dont vous aurez besoin. Ce style s'est démodé. On ne le voit plus. Le savant travaille dans son laboratoire.*

Vocabulary Expansion
Le préfixe *dé-* indique l'idée d'éloignement, de séparation.
se démoder — qui n'est plus à la mode
se déshabiller — enlever ses habits

LE PETIT PRINCE

Antoine de Saint-Exupéry

AVANT LA LECTURE

Qu'est-ce que la géographie? Faites une liste de tous les termes géographiques que vous connaissez.

VOCABULAIRE

L'homme flâne dans le jardin. Il jette un coup d'œil sur les fleurs.

une fleur
une épine
Cette fleur a des épines.
une pierre

un bureau

Elle taille son crayon.

Elle met de l'encre dans son stylo.

flâner   se promener sans but, aller çà et là
interroger   poser des questions à quelqu'un
entraîner   causer, produire
fournir   donner, produire quelque chose
se démoder   ne plus être à la mode

un savant   personne qui, par ses connaissances et ses recherches, contribue aux progrès d'une science

CHAPITRE 1

Exercices

A Synonymes. Exprimez d'une autre façon ce qui est en italique.

1. L'homme *va ça et là* dans son jardin.
2. Il *regarde rapidement* ses fleurs.
3. Elle *pose des questions au* savant.
4. Elle lui *donne* tous les matériaux nécessaires.
5. La guerre *cause* beaucoup de maux et de souffrances.

B Le mot juste. Complétez.

1. Les roses sont de belles ___.
2. Les roses ont des ___.
3. Son crayon n'a plus de pointe. Il faut le ___.
4. Ce stylo est vide. Il faut y mettre de ___.
5. Un stylo à bille ou un feutre n'a pas besoin d'___.
6. Ce stylo n'est plus à la mode. Il s'est ___. Achète-toi un feutre.
7. Les touristes aiment beaucoup ___ dans les rues de Paris.
8. À Paris, toutes les maisons sont en ___.

C Définitions. Donnez le mot qui correspond.

1. se promener sans avoir de destination
2. regarder rapidement
3. une rose, une violette, une orchidée
4. une personne qui contribue aux progrès d'une science
5. ce que font beaucoup d'agents de police et de détectives

LITTÉRATURE   41

Bell Ringer Review

Write the following on the board or use BRR Blackline Master 1-11: Écrivez une phrase avec chacun des verbes suivants.

voyager
voler
découvrir
explorer
rentrer

Introduction
PRESENTATION *(page 42)*

A. Ask students if they know anything about Antoine de Saint-Exupéry. (There is an optional reading about him in the *Lettres et Sciences* section of *Bienvenue,* page 224.)

B. You may have students read the *Introduction* aloud or silently. Tell them: *Vous allez lire une biographie de l'auteur, Antoine de Saint-Exupéry.*

C. After going over the *Introduction,* have students give three or four salient points about Saint-Exupéry's life.

Lecture
Reading Strategies

A. **Context:** Explain to students that they can often guess the meaning of unknown words from the entire sentence. Point out to them that they do not understand everything when they read in their own language. But unconsciously, they guess from the context. Such guessing can be based on:
- plain common sense. On page 44, the word *épine* is what roses have to defend themselves.
- knowledge of the world around us.
- use of synonyms or antonyms in the text surrounding the unknown word or expression. On page 44, students may be able to guess the meaning of the word *éteint* as the opposite of *en activité.*

INTRODUCTION

Antoine de Saint-Exupéry, appelé aussi «Saint-Ex», est né à Lyon en 1900. Il a fait ses études à l'École Navale et à l'École des Beaux-Arts. Pendant son service militaire, il a commencé à piloter des avions. Après son service, il a été pilote de ligne entre Toulouse et Dakar. Il a vécu les débuts de la liaison aérienne entre la France et l'Amérique du Sud. De 1929 à 1931, il a été chef d'aéroplace à Buenos Aires, en Argentine.

Saint-Exupéry était aussi journaliste et écrivain. Ce sont ses romans qui l'ont rendu célèbre. Dans *Courrier-Sud,* il parle de ses vols entre Toulouse, Casablanca et Dakar. Dans *Vol de nuit,* trois pilotes en attendent un autre à l'aéroport de Buenos Aires. Le pilote qu'ils attendent n'arrivera pas. Il a disparu dans le ciel d'une nuit d'Amérique. Dans *Terre des hommes,* Saint-Exupéry parle de ses camarades qui sont morts. Il parle d'une vie d'action qui unit les hommes pour toujours—même après la mort.

Pendant la Deuxième Guerre mondiale, Saint-Exupéry a écrit, et illustré lui-même, un conte pour enfants: *Le Petit Prince.* Dans ce conte, l'auteur évoque la nostalgie de l'amitié. Il cherche aussi à définir le sens de l'action et des valeurs morales dans une société vouée au progrès technique. Il met en scène un personnage imaginaire, le petit prince, qui quitte sa planète pour voyager dans l'univers. Chez lui, le petit prince a une fleur qu'il adore, mais il l'a laissée toute seule pour voyager. Un pilote, perdu dans le désert, rencontre le petit prince. Le petit prince lui parle de ses voyages à diverses planètes. Voici ce qu'il dit de sa visite à la sixième planète et de l'étrange savant qui l'habite.

LECTURE

Le Petit Prince

La sixième planète (...) était habitée par un vieux Monsieur qui écrivait d'énormes livres.
—Tiens! Voilà un explorateur! dit-il en voyant le petit prince.
Le petit prince s'était assis sur la table, car il était très fatigué. Il avait déjà tant voyagé!
—D'où viens-tu? lui dit le vieux Monsieur.
—Quel est ce gros livre? dit le petit prince. Que faites-vous ici?
—Je suis géographe, dit le vieux Monsieur.

CHAPITRE 1

LITERARY ANALYSIS

1. Divisez ce texte en différentes parties et donnez un titre à chaque partie.
2. D'après ce texte, dites précisément en quoi consiste le métier de géographe et celui d'explorateur.
3. Relevez les symboles contenus dans le texte.
4. Relevez les passages du texte qui montrent une certaine ironie.
5. D'après cet extrait, que pouvez-vous dire de la personnalité du Petit Prince?
6. Comment comprenez-vous la dernière réponse du géographe?

—Qu'est-ce qu'un géographe?

—C'est un savant qui connaît où se trouvent les mers, les fleuves, les villes, les montagnes et les déserts.

—Ça, c'est bien intéressant, dit le petit prince. Ça c'est enfin un véritable métier! Et il jette un coup d'œil autour de lui sur la planète du géographe. Il n'avait jamais vu encore une planète aussi majestueuse.

—Elle est bien belle, votre planète. Est-ce qu'il y a des océans?

—Je ne peux pas le savoir, dit le géographe.

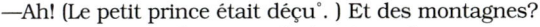

—Ah! (Le petit prince était déçu°.) Et des montagnes?   déçu *disappointed*

—Je ne peux pas le savoir, dit le géographe.

—Et des villes et des fleuves et des déserts?

—Je ne peux pas le savoir non plus, dit le géographe.

—Mais vous êtes géographe!

—C'est exact, dit le géographe, mais je ne suis pas explorateur. Je manque° absolument d'explorateurs. Ce n'est pas le géographe qui va faire le compte° des villes, des fleuves, des montagnes, des mers, des océans et des déserts. Le géographe est trop important pour flâner. Il ne quitte pas son bureau°. Mais il reçoit les explorateurs. Il les interroge, et il prend en note leurs souvenirs. Et si les souvenirs de l'un d'entre eux lui paraissent° intéressants, le géographe fait faire une enquête° sur la moralité de l'explorateur.

manque *lack*
faire le compte *count*

bureau *desk, office*

paraissent *seem*
enquête *investigation*

—Pourquoi ça?

—Parce qu'un explorateur qui mentirait° entraînerait des catastrophes dans les livres de géographie…

mentirait *would lie*

—Je connais quelqu'un, dit le petit prince, qui serait mauvais explorateur.

—C'est possible. Donc, quand la moralité de l'explorateur paraît bonne, on fait une enquête sur sa découverte°.

découverte *discovery*

—On va voir?

—Non, c'est trop compliqué. Mais on exige de l'explorateur qu'il fournisse des preuves. S'il s'agit par exemple de la découverte d'une grosse montagne, on exige qu'il en rapporte de grosses pierres.

—Le géographe soudain s'émeut°.

s'émeut *gets excited*

—Mais toi, tu viens de loin! Tu es explorateur! Tu vas me décrire ta planète!

Et le géographe, ayant ouvert son grand livre, commence à tailler son crayon. On note d'abord au crayon les récits° des explorateurs. On attend, pour noter à l'encre, que l'explorateur ait fourni des preuves.

les récits *accounts*

—Alors? demande le géographe.

LITTÉRATURE   **43**

E. **Word derivation:** It may be difficult at first, but students should be asked whenever possible what familiar word they can recognize in a derived word or expression.

F. **Cooperative learning:** It may be useful to have students work in small groups and share their problem-solving strategies so that they become aware of the various techniques available.

PRESENTATION (pages 42–44)

A. Before doing the reading, ask students the following questions:
  1. *Imaginez que vous êtes un enfant perdu dans un monde inconnu. Quels sont vos sentiments, vos craintes? Qu'est-ce qui peut vous rassurer?*
  2. *Regardez le dessin du géographe à la page 43. D'après ce dessin quelle sorte de personne est-ce? Pensez-vous qu'il puisse comprendre le Petit Prince? Est-ce une personne sympathique? Comparez ce dessin à celui du Petit Prince à la page 44.*

B. Tell students: *Nous allons lire l'aventure du Petit Prince sur la sixième planète. Il parle à un géographe. Le Petit Prince est un peu déçu, surpris, choqué car il y a des choses que le géographe ne sait pas. Le géographe dit quelque chose qui rend le Petit Prince triste. Qu'est-ce que c'est?*

C. Give the students some time to read the selection silently, either at home or in class.

D. Pick out the sections that you find most interesting and have pairs of students read them aloud to the class. One will be the *Petit Prince*, the other *le géographe*.

E. After each pair of students has read about 20 lines, you may wish to ask some questions.

F. With more able groups, you may wish to ask the analytical questions in **LITERARY ANALYSIS** at the bottom of page 42.

—Oh! chez moi, dit le petit prince, ce n'est pas très intéressant, c'est tout petit. J'ai trois volcans. Deux volcans en activité, et un volcan éteint°. Mais on ne sait jamais.

—On ne sait jamais, dit le géographe.

—J'ai aussi une fleur.

—Nous ne notons pas les fleurs, dit le géographe.

—Pourquoi ça! C'est le plus joli!

—Parce que les fleurs sont éphémères.

—Qu'est-ce que signifie°: «éphémère»?

—Les géographies, dit le géographe, sont les livres les plus sérieux de tous les livres. Elles ne se démodent jamais. Il est très rare qu'une montagne change de place. Il est très rare qu'un océan se vide° de son eau. Nous écrivons des choses éternelles.

—Mais, les volcans éteints peuvent se réveiller, dit le petit prince. Qu'est-ce que signifie «éphémère»?

—Que les volcans soient éteints ou soient éveillés°, ça revient au même pour nous, dit le géographe. Ce qui compte pour nous, c'est la montagne. Elle ne change pas.

—Mais qu'est-ce que signifie «éphémère»? répète le petit prince qui, de sa vie, n'avait jamais renoncé à° une question, une fois qu'il l'avait posée.

—Ça signifie «qui est menacé de disparition prochaine».

—Ma fleur est menacée de disparition prochaine?

—Bien sûr.

Ma fleur est éphémère, se dit le petit prince, et elle n'a que quatre épines pour se défendre contre le monde! Et je l'ai laissée toute seule chez moi!

C'est là son premier mouvement de regret°. Mais il reprend courage:

—Que me conseillez-vous d'aller visiter? demande-t-il.

—La planète Terre, lui répond le géographe. Elle a une bonne réputation…

Et le petit prince s'en va, songeant à° sa fleur.

Antoine de SAINT-EXUPÉRY, *Le Petit Prince* © Éditions GALLIMARD

éteint *extinct*

signifie *mean*

se vide *empties*

éveillés *active*

renoncé à *given up on*

mouvement de regret *pang of remorse*

songeant à *thinking about*

CHAPITRE 1

PAIRED ACTIVITY

Have students work in pairs to do the following activity.

Vous êtes explorateur et vous décrivez au géographe la planète Terre.

APRÈS LA LECTURE

Compréhension

A **Le géographe.** Répondez d'après la lecture.

1. Qui habitait la sixième planète?
2. Que faisait le vieux Monsieur?
3. Qu'est-ce qu'un géographe?
4. Selon le géographe, qui fait le compte des villes, des fleuves, des mers, etc.?
5. Quand le vieux savant écrit-il ses notes à l'encre?
6. Que signifie «éphémère»?

B **Oui ou non?** Corrigez d'après la lecture.

1. En voyant le petit prince, le vieux Monsieur dit: «Tiens! Voilà un géographe!»
2. Le petit prince a trouvé la planète du géographe vraiment majestueuse.
3. Le géographe quitte souvent son bureau pour flâner sur sa planète.
4. Le géographe va voir ce que l'explorateur a découvert.
5. Le géographe exige de l'explorateur qu'il fournisse des preuves de sa découverte.

C **Le point de vue du géographe.** Expliquez d'après la lecture.

1. Pourquoi le géographe ne peut-il pas savoir s'il y a des montagnes, des villes, des fleuves, etc. sur sa planète?
2. Pourquoi les fleurs n'intéressent-elles pas le géographe?
3. Pourquoi est-ce que le géographe ne veut pas savoir si un volcan est éveillé ou éteint?

Activités

A **Géographie.** Faites une liste de tous les termes géographiques qui se trouvent dans la lecture. Utilisez chaque terme dans une phrase.

B **Voyage imaginaire.** Décrivez un voyage imaginaire que vous allez faire. Vous allez traverser quel océan, explorer quel désert, escalader quelle montagne, naviguer sur quel fleuve, flâner dans quelle ville?

C **Le petit prince et sa fleur.** Voici le petit prince sur sa planète: il arrose sa fleur qu'il adore et soigne avec amour. Cette fleur est comme une amie pour lui. Expliquez pourquoi le petit prince est triste quand le savant lui donne la définition du mot «éphémère». Qu'est-ce que cette fleur symbolise?

LITTÉRATURE 45

AGENCE DE VOYAGES

Bell Ringer Review
Write the following on the board or use BRR Blackline Master 1-12: **Écrivez dix mots qu'on pourrait utiliser à la gare.**

Avant la lecture
PRESENTATION (*page 46*)
You may wish to read this paragraph aloud to the class.

Vocabulaire

Vocabulary Teaching Resources
1. Audio Cassette 1
2. Student Tape Manual
3. Workbook, *Littérature*
4. Chapter Quizzes

PRESENTATION (*page 46*)
A. Have students repeat the new words and expressions after you or Cassette 1.
B. Have students read the sentences aloud.
C. Call on a student to make up an original sentence using the words for which definitions are given.
D. **Extension:** Have a student make up a sentence using *bondé*. Have another one make up a sentence using *encombré*.

46

AGENCE DE VOYAGES

Eugène Ionesco

AVANT LA LECTURE

Vous allez lire une scène d'une pièce de théâtre intitulée *Agence de voyages*. Il y a trois personnages: le client, sa femme et l'employé. L'employé travaille bien sûr dans une agence de voyages. Le client et sa femme veulent faire un voyage. Ils sont en train de réserver leurs places.

En lisant cette scène, décidez à quel moment le dialogue devient absurde.

VOCABULAIRE

Beaucoup de jeunes aiment voyager.
Ils voyagent pendant leur jeunesse.

Les trains sont bondés.
Toutes les places sont prises.

Les routes sont encombrées.

préciser présenter, exprimer, dire d'une manière exacte
surprendre causer une surprise à quelqu'un
prêter donner de l'argent pour une période de temps, à charge de restitution

46 CHAPITRE 1

LEARNING FROM ILLUSTRATIONS

Have students say as much as they can about the illustrations on this page.

Exercices

A Familles de mots. Choisissez le mot qui correspond.

1. voyager   a. un prêt
2. préciser   b. un voyage
3. surprendre   c. la précision
4. prêter   d. une surprise

B La vie. Mettez les termes suivants en ordre.

la jeunesse
la vieillesse
l'enfance
la maturité
l'adolescence

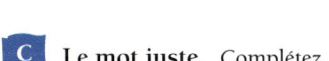

C Le mot juste. Complétez.

1. Nous apprenons beaucoup pendant notre enfance, adolescence et ___.
2. La jeunesse est pleine d'expériences et de surprises. Beaucoup de choses nous ___.
3. Je n'ai plus d'argent. Je suis fauché. Mon ami va me ___ cent francs.
4. Il faut ___ la date et l'heure de votre départ.
5. Il y a beaucoup de voyageurs. Les trains sont ___.
6. Il y a beaucoup de voitures. Les routes sont ___.
7. Il n'y a plus de places. Elles sont toutes ___. Il y a des voyageurs debout.

LITTÉRATURE   47

Bell Ringer Review
Write the following on the board or use BRR Blackline Master 1-13: En utilisant le vocabulaire suivant, écrivez cinq questions que vous poseriez à un agent de voyages si vous vouliez faire un voyage.
Où
Quand
À quelle heure
Combien
Qu'est-ce que

Exercices
PRESENTATION *(page 47)*
Exercices A, B, and C
Have students prepare these exercises before going over them in class.

ANSWERS
Exercice A
1. b
2. c
3. d
4. a

Exercice B
1. l'enfance
2. l'adolescence
3. la jeunesse
4. la maturité
5. la vieillesse

Exercice C
1. jeunesse
2. surprennent
3. prêter
4. préciser
5. bondés
6. encombrées
7. prises

INDEPENDENT PRACTICE
Assign any of the following:
1. Exercises A–C on this page
2. Workbook, *Littérature*

47

Introduction

PRESENTATION *(page 48)*

Have students read the *Introduction*. You may wish to give them the additional information about Ionesco below.

LITERATURE CONNECTION

Ionesco vit en France dès 1913, puis retourne en Roumanie. Étudiant en français à l'université de Bucarest, il devient professeur de français. Il part en France pour préparer une thèse de doctorat. Il devient correcteur dans une maison d'édition à Paris et écrit sa première pièce de théâtre, *La Cantatrice Chauve,* qui est montée en 1950; cette pièce qui est ainsi intitulée parce qu'aucune cantatrice n'y apparaît, dénonce l'absurdité de l'existence et du langage. *La Leçon,* pièce écrite en 1951, met en scène une autre situation absurde: un professeur qui s'entête à enseigner et son élève qui refuse de l'entendre. Dans *Rhinocéros,* qui paraît en 1960, Ionesco dépeint la résistance d'un individu devant l'hystérie collective qui s'est emparée de toute une ville.

Ionesco a écrit de nombreuses autres pièces qui dénoncent l'absurdité des rapports sociaux. On a appelé ce genre de théâtre «Théâtre de l'Absurde» et ces pièces, des farces tragiques.

INTRODUCTION

Eugène Ionesco est un écrivain français d'origine roumaine. Il est né à Slatina en 1912. Ses pièces de théâtre dénoncent l'absurdité de l'existence. Elles dénoncent aussi l'absurdité des rapports sociaux.

LECTURE

Agence de voyages

LE CLIENT: Bonjour, monsieur. Je voudrais deux billets de chemin de fer°, un pour moi, un pour ma femme qui m'accompagne en voyage.

L'EMPLOYÉ: Bien, monsieur. Je peux vous vendre des centaines et des centaines de billets de chemin de fer. Deuxième classe? Première classe? Couchettes? Je vous réserve deux places au wagon-restaurant?

LE CLIENT: Première classe, oui, et wagons-lits. C'est pour aller à Cannes, par l'express d'après-demain.

L'EMPLOYÉ: Ah… C'est pour Cannes? Voyez-vous, j'aurais pu facilement vous donner des billets, tant que vous en auriez voulu, pour toutes directions en général. Dès que vous précisez la destination et la date, ainsi que le train que vous voulez prendre, cela devient plus compliqué.

LE CLIENT: Vous me surprenez, monsieur. Il y a des trains, en France. Il y en a pour Cannes. Je l'ai déjà pris, moi-même.

L'EMPLOYÉ: Vous l'avez pris, peut-être, il y a vingt ans, ou trente ans, dans votre jeunesse. Je ne dis pas qu'il n'y a plus de trains, seulement ils sont bondés, il n'y a plus de places.

LE CLIENT: Je peux partir la semaine prochaine.

L'EMPLOYÉ: Tout est pris.

LE CLIENT: Est-ce possible? Dans trois semaines…

L'EMPLOYÉ: Tout est pris.

LE CLIENT: Dans six semaines.

L'EMPLOYÉ: Tout est pris.

LE CLIENT: Tout le monde ne fait donc que d'aller à Nice?

L'EMPLOYÉ: Pas forcément°.

LE CLIENT: Tant pis°. Donnez-moi alors deux billets pour Bayonne.

L'EMPLOYÉ: Tout est pris, jusqu'à l'année

chemin de fer railway, train

pas forcément not necessarily
tant pis too bad

48   CHAPITRE 1

LITERARY ANALYSIS

1. Faites la liste de tous les moyens de transport rencontrés dans ce texte.
2. Relevez les éléments montrant l'absurdité de cette conversation.
3. Après avoir recherché le sens de l'expression «dialogue de sourds», inventez un dialogue qui illustre cette idée.
4. En vous aidant d'exemples précis, montrez la progression du texte.
5. D'après ce texte, établissez l'itinéraire des clients de l'agence.

prochaine. Vous voyez bien, monsieur, que tout le monde ne va pas à Nice.

Le Client: Alors donnez-moi deux places pour le train qui va à Chamonix...

L'Employé: Tout est pris jusqu'en 2010...

Le Client: ... Pour Strasbourg...

L'Employé: C'est pris.

Le Client: Pour Orléans, Lyon, Toulouse, Avignon, Lille...

L'Employé: Tout est pris, pris, pris, dix ans à l'avance.

Le Client: Alors, donnez-moi deux billets d'avion.

L'Employé: Je n'ai plus aucune° place pour aucun avion.

Le Client: Puis-je louer, dans ce cas, une voiture avec ou sans chauffeur?

L'Employé: Tous les permis de conduire sont annulés, afin que les routes ne soient pas encombrées.

Le Client: Que l'on me prête deux chevaux.

L'Employé: Il n'y a plus de chevaux.

Le Client, *à sa femme*: Veux-tu que nous allions à pied, jusqu'à Nice?

La Femme: Oui, chéri. Quand je serai fatiguée, tu me prendras sur tes épaules°. Et vice versa.

Le Client, *à l'employé*: Donnez-nous, monsieur, deux billets pour aller à pied jusqu'à Nice.

L'Employé: Entendez-vous ce bruit? Oh, la terre tremble. Au milieu du pays un lac immense, une mer intérieure vient de se former.

Profitez-en vite, dépêchez-vous avant que d'autres voyageurs n'y pensent. Je vous propose une cabine de deux places sur le premier bateau qui va à Nice.

Eugène Ionesco, «Agence de Voyages», *Théâtre V* © Éditions Gallimard

aucun(e) *no, any*

les épaules *shoulders*

LITTÉRATURE 49

Après la lecture
Compréhension

ANSWERS

Compréhension A
1. Le client parle à l'employé de l'agence de voyages.
2. Il veut deux billets de chemin de fer.
3. Il veut aller à Cannes, dans deux jours, en première classe.
4. Il choisit Bayonne, Chamonix, Strasbourg, Orléans, Lyon, Toulouse, Avignon et Lille.
5. Le client veut louer une voiture.
6. Le client demande deux billets pour aller à pied jusqu'à Nice.
7. La terre tremble.
8. L'employé propose au client une cabine de deux places sur le premier bateau qui va à Nice.

Compréhension B
1. D'après l'employé, il n'y a plus de places dans les trains.
2. Il n'y a plus de places dans le train qui va à Cannes.
3. Le client peut changer la date de son départ.
4. Tous les voyageurs ne vont pas à Cannes.
5. Oui.
6. L'employé ne prête pas de chevaux au client. Il dit qu'il n'y a plus de chevaux.
7. Oui.

Compréhension C
Answers will vary, but may include the following:
1. L'employé ne peut pas donner de billets au client parce que celui-ci précise la destination, la date et le train qu'il veut prendre.
2. Le client ne peut pas louer de voiture parce que tous les permis de conduire sont annulés afin que les routes ne soient pas encombrées.
3. L'employé propose au client deux places sur un bateau qui va à Nice parce qu'une mer intérieure vient de se former au milieu du pays.

50

APRÈS LA LECTURE

Compréhension

A Tout est pris. Répondez d'après la lecture.
1. À qui le client parle-t-il?
2. Qu'est-ce qu'il veut?
3. Où veut-il aller? Quand? En quelle classe?
4. Le client choisit d'autres destinations? Lesquelles?
5. Qu'est-ce que le client veut louer?
6. Enfin, quelle est la solution adoptée par le client?
7. Qu'est-ce qui se passe quand le client demande deux billets pour aller à pied jusqu'à Nice?
8. Qu'est-ce que l'employé propose au client?

B Oui ou non? Corrigez d'après la lecture.
1. D'après l'employé, il n'y a plus de trains en France.
2. Il n'y a plus de trains pour Cannes.
3. Le client ne peut pas changer la date de son départ.
4. Tous les voyageurs vont à Cannes.
5. Toutes les places dans tous les trains sont prises dix ans à l'avance.
6. L'employé prête des chevaux au client.
7. Le client et sa femme veulent aller à Nice à pied.

C Qu'est-ce qui se passe? Expliquez.
1. Pourquoi l'employé de l'agence de voyages ne peut-il pas donner au client les billets qu'il demande?
2. Pourquoi le client ne peut-il pas louer de voiture?
3. Pourquoi l'employé propose-t-il au client deux places sur un bateau qui va à Nice?

Cannes: vue du port et de la vieille ville

50   CHAPITRE 1

Activités

A **Comique ou absurde?** À quel moment le dialogue devient-il absurde? Quels sont les éléments absurdes de cette scène? Et quels sont les éléments comiques? À votre avis, quelle est la différence entre le comique et l'absurde? Qu'est-ce que vous préférez?

B **Moyens de transport.** Faites une liste de tous les moyens de transport que le client a proposés pour aller à Cannes. Expliquez lequel vous préférez et pourquoi.

C **Villes de France.** Sur la carte de France ci-dessous, trouvez toutes les villes mentionnées dans cette scène. Si vous connaissez la ville ou si vous en savez quelque chose, écrivez au moins une phrase pour la décrire.

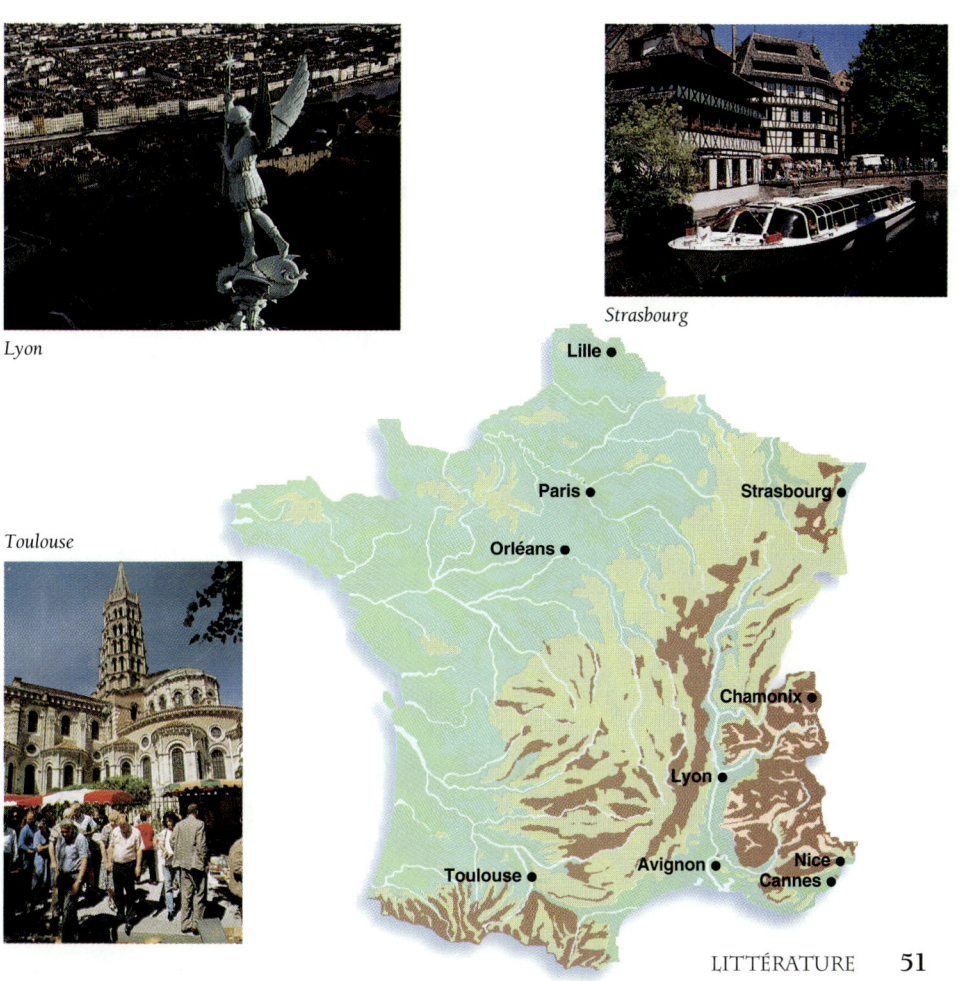

LITTÉRATURE 51

CHAPITRE 2

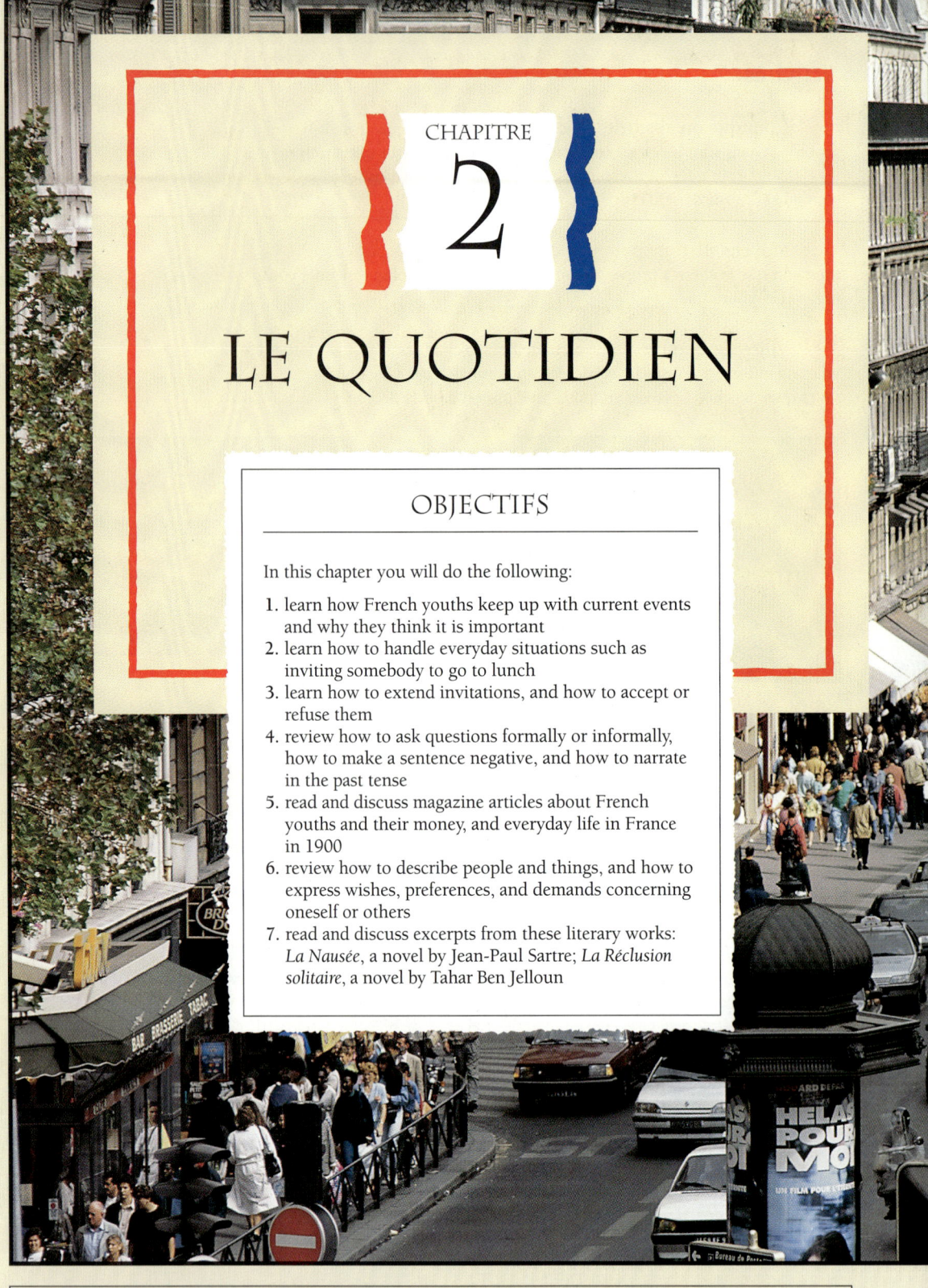

CHAPITRE 2
LE QUOTIDIEN

OBJECTIFS

In this chapter you will do the following:

1. learn how French youths keep up with current events and why they think it is important
2. learn how to handle everyday situations such as inviting somebody to go to lunch
3. learn how to extend invitations, and how to accept or refuse them
4. review how to ask questions formally or informally, how to make a sentence negative, and how to narrate in the past tense
5. read and discuss magazine articles about French youths and their money, and everyday life in France in 1900
6. review how to describe people and things, and how to express wishes, preferences, and demands concerning oneself or others
7. read and discuss excerpts from these literary works: *La Nausée*, a novel by Jean-Paul Sartre; *La Réclusion solitaire*, a novel by Tahar Ben Jelloun

CHAPTER OVERVIEW

In this chapter students will learn more about the French and their daily lives. Topics covered are the role of TV, radio, and newspaper in everyday life; some of the conveniences and inconveniences of modern life contrasted with those of the past; and teen spending habits. This chapter also touches on the problems of minorities in France as seen through the eyes of the prize-winning novelist Tahar Ben Jelloun. In addition, students will learn how to accept and turn down invitations politely and learn how to get more information before committing themselves.

CHAPTER OBJECTIVES

In this chapter, students will:

1. learn how French teens feel about being well informed and what media they prefer
2. learn how to extend and accept or refuse invitations
3. review the formation of questions and negative expressions, and the formation and uses of the imperfect tense
4. read and discuss magazine articles about how French teens make and spend their money and what daily life was like in Paris in 1900
5. review the formation and placement of regular and irregular adjectives
6. review the use of the present subjunctive vs. the infinitive, the use of the subjunctive after verbs expressing will, desire, etc.
7. review the present subjunctive of some verbs with irregular stems
8. read and analyze literary texts by two 20th-century authors: Jean-Paul Sartre and Tahar Ben Jelloun

CHAPTER PROJECTS

(optional)

1. *L'actualité:* Les élèves doivent lire des journaux ou des magazines français et faire un exposé sur l'actualité. S'il est impossible de se procurer des journaux français, utilisez des journaux de la région et dites aux élèves de faire un exposé en français sur l'actualité en Europe et aux États-Unis.

2. *L'argent:* Les élèves doivent noter tous les jours leurs dépenses pendant une période de deux semaines. Ils doivent noter également l'argent qu'ils gagnent ou qu'ils reçoivent. Ils vont proposer un budget et le comparer à ceux des étudiants des pages 78–79. Vous pouvez analyser les notes des élèves et déterminer la manière la plus courante dont les élèves obtiennent de l'argent, et à quoi ils le dépensent.

LEARNING FROM PHOTOS

Have students say as much as they can about the photo.

CHAPTER 2 RESOURCES

1. Workbook
2. Student Tape Manual
3. Audio Cassette 2
4. Bell Ringer Review Blackline Masters
5. Situation Cards
6. Chapter Quizzes
7. Testing Program

DIFFICULTY PLATEAUS

In all chapters, each reading selection in *Culture, Journalisme,* and *Littérature*, as well as the *Conversation* and each structure topic, will be rated as follows:
- ◆ Easy
- ◆◆ Intermediate
- ◆◆◆ Difficult

Please note that the material in *En voyage* does not get progressively more difficult. Within each chapter there are easy and difficult sections.

The overall rating of this chapter is: ◆◆ **Intermediate**.

RANDOM ACCESS

You may follow the exact order of the chapter or you may omit certain sections that you feel are not necessary for your students. Similarly, you may wish to present a literary selection without interruption or you may intersperse some material from the *Structure* section as you are presenting a literary piece.

EVALUATION

Quizzes: There is a quiz for every vocabulary section and every structure point.

Tests: To accompany *En voyage* there are global tests for both *Structures I* and *II*, a combined *Conversation/Langage* test, and one test for each reading in the *Culture, Journalisme,* and *Littérature* sections. There is also a chapter Listening Comprehension Test.

53

CULTURE

LES JEUNES FRANÇAIS ET L'ACTUALITÉ

Bell Ringer Review
Write the following on the board or use BRR Blackline Master 2-1: Faites une liste des médias que vous connaissez en français.

Introduction
PRESENTATION (page 54)
A. Ask students: *Qu'est-ce que c'est, l'actualité?* If there is any difficulty answering, ask: *Qu'en pensez-vous? L'actualité, c'est le passé? Non? Qu'est-ce que c'est alors?* (*C'est le présent, c'est tout ce qui se passe aujourd'hui.*)
B. Have students read the *Introduction* aloud or silently. Tell them to look for a misconception.
C. Ask students if they think that American teenagers are as interested in current events as their parents. What do they think is the most popular source of news for American teens? Ask students how many of them read the newspaper.

Vocabulary Expansion
You may wish to give students the adjective *actuel(le)*, which corresponds to the noun *l'actualité* and means "present," "current." It occurs in the frequently-used expression *à l'heure actuelle* ("currently," "right now").

CULTURE

LES JEUNES FRANÇAIS ET L'ACTUALITÉ

INTRODUCTION

Tous les jours, la télévision, la radio, les journaux nous présentent une masse d'informations que nous digérons plus ou moins bien.

D'une façon générale, on croit que les jeunes s'intéressent moins à l'actualité que leurs parents, et que leur seule source de renseignements est la télévision. Eh bien, en France, ce n'est pas le cas. D'après un récent sondage, non seulement les jeunes Français lisent plus la presse que leurs parents, mais ils se montrent plus critiques à l'égard des informations reçues.

54 CHAPITRE 2

LEARNING FROM PHOTOS
You may wish to ask students the following questions about the photo on this page: **Que font les jeunes gens sur la photo? À votre avis, ils lisent les infos? Ils sont américains ou français? Comment le savez-vous?**

VOCABULAIRE

une station de radio
une chaîne de télévision
un présentateur
une présentatrice
un téléspectateur
une téléspectatrice
un auditeur
une auditrice
une journaliste
un journaliste

l'actualité   l'ensemble des événements actuels/récents
un sondage   une enquête
l'info   l'information
les infos   le journal parlé ou télévisé, les nouvelles
un quotidien   un journal publié tous les jours
un hebdomadaire   un magazine publié toutes les semaines

la une   la première page d'un journal
les faits divers   les nouvelles peu importantes
agir   produire un effet, exercer une influence, transformer
se tenir informé(e)   rester informé(e)
être au courant   être informé(e)

CULTURE 55

Vocabulaire

Vocabulary Teaching Resources
1. Audio Cassette 2
2. Student Tape Manual
3. Workbook
4. Chapter Quizzes

PRESENTATION (page 55)

A. Have students repeat the new words in unison after you or Cassette 2.
B. To vary the procedure, give students several minutes to read the definitions silently to familiarize themselves with them.
C. Then have the class repeat each new word or phrase once or twice in unison.
D. Give the definition. Let individuals volunteer to give the new word being defined.
E. You may wish to go over Exercises A and B on page 56 immediately.
F. Have students study the new words at home and write the exercises on page 56.

Vocabulary Expansion

Un(e) journaliste is a newspaper journalist but may also be a radio or TV news correspondent.

Exercices

PRESENTATION (*page 56*)

As suggested above, assign the exercises for homework. Go over them the next day in class.

Extension of *Exercices* A, B, and C

After going over the exercises, have students volunteer to give an original sentence using a new word.

ANSWERS

Exercice A
1. la télévision
2. la radio
3. la presse écrite
4. la radio
5. la télévision
6. la presse écrite
7. les trois
8. la radio et la télévision
9. la presse écrite
10. la radio et la télévision
11. les trois

Exercice B
1. d
2. c
3. a
4. f
5. b
6. e

Exercice C
1. un hebdomadaire
2. l'actualité
3. être au courant
4. un présentateur (une présentatrice)
5. un(e) journaliste
6. un auditeur (une auditrice)
7. un téléspectateur (une téléspectatrice)
8. un sondage
9. un quotidien
10. agir
11. l'info
12. se tenir informé(e)

56

Exercices

A **Radio, télévision ou presse?** Décidez s'il s'agit de la radio, de la télévision, de la presse écrite ou des trois.

1. une chaîne
2. une station
3. un hebdomadaire
4. un auditeur
5. une téléspectatrice
6. un quotidien
7. un journaliste
8. une présentatrice
9. la une
10. les infos
11. les faits divers

B **Associations.** Choisissez les mots qui sont associés.

1. une chaîne
2. la radio
3. un auditeur
4. les informations
5. un journaliste
6. un quotidien

a. un téléspectateur
b. un présentateur
c. une station
d. la télévision
e. un hebdomadaire
f. les nouvelles

C **Définitions.** Donnez le mot qui correspond.

1. un magazine qui est publié toutes les semaines
2. des événements qui se passent au moment où l'on parle
3. être informé(e)
4. quelqu'un qui présente une émission
5. quelqu'un qui écrit des articles dans un journal
6. quelqu'un qui écoute la radio
7. quelqu'un qui regarde la télévision
8. une enquête
9. un journal qui est publié tous les jours
10. produire un effet sur quelque chose
11. l'information
12. rester informé(e)

56   CHAPITRE 2

INDEPENDENT PRACTICE

Assign any of the following:
1. Workbook, *Culture*
2. Exercises A–C on this page

LES MÉDIAS DANS LA VIE DES LYCÉENS

Mais oui! Ils s'informent.

En France, 96% des lycéens pensent qu'il est important de se tenir informé de l'actualité (99% pour les filles, 99% dans l'enseignement privé). Soit la quasi-totalité[4].

Pourquoi? Pour des raisons assez peu scolaires, en somme: pour «leur intérêt personnel», pour «s'insérer dans la société», pour «réussir leur vie professionnelle». Comme si l'info, pour eux, n'avait aucune fonction utilitaire immédiate. Comme si sa seule fonction, c'était de les ouvrir au monde et de faire d'eux des citoyens[5]. «*C'est important d'être informé pour ne pas être isolé,* juge Nathalie, 16 ans. *Plus tard, ce sera à nous de prendre les rênes*[6]. *On ne peut pas rester ignorants, ou alors on devient une plaie*[7] *pour la société*».

Succès de la presse écrite

Comment s'informent-ils? Par la télévision bien sûr, la radio, mais aussi, et c'est là la surprise de ce sondage, par la presse écrite.

---

[1] s'insérer *to become part*
[2] en connaissance de cause *with full knowledge of the facts*
[3] NSPP (Ne Se Prononcent Pas) *no opinion*
[4] la quasi-totalité *just about everybody*
[5] citoyens *citizens*
[6] prendre les rênes *to take command, to be in charge*
[7] une plaie *liability*

CULTURE 57

C. Paraphrasing: Have students paraphrase the following:
1. «… *même si les chiffres sont un peu inférieurs à ceux de leurs aînés…*» (They may say: «*un peu plus bas que ceux des gens plus âgés, comme, par exemple, leurs parents ou leurs grands-parents*».)
2. «*La moitié des lycéens…*» (They may say: «*50 pour cent des lycéens, un lycéen sur deux.*»)

Until students become accustomed to paraphrasing, it may be necessary to give them a fair amount of assistance.

D. *La radio, aussi:* Have students read this silently and look for the following information: *Quand les jeunes Français écoutent la radio, que choisissent-ils le plus souvent, la musique ou les infos?*

E. Assign the *Compréhension* exercises on page 59 and Workbook, *Culture.*

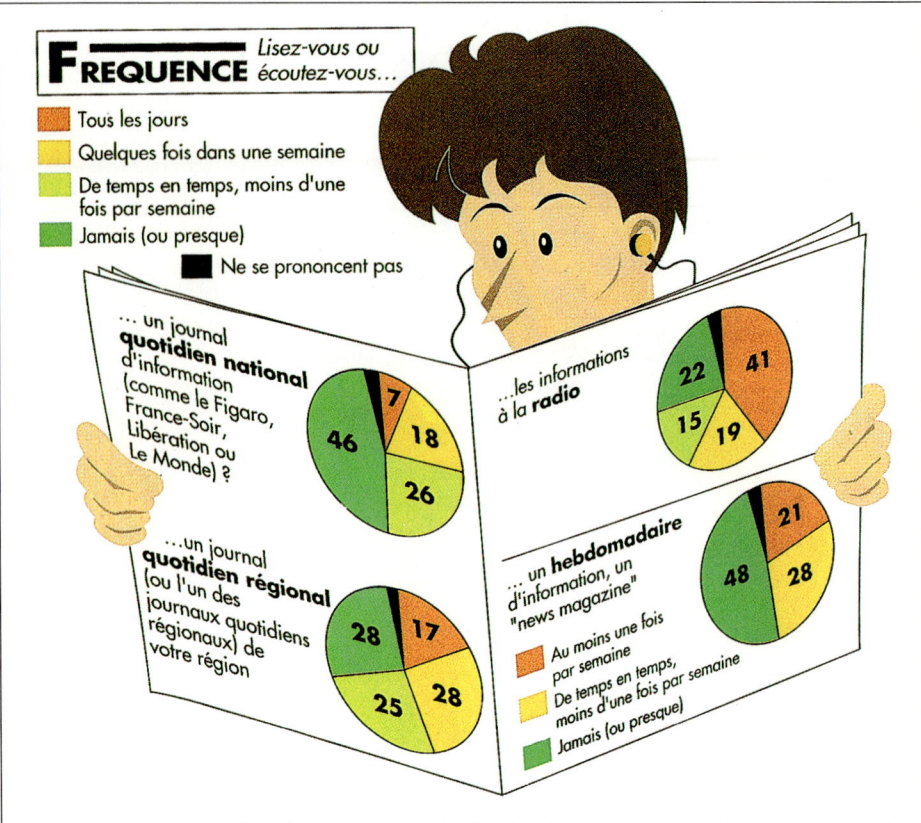

Un lycéen sur quatre (26%) lit régulièrement un quotidien national *(Le Figaro, Libération, Le Monde…)*. Soit un peu plus que les adultes (22%). La presse quotidienne régionale remporte elle aussi un franc succès[8] (45% des lycéens la lisent au moins une fois par semaine), même si les chiffres sont un peu inférieurs à ceux de leurs aînés[9] (49%). La moitié[10] des lycéens, enfin, lit de temps en temps un hebdomadaire d'informations générales *(Le Nouvel Observateur, L'Express, Le Point…)*.

La radio, aussi

Ils s'informent aussi par la radio. 41% des lycéens écoutent tous les jours les infos à la radio.

C'est énorme. Mais quand on leur demande quelles stations ils écoutent, on constate[11] que la première des grandes stations nationales, *Europe 1*, n'arrive qu'en sixième position, loin derrière les trois grandes de la FM: *NRJ*[12], *Skyrock* et *Fun*. Autrement dit, c'est la musique qu'ils choisissent, et pas les infos, qu'ils écoutent—sans doute—par hasard[13].

[8] **remporte un franc succès** *is very successful*
[9] **aînés** *elders*
[10] **la moitié** *half*
[11] **on constate** *one notices*
[12] **NRJ** pronounced like "énergie"
[13] **par hasard** *by chance*

58   CHAPITRE 2

PAIRED ACTIVITY

Have students work in pairs. One student asks the other which radio station he/she prefers and why. Then they switch roles. Each student tries to persuade the other to listen to his/her favorite station.

COOPERATIVE LEARNING

Have students work in teams. Each team is responsible for designing a day's programming for a local radio station. They need to choose material that is appropriate for certain audiences at certain times of day. Each team then reports their ideas to the class.

Compréhension

A **Être au courant.** Répondez aux questions d'après le texte.

1. Dans quelles proportions les lycéens français pensent-ils qu'il est important de se tenir informé(e) de l'actualité?
2. Pour quelles raisons pensent-ils que c'est important?
3. Quelle est pour eux la seule fonction de l'information?
4. Que feront les jeunes plus tard?
5. D'après Nathalie, si les jeunes sont ignorants, qu'arrivera-t-il?
6. Quels sont les différents moyens d'information?
7. Qu'est-ce qu'un quotidien national? Et un quotidien régional?
8. Pour quelle raison les jeunes Français choisissent-ils une station de radio plus qu'une autre?

B **Oui ou non?** Corrigez d'après le texte.

1. Les jeunes Français veulent se tenir informés de l'actualité pour des raisons scolaires.
2. Ils peuvent se servir immédiatement de ce qu'ils ont appris sur l'actualité.
3. Ils pensent qu'être au courant de l'actualité les rend moins isolés.
4. Ils n'ont pas d'ambitions pour plus tard.
5. Il est bien connu que les jeunes Français lisent beaucoup les journaux.
6. Ils écoutent les informations tous les jours.
7. Ils veulent écouter les informations tous les jours.

C **Familles de mots.** Choisissez le mot qui correspond.

1. mois   a. trimestriel
2. semaine   b. annuel
3. an   c. quotidien
4. jour   d. horaire
5. heure   e. hebdomadaire
6. trimestre   f. semestriel
7. semestre   g. mensuel

Activités

A **À la une.** Faites une liste des sujets que vous aimeriez voir mieux traités dans les médias. Dites pourquoi.

B **Presse, télé ou radio?** Une des jeunes filles interrogées pour le sondage pense que «l'information est plus neutre à la télévision. Le présentateur ne donne jamais son avis. Les journaux expriment toujours plus ou moins une opinion politique. Et puis l'image, ça ne trompe pas». Qu'en pensez-vous? Êtes-vous d'accord ou pas?

CULTURE 59

Compréhension
ANSWERS
Compréhension A
1. 96% des lycéens français.
2. Pour: «leur intérêt personnel»; «s'insérer dans la société»; «réussir leur vie professionelle».
3. De les ouvrir au monde et de faire d'eux des citoyens.
4. Ils prendront les rênes.
5. Ils deviennent une plaie pour la société.
6. La radio, la télévision et la presse écrite.
7. … publié tous les jours dans tout le pays / dans une région spécifique.
8. C'est selon la musique qu'ils préfèrent.

Compréhension B
1. … pour des raisons assez peu scolaires.
2. L'info n'a pour eux aucune fonction utilitaire immédiate.
3. Oui.
4. Plus tard ils devront prendre les rênes.
5. Non, c'est la surprise de ce sondage.
6. Oui.
7. Non, ils les écoutent par hasard.

Compréhension C
1. g
2. e
3. b
4. c
5. d
6. a
7. f

Activités
ANSWERS
Activités A and B
Answers will vary.

COOPERATIVE LEARNING

Activité A, page 59: Have the students divide into small groups and choose a leader. Students can work together on this activity. The leader polls his or her group about what subjects they would like to see covered more extensively in the press and reports the results to the class.

INDEPENDENT PRACTICE

Assign any of the following:
1. *Compréhension* exercises and activities on this page
2. Workbook, *Culture*

CONVERSATION

AU BUREAU
Vocabulaire

Vocabulary Teaching Resources
1. Audio Cassette 2
2. Student Tape Manual
3. Workbook
4. Chapter Quizzes

Bell Ringer Review
Write the following on the board or use BRR Blackline Master 2-3: Écrivez toutes les professions et tous les métiers que vous connaissez.

PRESENTATION (pages 60–61)
A. As you present the new vocabulary you may wish to ask the following questions: *Marc va monter. Il va aller en haut ou en bas? Marc va descendre. Il va aller en haut ou en bas? Où les employés de l'entreprise déjeunent-ils? Qu'en pensez-vous? Les entreprises américaines donnent à leurs employés des tickets-restaurant ou non? Y a-t-il des restaurants chinois là où vous habitez? Vous aimez la cuisine chinoise?*

Vocabulary Expansion
In everyday speech the word *restaurant* is often shortened to *restau* or *resto* (cf. page 63). *Le restau U* is student slang for *le restaurant universitaire.* Remind students that they have already learned *le café, la cafétéria,* and *la cantine.* They may also recall *le restoroute* (the roadside diner or restaurant) from the *Lecture* in Chapter 8, *À Bord.*

60

CONVERSATION

AU BUREAU

VOCABULAIRE

60   CHAPITRE 2

ADDITIONAL PRACTICE	CRITICAL THINKING ACTIVITY
Dites d'une autre façon: 1. Elle a eu une très bonne idée. 2. Ça, c'est une idée formidable. 3. Il est très fatigué. 4. Il a très sommeil.	(Thinking skills: Locating Causes) You may wish to do this activity after completing the vocabulary presentation. 1. Elle a eu une idée de génie. Qu'est-ce qu'elle a fait? Qu'est-ce qu'elle a décidé? 2. Il est vraiment crevé. Pourquoi? Qu'est-ce qu'il a fait? 3. Ce travail l'a achevé. Pourquoi? 4. Il couve quelque chose. Pourquoi?

un hypermarché

couver quelque chose sentir qu'on va tomber malade	**retrouver** trouver à nouveau
ne pas être dans son assiette ne pas se sentir bien	**se remettre en route** prendre la route à nouveau
achever quelqu'un rendre quelqu'un incapable de faire quoi que ce soit	**avouer** admettre
	à tout casser au plus
	en fin de compte finalement, après tout ça

Exercices

A **La vie quotidienne.** Complétez.

1. Depuis qu'ils sont allés à Pékin, ils veulent toujours aller manger dans des restaurants ___.
2. Ils ne paient pas leur déjeuner avec de l'argent, mais avec des ___.
3. Elle a trop mangé. Elle ne se sent pas bien. Elle ___.
4. Lui, il a fait trop de jogging. Il est très fatigué. Il est ___.
5. Cet homme est content. Il avait perdu son portefeuille, et maintenant, il l'___.
6. Elles vont faire leurs courses à *Carrefour*. C'est un ___.

B **Quel est le mot?** Trouvez le mot qui correspond à la définition donnée.

1. rendre quelqu'un complètement incapable de faire quoi que ce soit
2. avoir une très bonne idée
3. être obligé d'admettre
4. au dernier étage par rapport au premier
5. au premier étage par rapport au dernier
6. après tout ça
7. sentir la maladie qui approche
8. reprendre la route

C **Expressions amusantes.** Complétez les phrases suivantes en décrivant les circonstances qui expliquent le début de la phrase.

1. Je ne suis pas dans mon assiette aujourd'hui parce que…
2. J'ai eu une idée de génie: je…
3. Je suis complètement crevé(e) parce que…
4. Comme ci, comme ça:…
5. Trente francs, à tout casser:…

CONVERSATION 61

Bell Ringer Review

Write the following on the board or use BRR Blackline Master 2-4: Écrivez tout ce que vous avez fait ce matin avant de partir pour l'école.

Scènes de la vie

PRESENTATION *(pages 62–63)*

A. *Lundi matin:* Call on two students with good pronunciation to read the conversation aloud to the class with as much expression as possible. Permit the others to follow along in their books as they listen.

B. If you wish, you can intersperse the questions from Exercise A, page 64.

SCÈNES DE LA VIE

Lundi matin

ARNAUD: Bonjour, Gilles. Ça va?
GILLES: Ça va, merci. Et toi?
ARNAUD: Comme ci, comme ça. J'ai l'impression que je couve quelque chose.
GILLES: Ah oui? Pourquoi?
ARNAUD: Je ne sais pas. Je ne suis pas dans mon assiette, aujourd'hui. Je ne me sentais déjà pas bien la semaine dernière, mais il faut dire que le week-end m'a achevé!
GILLES: Ah oui, qu'est-ce que vous avez fait?
ARNAUD: Eh bien voilà. On avait décidé d'aller dans notre maison de campagne près de Saulieu, dans le Morvan. En général, on met trois heures, à tout casser. Mais là, trois heures après notre départ, on était tout juste à Auxerre. Alors, on a eu l'idée de génie de sortir de l'autoroute et d'aller faire quelques achats à *Carrefour!*
GILLES: Écoute! Tout le monde sait qu'on ne va pas faire des courses dans un hypermarché le samedi!
ARNAUD: Peut-être que tout le monde le sait, mais pas nous. Enfin, on a fait deux heures de queue pour payer. On sort, et… impossible de retrouver la voiture! En fin de compte, on est arrivé à Saulieu à deux heures du matin, complètement crevés.
GILLES: Vous n'avez pas beaucoup profité de la campagne, alors!
ARNAUD: Non, vu qu'on s'est levé à midi. On a déjeuné et on s'est remis en route pour le retour. Et là, rebelote*! Un énorme bouchon sur la A6†. On a mis sept heures pour revenir!!
GILLES: Eh bien, mon pauvre, ça ne m'étonne pas que tu ne sois pas en forme.

---
*Rebelote! *Here we go again!*
†la A6 *Highway that links Paris and Lyon*

62 CHAPITRE 2

Lundi midi

GILLES: Alors, où va-t-on? On mange en bas?
SYLVIE: Oh non, j'en ai assez de la cuisine de restaurant d'entreprise, en général, et de celle de ton entreprise, en particulier.
GILLES: Oh, tu peux faire la difficile... Tu n'es pas obligée de manger de la cuisine d'entreprise tous les jours, puisqu'il n'y a pas de resto là où tu travailles!
SYLVIE: Tu avoueras que le système des tickets-restaurant* est nettement plus agréable...
GILLES: Surtout quand tu paies pour moi avec tes tickets!
SYLVIE: Mais bien sûr! Alors, ça te dit le chinois? Ça fait longtemps qu'on n'y est pas allés.
GILLES: D'accord, c'est une bonne idée.

* **les tickets-restaurant** *Half the cost of these tickets (43 F each) is paid by the employer, half by the employee. They are accepted in a very large number of restaurants.*

CONVERSATION 63

C. *Lundi midi:* Have two students read this section aloud.
D. As the students read, intersperse the questions from Exercise B, page 64.

Vocabulary Expansion

L'expression «rebelote» vient du jeu de cartes appelé la belote. Le jeu consiste à avoir les meilleures combinaisons possibles de cartes, puis de gagner des plis contenant les plus fortes cartes. La Belote est constituée du Roi et de la Dame d'atout et cette combinaison doit s'annoncer pendant le jeu. Le joueur qui la détient doit annoncer «belote» au moment de jouer la première carte et «rebelote» quand il joue l'autre. «Rebelote» est donc passé dans la langue de tous les jours pour indiquer quelque chose qui recommence.

ADDITIONAL PRACTICE

Have sudents use the following colloquial expressions on their own.
On a eu une idée de génie! *(avec sarcasme)*
Écoute!
Rebelote!
Tu fais le/la difficile.
Ça te dit (de)... ?

63

Compréhension

ANSWERS

Compréhension A
1. Arnaud croit qu'il couve quelque chose.
2. Il n'est pas dans son assiette; il ne se sentait déjà pas bien la semaine d'avant.
3. Parce qu'il parle d'Arnaud et sa famille.
4. Normalement, on met trois heures.
5. On prend l'autoroute.
6. *Carrefour.*
7. Pendant deux heures.
8. Il leur a été impossible de retrouver leur voiture.
9. À deux heures du matin.
10. Ils ont mis sept heures pour revenir.

Compréhension B
1. Non, ils ne travaillent pas pour la même entreprise.
2. Il se trouve en bas.
3. Non, son entreprise n'a pas de restaurant.
4. Dans un restaurant qui accepte les tickets-restaurant.
5. Avec des tickets-restaurant.
6. Un restaurant chinois.
7. Sylvie va payer l'addition.
8. Avec des tickets-restaurant.

Activités de communication

PRESENTATION (page 64)

A. For *Activité A*, have students give words they recall related to highway travel. (This vocabulary was originally presented in *Bienvenue*, Chapter 12 and *A Bord*, Chapter 8.)

B. For *Activité B*, have students give words they recall related to shopping for food and merchandise of various sorts. This vocabulary was originally presented in *Bienvenue*, Chapters 6 and 10, and (in terms of consumer goods) in *A Bord*, Chapters 2, 3, 5, 9, and 12.

ANSWERS

Activités A, B, and C
Answers will vary.

64

Compréhension

A **Le matin.** Répondez d'après la conversation.

1. Que croit Arnaud?
2. Comment se sent-il? Comment se sentait-il la semaine d'avant?
3. Pourquoi Gilles passe-t-il du «tu» au «vous»?
4. Normalement, combien de temps met-on pour aller de Paris à Saulieu?
5. Quel genre de route prend-on?
6. Quel hypermarché se trouve à Auxerre?
7. Combien de temps Arnaud et sa famille ont-ils fait la queue?
8. Que s'est-il passé quand ils sont sortis de l'hypermarché?
9. À quelle heure sont-ils arrivés dans leur maison de campagne?
10. Combien de temps ont-ils mis, le lendemain, pour revenir à Paris?

B **À midi.** Répondez d'après la conversation.

1. Est-ce que Gilles et Sylvie travaillent pour la même entreprise?
2. Où se trouve le restaurant de l'entreprise de Gilles par rapport à l'endroit où sont les deux amis?
3. Est-ce que l'entreprise pour laquelle Sylvie travaille a un restaurant?
4. Où Sylvie déjeune-t-elle d'habitude?
5. Comment paie-t-elle ses repas?
6. Dans quelle sorte de restaurant veut-elle aller aujourd'hui?
7. Qui va payer l'addition?
8. Avec quoi va-t-elle la payer?

Activités de communication

A **Sur l'autoroute.** En vous servant de la carte, recréez la conversation d'Arnaud et de sa femme avant d'arriver à Auxerre. Travaillez avec un(e) camarade. Vous discutez de ce qu'il faut faire: attendre que le bouchon se dégage ou pas, aller faire des achats à Auxerre ou pas, etc.

B **À *Carrefour*.** Vous faites des achats à *Carrefour* avec un(e) camarade. Vous avez chacun(e) votre liste et vous demandez à l'autre son avis quand quelque chose vous plaît.

C **À midi, à la cafétéria.** Vous allez déjeuner avec un ou plusieurs amis à la cafétéria de votre école. Vous discutez (en français, bien sûr) des mérites de la cuisine de votre cafétéria.

64   CHAPITRE 2

LEARNING FROM PHOTOS

You may wish to ask students to say as much as they can about the photo on this page.

INDEPENDENT PRACTICE

Assign any of the following:
1. Exercises and activities on this page
2. Workbook, *Conversation*

LANGAGE

INVITATIONS

Dans la vie de tous les jours, il est très courant de proposer à quelqu'un de faire quelque chose. Voici quelques façons de le faire:

> Tu es libre ce soir/jeudi prochain…?
> Tu fais quelque chose ce soir/jeudi prochain…?
> Qu'est-ce que tu fais ce soir/jeudi prochain…?
> Tu (ne) veux (pas) venir avec nous samedi…?
> Ça te dirait d'aller voir…?
> Si on allait voir…?
> On va prendre quelque chose?
> Allez, viens. On va déjeuner. Je t'invite.

Notez bien que «Je t'invite» indique que c'est vous qui payez.

Pour accepter une invitation, vous pouvez dire:

> Avec plaisir!
> (Très) volontiers!
> D'accord!
> Ce serait très sympa(thique).

Pour refuser une invitation, vous pouvez dire:

> Merci, mais je ne peux vraiment pas.
> Désolé(e), mais je suis déjà pris(e).
> Je regrette,…
> …mais c'est impossible.
> …mais il faut que je travaille.
> …mais je ne me sens pas très bien.

Il est parfois difficile d'accepter ou de refuser. Voici quelques façons de gagner du temps avant de donner une réponse catégorique:

> Ça dépend. Qu'est-ce que tu suggères?
> Je ne sais pas encore. Pourquoi?
> Je vais voir…

LANGAGE 65

LANGAGE

INVITATIONS

PRESENTATION *(page 65)*

A. Read the explanatory material to the class. Have the class repeat the expressions in unison.
B. Call on individuals to complete the incomplete statements. For example: *Ça te dirait d'aller voir…?* → *Ça te dirait d'aller voir un bon film?*

Vocabulary Expansion

You may wish to explain to students that the two idiomatic expressions *Ça te dirait d'(aller voir)…* and *Si on (allait voir)…?* convey the meaning: "How about (going to see)…?"

ADDITIONAL PRACTICE

After introducing the new expressions, have students do the following activity:

Invitez quelqu'un:
à une fête
à un restaurant
au match de foot
à prendre quelque chose au café
au cinéma

65

Activité de communication

PRESENTATION (page 66)

You may wish to have the class work in groups on the different situations in this activity and do them aloud in class.

Extension of *Activité*

Have students make up impromptu conversations dealing with an invitation. They can be very funny and original, e.g., a "yes" answer with romantic overtones, a "no" answer conveying "I have to get out of this."

ANSWERS

Answers will vary.

Activité de communication

Pour être sociable. Vous vous trouvez dans les situations suivantes. Travaillez avec un(e) ou plusieurs camarades.

1. Les personnes suivantes vous demandent si vous êtes libre samedi prochain. Vous l'êtes, mais que répondez-vous…
   a) à un(e) ami(e) que vous aimez bien?
   b) à un membre du sexe opposé qui vous plaît beaucoup?
   c) à quelqu'un que vous n'aimez pas?
   d) à quelqu'un que vous aimez moyennement?
2. Vous voulez aller au cinéma. Vous essayez de trouver quelqu'un qui veuille y aller avec vous.
3. Un(e) de vos ami(e)s a été invité(e) à aller quelque part mais n'a pas envie d'y aller. Vous l'aidez à trouver des raisons pour refuser.
4. Vous suggérez à un(e) ami(e) de faire quelque chose ensemble. Déterminez quels jours vous êtes libres tou(te)s les deux, ce que vous allez faire, etc.

66   CHAPITRE 2

INDEPENDENT PRACTICE

Assign any of the following:
1. Workbook, *Langage*
2. Activity on this page

STRUCTURE I

L'interrogation *Asking Questions Formally or Informally*

1. The simplest and most common way to ask a question in French is by using intonation, that is by simply raising one's voice at the end of a statement.

   Il travaille.   Il travaille?
   Nous partons.   Nous partons?

2. Another way to form a question is to use *est-ce que* before a statement.

   Il travaille.   Est-ce qu'il travaille?
   Nous partons.   Est-ce que nous partons?

3. A third way to form a question is by inverting the subject and the verb (or its auxiliary). This inverted form is used in written and formal French, but it is less frequent in everyday conversation.

   Vous parlez français.   Parlez-vous français?
   Il a travaillé.   A-t-il travaillé?

   Inversion can also be made with a noun subject by adding a subject pronoun and inverting it with the verb. But again, intonation is more commonly heard in everyday French.

   Isabelle parle français.   Isabelle parle-t-elle français?

4. The above questions were answered by "yes" or "no." But many questions are "information" questions, that is questions introduced by "question words."

   —*Où* est-ce qu'il travaille?   —En banlieue.
   —*Comment* est-ce qu'il va au bureau?   —En train.
   —*Pourquoi* est-ce qu'il prend le train? —La gare est tout près.
   —*Quand* est-ce qu'il rentre?   —Vers 8 heures du soir.
   —*Combien* est-ce qu'il gagne?   —Je ne sais pas exactement.

5. Inversion is also used with question words in more formal speech.

   Où travaille-t-il?
   Comment va-t-il au bureau?
   Quand rentre-t-il?
   Combien gagne-t-il?

   Note, however, that inversion is often used in common expressions such as:

   Comment vas-tu?
   Quel âge as-tu?
   Comment t'appelles-tu?

STRUCTURE I 67

STRUCTURE I

Structure Teaching Resources

1. Workbook, *Structure I*
2. Student Tape Manual, *Structure I*
3. Audio Cassette 2
4. Chapter Quizzes, *Structure I*
5. Testing Program, *Structure I*

Bell Ringer Review

Write the following on the board or use BRR Blackline Master 2-5: Écrivez une question avec chacun des mots suivants. Ensuite répondez à votre question.
Quand
Avec qui
Où
Comment
Pourquoi
Combien
Quel

L'interrogation ◆

PRESENTATION *(pages 67–68)*

A. With many groups you should be able to omit this point.
B. Have the students read the model sentences aloud. Most students learn more from the examples than they do from the explanation.

6. However, in everyday language, people most often put *où, quand, combien,* and *comment* at the end of the question, and *pourquoi* at the beginning. They use an intonation that rises first and then falls.

> Il travaille *où*?
> Il y va *comment*?
> Il rentre *quand*?
> Il gagne *combien*?
> BUT: *Pourquoi* il travaille?

7. If the question is about a noun, the interrogative adjectives *quel, quelle, quels,* and *quelles* are used.

> Dans *quel restaurant* est-ce que vous allez?
> Dans *quelle cafétéria* est-ce que vous allez?
> Avec *quels amis* est-ce que vous déjeunez?
> Avec *quelles amies* est-ce que vous déjeunez?

8. Of course, inversion or intonation are also used in questions with *quel, quelle, quels,* and *quelles.*

> Dans *quel restaurant* allez-vous?
> Vous allez dans *quel restaurant*?

68   CHAPITRE 2

Exercices

A **On a faim.** Posez des questions qui correspondent aux mots en italique. Vous pouvez les poser de plusieurs façons.

1. On va *au restaurant*.
2. On va au restaurant *en métro*.
3. On va au restaurant *à midi*.
4. On va au restaurant chinois *parce que Jacques n'aime pas les restaurants d'entreprise*.
5. Le restaurant se trouve *dans la rue de Sèvres*.
6. Le restaurant sert le déjeuner *de midi à 3 heures*.
7. Le restaurant est ouvert *du lundi au samedi*.
8. Le restaurant est fermé *le dimanche*.

B **Encore un peu endormi.** Voici les réponses de votre camarade. Quelles questions lui avez-vous posées?

1. Nous sommes le 12.
2. Nous sommes en janvier.
3. Il est 8 heures et demie.
4. Après, il y a cours d'anglais.

C **Frustrations.** Répondez en utilisant une question. Suivez le modèle.

—Je n'ai pas assez d'argent pour le billet!
—*Combien te faut-il?*

1. Je n'aime pas la cuisine chinoise.
2. Je n'ai pas assez dormi.
3. Je suis très pressé(e). Il faut que je parte.
4. Ma voiture est au garage pour une semaine.
5. Il faut que j'aille à Paris la semaine prochaine.
6. Cette année, nous ne partons pas en vacances.

STRUCTURE I 69

Bell Ringer Review

Write the following on the board or use BRR Blackline Master 2-6: Écrivez à la forme négative:
1. Il travaille.
2. Il est allé au bureau.
3. Il est content.
4. Il a un problème.

Les expressions négatives ♦

PRESENTATION *(pages 70–71)*

A. Most students should need little review of Steps 1 and 2, with the possible exception of the position of *personne*.
B. Call on individuals to read the model sentences.

Note: You may wish to remind students that *ne... que* follows the same rules for placement as the others, except in the *passé composé* when its placement resembles that of *ne... personne*. For example: *Je n'ai que deux dollars. Je ne téléphonais qu'à Sylvie. J'ai vu que trois films.*

Les expressions négatives — *Making a Sentence Negative*

1. The placement of the most commonly used negative expression, *ne... pas*, is as follows:

    Je *ne* travaille *pas*.
    Je *n'ai pas* travaillé.
    Je *ne* vais *pas* travailler.
    Je *ne* peux *pas* travailler.

    When negating an infinitive, however, both *ne* and *pas* precede the infinitive.

    Je lui ai dit de *ne pas* travailler.

    When a pronoun is involved, *ne* and *pas* go around the pronoun-verb (pronoun-auxiliary) block:

    Je *ne* lui téléphone *pas*.
    Je *ne* lui ai *pas* téléphoné.

2. Most of the following negative expressions follow the same pattern as *ne... pas*.

ne... pas du tout	not at all
ne... plus	no longer, no more
ne... jamais	never
ne... rien	nothing
ne... personne	nobody
ne... ni... ni	neither... nor

    Il *ne* travaille *plus*.
    Il *ne* peut *plus* travailler.
    Elle *n'a jamais* téléphoné.
    Elle *ne* m'a *jamais* parlé.
    Je lui ai demandé de *ne rien* dire.
    Je *ne* vois *personne*.
    Je *ne* téléphone *ni* à Paul, *ni* à Marie.

    Note however the placement of *ne... personne* and *ne... ni... ni* in the *passé composé* or when two verbs are involved:

    Je *n'ai* vu *personne*.
    Je *n'ai* téléphoné *ni* à Paul, *ni* à Marie.

    Je *ne* veux voir *personne*.
    Je *ne* veux voir *ni* Paul, *ni* Marie.

3. To express "no," "not any," or "none," *ne... aucun(e)* is used.

    —Il a des amis?   —Non, il *n'a aucun* ami.
                      —Non, *aucun*.

    —Il a reçu des lettres?   —Non, il *n'a* reçu *aucune* lettre.
                              —Non, *aucune*.

4. In French, unlike in English, more than one negative can be used in the same sentence.

> Il *n'a rien* dit à *personne*.

5. The following adverbs are often used in question-negative answer exchanges.

ALREADY —Il est *déjà* là?	NOT YET —Non, il *n'est pas encore* là.
STILL —Il est *toujours* là?	NO LONGER —Non, il *n'est plus* là.
ALWAYS —Il est *toujours* en retard?	NEVER —Non, il *n'est jamais* en retard.
SOMETIMES —Il est *quelquefois* en retard?	
OFTEN —Il est *souvent* en retard?	
EVER —Il a *déjà* été en retard?	—Non, il *n'a jamais* été en retard.

STRUCTURE I 71

LEARNING FROM PHOTOS

You may wish to ask students the following questions about the photo: **Que fait Paul? Quelle heure est-il? Pourquoi regarde-t-il sa montre? Est-il pressé, à votre avis?**

71

Exercices

PRESENTATION (page 72)
A. All of these exercises can be done without previous preparation.
B. Exercises A, C, and D can be done orally with books closed.

ANSWERS

Exercice A
1. Non, il n'est pas là.
2. Non, je n'ai pas fini de taper cette lettre.
3. Non, il ne va pas rester ici pendant le déjeuner.
4. Non, je ne peux pas travailler tard ce soir.
5. Non, ils n'ont pas l'intention de finir leur rapport aujourd'hui.
6. Non, ils n'ont demandé de renseignements à personne.
7. Non, ils n'ont rien appris.
8. Non, ils n'ont rien pu faire.
9. Non, on n'a pas de nouvelles de Langlois.
10. Non, il n'y a pas de messages pour lui.

Exercice B
1. Tu n'as pas encore fini ta rédaction!
2. Tu n'as pas encore lavé la vaisselle!
3. Tu n'as pas encore promené le chien!
4. Tu n'as pas encore mis les lettres à la poste!
5. Tu n'as pas encore rangé ta chambre!
6. Tu n'as pas encore lu ce livre!

Exercice C
1. Non, il n'est pas encore là.
2. Non, il n'est plus là.
3. Non, il n'est pas encore arrivé.
4. Non, il n'est jamais (il n'est pas encore) venu travailler ici.

Exercice D
Answers will vary.

Exercices

A **Le chef ne va pas être content!** Répondez négativement.

1. Durand est là?
2. Vous avez fini de taper cette lettre?
3. Morel va rester ici pendant le déjeuner?
4. Pouvez-vous travailler tard ce soir?
5. Morel et Durand ont l'intention de finir leur rapport aujourd'hui?
6. Ils ont demandé des renseignements à quelqu'un?
7. Ils ont appris quelque chose?
8. Ils ont pu faire quelque chose?
9. Est-ce qu'on a des nouvelles de Langlois?
10. Est-ce qu'il y a des messages pour lui?

B **Pas d'impatience!** Répondez d'après le modèle.

> faire ses devoirs
> *Tu n'as pas encore fait tes devoirs!*

1. finir sa rédaction
2. laver la vaisselle
3. promener le chien
4. mettre les lettres à la poste
5. ranger sa chambre
6. lire ce livre

C **Pas d'électricien!** Répondez négativement.

1. Il est déjà là?
2. Il est toujours là?
3. Il est déjà arrivé?
4. Il est déjà venu travailler ici?

D **Sondage.** Répondez en utilisant une expression négative de votre choix.

1. Lisez-vous le journal tous les jours?
2. Écoutez-vous la radio tous les jours?
3. Vos parents regardent-ils la télévision?
4. Est-il important de se tenir informé de l'actualité?
5. Aimeriez-vous ne rien faire?
6. Vous intéressez-vous à l'actualité?
7. Vous sentez-vous isolé(e)?
8. Faites-vous confiance à la télévision ou à la radio pour vous tenir informé(e)?
9. Avez-vous rencontré un journaliste?
10. Avez-vous déjà écrit pour les journaux?

INDEPENDENT PRACTICE

Assign any of the following:
1. Exercises on this page
2. Workbook, *Structure I*

L'imparfait

Narrating in the Past Tense

1. Along with the *passé composé* and several other tenses, the imperfect tense is used to express past actions. First, review the forms of the imperfect tense. To get the stem for the imperfect, you take the *nous* form of the present tense and drop the *-ons* ending. The imperfect endings are then added to this stem.

INFINITIVE	PARLER	FINIR	VENDRE	ENDINGS
STEM	nous *parl-*	nous *finiss-*	nous *vend-*	
IMPERFECT	je parlais tu parlais il/elle/on parlait nous parlions vous parliez ils/elles parlaient	je finissais tu finissais il/elle/on finissait nous finissions vous finissiez ils/elles finissaient	je vendais tu vendais il/elle/on vendait nous vendions vous vendiez ils/elles vendaient	-ais -ais -ait -ions -iez -aient

2. The only verb that has an irregular stem in the imperfect is the verb *être*: *ét-*. Here are its forms.

ÊTRE	
j' étais	nous étions
tu étais	vous étiez
il/elle/on était	ils/elles étaient

3. Note that verbs ending in *-cer* like *commencer*, and *-ger* like *manger*, have a spelling change to keep the sounds /s/ and /zh/ of the stem. A cedilla has to be added to the *c* of *-cer* verbs to preserve the sound /s/, and an *e* must be added to the *g* of *-ger* verbs to preserve the /zh/ sound, whenever the *c* or the *g* are followed by an *a*. These spelling changes occur in all forms of the verb, except *nous* and *vous*.

je commençais	je mangeais
tu commençais	tu mangeais
il commençait	il mangeait
ils commençaient	ils mangeaient

4. The imperfect is used to express habitual, repeated, or continuous actions in the past. When the event began or ended is not important. The imperfect is often accompanied by time expressions like *toujours, tous les jours, tous les ans, tout le temps, souvent, d'habitude, de temps en temps,* and *quelquefois*.

Tous les dimanches, nous *avions* un déjeuner en famille.
De temps en temps, j'*invitais* des amis.
Après, mon père *faisait toujours* une petite sieste.

STRUCTURE I

Bell Ringer Review

Write the following on the board or use BRR Blackline Master 2-7: Complétez au présent:
1. Nous ___. (dîner)
2. Nous ___. (finir)
3. Nous ___. (descendre)
4. Nous ___ là. (être)
5. Nous le ___. (faire)
6. Nous ___. (nager)
7. Nous ___. (commencer)

L'imparfait ◆◆

PRESENTATION *(pages 73–74)*

A. **Steps 1, 2, and 3:** Have the students repeat the verb forms aloud. Permit them to read the explanatory material silently or omit it. Most students learn the forms by hearing, seeing, and using them.

B. **Step 4:** Explain to the students that the important thing to keep in mind is continuity. The beginning and end times of the action are not important. Have students read the time expressions and the model sentences aloud.

C. **Step 5:** Have the students read all the sentences together to form a descriptive narrative.

Exercices
ANSWERS
Exercice A
1. Nous aussi, avant, nous discutions avec des amis tous les jours.
2. … nous allions…
3. … nous nagions…
4. … nous nous exercions…
5. Moi aussi, avant, je jouais au foot tous les jours.
6. … je lisais le journal…
7. … je prenais le train…
8. … je faisais…
9. … je mangeais…
10. … je commençais…

Exercice B
1. Avec qui est-ce que vous discutiez tous les jours?
2. Où est-ce que vous alliez tous les jours?
3. Où est-ce que vous nagiez tous les jours?
4. Où est-ce que vous vous exerciez tous les jours?
5. À quoi est-ce que tu jouais tous les jours?
6. Qu'est-ce que tu lisais…?
7. Qu'est-ce que tu prenais…?
8. Qu'est-ce que tu faisais…?
9. Qu'est-ce que tu mangeais tous les jours…?
10. Qu'est-ce que tu commençais tous les jours?

Exercice C
1. Quand il était jeune, il était pauvre.
2. … elle voyageait en deuxième classe.
3. … il allait dans une auberge de jeunesse.
4. … elle achetait ses vêtements dans les hypermarchés.
5. … ils mangeaient dans les cafés.
6. … ils avaient un petit appartement.
7. … ils partaient en vacances pendant trois jours.

74

---

5. The imperfect is also used to describe persons, places, and things in the past.

C'*était* une belle soirée d'août.
Il *faisait* très beau.
Christophe *avait* 20 ans.
Il *était* heureux d'être à Paris.
Il *trouvait* que Paris *était* la plus belle ville du monde.
Il *voulait* y passer toute sa vie.

Note that the imperfect is used to describe location, time, weather, age, physical appearance, physical and emotional conditions or states, attitudes, and desires.

Exercices

A **Avant.** Répondez d'après le modèle.

—Nous écoutons les informations tous les jours.
—*Nous aussi, avant, nous écoutions les informations tous les jours.*

—J'écoute les informations tous les jours.
—*Moi aussi, avant, j'écoutais les informations tous les jours.*

1. Nous discutons avec des amis tous les jours.
2. Nous allons au «Club Fitness» tous les jours.
3. Nous nageons dans la piscine tous les jours.
4. Nous nous exerçons dans le gymnase tous les jours.
5. Je joue au foot tous les jours.
6. Je lis le journal tous les jours.
7. Je prends le train tous les jours.
8. Je fais la vaisselle tous les jours.
9. Je mange des fruits tous les jours.
10. Je commence un livre tous les jours.

B **Vous n'avez pas bien entendu.** Posez les questions qui correspondent aux réponses de l'exercice précédent. Suivez le modèle.

—Nous aussi, avant, nous écoutions les informations tous les jours.
—*Qu'est-ce que vous écoutiez tous les jours?*

—Moi aussi, avant, j'écoutais les informations tous les jours.
—*Qu'est-ce que tu écoutais tous les jours?*

C **Quand ils étaient jeunes.** Répondez d'après le modèle.

—Maintenant il a une voiture. (un vélo)
—*Quand il était jeune, il avait un vélo.*

1. Maintenant, il est riche. (pauvre)
2. Maintenant, elle voyage en première classe. (deuxième classe)
3. Maintenant, il va dans un grand hôtel. (une auberge de jeunesse)
4. Maintenant, elle achète ses vêtements chez un grand couturier. (dans les hypermarchés)

74 CHAPITRE 2

ADDITIONAL PRACTICE
1. Travaillez avec un(e) camarade. Faites une liste de tout ce que vous faisiez toutes les semaines en Français I. Ensuite vous indiquerez ce que vous aimiez faire et ce que vous n'aimiez pas faire.
2. Travaillez avec un(e) camarade. Choisissez un personnage célèbre de l'histoire qui vous intéresse. Décrivez-le.

INDEPENDENT PRACTICE
Assign any of the following:
1. Workbook, *Structure I*
2. Exercises on pages 74–75

5. Maintenant, ils mangent dans les grands restaurants. (les cafés)
6. Maintenant, ils ont une grande maison. (un petit appartement)
7. Maintenant, ils partent en vacances pendant trois mois. (trois jours)

D Quand j'étais enfant. Mettez au passé.

Nous avons une maison de campagne en Bourgogne. C'est une très belle maison, un ancien petit château. Il y a quinze pièces, un grand jardin et au fond du jardin, une petite rivière.

Comme la maison est grande, nous pouvons facilement inviter des amis. Nous y allons tous les quinze jours. Mes parents aiment beaucoup le calme de la Bourgogne.

En hiver, nous faisons de longues promenades dans la campagne, puis nous rentrons à la maison. Mon père allume un feu dans la cheminée, lui et ma mère lisent tranquillement, mes frères jouent au Monopoly, et moi j'écoute de la musique. Ou alors, je prépare de bons petits plats que toute la famille mange avec appétit.

En été, nous devenons plus sportifs: mes frères font du bateau sur le canal, mes parents vont à la pêche, et mes amis et moi, nous jouons au tennis. Et notre moyen de transport? La voiture? Non, pas du tout, nous roulons à vélo!

Sémur-en-Auxois en Bourgogne

STRUCTURE I 75

COOPERATIVE LEARNING

Travaillez en petits groupes. Un(e) élève sera le/la secrétaire du groupe. Dictez-lui une histoire d'épouvante (d'horreur) que vous créerez ensemble. Un(e) élève commencera par quelques phrases. Par exemple: «Il faisait nuit. Il n'y avait pas d'étoiles dans le ciel. On ne voyait rien.» Chaque élève donnera une phrase jusqu'à ce que vous ayez une histoire qui fait peur. Donnez des descriptions complètes et mystérieuses. Ensuite lisez votre histoire à la classe.

PRESENTATION (page 75)
Exercice D
Have students write Exercise D. Call on an individual to read each paragraph as the students correct their own papers.

ANSWERS
Exercice D
Nous avions une maison de campagne en Bourgogne. C'était une très belle maison, un ancien petit château. Il y avait quinze pièces, un grand jardin et au fond du jardin, une petite rivière.

Comme la maison était grande, nous pouvions facilement inviter des amis. Nous y allions tous les quinze jours. Mes parents aimaient beaucoup le calme de la Bourgogne.

En hiver, nous faisions de longues promenades dans la campagne, puis nous rentrions à la maison. Mon père allumait un feu dans la cheminée, lui et ma mère lisaient tranquillement, mes frères jouaient au Monopoly, et moi j'écoutais de la musique. Ou alors, je préparais de bons petits plats que toute la famille mangeait avec appétit.

En été, nous devenions plus sportifs: mes frères faisaient du bateau sur le canal, mes parents allaient à la pêche, et mes amis et moi, nous jouions au tennis. Et notre moyen de transport? La voiture? Non, pas du tout, nous roulions à vélo!

HISTORY CONNECTION

Au VIe siècle, la forteresse gallo-romaine de *Sinemurum* (Sémur) a été remplacée par le château des ducs de Bourgogne.

Aujourd'hui, on visite Sémur-en-Auxois pour voir ses bâtiments anciens, ses remparts et les vestiges d'un château des XIIe et XVIIe siècles.

JOURNALISME

LES JEUNES FRANÇAIS ET L'ARGENT

INTRODUCTION

La plupart des jeunes Français reçoivent de l'argent de poche de leur famille. Comme cette somme n'est pas très élevée, nombreux sont les jeunes qui ont d'autres sources de revenus: les petits boulots du genre baby-sitting ou cours donnés à de jeunes élèves.

Le magazine français *Jeune et jolie* a interviewé plusieurs jeunes Français pour savoir d'où vient leur argent de poche et comment ils l'utilisent. Lisez ce que trois de ces jeunes gens ont répondu. Qu'est-ce que vous auriez dit si ce magazine vous avait interviewé(e)?

VOCABULAIRE

Ce jeune homme est coincé.

un animateur   une animatrice
une colonie de vacances

la progéniture   les enfants
la fac(ulté)   l'université
une bourse   l'argent que les étudiants reçoivent de l'État pour faire leurs études
un bouquin   un livre
une combine   un système, un moyen
au bercail   à la maison

s'en sortir   se tirer d'une mauvaise situation
se moquer de   ne pas attacher d'importance à
gratter sur   économiser sur
se serrer la ceinture   se refuser certaines choses, se priver

76   CHAPITRE 2

Exercices

A **On parle comme les étudiants.** Les étudiants utilisent des mots d'un style familier. Trouver les mots qui correspondent dans la langue de tous les jours.

1. la fac
2. au bercail
3. s'en sortir
4. un bouquin
5. coincé(e)
6. une combine
7. gratter sur
8. se serrer la ceinture

a. en difficulté
b. économiser
c. se priver
d. se tirer d'une mauvaise situation
e. l'université
f. un livre
g. un moyen
h. à la maison

B **Quelle catégorie?** Classez les divers revenus et dépenses dans les catégories ci-dessous.

logement - transport - jobs d'été - loisirs - cadeaux de la famille

1. 100 F pour mon anniversaire
2. un carnet de tickets
3. baby-sitting = 40 F
4. dîner avec Bob = 50 F
5. auberge de jeunesse = 30 F
6. aller-retour Saulieu = 100 F
7. cours de maths aux petits Dupont = 80 F
8. cinéma = 40 F

C **Ils n'ont pas beaucoup d'argent.** Complétez.

1. Leurs parents ont beaucoup d'enfants: ils ont une grande ___.
2. L'État leur donne une ___ pour faire leurs études.
3. L'été, ils travaillent dans une colonie de vacances: lui comme ___, elle comme ___.
4. Ils n'attachent pas beaucoup d'importance à l'argent. Ils se ___ de ne pas en avoir.

JOURNALISME 77

Bell Ringer Review

Write the following on the board or use BRR Blackline Master 2-9: Donnez des réponses personnelles:
1. Vous recevez une semaine?
2. Qui vous donne votre argent de poche?
3. Vous recevez à peu près combien par semaine?
4. Vous avez un job?
5. Vous travaillez combien d'heures par semaine?
6. Vous avez un job d'été? Qu'est-ce que vous faites?

L'argent de poche ◆◆

PRESENTATION *(pages 78–79)*

A. Have students read one or two sections at home and think about how they manage their monthly budget.
B. Divide the class and have some students read about Karine, others about Thierry, and others about Isabelle. Each group reports to the others about "their" person.
C. Because of the usefulness of the vocabulary, you may wish to go over all sections thoroughly in class.
D. Ask: *Combien d'argent dépensez-vous par mois? À quoi dépensez-vous de l'argent tous les mois? Combien de fois par mois allez-vous au cinéma? au concert? au restaurant? Dépendez-vous beaucoup de vos parents? Combien d'argent de poche vos parents vous donnent-ils?*
E. Go over the *Compréhension* exercises on page 80.

L'ARGENT DE POCHE

1 000 F par mois. C'est la somme moyenne allouée par les parents à leur chère progéniture. À cela s'ajoutent évidemment des extras plus ou moins nombreux et d'horizons divers et variés. Le tout constitue un mot magique: l'argent de poche. D'où vient-il, où va-t-il? Réponse à 1 000 balles!

KARINE: AUCUNE IDÉE

Budget mensuel: aucune idée!
Logement: chez ses parents
Participation des parents: 800 F
Jobs d'été: 9 500 F
Petits cadeaux de la famille: 2 500 F
Dépenses mensuelles: sorties 350 F, sport 100 F, livres et fournitures scolaires 1 500 F

Karine, 19 ans, en deuxième année de langues étrangères appliquées (LEA) à l'université de Paris 12 (Créteil). «Combien je dépense par mois? Je n'en ai aucune idée. Mes parents me payent tout, sauf les extras». Bien que ceux-ci habitent à 30 km de sa fac, Karine a choisi de rester au bercail: «Je suis nourrie, logée, habillée, équipée, blanchie[1]... Je crois qu'en moyenne, mes parents me donnent 200 F par semaine (transport, déjeuners...), mais c'est très irrégulier. Mes économies (petits cadeaux et jobs d'été) me permettent de payer mes sorties: ciné, resto ou café. Pour moi, entre le lycée et la fac, rien n'a vraiment changé. Dépendre de mes parents ne me gêne[2] pas, dans la mesure où[3] ils peuvent et veulent me payer tout ce dont j'ai besoin».

[1] **je suis... blanchie** *my laundry is done for me*
[2] **gêne** *bother*
[3] **dans la mesure où** *insofar as*

CHAPITRE 2

ADDITIONAL PRACTICE

After having gone over the reading, you may wish to ask students the following additional questions: *Faites-vous des économies? Sur quelles choses grattez-vous? Avez-vous un job d'été? Et pendant l'année scolaire? Combien d'argent gagnez-vous? Du point de vue de l'argent, à qui ressemblez-vous: Karine, Thierry ou Isabelle?*

PAIRED ACTIVITY

Have students work in pairs. One student plays the role of the parent of the other student. They must negotiate a weekly allowance, taking into account spending needs, parental expectations, etc.

THIERRY: 2 800 F

Budget mensuel: 2 800 F
Bourse: 1 800 F
Participation des parents: 1 000 F
Jobs d'été: 12 000 F
Dépenses mensuelles: chambre en cité U[4] 583 F, livres et fournitures scolaires 100 F, repas 600 F, transport 315 F, sorties 150 F, natation 40 F

Thierry, 23 ans, étudiant en licence* d'information et communication à Grenoble. «Je suis toujours très juste[5]. Je me serre la ceinture, surtout sur les loisirs et les sorties, mais je m'en sors. Je travaille pendant toutes les vacances comme animateur de colonie de vacances. Cet argent me sert surtout les premiers mois de l'année scolaire, pour payer mes fournitures, mes bouquins, en attendant que ma bourse arrive. Je ne prends qu'une semaine de vacances par an. Je ne vais pratiquement jamais au restaurant ni au théâtre, et pas plus de deux fois par mois au cinéma… Mais dans le fond[6], je m'en moque un peu».

ISABELLE: 3 400 F

Budget mensuel: 3 400 F
Participation des parents: 3 400 F
Jobs: 4 000 F pour l'année
Jobs d'été: 8 000 F
Dépenses mensuelles: loyer[7] 1 700 F, livres 300 F, repas 500 F, transport 180 F (et 1 880 F par an pour rentrer chez ses parents), sorties 350 F

Isabelle, 21 ans, est venue de Clermont-Ferrand pour poursuivre ses études de lettres à Paris.
«Je fais des économies, au cas où mes parents seraient un peu coincés financièrement, et surtout pour moins dépendre d'eux. Avec ce qu'ils me donnent, je réussis à parer à[8] l'essentiel: appartement, nourriture et fournitures scolaires. Pour le reste, je fais toutes sortes de petits boulots (vendeuse, animatrice, baby-sitting, cours…), et j'essaye de tout payer à tarif réduit. Je mange dans des restos exotiques pour 30 F, j'ai mes adresses, mes combines, je m'habille aux puces… Je gratte sur tout. Ce qui me reste… c'est pour mes vacances».

[4] **cité U(niversitaire)** *student dorms*
[5] **je suis… juste** *money is always a bit tight*
[6] **dans le fond** *really*
[7] **loyer** *rent*
[8] **parer à** *taking care of*
* **la licence** *university degree corresponding to a B.A.*

JOURNALISME 79

Compréhension

ANSWERS

Compréhension A
1. Karine fait des études littéraires.
2. Non, elle n'en a aucune idée.
3. Chez ses parents, à 30 km de Paris.
4. Ses parents paient tous ses frais.
5. En moyenne, ils lui donnent 200F par semaine.
6. Cela ne la gêne pas dans la mesure où ils peuvent et veulent lui payer tout ce dont elle a besoin.

Compréhension B
1. Il est étudiant en licence d'information et communication.
2. Non, il est toujours très juste.
3. Sur les loisirs et les sorties.
4. Il travaille comme animateur de colonie de vacances.
5. L'argent lui sert à payer ses fournitures et ses bouquins, au début de l'année scolaire.
6. Il ne va pratiquement jamais au restaurant ni au théâtre et pas plus de deux fois par mois au cinéma.
7. Non, il s'en moque un peu.

Compréhension C
1. Elle fait des études de lettres.
2. Elle vient de Clermont-Ferrand.
3. Non, elle ne dépend pas beaucoup d'eux.
4. Pour moins dépendre de ses parents au cas où ils seraient un peu coincés financièrement.
5. Elle est vendeuse, animatrice, fait du babysitting et donne des cours.
6. Elle essaie de tout payer à tarif réduit, elle mange dans des restos exotiques pour 30 F, elle s'habille aux puces.

Activités

ANSWERS

Activités A and B
Answers will vary.

Compréhension

A Karine. Répondez d'après le texte.

1. Karine fait des études scientifiques ou littéraires?
2. Sait-elle combien d'argent elle dépense par mois?
3. Où habite-t-elle?
4. Qui paie tous ses frais?
5. Combien ses parents lui donnent-ils?
6. Pourquoi est-ce que cela ne la gêne pas que ses parents lui paient tout?

B Thierry. Répondez d'après le texte.

1. Quel genre d'études fait Thierry?
2. Est-ce qu'il a beaucoup d'argent?
3. Sur quoi économise-t-il surtout?
4. Que fait-il pendant les vacances?
5. Que fait-il de l'argent qu'il gagne pendant les vacances?
6. Combien de fois par mois va-t-il au restaurant? Au théâtre? Au cinéma?
7. Est-il triste de ne pas pouvoir sortir très souvent?

C Isabelle. Répondez d'après le texte.

1. Quel genre d'études fait Isabelle?
2. D'où vient-elle?
3. Est-ce qu'elle dépend beaucoup de ses parents?
4. Pourquoi fait-elle des économies?
5. Quels petits boulots fait-elle?
6. Comment économise-t-elle de l'argent?

Activités

A Budget. Faites une liste de vos dépenses et une liste de vos revenus. Établissez ensuite un budget.

B Projet. Vous et votre camarade avez besoin d'argent pour réaliser un projet: acheter une moto, faire un petit voyage, etc. Choisissez un projet, calculez la somme d'argent dont vous aurez besoin et préparez un plan d'action pour obtenir cet argent.

80   CHAPITRE 2

Le Marché aux puces de la Porte de Saint-Ouen

INDEPENDENT PRACTICE

Assign any of the following:
1. *Compréhension* exercises and activities on this page
2. Workbook, *Journalisme*

LA FRANCE EN 1900

INTRODUCTION

En France, 1900 c'est l'Exposition universelle et la tour Eiffel; c'est aussi le début de l'électricité et du cinéma. Mais comment les gens vivaient-ils au quotidien? Vous le saurez en lisant l'article qui suit. Il a paru dans *Okapi*, un magazine destiné aux jeunes.

VOCABULAIRE

JOURNALISME

DID YOU KNOW?

Les frères Auguste (1862–1954) et Louis (1864–1948) Lumière étaient respectivement biologiste et chimiste. Tous deux étaient aussi des industriels français. Ils ont d'abord travaillé à des procédés pour améliorer la photographie. Ils se sont ensuite intéressés au cinéma et ce sont eux qui ont inventé le cinématographe. Le premier film fut projeté en public à Paris le 28 décembre 1895. Ce sont eux aussi qui ont réalisé la plaque autochrome, le premier procédé commercial de photographie en couleurs.

| LITERATURE CONNECTION

The student pictured in the illustration is reciting some lines from Victor Hugo's *La Légende des siècles*, XLIX: «*Le Temps présent, Après la Bataille*».

Mon père, ce héros au
  sourire si doux,
Suivi d'un seul housard qu'il
  aimait entre tous,
Pour sa grande bravoure et
  pour sa haute taille,
Parcourait à cheval,
  le soir d'une bataille,
Le champ couvert de morts
  sur qui tombait la nuit.

Exercices

PRESENTATION (page 82)

It is recommended that you go over these exercises very quickly since most of the vocabulary is needed for recognition only.

ANSWERS

Exercice A
1. e
2. g
3. i
4. c
5. k
6. f
7. a
8. h
9. d
10. b
11. j

Exercice B
1. Oui.
2. Un vitrier répare les fenêtres.
3. Oui.
4. Un bon élève porte la croix d'honneur.
5. Les gamins des rues portaient une casquette.
6. Une institutrice enseigne dans une école primaire.
7. Non. Un écriteau est un «panneau» qui se trouve au-dessus de la porte d'une boutique.

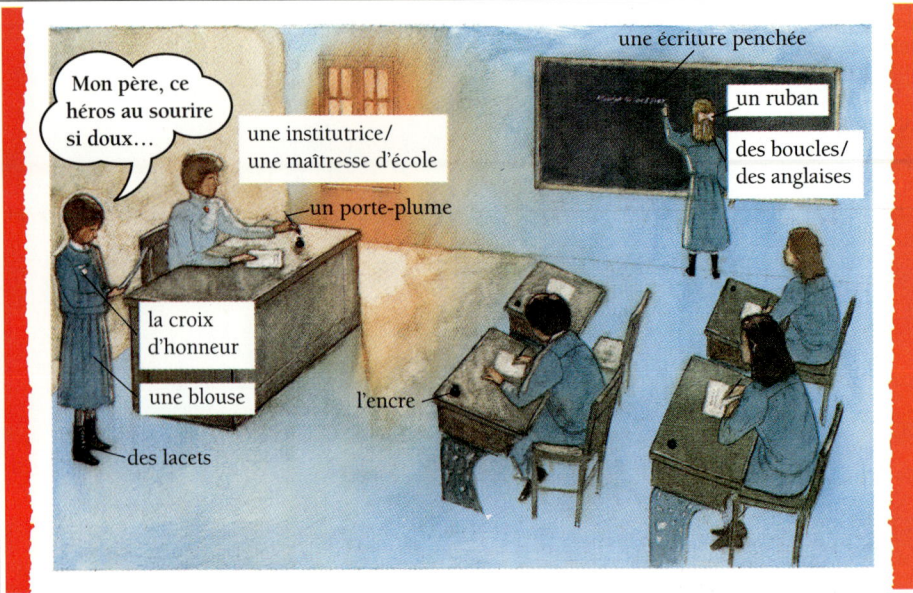

Exercices

A Associations. Trouvez les mots qui correspondent.

1. un vitrier   a. un cheval
2. un ramoneur   b. les cheveux
3. un tailleur   c. une chaussure
4. un lacet   d. un âne
5. un porte-plume   e. une fenêtre
6. un réverbère   f. un allumeur
7. un fiacre   g. une cheminée
8. un chiffonnier   h. un chiffon
9. une charrette   i. des vêtements
10. un ruban   j. des boucles
11. des anglaises   k. l'encre

B Oui ou non? Corrigez.

1. Un bec de gaz donne de la lumière.
2. Un cocher répare les fenêtres.
3. Une blouse est ce que portaient les élèves en 1900.
4. Un mauvais élève porte la croix d'honneur.
5. Les gamins des rues portaient des rubans dans les cheveux.
6. Une institutrice enseigne dans une école secondaire.
7. Un écriteau est une écriture penchée.

82   CHAPITRE 2

INDEPENDENT PRACTICE

Assign any of the following:
1. Exercises on this page
2. Workbook, *Journalisme*

Comment vivait-on en 1900?

La rue est pleine de cris: «Vitrier! Ramoneur! Chiffonnier!» Les artisans travaillent dans la rue, avec leur atelier installé sur une charrette. Le chiffonnier tire[1] son âne. Il passe chez les couturiers et chez les tailleurs pour récupérer les bouts de chiffons et pour les vendre à une fabrique de papier.

En 1900, rien ne se jette. Tout se fabrique en solide et se réutilise. Et de nombreux artisans vivent ainsi, plus ou moins bien, de la réparation des objets que l'on utilise tous les jours.

Dans la rue, le cheval est roi. Trois chevaux tirent l'omnibus sur des rails, car la voie n'est pas encore électrifiée. Le cocher grimpe[2] avec quelques voyageurs sur l'étage supérieur qu'on appelle «l'impériale». Les taxis sont des fiacres décapotables à quatre roues, tirés par des chevaux.

Sur la façade des beaux immeubles, un écriteau signale le dernier confort: «Eau et gaz à tous les

Le vendeur de poteries

La rue

[1] **tire** *pulls*
[2] **grimpe** *climbs*

JOURNALISME

D. **Reading comprehension aids:**
1. «L'idée ne vient encore à personne d'aller acheter ses lacets dans un grand magasin, car il en existe très peu». Qu'est-ce que cela veut dire?
   a. Qu'il y a très peu de lacets
   ou
   b. Qu'il y a très peu de grands magasins?
2. «Mais beaucoup de médecins vont payer de leur vie la découverte scientifique qui permet de dépister la tuberculose». Qu'est-ce que cela veut dire?
   a. Que ce travail va coûter beaucoup d'argent
   ou
   b. Que les médecins vont en mourir?

étages». L'eau n'est pas toujours à chaque évier, mais elle est disponible à chaque palier[3]. Dans les beaux appartements, on s'éclaire au gaz de ville. Ce soir, l'allumeur de réverbères va passer dans la rue pour ouvrir et allumer les becs de gaz. Demain matin, il viendra les éteindre.

Les petites filles de bonne famille portent des rubans dans les cheveux et des robes blanches. De longues boucles leur descendent en spirale dans le dos; c'est la mode des «anglaises».

Ce petit garçon porte la large casquette des gamins des rues parisiens. Il est vendeur de lacets. La loi[4] interdit le travail des enfants à l'usine. Mais, dès la fin de l'école primaire[5], beaucoup d'enfants exercent un métier.

L'idée ne vient encore à personne d'aller acheter ses lacets dans les grands magasins, car il en existe très peu. Et de toute façon, chacun trouve dans la rue tout ce qu'il veut acheter.

C'est le début de la radioscopie. Le médecin voit enfin à l'intérieur du corps, sans avoir besoin d'opérer. Et il voit surtout les cavernes creusées[6] dans les poumons par une terrible maladie: la tuberculose. Ce mal est responsable de la moitié des décès[7], dans les grandes villes, en 1900.

Mais beaucoup de médecins vont payer de leur vie la découverte scientifique qui permet de dépister[8] la tuberculose. Ils sont assis devant un simple meuble[9] de bois. Pendant tout le temps où ils observent leur malade, ils reçoivent des rayons X dans le corps. Comme rien ne les protège contre ces rayons dangereux, ils sont brûlés peu à peu. Certains en mourront.

Pour téléphoner, en 1900, il faut obligatoirement passer par «la demoiselle du téléphone». C'est elle qui vous relie à votre correspondant. On ne peut pas obtenir directement le numéro que l'on désire.

Il n'y a donc pas de cadran ni de chiffres sur le lourd téléphone noir dont on dispose à la maison. Mais il y a une belle manivelle[10], pour faire venir le courant!

On compte, en France, 7 téléphones pour 10 000 habitants. L'abonnement[11] coûte cher, et ces drôles[12] d'appareils font un peu peur.

Le vendeur de lacets

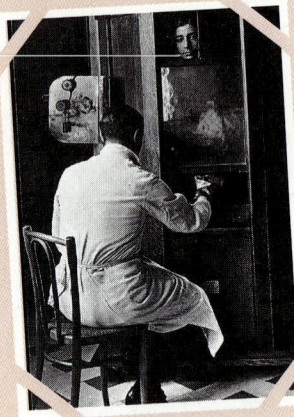
La radio des poumons

La demoiselle du téléphone

[3] **palier**   landing (of a staircase)
[4] **la loi**   law
[5] **dès… primaire**   as soon as they finish elementary school
[6] **les cavernes creusées**   cavities burrowed
[7] **la moitié des décès**   half of all deaths
[8] **dépister**   to detect
[9] **un meuble**   piece of furniture
[10] **une manivelle**   crank
[11] **l'abonnement**   phone service
[12] **drôles**   funny, strange

84   CHAPITRE 2

3. «L'école n'a pas toujours été ouverte à tous». Qu'est-ce que cela veut dire?
   a. Que tout le monde ne pouvait pas assister à l'école
   ou
   b. Que l'école n'ouvrait que quelques jours par semaine?
4. «Le lycée est payant». Qu'est-ce que cela veut dire?
   a. Qu'on payait les élèves pour aller en classe
   ou
   b. Qu'il fallait payer pour aller au lycée?

HISTORY CONNECTION

For more information on the history of public education in France, see *À bord, Lettres et Sciences,* page 323.

La salle de classe

L'école n'a pas toujours été ouverte à tous. En 1881, le ministre Jules Ferry la rend gratuite[13] et obligatoire de 7 ans jusqu'à 12 ans. Le gouvernement forme et paye les instituteurs. Tout Français doit apprendre à lire, compter et écrire.

Pas de fantaisie dans la classe. L'élève porte une blouse noire boutonnée dans le dos, et le meilleur de la division reçoit la croix d'honneur.

La maîtresse donne le cours de morale: «Ne fais pas aux autres ce que tu ne voudrais pas qu'on te fît.» Bonne occasion d'apprendre en même temps l'imparfait du subjonctif: «fît». On va à l'école 6 heures par jour, sauf le jeudi et le dimanche.

L'examen du Certificat d'études termine de solides études primaires. Le candidat doit réussir sa dictée avec moins de cinq fautes. Il écrit d'une belle écriture penchée, à l'encre violette et au porte-plume. Il récite par cœur les départements, les fleuves[14] et les dates de l'histoire de France.

Le lycée est payant: il est plutôt réservé aux familles riches. Et rares sont les filles qui y ont droit[15]. Souvent, elles vont dans des institutions privées, où elles apprennent surtout la broderie[16] et la cuisson des confitures[17].

[13] **gratuite** *free*
[14] **fleuves** *rivers*
[15] **y ont droit** *are allowed to attend*
[16] **la broderie** *embroidery*
[17] **la cuisson des confitures** *jam making*

JOURNALISME 85

DID YOU KNOW?

En France il y a annuellement un concours de dictée. Ce concours animé par Bernard Pivot, une personnalité de la télévision française, n'est pas seulement pour les jeunes. En fait, il est surtout pour les moins jeunes, qui le prennent très au sérieux. Tous les ans, ce concours se tient dans un lieu différent. Il y a quelques années, il s'est tenu dans la salle de l'Assemblée générale de l'ONU. Beaucoup de ceux qui se présentent à ce concours sont de véritables professionnels. Il y en a qui passent tout leur temps libre à apprendre le dictionnaire par cœur!

Compréhension

PRESENTATION (pages 86–87)

Have students complete the *Compréhension* exercises as they are reading the selection. It is recommended that you allow them to look up the answers as they read rather than use the exercises for factual recall.

ANSWERS

Compréhension A
1. Faux.
2. Faux.
3. Vrai.
4. Vrai.
5. Vrai.
6. Vrai.

Compréhension B
1. Faux.
2. Vrai.
3. Faux.
4. Vrai.
5. Vrai.

Compréhension C
1. Vrai.
2. Faux.
3. Faux.
4. Faux.

Compréhension D
1. Non, il fallait obligatoirement passer par «la demoiselle du téléphone».
2. Non, il n'y avait ni cadran ni chiffres sur les téléphones.
3. Oui.
4. Non, il y avait sept téléphones pour 10.000 personnes.
5. Non, les téléphones leur faisaient un peu peur.

86

Compréhension

 A **La rue.** Vrai ou faux?

1. En 1900, les artisans avaient des ateliers.
2. On jetait ce qui était usé.
3. L'omnibus était tiré par des chevaux.
4. Les omnibus avaient deux étages.
5. Dans les beaux immeubles, les appartements étaient éclairés au gaz.
6. On éteignait et allumait les becs de gaz tous les jours.

Le vendeur de gui

 B **Le vendeur de lacets.** Vrai ou faux?

1. Les petites filles de bonne famille avaient les cheveux courts.
2. Beaucoup d'enfants travaillaient après l'école primaire.
3. La loi les autorisait à travailler.
4. Les grands magasins existaient déjà.
5. La plupart des gens achetaient ce qu'ils voulaient dans la rue.

 C **La radio des poumons.** Vrai ou faux?

1. On pouvait déjà faire des radioscopies des poumons.
2. Il n'y avait aucun cas de tuberculose.
3. Les médecins savaient que les rayons X étaient dangereux.
4. Aucun médecin n'est mort, brûlé par les rayons X.

D **La demoiselle du téléphone.** Oui ou non? Corrigez d'après le texte.

1. On pouvait téléphoner directement.
2. Il y avait un cadran et des chiffres sur les téléphones.
3. Il y avait une manivelle sur les téléphones.
4. Il y avait 1 téléphone pour 1 000 personnes.
5. Les gens n'hésitaient pas à se servir du téléphone.

86   CHAPITRE 2

LEARNING FROM PHOTOS

You may want to ask students if they can guess from the following description what plant *le gui* is: Au jour de l'An, c'est la coutume de suspendre du gui dans l'encadrement de la porte d'entrée et de s'embrasser sous le gui. On dit que cela porte bonheur. Le gui était la plante sacrée chez les Gaulois. Tous les petits Français qui apprennent l'histoire de France entendent parler et voient des illustrations des druides, les prêtres gaulois, en train de cueillir du gui.

E **La salle de classe.** Oui ou non? Corrigez d'après le texte.

1. C'est grâce à Jules Ferry que l'école primaire est devenue gratuite et obligatoire.
2. Les enfants allaient à l'école jusqu'à 14 ans.
3. Les élèves pouvaient s'habiller comme ils voulaient.
4. Les enfants allaient à l'école tous les jours sauf le samedi et le dimanche.
5. Les enfants devaient apprendre la géographie pour obtenir le Certificat d'études.
6. Toutes les filles allaient au lycée.

Activités

A **Le téléphone.** Reprenez le texte sur le téléphone et mettez-le à l'imparfait.

B **Vos parents.** Demandez à vos parents (ou à vos grands-parents) comment ils vivaient quand ils avaient votre âge. Faites une petite rédaction sur ce sujet.

C **Votre ville.** Avec un ou plusieurs camarades, étudiez comment l'on vivait dans votre ville ou votre village en 1900. Faites un exposé à votre classe.

La marchande des quatre saisons

JOURNALISME 87

STRUCTURE II

Structure Teaching Resources

1. Workbook, *Structure II*
2. Student Tape Manual, *Structure II*
3. Audio Cassette 2
4. Chapter Quizzes, *Structure II*
5. Testing Program, *Structure II*

Bell Ringer Review

Write the following on the board or use BRR Blackline Master 2-12: **Décrivez votre meilleur(e) ami(e).**

Les adjectifs ◆

PRESENTATION (pages 88–89)

A. Read the explanation to students and have the entire class repeat the model expressions and adjective forms aloud.
B. **Note:** It is recommended that you not spend a great deal of time on this point. Students at this level usually understand the concept but they need constant reinforcement in order to use the correct adjective form.

STRUCTURE II

Les adjectifs   *Describing Persons or Things*

1. An adjective must agree in gender and number with the noun it describes or modifies. Most feminine adjectives are formed by adding an *-e* to the masculine form.

   un homme *intelligent*   une femme *intelligente*
   un veston *noir*   une chemise *noire*

2. To form the plural, an *-s* is added to the adjective.

   des hommes *intelligents*   des femmes *intelligentes*
   des vestons *noirs*   des chemises *noires*

3. Remember that final consonants are silent. However, when a final consonant is followed by an *-e*, it is pronounced. Therefore, many adjectives have a final consonant sound in the feminine that they don't have in the masculine.

MASCULINE → FEMININE	
grand	grande
petit	petite
intelligent	intelligente

4. Some adjectives have irregular feminine forms. Review the following:

	MASCULINE → FEMININE		MASCULINE → FEMININE	
No change	facile	facile	rapide	rapide
Double consonant	cruel	cruelle	gentil	gentille
	bon	bonne	breton	bretonne
	ancien	ancienne	parisien	parisienne
	gros	grosse	bas	basse
-eux > -euse	furieux	furieuse	généreux	généreuse
-f > -ve	sportif	sportive	actif	active
-er > -ère	cher	chère	étranger	étrangère
-et > -ète	complet	complète	inquiet	inquiète

88   CHAPITRE 2

5. Some adjectives have irregular masculine plural forms. Review the following.

	MASCULINE SINGULAR	MASCULINE PLURAL
No change: -s > -s -x > -x	le **gros** chien un ami **généreux**	les **gros** chiens des amis **généreux**
-al > -aux	le groupe **social**	les groupes **sociaux**

6. Most adjectives follow the noun. However, some common ones precede it.

beau	bon	long
nouveau	mauvais	joli
vieux	petit	jeune
	grand	gros

7. The adjectives *beau, nouveau,* and *vieux* have special forms. Pay particular attention to the forms used before a masculine noun beginning with a vowel sound (i.e. *immeuble*).

	MASCULINE		FEMININE
un **beau** bureau de **beaux** bureaux	un *bel* immeuble de **beaux** immeubles		une **belle** maison de **belles** maisons
un **nouveau** bureau de **nouveaux** bureaux	un *nouvel* immeuble de **nouveaux** immeubles		une **nouvelle** maison de **nouvelles** maisons
un **vieux** bureau de **vieux** bureaux	un *vieil* immeuble de **vieux** immeubles		une **vieille** maison de **vieilles** maisons

Note that *de* and not *des* is used before an adjective preceding a plural noun. However, in everyday speech, *des* is commonly used.

8. A few adjectives have a different meaning when placed before or after the noun:

un *grand* homme	*a great man*
un homme *grand*	*a tall man*
un *pauvre* homme	*a poor man (unfortunate)*
un homme *pauvre*	*a poor man (who has no money)*

STRUCTURE II   89

C. Have students read the examples aloud. Have them pay particular attention to their pronunciation in Step 7.

Exercices

PRESENTATION (pages 90–91)
A. All of these exercises can be done orally without previous preparation.
B. All the exercises should also be assigned as homework since a great deal of the problem is a written one.

ANSWERS

Exercice A
1. discrète, indiscret
2. courageuse, timides
3. parisienne, breton

Exercice B
1. intelligente
2. sportive
3. directs
4. sérieux
5. généreuse
6. sympathique

Exercice C
1. Ce sont de vieux immeubles.
2. Devant, il y a de beaux arbres.
3. Dans les rues, il y a de nouveaux magasins et de nouvelles boutiques.
4. Ce sont les nouveaux propriétaires.
5. Ce sont de beaux hommes.
6. Ce sont des hommes originaux.
7. Leurs (Ses) boutiques sont originales aussi.

Exercice D
1. vieil
2. vieil
3. bel
4. beau
5. belle

Exercices

A Les collègues. Complétez.

1. Laure est très ___. Elle ne répète rien à personne. Mais attention à Marc. Il est très ___. Je t'assure qu'il répétera tout ce que tu lui diras. (discret, indiscret)
2. Hélène est très ___. Elle n'a jamais peur de rien. Mais je trouve que beaucoup de ses amis sont très ___. C'est bizarre. (courageux, timide)
3. Je sais qu'elle est ___, mais je crois que son fiancé est ___. (parisien, breton)

B Un nouveau patron. Complétez.

1. En fait, notre nouveau patron est une femme. Il paraît qu'elle est très ___. (intelligent)
2. Elle est très ___. (sportif)
3. Elle aime les gens qui sont très ___. (direct)
4. Elle n'aime pas les gens qui sont trop ___. (sérieux)
5. Elle est aussi très ___. (généreux)
6. J'espère qu'elle est aussi ___. (sympathique)

C Dans mon quartier. Mettez au pluriel.

1. C'est un vieil immeuble.
2. Devant, il y a un bel arbre.
3. Dans la rue, il y a un nouveau magasin et une nouvelle boutique.
4. C'est le nouveau propriétaire.
5. C'est un bel homme.
6. C'est un homme original.
7. Sa boutique est originale aussi.

D Quand les autres vous énervent. Complétez.

1. C'est un ___ idiot! (vieux)
2. C'est un ___ hypocrite! (vieux)
3. C'est un ___ imbécile! (beau)
4. C'est un ___ crétin! (beau)
5. C'est une ___ idiote! (beau)

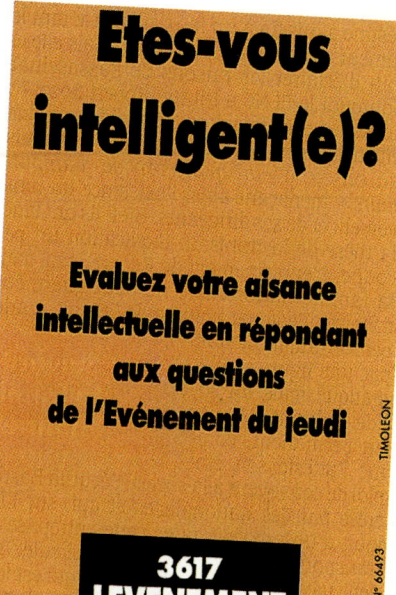

E Comment sont-ils? Décrivez-les physiquement et imaginez leur caractère.

1. Valérie
2. Christophe
3. Isabelle
4. Philippe
5. une grand-mère
6. un ancien combattant

PAIRED ACTIVITY

Have students do the following activity.
Travaillez avec un(e) camarade. Faites une liste des qualités que vous recherchez chez un(e) ami(e). Comparez vos listes. Ensuite décrivez votre meilleur(e) ami(e). Indiquez aussi ses défauts. Ensuite comparez vos descriptions pour voir les qualités et défauts que vos ami(e)s ont en commun.

INDEPENDENT PRACTICE

Assign any of the following:
1. Exercises on pages 90–91
2. Workbook, *Structure II*

Exercice E
Answers will vary.

RECYCLING
You may also wish to have students describe some of the photos on this page in the past tense, which will recycle the imperfect (reviewed in *Structure I* of this chapter).

Le subjonctif ou l'infinitif

Expressing Wishes, Preferences, and Demands Concerning Oneself or Others

With expressions that require the subjunctive, the subjunctive is used only when the subject of the dependent clause is different from the subject of the main clause. When there is no change of subject in the sentence, the infinitive is used instead of a clause with the subjunctive.

SUBJUNCTIVE	INFINITIVE
Je veux que *tu lises* le courrier. *Il faut que vous soyez* à l'heure.	*Je* veux *lire* le courrier. *Il faut être* à l'heure.

Exercices

A Les ordres du patron. *Répondez d'après le modèle.*

> Il faut lire le courrier.
> *Il faut que vous lisiez le courrier.*

1. Il faut répondre aux lettres.
2. Il faut taper les lettres.
3. Il faut envoyer une fax à Florence Gallois.
4. Il faut téléphoner à Bernard Lemaire.
5. Il faut écouter les messages téléphoniques.
6. Il faut vérifier les factures.
7. Il faut aller à la réunion.
8. Il ne faut pas fumer.

B Comment économiser. *Complétez.*

1. Je voudrais ___ des économies. (je/faire)
2. Mon père voudrait ___ un compte. (je/ouvrir)
3. Il souhaite ___ de l'argent à la banque tous les mois. (je/mettre)
4. Il préfère ___ de l'argent de poche toutes les semaines. (il/me donner)
5. Il souhaite ___ l'argent que j'ai à la banque. (je/ne pas dépenser)
6. Je veux ___ des intérêts. (je/recevoir)

92 CHAPITRE 2

D'autres verbes au présent du subjonctif

More Verbs Expressing Actions that May or May not Take Place

1. Some verbs have two stems in the present subjunctive. All forms except *nous* and *vous* have the regular stem (based on the *ils/elles* form of the present indicative). The *nous* and *vous* forms have an irregular stem.

INFINITIVE	PRESENT SUBJUNCTIVE	
prendre	que je *prenne*	que nous *prenions*
apprendre	que j' *apprenne*	que nous *apprenions*
comprendre	que je *comprenne*	que nous *comprenions*
venir	que je *vienne*	que nous *venions*
recevoir	que je *reçoive*	que nous *recevions*
devoir	que je *doive*	que nous *devions*

2. Verbs that have a spelling change in the present indicative keep the same spelling change in the present subjunctive.

INFINITIVE	PRESENT SUBJUNCTIVE	
voir	que je *voie*	que nous *voyions*
croire	que je *croie*	que nous *croyions*
appeler	que j' *appelle*	que nous *appelions*
acheter	que j' *achète*	que nous *achetions*
répéter	que je *répète*	que nous *répétions*

Exercices

A *Je veux que tu sois au courant.* Faites des phrases avec les expressions indiquées.

1. Tu viens avec moi téléphoner. (il faut que)
2. Tu appelles tes grands-parents. (j'exige que)
3. Tu reçois de bonnes nouvelles. (je souhaite que)
4. Tu achètes le journal. (je voudrais que)
5. Tu prends aussi un magazine. (j'aimerais que)
6. Tu comprends ce qui se passe. (il vaut mieux que)
7. Tu vois le journal télévisé. (j'insiste pour que)
8. Tu ne crois pas tout ce que dit la télé. (il est bon que)

B *Je veux que vous soyez au courant.* Refaites l'Exercice A en remplaçant «tu» par «vous». Suivez le modèle.

Vous venez avec moi téléphoner. (il faut que)
Il faut que vous veniez avec moi téléphoner.

STRUCTURE II 93

LITTÉRATURE

LA NAUSÉE

Avant la lecture

PRESENTATION (page 94)

Have students do the pre-reading activity.

Vocabulaire

Vocabulary Teaching Resources

1. Audio Cassette 2
2. Student Tape Manual
3. Workbook, *Littérature*
4. Chapter Quizzes

PRESENTATION (page 94)

A. Have students repeat the new words and expressions after you or Cassette 2.
B. Ask: *Qu'est-ce que l'homme au bar essuie? La bonne s'essuie la main? Que porte la bonne? Que font les deux marins? Ils ont l'habitude de prendre un verre ensemble? Ce sont de bons amis? Ils s'entendent bien? Ils sont derrière les autres clients du café? Ils sont au fond de la salle, derrière les autres clients? Vous rappelez-vous tout ce que vous avez appris la semaine dernière ou l'avez-vous déjà oublié? Avant de quitter le lycée pour aller à la fac, viendrez-vous me faire vos adieux?*

Vocabulary Expansion

You may wish to tell students that, in addition to meaning "at the back," *au fond* can also mean "at the bottom" or "at the end" (of a hall, for instance).

LITTÉRATURE

LA NAUSÉE

Jean-Paul Sartre

AVANT LA LECTURE

Aux États-Unis, comme en France, il y a des endroits (clubs, bowlings, cafés, etc.) où les gens aiment se retrouver régulièrement. Quels sont ces endroits pour vous, pour vos parents, pour d'autres personnes que vous connaissez?

VOCABULAIRE

La bonne s'essuie la main.
un tablier
un marin
Il y a deux marins au fond de la salle.
Puis elle tend la main au jeune homme.

faire ses adieux   dire au revoir
bien s'entendre   bien s'aimer
prendre un verre   boire
se rappeler   se souvenir de
avoir l'habitude de   être accoutumé(e) à

s'approcher de   aller près de
s'ennuyer de quelqu'un   souffrir de l'absence de quelqu'un
s'apercevoir   prendre conscience, remarquer, noter

94   CHAPITRE 2

Exercices

A **Synonymes.** Exprimez d'une autre façon ce qui est en italique.

1. Il a *dit au revoir* à sa famille.
2. Je ne *me souviens plus* de son nom.
3. Elle *s'est séché* les mains.
4. Tous les matins, il *était accoutumé à* prendre un café au lait au café du coin.
5. Il travaille beaucoup. Il ne *remarque* pas que le temps passe.

B **Fin de phrase.** Terminez les phrases suivantes.

1. Ils ne se disputent jamais, ils ___.
2. Elle voulait lui souhaiter la bienvenue, alors elle lui ___.
3. Ce n'est pas tous les jours que j'ai le plaisir de vous rencontrer. Allons donc au café ___.
4. Je veux bien faire la vaisselle, mais j'ai une robe toute propre, alors passe-moi un ___.
5. Il était trop loin et il n'entendait pas; alors il ___.
6. Le téléphone public, c'est ___.
7. Son mari est toujours parti en voyage. Elle ___.
8. Il travaille sur un bateau. Il est ___.
9. Elle habite chez des gens. Elle fait tout pour eux dans la maison. C'est leur ___.

Le Havre: le port

LITTÉRATURE 95

Introduction

PRESENTATION (page 96)

A. Read the *Introduction* to the class or paraphrase it.
B. With more able groups you may wish to give students additional information about existentialism.

LITERATURE CONNECTION

Pour les existentialistes, l'homme doit construire sa manière d'exister car l'essence de l'homme se trouve dans l'existence. L'homme existentialiste se définit dans sa relation avec le monde extérieur.

La littérature offre à la pensée existentialiste un moyen d'explorer l'angoisse des individus confrontés à l'absurdité du monde. L'expérience de la Deuxième Guerre mondiale et de la Résistance a été particulièrement favorable à cette prise de conscience. Le premier roman de Sartre, *La Nausée,* met en scène une sorte de double, Antoine Roquentin, qui écrit un «journal» dans lequel est toujours présente l'angoisse d'exister.

Lecture

PRESENTATION (pages 96–97)

A. You may wish to explain to students that *«la nausée»* refers to a mental state, not a physical one. Ask them if they can name some mental states (*l'ennui, la solitude*, etc.)

B. You may wish to ask questions such as the following after every 12 lines: *Pourquoi Roquentin est-il allé au café? Où va-t-il s'installer? Qui l'invite à prendre quelque chose à boire? Qu'est-ce que Roquentin promet de faire? Pourquoi Mme Jeanne s'est-elle accoutumée à ne pas revoir ses clients pour deux ans ou plus? Et puis qu'est-ce qui se passe?*

96

INTRODUCTION

Jean-Paul Sartre (1905–1980) est un philosophe, un romancier et un auteur dramatique. Il fait ses études de philosophie à Paris. Il enseigne d'abord au Havre, à Laon, puis à Paris. Jean-Paul Sartre est certainement le plus éminent des philosophes existentialistes, car en plus de ses ouvrages philosophiques, il a illustré sa doctrine philosophique dans ses romans et ses pièces de théâtre.

Son roman *La Nausée* (1938) met en scène un homme, Antoine Roquentin, qui vit en solitaire à Bouville (en réalité Le Havre). Après une longue crise d'angoisse existentielle, il décide d'aller s'installer à Paris.

Dans l'extrait qui suit, il vient faire ses adieux à la patronne du café dont il est un habitué. En lisant le texte, remarquez combien la patronne aime «son métier» et s'intéresse à ses clients.

LECTURE

La Nausée

«Je viens vous faire mes adieux.
—Vous partez, monsieur Antoine?
—Je vais m'installer à Paris, pour changer.
—Le veinard!°» […]

«On vous regrettera, dit la patronne. Vous ne voulez pas prendre quelque chose? C'est moi qui l'offre.»

On s'installe, on trinque°. Elle baisse° un peu la voix.

«Je m'étais bien habituée à vous, dit-elle avec un regret poli, on s'entendait bien°.

—Je reviendrai vous voir.

—C'est ça, monsieur Antoine. Quand vous passerez par Bouville, vous viendrez nous dire un petit bonjour. Vous vous direz: «Je vais aller dire bonjour à Mme Jeanne, ça lui fera plaisir.» C'est vrai, on aime bien savoir ce que les gens deviennent. D'ailleurs, ici, les gens nous reviennent toujours. Nous avons des marins, pas vrai? des employés de la Transat*: des fois je reste deux ans sans les revoir, un coup qu'ils sont° au Brésil ou à New York ou bien quand ils font du service à Bordeaux sur un bateau des Messageries†. Et puis un beau jour, je les revois. «Bonjour, madame Jeanne.» On prend un verre° ensemble. Vous me croirez si vous voulez, je me rappelle ce qu'ils ont l'habitude de prendre. À deux ans de distance! Je dis à

Le veinard! Lucky devil!

trinque clink glasses
baisse lowers
s'entendait bien got along well

un coup qu'ils sont sometimes they are

prendre un verre have a drink

---
* **la Transat** short for "la Compagnie générale transatlantique," a French shipping company
† **les Messageries** short for "la Compagnie des Messageries maritimes," another French shipping company

96   CHAPITRE 2

LITERARY ANALYSIS

1. Relevez dans ce texte le vocabulaire qui se réfère à l'idée de boire.
2. Faites la liste des tournures familières employées par la patronne.
3. Soulignez le contraste entre ce que dit Roquentin et ce que dit la patronne. Que pouvez-vous en déduire sur leur personnalité respective?
4. D'après ce dialogue, comment imaginez-vous l'atmosphère de ce café?

Madeleine: «Vous servirez un vermouth sec à M. Pierre, un Noilly Cinzano à M. Léon.» Ils me disent: «Comment que vous vous rappelez ça, la patronne?» «C'est mon métier», que je leur dis.»

Au fond de la salle, il y a un gros homme qui [...] l'appelle:

«La petite patronne!»

Elle se lève:

«Excusez, monsieur Antoine.»

La bonne s'approche de moi:

«Alors, comme ça vous nous quittez?

—Je vais à Paris.

—J'y ai habité, à Paris, dit-elle fièrement°. Deux ans. Je travaillais chez Siméon. Mais je m'ennuyais d'ici.»

fièrement *proudly*

Elle hésite une seconde puis s'aperçoit qu'elle n'a plus rien à me dire:

«Eh bien, au revoir, monsieur Antoine.»

Elle s'essuie la main à son tablier et me la tend:

«Au revoir, Madeleine.»

Jean-Paul SARTRE, *La Nausée*, © Éditions GALLIMARD

Le café «La Coupole» à Paris, vers 1930

APRÈS LA LECTURE

Compréhension

A **Les personnages.** Dites lesquels parmi les personnages suivants sont dans la salle du café:
M. Antoine, M. Pierre, Mme Jeanne, M. Léon, Madeleine, Siméon

B **Bouville.** Cette ville se trouve au bord de la mer. Notez tout ce qui indique que c'est le cas.

C **Mme Jeanne.** La patronne est fière (*proud*) de son café et de son métier. Notez tout ce qu'elle dit pour exprimer cette fierté.

Activité

Les habitués. Imaginez que M. Pierre ou M. Léon revient voir Mme Jeanne. Recréez leur dialogue. Travaillez avec un(e) camarade.

LITTÉRATURE 97

LA RÉCLUSION SOLITAIRE

Tahar Ben Jelloun

AVANT LA LECTURE

Faites une liste de tout ce qu'il y a dans votre chambre: meubles, livres, tableaux, affaires personnelles, etc.

VOCABULAIRE

la réclusion privation de liberté avec obligation de travailler
un chemin une route
le boulot le travail
le rapatriement être renvoyé dans son pays
le kabyle dialecte berbère de Kabylie (région montagneuse de l'Algérie)
égorger tuer en coupant la gorge

manier utiliser en ayant en main
enfermer mettre dans un lieu d'où il est impossible de sortir
se dire des injures s'insulter
superposés les uns au-dessus des autres
commode facile, pratique
rieur qui rit facilement
il est interdit (de) il ne faut pas

98   CHAPITRE 2

Exercices

A Synonymes. Exprimez d'une autre façon ce qui est en italique.

1. Il va *mettre de la peinture sur* le plafond.
2. Il *ne faut pas* fumer ici.
3. Il y a partout des piles de livres *les uns au-dessus des autres*.
4. N'oublie pas de repasser *les chemises, les serviettes et tout le reste*.
5. Nous voulons *changer d'appartement*.
6. Il a été condamné à *la privation de liberté*.
7. Pour *tuer* un mouton, il faut savoir *utiliser* un couteau.
8. *Être renvoyé dans son pays* lui fait peur.
9. Il va au *travail* à vélo.
10. *La route* est *facile*.

B Définitions. Donnez le mot qui correspond.

1. récipient de porcelaine avec de l'eau courante qui sert à faire sa toilette
2. objet qui sert à attacher des vêtements quand ils sèchent
3. objet carré qui sert à enfermer quelque chose
4. façon de changer la couleur d'une chose
5. une très grosse valise
6. une construction
7. dialecte berbère de Kabylie

Port de pêche dans la Kabylie, en Algérie

C Associations. Choisissez les mots qui sont associés.

1. peinture
2. ampoule
3. malle
4. lavabo
5. linge
6. se disputer
7. épingle à linge
8. fenêtre
9. joyeux
10. enfermer
11. couleur
12. plafond

a. prison
b. voyage
c. mur
d. tableau
e. injure
f. lessive
g. marron
h. toilette
i. lumière
j. vitre
k. corde à linge
l. rieur

LITTÉRATURE 99

Bell Ringer Review
Write the following on the board or use BRR Blackline Master 2-14: Écrivez une liste des choses qu'il est interdit de faire à l'école.

Introduction
PRESENTATION *(page 100)*

Have the students read the *Introduction* silently. Tell them that the Prix Goncourt is a prestigious French literary prize. Ask them if they can think of a similar American literary prize. (The Pulitzer Prize is a good example.)

Lecture
PRESENTATION
(pages 100–101)

A. Ask students what the title suggests to them *(la prison, la solitude, la tristesse, etc.).*

B. What problems do they think poor immigrants have to face in a big city? *(le chômage, la solitude, la langue, les préjugés, etc.)*

Note: In this selection students will encounter the *passé simple*. Point out to them that the three verbs in the sentence beginning «*Le blond aux yeux marron me réveilla…*» (line 15) are in the *passé simple*, a tense used only in literature. Give students the verbs in the *passé composé*. The *passé simple* is taught in Chapter 5.

C. Have students read the selection at home.

D. The next day, go over the *Lecture* in class. The second and fourth paragraphs are a bit more difficult than the others. Paraphrase them as students follow along in the original: *Par ordre de la préfecture de police il faut que je change de résidence. On me suggère une chambre qui est comme une cage. Cette chambre se trouve dans un vieux bâtiment en très mauvaise condition où habitent beaucoup d'hommes qui sont seuls et tristes. Moi, je n'ai rien à emporter avec moi—je n'ai rien à déménager. J'ai des vêtements, des images (des photos).*

100

INTRODUCTION

Tahar Ben Jelloun est né à Fès, au Maroc, en 1944. Romancier et poète, il reçoit le prix Goncourt en 1987 pour son roman *La Nuit sacrée*.

Dans le texte qui suit, extrait de *La Réclusion solitaire* (1976), il décrit l'indifférence, la haine, la violence et l'humiliation que rencontre un Arabe qui essaie de gagner sa vie à Paris. Tahar Ben Jelloun y a inclus beaucoup de souvenirs personnels.

LECTURE

La Réclusion solitaire

Aujourd'hui je ne travaille pas.

Je laverai mon linge dans le lavabo de la cour. J'irai ensuite au café.

Par arrêté préfectoral° (ou autre), je dois abandonner la malle*. On me propose une cage dans un bâtiment où les murs lépreux° et fatigués doivent abriter° quelques centaines de solitudes. Il n'y avait rien à déménager: des vêtements et des images; un savon et un peigne; une corde et quelques épingles à linge.

La chambre.

Une boîte carrée à peine éclairée par une ampoule qui colle au plafond°. Les couches de peinture° qui se sont succédées sur les murs s'écaillent°, tombent comme des petits pétales et deviennent poussière°.

Quatre lits superposés par deux. Une fenêtre haute. […]

Le blond aux yeux marron me réveilla, m'offrit du thé et des figues et nous partîmes au travail.

À l'entrée du bâtiment, on nous a donné le règlement°:

—Il est interdit de faire son manger dans la chambre (il y a une cuisine au fond du couloir);

—Il est interdit de recevoir des femmes; […]

—Il est interdit d'écouter la radio à partir de neuf heures;

—Il est interdit de chanter le soir, surtout en arabe ou en kabyle;

—Il est interdit d'égorger un mouton dans le bâtiment; […]

—Il est interdit de faire du yoga dans les couloirs;

—Il est interdit de repeindre les murs, de toucher aux meubles, de casser° les vitres, de changer d'ampoule, de tomber malade,

arrêté préfectoral *administrative order*
lépreux *peeling*
abriter *shelter*

colle au plafond *sticks to the ceiling*
les couches de peinture *coats of paint*
s'écaillent *are flaking off*
poussière *dust*

le règlement *regulations*

casser *break*

---
* la malle *nom que le narrateur donne à la chambre qu'il doit quitter*

100 CHAPITRE 2

CRITICAL THINKING

(Thinking skills: Comparing & Contrasting)

Ask students what they think *la haine* means. Can they mention any immigrant groups in America who have had to confront the same things (*l'indifférence, la haine, la violence et l'humiliation*) as the Arab workers in France that Ben Jelloun writes about?

LITERARY ANALYSIS

1. Relevez les termes qui montrent que la chambre est un endroit sordide.
2. Classez les infractions du règlement par ordre de gravité.
3. Le terme de «réclusion solitaire» appartient à l'univers carcéral. Relevez dans ce texte tout ce qui fait penser au monde des prisons.

d'avoir la diarrhée, de faire de la politique, d'oublier d'aller au travail, de penser à faire venir sa famille, [...] de sortir en pyjama dans la rue, de vous plaindre° des conditions objectives et subjectives de vie, [...] de lire ou d'écrire des injures sur les murs, de vous disputer, de vous battre, de manier le couteau, de vous venger°.

—Il est interdit de mourir dans cette chambre, dans l'enceinte° de ce bâtiment (allez mourir ailleurs°; chez vous, par exemple, c'est plus commode);

—Il est interdit de vous suicider (même si on vous enferme à Fleury-Mérogis†); votre religion vous l'interdit, nous aussi;

—Il est interdit de monter dans les arbres;

—Il est interdit de vous peindre en bleu, en vert ou en mauve;

—Il est interdit de circuler en bicyclette dans la chambre, de jouer aux cartes, de boire du vin (pas de champagne);

—Il est aussi interdit de [...] prendre un autre chemin pour rentrer du boulot.

Vous êtes avertis°. Nous vous conseillons de suivre le règlement, sinon, c'est le retour à la malle et à la cave°, ensuite ce sera le séjour dans un camp d'internement en attendant votre rapatriement.

Dans cette chambre, je dois vivre avec le règlement et trois autres personnes: le blond aux yeux marron, le brun aux yeux rieurs, et le troisième est absent, il est hospitalisé parce qu'il a mal dans la tête.

vous plaindre complain
vous venger take revenge
l'enceinte confines
ailleurs elsewhere

avertis warned
la cave basement

† Fleury-Mérogis *prison près de Paris*

Tahar BEN JELLOUN, *La Réclusion solitaire*, Éditions DENOËL

LITTÉRATURE 101

En plus j'ai un savon, un peigne; une corde et quelques épingles à linge. C'est tout. La chambre est une boîte carrée et obscure où la lumière ne peut pas entrer. Il n'y a qu'une seule ampoule pour éclairer la chambre. Il y a tant de couches de peinture sur les murs que la peinture en tombe. Sur le sol il y a de petits morceaux de peinture qui deviennent poussière.

E. Call on individuals to read *le règlement* aloud. Ask them to make a list of the rules that are real and another of those the author invents to make his point.

F. With more able groups, you may wish to ask the analytical questions in **LITERARY ANALYSIS** at the bottom of page 100.

LITERATURE CONNECTION

Tahar Ben Jelloun, dans ses nombreux romans, donne la parole aux exclus de la société, particulièrement la société maghrébine. Il traite souvent des problèmes des émigrés et des déracinés. Dans *L'Enfant de sable*, Tahar Ben Jelloun évoque les difficultés d'une jeune fille marocaine, élevée par son père comme si elle était un garçon. *L'Écrivain public* (1983) et *Jour de silence à Tanger* (1990) sont des récits explicitement autobiographiques. Tahar Ben Jelloun nous parle des villes du Maroc, réelles ou imaginaires, de la pauvreté, de la violence. (For more information on the life and works of Tahar Ben Jelloun and other African writers, see *À Bord,* Lettres et Sciences, page 430.)

LEARNING FROM REALIA

Have students look at the cover of *La Réclusion solitaire* pictured at the top of the page. Ask them to describe what they see. Then ask them to explain what the image conveys about the immigrant Arab worker in Ben Jelloun's book. (*Le travailleur immigré se sent déraciné, comme un arbre arraché à la terre.*)

Après la lecture
Compréhension

PRESENTATION (page 102)

A. As you go over the *Compréhension* exercises let the students read their answers from their papers.

B. You may wish to do *Compréhension A* a second time and have students answer freely without referring to their papers.

ANSWERS

Compréhension A
1. Il veut laver son linge puis aller au café.
2. Il doit quitter cette chambre par arrêté préfectoral.
3. Les murs sont «lépreux et fatigués». Ils abritent probablement quelques centaines de solitudes.
4. Des vêtements et des images, un savon et un peigne; une corde et quelques épingles à linge.
5. Un blond aux yeux marron.
6. Du thé et des figues.
7. On leur donne le règlement.
8. Il doit vivre avec le règlement et trois autres personnes.

Compréhension B
1. La chambre est éclairée par une ampoule qui colle au plafond.
2. Les couches de peinture qui se sont succédé sur les murs s'écaillent, tombent comme de petits pétales qui deviennent poussière.
3. Quatre lits sont superposés par deux.
4. Il y a une fenêtre haute.

Compréhension C
1. la cuisine au fond du couloir
2. neuf heures du soir
3. soir
4. ailleurs
5. les arbres
6. bleu, en vert ou en mauve
7. égorger un mouton
8. faire du yoga
9. lire ou d'écrire des injures
10. de circuler en bicyclette, de jouer aux cartes, de boire du vin

102

APRÈS LA LECTURE

Compréhension

A **Journée libre.** Répondez d'après la lecture.

1. Quels projets le narrateur a-t-il faits pour la journée?
2. Il appelle la chambre qu'il doit quitter, «la malle». Pourquoi doit-il quitter cette chambre?
3. Comment sont les murs du bâtiment où il va? Qu'est-ce qu'ils abritent?
4. Qu'est-ce qu'il doit déménager?
5. Qui l'a réveillé?
6. Que lui a-t-il offert?
7. Que donne-t-on aux nouveaux locataires *(tenants)* à l'entrée du bâtiment?
8. Avec quoi et avec qui le narrateur doit-il vivre dans sa nouvelle chambre?

B **La chambre.** Décrivez la nouvelle chambre.

1. l'éclairage   3. les lits
2. les murs   4. les fenêtres

C **Le règlement.** Complétez.

1. On doit faire son manger dans ___.
2. On peut écouter la radio jusqu'à ___.
3. Il n'est pas permis de chanter le ___.
4. On peut aller mourir ___.
5. Il est interdit de monter dans ___.
6. Il est interdit de se peindre en ___.
7. Dans le bâtiment, il est interdit de ___.
8. Dans les couloirs, il est interdit de ___.
9. Sur les murs, il est interdit de ___.
10. Dans la chambre, il est interdit de ___.

102   CHAPITRE 2

DID YOU KNOW?

Les Français n'ont jamais beaucoup émigré. Par contre, jusqu'à récemment, la France encourageait l'immigration pour se procurer la main-d'œuvre nécessaire à son développement économique. Mais la crise économique et le développement du chômage ont pratiquement arrêté l'immigration officielle. Depuis 1981, des mesures strictes ont été prises contre le travail clandestin. La population étrangère en France représente environ 8% de la population totale, soit 4,4 millions de personnes.

La répartition est la suivante:

Algériens	850 000
Portugais	725 000
Marocains	560 000
Italiens	380 000

(continued on page 103)

D Les interdictions. Dites ce qu'il est interdit…

1. de toucher
2. de manier
3. de repeindre
4. de changer
5. de casser
6. d'oublier
7. de recevoir
8. de prendre
9. de faire
10. de lire ou d'écrire

Activités

A La souffrance. Dans ce bref extrait, Tahar Ben Jelloun a bien réussi à nous faire sentir la souffrance de l'immigré. Retrouvez dans la lecture les descriptions, les expressions, les interdictions qui vous ont surtout touché(e). Expliquez pourquoi.

B La violence. Dites pourquoi, à votre avis, le règlement stipule qu'il est interdit de se plaindre, de se disputer, de se battre, de se venger.

C Triste et comique. Parmi cette longue liste d'interdictions, y en a-t-il certaines qui vous font rire ou sourire? Identifiez lesquelles et dites pourquoi vous les trouvez drôles ou comiques.

LITTÉRATURE

DID YOU KNOW?

(continued from page 102)

Espagnols	350 000
Tunisiens	225 000
Turcs	150 000
Polonais	70 000
Yougoslaves	70 000

Plus de 60% d'entre eux résident dans la région parisienne, la région Rhône-Alpes et la région Provence-Côte d'Azur.

CHAPITRE 3

CHAPTER OVERVIEW

In this chapter students will learn about the leisure activities of the French. Students will also learn new vocabulary needed to discuss cultural events. They will talk about their interests and learn to express in formal and informal language why they do or do not like something. Previously learned vocabulary related to cultural activities presented in *Bienvenue,* Chapter 16, will also be reviewed.

Students will be exposed to newspaper articles about cultural and sporting events. They will learn about the history of *la chanson française* from medieval times to the present day. They will read *Les Feuilles mortes*, a poem by Jacques Prévert, set to music and sung by Édith Piaf and Yves Montand, among others.

CHAPTER OBJECTIVES

In this chapter, students will:
1. learn what leisure activities are popular with the French
2. learn to talk about the leisure activities they enjoy
3. learn to express opinions in both formal and colloquial language
4. review the use of the imperfect and the *passé composé,* and comparative and superlative constructions
5. read authentic newspaper articles about the musical «Les Misérables» and two French sports figures
6. review the use of the present subjunctive after expressions of emotion, in relative clauses, and after superlative constructions
7. learn the formation and use of the past subjunctive
8. read and analyze a poem by a 20th-century poet, Jacques Prévert

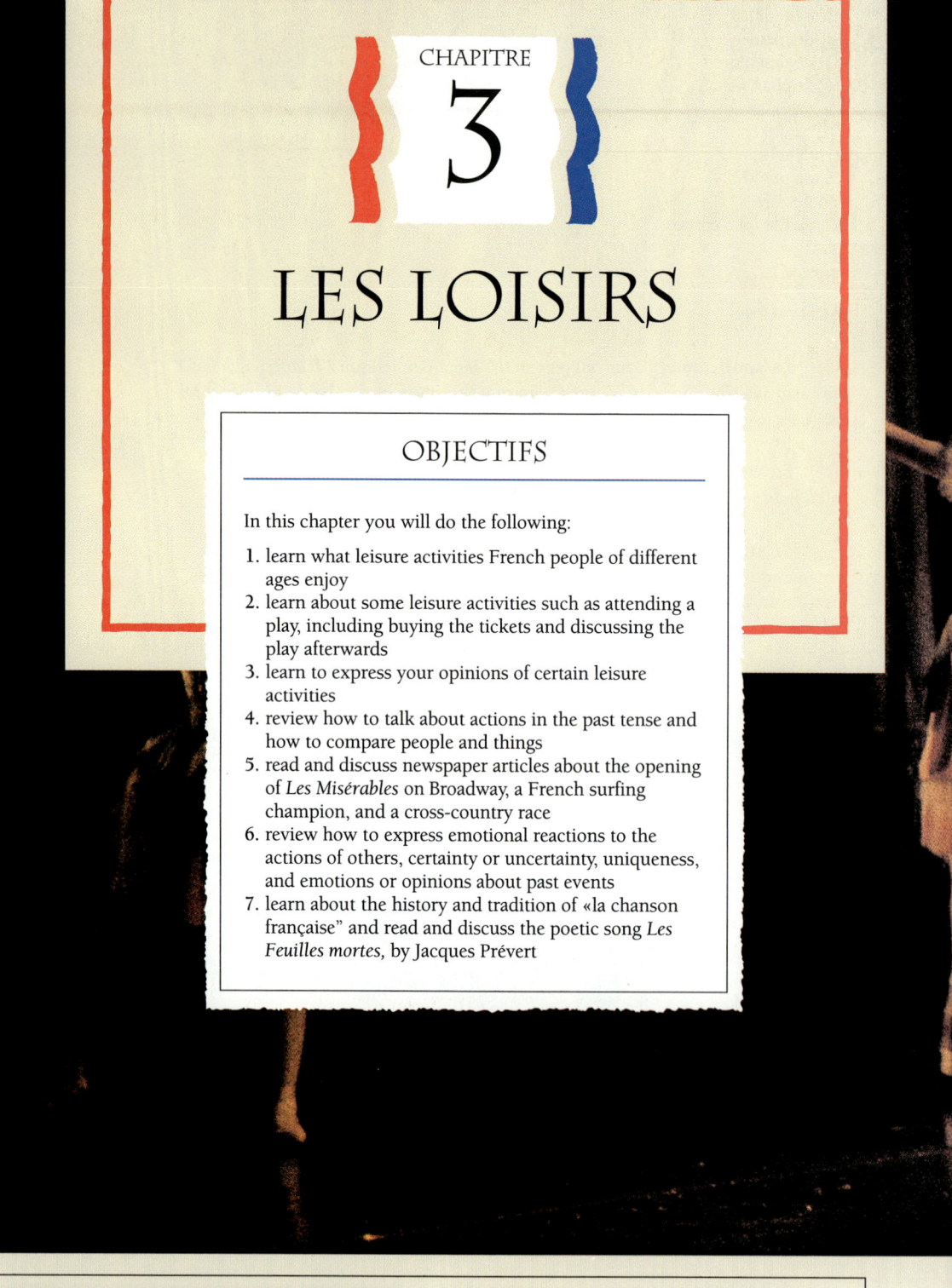

CHAPITRE 3

LES LOISIRS

OBJECTIFS

In this chapter you will do the following:

1. learn what leisure activities French people of different ages enjoy
2. learn about some leisure activities such as attending a play, including buying the tickets and discussing the play afterwards
3. learn to express your opinions of certain leisure activities
4. review how to talk about actions in the past tense and how to compare people and things
5. read and discuss newspaper articles about the opening of *Les Misérables* on Broadway, a French surfing champion, and a cross-country race
6. review how to express emotional reactions to the actions of others, certainty or uncertainty, uniqueness, and emotions or opinions about past events
7. learn about the history and tradition of «la chanson française" and read and discuss the poetic song *Les Feuilles mortes,* by Jacques Prévert

CHAPTER PROJECTS

(optional)

1. *Les loisirs:* Avant de commencer le chapitre, demandez aux élèves de faire une liste de toutes les activités qui, à leur avis, sont populaires en France et de faire la même liste pour les USA. Comparez les listes que les élèves ont faites aux renseignements donnés dans la lecture à la page 109.

2. *Le théâtre:* Choisissez plusieurs scènes prises dans des pièces de théâtre françaises. Divisez la classe en groupes et donnez une scène à jouer à chaque groupe. Vous pouvez aussi donner ces scènes à lire seulement aux élèves. Demandez-leur ensuite d'écrire une scène en imitant le style de l'auteur qu'ils viennent de lire. Les élèves peuvent aussi préparer un programme et le distribuer à tous les élèves avant la représentation.

DID YOU KNOW?

Les termes de danse classique sont français pour la bonne raison que la France est à l'origine de la danse classique telle qu'on la connaît de nos jours.

un ballet: une danse exécutée par plusieurs personnes

le corps de ballet: l'ensemble des danseurs sans les danseurs et danseuses étoiles

un pas de deux: une danse pour deux

un tutu: un costume de scène

un petit rat: un jeune danseur ou une jeune danseuse qui est élève dans un cours de danse. Les plus connus sont les petits rats de l'Opéra, c'est-à-dire les élèves de la prestigieuse École de Danse de l'Opéra de Paris, une école de danse qui recrute ses élèves sur concours, les forme comme danseurs tout en leur donnant la même instruction qu'un lycée, le tout totalement gratuit.

CHAPTER 3 RESOURCES

1. Workbook
2. Student Tape Manual
3. Audio Cassette 3
4. Bell Ringer Review Blackline Masters
5. Situation Cards
6. Chapter Quizzes
7. Testing Program

DIFFICULTY PLATEAUS

In all chapters, each reading selection in *Culture, Journalisme,* and *Littérature,* as well as the *Conversation* and each structure topic, will be rated as follows:

◆ Easy
◆◆ Intermediate
◆◆◆ Difficult

Please note that the material in *En voyage* does not get progressively more difficult. Within each chapter there are easy and difficult sections.

The overall rating of this chapter is: ◆◆ **Intermediate.**

RANDOM ACCESS

You may either follow the exact order of the chapter or you may omit certain sections that you feel are not necessary for your students. Similarly, you may wish to present a literary selection without interruption or you may intersperse some material from the *Structure* section as you are presenting a literary or journalistic piece.

EVALUATION

Quizzes: There is a quiz for every vocabulary presentation and every structure point.

Tests: To accompany *En voyage* there are global tests for both *Structures I* and *II*, a combined *Conversation/Langage* test, and one test for each reading in the *Culture, Journalisme,* and *Littérature* sections. There is also a chapter Listening Comprehension Test.

CULTURE

LES LOISIRS EN FRANCE

Introduction

PRESENTATION *(page 106)*

A. You may either read the *Introduction* to the students or have them read it silently.

B. Tell students to look for the following information: *Que font les Français pendant leurs heures de loisirs?*
Opinion: *Qu'en pensez-vous? Les Français ont plus de temps ou moins de temps que les Américains pour les loisirs?*

HISTORY CONNECTION

Le palais et le jardin du Luxembourg se trouvent sur la Rive gauche pas très loin de la Sorbonne.

C'est Marie de Médicis qui a fait construire le palais entre 1615 et 1620. Prison sous la Révolution, le palais a abrité le Directoire (1795), le Consulat, le Sénat et la Chambre des pairs. Depuis 1958, il est redevenu palais du Sénat.

Le jardin est un très joli parc à la française. Dans le jardin il y a des courts de tennis, un petit café, un théâtre de marionnettes et un manège pour les enfants. On y voit de nombreux étudiants, enfants et joggeurs.

CULTURE

LES LOISIRS EN FRANCE

Le jardin du Luxembourg

INTRODUCTION

En France, le temps libre ne cesse d'augmenter. Aujourd'hui, les Français travaillent en moyenne 39 heures par semaine. Par conséquent, les gens ont de plus en plus de temps pour les loisirs. Pendant leurs heures de loisirs, ils font du sport, ils écoutent de la musique, ils regardent la télévision, ils bricolent, ils sortent avec des amis, etc. Et plus ils ont du temps libre, plus la partie de leur budget consacrée aux loisirs augmente.

106   CHAPITRE 3

VOCABULAIRE

le repos   la marche   le tir à l'arc   le vol libre

une téléspectatrice

allumer la télévision

un écran
une télécommande
un téléspectateur

éteindre la télévision

un baladeur/ un walkman

l'écoute de la musique

Il aime bricoler.

augmenter devenir plus grand, être en hausse, s'accroître
consacrer donner, investir, assigner
avoir envie de vouloir
prendre le pas dépasser, passer devant
entretenir tenir en bon état, maintenir
une sortie action de sortir (aller au cinéma, théâtre…)
une dépense l'argent qu'il faut payer
une récompense ce qu'on donne à un enfant quand il a été sage
un métier une profession, une occupation
moyen(ne) ni trop long/grand/court/petit; contraire d'extrême
environ plus ou moins
autrefois dans l'ancien temps

CULTURE   107

Exercices

PRESENTATION (page 108)
RECYCLING
Exercise A recycles sports vocabulary learned in Chapters 9, 13, and 14 of *Bienvenue*.

Exercices A, B, and C
Assign these exercises for homework.

Exercice C
You may wish to go over Exercise C twice. First, have individual students read their answers aloud. Then, have them do this exercise orally with their books closed.

INFORMAL ASSESSMENT
Have students make up some original sentences using the new words.

ANSWERS
Exercices A and B
Answers will vary.

Exercice C
1. dépenses, sorties
2. augmentent
3. métier
4. pas
5. télécommande
6. téléspectateur, téléspectatrice
7. entretenir
8. repos
9. autrefois

Exercices

A **Loisirs sportifs.** Faites une liste…
1. de tous les sports individuels que vous connaissez.
2. de tous les sports collectifs (d'équipe) que vous connaissez.
3. des sports que vous faites ou que vous avez envie de faire.

B **Vos loisirs.** Donnez des réponses personnelles.
1. Vous aimez écouter de la musique?
2. Vous consacrez combien de temps environ à écouter de la musique?
3. Vous préférez quel genre de musique?
4. Est-ce que vous utilisez un baladeur?
5. Vous aimez regarder la télévision?
6. Aujourd'hui, vous allez allumer la télévision à quelle heure?
7. Et vous allez l'éteindre à quelle heure?
8. Vous passez combien d'heures par jour en moyenne devant le petit écran?
9. Vous tolérez bien ou mal les annonces publicitaires à la télé?
10. Vous avez une télécommande? Vous pratiquez le zapping?
11. Vous aimez bricoler?
12. Quelle récompense vous donnez-vous à vous-même quand vous avez bien travaillé?

C **Les loisirs, c'est sérieux.** Complétez.
1. Quand vous préparez votre budget, il ne faut pas oublier les ___ de loisirs, c'est-à-dire l'argent dont vous aurez besoin pour les ___: aller au cinéma, etc.
2. Les loisirs coûtent de plus en plus cher: les dépenses de loisirs ___.
3. Pour gagner de l'argent, c'est-à-dire pour gagner sa vie, il faut exercer un ___ ou une profession.
4. Chez les Français, les sports individuels prennent le ___ sur les sports collectifs.
5. Un zappeur est une ___.
6. Celui qui regarde la télé est un ___; celle qui regarde la télé est une ___.
7. Pour obtenir de bons résultats sportifs, il faut ___ son équipement.
8. Après le travail, tout le monde mérite un peu de ___.
9. De nos jours, les gens ont de plus en plus de loisirs. Est-ce que c'était comme ça ___?

108   CHAPITRE 3

COOPERATIVE LEARNING
Divisez la classe en groupes. Chaque groupe prépare une interview d'un ou de plusieurs journalistes avec un couple célèbre qui a des difficultés.

Cette même activité peut se faire par écrit. Il s'agit alors d'un article ou un magazine à sensation.

INDEPENDENT PRACTICE
Assign any of the following:
1. Workbook, *Culture*
2. Exercises A–C on this page

LES LOISIRS, LE TEMPS ET L'ARGENT

Les Français consacrent de plus en plus de temps et d'argent à leurs loisirs

Dans la vie d'un Français, le temps libre est trois fois plus long que le temps de travail. Dans une vie moyenne (72 ans), le temps libre représente environ 25 ans, alors que le temps de travail et de scolarité en représente moins de 10. Le temps libre ne cesse d'ailleurs[1] d'augmenter. Cette augmentation profite surtout à la télévision, la pratique sportive, les sorties et spectacles.

Les Français consacrent en moyenne un peu plus de 7% de leur budget aux dépenses de loisirs, spectacles, enseignement, culture.

Le loisir n'est plus une récompense, mais une activité

Le temps libre se vivait autrefois comme une récompense. Il fallait avoir gagné sa vie à la sueur de son front[2], pour avoir droit au[3] repos, forme primaire du loisir.

L'individu se devait d'abord à sa famille, à son métier, à son pays, après quoi il pouvait penser à lui-même.

Les plus âgés des Français sont encore très sensibles[4] à cette notion de mérite, mais pour les plus jeunes, le loisir est un droit[5] fondamental. Il n'y a donc aucune raison de se cacher[6] ni d'attendre pour faire ce qu'on a envie de faire, bref pour «profiter de la vie».

---

[1] d'ailleurs besides, moreover
[2] à la sueur de son front by the sweat of one's brow
[3] avoir droit à to be entitled to
[4] sensibles sensitive
[5] un droit right
[6] se cacher to hide

C. *Le sport est plus individuel, moins compétitif, plus diversifié:* Have students read this section aloud since it contains a great deal of useful vocabulary and interesting information. You may wish to make up some true/false statements as students read. Ask students to explain in their own words in French the meaning of *"le sport-plaisir prend le pas sur le sport-souffrance."*

Le sport est plus individuel, moins compétitif, plus diversifié

Les Français sont globalement plus nombreux à avoir une activité sportive: un sur deux est concerné[7]—mais seulement un sur cinq peut être considéré comme un sportif régulier. Les sports individuels (comme le tennis et la marche) ont pris le pas sur les sports collectifs, qui sont peu pratiqués par les femmes.

Le nombre des activités sportives a lui aussi augmenté et il est de plus en plus fréquent d'en pratiquer plusieurs, plus ou moins régulièrement. Des sports nouveaux ou récents comme le base-ball, le golf, le canoë-kayak, le tir à l'arc, le vol libre ont de plus en plus d'adeptes[8]. Certaines activités comme le jogging et l'aérobic sont un peu en perte de vitesse[9], même si elles comptent encore beaucoup d'inconditionnels.

D'une manière générale, les Français cherchent moins à faire des performances et à aller au bout d'eux-mêmes[10] qu'à entretenir leur forme; le sport-plaisir prend le pas sur le sport-souffrance. Ils sont confortés dans cette idée par les médias qui, après en avoir fait l'apologie, dénoncent aujourd'hui les risques que peuvent présenter certaines activités comme le jogging, l'aérobic ou le tennis pour les personnes insuffisamment entraînées.

Dordogne: des jeunes français faisant du canoë et du kayak

[7] **concerné** *involved*
[8] **adeptes** *followers*
[9] **en perte de vitesse** *losing momentum*
[10] **aller au bout d'eux-mêmes** *to push themselves to the limit*

110   CHAPITRE 3

CRITICAL THINKING

(Thinking skills: Making Judgments)

Quels sont les avantages et les inconvénients des loisirs organisés (clubs, organisations, etc.) et de ceux qui ne le sont pas (lecture, etc.) pour les catégories de personnes suivantes:

a. les enfants
b. les jeunes
c. les adultes
d. les retraités (*retirees*)

La musique a une place croissante dans la vie des Français

On constate une spectaculaire progression de l'écoute de la musique, sur disques, cassettes ou à la radio. Là encore, la naissance des baladeurs et des disques compacts, l'amélioration[11] des chaînes hi-fi et des postes de radio FM, ainsi que la baisse des prix, ont largement favorisé le mouvement.

L'augmentation de l'écoute musicale touche toutes les catégories de population sans exception, et tous les genres de musique, du jazz au rock en passant par la musique classique et l'opéra. Le phénomène est cependant plus marqué chez les jeunes. La moitié des 15–19 ans écoutent des disques ou cassettes tous les jours.

Les nouveaux comportements[12]

La diffusion de la télécommande, du magnétoscope, des jeux vidéo ou, plus récemment, de la réception par cable ou par satellite permet une plus grande maîtrise[13] de la télévision.

Les comportements des téléspectateurs sont progressivement transformés. Un téléspectateur sur quatre seulement décide à l'avance de son programme. La moitié décide au jour le jour. Le fait d'allumer la télévision est devenu un geste banal[14], plus qu'une décision.

Le zapping prend de plus en plus d'importance

Près des deux tiers des foyers[15] sont aujourd'hui équipés d'une télécommande. L'augmentation du nombre des chaînes et celle des publicités expliquent l'importance du zapping.

Les interruptions publicitaires sont de plus en plus mal tolérées, surtout pendant les films. 51% des personnes équipées de télécommande s'en servent pour éviter[16] la publicité.

---

[11] **l'amélioration** *improvement*
[12] **comportements** *behaviors*
[13] **maîtrise** *mastery, command*
[14] **banal** *commonplace, ordinary*
[15] **foyers** *households*
[16] **éviter** *to avoid*

CULTURE 111

CRITICAL THINKING

(Thinking skills: Supporting Statements with Reasons)

Les loisirs devraient-ils être une récompense ou un droit?

DID YOU KNOW?

You may wish to explain to students that in recent years the Académie française has become very concerned about the contamination of the French language by English. Periodically the Académie publishes a list of recommended French words to replace English words that have been absorbed into French. *Baladeur* (for *walkman*) is one such example.

Compréhension

PRESENTATION

You can assign the *Compréhension* exercises for homework. In more able groups, however, you may wish to go over the exercises immediately in class (upon completion of the reading) without previous preparation.

ANSWERS

Compréhension A
1. De plus en plus de temps et d'argent.
2. La télé, la pratique sportive, les sorties et spectacles.
3. Un peu plus de 7%.
4. À la sueur de son front.
5. Un sport que l'on choisit pour entretenir sa forme.
6. Un sport que l'on fait pour la performance et pour aller au bout de soi-même.
7. Le sport-plaisir.
8. La musique.
9. Tous les genres de musique.

Compréhension B
1. Le temps libre représente environ 25 ans, alors que le temps de travail et de scolarité en représente moins de 10.
2. Ils se reposaient.
3. Pour les plus âgés des Français, on doit mériter le loisir, mais pour les jeunes, le loisir est un droit fondamental.
4. Faire ce qu'on a envie de faire.
5. Parce qu'ils présentent des risques pour les personnes insuffisamment entraînées.
6. La naissance des baladeurs et des disques compacts, l'amélioration des chaînes hi-fi et des postes de radio FM, et la baisse des prix.
7. L'utilisation d'une télécommande; à cause de l'augmentation du nombre des chaînes et de celui des publicités.

112

Compréhension

A **Comment les Français occupent-ils leur temps libre?** Répondez.

1. Qu'est-ce que les Français consacrent à leurs loisirs?
2. Quelles activités profitent surtout de cette augmentation du temps consacré aux loisirs?
3. Quel pourcentage de leur budget les Français consacrent-ils aux dépenses de loisirs?
4. Pour les plus âgés, comment fallait-il gagner sa vie pour avoir droit au loisir du repos?
5. Qu'est-ce que c'est que le sport-plaisir?
6. Qu'est-ce que c'est que le sport-souffrance?
7. Lequel de ces deux types de sport les Français préfèrent-ils?
8. Quelle activité culturelle a une place croissante dans la vie des Français?
9. Quels genres de musique sont devenus plus populaires?

B **Les loisirs ont bien changé.** Analysez.

1. Pour un Français qui vit 72 ans, quelle est actuellement la proportion de temps libre par rapport au temps de travail?
2. Autrefois, que faisaient les Français de leur temps libre, s'ils en avaient?
3. Comparez les attitudes des plus âgés des Français à celles des plus jeunes en ce qui concerne le travail et les loisirs.
4. Expliquez ce que cette expression signifie: «Profiter de la vie».
5. Pourquoi les médias dénoncent-ils la pratique de certains sports?
6. Quelles sont les raisons qui ont favorisé la progression spectaculaire de l'écoute de la musique?
7. Qu'est-ce que le zapping et pour quelles raisons prend-il de plus en plus d'importance?

112   CHAPITRE 3

COOPERATIVE LEARNING

Divisez la classe en groupes de trois élèves. Chaque groupe organise un week-end à Paris offert par une station de radio. L'un des élèves se charge d'organiser les activités culturelles, le deuxième les activités sportives, et le troisième des activités «gastronomiques».

C **Oui ou non?** Corrigez d'après le texte.

1. Le temps libre continue à augmenter par rapport au temps de travail.
2. Le sport est la forme primaire du loisir.
3. Les Français préfèrent tous les sports compétitifs.
4. Les sports individuels sont très compétitifs.
5. Le nombre des activités sportives a augmenté.
6. L'intérêt pour la musique ne touche qu'un petit segment de la population.
7. La plupart des téléspectateurs savent exactement quels programmes ils vont regarder avant d'allumer la télévision.
8. Les interruptions publicitaires sont très bien tolérées par les Français.

Activités

A **Sondage-Jeunes.** À la question «Qu'aimez-vous faire quand vous ne travaillez pas?» les jeunes Français ont répondu qu'ils aimaient (dans l'ordre):

1. aller au cinéma
2. se réunir avec des copains
3. écouter de la musique
4. pratiquer un sport
5. voir leur petit(e) ami(e)
6. regarder la télévision
7. aller danser
8. faire les boutiques

Avec vos camarades de classe, faites un sondage sur les loisirs des Américains de 15 à 19 ans.

B **Comparaison entre Américains et Français.** En utilisant tous les renseignements qui vous ont été donnés au sujet des loisirs des Français, préparez une comparaison entre les loisirs des Français et ceux des Américains. Croyez-vous que les loisirs de ces deux groupes soient semblables ou différents? Justifiez votre opinion.

CULTURE 113

CONVERSATION

LE THÉÂTRE

Vocabulaire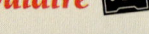

> **Vocabulary Teaching Resources**
> 1. Audio Cassette 3
> 2. Student Tape Manual
> 3. Workbook
> 4. Chapter Quizzes
> 5. Testing Program

Bell Ringer Review
Write the following on the board or use BRR Blackline Master 3-3: *Faites une liste des mots dont on a besoin pour parler du théâtre ou du cinéma.*

PRESENTATION
(pages 114–115)

A. Have students repeat the new words and sentences after you or Cassette 3. You may want to give students the colloquial word for the upper balcony: *le poulailler* or *le paradis* (as in the title of the classic film, *Les Enfants du Paradis* starring the late Jean-Louis Barrault).

B. You may want to ask students some additional questions to practice the vocabulary: *Allez-vous souvent au théâtre? Où aimez-vous vous asseoir? Quelles places coûtent le plus cher? Le moins cher? Y a-t-il des places debout dans les théâtres américains? Où sont les acteurs? Ils jouent quelle pièce? Connaissez-vous d'autres pièces de Molière? En ce moment est-ce qu'il y a une pièce qui fait courir votre ville? Elle se joue à bureaux fermés?*

Note: For more information on Molière and the *Bourgeois gentilhomme* see the **LITERATURE CONNECTIONS** on pages 116–117.

CONVERSATION

LE THÉÂTRE

VOCABULAIRE

un fauteuil/une place

Les comédiens (acteurs) jouent une pièce de Molière (1622–1673). C'est une comédie intitulée *Le Bourgeois gentilhomme*.
Cette pièce a un énorme succès. Elle fait courir tout Paris.

114 CHAPITRE 3

COOPERATIVE LEARNING

Préparez une brochure illustrée pour faire de la publicité pour une activité quelconque à Paris ou dans un Club Med. Vous pouvez aussi découper des publicités dans des magazines et les afficher artistiquement sur le tableau d'affichage.

une ride

Cet homme est âgé. Il a des rides.

Cette pièce se joue à bureaux fermés.

un entracte   temps qui sépare deux actes dans une représentation théâtrale
un gentilhomme   noble par sa naissance et/ou ses manières
une marquise   aristocrate, femme d'un marquis
le foyer (des artistes)   salle d'un théâtre où les acteurs s'assemblent avant et après le spectacle

génial   extraordinaire

hurler   crier très fort
hurler de rire   rire beaucoup et bruyamment
prendre des rides   devenir vieux, vieillir, prendre de l'âge

Exercices

A Au théâtre.   Donnez des réponses personnelles.

1. Quand vous allez au théâtre, où préférez-vous vous asseoir: à l'orchestre, à la corbeille, au premier balcon, au deuxième balcon ou à la galerie?
2. Est-ce que vous aimez être assis(e) près de la scène?
3. Vous aimez les places debout?
4. Quels sont les fauteuils les plus chers: les fauteuils d'orchestre ou ceux de la galerie?
5. Les comédiens, les acteurs, vous intéressent?
6. Vous aimez aller dans les coulisses ou au foyer pendant l'entracte ou après la pièce?
7. Vous connaissez une pièce qui se joue ou qui s'est jouée à bureaux fermés? Laquelle?
8. Quel genre de pièces est-ce que vous préférez: les comédies ou les tragédies?
9. Quelle comédie ou quel comédien vous a fait hurler de rire?

B Synonymes.   Exprimez d'une autre façon.

1. Cette pièce a eu un succès fou.
2. C'est une pièce extraordinaire.
3. C'est un homme qui a d'excellentes manières.
4. Elle est mariée à un marquis.
5. Elle a pris de l'âge.
6. Il crie très fort.

CONVERSATION   115

Scènes de la vie ◆

PRESENTATION
(pages 116–117)

A. Call on students to read the conversaton aloud. Call on one pair to read *On va au théâtre* and another pair to read *Pendant l'entracte*.

B. You can immediately ask the questions from Exercise A of *Compréhension*, page 118.

Vocabulary Expansion

dans huit jours = dans une semaine (7 jours + le jour où l'on parle)
de la même façon, *dans quinze jours* = dans deux semaines

LITERATURE CONNECTION

Monsieur Jourdain, le personnage principal du *Bourgeois gentilhomme* est un homme qui vient de la petite bourgeoisie commerçante. Il a gagné beaucoup d'argent et a maintenant honte de sa classe sociale. Il veut devenir un homme du monde et pour acquérir le savoir-faire mondain qui lui manque, il loue les services de «maîtres»—d'escrime, de danse, de philosophie, de musique. Ces maîtres sont en fait des prétentieux qui exploitent Jourdain. Lorsque sa fille veut épouser Cléonte, l'homme qu'elle aime, Monsieur Jourdain s'y oppose catégoriquement. Cléonte se fait alors passer pour le fils du Grand Turc, et il fait de Monsieur Jourdain un «mamamouchi». Flatté, Monsieur Jourdain accorde au «Grand Turc» la main de sa fille.

116

SCÈNES DE LA VIE

On va au théâtre?

CORINNE: On joue *Le Bourgeois gentilhomme* à la Comédie-Française ce soir. Tu veux y aller?
BERNARD: Tu rêves! Il n'y aura pas de places! Ça se joue à bureaux fermés depuis trois semaines!
CORINNE: Tu es sûr? Ce n'est pas le genre de pièce qui fait courir tout Paris, pourtant.
BERNARD: Écoute, on peut toujours téléphoner pour voir, mais je suis sûr qu'il n'y aura même pas de places debout.
CORINNE: Et si j'avais des billets, tu viendrais avec moi?
BERNARD: Bien sûr! Tu en as?
CORINNE: Oui, je les ai pris il y a quinze jours, mais je voulais te faire la surprise. Je savais bien que tu voudrais y aller. J'ai deux fauteuils d'orchestre.

116   CHAPITRE 3

DID YOU KNOW?

1. Once upon a time theatre tickets were quite inexpensive in France in comparison to the price of tickets in the U.S. Prices, however, have been very much on the increase.
2. When being seated in a theatre in France by an usher (*l'ouvreuse*), one tips the usher. This is not the case in the U.S.

PAIRED ACTIVITY

Have students work in pairs to make up a conversation about a movie. They can use the conversations on pages 116–117 as a guide.

Pendant l'entracte

CORINNE: Ah! J'adore! Et toi, ça te plaît? Qu'est-ce que tu en penses?
BERNARD: C'est vraiment très drôle. Ce nouveau riche qui veut apprendre les bonnes manières pour se faire aimer d'une marquise… C'est à hurler de rire! Et Roland Bertin est vraiment formidable dans ce rôle.
CORINNE: Oui, il est tout à fait génial en Monsieur Jourdain… Tu veux aller au foyer pour lui dire bonjour?
BERNARD: Non, pas vraiment. Ce qui m'intéresse c'est de voir les comédiens sur scène. C'est leur travail qui est fascinant. Et puis la pièce, bien sûr. Molière n'a pas pris une ride! Des Monsieur Jourdain, il y en a encore partout!

LITERATURE CONNECTION

Jean-Baptiste Poquelin, dit Molière (1622–1673), est un auteur de pièces, mais également un acteur. Il fit ses études chez les Jésuites et se préparait à devenir avocat quand il rencontra Madeleine Béjart qui le persuada de se consacrer au théâtre. Il fonda en 1643 l'Illustre-Théâtre avec Madeleine Béjart, ses frères Joseph et Louis et neuf autres comédiens. Les débuts de la compagnie furent très difficiles. Mais bientôt, ils décident de quitter Paris pour la province où ils reçoivent l'aide de puissants protecteurs. La troupe dont Molière est le chef revient à Paris en 1658 et joue devant le roi. C'est à ce moment que Monsieur, le frère du roi, prit la troupe sous sa protection. À cette époque, Molière écrit *les Précieuses ridicules* qui reçoit un accueil triomphal. La réputation de Molière est établie. Viennent ensuite *L'École des femmes* et *Tartuffe* qui est interdit à la demande de la reine mère. Après la mort de la reine mère, *Tartuffe* est joué et reçoit alors un très grand succès. Autres pièces célèbres de Molière: *Le Médecin malgré lui*, *L'Avare*, *Le Misanthrope*, *Le Bourgeois gentilhomme*, *Les Femmes savantes,* et enfin *le Malade imaginaire.* Molière mourut quelques heures seulement après la quatrième représentation de cette pièce.

DID YOU KNOW?

De Louis XIV à la Deuxième Guerre mondiale, le théâtre en France était une sorte de monopole parisien. Deux salles seulement étaient subventionnées par l'État: la Comédie-Française (la maison de Molière) et l'Odéon. Depuis, de nouvelles compagnies se sont créées dans toute la France: Le Grenier de Toulouse, La Comédie de Saint-Étienne, le Théâtre de Villeurbanne pour n'en citer que quelques-unes. Les festivals d'été comme celui d'Avignon créé par Jean Vilar en 1947 se développent dans toute la France.

Compréhension

PRESENTATION (page 118)
Exercice A
You may wish to go over the questions of Exercise A orally as soon as the conversation is read once.

Exercice B
Allow students to look up the information for Exercise B.

ANSWERS
Compréhension A
1. On joue *Le Bourgeois gentilhomme*.
2. À la Comédie-Française
3. Parce que la pièce se joue à bureaux fermés depuis trois semaines.
4. Il est sûr qu'il n'y aura même pas de places debout.
5. Corinne a des billets.
6. Elle les a pris il y a quinze jours.
7. Elle a pris deux fauteuils d'orchestre.
8. Roland Bertin.
9. Non, il n'en a pas envie.
10. Ce qui l'intéresse, c'est de voir les comédiens sur scène.
11. Non, il trouve que Molière n'a pas pris une ride.
12. Non, d'après lui, des Monsieur Jourdain, il y en a partout.

Compréhension B
1. La Comédie-Française.
2. *Le Bourgeois gentilhomme*.
3. Molière.
4. Monsieur Jourdain.
5. Roland Bertin.
6. C'est un nouveau riche qui veut apprendre les bonnes manières pour se faire aimer d'une marquise.

118

Compréhension

A **De quoi parlent-ils?** Répondez d'après la conversation.

1. On joue quelle pièce?
2. Où ça?
3. Pourquoi Bernard croit-il qu'il n'y aura pas de places?
4. De quoi est-ce qu'il est sûr?
5. Quelle est la surprise?
6. Quand Corinne a-t-elle pris les billets?
7. Qu'est-ce qu'elle a pris comme places?
8. Qui joue le rôle de Monsieur Jourdain (le bourgeois gentilhomme)?
9. Bernard a-t-il envie d'aller dire bonjour aux comédiens pendant l'entracte?
10. Qu'est-ce qui l'intéresse?
11. Est-ce qu'il trouve que Molière a vieilli?
12. D'après Bernard, est-ce que Monsieur Jourdain est un type d'homme qui a disparu?

B **Le compte-rendu de la pièce.** Donnez les renseignements suivants.

1. le nom du théâtre
2. le nom de la pièce
3. le nom de l'auteur
4. le nom du personnage principal de la pièce
5. le nom de l'acteur qui joue ce rôle
6. tout ce que vous savez sur Monsieur Jourdain

118 CHAPITRE 3

CRITICAL THINKING

(Thinking skills: Making Judgments, Supporting Statements with Reasons)

Bernard dit: «Des Monsieur Jourdain, il y en a encore partout». Qu'est-ce que cela veut dire? Êtes-vous d'accord? Pourquoi?

Activités de communication

A **Le programme.** Vous êtes à Paris avec un(e) ami(e). Vous voulez aller voir une pièce à la Comédie-Française. Regardez le programme ci-contre. Discutez avec votre ami(e) pour décider de quelle pièce vous allez voir. Votre ami(e) aime les pièces sérieuses et vous les comédies. Votre ami(e) aime aussi la musique. Travaillez avec un(e) camarade de classe qui jouera le rôle de l'ami(e).

B **À la location.** Maintenant que vous savez quelle pièce vous voulez aller voir et quand, vous allez—seul(e)—à la Comédie-Française pour prendre vos places. Vous êtes à la location et discutez avec l'employé(e). Vous voulez des places à l'orchestre, mais elles sont trop chères. Les places à la corbeille sont moins chères, mais il n'y en a plus. Vous prenez des places au premier balcon. Travaillez avec un(e) camarade qui jouera le rôle de l'employé(e).

C **À l'entracte.** Vous et votre ami(e) venez de voir les deux premiers actes de la pièce de votre choix. Demandez à votre ami(e) ce qu'il/elle en pense. Comment il/elle trouve les comédiens, etc. Dites ce que vous en pensez. Proposez-lui d'aller au foyer dire bonjour aux comédiens. Travaillez avec un(e) camarade qui jouera le rôle de l'ami(e).

THÉÂTRE

02 COMÉDIE-FRANÇAISE (892 places), 2, rue de Richelieu (1er) 40.15.00, 15, M° Palais-Royal. Location de 11h à 18h, 14 jours à l'avance. Pl: 40 à 137 F.

Amour pour amour
de William Congreve. Texte français de Guy Dumur. Mise en scène André Steiger. Avec Catherine Salviat, Dominique Rozan, Claude Mathieu, Guy Michel, Marcel Bozonnet, Louis Arbessier, Nathalie Nerval, Jean-Philippe Puymartin, François Barbin, Thierry Hancisse, Sonia Vollereaux, Pierre Vial, Anne Kessler.
Equivalence, substitution, identité... mais surtout troc, échange de marchandises... Le troc dans cette pièce où l'économie financière joue un rôle de premier plan; installation, confirmation et sanctification de l'idéologie marchande... c'est l'Angleterre des nouveaux trafics commerciaux... l'échange, celui des cœurs et des corps. (Mer 12, 20h30, Lun 17, 20h30.)

La Folle journée ou le Mariage de Figaro
Comédie en 5 actes de Beaumarchais. Mise en scène Antoine Vitez. Ensemble instrumental Dir. Michel Frantz. Avec Catherine Samie, Geneviève Casile, Alain Pralon, Dominique Rozan, Catherine Salviat et Dominique Constanza (en alternance), Richard Fontana, Claude Mathieu, Véronique Vella, Jean-François Rémi, Claude Lochy, Bernard Belin, Jean-Luc Bideau, Loïc Brabant.
Histoire d'une veille de noces agitée où Figaro, Suzanne, Marceline, Chérubin et Basile s'aiment, la Comtesse se dérobe, et le Comte les aime et les veut toutes. Tout l'esprit et la verve de Beaumarchais. (Dim 16, 20h30, Mardi 18, 20h30.)

Le Misanthrope
de Molière. Mise en scène Simon Eine. Avec Simon Eine, François Beaulieu, Nicolas Silberg, Yves Gasc, Martine Chevallier, Véronique Vella, Catherine Sauval.
Alceste hait tous les hommes. Il abomine la société et les conventions hypocrites. Par une singulière contradiction, il aime l'être le plus social, le plus coquet, le plus médisant, la jeune Célimène. Tout finira dans la fuite, cette impuissante médecine du tourment amoureux. (Jeu 13, 20h30.)

L'Avare
Comédie en cinq actes et en prose de Molière. Mise en scène de Jean-Paul Roussillon. Avec Michel Etcheverry, Michel Aumont, Françoise Seigner, Alain Pralon, Dominique Rozan, Véronique Vella, Jean-Paul Moulinot, Jean-François Rémi, Catherine Sauval, Michel Favory, Jean-Pierre Michaël et Tilly Dorville, Armand Eloi, Christine Lidon.
Les obsessions d'Harpagon rejaillissent sur toute sa famille et la perturbe. Il vit aussi un drame: homme mûr, il est amoureux d'une jeune fille et rival de son fils. Un classique. (Sam 15, 20h30, Dim 16, 14h.)

CONVERSATION 119

LANGAGE

LES GOÛTS ET LES INTÉRÊTS

Bell Ringer Review
Write the following on the board or use BRR Blackline Master 3-4:
1. Faites une liste des activités qui vous plaisent et dites pourquoi.
2. Faites une liste des activités qui vous déplaisent et dites pourquoi.

PRESENTATION *(page 120)*
A. Read the explanatory information to the class and call on students to read the model sentences and expressions.
B. Since these are all very useful, high-frequency expressions, insist that students pronounce them with expression and the most accurate intonation possible.

GESTURES
Pour exprimer l'excellence et la superiorité, on lève le pouce verticalement et on l'immobilise brusquement à la hauteur de la poitrine. Ce geste peut être accompagné d'un clic sonore.

LANGAGE

Les Goûts et les Intérêts

En français, comme en anglais, il y a plusieurs expressions pour exprimer ce que l'on aime.

> J'aime beaucoup le livre que tu m'as donné.
> Il me plaît beaucoup.
> J'ai adoré le film de Spielberg.
> Ça m'a beaucoup plu.

Il y a toujours des raisons pour lesquelles on aime quelque chose. Voici quelques expressions pour décrire ce que l'on aime. Certaines expressions sont en langage courant, d'autres en langage familier.

COURANT	FAMILIER
C'est extraordinaire.	C'est extra.
C'est formidable.	C'est génial.
C'est superbe.	C'est super.
C'est merveilleux.	C'est super chouette.
C'est sensationnel.	C'est sensass.
C'est magnifique.	C'est terrible.
C'est amusant.	C'est rigolo.
C'est vraiment drôle.	C'est vachement marrant.

120 CHAPITRE 3

Si l'on veut dire que quelque chose est intéressant, on dit:

> Je m'intéresse au théâtre.
> Le cinéma m'intéresse beaucoup.
> Ça m'attire beaucoup.
> Ça me passionne.

Il y a d'autres façons de dire que quelque chose vous intéresse. En voici quelques-unes:

> Je trouve ça intéressant.
> Je trouve ça passionnant.
> Je trouve ça fascinant.
> Je trouve ça amusant.
> Je trouve ça marrant.

Et finalement, une expression amusante, qui peut vous aider à exprimer combien vous aimez quelque chose ou quelqu'un: *être dingue de quelque chose/quelqu'un* (to be crazy about something/somebody). Mais attention au contexte, car le mot *dingue* peut aussi vouloir dire "crazy."

Elle est dingue de cette musique.	*She's crazy about this music.*
Ce mec est dingue de cette nana.	*This guy's crazy about (nuts over) that gal.*
Il devient dingue quand il la voit.	*He goes nuts (ape, bonkers) every time he sees her.*
Il est dingue, ce mec.	*That guy's crazy (nuts).*
Cette histoire est dingue.	*That story is crazy (unbelievable).*

Exercices

A **Les goûts.** Complétez.

1. —Comment as-tu trouvé le film de Spike Lee?
   —Ça m'a beaucoup ___.
2. —Tu ___ le théâtre?
   —Oui, c'est très chouette. Je voudrais bien en faire.
3. —Ton chien est vraiment adorable.
   —Oui, je sais. Je l'___!

LANGAGE

GESTURES

Pour indiquer la perfection, on forme un cercle en réunissant le pouce et l'index. De cette façon on donne l'impression de pincer quelque chose de très fin.

ANSWERS

Exercice B
1. —Tu as vu cette pièce?
   —Oui, et j'ai beaucoup aimé.
   —Moi aussi. Ça m'a beaucoup plu. J'ai trouvé ça très amusant.
2. —Tu as écouté cette cassette?… /J'ai trouvé ça formidable.
3. —Tu as entendu cette chanson?… /J'ai trouvé ça extraordinaire.
4. —Tu as regardé cette émission?… /J'ai trouvé ça magnifique.
5. —Tu es allé(e) au concert?… /J'ai trouvé ça sensationnel.
6. —Tu es allé(e) au match de tennis?… /J'ai trouvé ça superbe.
7. —Tu as lu ce livre?… /J'ai trouvé ça vraiment drôle.
8. —Tu as vu cette exposition d'art moderne?… /J'ai trouvé ça merveilleux.

Exercice C
1. … très rigolo.
2. … génial.
3. … extra.
4. … terrible.
5. … sensass.
6. … super.
7. … vachement marrant.
8. … super-chouette.

Exercice D
Answers will vary.

B **C'était vraiment bien.** Refaites le dialogue suivant en employant les expressions indiquées pour remplacer les expressions en italique.

—Tu *as vu ce film?*
—Oui, et j'ai beaucoup aimé.
—Moi aussi. Ça ma beaucoup plu. J'ai trouvé ça *vraiment bien.*

C'est sensationnel!

1. voir cette pièce/très amusant
2. écouter cette cassette/formidable
3. entendre cette chanson/extraordinaire
4. regarder cette émission/magnifique
5. aller à ce concert/sensationnel
6. aller au match de tennis/superbe
7. lire ce livre/vraiment drôle
8. voir cette exposition d'art moderne/merveilleux

C **C'était vachement chouette.** Refaites l'Exercice B en remplaçant les adjectifs par des expressions plus familières. Suivez le modèle.

—Tu *as vu ce film?*
—Oui, et j'ai beaucoup aimé.
—Moi aussi. Ça m'a beaucoup plu. J'ai trouvé ça *vachement chouette.*

D **Opinions.** Donnez des réponses personnelles.

1. Le dernier livre que tu as lu, il t'a plu? Pourquoi? Comment l'as-tu trouvé?
2. Le dernier film que tu as vu, il t'a plu? Pourquoi? Comment l'as-tu trouvé?
3. La dernière pièce que tu as vue, elle t'a plu? Pourquoi? Comment l'as-tu trouvée?
4. Le dernier concert que tu as entendu, il t'a plu? Pourquoi? Comment l'as-tu trouvé?
5. Le dernier match que tu as vu, il t'a plu? Pourquoi? Comment l'as-tu trouvé?
6. La dernière exposition de peinture que tu as vue, elle t'a plu? Pourquoi? Comment l'as-tu trouvée?

COOPERATIVE LEARNING

Exercices B and *C,* page 122: These exercises can be done in groups. Have students use as much expression as possible.

E **Enquête.** Donnez des réponses personnelles.

1. Parmi les cours que vous suivez cette année, quels sont ceux qui vous intéressent le plus? Pourquoi?
2. Quels événements culturels vous attirent le plus? Pourquoi?
3. Quels sports vous passionnent le plus? Pourquoi?
4. Quels programmes de télévision vous plaisent le plus? Pourquoi?

F **L'amour, toujours.** Exprimez en français.

1. *He's crazy and she's crazy too.*
   Il est ___ et elle est ___.
2. *She's crazy about that guy.*
   Elle est ___ de ce mec.
3. *I know. And he flips out every time he sees her.*
   Je sais. Et lui, il devient ___ quand il la voit.
4. *The whole thing's nuts. I can't believe it.*
   C'est ___, cette histoire! C'est vraiment incroyable!

LANGAGE   123

PRESENTATION (continued)
Exercice E
If it is not too time consuming, you may wish to have groups conduct surveys.

RECYCLING
Exercise E reviews vocabulary concerning school, sports, cultural events, and TV from *Bienvenue*, Chapters 2, 9, 13, 14, 16, and *À bord*, Chapter 2.

Extension of *Exercice F*
Have students make up additional sentences using *dingue*.

ANSWERS
Exercice E
Answers will vary.

Exercice F
1. dingue, dingue
2. dingue
3. dingue
4. dingue

INDEPENDENT PRACTICE

Assign any of the following:
1. Exercises A–F on pages 121–123
2. Workbook, *Langage*

LES ANTIPATHIES

Note: Students usually enjoy making these negative statements. For this reason you may wish to "seize the opportunity" and let them be creative and express their opinions on as many different topics as they can.

PRESENTATION *(page 124)*

Follow the same suggestions as those given for *Les goûts et les intérêts*.

GESTURES

Pour exprimer l'antipathie, on lève les yeux et la main au ciel comme pour le prendre à témoin.

Les Antipathies

Pour exprimer ce que l'on n'aime pas, on peut dire:

> Je n'aime pas cette cassette.
> Cette musique ne me plaît pas.
> Je déteste cette musique.
> Elle me déplaît énormément.

Il y a des raisons pour lesquelles on aime certaines choses, et des raisons pour lesquelles on n'en aime pas d'autres.

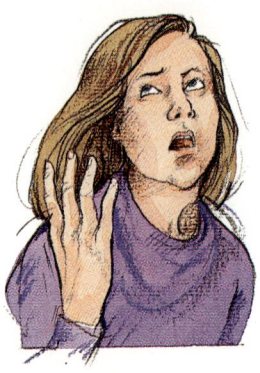

C'est épouvantable!

COURANT	FAMILIER
C'est mauvais.	C'est nul.
C'est affreux.	C'est moche.
C'est ridicule.	C'est tarte.
C'est idiot.	C'est débile.
C'est épouvantable.	C'est infect.

Les mots *épouvantable* et *infect* indiquent la répulsion.

Il y a de temps en temps des choses que nous ne pouvons pas tolérer ou supporter, pour une raison ou une autre.

> Je ne peux pas supporter cette musique.
> Je ne peux pas supporter cette personne.

Une façon populaire de dire qu'on ne peut pas supporter quelqu'un ou quelque chose est d'utiliser le verbe *sentir*:

> Je ne peux pas sentir ce type.
> Je ne peux pas sentir son arrogance.

Pour exprimer ce qui n'est pas intéressant, on dit:

> Le théâtre ne m'intéresse pas.
> Je trouve ça sans intérêt.
> Je ne trouve pas ça intéressant.

Pour exprimer pourquoi on ne trouve pas ça intéressant, on peut dire:

COURANT	FAMILIER
C'est ennuyeux.	C'est barbant.
C'est embêtant.	C'est rasoir.

Voici quelques expressions qui expriment l'absence d'intérêt:

> Cette musique me laisse froid(e).
> Je ne suis pas fana de cette musique.

Exercices

A **Qu'est-ce que vous en pensez?** Donnez une phrase d'après le modèle.

   Cette musique est affreuse.
   Je la déteste.

1. Ce disque est épouvantable.
2. Cette musique est merveilleuse.
3. Cette pièce est vraiment débile.
4. Je trouve cette pièce géniale.
5. Ces livres sont ennuyeux.
6. Je trouve ces livres passionnants.
7. Ce film est super.
8. Je trouve ce film complètement nul.
9. Ce tableau est magnifique.
10. Je trouve ce tableau affreux.

LANGAGE

GESTURES

Pour exprimer l'ennui, on se frotte plusieurs fois de suite la joue du revers des doigts. On lève souvent en même temps les yeux au ciel. (On fait généralement ce geste à l'insu de la personne ennuyeuse.)

Exercices

PRESENTATION
(*pages 125–126*)
All these exercises can be done without previous preparation.

ANSWERS

Exercice A
1. Je le déteste.
2. Je l'aime beaucoup.
3. Je la déteste.
4. Je l'aime beaucoup.
5. Je les déteste.
6. Je les adore.
7. Je l'aime beaucoup.
8. Je le déteste.
9. Je l'aime beaucoup.
10. Je le déteste.

Exercice B

Answers will vary.

Exercice C

Answers will vary but may include the following:
1. moche
2. débile
3. infect
4. nul
5. tarte

Exercice D

Answers will vary but may include the following:
1. ennuyeux, passionnant
2. embêtant, rasoir

Exercice E

Answers will vary but may include the following:
1. Elle me déplaît.
2. Je n'aime pas ce genre de livre.
3. Cet article ne m'intéresse pas.
4. Je ne peux pas sentir ce type.
5. Je ne suis pas fana de sa sculpture.

ART CONNECTION

Le Musée Picasso a ouvert ses portes récemment. Il est installé dans un ancien hôtel particulier du Marais, un quartier ancien de Paris.

Pablo Ruiz y Picasso (1881–1973) est un peintre, dessinateur, graveur, sculpteur, céramiste espagnol qui a exercé un pouvoir de fascination sur ses contemporains. Il s'installa en 1904 à Paris où il participa à tous les mouvements artistiques qui se succédèrent. Ses œuvres sont très variées, diverses et audacieuses. Il a été le créateur du cubisme, par exemple. Plus que tout autre, il a contribué à libérer l'art des contraintes anciennes.

B **Je ne peux pas supporter ça.** Faites une phrase avec chacun des mots suivants.

1. affreux
2. idiot
3. épouvantable
4. mauvais
5. ridicule

C **Je ne peux pas sentir ça.** Redites les mêmes choses en utilisant des mots plus familiers.

D **C'est à mourir d'ennui.** Complétez.

1. —Je n'aime pas du tout étudier l'histoire.
   —Le passé ne vous intéresse pas?
   —Non, je trouve ça ___.
   —C'est dingue. Moi, au contraire, je trouve ça ___.
2. —Son ami est très gentil, mais le pauvre, il parle beaucoup pour ne rien dire.
   —C'est vrai ce que tu dis. Je le trouve vraiment ___.
   —Il est tellement ___ que j'ai envie de dormir quand il parle.

E **Question de style.** Exprimez d'une autre façon.

1. Je n'aime pas cette musique.
2. Ce genre de livre me déplaît.
3. Je trouve cet article sans intérêt.
4. Je ne peux pas supporter cet homme.
5. Sa sculpture me laisse froid(e).

Le Musée Picasso à Paris

PAIRED ACTIVITY

Have students make lists of their favorite cassettes, rock stars, actors, actresses, films, etc. Now have them work in pairs. Each student will read an entry from his/her list and his/her partner will react using either the positive or negative expressions from the chapter. When they have finished, have them report to the class.

Activités de communication

A **Vachement chouette, ce film!** Vous et votre ami(e) français(e) venez de voir un film drôle. Votre ami(e) a détesté, mais vous vous avez adoré. Discutez et donnez chacun(e) vos raisons. Travaillez avec un(e) camarade de classe qui jouera le rôle de l'ami(e).

B **C'est rasoir, cette musique!** Votre ami(e) français(e) vous a emmené(e) à un concert de sa musique favorite. Vous avez détesté. Discutez avec lui/elle, donnez chacun(e) vos raisons. Travaillez avec un(e) camarade qui jouera le rôle de l'ami(e).

C **Quel match sensationnel!** La mère/le père de votre ami(e) français(e) vous a emmené(e) voir un match de votre sport favori. Le match était passionnant. Discutez du match avec la mère/le père de votre ami(e). Dites ce qui vous a plu et pourquoi. Travaillez avec un(e) camarade qui jouera le rôle de la mère/du père de votre ami(e).

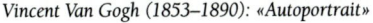

Vincent Van Gogh (1853–1890): «Autoportrait»   *«La Chambre de Van Gogh»*

D **Van Gogh, j'adore! C'est superbe!** Votre prof de dessin est français(e). Il/elle vous a emmené(e) voir une exposition de peinture moderne. Discutez avec votre prof des peintres que vous aimez et de ceux que vous n'aimez pas. Et dites pourquoi. Travaillez avec un(e) camarade qui jouera le rôle du prof.

LANGAGE 127

LITERATURE CONNECTION

Marcel Pagnol (1895–1974) est un écrivain et auteur dramatique. Il commença par être professeur d'anglais. Il s'inspira de sa vie de professeur pour sa première pièce à succès, *Topaze*. Le succès de trois de ses pièces, *Marius*, *Fanny* et *César*, le rendit très populaire. Dans *La Gloire de mon père*, *Le Château de mon père* et *Le Temps des secrets*, Marcel Pagnol raconte ses souvenirs d'enfance et de jeunesse. La plupart de ses œuvres ont été portées à l'écran avec beaucoup de succès.

ART CONNECTION

Van Gogh s'installe à Arles, dans le sud de la France, en 1888 et ce fut une période intense de création. C'est à Arles que Van Gogh se coupa l'oreille après une violente dispute avec Gauguin.

Activités de communication

PRESENTATION *(page 127)*

These activities allow students to work on their own and create situations in which they could find themselves when in a French-speaking country. You may wish to have students select the activity or activities they wish to take part in.

Activité D

Before assigning this activity, have students look at the paintings by modern artists on the following pages: Ernst, pages 308–309; Gromaire, page 417; Matisse, page 427.

ANSWERS

Activités A, B, C, and D
Answers will vary.

INDEPENDENT PRACTICE

Assign any of the following:
1. Workbook, *Langage*
2. Exercises and activities on pages 125–127

STRUCTURE I

Structure Teaching Resources

1. Workbook, *Structure I*
2. Student Tape Manual, *Structure I*
3. Audio Cassette 3
4. Chapter Quizzes, *Structure I*
5. Testing Program, *Structure I*

Bell Ringer Review

Write the following on the board or use BRR Blackline Master 3-5: Récrivez au passé composé.
1. Je vais voir un bon film.
2. Je vois le film au cinéma Métropole.
3. Mes copains m'accompagnent.
4. Tout le monde aime le film.
5. Il leur fait très plaisir.

L'imparfait et le passé composé ◆◆◆

Note: You may wish to go over the imperfect vs. the *passé composé* with all students since it is problematic for most of them.

PRESENTATION *(page 128)*

Read the explanation to the students and call on individuals to read the model sentences.

Teaching Tip It is strongly recommended that you do not give the students the English equivalents for the imperfect tense. It is hoped that students will grasp the concept that the imperfect is used to express an ongoing, continuing action vs. a completed action. Its beginning and end points are unimportant. When students hear that "used to" is an English equivalent of the imperfect, it confuses them and interferes with the concept. "Used to" implies "but no longer," suggesting an end at a given point in time.

128

STRUCTURE I

L'imparfait et le passé composé *Talking About Actions in the Past*

1. The choice of the *passé composé* or the imperfect depends upon whether the speaker is describing an action completed in the past, or a continuous or recurring action in the past.

2. The *passé composé* is used to express actions or events that began and ended at a definite time in the past.

   Je *suis sorti(e)* hier après-midi.
   Je *suis allé(e)* aux Galeries Lafayette où j'*ai acheté* des cadeaux.
   Ensuite je *suis allé(e)* au café où j'*ai pris* une glace.

3. The imperfect, in contrast to the *passé composé*, is used to express a continuous, repeated, or habitual action in the past. The moment when the action began or ended, or how long it lasted, is not important.

   Quand j'*étais* jeune, je *sortais* tous les soirs.
   J'*allais* souvent au cinéma.
   Je *fréquentais* les cabarets de Montmartre où *chantaient* des chanteurs célèbres.

4. Note the verb tenses in the following sentences.

   Quand il *était* jeune, il *sortait* tous les soirs. Hier soir, il *est sorti* aussi.
   Il *rentrait* toujours à minuit, mais hier soir il *est rentré* à onze heures.

5. Since most mental processes involve duration or continuance, verbs that deal with mental processes are most often in the imperfect. Common verbs of this type are:

savoir	désirer	penser	croire
vouloir	préférer	espérer	pouvoir

   Je *savais* qu'il *voulait* voir ce spectacle.

128 CHAPITRE 3

Exercices

A L'année dernière, j'avais beaucoup de temps libre. Répondez.

1. Qu'est-ce que tu faisais? Tu jouais au foot?
2. Et hier, tu as joué au foot?
3. Ton équipe gagnait toujours, l'année dernière?
4. Et hier, ton équipe a encore gagné?
5. Peyre a marqué le dernier but?
6. L'année dernière aussi, il marquait souvent le dernier but, n'est-ce pas?
7. Il avait toujours de la chance?
8. Hier, le gardien de but n'a pas bloqué le ballon?
9. Il n'a pas vu le ballon?

B Qu'est-ce qu'ils faisaient? Choisissez.

1. Marie sortait avec son fiancé ___.
   a. tous les soirs
   b. hier soir
2. Ils sont allés au cinéma ___.
   a. tous les vendredis
   b. vendredi soir
3. ___, ils faisaient une petite excursion au bord de la mer.
   a. Samedi dernier
   b. Tous les samedis
4. ___, ils allaient à Saint-Malo.
   a. Une fois
   b. De temps en temps
5. Ils y nageaient ___.
   a. une fois
   b. souvent
6. ___ qu'ils y sont allés, ils n'ont pas pu aller nager parce qu'il faisait très mauvais temps.
   a. Chaque fois
   b. La dernière fois

C Il allait toujours à la Martinique. Répondez.

1. Est-ce que Serge faisait un voyage à la Martinique tous les hivers?
2. Il allait à la Martinique en avion?
3. Et l'hiver dernier, il a fait un voyage à la Martinique?
4. Est-ce qu'il rendait visite à sa famille, chaque fois qu'il allait à la Martinique?
5. Et la dernière fois qu'il y est allé, est-ce qu'il a rendu visite à sa famille?
6. Quand il était à la Martinique, sa famille l'accompagnait toujours à la plage?
7. Ils nageaient dans la mer des Caraïbes?
8. Est-ce que Serge s'amusait chaque fois qu'il allait à la Martinique?
9. Et la dernière fois qu'il y est allé, il s'est bien amusé?

Une Martiniquaise en costume traditionnel

STRUCTURE I 129

PAIRED ACTIVITIES

Have students do the following activities:
1. Travaillez avec un(e) camarade. Parlez de tout ce que vous aimiez faire et n'aimiez pas faire quand vous étiez jeunes. Décidez si vous aviez les mêmes goûts.
2. Travaillez avec un(e) camarade. Dites-lui tout ce qui s'est passé et tout ce que vous avez vu et fait ce matin en venant à l'école.

INDEPENDENT PRACTICE

Assign any of the following:
1. Exercises on this page
2. Workbook, *Structure I*

Exercices
ANSWERS

Exercice A
Answers will vary but may include the following:
1. Oui, je jouais au foot.
2. Oui, j'ai joué au foot.
3. Oui, mon équipe gagnait toujours l'année dernière.
4. Oui, hier mon équipe a encore gagné.
5. Oui, Peyre a marqué le dernier but.
6. Oui, l'année dernière aussi, il marquait souvent le dernier but.
7. Oui, il avait toujours de la chance.
8. Non, hier le gardien de but n'a pas bloqué le ballon.
9. Non, il n'a pas vu le ballon.

Exercice B
1. a 4. b
2. b 5. b
3. b 6. b

Exercice C
Answers will vary but may include the following:
1. Oui, il faisait un voyage à la Martinique tous les hivers.
2. Oui, il y allait en avion.
3. Oui, l'hiver dernier il a fait un voyage à la Martinique.
4. Oui, il rendait visite à sa famille chaque fois qu'il y allait.
5. Oui, la dernière fois qu'il y est allé il a rendu visite à sa famille.
6. Oui, quand il y était, sa famille l'accompagnait toujours à la plage.
7. Oui, ils nageaient dans la mer des Caraïbes.
8. Oui, il s'amusait chaque fois qu'il y allait.
9. Oui, la dernière fois qu'il y est allé il s'est bien amusé.

> **Bell Ringer Review**
>
> Write the following on the board or use BRR Blackline Master 3-6: Décrivez votre frère ou votre sœur. Si vous n'avez ni frère, ni sœur, décrivez un(e) cousin(e) ou un(e) ami(e).

Note: Have students keep their papers from the above Bell Ringer. They will need their description to do **Bell Ringer Review 3-7** on page 133.

Le comparatif et le superlatif ◆◆

PRESENTATION
(pages 130–131)

A. Give the students a few minutes to read the charts silently.
B. Then call on individuals to read the model sentences. This is the type of grammar point that students learn better through examples than explanations.

Le comparatif et le superlatif — *Comparing People or Things*

1. Review the comparative of adjectives:

	COMPARATIVE	ADJECTIVE	COMPARATIVE	
Il est	*plus* *moins* *aussi*	amusant	*que*	moi

2. Now, study the comparative of adverbs, verbs, and nouns:

	COMPARATIVE	ADVERB	COMPARATIVE	
Il sort	*plus* *moins* *aussi*	souvent	*que*	moi

	VERB	COMPARATIVE		
Il s'amuse	*plus* *moins* *autant*	*que*	moi

	COMPARATIVE	NOUN	COMPARATIVE	
Il voit	*plus de* *moins de* *autant de*	films	*que*	moi

3. Review the superlative of adjectives:

	SUPERLATIVE	ADJECTIVE	
Il est	le		amusant	
Elle est	la	*plus*	amusante	de la classe
Ils sont	les	*moins*	amusants	
Elles sont	les		amusantes	

Note that in the superlative construction, an adjective that usually precedes the noun can either precede it or follow it.

    C'est *le plus beau* (garçon) de la classe.
    C'est (le garçon) *le plus beau* de la classe.

CHAPITRE 3

4. Now, study the superlative of adverbs, verbs, and nouns:

		SUPERLATIVE	ADVERB
C'est lui qui sort	le	*plus* / *moins*	souvent.

	VERB	SUPERLATIVE	
C'est lui qui	s'amuse	le	*plus.* / *moins.*

		SUPERLATIVE	NOUN
C'est lui qui voit	le	*plus de* / *moins de*	films.

5. Remember that *bon* and *bien* have irregular forms in the comparative and superlative.

	COMPARATIVE	SUPERLATIVE
bon	*meilleur(e)*	*le (la) (les) meilleur(e)(s)*
bien	*mieux*	*le mieux*

Jean est *meilleur* joueur *que* nous.
C'est *le meilleur* joueur *de* l'équipe.
Il joue *mieux que* personne.
C'est lui qui joue *le mieux*.

STRUCTURE I 131

Exercices

PRESENTATION (page 132)
These exercises can be done without previous preparation.

ANSWERS

Exercice A

Answers will vary but may include the following:
1. Christophe est plus grand que Philippe. (Philippe est moins grand/plus petit que Christophe.)
2. Christophe nage plus vite que Philippe. (Christophe est meilleur nageur que Philippe./Philippe nage moins vite que Christophe.)
3. Philippe est meilleur nageur que Christophe. (Philippe nage mieux que Christophe. / Christophe nage moins bien que Philippe.)

Exercice B

Answers will vary.

Exercices

A Il n'y a pas de comparaison!
Comparez ces deux personnes.

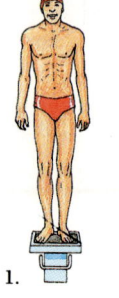
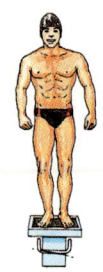

1.

Christophe   *Philippe*

2.

3.

B Sondage. Donnez des réponses personnelles.

1. Qui est le garçon le plus amusant de la classe?
2. Qui est la fille la plus amusante de la classe?
3. Qui est le plus sportif de la classe?
4. Qui est la plus sportive de la classe?
5. Qui est le plus fana de cinéma?
6. Qui est la plus fana de cinéma?
7. Qui est le meilleur élève de la classe?
8. Qui est la meilleure élève de la classe?
9. De tous les joueurs de l'équipe de football, qui joue le mieux?
10. De toutes les joueuses de l'équipe de basket-ball, qui joue le mieux?
11. Qui marque le plus de buts au football? Au basket-ball?
12. Qui parle le plus facilement en classe de français?

132   CHAPITRE 3

INDEPENDENT PRACTICE

Assign any of the following:
1. Exercises on this page
2. Workbook, *Structure I*

JOURNALISME

UN SPECTACLE

INTRODUCTION

Les Misérables est le roman le plus connu du célèbre écrivain français du XIXe siècle, Victor Hugo. Il y a quelques années, deux Français ont décidé d'adapter ce roman pour en faire une comédie musicale.

L'article qui suit a annoncé, dans le *Journal Français d'Amérique*, l'arrivée des *Misérables* à Broadway. Ce grand spectacle s'est joué pendant longtemps à bureaux fermés, et il a encore un énorme succès.

VOCABULAIRE

un forçat

un policier

Le policier poursuit le forçat.

le déroulement la succession entre une série d'événements, le développement

campagnard de la campagne

Exercice

 Quel est le mot? Trouvez le mot qui correspond à la définition donnée ici.

1. l'agent de police, le gendarme
2. le condamné aux travaux forcés
3. l'évolution
4. qui est de la campagne
5. courir après quelqu'un qui s'échappe, un criminel, par exemple

Théâtre: Les «Mis» ◆◆

PRESENTATION *(page 134)*

A. It is suggested that you have students read the first five paragraphs silently as if they were reading an article in the newspaper. Most of the information contained in these paragraphs is just for general interest and does not have to be learned.

B. You may wish to have students read Paragraph 6 aloud since it contains some interesting cultural information.

C. You may wish to ask the following questions about this paragraph: *À quoi ont-ils dû retourner pour présenter «Les Misérables» à un public anglais ou américain? Pourquoi ont-ils voulu retourner au texte original? Qu'est-ce qu'ils ont ajouté pour le spectacle de Broadway? Que couvrent les cinq actes? Est-ce que les décors changent beaucoup? Donnez des exemples.*

THÉÂTRE

À NE PAS MANQUER

LES «MIS»

Acclamée à Paris et à Londres, *Les Misérables*, l'adaptation de l'œuvre de Victor Hugo, arrive à New York.

C'est à partir du 28 février que le Broadway Theater présentera ce spectacle musical géant produit par Cameron Mackintosh (le producteur de *Cats*) et dirigé par John Caird et Trevor Nunn.

Adapter un roman pour le théâtre n'est jamais chose facile. Mais vouloir adapter une œuvre littéraire qui comprend trois cent soixante-cinq chapitres et plus de mille pages pour en faire une comédie musicale semble proche de l'impossible.

Ce sont deux Français: Alain Boublil et Claude-Michel Schonberg qui avaient tout d'abord fait une première adaptation pour la version parisienne dirigée par Robert Hossein.

Les deux auteurs s'appuyaient sur[1] le fait que la majorité des Français, abreuvée de[2] Victor Hugo à l'école, connaissait déjà la poignante histoire de l'ex-forçat Jean Valjean poursuivi par le policier Javert, l'émouvant destin de Fantine et de sa fille Cosette, et les bravades de Gavroche sur les barricades.

Pour présenter *Les Misérables* à un public anglais ou américain, ils ont dû retourner au texte original afin d'en simplifier le déroulement. Plusieurs chansons ont été ajoutées pour le spectacle de Broadway. Les cinq actes couvrent dix-huit ans de l'histoire de la France au cours du dix-neuvième siècle. Les décors glissent[3] des scènes campagnardes aux petites rues de Paris, du café à l'usine, et des barricades à une splendide salle de bal.

Les Misérables a déjà battu les records de ventes de billets. Celles-ci ont même surpassé le succès de *Cats* en 1982.

Journal Français d'Amérique

[1] **s'appuyaient sur** *counted on*
[2] **abreuvée de** *steeped in*
[3] **glissent de… à** *go from… to*

134 CHAPITRE 3

Compréhension

Une représentation des «Misérables», à Broadway

A **Un spectacle pas ordinaire.** Répondez d'après le texte.

1. De quelle œuvre littéraire parle-t-on dans cet article?
2. Où le spectacle a-t-il été acclamé avant d'arriver à New York?
3. Qui a produit ce spectacle?
4. Quel autre spectacle a-t-il produit?
5. Qui a adapté le roman?
6. Combien de chapitres ce roman a-t-il?
7. Et combien d'actes la comédie musicale a-t-elle?
8. Qui sont les personnages principaux des *Misérables*?
9. Comment a-t-il fallu changer la pièce pour un public anglais ou américain?
10. Quels records est-ce que *Les Misérables* a battus?

B **De quoi parle *Les Misérables*?** Complétez.

1. L'action de cette pièce a lieu ___.
2. Ses cinq actes couvrent ___.
3. Les scènes ont lieu ___.

Activité

Mise en scène. Après avoir lu l'extrait du roman *Les Misérables* donné à la page 256, travaillez avec des camarades de classe pour préparer un spectacle basé sur cet épisode.

JOURNALISME 135

Bell Ringer Review
Write the following on the board or use BRR Blackline Master 3-8: *Faites une liste de toutes les activités d'été que vous connaissez.*

LA SURFEUSE ET LE COUREUR

Introduction

PRESENTATION (page 136)

Have students read the *Introduction* silently. Have them look for the information that will enable them to answer the question about the title.

Vocabulaire

Vocabulary Teaching Resources
1. Audio Cassette 3
2. Student Tape Manual
3. Workbook
4. Chapter Quizzes

PRESENTATION (page 136)

A. Have students repeat each new word twice in unison after you.
B. Have students read the new words and definitions aloud.
C. You may wish to ask the following questions about the vocabulary: *Faut-il avoir de grosses vagues pour faire du surf? Est-ce que les surfeurs aiment la vitesse? Est-ce que les petits bateaux des pêcheurs sont dans le port? Il y a combien de coureurs dans le peloton? Le peloton comprend combien de coureurs? Les coureurs ont parcouru quelle distance? Tu préfères un endroit où il y a beaucoup d'ambiance? Tu préfères nager dans l'eau chaude, froide ou tiède? Tu préfères les bijoux en or ou en argent? Pour être bon surfeur ou bonne surfeuse, faut-il débuter quand on est très jeune? Est-ce que le favori est parvenu à dépasser son rival? Est-ce qu'il a remporté la victoire?*

136

LA SURFEUSE ET LE COUREUR

INTRODUCTION

Brigitte Giménez est championne du monde de surf. Au cours d'une interview pour le magazine *Vital*, elle parle des trois lieux qu'elle préfère en France pour faire du surf. Ces trois lieux se trouvent près de Marseille.

Thierry Pantel est coureur. Il a participé à un cross (*cross country race*), organisé par le journal *Le Figaro*, dans le bois de Boulogne, à Paris. C'est à vous de décider pourquoi le titre dit qu'il a gagné «dans la tempête».

VOCABULAIRE

Une course de cross: les coureurs viennent de parcourir une distance de 9 km. Le favori dépasse son rival: il court plus vite.

l'or   métal précieux jaune brillant
l'argent   métal précieux blanc
un endroit   un lieu, un site
l'ambiance   atmosphère matérielle ou morale qui environne une personne

la vitesse   la rapidité

tiède   ni très chaud, ni très froid

épouvantable   extrêmement mauvais

débuter   commencer
remporter la victoire   être victorieux
comprendre   être formé de
parvenir à   réussir à
l'emporter   gagner, se montrer supérieur
peiner   faire des efforts

136   CHAPITRE 3

Exercices

A **Un bon endroit pour faire du surf.** Répondez d'après les indications.

1. De quelle couleur est l'eau de cette baie? (turquoise)
2. Est-ce que la mer est calme? (non, vagues)
3. Est-ce que le vent est froid, chaud ou tiède? (tiède)
4. Qu'est-ce qu'il y a sur la plage? (sable, rochers)
5. C'est un port, ce petit village? (oui, pêcheurs)
6. Une championne débute ou pas? (non)
7. Qu'est-ce que les surfeurs et les coureurs aiment toujours? (vitesse)
8. Pourquoi la surfeuse aime-t-elle cet endroit? (joli, ambiance accueillante)

B **Quel est le mot?** Trouvez le mot qui correspond à la définition donnée ici.

1. accomplir un trajet déterminé
2. l'endroit, lieu où termine la course
3. celui qui court
4. un groupe de concurrents dans une course
5. métaux précieux
6. être formé de, inclure
7. laisser quelqu'un derrière soi
8. faire des efforts
9. réussir à
10. se montrer supérieur
11. horrible
12. l'atmosphère matérielle

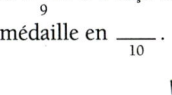 **Le coureur.** Complétez.

Il a ___₁ une distance de 14 kilomètres. Pendant le deuxième tour, il a beaucoup ___₂ pour ___₃ à ___₄ le ___₅ de concurrents. C'est lui qui a passé la ligne d'___₆ le premier. Il l'a ___₇ sur ses rivaux. Il a ___₈ la ___₉. Il a reçu une coupe en argent et une médaille en ___₁₀.

Jackie Boxberger, athlète français, reçoit la coupe.

JOURNALISME   137

Trois spots d'or pour une surfeuse d'argent ◆◆

PRESENTATION (page 138)

As you are going over this selection you can intersperse the questions from *Compréhension A,* page 140.

RECYCLING

Have students review weather expressions.

GEOGRAPHY CONNECTION

Have students locate Marseille on the map on page 431. Ask them what body of water Marseille is on. Find out if they are surprised that Brigitte Giménez surfs in the Mediterranean and why. Now have them locate Bayonne on the Atlantic coast. Saint-Jean-de-Luz and Biarritz, two towns not far from Bayonne, are very popular surfing locations in France.

TROIS SPOTS D'OR POUR UNE SURFEUSE D'ARGENT

Dans la mythologie du surf, le «surfeur d'argent» est le Dieu[1] de la vague. Brigitte Giménez, championne du monde, a le vent pour maître et la mer comme univers. *Vital* est allé lui demander quels étaient ses trois lieux préférés— ses trois *spots*, en langage de surfeur—là où elle existe le plus fort. Dans les plaisirs les plus extrêmes. Sable blanc, vitesse, eaux turquoises la grisent[2] pour sa plus grande volupté.

«En France, l'endroit que j'aime le plus est celui où j'ai débuté, au Grau-du-Roi, près de Marseille. C'est la baie idéale: quelle que soit l'orientation du vent, il ramène[3] vers la plage. J'ai navigué là plusieurs années et j'y ai donné des cours. C'est le meilleur coin[4] pour débuter en surf-board car il est sécurisant. En plus, c'est un petit port de pêcheurs, l'ambiance y est sympa, pas «frime[5]».

L'hiver, il y a toujours des vagues pour s'entraîner[6]. L'été, juste une brise tiède de quinze nœuds[7], condition idéale pour les néophytes[8].

Pour faire de la vitesse, j'aime bien les Saintes-Maries-de-la-Mer et Carro, qui sont aussi près de chez moi (Brigitte habite Istres, près de Fos-sur-Mer). Mais à Carro, il faut avoir un bon niveau[9], c'est plein d'oursins[10] et de rochers.

Bizarrement, je connais plus de *spots* à l'étranger, parce qu'il est plus agréable de faire du surf au soleil, dans l'eau chaude et sans combinaison[11].»

Brigitte Giménez: une championne solaire, marine et féminine.

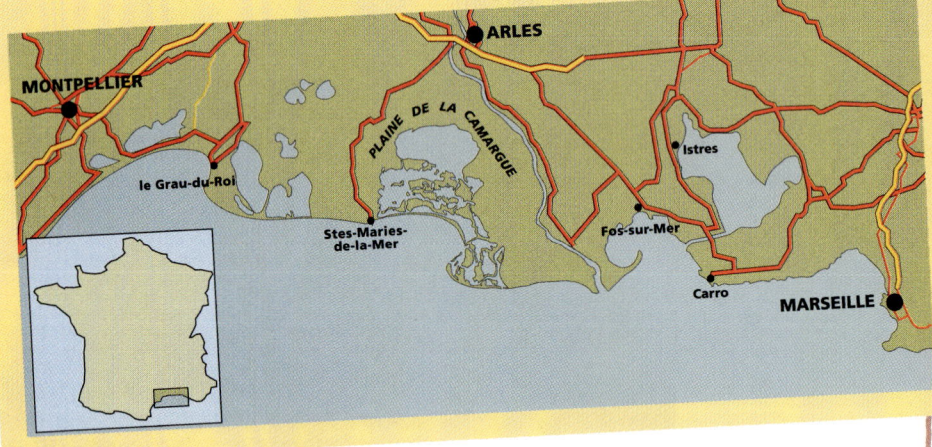

[1] **Dieu** *God*
[2] **grisent** *carry away*
[3] **ramène** *brings (one) back*
[4] **coin** *spot*
[5] **frime** *glitzy, flashy*
[6] **s'entraîner** *to practice on*
[7] **nœuds** *knots*
[8] **néophytes** *beginners*
[9] **avoir un bon niveau** *to be experienced*
[10] **oursins** *sea urchins*
[11] **combinaison** *wetsuit*

138   CHAPITRE 3

COOPERATIVE LEARNING

Have students work in small groups and make up a story about a day at the beach.

CROSS DU «FIGARO»

THIERRY PANTEL
GAGNE DANS LA TEMPÊTE

En dépit de[1] conditions atmosphériques épouvantables, Thierry Pantel a remporté le cross du «Figaro» avec une facilité déconcertante, hier, au bois de Boulogne. Parcourant une distance réduite par rapport à l'an dernier, de 12 km à 9 km, en 28'33, il a distancé Mohamed Ezzher, son plus sérieux rival, de 24 secondes.

De mémoire de promeneur du dimanche, on n'avait vu un temps pareil: ciel d'encre[2], pluie diluvienne[3], tonnerre[4] et même grêle[5]. C'est tout juste si Pantel a été gêné[6].

«Je m'étais dit que je devais rester avec les autres pendant les deux premiers des trois tours. Mais c'était plus fort que moi...»

Il est parti dès le premier kilomètre. Après le premier tour, il avait déjà une avance confortable sur Antonio Martins et Kamel Bouhaloufa. Ezzher suivait plus loin encore, dans ce qui restait d'un petit peloton comprenant, notamment, Cyrille Laventure, Bruno Le Stum et Bertrand Itsweire.

Dans le deuxième tour, Ezzher parvint à se replacer en seconde position, tandis que[7] Pantel faisait toujours la course en tête. Bien en ligne, la foulée[8] ample, il augmentait son avance. Pantel était si sûr de sa victoire qu'il termina, trempé[9] et crotté[10], en marchant.

Chez les femmes, c'est Farida Fates qui l'a emporté devant Marie-Pierre Duros. Cette dernière, qui a visiblement peiné pour trouver la bonne allure[11], retrouva le bon rythme pour dépasser Jacqueline Étiemble puis Odile Ohier dans la longue ligne droite conduisant à l'arrivée. Mais Farida Fates, qu'elle a pourtant battue cet été dans le 1.500 mètres des championnats de France, était hors de portée[12].

[1] **en dépit de** *in spite of*
[2] **ciel d'encre** *ink-black sky*
[3] **pluie diluvienne** *torrential rain*
[4] **tonnerre** *thunder*
[5] **grêle** *hail*
[6] **gêné** *bothered*
[7] **tandis que** *while*
[8] **la foulée** *stride*
[9] **trempé** *soaked*
[10] **crotté** *covered with mud*
[11] **la bonne allure** *the right speed*
[12] **hors de portée** *out of reach*

JOURNALISME

Thierry Pantel gagne dans la tempête ◆◆

PRESENTATION

A. To vary the procedure for presentation, you may have students look at *Compréhension B*, page 140 to determine what information they should look for. Then have them read the selection silently to find the information. Or, you can read the article aloud as students follow along to find the information.

B. Have students give their answers to *Compréhension B*.

C. **Paraphrasing:** Have students paraphrase the following: *Parcourant une distance réduite, il a distancé son plus sérieux rival, Mohamed Ezzher, de 24 secondes. Je devais rester avec les autres pendant les deux premiers des trois tours. Après le premier tour il avait déjà une avance confortable sur Antonio Martins et Kamel Bouhaloufa. Pantel faisait toujours la course en tête. Elle a visiblement peiné pour trouver la bonne allure.*

D. Have students scan the selection once again to find all expressions related to the weather.

INFORMAL ASSESSMENT

Have one or two students give a brief review of Thierry Pantel's race in their own words.

Compréhension
ANSWERS

Compréhension A
1. Elle s'appelle Brigitte Giménez.
2. Elle a commencé à faire du surf au Grau-du-Roi.
3. Parce que, pour elle, c'est la baie idéale: quelle que soit l'orientation du vent, il ramène toujours vers la plage.
4. Elle y a navigué et donné des cours.
5. Il y a toujours des vagues pour s'entraîner.
6. Elle aime les Saintes-Maries-de-la-Mer et Carro.
7. Elle habite à Istres.
8. Parce que c'est plein d'oursins et de rochers.
9. Elle préfère faire du surf à l'étranger parce qu'il est plus agréable de faire du surf au soleil, dans l'eau chaude et sans combinaison.

Compréhension B
1. au bois de Boulogne
2. une distance de 9 km
3. en 28'33
4. Mohamed Ezzher
5. dès le premier kilomètre
6. après le premier tour
7. Farida Fates

Compréhension C
1. sympa
2. néophytes
3. faire de la vitesse
4. avoir un bon niveau
5. en dépit des
6. d'encre
7. diluvienne

Compréhension

A **La surfeuse.** Répondez d'après le texte.

1. Comment la surfeuse s'appelle-t-elle?
2. Où a-t-elle commencé à faire du surf?
3. Pourquoi le Grau-du-Roi est-il l'endroit qu'elle aime le plus?
4. Qu'est-ce qu'elle y a fait?
5. Qu'est-ce qu'il y a au Grau-du-Roi en hiver?
6. Quel endroit aime-t-elle pour faire de la vitesse?
7. Où habite Brigitte?
8. Pourquoi faut-il un bon niveau à Carro?
9. Où est-ce que Brigitte préfère faire du surf: en France ou à l'étranger? Pourquoi?

B **La course.** Donnez les renseignements suivants.

1. où la course a eu lieu
2. la distance que Pantel a parcouru
3. en combien de minutes il l'a parcourue
4. le nom de son plus sérieux rival
5. quand il s'est détaché des autres coureurs
6. à quel moment de la course il avait déjà une avance confortable
7. qui a gagné chez les femmes

C **Synonymes.** Exprimez d'une autre façon ce qui est en italique.

1. L'ambiance y est *agréable*.
2. C'est idéal pour les *débutants*.
3. Pour *aller très vite*, j'aime bien les Saintes-Maries-de-la-Mer.
4. Il faut *être expert*.
5. *Malgré* les conditions épouvantables, il a très bien couru.
6. Il y avait un ciel *noir*.
7. On a eu une pluie *torrentielle*.

140   CHAPITRE 3

Activités

A **L'endroit idéal pour le surf.** Connaissez-vous un endroit idéal pour faire du surf aux États-Unis? Expliquez à vos camarades pourquoi c'est un bon endroit. Si vous ne savez pas, faites des recherches.

B **Résultats sportifs.** Voici des résultats sportifs récents qui ont paru dans le journal français *Le Figaro*. Lisez-les et parlez de ceux qui vous intéressent avec un(e) camarade de classe.

Les résultats

ATHLÉTISME
Cross du Figaro

Thierry Pantel (CMSA Marignane) a remporté, dimanche 17 décembre, au bois de Boulogne, le Cross du Figaro, en parcourant les 9 kilomètres en 28 min 33 s. Il devance le titulaire de Bègles, Mohamed Ezzher, de 24 s.

Chez les dames, la victoire revient à Farida Fates, championne de France du 3 000 mètres depuis l'été dernier, qui a dominé Marie-Pierre Duros et Odile Ohier.

BASKET-BALL
Championnat de France
(dix-huitième journée)

*Racing Paris b. Villeurbanne.	102-101
*Avignon b. Tours	82-77
Limoges b. *Lorient	114-86
Cholet b. *Reims	79-76
Monaco b. *Roanne	84-83
*Antibes b. Montpellier	113-85
*Saint-Quentin b. Nantes	69-61
*Pau-Orthez b. Caen	119-100
Mulhouse b. *Gravelines	56-53

Classement. - 1. Limoges, 36; 2. Pau-Orthez et Mulhouse, 33; 4. Cholet, Antibes et Nantes, 30; 7. Saint-Quentin, 28; 8. Villeurbanne, et Monaco, 27; 10. Reims, 26; 11. Racing Paris, 25; 12. Gravelines, 24; 13. Montpellier, Roanne et Avignon, 23; 16. Lorient et Tours, 22; 18. Caen, 21.

ÉQUITATION
CSIO de Grenoble

Classement du Grand Prix (après barrages). - 1. Nelson Pessoa (Bré., *Spécial Envoy*), 0 point-38, 41; 2. Thomas Fuchs (Sui., *Dollar Girl*), 0 p.- 43, 55; 3. Terry Rudd (E-U, *Gazpacho*), 8 p.-37, 54; 4. Pierre Durand (Fra., *Jappeloup*), 0,5 p.-114,16; 5. Hervé Godignon (Fra., *La Belletière*), 8 p.-103,44.

FOOTBALL
Championnat de France
Première division
(vingt-troisième journée)

*Bordeaux b. Lille	3-1
*Marseille b. Nice	3-0
*Cannes et Sochaux	1-1
*Monaco b. Caen	2-1
Toulouse b. *Nantes	1-0
*Paris-SG b. Saint-Étienne	2-0
Lyon et Metz	0-0
*Brest b. Toulon	2-1
Auxerre b. Montpellier	2-1
*Mulhouse b. RP 1	4-2

Classement. - 1. Bordeaux, 36 pts; 2. Marseille, 33; 3. Sochaux et Monaco, 27; 5. Toulouse, 26; 6. Paris-SG, 25; 7. Lyon, 23; 8. Auxerre, Saint-Étienne et Toulon, 22; 11. Nantes, Lille et Brest, 21; 14. Metz, Cannes et Caen, 20; 17. Mulhouse, 19; 18. Montpellier et RP 1, 18; 20. Nice, 17.

PATINAGE ARTISTIQUE
Championnat de France

Festival Surya Bonaly lors des championnats de France de patinage artistique, qui se sont achevés samedi à Annecy. Avec neuf triples sauts, la jeune fille a remporté la compétition et ainsi conservé son titre. Chez les messieurs, Eric Millot, vingt et un ans, remporte le concours devant un Axel Médéric malchanceux dans ses sauts.

RUGBY
Championnat de France
(cinquième journée)

POULE 1

Grenoble b. *Colomiers	18-9
*La Rochelle b. Chalon	20-16
*Dax b. Auch	29-22
*PUC b. Blagnac	14-12

Classement. - 1. Grenoble et Dax, 15 pts; 3. Colomiers, 11; 4. Auch, 10; 5. PUC, 9; 6. Chalon et La Rochelle, 7; 8. Blagnac, 6.

POULE 2

*Biarritz b. Montferrand	36-23
*Bègles b. Graulhet	16-10
Racing b. *Voiron	20-3
Bayonne b. *Bourgoin	31-15

Classement. - 1. Racing, 15 pts; 2. Biarritz, 13; 3. Montpellier, 11; 4. Bègles, 10; 5. Graulhet et Bayonne, 9; 7. Bourgoin, 8. Voiron, 5.

TENNIS
Finale de la Coupe Davis
à Stuttgart (All.)

Allemagne b. Suède... 3-2

M. Wilander (Suè.) b. C.-U. Steeb (All.), 5-7, 7-6, 6-7, 6-2, 6-3; B. Becker (All.) b. S. Edberg (Suè.), 6-2, 6-2, 6-4; B. Becker - E. Jelen (All.) b. A. Jarryd - J. Gunnarson (Suè.), 7-6, 6-4, 3-6, 6-7, 6-4; B. Becker (All.) b. M. Wilander (Suè.), 6-2, 6-0, 6-2; S. Edberg (Suè.), b. C.-U. Steeb (All.), 6-2, 6-4.

JOURNALISME 141

STRUCTURE II

Structure Teaching Resources

1. Workbook, *Structure II*
2. Student Tape Manual, *Structure II*
3. Audio Cassette 3
4. Chapter Quizzes, *Structure II*
5. Testing Program, *Structure II*

Le subjonctif après les expressions d'émotion ◆◆

PRESENTATION *(page 142)*

Read the expressions in Step 1 and have a student pantomime or gesture to convey the meaning of each expression.

Exercices

ANSWERS

Exercice A
1. Oui (Non), je (ne) suis (pas) content(e) que Michel vienne me rendre visite.
2. Oui (Non), je (ne) suis (pas) surpris(e) qu'il veuille faire le voyage.
3. Oui (Non), il (n')est (pas) content que j'aie des billets pour le théâtre.
4. Oui (Non), je (ne) suis (pas) un peu étonné(e) qu'il soit dingue du théâtre.
5. Oui (Non), je (ne) regrette (pas) qu'il n'y ait plus de places pour le concert de rock.

Exercice B
1. soit
2. aille
3. puisse
4. sache
5. sachiez

STRUCTURE II

Le subjonctif après les expressions d'émotion

Expressing Emotional Reactions to the Actions of Others

1. The subjunctive is used in clauses introduced by *que* that follow a verb or expression reflecting any type of emotion. Some such expressions are:

   être content(e)   regretter
   être heureux (-se)   craindre
   être triste   avoir peur
   être désolé(e)   c'est dommage
   être fâché(e)   c'est malheureux
   être furieux (-se)
   être surpris(e)
   être étonné(e)

2. Study the following examples:

   Pierre n'est pas là.
   Françoise *est contente* qu'il ne *soit* pas là.
   Moi, je *suis triste* qu'il ne *soit* pas là.

   The subjunctive is used because the information in the dependent clause is very subjective. What makes one person happy makes another sad.

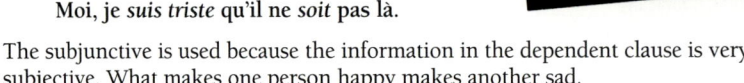

Exercices

A Tu es content ou triste? *Répondez.*
1. Tu est content(e) que Michel vienne te rendre visite?
2. Tu es surpris(e) qu'il veuille faire le voyage?
3. Il est content que tu aies des billets pour le théâtre?
4. Tu es un peu étonné(e) qu'il soit dingue de théâtre?
5. Tu regrettes qu'il n'y ait plus de places pour le concert de rock?

B Je le regrette. *Complétez.*
1. Je regrette que son père ___ malade. (être)
2. Mais je suis content(e) qu'il ___ mieux. (aller)
3. C'est dommage qu'il ne ___ pas aller au concert avec nous. (pouvoir)
4. Tout le monde est étonné que je n'en ___ rien. (savoir)
5. Je suis surpris(e) que vous n'en ___ rien non plus. (savoir)

142 CHAPITRE 3

ADDITIONAL PRACTICE

Quelle est votre réaction aux situations suivantes?
1. Votre ami(e) ne vous accompagne pas au cinéma.
2. Votre prof vous donne une très mauvaise note.
3. Votre copain ne peut pas vous aider.
4. Votre meilleur(e) ami(e) ne vient pas vous voir.

ADVANCED GAME

You may want to play the advanced subjunctive game presented on the bottom of page 93 using a new set of cards with the expressions of emotion from this structure topic.

Hint: Use the same teams to encourage competition and group spirit.

Le subjonctif dans les propositions relatives

Expressing Certainty or Uncertainty

1. A relative clause is one that modifies a noun. If a relative clause modifies a noun that refers to a specific, definite person or thing, the indicative is used in the clause.

    Je connais quelqu'un qui *connaît* bien la langue française.

2. If, however, the relative clause modifies a noun that refers to an indefinite person or thing, the subjunctive is used in the clause.

    Je cherche quelqu'un qui *connaisse* bien la langue française.

    The subjunctive indicates uncertainty as to whether the person or thing in question exists or not.

Exercice

On cherche un programmeur ou une programmeuse. Suivez le modèle.

   savoir faire fonctionner cet ordinateur
   Monsieur Leblanc cherche quelqu'un qui sache faire fonctionner cet ordinateur.
   Madame Mendras connaît quelqu'un qui sait faire fonctionner cet ordinateur.

1. savoir parler français
2. pouvoir travailler huit heures par jour
3. avoir une formation en informatique
4. connaître plusieurs modèles d'ordinateurs
5. faire de la programmation
6. avoir au moins deux ans d'expérience
7. être libre de voyager
8. être libre de suite

STRUCTURE II 143

INDEPENDENT PRACTICE
Assign any of the following:
1. Exercise on this page
2. Workbook, *Structure II*

Bell Ringer Review
Write the following on the board or use BRR Blackline Master 3-9: Complétez chaque phrase.
1. Je lis ___.
2. J'écris ___.
3. Je vois ___.
4. J'entends ___.
5. J'écoute ___.
6. Je veux ___.
7. Je cherche ___.
8. Je connais ___.
9. J'ai besoin de (d') ___.
10. J'ai ___.

Le subjonctif dans les propositions relatives ◆◆
PRESENTATION *(page 143)*
After reading the explanation with the students have them give as many completions to the following sentences as possible:
Je cherche des amis qui ___.
Je voudrais trouver quelqu'un qui ___.
L'entreprise a besoin d'un individu qui ___.
J'ai des amis qui ___.
J'ai trouvé quelqu'un qui ___.

Exercice
ANSWERS
1. Monsieur Leblanc cherche quelqu'un qui sache parler français. Madame Mendras connaît quelqu'un qui sait parler français.
2. … puisse travailler huit heures par jour./… peut travailler…
3. … ait une formation en informatique./… a…
4. … connaisse plusieurs modèles d'ordinateurs./… connaît…
5. … fasse de la programmation./… fait…
6. … ait au moins deux ans d'expérience./… a…
7. … soit libre de voyager./… est…
8. … soit libre de suite./… est…

Bell Ringer Review

Write the following on the board or use BRR Blackline Master 3-10: Répondez.
1. Qui est le meilleur élève de la classe de français?
2. Qui est le meilleur joueur de foot de votre école?
3. Quel est votre cours le plus intéressant ce semestre?
4. Quelle est la plus grande ville de votre état?

Le subjonctif après un superlatif ◆◆

PRESENTATION *(page 144)*

Call on individuals to read the model sentences aloud.

Exercice

ANSWERS

1. ait
2. sache
3. puisse
4. comprenne
5. puisse
6. connaisse
7. plaise
8. puisse

MUSIC CONNECTION

1. **Le Palais Garnier abritait l'opéra de Paris avant la construction de l'Opéra-Bastille. Charles Garnier (1825–1898) est un architecte parisien qui remporta en 1861 le concours ouvert par Napoléon III pour la construction d'un nouvel opéra de Paris. Le Palais Garnier est devenu le symbole du style Napoléon III. C'est aussi Garnier qui a construit le casino de Monte-Carlo.**
2. **Jean-Baptiste Lully (1632–1687) est un compositeur français d'origine italienne. Il arriva très jeune d'Italie et fut admis dans l'entourage de Louis XIV. Lully fut le collaborateur de Molière pour la musique de ses comédies-ballets comme *Le Bourgeois gentilhomme.***

Le subjonctif après un superlatif

Expressing Uniqueness

The subjunctive is also used in a relative clause that modifies a superlative, negative, or restrictive statement, since the information in the clause is very subjective. It is based on the speaker's opinion or emotion rather than reality.

C'est le meilleur livre que je connaisse.
Il n'y a personne qui puisse jouer de la guitare comme lui.
C'est la seule personne qui sache le faire.

Exercice

La salle de l'Opéra de Paris (Palais Garnier)

Une représentation de l'opéra de Lully, «Atys» (1676)

Le seul? Complétez.
1. C'est le seul cinéma qui ___ un grand écran. (avoir)
2. Paul est la seule personne qui ___ ce qui est arrivé. (savoir)
3. Il n'y a personne d'autre qui ___ le faire. (pouvoir)
4. Malheureusement, c'est la seule personne qui me ___. (comprendre)
5. Il n'y a rien que tu ___ me dire pour me faire changer d'avis. (pouvoir)
6. C'est vraiment le meilleur livre que je ___. (connaître)
7. C'est le seul opéra qui lui ___. (plaire)
8. Il n'y a aucun chanteur qui ___ chanter ce rôle comme lui. (pouvoir)

144 CHAPITRE 3

COOPERATIVE LEARNING

Have students work together in small groups. Each member of each group makes up a very exaggerated statement. Each group chooses the most farfetched one to present to the class.

INDEPENDENT PRACTICE

Assign any of the following:
1. Exercise on this page
2. Workbook, *Structure II*

Le passé du subjonctif

Expressing Emotions or Opinions About Past Events

1. To express opinions or emotions about past events, one uses the past subjunctive.

   Je souhaite qu'il *ait fait* un bon voyage.
   Je suis très content qu'ils *soient arrivés* à l'heure.
   C'est le meilleur livre que j'*aie* jamais *lu*.

2. The past subjunctive is formed by using the present subjunctive of the helping verb *avoir* or *être* and the past participle of the verb.

PARLER	ARRIVER
que j' aie parlé	que je sois arrivé(e)
que tu aies parlé	que tu sois arrivé(e)
qu'il ait parlé	qu'il soit arrivé
qu'elle ait parlé	qu'elle soit arrivée
que nous ayons parlé	que nous soyons arrivé(e)s
que vous ayez parlé	que vous soyez arrivé(e)(s)
qu'ils aient parlé	qu'ils soient arrivés
qu'elles aient parlé	qu'elles soient arrivées

Exercices

A Un vol raté. Répondez.

1. Tu regrettes qu'elle ne soit pas arrivée?
2. Tu es désolé(e) qu'elle ait raté son vol?
3. Tu es surpris(e) qu'elle ne soit pas arrivée à l'aéroport à l'heure?
4. Tu as peur qu'il n'y ait plus de vols aujourd'hui?
5. Tu es fâché(e) qu'elle n'ait pas quitté la maison plus tôt pour aller à l'aéroport?

B Une possibilité. Complétez.

1. J'ai peur qu'il ___ hier. (téléphoner)
2. Il est possible qu'il ___ quand tu n'étais pas chez toi. (venir)
3. Il se peut qu'il ___ sans laisser de message. (partir)
4. Je suis surpris que tu n'___ pas ___ ses parents. (appeler)
5. Je leur ai téléphoné, mais il n'y avait pas de réponse. Il est possible qu'ils ___ en vacances. (partir)

C C'était super! Donnez des réponses personnelles.

1. Quel est le meilleur livre que tu aies jamais lu?
2. Quel est le meilleur film que tu aies jamais vu?
3. Quelle est la plus belle actrice que tu aies jamais vue?
4. Quelle est la plus belle chanson que tu aies jamais entendue?
5. Quel est le spectacle le plus intéressant que tu aies jamais vu?

STRUCTURE II 145

PAIRED ACTIVITIES

1. Travaillez avec un(e) camarade. Vous discutez de tout ce que votre meilleure amie a fait la semaine dernière.
   É1: Je suis content(e) que…
   É2: Pas moi, je suis…
2. Travaillez avec un(e) camarade. Il/Elle vous dira tout ce qu'il/elle a fait l'été dernier. Quelle est votre réaction?

INDEPENDENT PRACTICE

Assign any of the following:
1. Exercises on this page
2. Workbook, *Structure II*

Bell Ringer Review

Write the following on the board or use BRR Blackline Master 3-11: Écrivez les verbes suivants au *passé composé*. Utilisez les personnes suivantes: je, ils.
parler
finir
voir
lire
aller
sortir

Le passé du subjonctif ◆
PRESENTATION *(page 145)*

A. Have students read the example sentences in Step 1 aloud.
B. Write the verb paradigms on the board and have the students repeat.
C. Call on individuals to read the model sentences aloud.

Exercices
PRESENTATION *(page 145)*

These exercises can all be done without previous preparation.

Extension of *Exercices* A and B
After going over these exercises, call on one individual to give all the information to the class in his/her own words.

ANSWERS
Exercice A
1. Oui, je regrette qu'elle ne soit pas arrivée.
2. Oui, je suis désolé(e) qu'elle ait raté son vol.
3. Oui, je suis surpris(e) qu'elle ne soit pas arrivée à l'aéroport à l'heure.
4. Oui, j'ai peur qu'il n'y ait plus de vols aujourd'hui.
5. Oui, je suis fâché(e) qu'elle n'ait pas quitté la maison plus tôt pour aller à l'aéroport.

Exercice B
1. ait téléphoné
2. soit venu
3. soit parti
4. aies appelé
5. soient partis

Exercice C
Answers will vary.

LITTÉRATURE

LES FEUILLES MORTES

Bell Ringer Review
Write the following on the board or use BRR Blackline Master 3-12: *Faites une liste des mots que vous connaissez qui ont quelque chose à voir avec la musique.*

Avant la lecture
PRESENTATION (page 146)
Have students describe the illustrations. Ask them to say what emotions they associate with a deserted beach and the fall.

Vocabulaire

Vocabulary Teaching Resources
1. Audio Cassette 3
2. Student Tape Manual
3. Workbook, *Littérature*
4. Chapter Quizzes

PRESENTATION
(pages 146–147)
A. Have students repeat the new words and expressions after you or Cassette 3.
B. Explain to students that the illustration of the singer on page 147 looks very much like Édith Piaf and that she used this stance a great deal when singing.
C. You may wish to ask students the following questions about the illustration on page 147: *Qui chante? Qu'est-ce qu'elle chante? Où est-ce qu'elle chante?*

146

LITTÉRATURE

LES FEUILLES MORTES

Jacques Prévert

AVANT LA LECTURE

Vous allez lire un poème qui a été mis en musique et est devenu une chanson très célèbre. En lisant ce poème, pensez aux questions suivantes: Qui parle? À qui? Ils sont ensemble?

VOCABULAIRE

Les feuilles tombent. On les ramasse à la pelle.

146   CHAPITRE 3

ADDITIONAL PRACTICE

La chanson, la poésie: Choisissez des chansons et des poèmes qui vous plaisent et qui plairont à vos élèves. Écoutez ces chansons et faites lire les paroles comme des poèmes. Faites lire les poèmes à haute voix. Vous pouvez même demander aux élèves d'en apprendre un par cœur. Vous pouvez finir par la création en commun d'un poème.

La chanteuse chante une chanson dans un cabaret.

se souvenir   rappeler, revenir en mémoire, le contraire d'oublier
remercier   dire merci, exprimer sa gratitude
effacer   faire disparaître, causer la disparition
fidèle   qui manifeste un attachement constant, une fidélité constante

Exercices

A   Le bord de la mer en automne.   Répondez.

1. Est-ce que la mer a des vagues?
2. Y a-t-il du sable sur la plage?
3. Il y a des pas sur le sable?
4. Est-ce que la mer efface les pas?
5. Quand les feuilles tombent, on les ramasse comment?

B   Familles de mots.   Choisissez le mot qui correspond.

1. se souvenir   a. une chanson
2. chanter   b. un attachement
3. fidèle   c. l'oubli
4. remercier   d. un souvenir
5. oublier   e. une disparition
6. disparaître   f. merci
7. attacher   g. la fidelité

C   Une chanteuse de cabaret.   Complétez.

1. La ___ travaille dans un cabaret.
2. Elle chante une ___ populaire.
3. Son public l'applaudit. La chanteuse a un public ___.
4. Elle ___ son public.
5. Elle n'___ jamais les goûts de son public. Elle s'en ___ toujours.

LITTÉRATURE

Introduction

PRESENTATION (page 148)

A. Explain to students that the French song has had a long tradition. A popular pastime in France was to go to a cabaret when the patrons joined in singing. The songs dealt with all kinds of topics—*faits divers, amour*, etc. Many songs today deal with politics and social issues. Tell students they will now read about the history of French song.

B. It is suggested that you call on students to read this selection aloud. After one student has read one or two short paragraphs you may wish to ask some of the following comprehension questions: *Quand la chanson française a-t-elle commencé? Que faisaient les troubadours et les trouvères au Moyen Âge? Où chantaient-ils? Où se réunissaient les gens au XVIIIe siècle? Et au XIXe siècle? Où se trouvaient beaucoup de cabarets? Qu'est-ce que «les Folies-Bergère»? Quand le phonographe a-t-il été inventé? Quand le disque a-t-il fait son apparition? Pourquoi n'est-il plus nécessaire d'aller dans un cabaret ou un music-hall?*

INTRODUCTION

La chanson française a commencé il y a très longtemps.

Au Moyen Âge, les troubadours et les trouvères allaient de ville en ville et chantaient l'amour et la guerre (*war*). Ils chantaient dans les rues et dans les fêtes.

Au XVIIIe siècle, les gens se réunissaient dans des cafés appelés «caveaux» pour écouter des chansons.

Au XIXe siècle, le «cabaret» a remplacé le caveau. Les plus fameux des cabarets se trouvaient à Montmartre, un quartier de Paris où les gens aimaient aller le soir.

Ensuite, il y a eu les grands music-halls, dont certains, comme «les Folies-Bergère», existent toujours.

En 1877, le phonographe est inventé, et vers 1900, le disque fait son apparition. Après cela, il n'est plus nécessaire d'aller dans un cabaret ou un music-hall pour écouter des chansons. On peut le faire chez soi.

148 CHAPITRE 3

Édith Piaf (1915–1963)

Après la Deuxième Guerre mondiale, la chanson française, c'est Édith Piaf. «La môme Piaf» *(The kid sparrow)*, comme on l'appelle, est née sur le trottoir, à Belleville, un quartier pauvre de Paris. Née dans la rue, elle a d'abord chanté dans la rue. «Mon conservatoire, c'est la rue», disait-elle. Piaf était une chanteuse populaire. Elle n'avait pas de public particulier. Elle chantait pour tous. Toute petite et toujours habillée d'une petite robe noire, elle chantait d'une voix forte et profonde. Elle chantait la vie, la mort, l'amour, la gaieté. Elle chantait aussi la pauvreté qu'elle connaissait si bien.

Yves Montand (1921–1991)

Yves Montand est un autre chanteur célèbre de l'après-guerre. Il est né en Italie en 1921. Il est arrivé tout jeune en France. Il a commencé sa carrière en chantant des chansons de cow-boy. Puis, il a eu la chance de rencontrer Édith Piaf qui lui a donné des conseils et l'a lancé dans le monde de la chanson. Ensuite, Yves Montand a rencontré quelqu'un qui allait changer son répertoire en l'orientant vers la chanson poétique—le poète, Jacques Prévert. Montand a commencé à chanter des poèmes de Prévert, mis en musique par Joseph Kosma.

Les Feuilles mortes est la plus célèbre de ces chansons poétiques. Chantée par Yves Montand, mais aussi par Édith Piaf, cette chanson a aussi été chantée par des chanteurs de tous les pays du monde, dans toutes les langues du monde!

Édith Piaf

Quand Édith Piaf était-elle extrêmement populaire? Où est-elle née? Où a-t-elle chanté? Qu'est-ce qu'elle a dit? Pourquoi? Pour qui chantait-elle? Comment était-elle toujours habillée? Comment était sa voix? Que chantait-elle?

Yves Montand

Où est né Yves Montand? Quand est-il allé en France? Comment a-t-il commencé sa carrière? Qui a changé son répertoire? Comment? Qu'est-ce que «Les Feuilles mortes»? Qui l'a chantée?

Lecture

PRESENTATION *(page 150)*

A. If possible, play a recording of this song by either Édith Piaf or Yves Montand.

B. Read the song aloud to the class or play the cassette. The first time, have students listen only. The second time, have them open their books and follow along.

C. Give the students a few minutes to read the poem silently.

D. With more able groups, you may wish to ask the analytical questions in LITERARY ANALYSIS on the bottom of this page.

LITERATURE CONNECTION

Jacques Prévert, né près de Paris en 1900, reste toute sa vie attaché sentimentalement à Paris et à la région parisienne. Après des études primaires médiocres, il travaille dès l'âge de quinze ans. Prévert exerce ses talents dans des domaines très variés. De 1932 à 1936, il écrit des textes pour le groupe Octobre, groupe de théâtre ouvrier inspiré par les idées de gauche.

Il collabore comme dialoguiste avec les meilleurs metteurs en scène de cinéma. Il écrit de nombreux scénarios pour le réalisateur Marcel Carné: *Quai des Brumes* (1938), *Le Jour se lève* (1939), *Les Visiteurs du Soir* (1942), *Les Enfants du Paradis* (1943). Prévert a également écrit des chansons pour des chanteurs de music-hall et de cabaret. En 1946, ses poèmes sont réunis dans *Paroles* et rencontrent un très grand succès. Dans ses poèmes, Prévert s'attaque à tout ce qui empêche l'homme d'être libre. Son style, plein d'humour, familier et simple, appartient à la tradition de la poésie orale.

Dans la célèbre chanson «Les Feuilles mortes», Prévert évoque le souvenir d'un amour passé.

LECTURE

Les Feuilles mortes

Oh! Je voudrais tant que tu te souviennes
des jours heureux où nous étions amis
En ce temps-là la vie était plus belle
et le soleil plus brûlant° qu'aujourd'hui   **plus brûlant** *hotter*
Les feuilles mortes se ramassent à la pelle...
Tu vois je n'ai pas oublié
Les feuilles mortes se ramassent à la pelle
les souvenirs et les regrets aussi
et le vent du nord les emporte°   **les emporte** *sweeps them away*
dans la nuit froide de l'oubli°   **oubli** *oblivion*
Tu vois je n'ai pas oublié
la chanson que tu me chantais

C'est une chanson qui nous ressemble
Toi tu m'aimais
et je t'aimais
Et nous vivions tous deux ensemble
toi qui m'aimais
et que j'aimais
Mais la vie sépare ceux qui s'aiment
tout doucement
sans faire de bruit
et la mer efface sur le sable
les pas des amants° désunis ...   **amants** *lovers*

Mais mon amour silencieux et fidèle
sourit toujours et remercie la vie
Je t'aimais tant tu étais si jolie
Comment veux-tu que je t'oublie
En ce temps-là la vie était plus belle
et le soleil plus brûlant qu'aujourd'hui
Tu étais ma plus douce amie°...   **plus douce amie** *sweetest love*
Mais je n'ai que faire des regrets
Et la chanson que tu chantais
toujours toujours je l'entendrai

C'est une chanson qui nous ressemble
Toi tu m'aimais
et je t'aimais
Et nous vivions tous deux ensemble
toi qui m'aimais
et que j'aimais
Mais la vie sépare ceux qui s'aiment
tout doucement
sans faire de bruit
et la mer efface sur le sable
les pas des amants désunis

Jacques PRÉVERT, *Les Feuilles mortes*, © Enoch Cie

150 CHAPITRE 3

LITERARY ANALYSIS

1. Donnez un titre aux différentes parties de cette chanson.
2. Relevez dans le texte de cette chanson ce qui montre qu'il s'agit d'un souvenir.
3. Relevez les vers qui indiquent que, pour l'auteur, le passé est plus beau que le présent.
4. Faites la liste des éléments qui montrent la tristesse de celui qui parle.

APRÈS LA LECTURE

Compréhension

A **Qu'est-ce qui se passe?** Répondez d'après la lecture.

1. Qui est «tu» dans «Oh! Je voudrais tant que *tu* te souviennes»?
2. Comment étaient les jours quand les amants étaient ensemble?
3. Comment était la vie?
4. Comment était le soleil?
5. Que fait le vent du nord?
6. Qu'est-ce que le poète n'a pas oublié?
7. Qu'est-ce que la vie sépare?
8. Que fait la mer?
9. Qui a fait les pas sur le sable?

B **De quoi s'agit-il?** Analysez.

1. Quelles sont les émotions que cette chanson évoque?
2. À qui le poète parle-t-il?
3. Où est-elle? Pourquoi sont-ils séparés?
4. Qu'est-ce qu'il n'oubliera jamais?
5. Pourquoi?
6. Pourquoi le poète a-t-il donné le titre *Les Feuilles mortes* à ce poème?

C **L'amour et le temps.** Expliquez.

1. *Les feuilles mortes se ramassent à la pelle*
   les souvenirs et les regrets aussi
   et le vent du nord les emporte
   dans la nuit froide de l'oubli

2. *Mais la vie sépare ceux qui s'aiment*
   tout doucement
   sans faire de bruit
   et la mer efface sur le sable
   les pas des amants désunis

Activités

A **La chanson française.** Résumez l'histoire de la chanson française en un paragraphe.

B **Qu'est-ce que vous en pensez?** La vie des chanteurs et chanteuses était plus, ou moins, intéressante avant l'invention du phonographe et des disques? Pourquoi?

C **La musique que vous aimez.** Si la musique vous intéresse, préparez un exposé sur l'histoire de votre musique favorite.

LITTÉRATURE **151**

CHAPITRE 4

CHAPTER OVERVIEW

In this chapter students will deal with the important and subjective topic of patriotism. They will also explore several national "traits," some of which may be real, others stereotypical. This chapter also deals with the desire of many Europeans for European unification and the founding of the CEE. Given the variety of opinions that can arise when discussing such topics, students will learn to express their personal opinions about and impressions of people, events, etc.

In this chapter students will also read magazine articles about pollution, endangered species, and a threatened African tribe, the Tuaregs. They will also read two literary selections with patriotic themes.

CHAPTER OBJECTIVES

In this chapter, students will:
1. learn about the origins and prospects of the European Community
2. compare American and French character traits
3. learn how to express their opinions and reactions
4. review the use of prepositions with geographical locales, the pronoun *y* to refer to places or things already mentioned, and the formation and use of the future tense
5. read and discuss magazine articles about pollution, endangered species, and a nomadic people, the Tuaregs
6. learn the formation and uses of the future perfect tense and the use of the present and imperfect tenses after *depuis* and similar time expressions
7. read and analyze a poetic song by Gilles Vigneault, a Canadian singer and poet; and a short story by Alphonse Daudet, a 19th-century French author

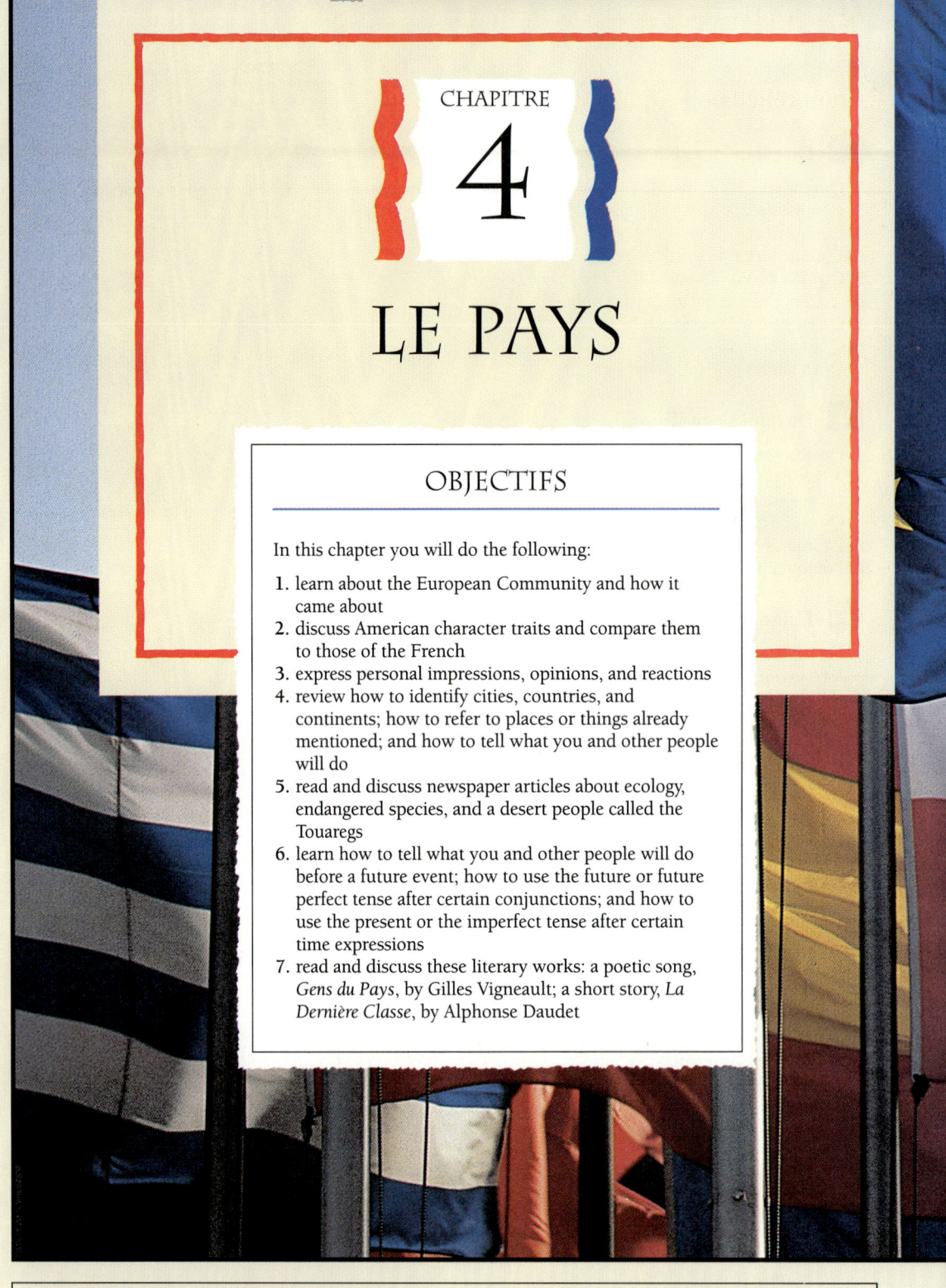

CHAPITRE 4

LE PAYS

OBJECTIFS

In this chapter you will do the following:

1. learn about the European Community and how it came about
2. discuss American character traits and compare them to those of the French
3. express personal impressions, opinions, and reactions
4. review how to identify cities, countries, and continents; how to refer to places or things already mentioned; and how to tell what you and other people will do
5. read and discuss newspaper articles about ecology, endangered species, and a desert people called the Touaregs
6. learn how to tell what you and other people will do before a future event; how to use the future or future perfect tense after certain conjunctions; and how to use the present or the imperfect tense after certain time expressions
7. read and discuss these literary works: a poetic song, *Gens du Pays*, by Gilles Vigneault; a short story, *La Dernière Classe*, by Alphonse Daudet

CHAPTER PROJECTS

(optional)

1. *La Communauté européenne:* Divisez la classe en 12 groupes. Attribuez à chaque groupe un pays de la Communauté européenne. Chaque groupe doit présenter «son» pays au reste de la classe: géographie, population, histoire, économie, langues, etc. Chaque groupe peut aussi faire un drapeau de «son» pays. Une fois le chapitre terminé, vous pouvez inviter une personnalité du monde des affaires à parler des relations internationales—économiques, politiques, sociales, etc.

2. *Américains et Français*: Utilisez des journaux, des publicités et des magazines américains et français pour faire un exposé ou une brochure montrant l'influence des États-Unis sur la France et vice versa.

152

CHAPTER 4 RESOURCES
1. Workbook
2. Student Tape Manual
3. Audio Cassette 4
4. Bell Ringer Review Blackline Masters
5. Situation Cards
6. Chapter Quizzes
7. Testing Program

DIFFICULTY PLATEAUS

In all chapters, each reading selection in *Culture, Journalisme,* and *Littérature,* as well as the *Conversation* and each structure topic, will be rated as follows:
- ◆ Easy
- ◆◆ Intermediate
- ◆◆◆ Difficult

Please note that the material in *En voyage* does not get progressively more difficult. Within each chapter there are easy and difficult sections.

The overall rating of this chapter is: ◆◆ **Intermediate**.

RANDOM ACCESS

You may either follow the exact order of the chapter or omit certain sections that you feel are not necessary for your students. Similarly, you may wish to present a literary selection without interruption or you may intersperse some material from the *Structure* section as you are presenting a literary piece.

EVALUATION

Quizzes: There is a quiz for every vocabulary presentation and every structure point.

Tests: To accompany *En voyage* there are global tests for both *Structures I* and *II*, a combined *Conversation/Langage* test, and one test for each reading in the *Culture, Journalisme,* and *Littérature* sections. There is also a chapter Listening Comprehension Test.

CHAPTER PROJECTS

(continued)
3. **L'écologie:** Demandez aux élèves de préparer un exposé sur les problèmes écologiques auxquels doivent faire face divers pays ou régions francophones. Faites-leur écrire une lettre à un groupe écologique afin d'obtenir des renseignements sur les moyens d'éliminer, ou du moins de réduire ces problèmes.

LEARNING FROM PHOTOS

Ask students:
Regardez la photo. Le drapeau tricolore, c'est le drapeau de quel pays? Reconnaissez-vous les drapeaux d'autres pays sur la photo? (Sinon, cherchez-les à la page 154.) Celui qui a des étoiles, par exemple: savez-vous quel «pays» il représente? (La CEE.)

153

CULTURE

L'EUROPE DES DOUZE

Bell Ringer Review
Write the following on the board or use BRR Blackline Master 4-1: *Faites une liste de tous les pays européens que vous connaissez. Donnez-en aussi la capitale, si possible.*

Introduction
PRESENTATION (page 154)

A. Have students look at the flags and familiarize themselves with the names of these European countries, capitals, languages, and currencies.

B. Have students read the *Introduction* silently. Ask them: *Quelle comparaison établit-on entre les États-Unis du passé et l'Europe d'aujourd'hui?* Call on a student to respond.

C. Ask students: *Quelle différence majeure y a-t-il entre les États-Unis et les pays d'Europe? Pourquoi cette différence est-elle importante?*

Vocabulary Expansion
You may wish to tell students (or remind them) that *actuellement* means "currently," "at the present time." In Chapter 2, the word *l'actualité* ("current events") was introduced.

CULTURE

L'EUROPE DES DOUZE

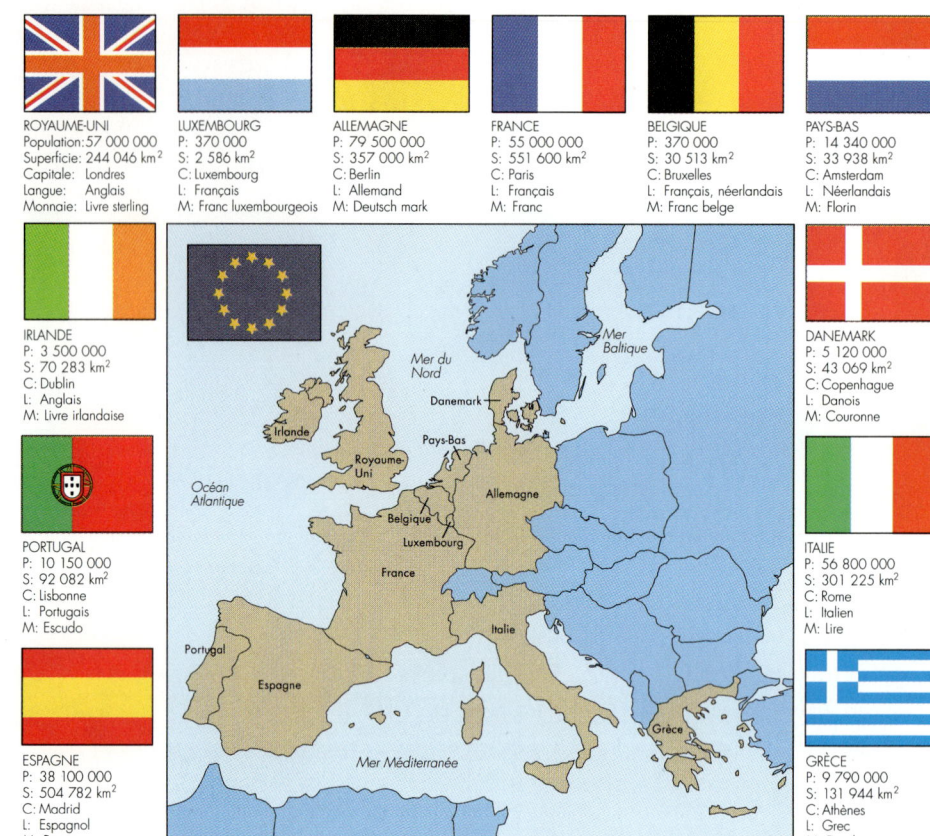

INTRODUCTION

Les États-Unis se sont construits petit à petit, en ajoutant état après état. C'est un peu ce qui se passe en Europe actuellement avec la Communauté européenne, qui comprend maintenant douze pays.

La grande différence est que les pays d'Europe, contrairement aux états américains, ne sont pas des états nouveaux et sans passé, mais des pays qui ont des centaines, sinon des milliers, d'années d'histoire derrière eux.

154   CHAPITRE 4

ADVANCED GAME

You may wish to have students review European geography by playing this game.

Set-up: Divide the class into four teams. Then have students study the illustration on this page for a few minutes. Tell them that they will be asking each other questions based on the information in the illustration. When time is up, have them close their books.

Game: The teams take turns asking each other questions about the illustration. (For example, *De quelles couleurs est le drapeau français?* or *La couronne est la monnaie de quel pays?*, etc.) The team who answers the most questions correctly wins.

154

VOCABULAIRE

la guerre
une arme
le charbon
l'acier
une fusée
une frontière

un industriel	un chef d'industrie, personne qui possède des usines
c'est grave	c'est sérieux
librement	d'une façon libre
à l'étranger	dans un autre pays que le sien
faire peur à	provoquer la peur

CULTURE

Vocabulaire

Vocabulary Teaching Resources

1. Audio Cassette 4
2. Student Tape Manual
3. Workbook
4. Chapter Quizzes

PRESENTATION (page 155)

A. Have students repeat the new words in unison after you or Cassette 4.
B. Call on students to use the new words in an original sentence.

GEOGRAPHY CONNECTION

Have students look at the map on page 431. Then ask them the following questions:
1. **Quelles frontières naturelles (montagnes, fleuves, etc.) y a-t-il entre la France et d'autres pays?**
2. **Quels pays ont une frontière avec la France?**

ADVANCED GAME

Vocabulary Game I: Create Your Own Story

Set-up: Prepare (or have students in pairs prepare) cards with vocabulary words from the current chapter—one word per card. Include verbs (verbs might be on colored cards since each group needs to have some). Students can be in small groups (3–4) or with a partner. Shuffle the cards and distribute 10–20 per group.

Game: The object of the game is to come up with a story using as many of the cards as possible. Tell students what tense the story is to be in. Each team gets 1 point for every word they use correctly. They can use words twice. One point is deducted for every unused card. Stories can be put on butcher paper for the other students to read.

Exercices

Exercices

PRESENTATION (page 156)

You may wish to have students prepare the exercises before going over them in class.

RECYCLING

You may wish to ask students the following question, which recycles vocabulary from Chapter 7, *Bienvenue*: Qu'est-ce qu'il faut faire quand on passe la frontière entre deux pays?

ANSWERS

Exercice A
1. Non, quand on est à l'étranger on est dans un autre pays que le sien.
2. Non, l'acier n'est pas un métal précieux.
3. Non, un industriel est un chef d'industrie.
4. Oui.
5. Oui.
6. Oui.

Exercice B
1. e
2. a
3. c
4. d
5. b

Exercice C
1. b
2. e
3. c
4. a
5. g
6. d
7. f

Exercice D
1. guerre
2. l'acier
3. charbon
4. industriels
5. fusée

Poste frontière entre la France et l'Espagne

A **Oui ou non?** Corrigez.

1. Quand on est à l'étranger, on est dans son pays.
2. L'acier est un métal précieux.
3. Un industriel est un ouvrier.
4. Quand il y a une frontière, en général, on ne peut pas passer librement.
5. Quand on va dans un pays étranger, en général, il faut passer la douane.
6. Il ne faut pas faire peur aux enfants.

B **Contraires.** Choisissez le contraire.

1. commun   a. calme
2. inquiet   b. rassurer
3. industriel   c. agricole
4. étranger   d. domestique
5. faire peur   e. individuel

C **Suite d'idées.** Choisissez la phrase qui suit le mieux la première.

1. Ne soyez pas inquiet.   a. C'est de l'acier.
2. Il voyage beaucoup.   b. Ce n'est pas grave.
3. Quel cri horrible!   c. Vous m'avez fait peur.
4. Cette montre n'est pas en argent.   d. On peut parler librement!
5. Mes amis sont très riches.   e. Il est toujours à l'étranger.
6. On est en démocratie, ici!   f. C'est à côté de la frontière.
7. Tout le monde parle français et espagnol. g. Leur père est un gros industriel du Nord.

D **L'un ne va pas sans l'autre.** Complétez.

1. Pour faire la ___, il faut des armes.
2. Pour fabriquer des armes, il faut de ___.
3. Pour fabriquer de l'acier, il faut du ___.
4. Pour avoir une industrie, il faut des ___.
5. Pour aller dans l'espace, il faut une ___.

156   CHAPITRE 4

INDEPENDENT PRACTICE

Assign any of the following:
1. Workbook, *Culture*
2. Exercises A–D on this page

LA COMMUNAUTÉ EUROPÉENNE

La Communauté européenne du charbon et de l'acier

Après la Deuxième Guerre mondiale, deux Français, Jean Monnet et Robert Schuman, proposent que les pays européens mettent en commun leur charbon et leur acier, puisque[1] ces deux matières peuvent servir à fabriquer des armes. Les deux hommes pensent que cela rendra la guerre impossible entre Européens. Six pays acceptent: la France, l'Allemagne, la Belgique, les Pays-Bas, le Luxembourg et l'Italie. Ils signent un traité, le traité de Paris, en 1951.

La Communauté économique européenne ou Marché commun

C'est un Belge, Paul-Henri Spaak, qui a l'idée de mettre en commun toute l'économie de ces pays. C'est le traité de Rome, signé en 1957, qui forme la CEE, la Communauté économique européenne. Tous les produits pourront éventuellement circuler librement dans les pays membres de la Communauté: il n'y aura plus de frontières, plus de douane.

L'idée du Marché commun fait peur à beaucoup d'industriels, parce que la Communauté prend beaucoup de décisions communes dans les domaines de l'industrie, l'énergie, les monnaies, etc. Mais la possibilité

La signature du traité de Paris, en 1951

---

[1] **puisque** *since, seeing that*

Les chefs d'État de la Communauté européenne

de vendre librement à l'étranger, et la coopération avec des industriels étrangers les forcent à moderniser leurs équipements. Finalement, l'économie des pays membres de la CEE est en pleine expansion.

La CEE s'agrandit: l'Europe des Six devient l'Europe des Douze

En 1973, la Grande-Bretagne, l'Irlande et le Danemark entrent dans la CEE. L'Europe n'est pas encore aussi puissante[2] que les États-Unis ou le Japon, mais elle représente[3] une force dans le monde.

1973 est une mauvaise année pour l'Europe et, en fait, pour le monde entier. Il y a une grave crise économique. Pourtant, l'Europe crée une monnaie[4] européenne, l'ÉCU (*European Currency Unit*), qui est utilisée dans les échanges entre pays.

En 1981, la Grèce entre à son tour dans la CEE. Et en 1986, ce sont l'Espagne et le Portugal qui y entrent, portant le nombre des pays membres à douze.

L'Europe sans frontières

Finalement, en 1992, c'est l'Europe sans frontières. Il y a déjà le gouvernement de la Communauté installé à Bruxelles, un parlement européen à Strasbourg et une Cour de justice européenne à Luxembourg. Il y a un passeport européen, un permis de conduire européen, un drapeau européen.

---
[2] **puissante** *powerful*
[3] **représente** *is*
[4] **monnaie** *currency*

La fusée Ariane

L'Europe se fait lentement parce qu'elle réunit des pays qui sont très différents: six pays sont des monarchies, six pays sont des républiques; certains pays sont grands, d'autres petits; certains sont riches, d'autres moins riches. Il y a neuf langues différentes, sans parler des langues régionales comme le basque, le catalan, etc.

Et pourtant aujourd'hui, l'Europe est une réalité: les Européens s'habillent plus ou moins de la même façon, ils écoutent plus ou moins la même musique, ils regardent plus ou moins les mêmes émissions à la télévision (surtout depuis les retransmissions par satellite), ils mangent plus ou moins la même chose. Et puis, ils réalisent avec grand succès des projets communs, comme la fusée «Ariane», par exemple.

À l'heure actuelle[5], de nombreux pays européens, en particulier de l'Europe de l'Est, s'intéressent à faire partie de la Communauté. Les «États-Unis d'Europe» ne sont pas loin.

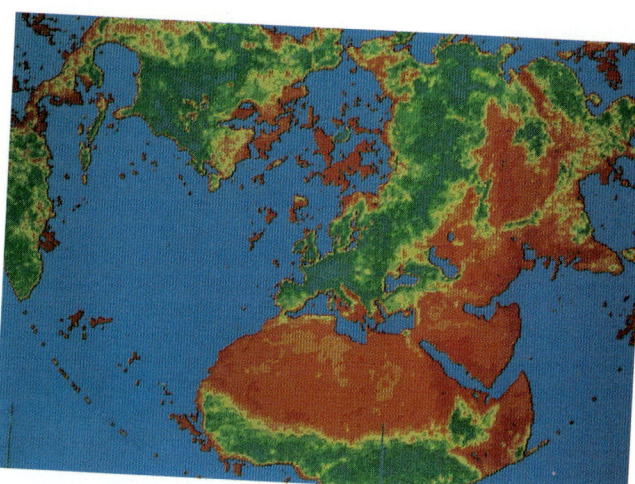

Vue de l'Europe et de l'Afrique du Nord, prise par le satellite de météorologie «Météosat»

[5] à l'heure actuelle   *at the present time*

E. *Quelles sont des différences importantes entre les pays européens? Qu'est-ce que les Européens ont en commun? Actuellement, qui s'intéresse à faire partie de la Communauté européenne?*

F. Assign the selection to be reread at home and have the students prepare the *Compréhension* exercises on page 160.

CULTURE   159

CRITICAL THINKING

(Thinking skills: Supporting Statements with Reasons)

Pourquoi l'idée d'un marché commun fait-elle peur à beaucoup d'industriels?

Compréhension

PRESENTATION (page 160)

Go over the exercises orally in class after the students have had the opportunity to prepare them for homework.

ANSWERS

Compréhension A
1. Jean Monnet, Robert Schuman et Paul-Henri Spaak.
2. «Communauté économique européenne».
3. Que tous les produits peuvent circuler librement dans les pays membres de la communauté.
4. Il y a une grave crise économique.
5. Le gouvernement de la communauté. Un parlement européen. Une Cour de justice européenne.
6. Six pays sont des monarchies, six pays sont des républiques, certains pays sont grands, d'autres petits, certains sont riches, d'autres moins riches et ils ont neuf langues différentes.
7. Parce que les Européens se ressemblent: ils s'habillent plus ou moins de la même façon, ils écoutent plus ou moins la même musique, ils regardent plus ou moins les mêmes émissions à la télé.
8. La fusée Ariane.

Compréhension B
1. Non, après la Deuxième Guerre mondiale.
2. Oui.
3. Non, ça faisait peur à beaucoup d'industriels.
4. Non, une mauvaise année.
5. Oui.
6. Non, très différents.
7. Oui.
8. Non, de nombreux pays, en particulier de l'Europe de l'Est, veulent en faire partie.

Compréhension C
1. c
2. e
3. d
4. f
5. a
6. b

160

Compréhension

A **Les Européens.** Répondez aux questions d'après le texte.

1. Qui sont les fondateurs de la Communauté européenne?
2. Que veut dire CEE?
3. Que veut dire le terme «Marché commun»?
4. Pourquoi est-ce que 1973 est une mauvaise année?
5. Qu'est-ce qu'il y a à Bruxelles? Et à Strasbourg? Et à Luxembourg?
6. Citez des différences entre les pays de la Communauté.
7. Pourquoi est-ce que l'Europe est pratiquement une réalité?
8. Citez un projet commun.

B **Oui ou non?** Corrigez.

1. La Communauté européenne a été fondée après la Première Guerre mondiale.
2. Au début, la Communauté a réuni six pays.
3. Tout le monde pensait que l'idée d'un marché commun était excellente.
4. 1973 a été une bonne année pour l'Europe.
5. L'ÉCU est une monnaie européenne.
6. L'Europe réunit des pays qui sont très semblables.
7. Les différences entre Européens diminuent.
8. Aucun autre pays ne veut faire partie de la Communauté européenne.

C **Familles de mots.**
Choisissez le mot qui correspond.

1. région   a. commun
2. nation   b. économique
3. industrie   c. régional
4. Europe   d. industriel
5. communauté   e. national
6. économie   f. européen

Le Parlement européen en session, à Strasbourg

La monnaie européenne, l'ÉCU

160   CHAPITRE 4

DID YOU KNOW?

L'ÉCU est l'unité monétaire européenne, l'élément central du Système Monétaire Européen (SME) qui est en vigueur depuis 1979. En gros, la création de l'ÉCU stabilise les cours des monnaies européennes. L'ÉCU est devenu en volume la 5e monnaie internationale derrière le dollar, la livre sterling, le mark et le yen. Son usage financier comprend, par exemple, les crédits internationaux et le règlement des opérations et transactions des institutions communautaires. Le 25 mars 1985, 200 000 ÉCU d'or et 2 millions d'ÉCU d'argent à l'effigie de Charles Quint ont été mis en circulation.

Activités

A **Pour ou contre la Communauté?** Quels sont les avantages que la Communauté européenne offre à ses pays membres? Faites des recherches et discutez avec vos camarades.

B **Les Français.** Quelle idée vous faites-vous des Français? Voici une liste de dix qualités et de dix défauts. Classez-les par ordre d'importance: par exemple, mettez 1 à la qualité la plus importante à votre avis, et 10 à la moins importante.

Qualités	Défauts
Honnêtes	Malhonnêtes
Travailleurs	Paresseux (*lazy*)
Propres	Vieux jeu (*old-fashioned*)
Sérieux	Froids, distants
Intelligents	Bavards (*talkative*)
Énergiques	Entêtés (*stubborn*)
Courageux	Agressifs
Débrouillards (*resourceful*)	Menteurs (*liars*)
Sympathiques	Contents d'eux
Accueillants (*friendly*)	Hypocrites

Comparez ensuite vos résultats à ceux d'un sondage récent fait auprès des Américains. D'après les Américains, les Français sont:

Qualités	Défauts
1. Sympathiques	1. Contents d'eux
2. Accueillants	2. Bavards
3. Intelligents	3. Froids, distants
4. Débrouillards	4. Entêtés
5. Travailleurs	5. Hypocrites
6. Propres	6. Agressifs
7. Sérieux	7. Paresseux
8. Honnêtes	8. Vieux jeu
9. Énergiques	9. Menteurs
10. Courageux	10. Malhonnêtes

C **Les Américains.** Quelle idée vous faites-vous des Américains? Reprenez la liste des dix qualités et des dix défauts, et classez-les par ordre d'importance. Comparez ensuite votre liste «américaine» avec votre liste «française». D'après vous, les Américains sont-ils très différents des Français?

CONVERSATION

Bell Ringer Review
Write the following on the board or use BRR Blackline Master 4-3: Qu'en pensez-vous? Quand vos amis parlent de vous quand vous n'êtes pas là, que disent-ils de vous?

AMÉRICAINS ET FRANÇAIS

Vocabulaire

Vocabulary Teaching Resources
1. Audio Cassette 4
2. Student Tape Manual
3. Workbook
4. Chapter Quizzes

PRESENTATION *(page 162)*

A. As you present the new vocabulary you may wish to ask the following questions: *Pourquoi est-ce que la jeune fille regarde sa montre? Pourquoi est-ce que l'homme est nerveux? Est-ce que vous vous énervez facilement? Vous connaissez quelqu'un qui s'énerve facilement? Qui ça? Où les deux amis se sont-ils rencontrés?*

B. You may wish to ask the following questions using the words being defined. *Le qu'en-dira-t-on vous énerve ou pas? Est-ce qu'il y a quelque chose qui vous a frappé(e) récemment? Par quoi avez-vous été frappé(e)? Quelles différences entre les jeunes et les vieux est-ce que vous reconnaissez? Qu'est-ce que vous êtes prêt(e) à faire pour un(e) ami(e)? Vous êtes chauvin(e) ou pas?*

CONVERSATION

AMÉRICAINS ET FRANÇAIS

VOCABULAIRE

Cette femme est pressée.

Cet homme est nerveux. Il s'énerve facilement.

se rencontrer à mi-chemin

le qu'en-dira-t-on ce que les autres disent de vous
frapper surprendre, impressionner
reconnaître admettre pour vrai, accepter
prêt à disposé à
chauvin qui défend son pays à tout prix

162   CHAPITRE 4

ADVANCED GAME

Vocabulary Game II: Definitions

Set-up: Make up index cards with one vocabulary word from the chapter on each card. There should be a variety, i.e., verbs, nouns, adjectives, etc. Have students work in teams of 4–5 so that several games are going on at once. Distribute several cards to each group.

Game: The first student gives the definition of the word on his/her card. The team must then guess what word is being defined. The student may not use gestures or parts of the word in the definition. Points are given for the number of cards completed within a set time limit. The team must guess the word correctly before going on to the next one.

Variation: Divide the class into two teams and give them identical sets of cards.
(continued)

Exercices

A Oui ou non? Corrigez.

1. Si on se préoccupe du qu'en-dira-t-on, on est très heureux.
2. Quand on est frappé par une chose, on la remarque.
3. Quand on est pressé, on a le temps de faire ce qu'on veut.
4. Quand on reconnaît une chose, on refuse d'admettre qu'elle est vraie.
5. Quand on est chauvin, on est fanatique.
6. Quand on est calme, on s'énerve facilement.

B Définitions. Trouvez le mot qui correspond.

1. le contraire de calme
2. ce que les autres disent de vous
3. se retrouver
4. disposé à
5. à égale distance de deux points
6. quelqu'un qui est patriotique à l'extrême

CONVERSATION 163

Exercices

PRESENTATION (page 163)
You can go over these exercises with or without previous preparation.

ANSWERS

Exercice A
1. Non, on n'est pas très heureux.
2. Oui.
3. Non, on n'a pas le temps de faire ce qu'on veut.
4. Non, on accepte qu'elle est vraie.
5. Oui.
6. Non, quand on est nerveux on s'énerve facilement.

Exercice B
1. nerveux
2. le qu'en-dira-t-on
3. se rencontrer
4. prêt à
5. à mi-chemin
6. chauvin

ADVANCED GAME

(continued from page 162)
Students with the cards take turns defining the words so both teams can hear. Student A's team gets first guess, then Student B's. Student B then gives a definition. Team B gets first guess, and so on.

INDEPENDENT PRACTICE

Assign any of the following:
1. Exercises A and B on this page
2. Workbook, *Conversation*

Scène de la vie

PRESENTATION *(page 164)*

A. Call on two students with good pronunciation to read the conversation aloud to the class with as much expression as possible. Allow the others to follow along in their books as they listen.

B. Have the students prepare the *Compréhension* exercises that follow.

SCÈNE DE LA VIE

Semblables ou pas?

PAUL: Moi, tu vois, ce qui m'a tout de suite frappé chez les Américains, c'est leur calme. On dit toujours qu'ils sont relax, et je crois que, de base, c'est vrai. Ils ne s'énervent pas facilement comme les Français. C'est peut-être parce qu'ils se préoccupent moins que nous du qu'en-dira-t-on.

ÉRIC: Oh, écoute, il ne faut pas exagérer! Qui est-ce qui a inventé le stress? C'est tout de même pas les Français. Bon, maintenant, on en souffre aussi, mais c'est parce qu'on imite tout ce que font les Américains: la musique, la télé, les vêtements, et maintenant, le stress.

PAUL: Oui, mais ce n'est pas le stress à la française, où tout le monde est nerveux, est toujours pressé, n'écoute pas ce que les autres disent.

ÉRIC: Moi, je ne sais pas, mais je trouve que les Américains sont très sur la défensive. Si tu fais la plus petite critique des États-Unis, ils voient rouge et te tombent dessus à bras raccourcis[1]!

PAUL: Là, tu exagères! Ils ne sont pas plus chauvins que les Français, les Anglais ou n'importe quel autre peuple! C'est sûr, chacun défend son pays, mais je trouve que les Américains sont assez prêts à reconnaître une supériorité culturelle, historique et artistique aux pays du «Vieux Monde».

ÉRIC: Oui, tu as peut-être raison. Enfin moi, finalement, j'ai l'impression que les Américains commencent à avoir les problèmes que les Européens ont depuis toujours, et que nous, nous commençons à profiter de la vie «à l'américaine». Alors on finira bien par se rencontrer à mi-chemin!

[1] tomber...à bras raccourcis   *jump all over you*

164   CHAPITRE 4

CRITICAL THINKING

(Thinking skills: Making Judgments)

Qu'en pensez-vous?
1. Les Américains sont très calmes ou pas? Ils s'énervent facilement ou pas?
2. Les Américains se préoccupent du qu'en-dira-t-on?
3. Les Américains ont inventé le stress?
4. N'importe quelle critique des États-Unis met les Américains sur la défensive?

Compréhension

A Les arguments de Paul.
Complétez.

1. Les Américains sont calmes. Ils ne ___ pas comme les Français.
2. Le stress à l'américaine n'est pas le stress ___.
3. En France, on est toujours en train de courir partout; on est toujours ___.
4. Les Américains ne sont pas plus ___ que n'importe quel autre peuple.
5. La ___ du «Vieux Monde» en matière artistique est reconnue par les Américains.

B Les arguments d'Éric.
Complétez.

1. Éric trouve que Paul ___.
2. Les Français ___ du stress.
3. Les Français font comme les Américains; ils les ___.
4. Les Américains défendent tout de suite leur pays: ils sont ___.
5. Éric n'en est pas sûr, mais il ___ que les Américains commencent à avoir les mêmes problèmes que les Européens.
6. Éric pense qu'Américains et Européens finiront par se rencontrer ___.

Activités de communication

A Imitation. D'après ce que vous venez d'apprendre ou d'après ce que vous savez, en quoi est-ce que les Européens imitent les Américains? En quoi est-ce que les Américains imitent les Européens? Travaillez avec un(e) camarade.

B Être ou ne pas être chauvin. Faites une liste de tous les arguments que quelqu'un de chauvin pourrait présenter en faveur des États-Unis. Faites une liste des arguments qui seraient présentés par quelqu'un qui n'est pas chauvin. Travaillez avec un(e) camarade.

C Supériorité ou infériorité. Vous discutez avec un(e) Européen(ne) de vos supériorités et infériorités respectives. Travaillez avec un(e) camarade.

CONVERSATION 165

LANGAGE

IMPRESSIONS PERSONNELLES

Pour exprimer une première impression, vous dites:

> Ce qui m'a frappé (le plus), c'est…
> Ce que j'ai tout de suite remarqué, c'est…
> Ce qui m'a vraiment étonné(e), c'est…
> J'ai vraiment été surpris(e) par…

J'ai été vraiment déçu…

Si cette impression a été négative, vous pouvez dire:

| J'ai été vraiment déçu(e) par… | I was really disappointed by… |
| Je m'attendais à quelque chose de plus que… | I was expecting something more than… |

Si cette impression a été positive, vous pouvez dire:

| Par contre, j'ai été enthousiasmé(e) par… | However, I was filled with enthusiasm by… |
| J'ai été vraiment emballé(e) par… | I was really thrilled by… |

Si vous voulez exprimer une opinion, vous pouvez dire:

> J'ai l'impression que…
> Je trouve que…
> Je pense que…
> Je crois que…
> D'après moi,…
> Pour moi,…
> À mon avis,…

CHAPITRE 4

Bell Ringer Review

Write the following on the board or use BRR Blackline Master 4-4: Donnez des réponses personnelles.

1. Qu'est-ce que vous aimez?
2. Qu'est-ce que vous détestez?
3. Qu'est-ce qui vous plaît?
4. Qu'est-ce qui vous ennuie?
5. Qu'est-ce qui vous surprend?

IMPRESSIONS PERSONNELLES

PRESENTATION
(pages 166–167)

A. Call on students to read the phrases aloud.
B. You may wish to have individuals make up completions to each statement of opinion.

GESTURES

Pour exprimer le dégoût, la lassitude, l'indifférence, on baisse les coins de la bouche, ce qui étire la bouche en un arc convexe vers le bas. On dit souvent «Bof» en faisant ce geste.

Si vous voulez nuancer votre opinion, vous dites:

C'est un peu comme si…
Dans un sens,…
Enfin moi, finalement,…

Vous réagissez à ce qu'un(e) ami(e) vous dit de la manière suivante:

OUI	NON
C'est vrai.	Ce n'est pas vrai.
Tu as raison.	Tu as tort.
C'est exact.	Tu te trompes.
Effectivement…	Tu exagères!

Activité de communication

Impressions, bonnes et mauvaises. Imaginez que vous vous trouvez dans les situations suivantes. Donnez vos impressions, qu'elles soient bonnes ou mauvaises, à un(e) camarade.

1. Vous êtes allé(e) en vacances dans un nouvel endroit.
2. Vous êtes allé(e) voir un film que vous avait recommandé votre camarade.
3. Votre camarade critique votre chanteur/chanteuse préféré(e). Vous le/la défendez.
4. Vous parlez à un(e) ami(e) qui vient de faire un voyage en France. Demandez-lui ce qui l'a frappé(e) ou étonné(e) chez les Français et quelles ont été ses réactions à la culture française.

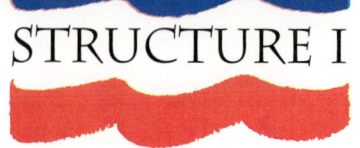

STRUCTURE I

Structure Teaching Resources

1. Workbook, *Structure I*
2. Student Tape Manual, *Structure I*
3. Audio Cassette 4
4. Chapter Quizzes, *Structure I*
5. Testing Program, *Structure I*

Bell Ringer Review

Write the following on the board or use BRR Blackline Master 4-5: **Faites une liste des pays et des villes que vous aimeriez visiter un jour.**

Les prépositions avec des noms géographiques ◆◆

PRESENTATION
(pages 168–169)

A. Read the explanatory statements aloud to the class.
B. Call on individuals to read the model sentences.

Note: This is another of those grammatical points that students seem to learn better through examples than explanation.

Les prépositions avec des noms géographiques

Talking About Cities, Countries, and Continents

1. *À* and *de* are used with names of cities to express the English prepositions "in," "at," "to," and "from."

   Le parlement européen est   Nos amis français viennent
      à Strasbourg.   *de* Strasbourg.
   La tour Eiffel est *à* Paris.   Nous téléphonons *de* Paris.
   Nous sommes *à* Amsterdam.   Je vous écris *d'*Amsterdam.

   There are very few exceptions to the above rule. Cities such as *La Nouvelle-Orléans, Le Caire, Le Havre*, which have articles as part of their name, retain the article. The article *le* is combined with *à* or *de*.

   au Caire   *du* Caire
   au Havre   *du* Havre

2. *En* and *de* are used with feminine geographical names. The gender of most countries, continents, and provinces of France is feminine. As a general rule of thumb, all names that end in a silent *-e* are feminine.

   Il passe ses vacances *en* Espagne.   Ces touristes viennent *de* Belgique.
   Nous voyageons *en* Europe.   Elles reviennent *d'*Asie.
   Elle habite *en* Provence.   Ils viennent *de* Bourgogne.

   En and *de* are also used with masculine names beginning with a vowel. There is a liaison sound with *en* and elision with *de*.

   J'habite *en* Israël.   Je viens *d'*Israël.

Un joli village en Provence

168   CHAPITRE 4

3. *Au* and *du* are used with masculine geographical names beginning with a consonant. All names of countries that do not end in a silent *-e* are masculine. There are a few exceptions, such as: le Mexique, le Cambodge, le Zaïre.

au Japon	*du* Japon
au Portugal	*du* Portugal
au Canada	*du* Canada
au Maroc	*du* Maroc
au Mexique	*du* Mexique

4. *Aux* and *des* are used with names of countries which are in the plural, such as *les États-Unis* or *les Pays-Bas*.

Nous vivons *aux* États-Unis.   Nous venons *des* États-Unis.
Elle va *aux* Pays-Bas.   Elle revient *des* Pays-Bas.

5. For masculine names of states or provinces beginning with a consonant, *dans le* is used, unless these states or provinces are thought of as quasi-countries, in which case, *au* is used.

Il habite *dans le* Vermont.   Il vient *du* Vermont.
Elle vit *dans le* Poitou.   Elle vient *du* Poitou.

Il habite *au* Texas.   Il vient *du* Texas.
Elle vit *au* Québec.   Elle vient *du* Québec.

Note that *au Québec/du Québec* refers to the province, which is called *le Québec*. To refer to the city, which is just *Québec*, you say *à Québec/de Québec*.

Le Québec: la vallée du Saint-Laurent en automne

Note: The prepositions used with state names vary. You may want to give students the preposition for your state and some nearby states. To say "in" with the name of a state in French, use *dans* before most states preceded by *le* or *l'*, for example: *dans le Connecticut, dans l'Oregon* (exceptions: *au Nouveau-Mexique, au Texas*). Use *en* without the article with states preceded by *la*, for example: *en Virginie*. With Hawaii, use *à*: *à Hawaii*. Here are the other state names: *l'Alabama, l'Alaska, l'Arizona, l'Arkansas, la Californie, la Caroline du Nord, la Caroline du Sud, le Colorado, le Connecticut, le Dakota du Nord, le Dakota du Sud, le Delaware, la Floride, la Géorgie, Hawaii, l'Idaho, l'Illinois, l'Indiana, l'Iowa, le Kansas, le Kentucky, la Louisiane, le Maine, le Maryland, le Massachusetts, le Michigan, le Minnesota, le Mississippi, le Missouri, le Montana, le Nebraska, le Nevada, le New Hampshire, le New Jersey, l'état de New York, le Nouveau-Mexique, l'Ohio, l'Oklahoma, l'Oregon, la Pennsylvanie, le Rhode Island, le Tennessee, le Texas, l'Utah, le Vermont, la Virginie, la Virginie Occidentale, l'état de Washington, le Wisconsin, le Wyoming.*

STRUCTURE I   **169**

DID YOU KNOW?

Le Saint-Laurent est le fleuve le plus important d'Amérique du Nord parmi ceux qui se jettent dans l'Atlantique. Il se forme dans les Grands Lacs et aboutit dans un large estuaire au Golfe du Saint-Laurent. Il a 1.167km de long et forme la Voie maritime du Saint-Laurent qui donne aux Grands Lacs un débouché maritime. L'aménagement du Saint-Laurent qui a été réalisé par les États-Unis et le Canada de 1954 à 1959 comprend huit écluses qui contournent les chutes du Niagara.

Exercices

PRESENTATION (page 170)

A. These exercises can be gone over in class orally without previous preparation.
B. You may then wish to assign them for homework.
C. Go over the exercises once again in class after students have prepared them. The more they hear the locations with the preposition, the more quickly they will learn them.

ANSWERS

Exercice A
1. Paris est en France.
2. Madrid est en Espagne.
3. Bruxelles est en Belgique.
4. Berlin est en Allemagne.
5. Montréal est au Canada.
6. New York est aux États-Unis.
7. Lisbonne est au Portugal.
8. Moscou est en Russie.
9. Tel-Aviv est en Israël.
10. Copenhague est au Danemark.

Exercice B
1. de
2. des
3. du
4. d'
5. de
6. du

Exercice C
1. à, en
2. à, en
3. à, en
4. en, à, au, à, en
5. à, en, à, en, à, au
6. en, à, au, à, en

Exercices

A Un peu de géographie.
Répondez.

1. Où est Paris?
2. Où est Madrid?
3. Où est Bruxelles?
4. Où est Berlin?
5. Où est Montréal?
6. Où est New York?
7. Où est Lisbonne?
8. Où est Moscou?
9. Où est Tel-Aviv?
10. Où est Copenhague?

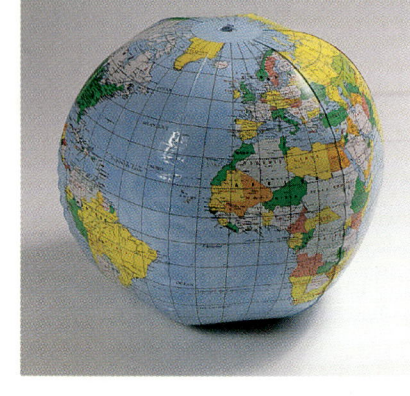

B En voyage. Complétez.

1. Ils nous ont écrit ___ Russie.
2. Ils reviennent ___ États-Unis dimanche.
3. Ils viennent ___ Portugal.
4. Ils nous ont téléphoné ___ Espagne.
5. Ils vont ___ France au Portugal.
6. Ils ne reviennent pas ___ Mexique avant le mois prochain.

C L'amour des voyages. Complétez.

1. Ils vont ___ Saint-Brieuc, ___ Bretagne.
2. Ensuite, ils vont ___ Deauville, ___ Normandie.
3. Ils pensent aller aussi ___ Londres, ___ Angleterre.
4. Moi, je veux faire un voyage ___ Asie. J'ai très envie d'aller ___ Tokyo, ___ Japon, et ___ Shanghai, ___ Chine.
5. J'ai un ami qui adore les pays du Maghreb. Il est allé ___ Tunis, ___ Tunisie, et ___ Alger, ___ Algérie. Et je crois qu'il est allé ___ Fez, ___ Maroc.
6. Ma sœur fait de l'espagnol, et elle a très envie d'aller ___ Amérique du Sud. Elle veut aller ___ Lima, ___ Pérou, et ___ Bogotà, ___ Colombie.

CHAPITRE 4

PAIRED ACTIVITY

Travaillez avec un(e) camarade. Donnez-lui le nom d'un pays et demandez-lui quelle est la capitale du pays. Il/Elle essaiera de vous répondre correctement. Ensuite c'est à votre camarade de vous poser une question.

INDEPENDENT PRACTICE

Assign any of the following:
1. Exercises on this page
2. Workbook, *Structure I*

Le pronom *y*

Referring to Places or Things Already Mentioned

1. The pronoun *y* replaces a prepositional phrase that is introduced by a preposition of place or direction, other than *de*. Like all other pronouns, *y* immediately precedes the verb it is tied to.

Ils vont *à Paris*.	Ils *y* vont.
Ils sont allés *au Québec*.	Ils *y* sont allés.
Ils voudraient aller *en France*.	Ils voudraient *y* aller.

2. The pronoun *y* is also used to replace the object of a verb followed by the preposition *à*, if that object refers to a thing.

J'ai répondu *à sa lettre*.	J'*y* ai répondu.
Il obéit *aux lois*.	Il *y* obéit.

   Remember that when the noun following *à* is a person, rather than a thing, the noun is the indirect object of the verb, and therefore the indirect object pronouns *lui* or *leur* are used.

J'ai répondu *au professeur*.	Je *lui* ai répondu.
Il obéit *à ses parents*.	Il *leur* obéit.

3. The concept of "there" must always be expressed in French, even though it is often omitted in English.

—Quand vas-tu à Paris?	—When are you going to Paris?
—J'*y* vais demain.	—I'm going tomorrow.
—Luc est dans sa chambre?	—Luc is in his room?
—Oui, il *y* est.	—Yes, he is.

4. The pronoun *y* seldom occurs with another object pronoun in the same sentence. When it does, *y* follows the other pronoun.

Il *m'*a retrouvé *à Paris*.	Il *m'y* a retrouvé.
Je *l'*ai aperçu *sur les Champs-Élysées*.	Je *l'y* ai aperçu.
Elle *s'*intéresse *à la peinture*.	Elle *s'y* intéresse.

   In sentences with *en*, *y* precedes *en*.

Il y a *de la neige*?	Il y *en* a.

5. The pronoun *y* is used in the following idiomatic expressions.

Ça *y* est!	That's it. Finished!
J'*y* suis!	I get it!

Le pronom *y* ◆◆◆

Note: It is very difficult for students to differentiate between *J'y ai répondu* and *Je lui ai répondu*. This point will need a great deal of reinforcement before students can use these structures with ease. Fortunately, one can continue to communicate, however, using nouns rather than pronouns: *J'ai répondu à la lettre, J'ai répondu à Jean*.

PRESENTATION *(page 171)*

Read the explanations to students and call on individuals to read the model sentences.

Exercices

Exercices

PRESENTATION (page 172)

Teacher Tip
If a student makes an error, correct him/her and then give another example to try to clarify. Example: *Je réponds à ma grand-mère.* Student answers: *J'y réponds.* Correct by saying: *Non, grand-mère, c'est une personne ou une chose? Une personne, n'est-ce pas? Alors, c'est: Je ___ réponds.* (Try to get student to say *lui* or, if necessary, give it to him/her.) Then give another sentence such as *Je réponds à mon ami* and ask the same student to do this one. If the student makes an error again, drop it and come back to him/her later.

Note: Because of the difficult nature of this point there are quite a few more exercises in the Writing Activities Workbook.

ANSWERS

Exercice A
1. Ils y ont signé un traité.
2. Les produits pourront y circuler.
3. Ils ne s'y arrêteront plus.
4. La Grande-Bretagne y entre.
5. Le gouvernement y est installé.
6. On y parle le catalan.

Exercice B
1. J'y pense souvent.
2. J'y jouais tout le temps.
3. J'y faisais toujours attention.
4. Je leur obéissais bien.
5. Je lui répondais toujours poliment.
6. Elle s'y intéressait beaucoup.

Exercice C
1. Oui, ils y vont.
2. Oui, je les y accompagne.
3. Oui, je les y invite.
4. Oui, ils ont le temps de m'y accompagner.
5. Oui, je les y accompagne.
6. Oui, je peux les y accompagner.

172

Bruxelles: la Grand-Place

A **La Communauté européenne.** Remplacez les mots en italique par le pronom *y.*

1. Ils ont signé un traité *à Paris.*
2. Les produits pourront circuler *en Europe.*
3. Ils ne s'arrêteront plus *aux frontières.*
4. La Grande-Bretagne entre *dans la CEE.*
5. Le gouvernement est installé *à Bruxelles.*
6. On parle le catalan *en Catalogne.*

B **Souvenirs.** Refaites les phrases, en utilisant *y, lui* ou *leur.*

1. Je pense souvent à mon pays.
2. Je jouais tout le temps au foot.
3. Je faisais toujours attention aux conseils de mes professeurs.
4. J'obéissais bien à mes parents.
5. Je répondais toujours poliment à ma grand-mère.
6. Elle s'intéressait beaucoup à mes activités.

C **Départ.** Répondez en utilisant le pronom *y.*

1. Tes amis vont au Maroc?
2. Tu les accompagnes à l'aéroport?
3. Tu les invites au buffet de l'aéroport?
4. Ils ont le temps de t'accompagner au buffet?
5. Tu les accompagnes à la porte d'embarquement?
6. Tu peux les accompagner à bord de l'avion?

172 CHAPITRE 4

INDEPENDENT PRACTICE

Assign any of the following:
1. Exercises A–C on this page
2. Workbook, *Structure I*

L'Eurotunnel: la dernière percée, le 28 juin 1991

Le futur

Telling What You and Other People Will Do

1. The future of regular verbs and many irregular verbs is formed by adding the appropriate endings to the infinitive of the verb. In the case of verbs ending in *-re*, the final *-e* is dropped before the future endings are added.

INFINITIVE	parler	finir	attendre	ENDINGS
FUTURE	je parlerai	je finirai	j' attendrai	-ai
	tu parleras	tu finiras	tu attendras	-as
	il/elle/on parlera	il/elle/on finira	il/elle/on attendra	-a
	nous parlerons	nous finirons	nous attendrons	-ons
	vous parlerez	vous finirez	vous attendrez	-ez
	ils/elles parleront	ils/elles finiront	ils/elles attendront	-ont

Note that many verbs which are irregular in the present tense have a regular future tense.

  écrire: j'écrirai, tu écriras, etc.
   boire: je boirai, tu boiras, etc.
 connaître: je connaîtrai, tu connaîtras, etc.

2. The future tense expresses an action or event that will take place some time in the future. Following are some common adverbial expressions that can be used with the future.

  demain   bientôt
  après-demain dimanche prochain
  dans deux jours la semaine prochaine, le mois prochain
  un de ces jours l'année prochaine, l'été prochain

Ils se *mettront* d'accord *un de ces jours*.
Nous *reparlerons* de ce problème *la semaine prochaine*.

3. Remember that in French, the construction *aller* + infinitive is frequently used to describe an event that will happen in the near future.

  Je *vais* lui *téléphoner*. Nous *allons* y *aller*.

STRUCTURE I 173

DID YOU KNOW?

L'Eurotunnel: Au printemps 1994, le tunnel sous la Manche est ouvert. La Navette (service de navettes pour voitures) entre en compétition avec les ferries, le Hovercraft (l'aéroglisseur), et les avions. De plus le TGV met Londres à trois heures de Paris, deux heures et demie quand les Anglais auront construit la voie rapide Folkstone-Londres. En fait, l'Eurotunnel a deux cents ans d'histoire. C'est un ingénieur français, Albert Mathieu, qui fait en 1802 les plans d'un tunnel pour voitures tirées par des chevaux.

En 1876, Napoléon III et la Reine Victoria se mettent d'accord sur un projet de forage. Des travaux commencèrent même en 1881. Mais ce n'est qu'en 1971 qu'on décide vraiment de construire le tunnel. La crise des années 70 retarde le projet qui est finalisé en 1985.

Bell Ringer Review

Write the following on the board or use BRR Blackline Master 4-6: Récrivez chaque phrase au futur proche (aller + infinitif).
1. J'arrive à huit heures.
2. Je vois mes amis.
3. Ils sont là.
4. Nous dansons ensemble.
5. Nous nous amusons.

Le futur ◆

PRESENTATION
(pages 173–174)
A. Write the verb paradigm on the board and have students repeat the verb forms after you.
B. Call on students to repeat in unison all the model expressions and sentences.

173

PRESENTATION *(continued)*

C. Pay particular attention to the students' pronunciation as they repeat the *je* and *nous* forms of the verbs in Step 4 after you.

D. You may also wish to have the students repeat the *nous* form of the irregular verbs in Step 5.

4. Stem-changing verbs have irregular future forms. The future tense of these verbs is not based on the infinitive, but rather on the third person singular of the present tense + *r* + the future endings.

INFINITIVE	PRESENT	FUTURE	
acheter	il *achète*	j' *achèterai*	nous *achèterons*
lever	il *lève*	je *lèverai*	nous *lèverons*
mener	il *mène*	je *mènerai*	nous *mènerons*
appeler	il *appelle*	j' *appellerai*	nous *appellerons*
jeter	il *jette*	je *jetterai*	nous *jetterons*
employer	il *emploie*	j' *emploierai*	nous *emploierons*
essayer	il *essaie*	j' *essaierai*	nous *essaierons*

5. The following verbs have irregular stems in the future tense. The endings, however, are regular.

aller	j' *irai*	courir	je *courrai*
avoir	j' *aurai*	mourir	je *mourrai*
être	je *serai*	pouvoir	je *pourrai*
faire	je *ferai*	voir	je *verrai*
savoir	je *saurai*	envoyer	j' *enverrai*
vouloir	je *voudrai*	tenir	je *tiendrai*
devoir	je *devrai*	venir	je *viendrai*
recevoir	je *recevrai*	valoir	il *vaudra*
s'asseoir	je *m'assiérai*	falloir	il *faudra*
		pleuvoir	il *pleuvra*

Strasbourg: Le Parlement européen

174   CHAPITRE 4

Exercices

A **L'Europe de l'avenir?** Répondez d'après le modèle.

> Nous ne parlons pas la même langue.
> Mais bientôt, si, nous parlerons la même langue.

1. Nous n'utilisons pas la même monnaie.
2. Nous n'avons pas les mêmes coutumes.
3. Nous n'allons pas dans les autres pays pour travailler.
4. Nous ne voyageons pas facilement.
5. Nous n'aimons pas trop les étrangers.
6. Nous ne vendons pas nos produits librement.
7. Nous ne réunissons pas tous les pays d'Europe.

«Columbus»: la partie européenne de la future station spatiale internationale

B **Vos enfants.** Répondez en utilisant le futur.

1. Vous, vous apprenez dans des livres. Et vos enfants?
2. Vous, vous voyagez en avion. Et vos enfants?
3. Vous, vous mangez de la nourriture. Et vos enfants?
4. Vous, vous allez au cinéma. Et vos enfants?
5. Vous, vous parlez une ou deux langues. Et vos enfants?
6. Vous, vous habitez sur la Terre. Et vos enfants?

C **Il dira n'importe quoi.** Complétez au futur.

1. Il dit qu'il ___ le faire. (savoir)
2. Il dit qu'il ___ le faire. (pouvoir)
3. Il dit qu'il ___ de le faire. (essayer)
4. Il le ___? (faire)
5. On ___. (voir)
6. Il ___ impressionner ses amis. (vouloir)
7. Tout le monde ___ voir ce qu'il fait. (venir)
8. Est-ce que ça ___ la peine d'aller voir? (valoir)
9. S'il réussit, la compagnie ___ son invention. (employer)
10. Sinon, elle la ___. (jeter)

D **Projets.** Complétez.

1. Demain, je…
2. L'été prochain, mes parents…
3. Un de ces jours, mon frère…
4. L'année prochaine, mes amis et moi, nous…
5. Dimanche prochain, ma sœur…
6. La semaine prochaine, tu…
7. Dans deux jours, toi et Monique, vous…

STRUCTURE I 175

INDEPENDENT PRACTICE

Assign any of the following:
1. Workbook, *Structure I*
2. Exercises on this page

Exercices
ANSWERS

Exercice A
1. Mais bientôt, si, nous utiliserons la même monnaie.
2. Mais bientôt, si, nous aurons les mêmes coutumes.
3. Mais bientôt, si, nous irons dans les autres pays pour travailler.
4. Mais bientôt, si, nous voyagerons facilement.
5. Mais bientôt, si, nous aimerons les étrangers.
6. Mais bientôt, si, nous vendrons nos produits librement.
7. Mais bientôt, si, nous réunirons tous les pays d'Europe.

Exercice B
Answers will vary but may include the following:
1. Non, mes enfants apprendront sur ordinateur.
2. Mes enfants voyageront en fusée.
3. Mes enfants mangeront de la nourriture en comprimé.
4. Mes enfants regarderont les films à la maison.
5. Mes enfants parleront quatre langues.
6. Mes enfants habiteront sur une autre planète.

Exercice C
1. saura
2. pourra
3. essaiera
4. fera
5. verra
6. voudra
7. viendra
8. vaudra
9. emploiera
10. jettera

Exercice D
Answers will vary.

JOURNALISME

Bell Ringer Review
Write the following on the board or use BRR Blackline Master 4-7: **Faites une liste de toutes les sciences que vous connaissez en français. En une phrase, décrivez chaque science.**

L'ÉCOLOGIE

Introduction

PRESENTATION *(page 176)*

Have students read the *Introduction* silently. Now have them think of any ecology words they may have already learned in French. Ask them to describe the two photos. You may wish to ask the following question: *Pourquoi est-ce que la photo des montagnes est plus petite que celle de la ville?*

176

JOURNALISME

L'ÉCOLOGIE

INTRODUCTION

L'écologie, l'environnement, la protection de la nature, tout le monde en parle, en France comme aux États-Unis.

Mais ces débats sur l'écologie peuvent être difficiles à suivre si on ne sait pas ce que veulent dire certains termes de base, comme «eutrophisation» par exemple. Vous savez ce que ça veut dire, vous? Non? Alors, lisez l'article qui suit, paru récemment dans *Phosphore*, le magazine des lycéens français.

176 CHAPITRE 4

DID YOU KNOW?

En France 28% des forêts sont atteintes par les pluies acides. De 1970 à 1980, 8,2% de la superficie totale des terres a été atteinte par l'érosion des sols.

Différentes formes de pollution:
1. La pollution tellurique venue du continent. Il s'agit de rejets qui entraînent la prolifération des macro-algues ou produisent des toxines dangereuses pour la faune et les coquillages.
2. La pollution pélagique qui a trait à la haute mer. Elle est causée par:
   - les bateaux qui rejettent à la mer des déchets.
   - l'exploitation du sous-sol marin; des accidents ont lieu lors de forage en mer.
   - les rejets dus aux émissions naturelles et retombées d'hydrocarbures à partir de l'atmosphère.

Vocabulaire

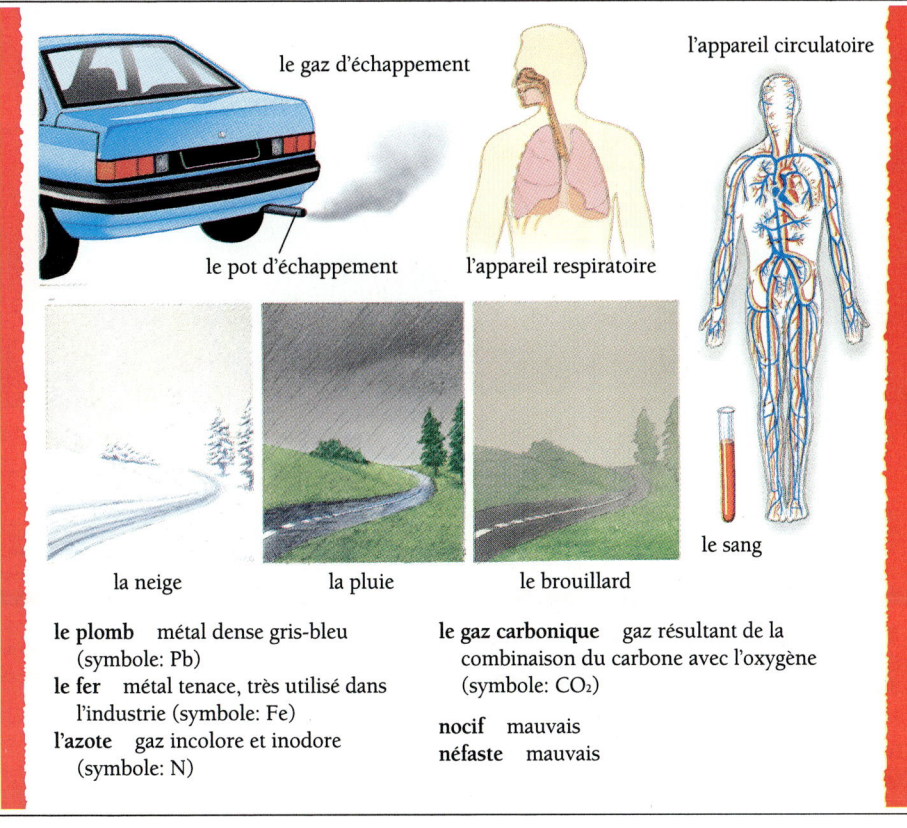

le gaz d'échappement
le pot d'échappement
l'appareil respiratoire
l'appareil circulatoire
le sang
la neige   la pluie   le brouillard

le plomb métal dense gris-bleu (symbole: Pb)
le fer métal tenace, très utilisé dans l'industrie (symbole: Fe)
l'azote gaz incolore et inodore (symbole: N)
le gaz carbonique gaz résultant de la combinaison du carbone avec l'oxygène (symbole: CO_2)
nocif mauvais
néfaste mauvais

Exercice

 Un peu d'écologie. Complétez.

1. Dans une voiture, les gaz d'échappement partent par le ___.
2. Les pluies acides sont des acides qui retombent sur le sol mélangés aux pluies, à la ___ ou au ___.
3. Quand on ne peut pas respirer, on a des troubles ___.
4. Quand on a une mauvaise circulation du sang, on a des troubles ___.
5. Le ___ est un métal très dense. Le ___ est un métal très utilisé dans l'industrie.
6. Les rayons ultraviolets sont ___ ou ___ pour l'homme.
7. Quand on respire, on produit un gaz, c'est le ___.
8. L'___ est un gaz incolore et inodore. Ses oxydes peuvent être très nocifs pour les êtres vivants.

JOURNALISME 177

Pour comprendre l'écologie ◆◆

Note: This selection contains some very important and useful vocabulary dealing with ecology.

PRESENTATION *(page 178)*

A. You may wish to select some sections to read aloud and have the students read others silently.

B. As you do each section, you may wish to give students the following definitions and have them find the words being defined.

Agriculture biologique
- l'action de cultiver la terre
- l'action d'élever et nourrir des bêtes
- le contraire d'un produit naturel

Biodégradable
- qui peut être décomposé par des organismes vivants

Écologie
- les hommes et les femmes
- l'environnement

Eutrophisation
- ce qui contient des phosphates
- ce qui contient des nitrates

Oxydes d'azote
- ce que les voitures rejettent
- qui est dangereux

Ozone
- un gaz présent dans la stratosphère
- elle protège la planète des rayonnements solaires ultraviolets B

Pluies acides
- polluants transformés en acides qui retombent au sol mélangés aux pluies, etc.
- deux problèmes provoqués chez l'homme par les pluies acides

Pot catalytique
- la meilleure technique de réduction d'émissions polluantes

Recyclage
- récupération des déchets pour s'en resservir

178

La diminution de la couche d'ozone au-dessus du Pôle Nord

POUR COMPRENDRE L'ÉCOLOGIE

AGRICULTURE BIOLOGIQUE
Culture ou élevage respectant les équilibres naturels et n'utilisant aucun produit chimique.

BIODÉGRADABLE
Se dit d'une substance susceptible d'être décomposée par des organismes vivants (bactéries).

ÉCOLOGIE
Mot inventé en 1866 par le biologiste allemand Haeckel. Du grec «oïkos» (maison). Science des relations des êtres vivants avec leur milieu[1] et des êtres vivants entre eux.

EUTROPHISATION
Quand l'eau (mer, lac, rivière…) contient trop de richesses nutritives, certains petits organismes pullulent[2]. En se développant, ils absorbent l'oxygène de l'eau au détriment d'autres espèces[3]. L'eutrophisation est due au déversement[4] dans l'eau de phosphates (les détergents en contiennent) ou de nitrates (dans les engrais[5]).

OXYDES D'AZOTE
Rejetés par les gaz d'échappement des voitures, ils sont produits par la combustion des carburants[6] à haute température. Effets nocifs sur les êtres vivants.

OZONE
L'ozone est un gaz présent dans la stratosphère (entre 20 et 40 km d'altitude) où il forme une couche[7] qui protège la planète des rayonnements solaires ultraviolets B, très néfastes pour l'homme.

PLUIES ACIDES
Pollution due aux rejets gazeux des industries et des pots d'échappement de voitures. Dans l'atmosphère, ces polluants sont transformés en acides (sulfuriques et nitriques) qui retombent au sol mélangés aux[8] pluies, neiges et brouillards. Les pluies acides font dépérir[9] les forêts, polluent certains lacs et cours d'eau, et provoquent des troubles respiratoires et circulatoires chez l'homme.

POT CATALYTIQUE
Situé entre le moteur et le pot d'échappement d'une voiture, c'est pour l'instant l'une des meilleures techniques de réduction d'émissions polluantes. Il transforme en partie les gaz polluants en vapeur d'eau, en azote et en gaz carbonique. Le pot catalytique ne fonctionne qu'avec de l'essence sans plomb.

RECYCLAGE
Le recyclage consiste à récupérer les déchets[10] pour les transformer. Ils peuvent ainsi resservir (verre, papier, fer, etc.).

[1] **milieu** environment
[2] **pullulent** proliferate
[3] **espèces** species
[4] **le déversement** pouring
[5] **les engrais** fertilizers
[6] **carburants** fuels
[7] **une couche** layer
[8] **mélangés aux** mixed with
[9] **dépérir** to wither
[10] **les déchets** waste

178   CHAPITRE 4

ADDITIONAL PRACTICE

Trouvez le mot qui correspond.
1. échapper   a. la pollution
2. protéger   b. la protection
3. polluer   c. le recyclage
4. rejeter   d. l'échappement
5. mélanger   e. le fonctionnement
6. émettre   f. le rejet
7. fonctionner   g. l'émission
8. recycler   h. le mélange

COOPERATIVE LEARNING

Organisez un concours sur le thème suivant: l'œuvre d'art utilisant le plus de matériau recyclé. Cela ne devrait pas manquer de stimuler l'imagination et la créativité de vos élèves. Demandez-leur de donner un titre français à leur création. Le jour de l'exposition les élèves pourront réagir en utilisant les expressions qu'ils ont apprises aux pages 120–125.

Compréhension

A **Oui ou non.** Corrigez.

1. L'agriculture biologique utilise des produits chimiques.
2. «Biodégradable» veut dire qui se décompose naturellement.
3. Le terme «écologie» vient du latin.
4. Les détergents contiennent des phosphates.
5. Les oxydes d'azote sont rejetés par les voitures.
6. La couche d'ozone protège les hommes des rayons ultraviolets.

B **Définitions.** Trouvez le mot qui correspond.

1. les polluants qui proviennent des gaz d'échappement des voitures
2. science des relations entre l'homme et son environnement
3. la culture ou l'élevage qui n'utilise pas de produits chimiques
4. un appareil qui sert à réduire les gaz polluants qui s'échappent d'une voiture
5. la récupération des déchets

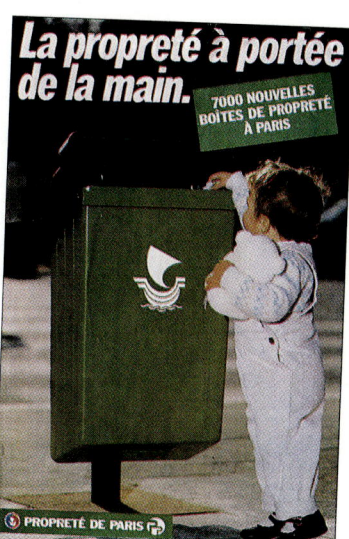

Activités

A **Recyclage.** Vous organisez un programme de recyclage dans votre ville. Déterminez ce que vous allez recycler et comment, les jours de recyclage, etc. Travaillez en petits groupes.

B **Campagne publicitaire.** Vous faites une campagne publicitaire pour un produit «écologiquement» bon. Choisissez un produit, puis «vendez-le»—écrivez une publicité, faites une affiche, etc. Travaillez avec un(e) camarade.

Le recyclage du verre, à Paris

JOURNALISME 179

DID YOU KNOW?

Le recyclage en France pour les emballages est actuellement de:
20% pour le verre
25% pour le fer blanc
5% pour l'aluminium
1% pour les plastiques

You may wish to have students guess what the comparative figures are for the U.S. and then have them research the answers.

INDEPENDENT PRACTICE

Assign any of the following:
1. *Compréhension* exercises and activities on this page
2. Workbook, *Journalisme*

Compréhension

PRESENTATION (page 179)
Have students prepare the exercises and then go over them in class.

ANSWERS

Compréhension A
1. Non, elle n'utilise aucun produit chimique.
2. Oui.
3. Non, il vient du grec.
4. Oui.
5. Oui.
6. Oui

Compréhension B
1. les oxydes d'azote
2. l'écologie
3. l'agriculture biologique
4. le pot catalytique
5. le recyclage

Activités

PRESENTATION (page 179)
You may wish to have students choose the activity they want to take part in.

Extension of *Activité B*
You may want to list specific items to include in the *publicité*: two commands, one subjunctive expression/verb, three to four adjectives, etc. The *publicité* could be videotaped.

ANSWERS

Activités A and B
Answers will vary.

179

Bell Ringer Review
Write the following on the board or use BRR Blackline Master 4-8: Faites une liste de tous les animaux que vous connaissez en français.

LA PROTECTION DES ANIMAUX

Introduction

PRESENTATION *(page 180)*

A. You may call on an individual to read this *Introduction* aloud.
B. Now write the names of all the animals that the students listed in the **Bell Ringer Review** on the board and ask them which ones are endangered and which are not.

Vocabulaire

Vocabulary Teaching Resources
1. Audio Cassette 4
2. Student Tape Manual
3. Workbook
4. Chapter Quizzes

PRESENTATION
(pages 180–181)

A. Present the new words and have students repeat them after you or Cassette 4 two or three times in unison.
B. You may wish to ask the following questions to have students use the new words as you present them: *Les hommes vivent-ils dans la crainte des animaux, ou les animaux vivent-ils dans la crainte des hommes? Est-ce que les hommes se nourrissent de la chair des animaux? Est-ce qu'il y a des réserves là où vous habitez? Est-ce qu'il y a beaucoup de réserves dans l'ouest des États-Unis?*

LA PROTECTION DES ANIMAUX

INTRODUCTION

Nous devons aujourd'hui apprendre à protéger les animaux. Nous devons leur assurer non seulement la possibilité de bien vivre, mais aussi un territoire adapté à leurs besoins. Il y a en effet des centaines d'espèces animales qui n'ont plus de territoire parce qu'on a coupé les arbres de leur forêt, par exemple.

Pour en savoir plus sur la disparition de certaines espèces animales et ce qu'on peut faire pour sauver celles qui sont en danger, lisez l'article qui suit, paru dans le magazine pour jeunes, *Okapi*.

VOCABULAIRE

Des bouquetins en train de brouter. Ils broutent.
Les loups pourchassent un bouquetin.

L'ours brun a une belle fourrure brune.

Ils abattent un arbre.

180 CHAPITRE 4

Cet homme va à la chasse. Il va chasser.   Le chasseur essaie d'échapper au rhinocéros.

la crainte	la peur	**sûr**	pas dangereux
la chair	la viande	**se vêtir**	mettre des vêtements, s'habiller
une réserve	un parc national		
la paix	le contraire de la guerre		

Exercices

A Quelques animaux.
Répondez d'après les dessins.

1. C'est un tigre?
2. C'est une antilope?
3. C'est un éléphant?
4. C'est un cochon?
5. C'est une vache?
6. C'est une poule?

B Des animaux et des hommes. Complétez.

1. Le rhinocéros d'Afrique a deux ___; celui d'Asie n'en a qu'une.
2. Les rhinocéros sont des herbivores: ils ___ l'herbe de la savane.
3. Les campeurs ont été attaqués par un ours: il les a ___, mais ils ont pu lui ___.
4. Les hommes préhistoriques chassaient les animaux pour se nourrir de leur ___.
5. Et ils utilisaient la ___ de ces animaux pour se vêtir.
6. C'est un chasseur. Il aime ___.
7. Il va à la ___ tous les jours pendant la saison.
8. Les animaux ont été tellement chassés, qu'ils vivent dans la ___ de l'homme.
9. Seuls, les animaux qui vivent dans des ___ vivent en paix. Ce sont pour eux des endroits ___.
10. Ces arbres étaient trop vieux, il a fallu les ___.

JOURNALISME   181

Bell Ringer Review

Write the following on the board or use BRR Blackline Master 4-9: Donnez le pluriel.

1. le taureau
2. le chameau
3. l'animal
4. le journal
5. le général

182   CHAPITRE 4

DID YOU KNOW?

En France, de nombreuses personnalités de tous les milieux font campagne contre les cruautés infligées aux animaux. L'actrice de cinéma Brigitte Bardot, très célèbre dans les années 50 et 60, lutte depuis longtemps contre le massacre des bébés phoques, la vivisection, l'utilisation des animaux par l'industrie cosmétique. Sa dernière bataille concerne la consommation de la viande de cheval. Il y a en effet en France des boucheries chevalines qui ne vendent que de la viande de cheval. La viande de cheval est considérée par beaucoup de Français comme meilleure pour la santé, car moins grasse que la viande de bœuf.

CES ANIMAUX EN DANGER DE MORT

Dans le beau film de Jean-Jacques Annaud, *La Guerre du feu*[1], trois hommes se réfugient dans un arbre isolé de la savane, pour échapper à une horde de lions.

Ils restent perchés là, plusieurs jours, car les lions ne se lassent[2] pas de les guetter[3]…

Dans ces temps reculés[4], les hommes, bien peu nombreux sur Terre, vivaient dans la crainte des animaux…

Des milliers d'espèces ont disparu

Dès qu'ils[5] ont su fabriquer des armes, les hommes ont chassé les animaux. Ils se sont nourris de leur chair, ils se sont vêtus avec leurs fourrures. Ils ont cru trouver des propriétés miraculeuses dans les cornes du rhinocéros ou du bouquetin des Alpes.

Ainsi, pendant des siècles[6], les espèces animales ont été pourchassées, sans relâche[7], par l'homme. Mais, depuis cinquante ans, elles disparaissent à un rythme de plus en plus rapide. En effet, la population humaine a beaucoup augmenté.

Pour gagner de l'espace, partout, on a abattu des forêts entières. Les animaux qui vivaient là, cachés[8], ont peu à peu été privés de tout ce qui faisait leur vie[9]: leur habitat, leur territoire de chasse, leur nourriture. Des milliers d'espèces se sont raréfiées; d'autres ont disparu.

C'est ainsi que, dans quelques années, les tigres du Bengale, les ours des Pyrénées et les loups d'Europe pourraient disparaître, si on ne fait rien.

Il existe une variété infinie d'espèces animales. Pourtant, les hommes n'en exploitent que quelques-unes pour l'élevage: les poules, les vaches, les cochons… Mais qui sait quelle espèce pourrait être utile dans l'avenir[10]?

Des antilopes dans les champs normands?

Imaginons, par exemple, que les espaces désertiques s'étendent de plus en plus. En Afrique, l'oryx*, qui a failli disparaître[11], est un des rares animaux capables de brouter sur des terres arides. Il pourrait, demain, nourrir un grand nombre d'êtres humains.

Et si les climats venaient à se réchauffer, qui sait s'il n'y aura pas, un jour, des antilopes dans les champs de Normandie!

Depuis plusieurs années, les hommes ont enfin décidé de sauver les animaux. Pour certaines espèces, il était déjà trop tard. Pour d'autres, il était juste temps de créer des espaces naturels, des parcs ou des réserves où, maintenant, ils peuvent se reproduire en paix.

Depuis 1989, le commerce de l'ivoire est interdit: l'extermination massive des éléphants est donc freinée. Les baleines, qui étaient menacées d'extinction, sont peut-être sauvées.

Aujourd'hui, sur la Terre, un seul espace reste sûr pour le monde animal: c'est le continent Antarctique. En 1991, les gouvernements ont décidé de ne pas l'exploiter pendant cinquante ans. Des milliers de manchots ont, devant eux, des jours tranquilles sur ces terres glacées. ■

---

[1] **La Guerre du feu** *Quest for Fire*
[2] **se lassent** *tire*
[3] **guetter** *to watch, lie in wait*
[4] **reculés** *distant, remote*
[5] **dès qu'ils** *as soon as they*
[6] **siècles** *centuries*
[7] **sans relâche** *without respite*
[8] **cachés** *hidden*
[9] **vie** *life*
[10] **l'avenir** *future*
[11] **a failli disparaître** *very nearly disappeared*
* **oryx** *large straight-horned African antelope*

JOURNALISME

CRITICAL THINKING

(Thinking skills: Locating Causes)

1. Pourquoi dans les temps reculés, les hommes ont-ils vécu dans la crainte des animaux?
2. Pourquoi des milliers d'espèces animales se sont-elles raréfiées ou ont-elles disparu?
3. Aujourd'hui, sur la Terre, un seul espace qui reste sûr pour le monde animal, c'est le continent Antarctique. Pourquoi?

Compréhension

PRESENTATION (page 184)

You can go over these exercises after the students have prepared them for homework.

ANSWERS

Compréhension A

Answers will vary but may include the following:

1. Ils avaient peur des animaux parce que les hommes étaient peu nombreux et n'avaient pas d'armes pour se défendre.
2. Ils ont commencé à chasser les animaux dès qu'ils ont su fabriquer des armes.
3. Ils ont trouvé des propriétés miraculeuses dans les cornes du rhinocéros ou du bouquetin des Alpes.
4. Ils ont abattu des forêts entières.
5. Des milliers d'espèces se sont raréfiées; d'autres ont disparu.
6. Les tigres du Bengale, les ours des Pyrénées et les loups d'Europe.
7. Les poules, les vaches, les cochons…
8. Ils pourraient un jour utiliser l'oryx.
9. On a interdit le commerce de l'ivoire.
10. Ils peuvent dormir tranquillement parce que les gouvernements ont décidé de ne pas exploiter le continent antarctique pendant cinquante ans.

Compréhension B

1. Oui.
2. Oui.
3. Oui.
4. Non, ils n'en exploitent que quelques-unes.
5. Non, l'oryx est un des rares animaux capables de brouter sur des terres arides.
6. Non, on ne trouve pas encore d'antilopes en Normandie.
7. Oui (peut-être).
8. Oui.

Compréhension

A Sauvons les animaux! *Répondez d'après le texte.*

1. Pourquoi les premiers hommes avaient-ils peur des animaux?
2. Quand les hommes ont-ils commencé à chasser les animaux?
3. Dans quoi les hommes ont-ils trouvé des propriétés miraculeuses?
4. Qu'ont fait les hommes pour gagner de l'espace?
5. Quel en a été le résultat?
6. Quelles espèces animales pourraient bien disparaître?
7. Quels sont les animaux que les hommes utilisent pour l'élevage?
8. Quels autres animaux pourraient-ils un jour utiliser?
9. Comment a-t-on freiné l'extermination des éléphants?
10. Pourquoi les manchots peuvent-ils dormir tranquillement?

B Oui ou non? *Corrigez d'après le texte.*

1. Il y a très longtemps, les hommes avaient peur des animaux.
2. Les hommes chassaient les animaux pour se nourrir et s'habiller.
3. Depuis cinquante ans, les espèces animales disparaissent de plus en plus vite.
4. Les hommes exploitent beaucoup d'espèces animales pour l'élevage.
5. L'oryx d'Afrique a besoin de beaucoup d'eau pour vivre.
6. On trouve déjà des antilopes en Normandie.
7. De nos jours, les éléphants et les baleines sont sauvés.
8. On ne pourra pas chasser sur le continent Antarctique jusqu'en 2041.

184 CHAPITRE 4

LEARNING FROM REALIA

You may wish to ask students the following questions about the magazine *Terre sauvage:*

1. Ce sont des ours bruns? Ils ont la fourrure brune?
2. Que font ces ours? Ils se battent ou ils s'embrassent?
3. C'est quelle sorte de magazine?
4. C'est pour quel genre de lecteur?
5. Est-ce qu'on propose un prix spécial? Pour qui?

Activités

A **La chasse.** Faites une liste des arguments en faveur de la chasse et une liste des arguments contre la chasse. Faites un sondage dans votre classe pour savoir la position de vos camarades sur ce sujet.

B **Être ou ne pas être végétarien.** Doit-on manger de la viande ou pas? Faites une liste des arguments en faveur et une liste des arguments contre. Faites un sondage dans votre classe.

C **Animaux en voie de disparition.** Le texte cite trois espèces animales qui pourraient bien disparaître: le tigre du Bengale, l'ours des Pyrénées et le loup d'Europe. Connaissez-vous d'autres espèces qui sont en voie de disparition (en train de disparaître)? Faites un exposé sur une espèce animale en danger dans votre pays ou ailleurs (*elsewhere*).

JOURNALISME   185

Activités

PRESENTATION (*page 185*)

Have students select the activities they would like to do.

ANSWERS

Activités A, B, and C
Answers will vary.

CRITICAL THINKING

(*Thinking skills: Supporting Arguments with Reasons*)

Êtes-vous pour ou contre les zoos? Pourquoi? À votre avis, les zoos servent-ils à protéger les animaux en voie de disparition? Pourquoi?

INDEPENDENT PRACTICE

Assign any of the following:
1. Exercises and activities on pages 184–185
2. Workbook, *Journalisme*

185

Bell Ringer Review

Write the following on the board or use BRR Blackline Master 4-10: Vous vous en souvenez? Répondez.
1. Où est le Maghreb?
2. Qui sont les Maghrébins?
3. Quelle langue parlent-ils?
4. Qu'est-ce qu'ils aiment boire?
5. Quelle est leur religion?
6. Qu'est-ce qu'une mosquée?

LES TOUAREGS

Introduction

PRESENTATION *(page 186)*

A. Call on a student to read aloud the *Introduction* to the interesting article that follows.
B. You may wish to introduce the following discussion question: *À votre avis, est-il possible que de nos jours il y ait des peuples menacés d'extinction?*
C. *Territoire:* Explain to students that *berbère* refers to Saharan nomadic groups.

Teaching Tip
Bring in a piece of blue cloth and dramatize the meaning of: *Quand vient l'âge de la puberté, les Touaregs se drapent le visage avec une longue pièce de tissu, le «chèche», teintée à l'indigo.*

CROSS-CULTURAL COMPARISON

Ask students if they can think of any other rites or ceremonies that mark the passage of boys and girls into adulthood.

LES TOUAREGS

INTRODUCTION

Les animaux ne sont pas les seuls êtres vivants que le monde moderne prive de tout ce qui était leur vie. Certains peuples aussi doivent faire face au même destin: les Touaregs, par exemple.

Si ce nom ne vous dit rien, lisez les renseignements suivants, avant de lire le reportage à la page 188, paru originairement dans *Phosphore*.

■ **TERRITOIRE**
Les Touaregs sont d'origine berbère et comptent environ un million de personnes réparties au Niger (600 000) et au Mali (300 000). Le reste se répartissant entre la Libye, le Burkina-Faso et l'Algérie. Divisés en une infinité de tribus, nomades ou sédentaires, ils n'ont qu'un point commun: la langue touarègue, le tamacheq.

■ **LES HOMMES BLEUS**
L'expression, qui date de la colonisation, a fait le tour du monde. Quand vient l'âge de la puberté, les Touaregs se drapent le visage avec une longue pièce de tissu, le «chèche», teintée à l'indigo. Cette teinture, qui se dépose sur le visage, a valu aux Touaregs le surnom «d'hommes bleus».

186 CHAPITRE 4

VOCABULAIRE

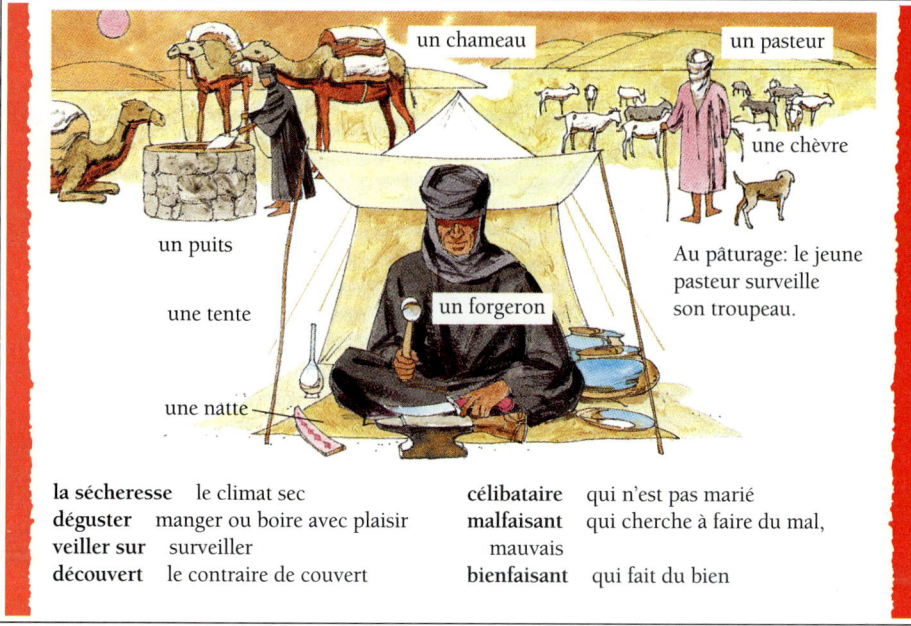

la sécheresse	le climat sec	célibataire	qui n'est pas marié
déguster	manger ou boire avec plaisir	malfaisant	qui cherche à faire du mal, mauvais
veiller sur	surveiller		
découvert	le contraire de couvert	bienfaisant	qui fait du bien

Exercices

A Dans le désert. Complétez.

1. Comme animaux, les nomades ont des ___ et des ___.
2. Les nomades ne vivent pas dans des maisons, mais dans des ___.
3. Ils dorment sur des ___.
4. Ils prennent de l'eau dans des ___.
5. Il fait toujours chaud et sec, mais les nomades ont l'habitude de la ___.
6. Les femmes ne portent pas le voile. Elles ont le visage ___.
7. C'est la femme qui ___ les enfants et les chèvres.
8. Dans le désert, l'eau est ___. On la déguste avec plaisir.

B Définitions. Trouvez le mot qui convient.

1. quelqu'un qui travaille le fer
2. quelqu'un qui garde un troupeau de chèvres
3. l'endroit où un troupeau broute
4. qui n'a pas de mari ou de femme
5. qui cherche à faire du mal

JOURNALISME 187

CHAPITRE 4

NOMADES

Nomades dans l'âme[1], les Touaregs ont toujours été en conflit avec les Noirs sédentaires. Leur nomadisme s'articule autour de l'élevage. Les Touaregs se déplacent en suivant les pâturages pour que chèvres et chameaux aient toujours de quoi se nourrir.

LES HOMMES BLEUS

Au Mali, au Niger et en Algérie, on n'a jamais beaucoup aimé les Touaregs, ces nomades du désert. Mais depuis deux ans, la situation empire[2]. Attaques, représailles sanglantes, guérilla: les morts se comptent par centaines.

THÉ AU SAHARA

Les Touaregs ne mangent jamais en public. Seul le thé se déguste en famille ou entre amis.

[1] **l'âme** soul [2] **empire** is getting worse

JOURNALISME 189

FEMMES

Bien que musulmanes, les femmes touarègues ont le visage découvert, contrairement aux hommes. Lorsqu'elles se marient, elles deviennent propriétaires de la «maison», une tente constituée de nattes. En cas de divorce, elles repartent dans leur famille avec leur maison, laissant l'homme sans abri[3].

[3] **abri** *shelter*

DID YOU KNOW?

Les Touaregs sont des berbères qui vivent au Mali, au Niger et dans le Sahara. Contrairement à la plupart des tribus berbères et des Arabes bédouins, ils sont matrilinéaires. Bien qu'ils soient islamisés, les femmes jouissent d'une grande liberté et d'un statut élevé. Le mariage est monogame. Protégés par les montagnes et l'aridité du désert, ils ont conservé leur langue (*tamacheq*) et leur écriture (*tifinah*).

Avant l'arrivée des Européens, ils avaient une organisation sociale très hiérarchisée, allant de nobles guerriers à esclaves. Ils s'étaient également regroupés en huit confédérations centrées au Hoggar, au Tassili des Ajjer, au Niger et au Mali. Mais la colonisation a changé beaucoup de choses dans le statut social et le genre de vie des
(continued)

L'HEURE DU PUITS

Dans ce monde de sable et de sécheresse, il faut parfois descendre à plus de trente mètres pour trouver l'eau bienfaisante. Le puits est aussi le lieu de toutes les rencontres[4]. Regards, plaisanteries, sourires entre jeunes célibataires…

PLUS-QUE-NOMADES

Les forgerons forment une classe à part. Ces familles d'artisans vont et viennent entre tribus. Les femmes travaillent le cuir, les maris le bois[5] et le métal.

[4] **rencontres** encounters [5] **le bois** wood

JOURNALISME 191

DID YOU KNOW?

(continued)
Touaregs. Ils ont été forcés de partiellement se sédentariser. D'autre part les confédérations ont été affaiblies par le statut politique des pays où ils vivaient (partage entre le Mali, le Niger, la Lybie et l'Algérie). Après la décolonisation, les relations entre les Touaregs et les nouveaux dirigeants, surtout du Mali et de l'Algérie, n'ont pas été faciles. La crise économique des années 70 n'a pas rendu la situation plus facile.

Charles Eugène de Foucault, dit le Père de Foucault, est un explorateur et missionnaire français qui vécut de 1858 à 1916. Il est l'auteur de travaux sur les Touaregs, entre autres, *Grammaire et Dictionnaire français-touareg/touareg-français* et *Poésies touareg*.

LA COLÈRE[6] DES HOMMES BLEUS

DEPUIS PRÈS D'UN SIÈCLE, LES TOUAREGS, HABITANTS ANCESTRAUX DU SAHARA, LUTTENT[7] POUR PRÉSERVER LEUR IDENTITÉ.

Que réclament[8] les Touaregs? Rien, ou presque. Ils souhaitent vivre selon leur culture, et non pas, comme on l'a parfois écrit, obtenir leur indépendance. Les Touaregs sont de tradition nomade, ils sont partout chez eux et ont toujours vécu en bons termes avec les autres ethnies.

Les hommes bleus veulent simplement vivre en paix le long des oueds[9], élever leurs troupeaux, cultiver leurs champs et préparer, comme chaque année, les caravanes de sel*. La vie est assez dure comme ça dans ces régions où le désert ne cesse d'avancer, et où une seule sécheresse peut être fatale à tout un troupeau, seul bien du pasteur nomade.

Aujourd'hui, la situation n'est pas brillante. Pourchassés par l'armée, les Touaregs du Mali s'entassent[10] par milliers dans des camps de fortune[11] dans le sud algérien, mais aussi au Niger, en Libye, au Burkina-Faso et en Mauritanie. Exténués[12] par la fatigue, la faim et la typhoïde. Dépendants d'une aide humanitaire qui arrive au compte-gouttes[13]. Triste épilogue, pour ces grands nomades qui ne souhaitaient que le droit à la différence.

CEUX DE LA LIMITE

Les Kel-Tedale («ceux de la limite») vivent aux portes du terrible désert du Ténéré. Très pauvres, ils comptent parmi les derniers véritables nomades touaregs. Une famille voyage seule, l'homme est responsable des chameaux, la femme veille sur les enfants, la tente et le troupeau de chèvres.

---

[6] **la colère** anger
[7] **luttent** fight
[8] **réclament** demand
[9] **le long des oueds** along the wadis (river beds—usually dry, except during the rainy season)
[10] **s'entassent** are crammed
[11] **camps de fortune** makeshift refugee camps
[12] **exténués** exhausted
[13] **arrive au compte-gouttes** is doled out sparingly

* **les caravanes de sel** camel caravans transporting salt from Saharan mines to markets in Nigeria, where the Touaregs sell the salt and buy cereals like millet

CHAPITRE 4

Compréhension

A. **Oui ou non?** Corrigez d'après le texte.

1. Les Touaregs sont sédentaires.
2. Ils n'ont pas d'animaux.
3. Les Touaregs sont aimés des autres peuples.
4. Ils ne mangent jamais en public.
5. Les femmes touarègues portent le voile.
6. C'est le mari qui est le propriétaire de la tente familiale.
7. Le puits est l'endroit où hommes et femmes se rencontrent.
8. Les artisans restent toujours dans la même tribu.
9. Les femmes travaillent le bois et le métal, et les maris travaillent le cuir.
10. Les Touaregs veulent vivre selon leur culture.
11. Les Touaregs n'ont pas un seul bien.

B **Les hommes bleus.** Répondez d'après le texte.

1. Pourquoi les Touaregs se déplacent-ils en suivant les pâturages?
2. Que dégustent-ils en famille?
3. Quand un couple se marie, qui devient propriétaire de la tente?
4. Que se passe-t-il quand un couple divorce?
5. Où se rencontrent les jeunes gens célibataires?
6. Comment vivent les artisans?
7. Que réclament les Touaregs?
8. Comment vivent-ils?
9. Quel peut être le résultat d'une grande sécheresse?
10. Quelle est la situation des Touaregs aujourd'hui?

Activités

A **Étonnant!** Il y a sans doute des aspects de la vie des Touaregs qui vous ont surpris. Dites ce qui vous a surpris et pourquoi.

B **La vie dans le désert.** Décrivez un jour dans la vie d'une famille de Touaregs.

C **Le droit à la différence.** Expliquez la dernière phrase de l'article: «Triste épilogue pour ces grands nomades qui ne souhaitaient que le droit à la différence».

JOURNALISME 193

INDEPENDENT PRACTICE

Assign any of the following:
1. Exercises and activities on this page
2. Workbook, *Journalisme*

Compréhension
ANSWERS

Compréhension A
1. Non, ils sont nomades.
2. Ils ont des chameaux et des chèvres.
3. Non, on ne les a jamais beaucoup aimés.
4. Oui.
5. Non, elles ont le visage découvert.
6. Non, c'est la femme.
7. Oui.
8. Non, ils vont et viennent entre tribus.
9. Non, les femmes travaillent le cuir, et les maris, le bois et le métal.
10. Oui.
11. Non, ils ont leurs troupeaux.

Compréhension B
1. Pour que chèvres et chameaux aient toujours de quoi se nourrir.
2. Le thé.
3. La femme.
4. La femme repart dans sa famille avec sa maison.
5. Autour du puits.
6. Ils vont et viennent entre tribus.
7. Ils souhaitent vivre selon leur culture.
8. Ils sont nomades et veulent vivre en paix le long des oueds, élever leurs troupeaux, cultiver leurs champs et préparer les caravanes de sel.
9. Leurs troupeaux peuvent en mourir.
10. Pas brillante: pourchassés par l'armée, ils s'entassent dans des camps de fortune, exténués par la fatigue, la faim et la typhoïde, et ils dépendent d'une aide humanitaire qui arrive au compte-gouttes.

Activités
ANSWERS

Activités A, B, and C
Answers will vary.

193

STRUCTURE II

Structure Teaching Resources

1. Workbook, *Structure II*
2. Student Tape Manual, *Structure II*
3. Audio Cassette 4
4. Chapter Quizzes, *Structure II*
5. Testing Program, *Structure II*

Bell Ringer Review

Write the following on the board or use BRR Blackline Master 4-11: Récrivez au futur.
1. Nous allons en Tunisie.
2. Mon ami veut aller dans un souk.
3. Je suis le guide.
4. Il achète quelque chose en cuir.

Le futur antérieur ◆◆

PRESENTATION (page 194)

A. Since this point is of relatively low frequency, it is recommended that you not spend a great deal of time on it.
B. To have students understand the concept of the *futur antérieur*, tell them that two or more events can happen in the future. One will take place next Tuesday, the other next Thursday. By the time the Thursday event takes place the Tuesday one will be over—past. For this reason it is expressed in the *futur antérieur*.
C. Call on students to read the model sentences aloud.

194

STRUCTURE II

Le futur antérieur

Telling What You and Others Will Do Before a Future Event

1. The *futur antérieur*, or future perfect, is formed by using the future tense of the helping verb *avoir* or *être* and the past participle of the verb.

FINIR	ALLER
j' aurai fini	je serai allé(e)
tu auras fini	tu seras allé(e)
il aura fini	il sera allé
elle aura fini	elle sera allée
nous aurons fini	nous serons allé(e)s
vous aurez fini	vous serez allé(e)(s)
ils auront fini	ils seront allés
elles auront fini	elles seront allées

2. The future perfect is used to express a future action that will be completed prior to another future action.

   Nous *irons* à Paris en mai. We will go to Paris in May.
   Malheureusement, nos amis Unfortunately our friends will
      seront déjà *partis*.   have already left.

   Both actions are in the future. However, "our friends" will have left Paris before we arrive. Study the following examples.

   Ils *rentreront* à Paris en juin. They will come back to Paris in June.
   Malheureusement, nous *aurons* Unfortunately, we'll have already
      déjà *repris* l'avion pour New York.   taken a plane back to New York.

   Nous ne *verrons* pas nos amis avant We won't see our friends before the
      le mois de septembre.   month of September.
   Mais nous *nous serons parlé* But we'll have talked with one
      au téléphone avant ça.   another on the phone before that.

   Remember that *être* is the helping verb used with reflexive verbs.

194   CHAPITRE 4

Exercices

A **Avant que Grand-mère n'arrive.** Répondez d'après le modèle.

> Il faut que tu aies fini tes devoirs.
> *Mais oui, quand elle arrivera, j'aurai fini mes devoirs.*

1. Il faut que tu aies fait la vaisselle.
2. Il faut que Valérie ait rangé sa chambre.
3. Il faut que Christophe soit rentré de l'école.
4. Il faut que vous soyez allés faire les courses.
5. Il faut que vous ayez mis la table.
6. Il faut que vous ayez pris un bain.
7. Il faut que tu te sois fait couper les cheveux.
8. Il faut que vous ayez préparé le dîner.

B **Dans cent ans, la Terre sera un désert:…** Faites des phrases avec les mots donnés. Utilisez le futur antérieur.

> …nous/détruire la planète
> *Dans cent ans, la Terre sera un désert: nous aurons détruit la planète.*

1. …nous/abattre tous les arbres
2. …les industries/polluer tous les cours d'eau
3. …des centaines d'espèces animales/disparaître
4. …les êtres humains/devenir trop nombreux
5. …ils/détruire l'environnement
6. …ils/se détruire eux-mêmes

STRUCTURE II 195

Le futur et le futur antérieur avec quand ◆◆◆

PRESENTATION (page 196)

Note: Although this point is not really difficult, students often mistakenly use the present after *quand*. They need quite a bit of reinforcement to remember to use the future.

The use of the future after these expressions is much more important than the *futur antérieur*.

Exercices

PRESENTATION (page 196)

A. It is recommended that the first time you go over these exercises you have students respond without previous preparation.

B. Then have students write the exercises for homework. Go over them again the next day. The more the students hear the future after these expressions, the more accustomed they will become to using this tense correctly.

Exercices

ANSWERS

Exercice A
1. Quand j'irai au Sahara, je photographierai les Touaregs.
2. Quand il fera des études en agriculture biochimique, il essaiera de trouver de nouveaux engrais.
3. Quand ils iront en Amazonie, ils essaieront d'arrêter la déforestation.
4. Quand nous irons dans les Pyrénées, nous trouverons les derniers ours et les transporterons dans un zoo.

Exercice B
1. vous serez installé(e)(s)
2. ferez, travaillerai
3. aurai réservé, pourrons
4. viendra, seront partis

Le futur et le futur antérieur avec *quand*

Using the Future or Future Perfect After Certain Conjunctions

The future tense or the future perfect is used after the following conjunctions of time when the verb in the main clause is in the future, the future perfect, or the imperative.

Note that the present tense or the past perfect is used in English.

quand	when	dès que	as soon as
lorsque	when	pendant que	while
aussitôt que	as soon as	tandis que	while

Je vous téléphonerai *quand* j'arriverai.   I'll call you *when* I arrive.
Il sera parti *lorsque* vous arriverez.   He will have left *when* you arrive.
Dès que tu auras acheté un fax, dis-le moi.   *As soon as* you have bought a fax machine, tell me.

Exercices

A **Futurs écologistes.** Redites la même chose en suivant le modèle.

> Moi, je veux passer un mois en mer pour étudier les baleines.
> *Quand je passerai un mois en mer, j'étudierai les baleines.*

1. Moi, je veux aller au Sahara pour photographier les Touaregs.
2. Lui, il veut faire des études en agriculture biochimique pour essayer de trouver de nouveaux engrais.
3. Eux, ils veulent aller en Amazonie pour essayer d'arrêter la déforestation.
4. Nous, nous voulons aller dans les Pyrénées pour trouver les derniers ours et les transporter dans un zoo.

Un ours des Pyrénées

B **Premier jour à Paris.** Complétez en utilisant soit le futur, soit le futur antérieur.

1. Dès que vous ___, téléphonez-moi. (s'installer)
2. Vous ___ des courses pendant que je ___. (faire, travailler)
3. Aussitôt que j'___ une table, nous ___ partir. (réserver, pouvoir)
4. Céline ___ vous voir quand ses enfants ___ en vacances. (venir, partir)

196   CHAPITRE 4

COOPERATIVE LEARNING

Faites une liste de tout ce que vous ferez dans 10 ans. Comparez votre liste à celle de quelques un(e)s de vos camarades.

INDEPENDENT PRACTICE

Assign any of the following:
1. Exercises A and B on this page
2. Workbook, *Structure II*

Le présent et l'imparfait avec *depuis*

Using the Present or the Imperfect Tense After Certain Time Expressions

1. The expressions *depuis, il y a… que, voilà… que, ça fait… que* are used with the present tense to describe an action that began at some time in the past and continues in the present. Look at the following examples.

   —*Depuis* quand *êtes*-vous à Bruxelles?
   —*Je suis* ici *depuis* vingt ans.
   —*Depuis* quand *travaillez*-vous ici?
   —*Je travaille* ici *depuis* cinq ans.

   —How long have you been in Brussels?
   —I've been here for twenty years.
   —How long have you been working here?
   —I have been working here for five years.

   Il y a cinq ans *que* je *travaille* ici.
   Voilà cinq ans *que* je *travaille* ici.
   Ça fait cinq ans *que* je *travaille* ici.

   Note that English uses the present perfect progressive because it considers that the action began in the past. French uses the present tense because it considers that, even though the action started in the past, it continues in the present.

2. The expressions *depuis, il y avait… que,* and *ça faisait… que* are used with the imperfect tense to describe an action or a condition that had begun in the past and was still happening or in effect at a given moment in the past when something else happened. Note the tenses in the following sentences.

   Elle *habitait* en France *depuis* six mois quand son frère a décidé de lui rendre visite.

   She had been living in France for six months when her brother decided to visit her.

   Il y *avait* deux heures *qu'il travaillait* quand le téléphone a sonné.

   He had been working for two hours when the telephone rang.

3. If the time construction involves a date, only *depuis* can be used.

   Je travaille ici *depuis* 1990.   *I've been working here since 1990.*

Exercices

ANSWERS

Exercice A
Answers will vary but may include the following:
1. J'habite depuis (*date*) dans la ville où j'habite maintenant.
2. Je connais mon/ma meilleur(e) ami(e) depuis ___ ans. (Ça fait, Voilà, Il y a ___ ans que je connais…)
3. Je suis dans la même école depuis ___ ans. (Ça fait, Voilà, Il y a ___ ans que je suis…)
4. Je fais du français depuis ___ ans. (Ça fait, Voilà, Il y a ___ ans que je fais…)
5. Mes parents se connaissent depuis ___ ans. (Ça fait, Voilà, Il y a ___ ans que mes parents se connaissent.)
6. Je fais des maths (de l'anglais) depuis ___ années. (Ça fait, Voilà, Il y a ___ ans que je fais…)

Exercice B
1. faisait, a décidé
2. voulait, a choisi
3. était, a rencontré
4. connaissait, est tombé
5. écrit, sors

Exercices

A. **Personnellement.** Répondez.

1. Depuis quelle date habitez-vous dans la ville où vous habitez maintenant?
2. Depuis quand connaissez-vous votre meilleur(e) ami(e)?
3. Depuis combien de temps êtes-vous dans la même école?
4. Depuis combien de temps faites-vous du français?
5. Depuis combien de temps vos parents se connaissent-ils?
6. Depuis combien d'années faites-vous des maths? Et de l'anglais?

B. **Combien de temps?** Complétez.

1. Mon frère Serge ___ de l'espagnol depuis deux ans quand il ___ d'apprendre le français. (faire, décider)
2. Depuis longtemps, il ___ aller à Madrid, et puis tout d'un coup, il ___ d'aller à Bruxelles. (vouloir, choisir)
3. Ça ne faisait que deux jours qu'il ___ à Bruxelles quand il ___ Eugénie. (être, rencontrer)
4. Il y avait un an qu'il ___ Carol lorsqu'il ___ amoureux d'Eugénie. (connaître, tomber)
5. Et maintenant, ça fait deux mois qu'il ___ à Eugénie, et moi ça fait deux mois que je ___ avec Carol! (écrire, sortir)

Une fête à Bruxelles

198   CHAPITRE 4

ADDITIONAL PRACTICE

1. Depuis quand faites-vous du français?
2. Depuis quand allez-vous à la même école?
3. Depuis quand sortez-vous avec votre petit(e) ami(e)?
4. Depuis quand connaissez-vous votre prof de français?
5. Depuis quand avez-vous votre permis de conduire?

INDEPENDENT PRACTICE

Assign any of the following:
1. Exercises A and B on this page
2. Workbook, *Structure II*

LITTÉRATURE

Gens du Pays

Gilles Vigneault

Avant la lecture

La vie qui passe est un thème souvent chanté par les poètes. Essayez de penser à ce que veulent dire pour vous les mots «jeunesse» et «vieillesse».

Vocabulaire

semer

récolter

un ruisseau

un étang

La neige fond au soleil.

PRESENTATION (continued)

B. Ask: *Est-ce que le garçon donne un bouquet de fleurs à sa petite amie? Il lui parle d'amour? Elle le laisse faire? Y a-t-il beaucoup de gens qui parlent d'amour? Est-ce que tout le monde veut vivre un grand amour?*

GEOGRAPHY CONNECTION

Have students look at the map of *Le Monde francophone* on page 433. Have them locate Quebec and ask: *Où se trouve le Québec? Comment est le paysage là-bas? C'est une grande ou une petite région? Comment sont les saisons là-bas? Très marquées?*

Exercices

PRESENTATION (page 200)

Extension of Exercice A

With more able groups you may wish to have students make up an original sentence using each of the words in this exercise.

ANSWERS

Exercice A
1. i
2. h
3. e
4. a
5. c
6. f
7. b
8. d
9. g

Exercice B
1. gens
2. vœux
3. fleurs
4. fond
5. ruisseaux
6. étangs
7. laissent

Il lui parle d'amour.
Elle le laisse faire.

les gens les hommes et les femmes, les êtres humains
l'amour quand on aime quelqu'un, on a de l'amour pour cette personne
les vœux les expressions comme «Bonne Année!» et «Bonne Santé!»
l'espoir (m.) le fait d'espérer

se mirer se regarder

Exercices

A **Familles de mots.** Choisissez le mot qui correspond.

1. espérer   a. le souhait
2. récolter   b. la course
3. se mirer   c. la vie
4. souhaiter   d. l'amour
5. vivre   e. le miroir
6. former   f. la forme
7. courir   g. les semailles
8. aimer   h. la récolte
9. semer   i. l'espoir

B **Au Québec.** Complétez.

1. Les Québécois sont les ___ qui vivent au Québec.
2. Pour le Nouvel An, ils se présentent leurs meilleurs ___.
3. Ils s'offrent des bouquets de ___.
4. Quand le printemps arrive, la neige ___.
5. Les ___ deviennent des rivières.
6. Et les ___ deviennent des lacs.
7. L'été, les jeunes font la fête, et les vieux les ___ faire. L'été dure si peu!

200   CHAPITRE 4

INDEPENDENT PRACTICE

Assign any of the following:
1. Exercises A and B on this page
2. Workbook, *Littérature*

INTRODUCTION

Gens du Pays est une chanson de Gilles Vigneault, auteur et compositeur québécois. Gilles Vigneault est né en 1928 à Natashquan, une petite ville au bord du golfe du Saint-Laurent.

Gens du Pays est souvent chanté au Québec lors de réunions officielles. C'est devenu, pour ainsi dire, l'hymne national du Québec.

LECTURE

Gens du Pays

Le temps qu'on a pris
Pour dire je t'aime
C'est le seul qui reste
Au bout de° nos jours
Les vœux que l'on fait
Les fleurs que l'on sème
Chacun° les récolte en soi-même°
Au beau jardin du temps qui court

Gens du Pays
C'est votre tour°
de vous laisser
Parler d'amour

Le temps de s'aimer
Le jour de le dire
Fond comme la neige
Aux doigts du printemps
C'est l'temps de nos joies
C'est l'temps de nos rires
Ces yeux où nos regards se mirent
C'est demain que j'avais vingt ans.

Gens du Pays…

Le ruisseau des jours
Aujourd'hui s'arrête
Et forme un étang
Où chacun peut voir
Comme en un miroir
L'amour qu'il reflète
Pour ces cœurs° à qui je souhaite
Le temps de vivre nos espoirs

Gens du Pays…

au bout de *at the end of*

chacun *everyone*
soi-même *himself*

tour *turn*

cœurs *hearts*

Gilles VIGNEAULT, *Gens du Pays*

LITTÉRATURE 201

LITERARY ANALYSIS

1. Quels sont les thèmes principaux de cette chanson? Trouvez le vers qui résume le mieux l'esprit de la chanson.
2. La fuite du temps est exprimée par diverses métaphores; faites-en la liste.
3. Donnez un titre à chaque couplet de cette chanson.
4. Comment comprenez-vous le vers: «C'est demain que j'avais vingt ans»?

Après la lecture
Compréhension
ANSWERS

Compréhension A
1. l'amour
2. le temps
3. le temps
4. le temps
5. le temps
6. l'amour

Compréhension B
1. Le temps qu'on a pris pour dire je t'aime.
2. Le fait d'aimer et d'en parler.
3. Le poète déclare son amour aux Gens du Pays.
4. Il leur souhaite le temps de vivre leurs espoirs.

Activités
ANSWERS

Activités A and B
  Answers will vary.

APRÈS LA LECTURE

Compréhension

A **La nature.** Classez les images de la nature qu'utilise le poète dans l'une ou l'autre des catégories suivantes.

l'amour   le temps

1. les fleurs
2. le jardin
3. la neige
4. le printemps
5. le ruisseau
6. l'étang

B **Chanson.** Répondez d'après le texte.

1. Qu'est-ce qui reste à la fin d'une vie?
2. Qu'est-ce qui permet d'oublier qu'on vieillit?
3. À qui le poète déclare-t-il son amour?
4. Qu'est-ce qu'il leur souhaite?

Activités

A **Images.** À quelles images de la nature associez-vous la vie, le temps, la jeunesse, la vieillesse, vieillir?

B **Hymne.** Cette chanson est devenue l'hymne populaire du Québec, surtout du Québec qui se voudrait indépendant du reste du Canada. Quels sont les vers qui peuvent aussi avoir un sens politique? Expliquez.

202   CHAPITRE 4

PAIRED ACTIVITIES

1. *Refrain:* Relisez le refrain de cette chanson. À votre tour, composez un refrain que vous adresserez aux habitants de votre pays ou de votre ville. Commencez par «Gens du Pays» et continuez à votre manière.
2. Pour que les habitants d'un pays s'entendent mieux, il faut que… Donnez-leur cinq conseils.

INDEPENDENT PRACTICE

Assign any of the following:
1. *Compréhension* exercises and activities on this page
2. Workbook, *Littérature*

La Dernière Classe

Alphonse Daudet

Avant la lecture

Qu'est-ce que le patriotisme? Comment se manifeste-t-il? Qu'êtes-vous prêt(e) à faire ou à ne pas faire pour votre pays?

Vocabulaire

Le maître d'école est en colère. Il tape sur le bureau avec sa règle.
Il donne des coups de règle sur le bureau.

Le maître gronde l'élève. Il le punit.

la patrie   pays que l'on considère comme le sien
épeler   dire une à une les lettres d'un mot
étouffer   ne plus pouvoir respirer
interroger   poser des questions
remercier   dire «merci»

faire de la peine à quelqu'un   rendre cette personne triste
s'en vouloir   se reprocher
vide   le contraire de plein
épuisé   extrêmement fatigué
jusqu'au bout   jusqu'à la fin

LITTÉRATURE 203

Exercices

ANSWERS

Exercice A
1. … a interrogés.
2. … jusqu'au bout.
3. … sa patrie.
4. … arrosions…
5. … remercie.
6. … s'en veut…
7. … tape sur lui.
8. … épuisés.

Exercice B
1. gronde, punit
2. étouffe
3. écriture
4. épeler
5. siffle
6. peine
7. habit, chapeau
8. affiches

Exercice C
1. en colère
2. gronder
3. une abeille
4. un pupitre
5. punir
6. plein
7. un banc
8. une règle
9. roucouler
10. arrose

Exercices

A **Synonymes.** Exprimez d'une autre façon ce qui est en italique.

1. Il nous *a posé des questions*.
2. Nous l'avons écouté jusqu'à *la fin*.
3. Il aimait beaucoup *son pays*.
4. Nous *mettions de l'eau sur* ses plantes.
5. Il nous *dit merci*.
6. Il *se reproche de* ne pas avoir été gentil avec elle.
7. Elle lui *donne des coups*.
8. Ils sont *très fatigués*.

B **Le mot juste.** Complétez.

1. Quand un enfant n'est pas sage, on le ___ et on le ___.
2. Je n'arrive plus à respirer! J'___.
3. Je n'arrive pas à lire sa lettre. Il a une ___ horrible.
4. Comme les gens ne comprennent pas son nom, il est obligé de l'___.
5. Quand on veut que son chien vienne, on le ___.
6. Elle lui a dit qu'elle ne l'aimait pas; ça lui a fait beaucoup de ___.
7. Il était très élégant: il avait mis un ___ et un ___.
8. Ils font beaucoup de publicité pour ce produit. Ils mettent des ___ partout.

C **Définitions.** Trouvez le mot qui correspond.

1. le contraire de calme
2. faire la morale à un enfant
3. un insecte jaune et noir qui pique
4. un bureau dans une salle de classe
5. le contraire de récompenser
6. le contraire de vide
7. long siège sur lequel plusieurs personnes peuvent s'asseoir
8. objet qui sert à tracer une ligne ou à mesurer une longueur
9. ce que font les pigeons pour communiquer entre eux
10. Quand les fleurs «ont soif», on les ___.

Deux jeunes filles en costume alsacien

204   CHAPITRE 4

INDEPENDENT PRACTICE

Assign any of the following:
1. Exercises A–C on this page
2. Workbook, *Littérature*

Introduction

Alphonse Daudet (1840–1897) est né à Nîmes, dans le sud de la France. Ses parents étaient de riches commerçants, mais ils se sont ruinés, et Daudet a donc dû travailler très jeune. Monté à Paris, Daudet est devenu journaliste et écrivain.

La célébrité est venue avec la publication de deux livres de contes, l'un intitulé *Les Lettres de mon Moulin*, l'autre *Les Contes du Lundi*.

Les Lettres de mon Moulin sont des contes fantaisistes, amusants et tendres, dans lesquels Daudet met en scène des personnages typiques du Midi (sud de la France).

Les Contes du Lundi sont inspirés par les événements qui ont suivi la guerre franco-allemande de 1870 et la défaite des Français:

en particulier, l'occupation de l'Alsace par les Allemands.

La Dernière Classe est un de ces contes. C'est l'histoire d'un petit Alsacien, Franz, qui assiste à l'occupation de «sa patrie» par les troupes prussiennes et se voit interdire l'usage de la langue française: seul l'allemand sera enseigné dans les écoles publiques.

«La bataille de Königgratz»—Peinture par Bleibtreu

Bell Ringer Review

Write the following on the board or use BRR Blackline Master 4-15: Ouvrez votre livre à la page 431. Regardez la carte et cherchez Strasbourg, qui se trouve en Alsace. Répondez.
1. Où est l'Alsace?
2. Quelle est la ville principale de l'Alsace?
3. Dans quelle partie de la France se trouve-t-il?
4. Avec quel pays l'Alsace a-t-elle une frontière?
5. Pourquoi Strasbourg est-il une ville importante?

Lecture

PRESENTATION
(pages 206–210)

Note: You may wish to present this lovely story thoroughly using the following outline.
A. Give students a brief oral resumé of the selection in French. Do not give away the ending.
B. Ask some questions about your resumé.
C. Call on individuals to read about four or five sentences each, then ask comprehension questions of other students.
E. Upon completion of the reading, ask approximately 10 questions, the answers to which give a unified review of the story. Direct each question to a different student.
F. Call on a student to give a summary of the story in his/her own words.
G. With more able groups, you may wish to ask the analytical questions in LITERARY ANALYSIS at the bottom of this page.

LECTURE

Obernai en Alsace: la place du Marché

La Dernière Classe

Ce matin-là, j'étais très en retard pour aller à l'école, et j'avais grand-peur d'être grondé, d'autant que° M. Hamel nous avait dit qu'il nous interrogerait sur les participes, et je n'en savais pas le premier mot. Un moment l'idée me vint de manquer la classe et de prendre ma course à travers champs.

Le temps était si chaud, si clair!

On entendait les oiseaux siffler dans le bois, et dans le pré Rippert, derrière la scierie°, les Prussiens qui faisaient l'exercice. Tout cela me tentait bien plus que la règle des participes; mais j'eus la force de résister, et je courus bien vite vers l'école.

En passant devant la mairie, je vis qu'il y avait du monde arrêté près des affiches. Depuis deux ans, c'est de là que nous sont venues toutes les mauvaises nouvelles, et je pensai sans m'arrêter:

«Qu'est-ce qu'il y a encore?»

Alors, comme je traversais la place en courant, le forgeron° Wachter, qui était là avec son apprenti en train de lire° l'affiche me cria:

«Ne te dépêche pas tant, petit; tu y arriveras toujours assez tôt° à ton école!»

d'autant que *all the more so since*

scierie *sawmill*

forgeron *blacksmith*
en train de lire *reading*

tôt *early*

206 CHAPITRE 4

LITERARY ANALYSIS

1. Quelles sont les différentes étapes de ce récit?
2. Relevez le vocabulaire qui fait partie du monde scolaire du passé.
3. Montrez que ce jour-là, tout semblait inhabituel au petit Franz.
4. Relevez les expressions qui traduisent l'émotion du maître.
5. L'attitude de Franz vis-à-vis de la langue française a-t-elle changé au cours du récit? Faites la liste des phrases qui indiquent ce changement. À quoi l'attribuez-vous?

Je crus qu'il ne parlait pas sérieusement, et j'entrai tout épuisé dans la petite cour de M. Hamel.

D'ordinaire°, au commencement de la classe, il se faisait un grand bruit qu'on entendait jusque dans la rue, les pupitres ouverts, fermés, les leçons qu'on répétait très haut° tous ensemble pour mieux apprendre, et la grosse règle du maître qui tapait sur les tables:

«Un peu de silence!»

Je comptais sur toute cette agitation pour aller à ma place sans être vu; mais, justement, ce jour-là, tout était tranquille, comme un matin de dimanche. Par la fenêtre ouverte, je voyais mes camarades déjà rangés à leurs places°, et M. Hamel, qui passait et repassait avec la terrible règle en fer° sous le bras. Il fallut ouvrir la porte et entrer au milieu de ce grand calme. J'étais rouge et j'avais très peur!

Eh bien! non. M. Hamel me regarda sans colère° et me dit très doucement:

«Va vite à ta place, mon petit Franz: nous allions commencer sans toi.»

J'enjambai° le banc et je m'assis tout de suite. Alors seulement, je remarquai que notre maître avait son bel habit qu'il ne mettait que pour les grandes occasions. Du reste°, toute la classe avait quelque chose d'extraordinaire et de solennel°. Mais ce qui me surprit le plus, ce fut de voir au fond de° la salle, sur les bancs qui restaient vides d'habitude, des gens du village assis et silencieux comme nous, le vieux Hauser avec son chapeau, l'ancien° maire, l'ancien facteur, et puis d'autres personnes encore. Tout ce monde-là avait l'air triste; et Hauser avait apporté un vieux livre qu'il tenait grand ouvert sur ses genoux, avec ses grosses lunettes posées sur les pages.

Pendant que je m'étonnais de tout cela, M. Hamel était monté dans sa chaire°, et de la même voix douce et grave dont il m'avait reçu, il nous dit:

«Mes enfants, c'est la dernière fois que je vous fais la classe. L'ordre est venu de Berlin de ne plus enseigner que l'allemand dans les écoles de l'Alsace et de la Lorraine… Le nouveau maître arrive demain. Aujourd'hui, c'est votre dernière leçon de français. Je vous prie d'°être bien attentifs.»

Ces quelques paroles me bouleversèrent°. Ah! les misérables, voilà ce qu'ils avaient affiché à la mairie.

Ma dernière leçon de français!…

Et moi qui savais à peine écrire°! Je n'apprendrais donc jamais! Il faudrait donc en rester là… Comme je m'en voulais° maintenant du temps perdu, des classes manquées à courir dans les champs ou à rêver° le nez en l'air. Mes livres que tout à l'heure encore je trouvais si ennuyeux, si lourds° à porter, ma grammaire, mon histoire, me semblaient à présent de vieux amis qu'il me ferait beaucoup de peine à quitter. C'est comme M. Hamel. L'idée qu'il allait partir, que je ne le verrais plus, me faisait oublier les punitions, les coups de règle.

d'ordinaire *usually*

haut *loudly*

rangés… places *sitting in rows*
règle en fer *iron ruler*

colère *anger*

j'enjambai *I stepped over*

du reste *moreover*
solennel *solemn*
au fond de *at the back of*

ancien *former*

était… chaire *had sat at his desk*

je vous prie de *please*
bouleversèrent *stunned*

qui… écrire *who could hardly write*
s'en vouloir de *to feel guilty about*

rêver *dream*
lourds *heavy*

LITTÉRATURE 207

HISTORY CONNECTION

Au cours des siècles, l'Alsace a eu une histoire mouvementée. À la Révolution française, la province est totalement intégrée à la France et les départements du Haut-Rhin et du Bas-Rhin sont créés. En 1871, après la guerre franco-allemande, l'Alsace ainsi que la Lorrraine sont prises à la France et données à l'Allemagne. À cette époque, on estime que plus d'un dixième de la population quitta le pays pour s'installer en terre française, notamment en Algérie. En 1918, l'Alsace est libérée, mais elle est de nouveau occupée par les troupes allemandes en juin 1940. Elle est de nouveau libérée en 1945 et Strasbourg, sa capitale, devient le siège du Conseil de l'Europe en 1949. De nos jours, Strasbourg est le siège du Parlement européen.

On appelle Alsace-Lorraine l'ensemble des territoires alsaciens et lorrains qui furent annexés à l'empire allemand en 1871. Néanmoins, l'Alsace et la Lorraine sont deux provinces distinctes. La capitale historique de la Lorraine est Nancy.

Pauvre homme!

C'est en l'honneur de cette dernière classe qu'il avait mis ses beaux habits du dimanche et maintenant je comprenais pourquoi ces vieux du village étaient venus s'asseoir au bout de la salle. Cela semblait dire qu'ils regrettaient de ne pas y être venus plus souvent, à cette école. C'était aussi comme une façon de remercier notre maître de ses quarante ans de bons services et de rendre leurs devoirs à la patrie qui s'en allait°…

C'est à ce moment que j'entendis appeler mon nom. C'était mon tour de réciter. Que n'aurais-je pas donné pour pouvoir dire tout au long cette fameuse règle des participes, bien haut, bien clair, sans une faute? Mais je m'embrouillai° aux premiers mots, et je restai debout à me balancer sur mes jambes, tout triste, sans oser lever la tête°. J'entendais M. Hamel qui me parlait:

«Je ne te dirai rien, mon petit Franz, tu dois être assez puni… voilà ce que c'est. Tous les jours on se dit: «Bah! j'ai bien le temps. J'apprendrai demain.» Et puis tu vois ce qui arrive. Ah! Malheureusement, notre Alsace a toujours remis son instruction au lendemain. Maintenant ces gens-là peuvent nous dire: «Comment! Vous prétendiez être Français et vous ne savez ni lire ni écrire votre langue!» Dans tout ça, mon pauvre Franz, ce n'est pas encore toi le plus coupable°. Nous avons tous notre bonne part de reproches° à nous faire.

«Vos parents n'ont pas assez tenu à° vous voir instruits. Ils aimaient mieux vous envoyer travailler à la terre ou dans les textiles pour avoir de l'argent en plus. Moi-même, n'ai-je rien à me reprocher? Est-ce que je ne vous ai pas souvent fait arroser mon jardin au lieu de travailler? Et quand je voulais aller pêcher, est-ce que je me gênais pour vous donner congé°?»

Alors, d'une chose à l'autre, M. Hamel se mit à nous parler de la langue française, disant que c'était la plus belle langue du monde, la plus claire, la plus solide: qu'il fallait la garder entre nous et ne jamais l'oublier. Elle resterait le symbole de notre liberté. Puis, il prit une grammaire et nous lut notre leçon. J'étais étonné de voir comme je comprenais. Tout ce qu'il disait me semblait facile, facile. Je crois aussi que je n'avais jamais si bien écouté et que lui non plus n'avait jamais mis autant de patience à ses explications. On aurait dit qu'avant de s'en aller, le pauvre homme voulait nous donner tout son savoir°, nous le faire entrer dans la tête finalement.

La leçon finie, on passa à l'écriture. Pour ce jour-là, M. Hamel nous avait préparé des exemples tout neufs sur lesquels était écrit: «France, Alsace. France, Alsace.» Cela faisait comme des petits drapeaux plantés tout autour de la classe. Il fallait voir comme chacun essayait de bien faire—et quel silence! On n'entendait rien que les plumes° sur le papier. Un moment des abeilles entrèrent: mais personne n'y fit attention, pas même les tout petits qui s'appliquaient à faire leurs lettres, avec un cœur, une conscience, comme si cela

de rendre… allait to pay their respects to the homeland that was dying

je m'embrouillai I got mixed up

sans… tête not daring to look up

coupable guilty
part de reproches share of the blame
n'ont… tenu à have not been keen enough

est-ce que… congé? did I mind if I gave you the day off?

savoir knowledge

plumes pens

208 CHAPITRE 4

était du français... Sur le toit° de l'école, des pigeons roucoulaient tout bas, et je me disais en les écoutant:

«Est-ce qu'on ne va pas les obliger à chanter en allemand, eux aussi?»

De temps en temps, quand je levais les yeux de dessus ma page, je voyais M. Hamel immobile dans sa chaire et fixant les objets autour de lui, comme s'il avait voulu emporter° dans son regard toute sa petite maison d'école... Pensez! depuis quarante ans, il était là à la même place, avec sa cour en face de lui et sa classe toute pareille°. Seulement les bancs, les pupitres s'étaient polis par l'usage; les arbres de la cour avaient grandi, et le houblon° qu'il avait planté lui-même entourait maintenant les fenêtres jusqu'au toit. Quelle torture ça devait être pour ce pauvre homme de quitter toutes ces choses, et d'entendre sa sœur qui allait, venait, dans la chambre au-dessus, en train de fermer leurs valises! Car ils devaient partir le lendemain, s'en aller du pays pour toujours.

Tout de même°, il eut le courage de nous faire la classe jusqu'au bout. Après l'écriture, nous eûmes la leçon d'histoire; ensuite, les petits chantèrent tous ensemble le BA BÉ BI BO BU°. Là-bas, au fond de la salle, le vieux Hauser avait mis ses lunettes, et, tenant son abécédaire° à deux mains, il épelait les lettres avec eux. On voyait qu'il s'appliquait lui aussi; sa voix tremblait d'émotion, et

toit *roof*

emporter *to carry off*

toute pareille *exactly the same*
houblon *hop vine*

tout de même *all the same*

BA... BU *exercise for practicing vowels*
abécédaire *elementary reader*

LITTÉRATURE **209**

Après la lecture
Compréhension

PRESENTATION *(page 210)*

Have students prepare the exercises for homework and then go over them in class.

ANSWERS

Compréhension A

Answers will vary but may include the following:
1. Il avait peur d'être grondé parce qu'il était en retard et qu'il n'avait pas appris sa leçon sur les participes.
2. Devant la mairie, il a vu qu'il y avait du monde arrêté près des affiches.
3. Il y avait toujours beaucoup de bruit qu'on entendait jusque dans la rue.
4. Ce qui a étonné Franz, c'est de voir au fond de la salle de classe, assis sur des bancs, des gens du village.
5. Il avait probablement entre sept et neuf ans.
6. Il s'en voulait du temps perdu et des classes manquées.
7. Il avait envie de rire et de pleurer.
8. Il a ressenti du respect et de l'admiration envers son vieux professeur.

Compréhension B

Answers will vary but may include the following:
1. M. Hamel était un professeur sérieux et dur.
2. Il portait son plus bel habit qu'il ne mettait que pour les grandes occasions.
3. Depuis quarante ans.
4. Il est passé à la leçon d'histoire.
5. Il était immobile dans sa chaire et fixait les objets autour de lui.
6. Il a écrit au tableau: «Vive la France!»

Compréhension C

Answers will vary.

---

c'était si drôle de l'entendre, que nous avions tous envie de rire et de pleurer°. Ah! je m'en souviendrai de cette dernière classe...

pleurer to weep

Tout à coup, on entendit sonner midi. Au même moment, les trompettes des Prussiens qui revenaient de l'exercice éclatèrent° sous nos fenêtres... M. Hamel se leva, tout pâle, dans sa chaire. Jamais il ne m'avait semblé si grand.

éclatèrent rang out

«Mes amis, dit-il, mes, je... je... »

Mais quelque chose l'étouffait. Il ne pouvait pas terminer sa phrase.

Alors il se tourna vers le tableau, prit un morceau de craie et, en appuyant de toutes ses forces, il écrivit aussi gros qu'il put:

«Vive la France!»

Puis il resta là, la tête contre le mur°, sans parler, avec sa main, il nous faisait signe:

mur wall

«C'est fini... allez-vous-en.»

Alphonse DAUDET, *Contes du Lundi*

APRÈS LA LECTURE

Compréhension

A **Franz.** Répondez d'après la lecture.

1. Pourquoi Franz avait-il peur d'être grondé?
2. Qu'est-ce qu'il a vu devant la mairie?
3. Qu'est-ce qu'il y avait toujours au commencement de la classe?
4. Qu'est-ce qui a étonné Franz?
5. Quel âge avait Franz, d'après vous?
6. De quoi s'en voulait-il pendant cette dernière classe?
7. Qu'est-ce qu'il avait envie de faire en entendant le vieux Hauser?
8. Quels sentiments a-t-il ressentis envers son vieux professeur à la fin de la dernière classe: la peur, la colère, la pitié, le respect, l'admiration? Choisissez.

B **Monsieur Hamel.** Répondez d'après la lecture.

1. D'après vous, quel genre de professeur était M. Hamel?
2. Comment M. Hamel s'était-il habillé pour cette dernière classe?
3. Depuis combien de temps était-il professeur?
4. Après la leçon de français, à quelle leçon M. Hamel est-il passé?
5. Que faisait M. Hamel pendant que les enfants écrivaient?
6. Qu'a fait le vieux professeur avant de dire aux élèves de s'en aller?

C **Valeurs.** Répondez d'après la lecture.

1. Quels sont les passages où il est question de patriotisme? Expliquez.
2. Quels sont les passages qui vous ont le plus ému(e)? Pourquoi?
3. Quelle(s) leçon(s) pouvez-vous tirer de cette histoire?

PAIRED ACTIVITIES

1. Ce texte vous décrit une école en 1870. Avec un(e) camarade, faites une liste de tout ce qui a changé aujourd'hui dans l'atmosphère d'une salle de classe.
2. *Jeu de rôle:* Avec un(e) camarade décidez quel message vous auriez écrit au tableau avant de partir si vous aviez été le professeur.

INDEPENDENT PRACTICE

Assign any of the following:
1. Exercises and activities on pages 210–211
2. Workbook, *Littérature*

La bataille de Reischoffen (Alsace), le 6 août 1870

Activités

A **L'histoire du professeur.** Racontez l'histoire du point de vue de M. Hamel.

B **Un jour dans la vie de Franz.** Racontez un jour dans la vie de Franz avant la dernière classe.

C **La guerre de 70.** Faites un exposé sur la guerre franco-allemande de 1870. Travaillez avec un(e) camarade.

LITTÉRATURE

DID YOU KNOW?

«Le 6 août 1870, le Maréchal Mac-Mahon, à la tête de son armée forte d'environ 30 000 hommes, se dirigeait vers Reischoffen; arrivé à quelques kilomètres, il fut attaqué par une armée cinq fois plus forte que la sienne, commandée par le prince Frédéric Charles. Le courage de nos troupes était si grand que la victoire nous paraissait assurée lorsque l'ennemi, au moment où il allait battre en retraite, reçut des renforts considérables. Le Maréchal Mac-Mahon dût alors songer à opérer sa retraite et afin de l'effectuer en bon ordre, il envoya les 8e et 9e régiments de Cuirassiers pour charger l'ennemi. Ces héros, sans songer un instant qu'ils allaient tous à une mort certaine, se lancèrent au milieu d'un déluge de mitraille, aussi presque tous succombèrent, mais l'armée fut sauvée. Honneur donc aux braves Cuirassiers …»

CHAPITRE 5

CHAPTER OVERVIEW

In this chapter, students will read about typical social problems in France, many of which are similar to those in the U.S. and other industrialized nations. They will learn the vocabulary necessary to report a minor non-violent crime. They will also learn expressions conveying agreement and disagreement as well as those used to continue or change the direction of a conversation. These are particularly useful when discussing current events.

Students will learn to read and understand the importance of newspaper headlines. They will also read newspaper articles about everyday local events such as accidents, minor mishaps, and human interest stories. They will also read an unabridged chapter from *Les Misérables* by Victor Hugo.

CHAPTER OBJECTIVES

In this chapter, students will:
1. learn about social problems in France
2. learn how to report a petty crime
3. learn how to express agreement and disagreement
4. review direct and indirect object pronouns and their placement in statements and in the imperative
5. read three local news stories
6. learn the formation and use of the *passé simple*
7. review conjunctions that require the subjunctive
8. read and analyze a chapter of *Les Misérables* by 19th-century author Victor Hugo

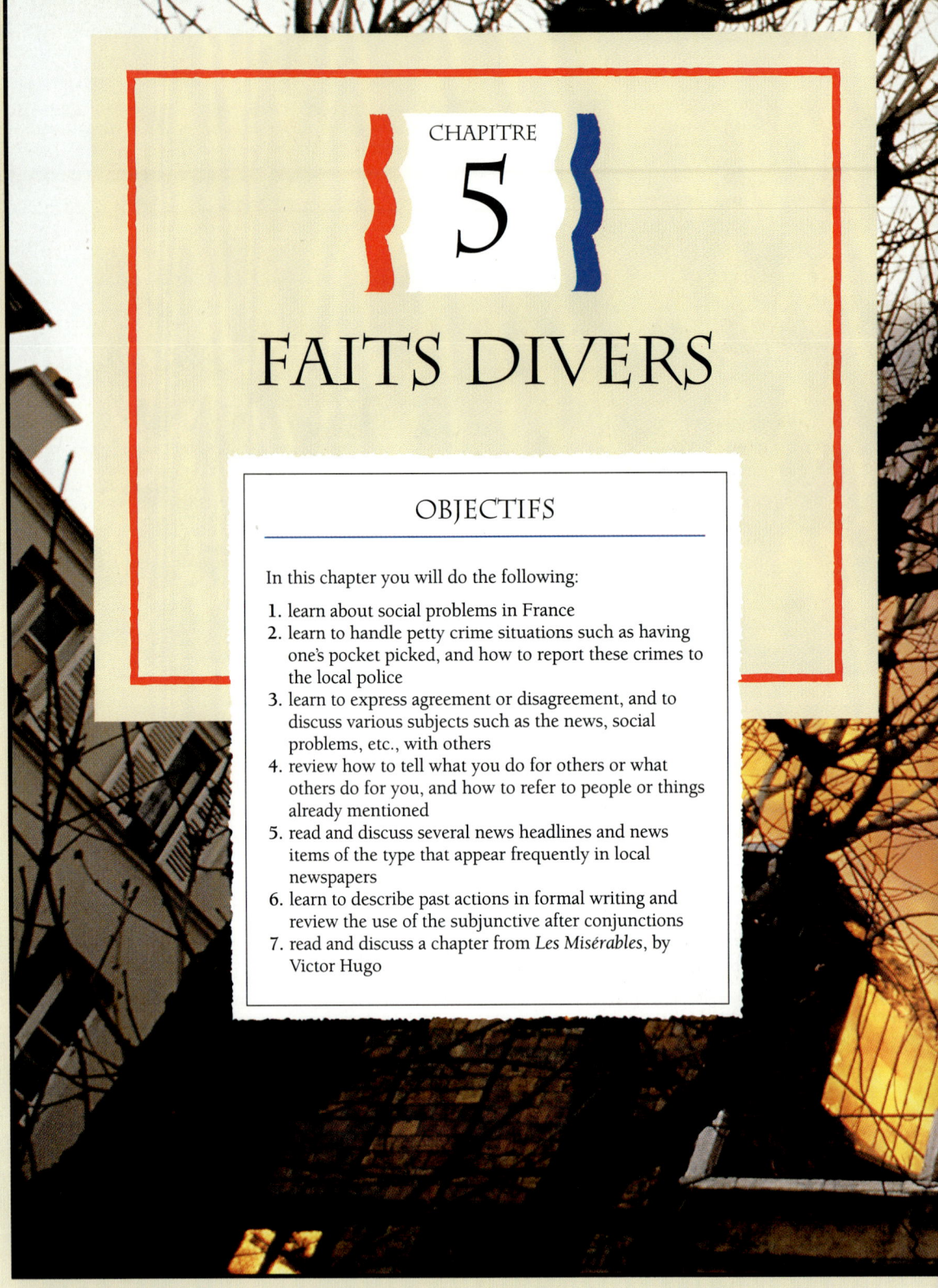

CHAPITRE 5

FAITS DIVERS

OBJECTIFS

In this chapter you will do the following:

1. learn about social problems in France
2. learn to handle petty crime situations such as having one's pocket picked, and how to report these crimes to the local police
3. learn to express agreement or disagreement, and to discuss various subjects such as the news, social problems, etc., with others
4. review how to tell what you do for others or what others do for you, and how to refer to people or things already mentioned
5. read and discuss several news headlines and news items of the type that appear frequently in local newspapers
6. learn to describe past actions in formal writing and review the use of the subjunctive after conjunctions
7. read and discuss a chapter from *Les Misérables*, by Victor Hugo

CHAPTER PROJECTS

(optional)

1. *Les faits divers:*
   A. Demandez aux élèves d'apporter des journaux et de découper des faits divers. Divisez la classe en plusieurs équipes et demandez-leur de faire des questions sur ces faits divers. Faites un concours pour voir quelle équipe gagnera.

   B. Mettez les élèves par deux et demandez-leur de préparer un sketch: imaginez une émission policière à la télé dont le titre serait «911». L'un des élèves téléphone pour signaler un vol, un accident, un crime, etc., et l'autre prend des notes et donne des instructions. Les élèves peuvent enregistrer leur conversation et ajouter des bruits de fond.

   (continued on page 213)

CHAPTER 5 RESOURCES

1. Workbook
2. Student Tape Manual
3. Audio Cassette 5
4. Bell Ringer Review Blackline Masters
5. Situation Cards
6. Chapter Quizzes
7. Testing Program

DIFFICULTY PLATEAUS

In all chapters, each reading selection in *Culture, Journalisme,* and *Littérature,* as well as the *Conversation* and each structure topic, will be rated as follows:
◆   Easy
◆◆ Intermediate
◆◆◆ Difficult

Please note that the material in *En voyage* does not get progressively more difficult. Within each chapter there are easy and difficult sections.

The overall rating of this chapter is: ◆◆ Intermediate.

RANDOM ACCESS

You may either follow the exact order of the chapter or you may omit certain sections that you feel are not necessary for your students. Similarly, you may wish to present a literary selection without interruption or you may intersperse some material from the *Structure* section as you are presenting a literary piece.

EVALUATION

Quizzes: There is a quiz for every vocabulary presentation and every structure point.

Tests: To accompany *En voyage* there are global tests for both *Structures I* and *II*, a combined *Conversation/Langage* test, and one test for each reading in the *Culture, Journalisme,* and *Littérature* sections. There is also a chapter Listening Comprehension Test.

CHAPTER PROJECTS

(continued from page 212)

C. Demandez aux élèves d'écrire des articles pour faire un journal. Ils peuvent travailler seuls ou par deux. Réduisez le format des pages et «publiez» un journal. N'oubliez pas d'inclure tout ce qui fait un journal: les gros titres, le courrier du cœur, les petites annonces, etc.

2. *Victor Hugo:* Si Victor Hugo intéresse les élèves, demandez-leur de se renseigner plus à fond sur son œuvre et sa vie. Les exposés peuvent être oraux ou écrits. Vous pouvez aussi donner d'autres passages des *Misérables* à lire et demander aux élèves de résumer ce qu'ils ont lu. Si cela est possible, montrez le film ou des extraits de la pièce.

213

CULTURE

LES FAITS DIVERS
Introduction

PRESENTATION *(page 214)*

A. You may either read the *Introduction* to the students or have them read it silently.
B. Ask students the following questions about the *Introduction*: Qu'est-ce que les faits divers? Ce sont des événements qui se passent quand? Où se passent-ils? Qui les faits divers intéressent-ils? Donnez-moi quelques exemples de faits divers. Que reflètent-ils?
C. Ask students for the singular of *les maux* (le mal).

214

CULTURE

LES FAITS DIVERS

INTRODUCTION

Les faits divers sont des événements qui se passent tous les jours, dans n'importe quelle ville ou village. Les faits divers intéressent les gens qui habitent la région, mais ces petits événements n'ont pas d'intérêt pour le reste du pays ou du monde. Les faits divers (homicides, accidents, incendies, etc.) reflètent souvent les maux de la société.

214   CHAPITRE 5

DID YOU KNOW?

Il y a environ 80 titres de quotidiens en France, dont une douzaine à Paris et le reste en province. Le tirage est de dix millions d'exemplaires: 2,5 à Paris et 7,5 en province. Il est intéressant de noter qu'en 1939, le nombre de titres était de 220. Les différents quotidiens représentent souvent les principales tendances politiques: *La Croix* - catholique, *L'Humanité* - communiste, *Libération* - gauche, *Le Figaro* - centre droite. *France-Soir* publie souvent des articles à sensation et *Le Monde* est respecté dans le monde entier. Le dernier né s'appelle *InfoMatin* et est très bien reçu grâce à son prix modeste (la moitié des autres quotidiens).

VOCABULAIRE

une agglomération
en rase campagne
un casque
un vol
Elle a abîmé le parcmètre et endommagé sa voiture.
un voleur
Les motocyclistes doivent porter le casque.
une vitre
un cambrioleur
un pompier

Il casse une vitre de la fenêtre.
Il entre par effraction. C'est un cambriolage.

Les pompiers se battent contre l'incendie/le feu.

tuer causer la mort d'une manière violente
dépasser excéder, aller au-delà
constater vérifier, établir la vérité
le chiffre le nombre, le montant, le total, la somme
la baisse la diminution
la hausse l'augmentation
la une la première page du journal

l'actualité l'ensemble des événements actuels, ce qui se passe en ce moment
la suppression l'abolition, l'action de terminer l'existence de quelque chose
la peine de mort la condamnation à mort
mortel qui cause la mort
grave sérieux
périlleux dangereux
malgré en dépit de

CULTURE **215**

Exercices

PRESENTATION (page 216)

Exercice A

You can go over the questions of Exercise A as you present the vocabulary.

Exercices B, C, and D

Have students prepare Exercises B, C, and D before going over them in class. Then call on students to read their answers to Exercises B and C.

Extension of Exercices B and C

After going over these two exercises, have students make up questions about each sentence.

Extension of Exercice D

After a student gives the word being defined, you may ask him/her to use the word in an original sentence.

ANSWERS

Exercice A
Answers will vary.

Exercice B
1. voleur, vol
2. cambrioleur, cambriolage
3. rase campagne
4. abîmé
5. malgré
6. suppression
7. pompier

Exercice C
1. a dépassé
2. ont constaté
3. le chiffre
4. la suppression
5. une baisse
6. à la une
7. graves
8. mortelles
9. périlleuse

Exercice D
1. un cambrioleur
2. endommager
3. tuer
4. un casque
5. grave
6. mortel
7. la suppression
8. dépasser
9. hausse

216

Exercices

A Votre expérience. Donnez des réponses personnelles.

1. Vous préférez conduire en rase campagne ou dans les agglomérations?
2. Vous portez un casque quand vous faites de la moto?
3. Y a-t-il beaucoup de cambriolages là où vous habitez?
4. Est-ce que la police arrête les cambrioleurs?
5. Est-ce qu'il y a des gens qui abîment les parcmètres et cassent les vitres des cabines téléphoniques?
6. Est-ce qu'il y a beaucoup d'incendies dans votre ville?
7. Est-ce que vous suivez l'actualité? Quels sont les gros titres à la une des journaux, aujourd'hui?

B L'actualité. Complétez.

1. Un ___ vole. Il prend ce qui n'est pas à lui. Il commet un ___.
2. Un ___ cambriole. Il entre par effraction dans une maison pour y voler quelque chose. Il commet un ___.
3. Il y a très peu de circulation sur les routes en ___.
4. Il a ___ le parcmètre. On ne peut plus s'en servir.
5. Malheureusement, le nombre d'accidents de moto mortels continue à augmenter ___ les campagnes pour le port du casque.
6. Il y a des gens qui sont pour la ___ de la peine de mort, et il y en a d'autres qui sont contre.
7. Un ___ se bat contre le feu.

C Synonymes. Exprimez d'une autre façon ce qui est en italique.

1. Le conducteur *est allé au-delà de* la limitation de vitesse.
2. Les gendarmes *ont vérifié* qu'il conduisait sans casque.
3. *La somme* des accidents causés par la consommation excessive d'alcool est énorme.
4. Qui est en faveur ou contre *l'abolition* de la peine de mort?
5. Il y a *une diminution* du nombre des accidents de la route en rase campagne.
6. Vous verrez l'article *sur la première page* du journal.
7. Il a souffert de *sérieuses* blessures.
8. Ils avaient des blessures *qui ont causé sa mort*.
9. C'était une situation *dangereuse*.

D Quel est le mot? Trouvez le mot qui correspond à la définition donnée ici.

1. celui qui entre par effraction dans une maison pour y voler quelque chose
2. causer des dommages
3. commettre un meurtre
4. ce que doivent porter les motocyclistes
5. sérieux
6. qui cause la mort
7. l'abolition
8. excéder
9. le contraire de «baisse»

216 CHAPITRE 5

INDEPENDENT PRACTICE

Assign any of the following:
1. Workbook, *Culture*
2. Exercises A–D on this page

ACCIDENTS ET DÉLINQUANCE

Les accidents de la route

La proportion des accidents mortels sur la route reste plus élevée en France que dans les autres grands pays occidentaux[1]. Parmi les pays industrialisés, la France est l'un de ceux où l'on meurt le plus sur la route: 410 conducteurs ou passagers tués par million de voitures en circulation. À titre de comparaison, le chiffre est de 270 en Allemagne et de 260 au Royaume-Uni[2].

Pour les motocyclistes, les chiffres sont encore plus accablants[3]: 122 morts par an pour 100 000 motos en circulation, contre 82 au Japon et aux États-Unis.

La vitesse est la principale cause des accidents. Malgré les campagnes d'incitation à la prudence largement diffusées[4] par les médias, 67% des conducteurs reconnaissent qu'il leur est arrivé de dépasser la limitation de vitesse.

Le respect de la limitation de vitesse et de la signalisation est très insuffisant dans les agglomérations; les accidents qui s'y produisent sont d'ailleurs[5] trois fois plus nombreux qu'en rase campagne, mais ils sont moins graves. Dans les grandes villes, Paris en tête, la traversée des rues constitue souvent une périlleuse aventure.

40% des accidents mortels sont imputables à[6] l'alcool

Chaque jour, plusieurs centaines de milliers d'usagers de la route conduisent en état d'ivresse[7].

Délinquance: en hausse?

Après quatre années de baisse, on a enregistré une hausse. L'évolution de la délinquance est très contrastée selon le degré d'urbanisation. Ainsi, la Gendarmerie nationale, principalement implantée dans les zones rurales ou peu urbanisées, a enregistré une baisse de la criminalité, alors que la Police nationale, qui couvre surtout les zones urbanisées, constatait une hausse de 7,2%. On constate que le taux[8] de criminalité augmente proportionellement à la taille des agglomérations. La récente hausse

---
[1] occidentaux *western*
[2] Royaume-Uni *United Kingdom*
[3] accablants *overwhelming*
[4] diffusées *broadcast*
[5] d'ailleurs *moreover, besides*
[6] imputables à *attributable to*
[7] en état d'ivresse *under the influence (of alcohol)*
[8] taux *rate*

CULTURE 217

Bell Ringer Review

Write the following on the board or use BRR Blackline Master 5-3: Écrivez trois phrases sur chaque thème.
1. À la gare
2. Dans la station de métro
3. Dans l'autobus

de la petite délinquance est due principalement à celle des vols.

Les formes nouvelles de la délinquance

À côté des formes traditionnelles de la délinquance (vols, cambriolages, homicides, etc.) se sont développées depuis quelques années des pratiques plus modernes. Trois d'entre elles font régulièrement la une de l'actualité, et représentent des dangers considérables pour l'avenir des nations développées: le terrorisme, le piratage informatique, le trafic et l'usage de la drogue. Il faut y ajouter le vandalisme et la fraude fiscale.

Les actes de terrorisme sont, avec les meurtres, ceux qui impressionnent le plus les Français. Leur nombre peut varier considérablement, en fonction de la situation politique internationale (les deux tiers des attentats[9] ont des mobiles politiques).

Le malaise social, en particulier celui ressenti[10] par les jeunes, se traduit par une véritable explosion du vandalisme. Parcmètres, cabines téléphoniques, voiture de métro ou de chemin de fer, tout est bon pour montrer son mépris[11] du patrimoine[12] public et donc de la société. Dans sa forme primaire, le vandalisme consiste à casser, abîmer, enlaidir, salir[13]. Dans sa forme culturelle, il se manifeste par les graffitis et autres moyens d'expressions s'appropriant les surfaces publiques pour communiquer clandestinement son mal de vivre.

Les Français restent plutôt favorables au rétablissement de la peine de mort

Beaucoup de Français ont vu dans l'abolition du châtiment suprême la menace d'un nouvel accroissement[14] de la criminalité. Pourtant[15], cinq ans après la suppression de la peine capitale, le nombre de crimes de sang[16] n'a pas augmenté. La même constatation avait déjà pu être faite dans d'autres pays où la peine de mort avait été abolie.

---

[9] deux tiers des attentats   *two thirds of murder/assassination attempts*
[10] ressenti   *felt*
[11] mépris   *contempt, scorn*
[12] patrimoine   *property*
[13] enlaidir, salir   *make ugly, make dirty*
[14] l'accroissement   *increase*
[15] pourtant   *however, nevertheless*
[16] de sang   *violent*

218 CHAPITRE 5

LEARNING FROM PHOTOS

Top photo: Imaginez: Pourquoi arrête-t-on cet homme?
Bottom photo: C'est quelle station de métro? Qu'est-ce qu'il y a sur les murs?

DID YOU KNOW?

Les taggers, ceux qui font des tags (du mot anglais pour décrire ceux qui laissent leur marque) sévissent surtout dans la banlieue nord, très peu à Paris malgré ce que l'on voit sur cette photo. C'est très sévèrement réprimé, de 2 500 à 50 000 francs et de 3 mois à 2 ans de prison.

Compréhension

A **Oui ou non?** Corrigez d'après le texte.

1. Le taux d'accidents mortels en France est inférieur à celui de la plupart des pays européens.
2. Beaucoup de conducteurs reconnaissent avoir, de temps en temps, dépassé la limitation de vitesse.
3. Les accidents en rase campagne sont moins graves que ceux dans les agglomérations.
4. On ne doit jamais conduire en état d'ivresse.
5. Plus le degré d'urbanisation est élevé, plus le taux de criminalité l'est aussi.
6. Le terrorisme n'inquiète pas beaucoup les Français.
7. Le trafic et l'usage de la drogue n'existent pas en France.
8. Les Français sont plutôt contre le rétablissement de la peine de mort.
9. La suppression de la peine de mort provoque une hausse de la criminalité.

B **La police française a beaucoup à faire?** Répondez d'après le texte.

1. Quelle est la principale cause des accidents de la route?
2. Qu'est-ce que les médias essaient de faire?
3. Où la plupart des accidents se produisent-ils?
4. À quoi 40% des accidents mortels sont-ils imputables?
5. Quelles zones la Gendarmerie nationale couvre-t-elle?
6. Quelles zones la Police nationale couvre-t-elle?
7. Quelles sont les formes nouvelles de la délinquance?
8. Que reflètent les actes de terrorisme?
9. Comment s'exprime le vandalisme en France et aux États-Unis?

Activités

A **Les «Faits divers».** Préparez quelques gros titres pour les «Faits divers» d'un journal français. Prenez comme modèle les «Faits divers» de votre journal local.

B **Un cambriolage.** Écrivez un article pour un journal français. Décrivez un cambriolage. Donnez les détails suivants:

l'heure, le lieu, l'adresse, les circonstances, ce qui a été volé, ceux qui ont découvert le crime, les témoins (*witnesses*), la description du cambrioleur, etc.

C **La délinquance.** Écrivez plusieurs paragraphes en français sur la délinquance dans votre ville ou village.

D **La conduite des Américains.** Faites des recherches sur la proportion des accidents mortels aux États-Unis. Quelle est la cause principale de ces accidents? Est-ce qu'il est plus dangereux de conduire en France ou aux États-Unis?

CULTURE 219

CRITICAL THINKING ACTIVITY

(*Thinking skills: Making Judgments*)

Qu'en pensez-vous? Les Américains sont plutôt favorables au rétablissement de la peine de mort ou pas? Pourquoi?

INDEPENDENT PRACTICE

Assign any of the following:
1. *Compréhension* exercises and activities on this page
2. Workbook, *Culture*

Compréhension

ANSWERS

Compréhension A
1. Non, il est supérieur à celui de la plupart des pays européens.
2. Oui.
3. Non, ils sont plus graves.
4. Oui.
5. Oui.
6. Non, il les inquiète beaucoup.
7. Non, ils existent en France.
8. Non, ils sont plutôt favorables au rétablissement de la peine de mort.
9. Non, le nombre de crimes de sang, en France comme dans d'autres pays où la peine de mort avait été abolie, n'a pas augmenté.

Compréhension B
1. La vitesse.
2. Inciter à la prudence.
3. Dans les agglomérations.
4. À l'alcool.
5. Les zones rurales ou peu industrialisées.
6. Surtout les zones urbanisées.
7. Le terrorisme, le piratage informatique, le trafic et l'usage de la drogue, le vandalisme et la fraude fiscale.
8. La situation politique internationale.
9. Par les graffiti et autres moyens d'expression s'appropriant les surfaces publiques pour communiquer clandestinement son mal de vivre.

Activités

PRESENTATION (*page 219*)

Extension of *Activités* A and B
These two activities could also be done as radio or TV news broadcasts. Have students work in "news teams" of 3–4 and prepare a broadcast to present to the class. These broadcasts could be taped or videotaped. The same could be done for Activity A, p. 223. All three could be combined.

ANSWERS

Activités A, B, C, and D
Answers will vary.

219

CONVERSATION

AU VOLEUR!

VOCABULAIRE

le complice
un pickpocket
la victime

Au voleur! Arrêtez-le!

Le complice pousse la victime. Et le pickpocket prend le portefeuille.

La poche est déchirée.

La victime va au commissariat pour déclarer le vol.

un truc ce qu'on fait pour tromper, duper quelqu'un
se rendre compte réaliser, comprendre
avancer aller vers l'avant
détourner l'attention de quelqu'un le distraire

220 CHAPITRE 5

Exercices

A **Definitions.** Donnez le mot qui correspond.

1. celui qui vole
2. ce qu'on fait pour duper quelqu'un
3. réaliser
4. distraire quelqu'un
5. aller vers l'avant

B **Votre expérience.** Donnez des réponses personnelles.

1. Il y a beaucoup de vols là où vous habitez?
2. Il y a des pickpockets?
3. Il faut faire attention aux pickpockets, surtout quand il y a beaucoup de monde?
4. Qui est la victime d'un vol, le voleur ou le volé?
5. Votre poche est déchirée?
6. Il est gentil de pousser les gens pour avancer?
7. Quel est le truc des pickpockets?
8. Qui est-ce qui détourne l'attention de la victime?
9. La victime se rend compte qu'on la vole?
10. Qu'est-ce que l'on doit crier quand un pickpocket vient de vous voler?
11. Où va-t-on pour déclarer le vol?

Scène de la vie

PRESENTATION
(pages 222–223)

A. Give students a few minutes to read the *Conversation* silently.
B. Call on two students to read it aloud. Have them use as much expression as possible. Have the other members of the class close their books and listen.
C. Go over Comprehension A from page 223 orally.
D. Then assign the exercises for homework.

RECYCLING

A. Have students look at the sign on the desk—*Accueil*. Ask them for other words they have learned that come from the same family: *accueillant, accueillir*. Go over the present tense forms quickly: *j'accueille, tu accueilles, il accueille, nous accueillons, vous accueillez, ils accueillent*.
B. Ask students what word other than *Accueil* could be on the sign (*Réception*).

SCÈNE DE LA VIE

Au commissariat

ALICE: Je voudrais déclarer un vol.
AGENT: C'est vous, la victime?
ALICE: Oui, c'est moi, Alice Pétrof. On m'a volée dans le métro.
AGENT: Quand ça?
ALICE: Il y a quelques minutes—à peu près un quart d'heure.
AGENT: Où, exactement?
ALICE: À la station Stalingrad.
AGENT: Le voleur était armé?
ALICE: Non, je ne crois pas. C'était un pickpocket. Je ne me suis même pas rendue compte qu'il me volait.
AGENT: Vous pouvez m'expliquer ce qui est arrivé?
ALICE: Oui, il y avait beaucoup de monde sur le quai. Quelqu'un m'a poussée. Je croyais qu'il voulait avancer. Quelques minutes après, dans le métro, j'ai remarqué que mon sac était ouvert.
AGENT: Oui, c'est le truc classique. Ils travaillent à deux. Un des deux voleurs vous pousse pour détourner votre attention, pendant que le complice ouvre votre sac et vous prend votre portefeuille... Vous aviez combien d'argent?
ALICE: 500 francs, et puis mes cartes de crédit.
AGENT: Vous pourriez me faire une description de l'individu qui vous a poussée?

222   CHAPITRE 5

DID YOU KNOW?

En France le maintien de l'ordre est assuré par la police urbaine (les agents de police) dans les villes de plus de 10 000 habitants et par les gendarmes dans les communes plus petites. Les Compagnies républicaines de sécurité (les CRS) maintiennent aussi l'ordre public, par exemple lors de manifestations.

La Police judiciaire (la PJ) lutte contre les activités criminelles (vols, crimes, banditisme, trafic d'armes ou de drogue).

La Direction de la Surveillance du territoire (la DST) lutte contre les activités d'espionnage.

Les motards de la police routière font respecter le code de la route. Ils dépendent de la Gendarmerie nationale, qui dépend de l'armée.

Le poste de police veut dire le commissariat de police *(voir p. 223)*.

Compréhension

A La déclaration de la victime. Répondez d'après la conversation.

1. Qu'est-ce qu'Alice a déclaré à l'agent de police?
2. Où a-t-elle fait sa déclaration?
3. Qui l'a volée?
4. Où a-t-elle été volée?
5. Il y avait combien de voleurs?
6. Pourquoi a-t-elle été poussée?
7. Pendant qu'un des voleurs la poussait, que faisait le complice?
8. Qu'est-ce qu'ils lui ont pris?
9. Elle a perdu combien d'argent?
10. Elle peut faire une description des voleurs?

B Familles de mots. Choisissez le mot qui correspond.

1. déclarer
2. voler
3. armer
4. expliquer
5. pousser
6. déchirer
7. distraire
8. décrire
9. avancer

a. une explication
b. une déchirure
c. un voleur
d. l'avant
e. une distraction
f. une déclaration
g. une description
h. une arme
i. une poussée

Activités de communication

A Journal télévisé. Vous êtes journaliste à la télévision française. Un crime vient d'être commis. Vous le décrivez. Donnez:

le nom de la victime, le type de crime, où il a eu lieu, quand il a eu lieu, l'heure exacte, le nombre d'individus impliqués, les conséquences, une description du (des) criminel(s)

B Au commissariat. Vous êtes en France. Vous venez d'être victime d'un crime. Vous allez au commissariat faire votre déclaration. Préparez-la avec un(e) camarade qui sera l'agent de police.

CONVERSATION 223

LANGAGE

D'ACCORD OU PAS

Vous pouvez utiliser les expressions suivantes pour indiquer que vous êtes d'accord avec quelqu'un ou quelque chose:

> Je suis d'accord (avec vous/avec ça).
> Je suis d'accord pour prendre cette décision.
> Je suis de votre avis.
> C'est aussi mon avis.

Je suis tout à fait d'accord!

L'expression *Ça me convient* veut dire: «Je peux le faire, il n'y a pas de problème ou d'inconvénient».

Pour exprimer que vous n'êtes pas d'accord, vous pouvez dire:

> Je ne suis pas d'accord avec…
> Je suis contre cette idée.
> Je désapprouve ce projet.
> Je ne suis pas convaincu(e).

Je ne suis pas du tout d'accord!

Exercice

Vous êtes pour ou contre? Dites si vous êtes d'accord ou pas d'accord.

1. Il est préférable de vivre dans une région où le climat est ni trop chaud, ni trop froid.
2. On devrait diminuer les heures de travail, de quarante à trente-cinq heures par semaine.
3. Le gouvernement devrait subventionner les universités pour que les études soient gratuites.
4. On doit faire tout son possible pour faire disparaître la faim dans le monde.
5. On devrait permettre aux jeunes d'obtenir leur permis de conduire à l'âge de quinze ans.
6. On devrait avoir six cours par semestre.
7. On devrait avoir des cours pendant l'été.
8. On devrait avoir des cours six jours par semaine.
9. On devrait rétablir la peine de mort.
10. On devrait avoir des campagnes contre les conducteurs qui conduisent après avoir bu.
11. L'alcool-test est juste.
12. On devrait augmenter la limitation de vitesse sur les autoroutes.

224   CHAPITRE 5

Oui, Non, Peut-Être

Quand une personne dit quelque chose et que vous voulez indiquer que vous êtes d'accord, vous pouvez dire:

Oui.	Exactement.
C'est vrai.	Parfaitement.
Absolument.	Effectivement.
Tout à fait.	C'est entendu.
Bien sûr.	Bien entendu.
D'accord.	Sans aucun doute.
Vous avez raison.	

Quand vous voulez indiquer que vous n'êtes pas du tout d'accord, vous pouvez dire:

Non.	Il n'en est pas question.
Absolument pas.	Pas question!
Pas du tout.	C'est exclus.
Rien à faire.	C'est hors de question.

Si vous voulez indiquer que vous ne savez pas si vous êtes d'accord ou pas, vous pouvez dire:

Peut-être.	Si vous voulez (tu veux).
Pourquoi pas?	Si vous le dites (tu le dis).
On verra.	Vous croyez (tu crois)?
C'est possible.	C'est une possibilité.

Exercice

Qu'est-ce que vous en pensez? Donnez des réponses personnelles.

1. L'année prochaine, il y aura des cours le samedi.
2. On va supprimer les vacances d'été.
3. Il n'y aura plus d'examen de fin d'année.
4. Il y aura une soirée dansante tous les samedis dans le gymnase de l'école.
5. Les garçons devront porter une veste et une cravate en classe.
6. Les cours commenceront à midi.
7. Il n'y aura plus de bus scolaires. Tous les élèves seront obligés d'aller à l'école à pied.
8. Les garçons et les filles seront séparés. Il n'y aura plus d'écoles mixtes.

LANGAGE 225

SAVOIR CONVERSER

PRESENTATION (page 226)
A. Read the explanations to the students.
B. Have the students repeat the expressions after you.
C. Tell students you would like to have them continue to use the expressions from this chapter throughout the year. Explain to them that these expressions can "spice up" their answers and give them a real French flair.

GESTURES
Pour introduire une remarque, on avance brusquement vers l'interlocuteur la main ouverte, doigts accolés, paume vers le ciel.

Exercice
ANSWERS
Answers will vary.

Activités de communication
PRESENTATION (page 226)
Activités A and B
Have students select the activity or activities they wish to take part in.

ANSWERS
Activités A and B
Answers will vary.

SAVOIR CONVERSER

Pour commencer une conversation, vous pouvez dire:

> Dis donc, Camille, tu sais que…?
> Alors, Julien, qu'est-ce que tu penses de…?

Si pendant la conversation vous voulez prendre la parole, vous pouvez dire:

> Moi, je trouve que…   Mais…
> Écoute(z),…   Oui, mais…

Si vous voulez dire quelque chose qui est lié à ce qu'un autre vient de dire, vous pouvez dire:

 À propos…

> À propos,…
> Ça me fait penser que…

Et si vous voulez changer la conversation, vous pouvez dire:

> Dis donc,…   Dites,…   Alors,…

avant de continuer sur un autre sujet.

Exercice

Qu'est-ce que vous diriez?
1. pour commencer une conversation
2. pour prendre la parole pendant une conversation
3. pour changer la direction de la conversation
4. pour établir un lien avec quelque chose que quelqu'un d'autre vient de dire

Activités de communication

A **La peine de mort, pour ou contre?** Discutez avec un(e) camarade.

B **La liberté de porter des armes, pour ou contre?** Discutez avec un(e) camarade.

226   CHAPITRE 5

INDEPENDENT PRACTICE

Assign any of the following:
1. Workbook, *Langage*
2. Exercises and activities on pages 224–226

STRUCTURE I

Les pronoms compléments directs et indirects

Telling What You Do for Others or What Others Do for You

1. Remember that the pronouns *me, te, nous,* and *vous* can function as either direct or indirect objects.

DIRECT OBJECT	INDIRECT OBJECT
Luc *me* voit.	Luc *me* donne le journal.
Luc ne *me* voit pas.	Luc ne *me* donne pas le journal.
Luc *m'*a vu(e).	Luc *m'*a donné le journal.
Luc ne *m'*a pas vu(e).	Luc ne *m'*a pas donné le journal.
Luc veut *me* voir.	Luc veut *me* donner le journal.
Luc ne veut pas *me* voir.	Luc ne veut pas *me* donner le journal.

Note that the object pronouns, direct or indirect, come directly before the verb to which their meaning is tied.

2. The pronouns *le, la,* and *les* function as direct objects. They can replace either a person or a thing, and the pronoun must agree in gender and number with the noun it replaces.

Tu connais *Paul*?	Tu *le* connais?
Tu as connu *Paul*?	Tu *l'*as connu?
Tu cherches *Jeanne*?	Tu *la* cherches?
Tu as cherché *Jeanne*?	Tu *l'*as cherchée?
Il vole *les touristes*?	Il *les* vole?
Il a volé *les touristes*?	Il *les* a volés?
Il prend *les cassettes*?	Il *les* prend?
Il a pris *les cassettes*?	Il *les* a prises?

Note that the past participle of the verb must agree in gender and number with the direct object pronoun that precedes it. This also applies to *me, te, nous, vous* when they are direct object pronouns:

MARIE: Ils *m'*ont vue.
LUC ET MARC: Elle *nous* a regardés.

STRUCTURE I 227

PRESENTATION (continued)

D. When going over Step 3, emphasize that *lui* and *leur* replace both masculine and feminine nouns.

Exercices

PRESENTATION (page 228)

Exercice A

Exercise A can be done without any prior preparation. Have students close their books. Go over the exercise orally in class.

Exercice B

Give students two or three minutes to look over Exercise B. Then call on individuals to read aloud.

ANSWERS

Exercice A
1. Oui (Non), elle (ne) me voit (pas).
2. Oui (Non), elle (ne) me parle (pas).
3. Oui (Non), elle (ne) m'invite (pas) à la fête de Marie-Louise.
4. Oui (Non), elle (ne) me demande (pas) d'acheter un cadeau pour Marie-Louise.
5. Oui (Non), elle (ne) va (pas) m'accompagner au magasin.

Exercice B
1. t' (m')
2. m' (t')
3. me (te)
4. m' (t')
5. te (me)
6. me
7. m'
8. t'
9. t'
10. l'

228

---

3. The pronouns *lui* and *leur* are indirect object pronouns. They can replace either a masculine or a feminine noun referring to a person or persons.

Je donne l'argent *à Éric*.	Je *lui* donne l'argent.
J'ai donné l'argent *à Éric*.	Je *lui* ai donné l'argent.
Je donne l'argent *à Marie*.	Je *lui* donne l'argent.
J'ai donné l'argent *à Marie*.	Je *lui* ai donné l'argent.
Je donne l'argent *à mes amis*.	Je *leur* donne l'argent.
J'ai donné l'argent *à mes amis*.	Je *leur* ai donné l'argent.

Note that the past participle of the verb does NOT agree with the indirect object pronoun.

Exercices

A **Elle te voit?** Répondez.

1. Est-ce que Françoise te voit?
2. Elle te parle?
3. Elle t'invite à la fête de Marie-Louise?
4. Elle te demande d'acheter un cadeau pour Marie-Louise?
5. Elle va t'accompagner au magasin?

B **Il m'a téléphoné?** Complétez.

—François ___₁ a téléphoné, Nathalie.
—Il ___₂ a téléphoné? Qu'est-ce qu'il voulait ___₃ dire? Il ___₄ a laissé un message?
—Il voulait ___₅ dire qu'il serait en retard.
—Il sera en retard? Pourquoi?
—Il y avait un accident sur l'autoroute.
—Tu ___₆ dis que François était dans un accident?
—Non, tu ne ___₇ as pas écoutée. Je ne ___₈ ai pas dit ça. Je ___₉ ai dit qu'il y avait un accident. Je ne sais même pas si François ___₁₀ a vu.

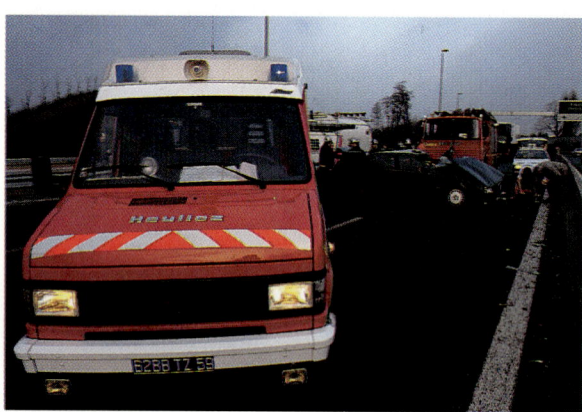

228 CHAPITRE 5

ADDITIONAL PRACTICE

After students have completed the *Journalisme* selections on pages 234–243, have them write a short newspaper article describing the accident pictured on pages 228–229.

C **Marie est à l'aéroport.** Remplacez l'expression en italique par un pronom.

1. Marie dit bonjour *à l'employé de la compagnie aérienne.*
2. Elle parle *à l'employé.*
3. Elle sort *son billet* de sa poche.
4. Elle donne *son billet* à l'employé.
5. L'employé regarde *son billet.*
6. L'employé donne une carte d'embarquement *à Marie.*
7. Marie regarde *la carte d'embarquement.*
8. Elle dit «merci» *à l'employé.*
9. Elle parle *à ses amis.*
10. Ses amis entendent *l'annonce du départ de son vol.*
11. Marie embrasse *ses amis.*
12. Elle dit «au revoir» *à ses amis.*

D **Tu le connais?** Répondez par «oui», puis par «non», en utilisant le pronom qui correspond à l'expression en italique.

1. Tu connais *Jacques?*
2. Tu parles *à Jacques?*
3. Jacques *t'*invite à sa fête?
4. Il invite *tous ses amis* à sa fête?
5. Il envoie des invitations *à ses amis?*
6. Il envoie *les invitations* aujourd'hui?
7. Tu vas aider *Jacques* à écrire les invitations?
8. Tu vas demander les adresses *à Jacques?*

E **Faits divers.** Répondez par «oui» en remplaçant les noms par des pronoms.

1. Tu as vu l'accident?
2. Tu as aidé les victimes?
3. Quand l'ambulance est arrivée, ils ont transporté les blessés à la salle des urgences?
4. Les médecins et les infirmiers ont soigné les malades dans la salle des urgences?
5. Tu as vu le crime?
6. Le pickpocket a volé ton portefeuille?
7. Il a déchiré ta poche?
8. Il a pris ton sac?
9. Tu as déclaré le crime?
10. Tu as parlé à l'agent de police?
11. Les vandales ont abîmé la statue?
12. Les policiers ont arrêté le criminel?

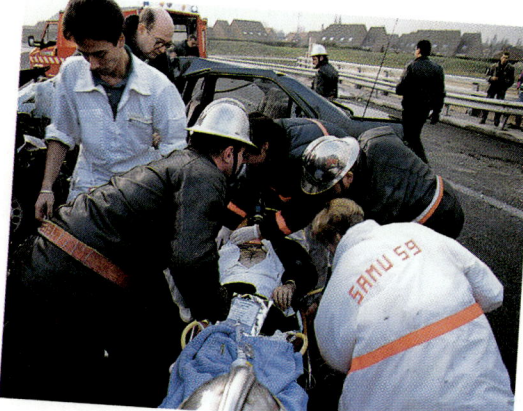

STRUCTURE I 229

Deux pronoms compléments ensemble

PRESENTATION (page 230)

This is one of those grammatical points that students learn better through examples than explanation. In your presentation it is recommended that you concentrate on the model sentences and use the actual answers to the exercises as examples rather than belabor the explanation of which pronoun goes where. The more students hear the correct order, the less frequently they will make errors.

With slower groups, you may wish to practice replacing only one object pronoun in each sentence and come back to this topic at another time.

Exercices

PRESENTATION
(pages 230–231)

Exercice A

Go over Exercise A orally in class with no previous preparation. Then go over the exercise a second time and write each past participle on the board as the student responds. Have students write the exercise at home.

ANSWERS

Exercice A
1. Je ne l'ai pas perdu. Quelqu'un me l'a volé.
2. Je ne l'ai pas perdu. Quelqu'un me l'a volé.
3. Je ne l'ai pas perdu. Quelqu'un me l'a volé.
4. Je ne l'ai pas perdu. Quelqu'un me l'a volé.
5. Je ne l'ai pas perdue. Quelqu'un me l'a volée.
6. Je ne les ai pas perdues. Quelqu'un me les a volées.
7. Je ne les ai pas perdues. Quelqu'un me les a volées.
8. Je ne les ai pas perdues. Quelqu'un me les a volées.
9. Je ne les ai pas perdus. Quelqu'un me les a volés.

230

Deux pronoms compléments ensemble

Referring to People and Things Already Mentioned

1. In many sentences there are both a direct and an indirect object pronoun. The indirect object pronouns *me, te, nous,* and *vous* always precede the direct object pronouns *le, la, les.*

Il *te* demande *ton billet.*	Il *te le* demande.
Il *me* donne *ma carte d'embarquement.*	Il *me la* donne.
Il *nous* rend *nos passeports.*	Il *nous les* rend.
Il ne *vous* a pas rendu *votre billet.*	Il ne *vous l'*a pas rendu.

2. When the direct object pronoun *le, la,* or *les* is used with *lui* or *leur,* however, *le, la,* or *les* precedes the indirect object.

Elle donne *son billet à l'agent.*	Elle *le lui* donne.
Il donne *sa carte d'embarquement à Luc.*	Il *la lui* donne.
Il rend *leurs passeports aux garçons.*	Il *les leur* rend.
Il n'a pas rendu *son passeport à Luc.*	Il ne *le lui* a pas rendu.

3. Study the following chart.

me te nous vous	before	le la l' les	before	lui leur

Exercices

A Quelqu'un m'a volé. *Suivez le modèle.*

—Tu as perdu ta carte d'identité?
—Je ne l'ai pas perdue. Quelqu'un me l'a volée.

1. Tu as perdu ton portefeuille?
2. Tu as perdu ton permis de conduire?
3. Tu as perdu ton passeport?
4. Tu as perdu ton sac à dos?
5. Tu as perdu ta veste?
6. Tu as perdu tes cartes de crédit?
7. Tu as perdu tes lunettes?
8. Tu as perdu tes clés?
9. Tu as perdu tes bagages?

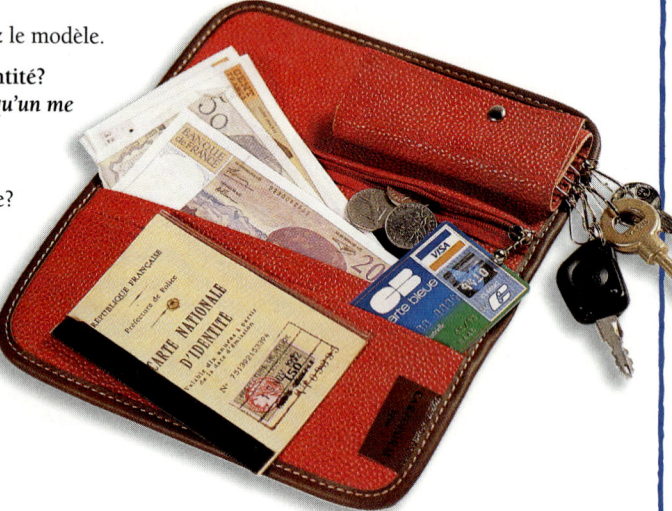

230 CHAPITRE 5

ADDITIONAL PRACTICE

Bring in the objects pictured on page 230: a wallet, a credit card, keys, a passport, money, etc. Use these items to illustrate the structure topic as follows:

Prof: Pierre, donne la carte d'identité à Marie. Marie, Pierre te donne la carte?
Marie: Oui, il me la donne.
Prof: Pierre, demande la carte à Marie. Karen, est-ce que Pierre demande la carte à Marie?
Karen: Oui, il la lui demande, etc.

Vary the verbs and the items. Give the wrong item to get a negative answer.

B **Il lui a donné quelque chose.** Remplacez l'expression en italique par un pronom.

1. Il lui a donné *le journal*.
2. Il lui a donné *la lettre*.
3. Il lui a donné *les timbres*.
4. Il lui a donné *l'adresse*.
5. Il lui a donné *le numéro de téléphone*.
6. Il lui a donné *les clés*.
7. Il lui a donné *la voiture*.
8. Il lui a donné *le permis de conduire*.
9. Il lui a donné *les papiers*.

C **À bord de l'avion.** Remplacez les expressions en italique par des pronoms.

1. Le steward nous demande *nos cartes d'embarquement*.
2. Nous donnons *nos cartes d'embarquement au steward*.
3. Il regarde *nos cartes*, ensuite il nous rend *nos cartes*.
4. Il nous indique *nos sièges*.
5. Avant le décollage, une hôtesse de l'air explique *les règlements de sécurité à tous les passagers*.
6. Elle fait *les annonces aux passagers* en anglais et en français.
7. Après le décollage, le personnel de cabine nous sert *le dîner*.
8. Après le dîner, j'ai envie de dormir un peu. Je vois un oreiller. Je demande *l'oreiller au steward*.
9. Il me donne *l'oreiller*.
10. Mon copain a froid. Il veut une couverture. Il demande *la couverture à l'hôtesse*.
11. Elle donne *la couverture à mon copain*.
12. Dans une heure, elle va nous montrer *le film*.

STRUCTURE I **231**

INDEPENDENT PRACTICE

Assign any of the following:
1. Exercises on pages 228–231
2. Workbook, *Structure I*

PRESENTATION (continued)

Exercices B and C

Exercises B and C can be gone over orally in class then assigned for written homework. Have students read their answers aloud the next day. If the answer contains a past participle, write it on the board.

ANSWERS

Exercice B
1. Il le lui a donné.
2. Il la lui a donnée.
3. Il les lui a donnés.
4. Il la lui a donnée.
5. Il le lui a donné.
6. Il les lui a données.
7. Il la lui a donnée.
8. Il le lui a donné.
9. Il les lui a donnés.

Exercice C
1. Le steward nous les demande.
2. Nous les lui donnons.
3. Il les regarde, ensuite il nous les rend.
4. Il nous les indique.
5. Avant le décollage, une hôtesse de l'air les leur explique.
6. Elle les leur fait en anglais et en français.
7. Après le décollage, le personnel de cabine nous le sert.
8. Je le lui demande.
9. Il me le donne.
10. Il la lui demande.
11. Elle la lui donne.
12. Dans une heure, elle va nous le montrer.

Bell Ringer Review

Write the following on the board or use BRR Blackline Master 5-5: *Écrivez quelques ordres que votre professeur de français vous donne toujours.*

Les pronoms compléments avec l'impératif ♦♦♦

Note: It is a matter of teacher choice as to how thorough you wish to be in the presentation of this particular point. It is, however, a rather low-frequency point since one does not use the imperative a great deal until one is rather fluent. The only exceptions would be some fixed expressions such as: *Donnez-moi, passez-moi, excusez-moi, dites-moi.*

Exercices

PRESENTATION
(pages 232–233)

You may wish to give students the opportunity to prepare all of these exercises before going over them in class.

ANSWERS

Exercice A
1. Retrouve-moi à 5h 30.
2. Attends-moi devant le restaurant.
3. Téléphone-moi le matin.
4. Réservez-nous une table de trois couverts.
5. Achetez-nous trois billets pour le théâtre.

Les pronoms compléments avec l'impératif

Commands Referring to People or Things Already Mentioned

1. In the affirmative command, direct or indirect object pronouns follow the verb, and *me* and *te* become *moi* and *toi*. When both a direct and an indirect object pronoun are used, the direct object pronouns *le*, *la*, and *les* precede *moi*, *toi*, *nous*, *vous*, *lui*, and *leur*. Note that the object pronouns are connected to the verb by hyphens.

   Donne-*moi* le livre. Donne-*le-moi*.
   Passe-*lui* le sel. Passe-*le-lui*.
   Donnez-*leur* la cassette. Donnez-*la-leur*.

2. In the negative command, direct or indirect object pronouns precede the verb. When both a direct and an indirect object pronoun are used, the order is the usual one.

   Ne *me* donne pas le livre. Ne *me le* donne pas.
   Ne *lui* passe pas le sel. Ne *le lui* passe pas.
   Ne *leur* donnez pas la cassette. Ne *la leur* donnez pas.

Exercices

A **Dis-moi ce que tu veux que je fasse.** *Suivez le modèle.*

  —Je t'attends ici ou à la banque?
  —Attends-moi ici.

1. Je te retrouve à 5 h 30 ou à 6 h?
2. Je t'attends devant le restaurant ou dans le restaurant?
3. Je te téléphone le matin ou l'après-midi?
4. Je vous réserve une table de trois couverts ou de quatre couverts?
5. Je vous achète trois billets ou quatre billets pour le théâtre?

L'Opéra-Bastille

232   CHAPITRE 5

DID YOU KNOW?

On a inauguré l'Opéra-Bastille à l'occasion du bicentenaire de la Révolution française en 1989. Sa construction a coûté plus de deux milliards de francs.

B **Un voleur te parle.** Suivez le modèle.

> Je veux ton porte-monnaie.
> *Je le veux. Donne-le-moi.*

1. Je veux ton portefeuille.
2. Je veux ton argent.
3. Je veux ta veste en cuir.
4. Je veux ta moto.
5. Je veux tes cartes de crédit.
6. Je veux tes clés.

C **Donnez un coup de fil à Marc.** Complétez.

—Tu veux que je téléphone à Marc?

—Oui, dis-___(1) de venir à 7 h. J'aurai besoin de son aide. Et demande-___(2) d'apporter ses nouvelles cassettes.

—Et Nicole et Lisette?

—Oui, téléphone-___(3) aussi.

D **Une recette compliquée.** Suivez le modèle.

> —Elle veut le sel?
> —*Oui, passe-le-lui, s'il te plaît.*

1. Elle veut le lait?
2. Elle veut le beurre?
3. Elle veut les carottes?
4. Elle veut les oignons?
5. Elle veut la crème?
6. Elle veut la moutarde?
7. Elle veut les œufs?

E **Oui et non!** Suivez le modèle.

> —Les enfants veulent le transistor.
> —*D'accord! Donne-le-leur.*
> —*Non! Ne le leur donne pas.*

1. Les enfants veulent la cassette.
2. Ils veulent les vidéos.
3. Ils veulent le magnétoscope.
4. Annie veut la bicyclette.
5. Gilles veut les disques.
6. Carole veut le téléphone sans fil.

STRUCTURE I 233

Exercice B
1. Je le veux. Donne-le-moi.
2. Je le veux. Donne-le-moi.
3. Je la veux. Donne-la-moi.
4. Je la veux. Donne-la-moi.
5. Je les veux. Donne-les-moi.
6. Je les veux. Donne-les-moi.

Exercice C
1. lui
2. lui
3. leur

Exercice D
1. Oui, passe-le-lui, s'il te plaît.
2. Oui, passe-le-lui, s'il te plaît.
3. Oui, passe-les-lui, s'il te plaît.
4. Oui, passe-les-lui, s'il te plaît.
5. Oui, passe-la-lui, s'il te plaît.
6. Oui, passe-la-lui, s'il te plaît.
7. Oui, passe-les-lui, s'il te plaît.

Exercice E
1. D'accord! Donne-la-leur. Non! Ne la leur donne pas.
2. D'accord! Donne-les-leur. Non! Ne les leur donne pas.
3. D'accord! Donne-le-leur. Non! Ne le leur donne pas.
4. D'accord! Donne-la-lui. Non! Ne la lui donne pas.
5. D'accord! Donne-les-lui. Non! Ne les lui donne pas.
6. D'accord! Donne-le-lui. Non! Ne le lui donne pas.

PAIRED ACTIVITIES

Exercices A, B, C, D, and *E, pages 232–233*: Follow the suggestions for **PAIRED ACTIVITIES** on page 229 and have partners work together on these exercises.

INDEPENDENT PRACTICE

Assign any of the following:
1. Exercises A–E on pages 232–233
2. Workbook, *Structure I*

233

JOURNALISME

Bell Ringer Review
Write the following on the board or use BRR Blackline Master 5-6: Écrivez une liste des problèmes sociaux auxquels le gouvernement fédéral et les gouvernements municipaux doivent faire face.

Note: Have students keep their answers to the **Bell Ringer Review** above. They will be referring to their lists after they read the headlines on page 236.

LA MANCHETTE
Introduction
PRESENTATION *(page 234)*

You may wish to read the *Introduction* aloud or have the students read it silently.

Vocabulaire

Vocabulary Teaching Resources
1. Audio Cassette 5
2. Student Tape Manual
3. Workbook
4. Chapter Quizzes

PRESENTATION *(page 234)*

You may wish to use some of the procedures suggested in previous chapters.

Note: You may wish to go over the forms of the verb *craindre: je crains, tu crains, il craint, nous craignons, vous craignez, ils craignent (j'ai craint).*

JOURNALISME

LA MANCHETTE

INTRODUCTION

On veut savoir ce qui se passe dans le monde. Que fait-on? Mais on achète un journal! Là, à la une, on lit en gros caractères, la manchette. Ensuite, on lit les gros titres. Si un article semble intéressant, on lit le premier paragraphe et, si on veut savoir tous les détails, on finit par lire tout l'article. C'est toujours la manchette et les gros titres qui attirent l'attention. Il ne faut pas sous-estimer l'importance d'un titre bien écrit.

VOCABULAIRE

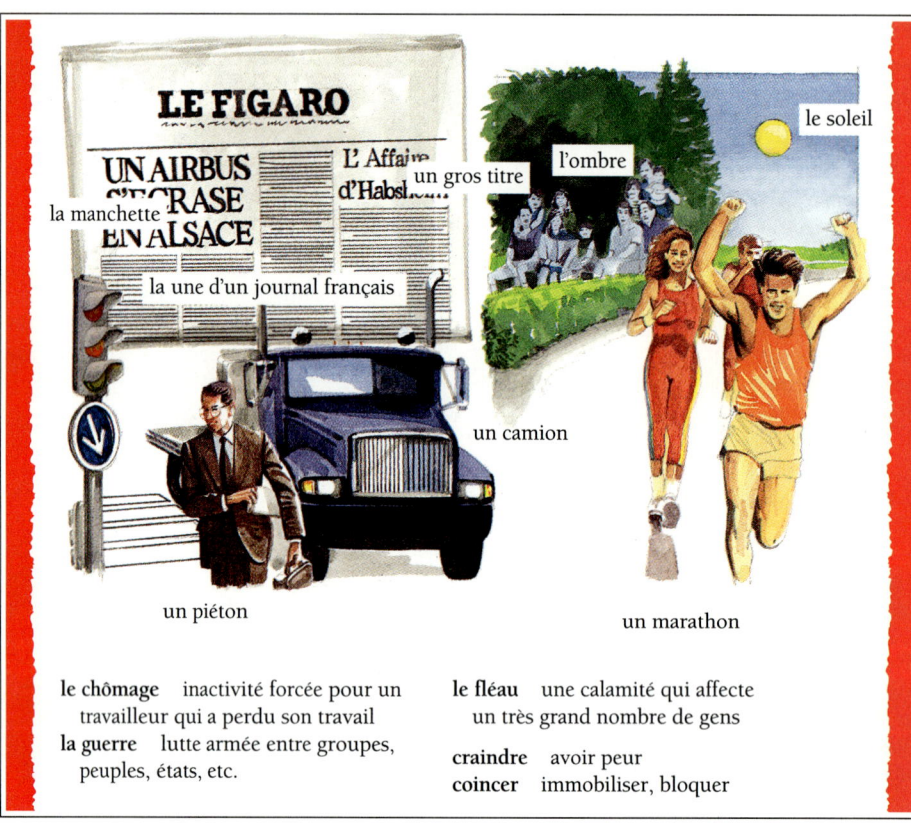

le chômage   inactivité forcée pour un travailleur qui a perdu son travail
la guerre   lutte armée entre groupes, peuples, états, etc.
le fléau   une calamité qui affecte un très grand nombre de gens
craindre   avoir peur
coincer   immobiliser, bloquer

234   CHAPITRE 5

ADVANCED GAME

Vocabulary Game III: *Le jeu de Loto*

Set-up: Prepare two sets of index cards—one with the vocabulary words and the other with their definitions. Hand out the cards to the class.

Game: Call on different students to read his/her card. The student with the matching card must read the corresponding word or definition.

Hint: You could also include vocabulary from previous chapters.

Exercices

A **D'après vous.** Répondez.

1. Qui est en chômage: un travailleur qui a du travail ou un travailleur qui veut travailler sans pouvoir trouver de travail?
2. Est-ce que la drogue est un fléau social de notre époque?
3. Où y a-t-il la guerre, en ce moment?
4. Qui traverse la rue quand les voitures sont arrêtées aux feux?
5. Comment s'appelle la grande course qui a lieu à New York au mois d'octobre?
6. Que donne l'arbre l'été, quand il y a du soleil?
7. Dans quel véhicule est-ce qu'on transporte des marchandises ou des produits agricoles?
8. Quand on lit un journal, est-ce qu'on lit tout? Qu'est-ce qu'on lit vraiment?

B **L'actualité passée, présente et future.** Complétez.

1. Tout le monde craint le chômage. Tout le monde en ___.
2. Le sida est le ___ de notre époque.
3. Pendant ce siècle, il y a eu deux ___ mondiales et de nombreuses guerres régionales.
4. La victime de l'accident était ___ entre le mur et le camion.
5. Le soleil peut être dangereux: quand il y a beaucoup de soleil, il faut se mettre à ___.
6. Il y aura beaucoup de coureurs dans le ___ de Paris.
7. Elle a gagné la coupe. Son nom est à la ___ de tous les journaux.

JOURNALISME 235

DID YOU KNOW?

Il y a actuellement très peu de travailleurs qui sont syndiqués en France: environ 10%. Il y a six syndicats reconnus comme nationalement représentatifs.
- La Confédération Générale du Travail (la CGT)
- La Confédération Française Démocratique de Travail (la CFDT)
- Force Ouvrière (FO)
- La Confédération Générale des Cadres (la CGC)
- La Fédération de l'Éducation Nationale (la FEN)

D'autre part, il existe un syndicat des patrons, le CNPF, le Conseil National du Patronat Français.

Les Gros titres ◆◆

PRESENTATION *(page 236)*

A. Have students read the headlines in a leisurely way, as they would in a real-life situation.

B. Have students refer to the list of social problems they wrote for **Bell Ringer Review 5-6** on page 234 and ask: *Est-ce que ces problèmes sociaux sont reflétés dans les gros titres des journaux français? À votre avis, est-ce que la France et les USA ont les mêmes problèmes?*

LES GROS TITRES

236

LEARNING FROM REALIA

Have students look for the following information in the newspapers:
Quel est le premier quotidien national français?
Quel est le prix du *Figaro*? de *France-Soir*?
Combien coûte *Le Monde* du 22 janvier?

Est-ce que le prix du *Monde* du dimanche 7-lundi 8 novembre est le même?
Y a-t-il de la publicité à la une de ces journaux?

Compréhension

Question de style. Exprimez d'une autre façon.

1. Il y aura un petit marathon avec beaucoup de concurrents.
2. Le piéton était immobilisé entre un camion et un mur.
3. L'alcoolisme cause des accidents de voiture, des accidents de la route.
4. Le chômage inquiète sérieusement les Français.
5. Le gouvernement lutte contre le chômage.

Activités

A **Gros titres.** Relisez les gros titres à la page 236, et décidez ce que chacun décrit:

un accident   un problème social   un sport

B **La version anglaise.** Imaginez que vous travaillez pour un journal américain. Donnez une version anglaise de chaque gros titre.

C **Un journal français.** Imaginez qu'un journal français paraît dans votre région et que vous y travaillez. Quels seraient les gros titres aujourd'hui?

JOURNALISME   237

À LA RUBRIQUE «FAITS DIVERS»

INTRODUCTION

Les faits divers d'un journal ne sont pas les événements les plus importants de la journée, mais ils peuvent être aussi intéressants que des romans ou des contes.

Beaucoup de faits divers sont tristes et quelques-uns sont tragiques—comme les accidents de la route, les homicides et autres crimes. Mais il y a aussi des faits divers joyeux—des histoires qui finissent bien, par exemple.

Vous allez lire trois faits divers: le premier décrit une tragédie aérienne; le deuxième rend compte d'un accident; et le dernier raconte un événement incroyable, mais vrai.

VOCABULAIRE

l'appareil

l'épave

les secours

Les sauveteurs ont dégagé les blessés de l'appareil.

les sauveteurs

238 CHAPITRE 5

le car-ferry
une baleine
le quai

Le car-ferry pousse la baleine qu'il a éperonnée.

une chatte
un chaton
un paillasson

La chatte lèche son chaton, couché sur le paillasson.

franchir passer une limite
avoir du mal à avoir de la difficulté à
confier remettre à la garde de quelqu'un
s'écraser être déformé par un choc violent
localiser situer
se précipiter (à) aller vite vers un endroit, courir
une commune une municipalité, une ville
une fillette une petite fille
un rescapé individu qui est sorti sain et sauf d'un accident ou d'une catastrophe
un survivant personne qui a échappé à la mort
natal de la naissance

Exercices

A **Pour mieux comprendre.** Répondez.

1. L'appareil s'est écrasé dans une forêt?
2. Les secours ont localisé l'avion?
3. Les sauveteurs ont trouvé l'épave?
4. Ils ont dégagé les blessés de l'appareil?
5. Il y avait des survivants?
6. Un des rescapés était une fillette?
7. Qu'est-ce que le car-ferry a éperonné?
8. Qui est assis sur le paillasson?
9. Que fait la chatte?

B **Des synonymes.** Exprimez d'une autre façon ce qui est en italique.

1. *L'avion* s'est écrasé la nuit dans le brouillard.
2. Les secours *ont retrouvé l'avion* sur *la municipalité* de Maennolsheim.
3. L'avion s'est écrasé près du village *où est né* le pilote.
4. Les sauveteurs *ont libéré* les blessés de l'appareil.
5. Les journalistes *avaient des difficultés à* comprendre ce qui s'était passé.
6. Ils *ont couru rapidement* vers les survivants pour les interviewer.
7. Un des blessés *a remis* son chat *à la garde* d'un journaliste.

JOURNALISME 239

Un Airbus d'Air Inter s'écrase en Alsace

Plus de quatre heures nécessaires pour localiser l'appareil

Plusieurs survivants dans le vol Lyon-Strasbourg, qui avait 96 personnes à bord. Tout contact avait été perdu cinq minutes avant l'atterrissage.

L'Airbus A-320 d'Air Inter assurant[1], hier soir, le vol IT 5148 Lyon-Strasbourg s'est écrasé en Alsace, à 500 mètres au sud du mont Sainte-Odile.

- **L'appareil**, qui avait décollé de l'aéroport de Satolas à 18 h 30, était attendu à 19 h 25 à Strasbourg. Tout contact radio a été perdu à 19 h 20, cinq minutes avant l'atterrissage.
- **Quatre-vingt-dix voyageurs**, dont un bébé, et six membres d'équipage se trouvaient à bord.
- **Les secours** ont mis plus de quatre heures pour localiser l'avion, retrouvé peu avant minuit sur la commune de Maennolsheim, à une cinquantaine de kilomètres de la capitale alsacienne.
- **Les premiers rescapés**—onze blessés, dont une fillette—étaient dégagés vers 1 heure du matin. Mais d'autres gémissements[2] étaient entendus par les sauveteurs dans les débris de l'appareil.
- **Le «plan rouge»** avait été déclenché[3]. Plus d'une centaine d'hommes de la Sécurité civile, ainsi que d'importants moyens médicaux, ont été mobilisés. Deux cents gendarmes et trois cents militaires, aidés d'hélicoptères et d'un Mirage F1, ont ratissé[4] la zone avant de découvrir l'épave.
- **Les recherches** ont été rendues particulièrement difficiles par la nuit, le brouillard[5] et la configuration du terrain, un paysage accidenté[6] recouvert de forêts de sapins.
- **Deux accidents** ont déjà affecté des appareils de ce type. Le premier, à Habsheim (en Alsace déjà), a provoqué la mort de trois passagers le 26 juin 1988. Le second, au sud de l'Inde, a fait quatre-vingt-dix morts le 14 février 1990.

Alsace: une forêt de sapins

[1] assurant *used by*
[2] gémissements *moans*
[3] déclenché *launched*
[4] ratissé *combed*
[5] brouillard *fog*
[6] accidenté *hilly*

DID YOU KNOW?

Airbus Industrie réunit l'Aérospatiale 37,9% (France), Deutsche Airbus 37% (Allemagne), British Aerospace 20% (Grande Bretagne) et CASA 2,4% (Espagne). Les Pays-Bas participent pour 6,6% au budget. Les sites d'assemblage et d'aménagement intérieur sont à Hambourg et à Toulouse.

Le gouvernement américain a déposé une plainte contre le financement d'Airbus (fonds d'origine publique faussant la concurrence). Les Américains veulent contraindre les Européens à limiter leurs avances à 25% des coûts de développement au lieu de 75%. Airbus est prêt à les limiter à 40%, mais fait remarquer qu'aux États-Unis, la part du budget américain (militaire et NASA) est de 72% du chiffre d'affaire global de l'aéronautique, alors qu'il est de 36% seulement en Europe.

Un hélicoptère de la Sécurité civile

Compréhension

A **Oui ou non?** Corrigez d'après le texte.

1. L'avion s'est écrasé en Normandie.
2. Tout contact radio a été perdu vingt minutes avant l'atterrissage.
3. Les secours ont eu du mal à localiser l'appareil.
4. Un bébé était parmi les premiers rescapés.
5. L'accident a eu lieu à une heure de l'après-midi.
6. Quatre-vingt-dix personnes ont ratissé la zone avant de découvrir l'appareil.
7. Il n'y avait jamais eu de problèmes avant avec des Airbus.

B **Compte-rendu.** Expliquez.

1. Pourquoi est-ce que les secours ont eu du mal à trouver l'épave?
2. Comment ont-ils réussi à trouver l'appareil?

C **Résumé des faits.** Donnez les renseignements suivants.

1. le nom de la compagnie aérienne
2. le type d'appareil utilisé
3. le numéro du vol
4. sa destination
5. l'heure de l'accident
6. le lieu de l'accident
7. le nombre de personnes à bord
8. le nombre d'heures mises pour trouver l'avion
9. le nombre de personnes qui ont participé à la recherche de l'avion
10. le nombre de blessés
11. le nombre de morts dans les deux autres accidents affectant des Airbus

JOURNALISME 241

Compréhension

ANSWERS

Compréhension A

1. Non, il s'est écrasé en Alsace.
2. Non, tout contact radio avait été perdu cinq minutes avant l'atterrissage.
3. Oui.
4. Non, une fillette était parmi les premiers rescapés.
5. Non, l'accident a eu lieu à 19h 20.
6. Non, plus de 600 personnes ont ratissé la zone avant de découvrir l'appareil.
7. Non, deux accidents avaient déjà affecté des appareils de ce type.

Compréhension B

Answers will vary but may include the following:

1. Ils ont eu du mal à cause de la nuit, du brouillard et de la configuration du terrain.
2. Ils ont réussi à retrouver l'appareil parce que le «plan rouge» a été déclenché: plus d'une centaine d'hommes de la Sécurite civile, deux cents gendarmes et trois cents militaires, aidés d'hélicoptères et d'un Mirage F1, ont été mobilisés.

Compréhension C

1. Air Inter.
2. L'Airbus A-320.
3. IT 5148.
4. Strasbourg.
5. 19h 20.
6. L'Alsace, à 500 mètres au sud du mont Sainte-Odile.
7. Quatre-vingt-seize personnes.
8. Plus de quatre heures.
9. Plus de 600 personnes.
10. Onze blessés.
11. Quatre-vingt-treize morts.

Le car-ferry éperonne une baleine ◆◆

PRESENTATION (page 240)

Have students look at the map on page 431 and locate Nice and Corsica. Tell them that Calvi is on the northwestern coast of the island, due north of Ajaccio.

Compréhension
ANSWERS

1. Le car-ferry venait de Nice et il allait à Calvi.
2. Il a éperonné une baleine.
3. La baleine mesurait une vingtaine de mètres.
4. Le car-ferry l'a ramenée à quai à Calvi.
5. D'après certaines personnes, la baleine était malade.
6. Les «boues rouges» de la Montedison auraient causé sa maladie.

HISTORY CONNECTION

La Corse est une île située à moins de 200 km au sud-est de Nice. Elle est française depuis 1768. C'est le lieu de naissance de Napoléon Ier qui y naquit en 1769. Un an de moins, et Napoléon aurait été italien! La Corse est couverte d'un maquis couvert de lavande et de romarin. Elle fut longtemps le repaire de bandes célèbres. On l'appelle l'Île de Beauté.

La Corse s'est toujours sentie différente du continent, tant par sa langue que par son caractère, fier et prompt à des accès de violence. Le retard économique, l'installation après 1962 des «pieds noirs» d'Algérie et l'accroissement du tourisme ont créé chez certains Corses un sentiment d'inquiétude et suscité des mouvements très violents en faveur de l'autonomie ou même de l'indépendance.

Le car-ferry éperonne une baleine

Au cours de la traversée Nice-Calvi, hier après-midi, le car-ferry «Corse» a éperonné une baleine au large de[1] l'Île de Beauté*. Poussant devant lui l'animal qui mesure une vingtaine de mètres de long, il l'a ramené à quai à Calvi.

Si l'on en croit certains avis, jamais un cétacé[2] en bonne santé ne se laisserait éperonner en surface. De là à conclure que la baleine était malade, et que les «boues rouges[3]» de la Montedison** en sont responsables, il n'y avait qu'un pas que beaucoup ont rapidement franchi[4].

Compréhension

 Une collision pas ordinaire. Répondez d'après le texte.

1. D'où venait le car-ferry et où allait-il quand il a eu cet accident?
2. Qu'est-ce qu'il a éperonné?
3. Combien la baleine mesurait-elle?
4. Où le car-ferry l'a-t-il ramenée?
5. D'après certaines personnes, est-ce que la baleine était en bonne santé?
6. Qu'est-ce qui aurait causé sa maladie?

[1] au large de off
[2] un cétacé whale
[3] les boues rouges red sludge
[4] il n'y avait qu'un pas… franchi it didn't take much for many people to reach this conclusion

* l'Île de Beauté surname given to Corsica
** la Montedison Italian chemical company which dumps its waste (from the manufacture of aluminum) in the Mediterranean Sea, off the coast of Corsica

242 CHAPITRE 5

CRITICAL THINKING ACTIVITY

(Thinking skills: Drawing Conclusions from Facts)

Pourquoi est-il presque certain que la baleine n'était pas en bonne santé?

Un chaton parcourt[1] 1.000 km pour retrouver ses anciens[2] maîtres

Un petit chat, qui ne supportait[3] pas l'exil en Allemagne où l'avaient conduit ses nouveaux maîtres, a parcouru plus de 1.000 km en deux ans pour revenir auprès de sa maison natale à Tannay, près de Clamecy (Nièvre).

Peu de temps après sa naissance, Gribouille avait été confié par sa maîtresse à un voisin gendarme qui devait être muté[4] quelques semaines plus tard à Reutliegen, près de Stuttgart. Quelques jours après son arrivée en Allemagne, le chaton disparaissait.

Il est réapparu, deux ans plus tard, durant l'été, galeux[5], amaigri, sur le paillasson de Mme Martinet, après avoir parcouru plus de 1.000 km et avoir franchi une frontière. «J'ai eu du mal à le reconnaître, mais sa mère s'est jetée sur lui pour le lécher», confie sa maîtresse. «Il avait l'habitude de se coucher sur le thym au pied du prunier[6], il s'y est précipité»... «Cette fois, on le garde», a-t-elle ajouté.

Compréhension

Le long voyage d'un petit chat. Complétez d'après le texte.

1. Le chaton a parcouru…
2. Il voulait retrouver…
3. Son voyage a duré…
4. Le chaton avait été confié à….
5. Son nouveau maître avait été muté à…
6. Le chaton est réapparu…
7. … l'a reconnu tout de suite.

Activités

A Un accident d'avion. Vous êtes journaliste. Écrivez un article au sujet d'un accident d'avion.

B Le journal d'un chaton. Imaginez que vous êtes le chaton qui est rentré chez ses premiers maîtres. Écrivez tout ce que «vous» avez fait et pourquoi.

C La réaction de ses maîtres. Imaginez que vous êtes le maître/la maîtresse du chaton. Écrivez une lettre à un(e) ami(e) en lui décrivant tout ce qui est arrivé. Décrivez vos émotions et vos réactions.

[1] **parcourt** travels
[2] **anciens** former
[3] **ne supportait pas** couldn't bear
[4] **muté** transferred
[5] **galeux** covered with scabs
[6] **prunier** plum tree

JOURNALISME 243

Un chaton parcout 1.000 km pour retrouver ses anciens maîtres ◆

PRESENTATION (page 243)

A. Because of the high human interest level of this short article, you may wish to call on individuals to read it aloud in class.
B. Before reading the selection aloud, tell students to listen and look for the following information. *Pourquoi le chaton était-il en Allemagne?*

Compréhension

Have students prepare the exercise before going over it in class.

ANSWERS

1. plus de 1.000 km en deux ans.
2. sa maison natale à Tannay.
3. deux ans.
4. un voisin gendarme.
5. Reutliegen, près de Stuttgart.
6. deux ans plus tard.
7. Sa mère.

Activités

PRESENTATION (page 243)

Activités A and B
These activities can be done as individual assignments or as group activities.

Activité C
You may have students read some of their letters from Activity C to the class.

ANSWERS

Activités A, B, and C
Answers will vary.

INDEPENDENT PRACTICE

Assign any of the following:
1. *Compréhension* exercises and activities on pages 242–243
2. Workbook, *Journalisme*

STRUCTURE II

Structure Teaching Resources

1. Workbook, *Structure II*
2. Student Tape Manual, *Structure II*
3. Audio Cassette 5
4. Chapter Quizzes, *Structure II*
5. Testing Program, *Structure II*

Bell Ringer Review

Write the following on the board or use BRR Blackline Master 5-8: Mettez les phrases suivantes au présent.
Je finissais mes devoirs.
Le professeur m'attendait.
Je lui parlais.
Il voulait que je lui donne mes devoirs.
Je les lui ai donnés.

Le passé simple des verbes réguliers ♦♦

Note: Because the *passé simple* is primarily a literary tense, it is recommended that you present this structure point mainly for recognition purposes. Very few students will have the actual need to write using the *passé simple*.

PRESENTATION (page 244)

A. Write the stem of *parler* on the board. Add the *-er* verb endings for the *passé simple*.
B. Do the same with *finir* and *attendre*. Point out to students that the endings are the same for *-ir* and *-re* verbs.
C. Do not spend time on the pronunciation of these forms since students will rarely use them orally.

244

STRUCTURE II

Le passé simple des verbes réguliers

Describing Past Actions in Formal Writing

1. Like the *passé composé*, the *passé simple* indicates an action completed sometime in the past. But unlike the *passé composé*, which is used in conversation and informal writing, the *passé simple* is used in formal writing only. You will therefore encounter it a great deal as you read French literature or read about French history.

2. To form the *passé simple* of regular verbs, the infinitive ending *-er*, *-ir*, or *-re* is dropped and the *passé simple* endings are added to the stem. Note that regular *-ir* and *-re* verbs have the same endings in the *passé simple*.

INFINITIVE	PARLER	
STEM	*parl-*	ENDINGS
PASSÉ SIMPLE	je parlai	-ai
	tu parlas	-as
	il/elle/on parla	-a
	nous parlâmes	-âmes
	vous parlâtes	-âtes
	ils/elles parlèrent	-èrent

INFINITIVE	FINIR	ATTENDRE	
STEM	*fin-*	*attend-*	ENDINGS
PASSÉ SIMPLE	je finis	j' attendis	-is
	tu finis	tu attendis	-is
	il/elle/on finit	il/elle/on attendit	-it
	nous finîmes	nous attendîmes	-îmes
	vous finîtes	vous attendîtes	-îtes
	ils/elles finirent	ils/elles attendirent	-irent

3. Remember that verbs ending in *-cer* have a cedilla before the vowel *a*, and verbs that end in *-ger* add an *e* before the vowel *a*.

   il commença   nous mangeâmes

244   CHAPITRE 5

4. The verbs below follow the same pattern as regular -ir and -re verbs in the formation of the *passé simple*.

INFINITIVE	PASSÉ SIMPLE	
dormir	il dormit	ils dormirent
partir	il partit	ils partirent
sentir	il sentit	ils sentirent
servir	il servit	ils servirent
sortir	il sortit	ils sortirent
offrir	il offrit	ils offrirent
ouvrir	il ouvrit	ils ouvrirent
découvrir	il découvrit	ils découvrirent
suivre	il suivit	ils suivirent
rompre	il rompit	ils rompirent
combattre	il combattit	ils combattirent

Exercices

A **Compte-rendu oral d'un texte écrit.** Mettez les phrases suivantes au *passé composé*.

1. Le directeur entra dans le salon.
2. Il se dirigea vers le patron.
3. Le patron se leva.
4. Les deux hommes se saluèrent.
5. Le directeur attendit.
6. Enfin le patron commença à parler.
7. Le directeur répondit.
8. Les deux hommes discutèrent longtemps.
9. Le directeur réussit à convaincre le patron.
10. Le patron changea d'avis.
11. Les deux hommes se serrèrent la main.
12. Ils partirent déjeuner ensemble.

B **Pour en faire un événement historique.** Récrivez les phrases suivantes au passé simple. Suivez le modèle.

Le président est rentré ce matin.
Le président rentra le matin du 15 janvier.

1. Son avion a atterri à huit heures.
2. À huit heures trois, le président est descendu de l'avion.
3. Il a salué les dignitaires.
4. Les dignitaires l'ont applaudi.
5. Le président s'est dirigé tout de suite vers la capitale.
6. Il est arrivé à l'Assemblée nationale à neuf heures.
7. Tous les députés se sont levés quand le président est entré.
8. Le président a commencé à parler.
9. Les députés ont écouté attentivement.
10. Quand le président a fini son discours, les députés se sont levés et l'ont applaudi.
11. Il est sorti de l'Assemblée nationale.
12. Les journalistes l'ont suivi.
13. Le président a refusé de parler aux journalistes.
14. Il est parti pour le Palais de l'Élysée, sa résidence.

STRUCTURE II 245

ADVANCED GAME

Verb game: *Le passé simple*

Set-up:
1. Prepare index cards using the verbs from pages 244–247. For each verb, write the same sentence on two index cards, one in the *passé simple* and the other in the *passé composé*. (Example: *Il mit./Il a mis.*)
2. Make several sets of identical cards since students play in small teams.

Game: The game is played like "Memory." All cards are placed face down on the desk. Students turn over two cards to try to find a match. If the cards match, the student takes the cards and continues. If no match is made, the cards are placed face down again. At the end of the game, the student with the most cards is the winner.

Exercices
PRESENTATION (page 245)
Have students read their responses as a unified narrative.

ANSWERS
Exercice A
1. Le directeur est entré dans le salon.
2. Il s'est dirigé vers le patron.
3. Le patron s'est levé.
4. Les deux hommes se sont salués.
5. Le directeur a attendu.
6. Enfin le patron a commencé à parler.
7. Le directeur a répondu.
8. Les deux hommes ont discuté longtemps.
9. Le directeur a réussi à convaincre le patron.
10. Le patron a changé d'avis.
11. Les deux hommes se sont serré la main.
12. Ils sont partis déjeuner ensemble.

Exercice B
1. Son avion atterrit…
2. À huit heures trois, le président descendit…
3. Il salua les dignitaires.
4. Les dignitaires l'applaudirent.
5. Le président se dirigea…
6. Il arriva à l'Assemblée…
7. Tous les députés se levèrent quand le président entra.
8. Le président commença à parler.
9. Les députés écoutèrent…
10. Quand le président finit son discours, les députés se levèrent et l'applaudirent.
11. Il sortit de l'Assemblée nationale.
12. Les journalistes le suivirent.
13. Le président refusa de parler…
14. Il partit pour le Palais…

Le passé simple des verbes irréguliers

Describing Past Actions in Formal Writing

1. Many irregular verbs that end in *-ir* and *-re* use the past participle as the stem of the *passé simple*. Note the forms in the chart below.

INFINITIVE	PAST PART.	PASSÉ SIMPLE			
mettre	*mis*	il	mit	ils	mirent
prendre	*pris*	il	prit	ils	prirent
conquérir	*conquis*	il	conquit	ils	conquirent
dire	*dit*	il	dit	ils	dirent
s'asseoir	*assis*	il	s'assit	ils	s'assirent
rire	*ri*	il	rit	ils	rirent
sourire	*souri*	il	sourit	ils	sourirent
avoir	*eu*	il	eut	ils	eurent
boire	*bu*	il	but	ils	burent
connaître	*connu*	il	connut	ils	connurent
courir	*couru*	il	courut	ils	coururent
croire	*cru*	il	crut	ils	crurent
devoir	*dû*	il	dut	ils	durent
lire	*lu*	il	lut	ils	lurent
plaire	*plu*	il	plut	ils	plurent
pouvoir	*pu*	il	put	ils	purent
recevoir	*reçu*	il	reçut	ils	reçurent
savoir	*su*	il	sut	ils	surent
vivre	*vécu*	il	vécut	ils	vécurent
vouloir	*voulu*	il	voulut	ils	voulurent
falloir	*fallu*	il	fallut		
pleuvoir	*plu*	il	plut		
valoir	*valu*	il	valut		

Paris: l'Assemblée nationale

246   CHAPITRE 5

2. The following irregular verbs have irregular stems for the *passé simple*. The stem is not based on either the infinitive or the past participle.

INFINITIVE	PASSÉ SIMPLE	
être	il fut	ils furent
mourir	il mourut	ils moururent
voir	il vit	ils virent
faire	il fit	ils firent
écrire	il écrivit	ils écrivirent
conduire	il conduisit	ils conduisirent
construire	il construisit	ils construisirent
traduire	il traduisit	ils traduisirent
vaincre	il vainquit	ils vainquirent
naître	il naquit	ils naquirent
craindre	il craignit	ils craignirent
peindre	il peignit	ils peignirent
rejoindre	il rejoignit	ils rejoignirent
tenir	il tint	ils tinrent
venir	il vint	ils vinrent
devenir	il devint	ils devinrent

3. All irregular verbs in the *passé simple* have endings that belong to one of the following categories.

je	-us	-is	-ins
tu	-us	-is	-ins
il/elle/on	-ut	-it	-int
nous	-ûmes	-îmes	-înmes
vous	-ûtes	-îtes	-întes
ils/elles	-urent	-irent	-inrent

L'Assemblée nationale en session

DID YOU KNOW?

En France, le pouvoir exécutif appartient au président de la République qui est élu pour 7 ans au suffrage universel direct.

Le pouvoir législatif appartient au Parlement qui comprend l'Assemblée nationale et le Sénat. L'Assemblée nationale siège au Palais-Bourbon. Elle comprend 577 députés âgés au moins de 23 ans et élus pour cinq ans au suffrage universel direct.

Le Sénat siège au Palais du Luxembourg. Il comprend 306 sénateurs, âgés de 35 ans au moins, élus pour neuf ans au suffrage universel par les députés, les conseillers généraux et les délégués des conseillers municipaux. Le Sénat est essentiellement une chambre de réflexion et de proposition. En cas de désaccord avec l'Assemblée nationale, c'est celle-ci qui décide.

Exercices

PRESENTATION (page 248)

Note: Exercise B will help students with the excerpt from *Les Misérables* in the *Littérature* section of this chapter.

ANSWERS

Exercice A

Alfred de Vigny est né dans une famille noble en 1797. Au collège les élèves l'ont persécuté à cause de sa noblesse. Il a décidé d'entrer dans l'armée. Il a été envoyé dans le sud de la France. Il a passé quelques années dans le Midi où il a fait la connaissance d'une belle Anglaise, Lydia Bunbury, fille d'un millionnaire. Il est tombé amoureux d'elle et il l'a demandée en mariage. Il a obtenu la permission. Mais son beau-père le détestait car il n'aimait pas les Français. Il est parti immédiatement après le mariage de sa fille. Il n'a même pas écrit le nom de son gendre dans son carnet d'adresses… Quelques années plus tard, le poète français Lamartine a fait la connaissance d'un riche Anglais qui visitait l'Italie. Il l'a invité à dîner. L'Anglais a dit que sa fille avait épousé un grand poète français. Lamartine lui en a demandé le nom, mais il n'a pas pu se rappeler le nom de son gendre. Lamartine a énuméré le nom de plusieurs poètes célèbres, mais l'Anglais disait toujours: «Ce n'est pas ça». Enfin Lamartine a nommé Vigny et l'Anglais a répondu: «Ah oui! Je crois que c'est ça.»

Exercice B

1. écouta
2. entendit
3. poussa
4. entra
5. bougea
6. s'arrêta
7. se crut
8. regarda
9. vit
10. saisit
11. mit
12. traversa
13. voulut
14. jeta
15. ouvrit
16. s'échappa

Exercices

A Alfred de Vigny.
Faites un compte rendu oral de ce texte: remplacez le passé simple par le passé composé.

Le grand écrivain Alfred de Vigny naquit dans une famille noble en 1797. À cette époque, juste après la Révolution, les aristocrates étaient méprisés (*scorned*) par la plupart des gens. Au collège, les étudiants persécutèrent Vigny à cause de sa noblesse.

Pour gagner honneur et gloire au service de son pays, Vigny décida d'entrer dans l'armée. Il fut envoyé dans le sud de la France. Il passa quelques années dans le Midi où il fit la connaissance d'une belle Anglaise, Lydia Bunbury, fille d'un millionnaire. Il tomba amoureux d'elle et la demanda en mariage. Il obtint la permission. Mais son beau-père, un excentrique, le détestait car il n'aimait pas les Français. Il partit immédiatement après le mariage de sa fille. Il n'écrivit même pas le nom de son gendre (*son-in-law*) dans son carnet d'adresses, tant il avait envie de l'oublier.

Quelques années plus tard, le poète français Lamartine fit la connaissance d'un riche Anglais qui visitait l'Italie. À cette époque, Lamartine était secrétaire d'ambassade à Florence et il invita l'Anglais à dîner à l'ambassade. Pendant le dîner, l'Anglais dit à M. de Lamartine que sa fille avait épousé un grand poète français. Lamartine lui en demanda le nom, mais l'Anglais ne put pas se rappeler le nom de son gendre. Lamartine énuméra le nom de plusieurs poètes célèbres, mais à chaque nom l'Anglais disait: «Ce n'est pas ça.» Enfin Lamartine nomma le comte de Vigny. Notre excentrique répondit: «Ah oui! Je crois que c'est ça.»

B Un écrivain décrit un vol.
Complétez au passé simple.

1. Le voleur ___ (écouter)
2. Il n' ___ aucun bruit. (entendre)
3. Il ___ la porte. (pousser)
4. Il ___ dans la chambre. (entrer)
5. Un homme qui y dormait ___ un peu. (bouger)
6. Le voleur ___ . (s'arrêter)
7. Il ___ perdu. (se croire)
8. Il ___ autour de lui. (regarder)
9. Il ___ le chandelier. (voir)
10. Il ___ le chandelier. (saisir)
11. Il le ___ sous son bras. (mettre)
12. Il ___ la chambre à grands pas. (traverser)
13. Il ne ___ pas regarder vers l'homme qui dormait. (vouloir)
14. Il ___ le chandelier dans son sac. (jeter)
15. Il ___ la porte. (ouvrir)
16. Il ___ . (s'échapper)

248 CHAPITRE 5

DID YOU KNOW?

Alfred de Vigny (1797–1863) décrit la solitude et la détresse de l'homme. *Chatterton* et *Servitude et Grandeur militaires* sont ses œuvres les plus connues du grand public. Mais il oublie un temps son pessimisme et publie *Destinées* où il proclame un optimisme humaniste. Vigny se refuse à toute effusion lyrique. Son expérience personnelle et sentimentale devient une «pensée philosophique… mise en scène sous une forme épique et dramatique».

C **La vie de Louis XIV.** Vous êtes historien(ne): récrivez ces notes au passé simple.

1. Louis XIV est né à Saint-Germain-en-Laye en 1638.
2. À la mort de son père, Louis XIV est devenu roi de France à l'âge de cinq ans.
3. Le roi a vécu sous la tutelle (*supervision*) de Mazarin.
4. Mazarin lui a fait épouser Marie-Thérèse d'Autriche en 1660.
5. Ils ont eu un fils, le Grand Dauphin.
6. À la mort de Mazarin, Louis XIV a pris le pouvoir à vingt-trois ans.
7. Il s'est révélé tout de suite un monarque absolu.
8. Il a envoyé des représentants dans toutes les provinces.
9. Ils ont été chargés de faire exécuter ses ordres.
10. À partir de 1680, il a eu des agents partout.
11. Il a fait construire le château de Versailles.
12. Entre 1661 et 1695, trente mille hommes ont travaillé à la construction de ce palais.
13. Le roi s'est entouré d'une Cour resplendissante composée de plusieurs milliers de serviteurs et de toute la haute noblesse de France.
14. Il a gardé les nobles auprès de lui.
15. Les descendants des ducs de Normandie, de Bourgogne et de Bretagne sont devenus les valets du roi.
16. Louis XIV a soutenu (*supported*) la bourgeoisie.
17. Colbert, fils d'un marchand, est devenu ministre en 1661.
18. Sous Colbert, des industries nouvelles se sont développées dans toutes les provinces.
19. Dès le début du règne, Louis XIV a voulu imposer à l'extérieur la prédominance française.
20. Tout le temps qu'il a été roi, il y a eu une succession de guerres. Ses difficultés ont commencé avec la guerre de Hollande.
21. Les Hollandais ont rompu les digues (*dikes*) du Zuiderzee, et une inondation affreuse a chassé les troupes françaises.
22. En 1685, Louis XIV a commis une faute grave. Il a révoqué l'Édit de Nantes pour supprimer (*suppress*) le protestantisme en France.
23. Des milliers de huguenots ont quitté la France et ont porté leurs talents à l'étranger.
24. Louis XIV, le Roi-Soleil, est mort en 1715, laissant son pays dans un état de grande pauvreté.

«Louis XIV» par Rigaud

STRUCTURE II **249**

DID YOU KNOW?

Rigaud (1659–1743) se consacra au portrait et fut très apprécié par les grands de son époque. Il savait faire ressortir la position sociale de son modèle et les cours européennes se disputaient ses services. Il fut le portraitiste attitré de Louis XIV. Il fit peu de portraits féminins parce qu'il avait peur de flatter ou de déplaire.

INDEPENDENT PRACTICE

Assign any of the following:
1. Exercises on pages 248–249
2. Workbook, *Structure II*

Bell Ringer Review

Write the following on the board or use BRR Blackline Master 5-10: Complétez.
1. Je veux qu'il y ___. (aller)
2. Je voudrais bien ___ le voyage avec lui. (faire)
3. Tu veux que je le ___? (faire)
4. Est-il possible que tu nous ___? (accompagner)
5. Mais tu n'as pas peur que je n'___ pas assez d'argent? Tu sais que je ___ toujours fauché(e). (avoir, être)

Le subjonctif après les conjonctions ◆◆◆

PRESENTATION *(page 250)*

A. Have students read the conjunctions in Step 1 aloud in unison.
B. Call on individuals to read the model sentences in Step 2. Explain to students once again that the subjunctive is used because what follows the conjunction may or may not happen. It does not express a realized fact.
C. Read the explanation in Step 3 aloud.
D. Note that the pleonastic *ne* is less frequently used today than in the past.

250

Le subjonctif après les conjonctions

Using the Subjunctive After Conjunctions

1. The subjunctive is used after the following conjunctions:

bien que	although
quoique	although
pourvu que	provided that
à moins que	unless
sans que	without
de crainte que	for fear that
de peur que	for fear that
de sorte que	so that
de façon que	so that
de manière que	so that
pour que	in order that
afin que	in order that, so that
avant que	before
jusqu'à ce que	until

2. Study the following sentences:

Il fera le voyage *bien qu*'il n'*ait* pas assez d'argent.
Il prendra l'avion *pourvu que* vous le *preniez* aussi.
Il ne prendra pas l'avion *à moins que* vous (*ne*) le *preniez* aussi.
Il ne partira pas *sans que* nous le *voyions*.
Le guide parle aux touristes *pour qu*'ils *sachent* ce qu'ils vont voir.
Il leur parle lentement *de peur qu*'ils *ne comprennent* pas son accent.
Il leur parle ainsi, *de façon qu*'ils le *comprennent*.
Nous parlerons à Jacques *avant qu*'il (*ne*) *parte*.

3. Note that the conjunctions *de façon que, de sorte que*, and *de manière que* can also be followed by the indicative when the result of the action of the clause is an accomplished fact. This is most often the case when the verb of the dependent clause is in the past.

Il a parlé lentement de façon que tout le monde *a compris* ce qu'il a dit.

Il parlera lentement de façon que tout le monde *comprenne* ce qu'il dira.

In the sentence on the left, the indicative is used since he already spoke and it is a known fact that everyone understood. In the sentence on the right, it is not yet known if everyone will understand even though he will speak slowly.

4. The following conjunctions are often used with *ne* in the dependent clause. *Ne* in this case does not indicate a negative.

avant que	de peur que
à moins que	de crainte que

Je voudrais lui parler *avant qu*'elle (*ne*) *parte*.
Je lui parlerai ce soir, *à moins qu*'elle (*ne*) *doive* travailler.

CHAPITRE 5

ADVANCED GAME

You may wish to play the subjunctive game outlined at the bottom of page 38, using conjunctions that require the subjunctive rather than verbs.

Exercices

A Pourvu qu'ils puissent le faire! *Suivez le modèle.*

Elle partira pourvu qu'elle…
  a. être en forme
  b. pouvoir prendre la voiture

Elle partira pourvu qu'elle soit en forme.
Elle partira pourvu qu'elle puisse prendre la voiture.

1. Elle partira pourvu qu'elle…
   a. finir son travail
   b. pouvoir obtenir la permission
   c. avoir la journée libre
2. Le professeur enseigne de façon que ses élèves…
   a. apprendre beaucoup
   b. comprendre tout ce qu'il dit
   c. connaître bien la matière qu'il enseigne

B Il n'a pas un caractère facile. *Complétez.*

1. Il partira sans que personne le ___. (savoir)
2. Il ira pourvu que tu y ___ aussi. (aller)
3. Il ne fera rien à moins que nous ne lui ___ de le faire. (dire)
4. Il ne le fera pas quoiqu'il ___ assez d'argent. (avoir)
5. Sa sœur, elle, le fera bien qu'elle n'___ pas un sou. (avoir)
6. Je le lui expliquerai de manière qu'il le ___ et sans qu'il ___ fâché. (comprendre, être)
7. Je le lui dirai avant qu'il ne ___. (partir)
8. Je resterai ici jusqu'à ce qu'il ___. (revenir)
9. Nous ne dirons rien de peur qu'il ___ une scène. (faire)
10. Nous ferons tout pour qu'il ___ bien. (se sentir)

STRUCTURE II 251

LITTÉRATURE

LES MISÉRABLES

Victor Hugo

AVANT LA LECTURE

Vous allez lire un chapitre du célèbre roman de Victor Hugo, *Les Misérables*.

Dans ce chapitre, deux hommes sont face à face. Le premier, l'évêque, est un homme très pieux qui veut aider tout le monde—un homme qui aime faire le bien. Le deuxième, Jean Valjean, un ancien forçat qui vient de sortir du bagne, est un homme rendu mauvais par ses années de captivité.

Jean Valjean va faire quelque chose de très mal. Quelqu'un va découvrir ce qu'il a fait—son crime. Les gendarmes vont-ils arrêter Jean Valjean? Sera-t-il à nouveau condamné? C'est ce que vous saurez en lisant ce chapitre des *Misérables*.

VOCABULAIRE

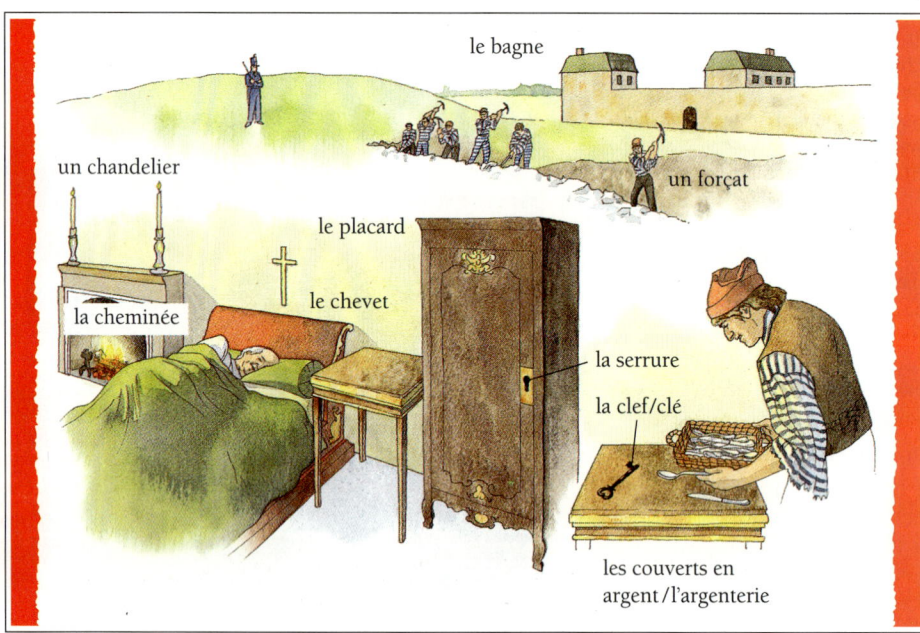

252 CHAPITRE 5

CRITICAL THINKING ACTIVITY

(Thinking skills: Supporting Statements with Reasons)

À votre avis, est-ce que les hommes sont rendus mauvais par des années de prison? Pourquoi?

Le voleur escalade le mur. Il saute par-dessus. Il s'enfuit.

L'évêque se promène dans le jardin.

Il se baisse pour ramasser un panier.

un évêque

On frappe à la porte.

s'enfuir   s'échapper, se retirer rapidement
briser   mettre en pièces, détruire, casser
appartenir   être la propriété de quelqu'un
voler   prendre la propriété de quelqu'un d'autre

l'argent   métal précieux (moins précieux que l'or)
le sommeil   état d'une personne qui dort
le bien   ce qui possède une valeur, ce qui est juste
le mal   ce qui est contraire à la vertu, à la morale, au bien
le goût   sens qui permet de discerner la saveur des aliments

une méprise   le fait de prendre une chose pour une autre, un malentendu, une confusion
à voix basse   l'action de ne pas parler très fort

LITTÉRATURE   253

ADDITIONAL PRACTICE

Faites une liste:
- des choses qu'on peut briser facilement.
- des choses qui vous appartiennent et que vous aimez beaucoup.
- des choses que les voleurs aiment voler.
- des noms de métaux que vous avez déjà appris en français.
- des maux qui existent dans notre société.

Exercices

ANSWERS

Exercice A
1. La lune se lève le soir.
2. Le soleil brille le jour.
3. On voit le soleil levant le matin.
4. Oui, il se promène dans son jardin pour voir le soleil levant.
5. Il se baisse pour ramasser un panier.
6. Le jardin est entouré d'un mur.
7. Non, le voleur saute par-dessus le mur.
8. Oui, quelqu'un frappe à la porte.
9. Non, la clé est sur la table.
10. Non, le voleur s'enfuit.

Exercice B
1. c   7. l
2. f   8. d
3. g   9. b
4. k   10. e
5. a   11. h
6. i   12. j

Exercice C
1. forçat, bagne
2. murs
3. escalader, s'échapper
4. voler
5. voix basse
6. sommeil
7. brisé
8. goût
9. placard
10. argent
11. cheminée
12. chandelier
13. appartient

Vocabulary Expansion

«Misérable» veut dire qui est dans la misère, c'est-à-dire pauvre et donc malheureux. «Infortuné» veut dire qui n'a pas de chance. «Infâme» suggère une flétrissure morale. De nos jours, pour désigner les pauvres, on utilise: les indigents, les économiquement faibles, les démunis, les défavorisés.

Exercices

A Dans le jardin de l'évêque. Répondez.
1. La lune se lève le matin ou le soir?
2. Le soleil brille le jour ou la nuit?
3. On voit le soleil levant le matin ou le soir?
4. L'évêque se promène dans son jardin pour voir le soleil levant?
5. Il se baisse pour ramasser quoi dans son jardin?
6. De quoi le jardin est-il entouré?
7. L'évêque saute par-dessus le mur?
8. Quelqu'un frappe à la porte?
9. La clé est dans la serrure de la porte?
10. L'évêque s'enfuit?

B Quelle est la définition? Choisissez.
1. le bagne   a. le contraire du mal
2. un forçat   b. prendre une chose qui est sur le sol
3. voler   c. prison avec travaux forcés
4. un évêque   d. s'échapper
5. le bien   e. détruire
6. une méprise   f. un condamné aux travaux forcés
7. le sommeil   g. prendre une chose qui n'est pas à soi
8. s'enfuir   h. marcher, faire une promenade
9. ramasser   i. un malentendu
10. briser   j. la tête du lit
11. se promener   k. un dignitaire écclésiastique
12. le chevet   l. état de quelqu'un qui dort

C D'après vous. Complétez.
1. Le ___ était condamné aux travaux forcés dans un ___.
2. Les prisons sont entourées de hauts ___.
3. De temps en temps, des prisonniers essaient d'___ le mur pour ___.
4. Un voleur est un criminel dont le crime est de ___.
5. Je n'ai pas compris ce qu'il a dit parce qu'il parlait à ___. Je n'ai rien entendu.
6. Je dors bien. J'ai le ___ profond.
7. Qui a ___ la fenêtre? Il y a des morceaux de verre partout.
8. Je n'aime pas du tout ce vin. Il a le ___ de vinaigre.
9. Il a mis les assiettes et l'argenterie dans le ___.
10. Elle a de très beaux couverts d'___. Cette argenterie lui vient de sa grand-mère.
11. C'est une nuit froide d'hiver. Il y a un feu dans la ___.
12. Il lit à la lumière d'un ___.
13. Un voleur prend ce qui ne lui ___ pas.

254   CHAPITRE 5

INDEPENDENT PRACTICE

Assign any of the following:
1. Exercises A–C on this page
2. Workbook, *Littérature*

INTRODUCTION

Victor Hugo occupe une place exceptionnelle dans la littérature française.

Il naquit en 1802 à Besançon où son père était commandant. Par la suite, son père devint général, et Victor accompagna le général Hugo dans les pays où l'appela le service de l'Empereur Napoléon Ier: Naples en 1808, l'Espagne en 1811–1812. Au retour d'Espagne, Victor habita Paris avec sa mère et souffrit de la mésentente[1] entre ses parents.

En 1814, après la séparation de ses parents, Victor Hugo devint interne à la pension Cordier et fit ses études au lycée Louis-le-Grand où il obtint de nombreux succès scolaires. C'est au lycée, à quinze ans, qu'il composa ses premiers poèmes.

En 1822, à l'âge de vingt ans, il commença à publier poèmes, drames et romans. Et au cours des années, il devint «l'écho sonore» de son siècle. En 1845, Victor Hugo commença à méditer sa grande œuvre *Les Misérables*.

Publié en 1862, cet énorme roman est dominé par une thèse humanitaire. Pour Hugo, les misérables sont les infortunés et les infâmes. Il croit qu'il y a des infortunés parce qu'il y a de la misère et de la pauvreté. Il croit aussi que beaucoup d'infortunés deviennent des infâmes, à cause de l'injustice et de l'indifférence de la société.

Le héros, Jean Valjean, est un infortuné qui a été envoyé au bagne pour avoir volé du pain. Quand il sort du bagne, les autorités lui donnent un passeport jaune d'ancien forçat. Ce passeport le rend suspect partout et il ne peut pas trouver de travail. Il commence à devenir criminel. L'évêque de Digne, surnommé monseigneur Bienvenu pour sa compassion pour les malheureux, accueille chez lui Jean Valjean. Monseigneur Bienvenu a une mission évangélique: il veut aider Jean Valjean.

[1] la mésentente *dissension*

LITTÉRATURE 255

Introduction

PRESENTATION *(page 255)*

A. Call on students to read the *Introduction* aloud.
B. After each paragraph, ask questions such as: *Qui occupe une place exceptionnelle dans la littérature française? Quand est-il né? Où? Qu'est devenu son père? Qui a-t-il servi? Après être rentré d'Espagne, où Victor Hugo a-t-il habité? Avec qui? De quoi a-t-il souffert?*

LITERATURE CONNECTION

Victor Hugo a d'abord été connu pour son œuvre poétique. À partir de 1822, il écrit ses premiers recueils de poèmes *Odes et Ballades;* il ne s'arrêtera qu'en 1883 avec la publication de *La Légende des siècles.*

Le recueil *Feuilles d'automne,* paru en 1831, s'ouvre sur: «Ce siècle avait deux ans» et se termine sur «Je suis fils de ce siècle!» Par sa vie exceptionnellement longue et par son œuvre immense, Victor Hugo devint «l'écho sonore» de son siècle.

Hugo fut également un homme politique. Élu à l'Assemblée en 1848, il vote des lois libérales comme la loi sur la liberté de la presse ou la loi contre le bagne. En 1851, lorsque Napoléon III prend le pouvoir par un coup d'état, Hugo est exilé dans l'île de Guernesey.

Son œuvre romanesque comprend *Notre-Dame-de-Paris,* paru en 1831 et qui met en scène le célèbre bossu Quasimodo. Ce roman connut un immense succès.

LECTURE

LES MISÉRABLES

L'évêque continuait de dormir dans une paix° profonde sous ce regard effrayant°.

Un reflet de lune faisait confusément visible au-dessus de la cheminée le crucifix qui semblait leur ouvrir les bras à tous les deux, avec une bénédiction pour l'un et un pardon pour l'autre. Tout à coup Jean Valjean remit sa casquette sur son front, puis marcha rapidement, le long du lit, sans regarder l'évêque, droit au placard qu'il entrevoyait° près du chevet; il leva le chandelier de fer° comme pour forcer la serrure; la clef y était; il l'ouvrit; la première chose qui lui apparut fut le panier d'argenterie; il le prit, traversa la chambre à grands pas sans précaution et sans

paix *peace*
effrayant *terrifying*

entrevoyait *caught a glimpse of*
fer *iron*

«Le vol de l'argenterie»

256 CHAPITRE 5

LITERARY ANALYSIS

1. Relevez le vocabulaire qui appartient au domaine de la religion.
2. Ce célèbre épisode des *Misérables* illustre la notion de pardon. Quels sont les passages de ce texte qui le montrent? Vous pourrez ensuite composer une petite histoire sur ce thème.
3. Que devinons-nous de la personnalité de l'évêque? En vous appuyant sur le texte, faites un portrait de Monseigneur Bienvenu.

s'occuper du bruit, gagna° la porte, rentra dans l'oratoire, ouvrit la fenêtre, saisit son bâton°, enjamba l'appui° du rez-de-chaussée, mit l'argenterie dans son sac, jeta le panier, franchit° le jardin, sauta par-dessus le mur comme un tigre, et s'enfuit.

Le lendemain, au soleil levant, monseigneur° Bienvenu se promenait dans son jardin. Madame Magloire accourut vers lui toute bouleversée°.

—Monseigneur, monseigneur, cria-t-elle, votre grandeur° sait-elle où est le panier d'argenterie?

—Oui, dit l'évêque.

—Jésus Dieu soit béni°! reprit-elle. Je ne savais ce qu'il était devenu.

L'évêque venait de ramasser le panier dans une plate-bande°. Il le présenta à Madame Magloire.

—Le voilà.

—Eh bien! dit-elle. Rien dedans! et l'argenterie?

—Ah! repartit° l'évêque. C'est donc l'argenterie qui vous occupe? Je ne sais où elle est.

—Grand bon Dieu! elle est volée! c'est l'homme d'hier soir qui l'a volée.

En un clin d'œil°, avec toute sa vivacité de vieille alerte, madame Magloire courut à l'oratoire, entra dans l'alcôve et revint vers l'évêque. L'évêque venait de se baisser et considérait en soupirant° un plant de cochléaria des Guillons* que le panier avait brisé, en tombant à travers la plate-bande. Il se redressa° au cri de madame Magloire.

—Monseigneur, l'homme est parti! l'argenterie est volée!

Tout en poussant cette exclamation, ses yeux tombaient sur un angle du jardin où on voyait des traces d'escalade. Le chevron° du mur avait été arraché°.

—Tenez! c'est par là qu'il s'en est allé. Il a sauté dans la ruelle Cochefilet! Ah! l'abomination! il nous a volé notre argenterie.

L'évêque resta un moment silencieux, puis leva son œil sérieux, et dit à madame Magloire avec douceur:

—Et d'abord, cette argenterie était-elle à nous?

Madame Magloire resta interdite°. Il y eut encore un silence, puis l'évêque continua:

—Madame Magloire, je détenais à tort° et depuis longtemps cette argenterie. Elle était aux pauvres. Qui était cet homme? Un pauvre évidemment.

—Hélas! Jésus! repartit madame Magloire. Ce n'est pas pour moi ni pour mademoiselle. Cela nous est bien égal. Mais c'est pour monseigneur. Dans quoi monseigneur va-t-il manger maintenant?

L'évêque la regarda d'un air étonné:

—Ah ça! est-ce qu'il n'y a pas des couverts d'étain°?

Madame Magloire haussa les épaules.

—L'étain a une odeur.

---

*cochléaria des Guillons type of plant belonging to the family of plants called Cruciferae which includes the cabbage, turnip, and mustard

Glossary:
- gagna — reached
- saisit son bâton — grabbed his stick
- enjamba l'appui — stepped over the sill
- franchit — crossed
- monseigneur — His Grace (My Lord)
- bouleversée — upset
- votre grandeur — Your Grace
- béni — blessed
- plate-bande — flowerbed
- repartit — replied
- clin d'œil — wink of the eye
- en soupirant — with a sigh
- se redressa — straightened up
- le chevron — top tile
- arraché — broken
- resta interdite — was taken aback
- je détenais à tort — I wrongly kept
- étain — pewter

LITTÉRATURE 257

«Le souper chez l'évêque Myriel»

—Alors, des couverts de fer.
Madame Magloire fit une grimace expressive.
—Le fer a un goût.
—Eh bien, dit l'évêque, des couverts de bois.

Quelques instants après, il déjeunait à cette même table où Jean Valjean s'était assis la veille°. Tout en déjeunant, monseigneur Bienvenu faisait gaiement remarquer à sa sœur qui ne disait rien, et à madame Magloire qui grommelait sourdement°, qu'il n'est nullement besoin d'une cuiller ni d'une fourchette, même en bois, pour tremper° un morceau de pain dans une tasse de lait.

—Aussi a-t-on idée! disait madame Magloire toute seule en allant et venant, recevoir un homme comme cela! et le loger à côté de soi! et quel bonheur° encore qu'il n'ait fait que voler! Ah! mon Dieu! cela fait frémir° quand on songe°!

Comme le frère et la sœur allaient se lever de table, on frappa à la porte.

—Entrez, dit l'évêque.

La porte s'ouvrit. Un groupe étrange et violent apparut sur le seuil°. Trois hommes en tenaient un quatrième au collet°. Les trois hommes étaient des gendarmes; l'autre était Jean Valjean.

Un brigadier de gendarmerie, qui semblait conduire le groupe, était près de la porte. Il entra et s'avança vers l'évêque en faisant le salut militaire.

—Monseigneur… dit-il.

À ce mot, Jean Valjean, qui était morne° et semblait abattu°, releva la tête d'un air stupéfait.

—Monseigneur! murmura-t-il. Ce n'est donc pas le curé°?

la veille	the night before
grommelait sourdement	grumbled to herself
tremper	dunk
bonheur	luck
frémir	shudder
on songe	one thinks about it
le seuil	doorstep, threshold
au collet	by the scruff of the neck
morne	glum
abattu	exhausted, despondent
le curé	parish priest

258 CHAPITRE 5

—Silence! dit un gendarme. C'est monseigneur l'évêque.

Cependant monseigneur Bienvenu s'était approché aussi vivement que son grand âge le lui permettait.

—Ah! vous voilà! s'écria-t-il en regardant Jean Valjean. Je suis aise° de vous voir. Eh bien, mais! je vous avais donné les chandeliers aussi, qui sont en argent comme le reste et dont vous pourrez bien avoir deux cents francs. Pourquoi ne les avez-vous pas emportés avec vos couverts?

Jean Valjean ouvrit les yeux et regarda le vénérable évêque avec une expression qu'aucune langue humaine ne pourrait rendre.

—Monseigneur, dit le brigadier de gendarmerie, ce que cet homme disait était donc vrai? Nous l'avons rencontré. Il allait comme quelqu'un qui s'en va. Nous l'avons arrêté pour voir. Il avait cette argenterie...

—Et il vous a dit, interrompit l'évêque en souriant, qu'elle lui avait été donnée par un vieux bonhomme de prêtre° chez lequel il avait passé la nuit? Je vois la chose. Et vous l'avez ramené° ici? C'est une méprise°.

—Comme cela, reprit le brigadier, nous pouvons le laisser aller?

—Sans doute, répondit l'évêque.

Les gendarmes lâchèrent° Jean Valjean, qui recula°.

—Est-ce que c'est vrai qu'on me laisse? dit-il d'une voix presque inarticulée et comme s'il parlait dans le sommeil.

—Oui, on te laisse, tu n'entends donc pas? dit un gendarme.

—Mon ami, reprit l'évêque, avant de vous en aller, voici vos chandeliers. Prenez-les.

Il alla à la cheminée, prit les deux flambeaux° d'argent et les apporta à Jean Valjean. Les deux femmes le regardaient faire sans un mot, sans un geste, sans un regard qui pût déranger° l'évêque.

Jean Valjean tremblait de tous ses membres. Il prit les deux chandeliers machinalement et d'un air égaré°.

—Maintenant, dit l'évêque, allez en paix. À propos, quand vous reviendrez, mon ami, il est inutile de passer par le jardin. Vous pourrez toujours entrer et sortir par la porte de la rue. Elle n'est fermée qu'au loquet° jour et nuit.

Puis se tournant vers la gendarmerie:

—Messieurs, vous pouvez vous retirer.

Les gendarmes s'éloignèrent°.

Jean Valjean était comme un homme qui va s'évanouir°.

L'évêque s'approcha de lui, et lui dit à voix basse:

—N'oubliez pas, n'oubliez jamais que vous m'avez promis d'employer cet argent à devenir honnête homme.

Jean Valjean, qui n'avait aucun souvenir d'avoir rien promis, resta interdit. L'évêque avait appuyé sur ces paroles° en les prononçant. Il reprit avec solennité:

—Jean Valjean, mon frère, vous n'appartenez plus au mal, mais au bien. C'est votre âme° que je vous achète; je la retire aux pensées noires° et à l'esprit de perdition°, et je la donne à Dieu.

Victor HUGO, *Les Misérables*

---

aise *pleased*

prêtre *priest*
ramené *brought back*
une méprise *misunderstanding*
lâchèrent *released*
recula *drew back*

flambeaux *candlesticks*
déranger *disturb*
l'air égaré *distraught*

fermée... au loquet *latched*

s'éloignèrent *withdrew*
s'évanouir *to faint*

paroles *words*
âme *soul*
aux pensées noires *evil thoughts*
l'esprit de perdition *feeling of despair*

LITTÉRATURE   259

Après la lecture
Compréhension

ANSWERS

Compréhension A
1. Jean Valjean a volé l'argenterie de l'évêque.
2. Madame Magloire a découvert le crime.
3. L'évêque était dans son jardin quand Madame Magloire lui a annoncé que l'argenterie avait été volée.
4. L'évêque a pris le petit déjeuner avec sa sœur et Madame Magloire.
5. Des gendarmes ont frappé à la porte quand l'évêque se levait de table.
6. Ils étaient avec Jean Valjean.

Compréhension B
1. une plate-bande
2. aux pauvres
3. les chandeliers
4. la porte de la rue

Compréhension C
Answers will vary but may include the following:
1. Parce qu'il avait des couverts d'étain, de fer et de bois.
2. Parce qu'il voulait faire croire aux gendarmes qu'ils se trompaient au sujet de Jean Valjean.
3. Ils l'avaient arrêté parce qu'il allait comme quelqu'un qui s'en va et ils voulaient voir.
4. Ils l'ont laissé aller parce que l'évêque leur a dit que l'argenterie n'avait pas été volée mais donnée à Jean Valjean.
5. L'évêque les lui donne parce qu'il veut que Jean Valjean emploie l'argent des chandeliers à devenir honnête homme.

APRÈS LA LECTURE

Compréhension

A **On a volé l'argenterie de l'évêque.** Répondez d'après la lecture.
1. Qui a volé l'argenterie de l'évêque?
2. Qui a découvert le crime?
3. Où l'évêque était-il quand Madame Magloire lui a annoncé que l'argenterie avait été volée?
4. Avec qui l'évêque a-t-il pris le petit déjeuner?
5. Qui a frappé à la porte quand l'évêque se levait de table?
6. Avec qui les gendarmes étaient-ils?

B **L'évêque a pitié de Jean Valjean.** Complétez d'après la lecture.
1. L'évêque a trouvé le panier qui avait contenu l'argenterie dans ___. Mais quand il l'a trouvé, il était vide. Il n'y avait rien dedans.
2. L'évêque a dit que l'argenterie n'était pas à lui, qu'elle appartenait à ___.
3. L'évêque a dit à Jean Valjean qu'il lui avait donné aussi ___.
4. Il a dit à Jean Valjean que quand il reviendrait, il pourrait entrer dans la maison par ___.

C **L'évêque veut sauver Jean Valjean.** Expliquez.
1. Pourquoi l'évêque n'avait-il pas besoin de l'argenterie?
2. Pourquoi l'évêque a-t-il dit: «Je suis aise de vous voir» à Jean Valjean quand il est entré avec les gendarmes?
3. Pourquoi les gendarmes avaient-ils arrêté Jean Valjean?
4. Pourquoi les gendarmes l'ont-ils laissé aller?
5. Pourquoi l'évêque donne-t-il les chandeliers à Jean Valjean?

260 CHAPITRE 5

Activités

A **Les émotions de Jean Valjean.** Écrivez un paragraphe dans lequel vous imaginez ce que peuvent être les émotions de Jean Valjean pendant cet épisode.

B **Au théâtre.** Écrivez une petite pièce basée sur ce chapitre des *Misérables*.

C **Le prochain épisode.** À votre avis, qu'est-ce que Jean Valjean devient après cet épisode? Il continue sa vie de criminel ou il devient un honnête homme?

D **Toujours actuel, Victor Hugo?** Est-ce que les idées de Victor Hugo peuvent être appliquées à la société contemporaine? Est-ce qu'il y a de la misère dans notre société? Est-ce que la misère crée des infortunés? Est-ce que les infortunés deviennent souvent des infâmes? Comment? Pourquoi? L'injustice et l'indifférence existent-elles toujours? Donnez des exemples.

E **Jean Valjean à la une des journaux.** Les vols sont des faits divers qui apparaissent tous les jours dans les journaux. Récrivez ce chapitre comme si c'était un fait divers pour un journal français.

Une représentation des «Misérables» à Broadway

LITTÉRATURE 261

CHAPITRE 6

CHAPTER OVERVIEW

In this chapter students will acquire some insight into the French value system, which they can then compare and contrast with their own. Students will also learn to use proper formulas of politeness for special events such as a marriage, the birth of a child, a birthday, a death, etc.

In this chapter students will read a magazine interview with a person who has dedicated his life to helping the disadvantaged. They will also read the social announcements page from a French newspaper and three literary selections dealing with societal values.

CHAPTER OBJECTIVES

In this chapter, students will:
1. learn about French values and discuss how they compare with American values
2. discuss the "division of labor" in their homes
3. learn how to congratulate people or to extend sympathy
4. review the use of the partitive, the pronoun *en*, the relative pronouns *qui* and *que*, and learn the use of *dont*
5. read and discuss the social announcements page of a French newspaper and a magazine interview with *l'abbé Pierre*
6. learn the formation of complex sentences using prepositions with relative pronouns; review the use of the subjunctive after expressions of doubt and uncertainty; and learn the past perfect tense
7. read "La Mauvaise Réputation," by 20th-century poet and singer, Georges Brassens; a letter from *Lettres persanes,* a work by the 18th-century author Montesquieu; and "Liberté," a poem by Paul Éluard, a 20th-century poet

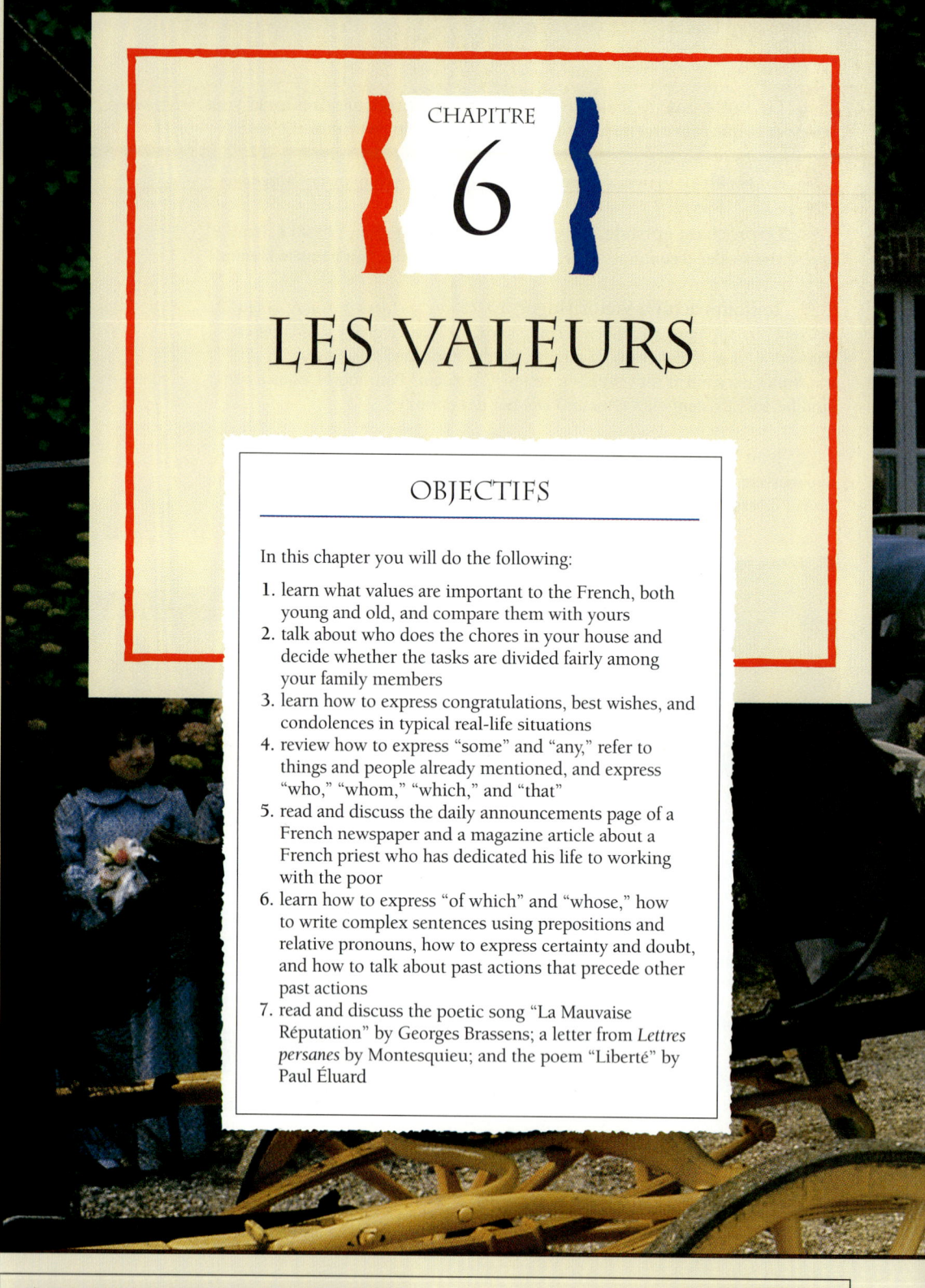

CHAPITRE 6

LES VALEURS

OBJECTIFS

In this chapter you will do the following:

1. learn what values are important to the French, both young and old, and compare them with yours
2. talk about who does the chores in your house and decide whether the tasks are divided fairly among your family members
3. learn how to express congratulations, best wishes, and condolences in typical real-life situations
4. review how to express "some" and "any," refer to things and people already mentioned, and express "who," "whom," "which," and "that"
5. read and discuss the daily announcements page of a French newspaper and a magazine article about a French priest who has dedicated his life to working with the poor
6. learn how to express "of which" and "whose," how to write complex sentences using prepositions and relative pronouns, how to express certainty and doubt, and how to talk about past actions that precede other past actions
7. read and discuss the poetic song "La Mauvaise Réputation" by Georges Brassens; a letter from *Lettres persanes* by Montesquieu; and the poem "Liberté" by Paul Éluard

CHAPTER PROJECTS

(optional)

1. *Les valeurs:* Avant de commencer le chapitre, demandez aux élèves de faire une liste des 10 traits de caractère les plus importants dans notre société. Demandez-leur d'en citer cinq autres qui ont perdu de leur valeur. Après avoir lu *Sondage: Adultes/Jeunes,* faites-leur établir une comparaison entre les personnes qui ont répondu au sondage et eux-mêmes. Les élèves peuvent aussi inclure dans cette comparaison d'autres adultes ou camarades qu'ils ont interviewés.

2. *Les Grandes Occasions:* Imaginez que vous êtes une personne âgée. Vous regardez votre album de photos et de nombreux événements vous reviennent en mémoire. Faites des faire-part, des

(continued)

263

CHAPTER 6 RESOURCES

1. Workbook
2. Student Tape Manual
3. Audio Cassette 6
4. Bell Ringer Review Blackline Masters
5. Situation Cards
6. Chapter Quizzes
7. Testing Program

DIFFICULTY PLATEAUS

In all chapters, each reading selection in *Culture, Journalisme,* and *Littérature,* as well as the *Conversation* and each structure topic, will be rated as follows:
- ◆ Easy
- ◆◆ Intermediate
- ◆◆◆ Difficult

Please note that the material in *En voyage* does not get progressively more difficult. Within each chapter there are easy and difficult sections.

The overall rating of this chapter is: ◆◆ **Intermediate**.

RANDOM ACCESS

You may either follow the exact order of the chapter or omit certain sections that you feel are not necessary for your students. Similarly, you may wish to present a literary selection without interruption or you may intersperse some material from the *Structure* section as you are presenting a literary piece.

EVALUATION

Quizzes: There is a quiz for every vocabulary presentation and every structure point.

Tests: To accompany *En voyage* there are global tests for both *Structures I* and *II*, a combined *Conversation/Langage* test, and one test for each reading in the *Culture, Journalisme,* and *Littérature* sections. There is also a chapter Listening Comprehension Test.

CHAPTER PROJECTS

(continued)

cartes de vœux pour les événements les plus importants de votre vie. N'oubliez pas les illustrations. Si vous avez des grands-parents, vous pouvez les interviewer et vous servir de leurs souvenirs pour créer vos faire-part et vos cartes.

DID YOU KNOW?

L'âge légal du mariage est fixé à 18 ans (l'âge de la majorité). Les filles peuvent se marier à 15 ans avec le consentement de leurs parents. Les jeunes se marient de plus en plus tard: 27 ans pour les hommes et 25 ans pour les femmes.

263

ADULTES/JEUNES

Bell Ringer Review
Write the following on the board or use BRR Blackline Master 6-1: Répondez:
1. Qu'est-ce que vous faisiez toujours quand vous aviez douze ans?
2. Avez-vous fait la même chose hier?

Introduction
PRESENTATION (page 264)

Have students read the *Introduction* silently and ask them to answer the question: *À votre avis, est-ce que les jeunes et les moins jeunes ont les mêmes valeurs?*

Vocabulaire

Vocabulary Teaching Resources
1. Audio Cassette 6
2. Student Tape Manual
3. Workbook
4. Chapter Quizzes

PRESENTATION (page 264)
A. Have students repeat the new words in unison after you or Cassette 6.
B. Call on students to use the new words in an original sentence.
C. Assign the exercises on page 265 for homework.

CULTURE

ADULTES/JEUNES

INTRODUCTION

Les jeunes et les moins jeunes ont-ils les mêmes valeurs? Dans le sondage qui suit, trois générations ont été interrogées: celle des 15–20 ans, celle des 21–49 ans et celle des 50 ans et plus. Les résultats vous surprendront peut-être.

VOCABULAIRE

une bonne conduite

une mauvaise conduite

avoir la cote   être populaire
mentir   dire quelque chose de faux, ne pas dire la vérité
nouer une relation   faire une relation
l'exigence   l'action d'exiger, de demander impérativement

la foi   le fait de croire en quelque chose
le mensonge   l'acte de mentir
la patrie   son pays

interdit   pas permis, défendu

264   CHAPITRE 6

Exercices

A **Familles de mots.** Choisissez le mot qui correspond.

1. poli
2. honnête
3. menteur
4. interdit
5. autoritaire
6. tolérant
7. exigeant
8. libre
9. patriotique

a. l'interdiction
b. la liberté
c. la politesse
d. l'exigence
e. l'honnêteté
f. le mensonge
g. l'autorité
h. la patrie
i. la tolérance

B **Contraires.** Donnez le contraire des mots suivants.

1. permis
2. intolérant
3. impoli
4. exigeant

C **Qualité ou défaut?** Dites s'il s'agit d'une qualité ou d'un défaut.

1. la tolérance
2. la politesse
3. le courage
4. l'exigence
5. l'honnêteté
6. le mensonge

D **Conseils.** Complétez les phrases.

1. Il faut toujours être très poli, bien élevé. Votre ___ doit être irréprochable.
2. Il ne faut pas être désagréable si vous voulez ___ une relation avec quelqu'un.
3. Il faut toujours être honnête; il ne faut jamais ___.
4. Pour avoir la ___, il faut être gentil avec les autres.
5. Il faut croire en quelque chose. Il faut avoir la ___.

Le 11 novembre au tombeau du soldat inconnu sous l'arc de Triomphe

Bell Ringer Review

Write the following on the board or use BRR Blackline Master 6-2: Quelles choses sont importantes pour vous dans la vie? Faites-en une liste.

Sondage: Adultes/jeunes: Avez-vous les mêmes valeurs? ◆◆◆

Note: This *Culture* selection is more difficult than those in other chapters. If you have the students read this silently, they can use the *Compréhension* exercises as a comprehension guide.

If you present this section to them, you may wish to follow the suggestions below.

PRESENTATION
(pages 266–268)

A. *La tolérance*
1. You may wish to ask the following questions:
   Qu'est-ce que la tolérance?
   Qu'est-ce que l'intolérance?
   Qu'est-ce qu'une utopie?
   À votre avis, les utopies existent?
2. Have students discuss the following: «*Faut-il tolérer pour autant l'intolérable?*»

B. *L'honnêteté*
Ask: *D'après ce qu'on dit ici, y a-t-il une différence entre l'honnêteté et le respect de la propriété?*

SONDAGE
notre temps / PHOSPHORE
Adultes/jeunes: Avez-vous les mêmes valeurs?

En tête de vos valeurs, vous avez placé la tolérance et l'honnêteté.

• **La tolérance:** «*Respecter l'autre, admettre ses opinions, écouter ses différences, voilà une valeur moderne en accord avec notre époque*», nous dit le sociologue François de Singly. Les grandes utopies collectives du XXe siècle (le communisme, par exemple) ou le fanatisme religieux (exemple iranien) ont poussé à l'extrême l'intolérance. Aujourd'hui, la tolérance apparaît comme le principal rempart contre la barbarie, le fascisme, le racisme.

Mais faut-il tolérer pour autant l'intolérable? Peut-on accepter n'importe quoi[1] au nom du respect des différences? «*C'est la moindre des choses*[2] *d'accepter une opinion adverse, d'argumenter sans se fâcher, mais faut-il discuter tranquillement avec des racistes et admettre leur point du vue?*» se demande Anne, en terminale à Maisons-Alfort.

• **L'honnêteté.** Vous ne confondez pas cette valeur avec le respect de la propriété—qui ne vient, elle, qu'en quinzième position.

Vous préférez donner à l'honnêteté son sens fort: le refus du mensonge à soi-même et aux autres.

LES VALEURS IMPORTANTES POUR VOUS

Quelles sont les valeurs qui comptent le plus pour vous, qui vous paraissent les plus fondamentales?

les 15–20 ans répondent	%
La tolérance, le respect des autres	46
L'honnêteté	44
La politesse, les bonnes manières	39
Le respect de l'environnement, de la nature	32
L'obéissance	26
La générosité	25
Le goût de l'effort, du travail	21
La solidarité avec les gens, avec les peuples	19
Le sens de la famille	17
La réussite sociale, l'esprit de compétition	16
Le courage	15
La patience, la persévérance	13
La fidélité, la loyauté	13
Le sens de la justice	10
Le respect de la propriété	8
Le sens du devoir	7
L'autorité, le sens du commandement	6
La recherche spirituelle, la foi	5
Le respect de la tradition	5
L'attachement à la patrie	4
Le civisme, le respect du bien commun	3

[1] **n'importe quoi**   anything and everything
[2] **la moindre des choses**   the least one can do

266   CHAPITRE 6

«*La tolérance, la politesse, cela dépend du contexte. L'honnêteté, c'est une règle absolue. Sans elle, il n'y a pas de relations possibles avec les autres*», proclame Serge, en seconde dans un lycée parisien.

• **La politesse.** Vous êtes surpris de voir cette vertu un peu désuète[3] dans le peloton de tête[4]? Pas les sociologues! Ils savent qu'aujourd'hui, la politesse est vue comme le passage obligé pour engager un dialogue, pour nouer une relation.

À notre époque de valorisation des relations de proximité, tout ce qui nous permet de mieux communiquer avec notre environnement immédiat a la cote.

«Après les grandes remises en question des années 68 et suivantes qui ont permis de conquérir des libertés nouvelles, on redécouvre la commodité des codes de bonne conduite qui mettent de l'huile dans les rouages[5]. Mais, attention, prévient le sociologue François de Singly, une société ne revient jamais à son point de départ. Elle passe des compromis entre le nouveau et l'ancien pour inventer autre chose».

Ainsi, en 1968, les étudiants proclamaient: «*Il est interdit d'interdire.*»

Aujourd'hui, ils acceptent l'obéissance, contrainte qu'on se donne à soi-même. Mais ils refusent l'autorité, cette contrainte qui est imposée de l'extérieur.

LES VALEURS DE VOS PARENTS ET GRANDS-PARENTS

Quelles sont les valeurs qui comptent le plus pour vous, qui vous paraissent les plus fondamentales?

les 21–49 ans répondent	%
La tolérance, le respect des autres	45
L'honnêteté	41
La politesse, les bonnes manières	39
Le goût de l'effort, du travail	34
Le sens de la famille	30
Le respect de l'environnement, de la nature	28

les 50 ans et plus répondent	%
Le goût de l'effort, du travail	47
L'honnêteté	47
La politesse, les bonnes manières	37
La tolérance, le respect des autres	33
Le sens de la famille	29
Le courage	21

Autour de la table familiale, ça baigne[6]! Disparu le conflit de générations! Les mêmes valeurs importantes sont partagées par vous, vos parents et vos grands-parents.

Vos parents ont été les contemporains, actifs ou passifs, de la révolution qui a bouleversé[7] les mentalités ces vingt dernières années. Plus souples, moins bardés[8] de certitudes qu'autrefois,

---

[3] **désuète** old-fashioned
[4] **le peloton de tête** at the top of the list
[5] **mettent de l'huile dans les rouages** lit: oil the gears; make things run smoothly
[6] **ça baigne** everything's cool
[7] **bouleversé** drastically changed
[8] **bardés de** filled with

CULTURE 267

C. *La politesse*
1. Ask: *Est-ce que vous pensez que la politesse est une vertu désuète?*
2. Have students do the following:
   Demandez à vos parents ou à quelqu'un de plus âgé ce qui est arrivé dans les années 60 et expliquez leurs réponses à la classe.
3. Ask students to explain: «*Il est interdit d'interdire*».
4. Then ask: *Est-ce que vous acceptez l'obéissance? Donnez des exemples.*

PRESENTATION *(continued)*

5. Ask: *Quelles craintes sont partagées par les parents et les jeunes aujourd'hui? Pour les jeunes, quelle est la forme moderne du civisme?*

D. *Les valeurs qui ne sont plus fondamentales*

Ask: *Est-ce que vous pensez que ces quatre valeurs—la patrie, la foi, la tradition, l'autorité—sont également en baisse aux États-Unis?*

---

ils ont privilégié avant tout le dialogue. La politique, hier source d'interminables affrontements[9], ne fait plus se dresser[10] les fils contre les pères. On préfère évoquer des craintes[11] partagées, celles du chômage ou de la pollution.

Les grands-parents aussi participent à ce grand consensus. Seule rupture, la place donnée au travail par cette génération qui a connu le plein-emploi et la salarisation triomphante.

L'environnement est à coup sûr la valeur montante, celle que les nouvelles générations veulent promouvoir. «*Tous les sondages le confirment, ce sont les jeunes qui poussent toute la société à une plus grande exigence écologique. C'est pour eux la forme moderne du civisme*», affirme le politologue Roland Cayrol.

LES VALEURS QUI NE SONT PLUS FONDAMENTALES

Quatre valeurs sont en baisse quel que soit l'âge: la patrie, la foi, la tradition, l'autorité. Ce qui change selon la catégorie, c'est l'intensité du rejet. La patrie, par exemple, est rejetée par 22% des plus de 50 ans, 38% des 20–50 ans et 45% des 15–20 ans.

La foi s'effrite[12] aussi un peu plus à chaque génération. Elle est jugée dépassée[13] par 19% des plus de 50 ans, 35% des 20–50 ans et 42% des jeunes. Encore faut-il savoir de quoi on parle.

Pour le théologien et moraliste Xavier Thévenot, vivre, c'est déjà un acte de foi: «*Décider d'avoir un enfant, continuer à vivre quand on est accablé par[14] le malheur, lutter[15] contre l'absurde, c'est déjà croire*, selon lui. *L'acte de croire a une dimension sociale et la recherche spirituelle n'est pas une fuite[16] dans un monde imaginaire. Elle consiste à se poser les questions fondamentales: À quoi bon vivre? Pourquoi sommes-nous sur Terre? D'où vient le mal? Ces questions, les jeunes se les posent et ils ont besoin de donner un sens à leur vie.*»

Pour Amandine, 17 ans, la foi se vit aussi au quotidien. «*Chaque jour, je fais un retour sur ce que je vis et je m'interroge. Cela me pousse à éviter la facilité, à donner toujours un peu plus. Par exemple, en tant que déléguée de classe, j'essaye d'avoir un rôle d'entraide et de ne pas me contenter d'une tâche administrative.*»

LES VALEURS QUI NE SONT PLUS FONDAMENTALES

Quelles sont les valeurs dont vous pensez qu'elles ne devraient plus, aujourd'hui, être considérées comme fondamentales?

les 15–20 ans répondent	%
L'attachement à la patrie	45
La recherche spirituelle, la foi	42
L'autorité, le sens du commandement	29
Le respect de la tradition	24
Le respect de la propriété	11

les 21–49 ans répondent	%
L'attachement à la patrie	38
La recherche spirituelle, la foi	35
L'autorité, le sens du commandement	30
Le respect de la tradition	18
La réussite sociale, l'esprit de compétition	13

Les 50 ans et plus répondent	%
L'autorité, le sens du commandement	24
L'attachement à la patrie	22
La recherche spirituelle, la foi	19
Le respect de la tradition	13
La réussite sociale, l'esprit de compétition	10

---

[9] **affrontements** *confrontations*
[10] **se dresser contre** *rise up against*
[11] **craintes** *fears*
[12] **s'effrite** *is crumbling away, disintegrating*
[13] **dépassée** *outmoded*
[14] **accablé par** *weighed down by, overwhelmed by*
[15] **lutter** *to fight*
[16] **fuite** *flight, escape*

PAIRED ACTIVITY

Demandez aux élèves de travailler à deux pour comparer cet article à un article semblable paru dans un magazine américain pour adolescents.

Compréhension

A **Oui ou non?** Corrigez d'après le texte.

1. L'honnêteté et la tolérance sont les valeurs les plus importantes pour les jeunes.
2. L'honnêteté est plus importante que la tolérance.
3. La politesse n'est pas nécessaire pour communiquer avec les autres.
4. Les jeunes sont très attachés à la patrie.
5. Les jeunes ont besoin de donner un sens à leur vie.
6. Les générations ne se battent (*fight*) plus pour des raisons politiques.
7. Les jeunes ne se préoccupent pas d'écologie.
8. Enfants et parents parlent du chômage et de la pollution.

B **De quoi parle-t-on?** Dites de quoi il s'agit.

1. respecter l'autre personne, admettre ses opinions, écouter ses différences
2. être contre des gens à cause de la couleur de leur peau
3. avoir de bonnes manières
4. faire ce que quelqu'un vous dit de faire
5. se poser des questions fondamentales
6. aimer travailler

Activités

A **Sondage.** Reprenez les catégories du sondage et faites une enquête à l'école et chez vous. Comparez vos résultats à ceux de vos camarades et étudiez les similarités et les différences entre les Français et les Américains.

B **Débats.**

1. Répondez à la question d'Anne: «C'est la moindre des choses d'accepter une opinion adverse, d'argumenter sans se fâcher, mais faut-il discuter tranquillement avec les racistes et admettre leur point de vue?»
2. Que pensez-vous de cette phrase de Serge: «L'honnêteté, c'est une règle absolue. Sans elle, il n'y a pas de relations possibles avec les autres.»

CULTURE   269

CONVERSATION

VIVRE EN FAMILLE

Vocabulaire

Vocabulary Teaching Resources
1. Audio Cassette 6
2. Student Tape Manual
3. Workbook
4. Chapter Quizzes

Bell Ringer Review
Write the following on the board or use BRR Blackline Master 6-3: **Pour vivre harmonieusement en famille, qu'est-ce que chaque membre de la famille doit faire?**

PRESENTATION *(page 270)*

A. As you present the new vocabulary, you may wish to ask the following questions: *Est-ce que vous videz les ordures tous les jours? Qui fait le marché chez vous? Ça vous énerve de faire le marché ou ça vous fait plaisir? Chez vous, est-ce que tout le monde met la main à la pâte? Est-ce qu'il y a quelqu'un qui ne fait rien ou presque rien? Qui ça? Est-ce qu'on répartit les tâches ménagères chez vous? Quelles sont les tâches ménagères que vous détestez? Vous vous plaignez quand il faut faire des tâches ménagères? Quand faut-il mettre la main à la pâte? Faites-vous une comédie quand il faut que vous fassiez quelque chose que vous ne voulez pas faire? Quelle est une dépense qui est vraiment de l'argent de gâché?*

B. You may wish to give students the conjugation of the verb *se plaindre: Je me plains, tu te plains, il se plaint, nous nous plaignons, vous vous plaignez, ils se plaignent (Je me suis plaint[e].)*

270

CONVERSATION

VIVRE EN FAMILLE

VOCABULAIRE

vider les ordures

faire le marché

s'énerver se fâcher
mettre la main à la pâte travailler
répartir distribuer
se plaindre protester, exprimer son mécontentement
faire une comédie s'énerver, faire une scène

une tâche ménagère faire la vaisselle, faire la lessive, etc.
gâché qui est dépensé sans discernement, inutilement
équitablement avec justice
ce n'est pas sorcier ce n'est pas difficile

270 CHAPITRE 6

DID YOU KNOW?

1. De nos jours, la famille est essentiellement la famille nucléaire, c'est-à-dire les époux et les enfants. Dû au taux croissant des divorces, on voit le développement rapide de la famille «éclatée», c'est-à-dire la famille dans laquelle les enfants ne vivent pas avec leur père ou leur mère. Il s'agit de la famille monoparentale ou recomposée.

2. 71% des parents estiment qu'il est facile d'élever des enfants, 27% que c'est assez ou très difficile. Les choses les plus difficiles à obtenir sont: ne pas faire de caprice, se coucher à l'heure dite, bien se tenir à table. Quand il y a un problème, 77% des parents crient, 20% donnent des gifles.

(continued on page 271)

Exercices

A **Définitions.** Trouvez le mot.

1. travailler
2. se fâcher
3. un travail que l'on doit faire pour la famille
4. distribuer
5. avec justice
6. c'est facile
7. qui est dépensé inutilement
8. dire qu'on n'est pas content

B **Que fait-on dans la famille Vernier?** Répondez d'après les dessins.

1. Qui fait la vaisselle?
2. Qui lave la voiture?
3. Qui vide les ordures?
4. Qui fait le ménage (*housework*)?
5. Qui fait la cuisine?
6. Qui fait le marché?
7. Qui fait la lessive?
8. Qui travaille dans le jardin?

CONVERSATION 271

DID YOU KNOW

(*continued*)

47% des enfants disent que l'un ou l'autre parent les écoute quand ils ont quelque chose à dire.

C'est toujours la mère qui emmène l'enfant chez le médecin, l'aide à se préparer le matin, l'aide à faire ses devoirs et lui fait des câlins.

INDEPENDENT PRACTICE

Assign any of the following:
1. Exercises A and B on this page
2. Workbook, *Conversation*

Exercices

PRESENTATION (*page 271*)

Exercice A
After going over this exercise, have students use the new words in original sentences.

Exercice B
Have students refer to the illustrations as they do this exercise.

ANSWERS

Exercice A
1. mettre la main à la pâte
2. s'énerver
3. une tâche ménagère
4. répartir
5. équitablement
6. ce n'est pas sorcier
7. gâché
8. se plaindre

Exercice B
1. Mme Vernier (La mère) fait la vaisselle.
2. Les enfants lavent la voiture.
3. Le (petit) garçon vide les ordures.
4. Le (grand) garçon (Le fils) fait le ménage.
5. M. Vernier (Le père) fait la cuisine.
6. Mme Vernier (La mère) et son fils (le petit garçon) font le marché.
7. M. Vernier (Le père) fait la lessive.
8. Le (grand) garçon (Le fils) travaille dans le jardin.

Scène de la vie

Bell Ringer Review
Write the following on the board or use BRR Blackline Master 6-4: **Quelles sont les tâches ménagères que vous faites? Faites-en une liste.**

Note: The French in this conversation is very colloquial.

PRESENTATION (page 272)

A. First, have students listen to this conversation on Cassette 6 with their books closed.

B. You may play the cassette a second time and have the students follow along in their books.

C. Call on two students to read the conversation aloud with as much expression as possible. After two students have finished the first half, call on two more to continue.

D. You may wish to ask the following questions as you go over the conversation: *Qui a recommencé à travailler? C'est la première fois qu'elle a un job? D'après Émilie, rien n'est fait. Pourquoi? Il y a combien de personnes dans la famille de Louise? Et dans celle d'Émilie? Est-ce que la mère de Louise travaille? Qu'est-ce qu'elle fait? Louise dit: «Chacun a ses responsabilités». Qu'est-ce que cela veut dire? Pourquoi la mère d'Émilie est-elle allée acheter des assiettes en papier et des couverts en plastique? Comment son père a-t-il réagi? Que fait la mère de Louise quand son père se plaint qu'elle dépense trop d'argent?*

Note: In line 2, point out to the students the expression: *c'est pas la joie*. Explain that *ne* is very often omitted today in spoken French.

SCÈNE DE LA VIE

À chacun sa tâche

ÉMILIE: Depuis que Maman a recommencé à travailler, c'est pas la joie à la maison. Papa et Maman sont toujours en train de discuter pour savoir qui doit faire quoi, et en fin de compte, rien n'est fait.

LOUISE: Ben, il faut que vous vous organisiez un peu. Ce n'est pas sorcier, vous n'êtes que trois. Nous, à la maison, on est cinq, et il y a Olivier qui est tout petit.

ÉMILIE: Oui, mais ta mère ne travaille pas.

LOUISE: Ma mère? Mais si, elle travaille! Elle est prof d'anglais. Simplement, chacun a ses responsabilités. Moi, c'est la vaisselle et les ordures, mon frère, c'est la lessive; mon père, c'est les courses et ma mère, c'est la cuisine et Olivier.

ÉMILIE: On a bien essayé, mais Papa dit toujours que ça ne presse pas. Tiens, par exemple, la semaine dernière, Papa devait faire la vaisselle. Tous les jours il a dit qu'il la ferait le lendemain, si bien qu'on a utilisé toute la vaisselle qu'on avait jusqu'à ce qu'il n'y ait plus un plat de propre. Alors, tu sais ce que Maman a fait?

LOUISE: Non.

ÉMILIE: Elle est allée acheter des assiettes en papier et des couverts en plastique. Papa en a fait une comédie! Il a dit que c'était de l'argent de gâché. Alors Maman s'est énervée et lui a dit qu'il n'avait pas le sens des responsabilités, et que s'il ne faisait pas la vaisselle, elle, elle ne ferait plus la cuisine, et patati, et patata.

LOUISE: C'est sûr qu'il faut que tout le monde mette la main à la pâte et que les tâches soient réparties équitablement. Chez nous, ça marche assez bien. De temps en temps, c'est Papa qui fait les courses… Quand il se plaint que Maman dépense trop d'argent, elle l'envoie faire le marché et après ça, il ne se plaint plus du tout.

272   CHAPITRE 6

ADVANCED GAME

Jumeaux-Jumelles

Set-up: Your class is made up of sets of identical twins who have never met each other. (You could have one set of triplets if you have any uneven number of students.) Prepare two sets of identical index cards which describe the identity of each twin, a list of his/her likes and dislikes, a description of his/her family, and a list of chores he/she does at home, etc. Distribute the cards to the class and have students circulate as if they were at a party.

Game: The students must find out things about each other and locate their identical twin within a certain time limit.

CONVERSATION 273

E. Have students say the following in a more colloquial way:
Il y a des problèmes à la maison.
Eh bien…
Ce n'est pas difficile.
Nous sommes cinq.
Il faut que je fasse la vaisselle.
Il a fait une scène.
Il faut que tout le monde fasse quelque chose.

PAIRED ACTIVITIES

1. Have students role-play this section with expression. They could read it first and then see if they can ad-lib without the book.
2. Have pairs of students work together to prepare conversations about their own families and chores based on the *Conversation* on page 272.

LEARNING FROM PHOTOS

Have students say as much as they can about the family in the photo.

Compréhension

 La maison. Répondez d'après le texte.

1. Pourquoi les parents d'Émilie discutent-ils?
2. Comment les choses se passent-elles chez Louise?
3. Que fait la mère de Louise quand son mari se plaint?
4. Combien y a-t-il d'enfants dans la famille de Louise?
5. Que doit faire le père d'Émilie?
6. Que fait-il?
7. Qu'a fait la mère d'Émilie quand il n'y avait plus de vaisselle propre?
8. Quand la mère de Louise envoie-t-elle son mari faire les courses? Pourquoi?

Activités de communication

A **Tâches ménagères.** Tout d'abord, faites une liste de toutes les tâches à exécuter chez vous. (N'oubliez pas la vaisselle à faire, le chien à nourrir, etc.) Indiquez qui fait chaque tâche. Décidez si votre famille est plutôt traditionnelle ou plutôt moderne. Ensuite, comparez votre famille à celles de vos camarades.

B **Au travail!** Reprenez la liste que vous avez faite pour l'Activité A. À votre avis, les tâches sont-elles réparties équitablement dans votre famille? Si elles ne le sont pas, répartissez-les d'une façon équitable.

C **Et les hommes?** Croyez-vous que les hommes doivent partager les tâches ménagères? Pourquoi?

D **En excursion.** Votre classe doit partir en excursion pendant le week-end. Vous décidez tout d'abord où vous allez aller, ce que vous devez amener et qui sera chargé de quoi.

LANGAGE

FÉLICITATIONS ET CONDOLÉANCES

Que dit-on dans les circonstances suivantes?

Naissance

Permettez-moi de vous féliciter pour la naissance de votre petit(e)…
Toutes mes félicitations pour…
Avec tous mes vœux de bonne santé pour la maman
Comme il/elle est mignon(ne)!
C'est tout le portrait de sa mère/son père.
Il/Elle a les mêmes yeux, le même nez, le même sourire… que son père/sa mère.

C'est tout le portrait de son père!

Mariage

Toutes mes félicitations pour votre mariage!
Tous mes vœux de bonheur.
Je vous souhaite d'être très heureux.
Vous êtes faits l'un pour l'autre.
Quel beau couple!
À votre santé!

Anniversaire

Bon Anniversaire!
Joyeux Anniversaire!
Tous mes vœux.

Joyeux Anniversaire!

Noël

Joyeux Noël!

LANGAGE 275

Activités de communication

PRESENTATION (page 276)

You may wish to let students select the activity or activities they wish to participate in.

ANSWERS

Activités de communication A, B, C, and D
Answers will vary.

Nouvel An

> Bonne Année!
> Bonne Santé!
> Tous mes vœux pour la nouvelle année
> Mes meilleurs vœux pour vous et les vôtres
> Que cette nouvelle année vous apporte prospérité, bonheur…

Décès

> Je vous présente mes plus sincères condoléances.
> C'est avec une grande tristesse que j'ai appris le décès de…
> La mort de… m'a fait beaucoup de peine.
> J'ai beaucoup de peine pour toi.
> C'était un homme/une femme remarquable.

Activités de communication

A **Vivent les mariés!** Vous et votre camarade avez été invités au mariage de l'un de vos cousins et vous devez porter un toast aux nouveaux mariés. Vous rédigez ce toast et vous l'apprenez par cœur. Récitez-le à vos camarades qui vous diront ce qu'ils en pensent.

B **Un bébé.** Votre cousine vient d'avoir un bébé que vous ne trouvez pas très beau, mais vous voulez tout de même dire quelque chose de gentil à votre cousine. Que lui dites-vous?

C **La veille du Jour de l'An.** Toute la classe célèbre le Jour de l'An ensemble.

1. Qu'est-ce que vous vous dites à minuit?
2. Chacun d'entre vous fait un vœu pour cette nouvelle année. Partagez-le avec vos camarades.

D **Pauvre Fido!** Le chien (ou un autre animal) de votre ami(e) est mort. Présentez-lui vos condoléances.

276 CHAPITRE 6

LEARNING FROM REALIA

You may wish to teach students the saying: *Les petites filles naissent dans des roses et les petits garçons dans des choux.* Ask them if they can find an equivalent saying in English. ("Sugar and spice and everything nice, that's what little girls are made of. Rats and snails and puppy dogs' tails, that's what little boys are made of.") Ask if they agree with the message being conveyed, and why or why not?

INDEPENDENT PRACTICE

Assign any of the following:
1. Workbook, *Langage*
2. Activities on this page

STRUCTURE I

Le partitif
Talking About an Indefinite Quantity

1. When speaking only of a certain quantity or part of a whole, the partitive articles *du, de la,* and *des* are used. *Du* and *de la* become *de l'* in front of a word beginning with a vowel. In English, the partitive is expressed by "some," "any," or no word at all.

Avez-vous de la patience?	Do you have patience?
Il faut du courage!	You need courage!
Il faut de l'autorité.	You need authority!
J'ai des amis français.	I have some French friends.

   Note that in English, "some" or "any" can be omitted. In French, the partitive cannot be omitted.

2. In the negative, *du, de la, de l',* and *des* change to *de* or *d'*.

J'ai de la patience.	Je n'ai pas de patience.
Il faut du courage.	Il ne faut pas de courage.
Il faut de l'autorité.	Il ne faut pas d'autorité.
J'ai des amis français.	Je n'ai pas d'amis français.

3. Remember that a noun used in a general sense, not a specific sense, is preceded by the articles *le, la, l',* or *les*.

   Je déteste l'intolérance.
   J'aime beaucoup le thé.
   J'adore les livres.

4. Here are some helpful hints. Verbs that express likes and dislikes are usually followed by the definite articles *le, la, l', les* + a noun.

   LE, LA, L', LES—*General Sense*

   adorer   détester
   aimer   préférer
   aimer mieux

   The following verbs are often followed by a partitive construction: *du, de la, de l', des* + a noun.

   DU, DE LA, DE L', DE—*Partitive*

   acheter   manger
   avoir   prendre
   boire   vendre
   commander

STRUCTURE I   277

Exercices

PRESENTATION (page 278)

A. You may wish to go over these exercises first without prior preparation to determine how well students use the partitive construction.

B. If the students are still having some problems, you can assign the exercises for homework for additional reinforcement.

ANSWERS

Exercice A
1. de la
2. des
3. des
4. de l'
5. du

Exercice B
1. —Non, il faut acheter du fromage.
   —De toute façon, je n'aime pas le fromage.
2. —… des sardines.
   —… les sardines.
3. —… de la crème.
   —… la crème.
4. —… de l'orangeade.
   —… l'orangeade.
5. —… des yaourts.
   —… les yaourts.
6. —… du poisson.
   —… le poisson.
7. —… des saucisses.
   —… les saucisses.
8. —… du dessert.
   —… le dessert.

Exercice C
1. des
2. de
3. des
4. de l'
5. d'
6. du
7. du
8. de
9. le
10. du
11. le
12. le
13. de la
14. de
15. l'

278

---

5. Remember that in the negative, only the partitive becomes *de*.

   Je *n'aime pas les* mariages.
   BUT
   Il *n'y aura pas de* mariage cette année.

Exercices

A Pour être professeur. *Complétez.*

1. Il faut avoir ___ patience.
2. Il faut préparer ___ cours.
3. Il faut corriger ___ devoirs.
4. Il faut avoir ___ ordre.
5. Il faut avoir ___ bon sens.

B Qui va faire les courses?
Répondez d'après le modèle.

—Il y a des fruits?
—Non, il faut acheter des fruits.
—De toute façon, je n'aime pas les fruits.

1. Il y a du fromage?
2. Il y a des sardines?
3. Il y a de la crème?
4. Il y a de l'orangeade?
5. Il y a des yaourts?
6. Il y a du poisson?
7. Il y a des saucisses?
8. Il y a du dessert?

C La famille d'Éric. *Complétez.*

Éric a ___₁ sœurs, mais il n'a pas ___₂ frères. Les sœurs d'Éric font ___₃ études universitaires à l'Université de Grenoble. Catherine fait ___₄ anglais, mais Michèle ne fait pas ___₅ anglais. Elle fait ___₆ russe. Catherine est très sportive et elle fait toujours ___₇ sport. Michèle ne fait jamais ___₈ sport. Elle déteste ___₉ sport.

Quand les deux sœurs vont au restaurant, Catherine commande toujours ___₁₀ poisson. Elle aime bien ___₁₁ poisson. Mais Michèle n'aime pas du tout ___₁₂ poisson. Elle commande toujours ___₁₃ viande. Elle ne commande pas ___₁₄ bœuf, elle préfère ___₁₅ agneau.

278   CHAPITRE 6

LEARNING FROM PHOTOS

Voici les noms des fromages sur la photo:
(1) camembert (2) crottin de chavignol
(3) fromage fondu avec noix (4) roquefort
(5) brie (6) munster (7) caperon.

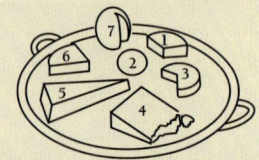

DID YOU KNOW?

La France produit 1,3 million de tonnes de fromages et est, en quantité, le deuxième producteur mondial après les États-Unis. Certains fromages comme le brie, le camembert et le roquefort sont connus dans le monde entier. La France produit environ 350 variétés de fromages aux formes les *(continued)*

Le pronom *en*

Referring to Things Already Mentioned

1. The pronoun *en* replaces a partitive construction.

Je voudrais *du pain*.	J'*en* voudrais.
Il mange *de la viande*.	Il *en* mange.
Elle prépare *des légumes*.	Elle *en* prépare.

2. The pronoun *en* also replaces a noun qualified by a specific quantity.

Il a *un frère*.	Il *en* a un.
Je veux *deux œufs*.	J'*en* veux deux.
Elle a beaucoup *d'amis*.	Elle *en* a beaucoup.
Nous avons un peu *d'argent*.	Nous *en* avons un peu.

3. *En* also replaces all other phrases introduced by *de* referring to a thing.

Il vient *de Rome*.	Il *en* vient.
Il est fier *de son travail*.	Il *en* est fier.
Il parle trop *de son travail*.	Il *en* parle trop.
Il n'a pas besoin *de ton aide*.	Il n'*en* a pas besoin.

4. Note, however, that when the preposition *de* is followed by a person, stress pronouns are used, not *en*.

Elle parle *de son travail*.	Elle *en* parle.
Elle parle *de sa fille*.	Elle parle *d'elle*.
Elle est fière *de son travail*.	Elle *en* est fière.
Elle est fière *de sa fille*.	Elle est fière *d'elle*.

5. Also note that in cases in English when "some" or "any" is not used, *en* must be used in French.

Tu as des œufs?	*Do you have any eggs?*
Oui, j'en ai.	*Yes, I do.*

6. Like the other object pronouns, the pronoun *en* comes directly before the verb to which its meaning is tied.

Elle vend *des timbres*.	Elle *en* vend.
Elle ne vend pas *de timbres*.	Elle n'*en* vend pas.
Elle a vendu *des timbres*.	Elle *en* a vendu.
Elle n'a pas vendu *de timbres*.	Elle n'*en* a pas vendu.
Elle va vendre *des timbres*.	Elle va *en* vendre.
Elle ne va pas vendre *de timbres*.	Elle ne va pas *en* vendre.

7. When there are several object pronouns in a sentence, *en* always comes last.

Elle a vendu *des timbres à ses amis*.	Elle *leur en* a vendu.
Elle m'a donné *de l'argent*.	Elle *m'en* a donné.

STRUCTURE I

Le pronom en ◆◆◆

Bell Ringer Review

Write the following on the board or use BRR Blackline Master 6-6: Répondez.
1. Quelles choses voudriez-vous avoir tout de suite?
2. Quelles choses avez-vous qui vous plaisent beaucoup?
3. De quoi parlez-vous souvent avec vos copains?

Note: Students need a great deal of practice and reinforcement before they learn to use *en* consistently. Very often they understand the concept but they just forget to use it. For this reason, it is recommended that you emphasize the model sentences rather than the explanation.

PRESENTATION *(page 279)*

A. Have the entire class and individual students read the model sentences aloud. The more examples they hear of this point, the better.
B. The concept in Step 4 is particularly difficult for many students. They will need constant reinforcement and most probably frequent correction to master this point.

DID YOU KNOW?

(continued)

plus diverses. Ces fromages sont fabriqués avec du lait de vache, de chèvre ou de brebis. En France, il n'y a pas de repas qui ne se termine par du fromage, avec évidemment du pain et du vin!

Exercices

Exercices

A **Oui ou non?** Répondez en utilisant *en*.

1. Il y a du pain?
2. Il y a des carottes?
3. Il y a du lait?
4. Il y a du vin?
5. Tu as acheté de la viande?
6. Tu as mis du beurre dans les carottes?

B **Les courses.** Répondez en utilisant *en*.

1. Tu as assez d'argent?
2. Tu vas acheter deux bouteilles d'eau minérale?
3. Tu peux manger deux côtelettes?
4. On a besoin d'un kilo de tomates?
5. On a besoin de plus d'un litre de lait?
6. Tu veux plusieurs oranges?

C **Angoisses.** Refaites les phrases en utilisant *en*.

1. Elle ne parle jamais de son travail.
2. Elle n'est pas fière de son travail.
3. Elle a besoin de son travail.
4. Il parle de ses difficultés.
5. Il a peur des conséquences de son acte.

D **La famille.** Répondez avec des pronoms.

1. Il parle quelquefois de son fils?
2. Il a besoin de son aide?
3. Elle est fière de son fils?
4. Elle est fière de sa fille?
5. Elle est fière de ses enfants?
6. Elle est contente de leur succès?

E **L'argent!** Complétez la conversation.

—Tu as parlé à ton père de tes problèmes financiers?
—Oui, je ___ ___ ai parlé.
—Et alors? Il t'a donné de l'argent?
—Oui, il ___ ___ a donné.
—Il ___ ___ a donné beaucoup?
—Ouais. Il ___ ___ a donné assez pour l'instant.
—J'espère que tu ne vas pas ___ emprunter à tes copains.
—Ne t'en fais pas! Je ne ___ ___ demanderai certainement pas.

280 CHAPITRE 6

Les pronoms relatifs *qui* et *que*   Making Complex Sentences

1. A relative pronoun introduces a clause that modifies a noun. The relative pronoun *qui* functions as the subject of the clause and may refer to either a person or a thing.

   La jeune fille *qui* vient d'entrer est la femme de mon frère.
   L'alliance *qui* est à son doigt est très belle.

2. The relative pronoun *que* (*qu'*) functions as the direct object of the clause. Like *qui*, *que* may refer to either a person or a thing.

   Le garçon *que* nous avons vu hier est le mari de Marie.
   L'alliance *qu'*il lui a donnée est très belle.

   Note that if a relative clause introduced by *que* is in the *passé composé*, the past participle agrees with the noun represented by *que* which is a preceding direct object.

3. When there is no definite antecedent, *ce qui* and *ce que* are used.

   Dites-moi *ce qui* s'est passé.
   Je n'ai pas compris *ce qu'*il a dit.

Exercices

A Un bon livre. Complétez avec *qui* ou *que*.

1. La fille ___ parle maintenant est très intéressante.
2. Oui, et le discours ___ elle donne est très intéressant.
3. Tu as lu le livre ___ elle a écrit?
4. Oui, c'est le livre ___ Maman vient de m'acheter.
5. C'est un livre ___ va se vendre comme des petits pains!
6. Oui, c'est un premier livre ___ va avoir un succès fou.

B Voyage. Combinez les deux phrases en une seule en utilisant *qui* ou *que*.

1. Alain est un homme. Il aime voyager.
2. Il a fait des voyages. Il aime les décrire à ses amis.
3. Il a fait des tas de photos. Il les a prises pendant ses voyages.
4. Il a des amis. Ils habitent à Carthage.
5. Carthage est un très joli village. Carthage se trouve près de Tunis.
6. Ses amis ont une très belle villa. Elle donne sur la mer.
7. Alain va visiter les célèbres ruines romaines. Elle datent des guerres puniques.
8. Il va aussi visiter le cimetière américain. Le cimetière se trouve à Carthage.

Carthage: les ruines romaines

STRUCTURE I **281**

DID YOU KNOW?

Carthage est une ville de Tunisie située sur le golfe de Tunisie, à 16 km de Tunis. Des ruines romaines attestent d'un passé prestigieux. Carthage fut fondée au 9ᵉ siècle avant Jésus-Christ et l'empire carthaginois fut très puissant en Méditerranée. Les guerres puniques (carthaginoises) opposèrent les Carthaginois aux Romains entre 264 et 146 avant Jésus-Christ. C'est au cours de la deuxième guerre punique que le célèbre général carthaginois Hannibal passa les Alpes avec son armée (et ses éléphants), renforça ses troupes avec des Gaulois révoltés contre Rome et remporta de brillantes victoires sur les Romains en Italie.

PRESENTATION (continued)

Exercice C
Have students do this exercise once without prior preparation to ascertain how well they understand the concept.

If necessary, assign the exercise for homework for additional reinforcement.

ANSWERS
Exercice C
1. ce que
2. ce que, ce qui
3. ce qui
4. ce que
5. ce qu'

Le pronom relatif dont
◆◆◆

PRESENTATION (page 282)

A. Explain to students when there is no *de* that they will use *qui* or *que*. When there is a *de*, they will use *dont*.
B. Have students read the model sentences aloud.
C. You may wish to give students additional examples. The more they hear, the better.
C'est le garçon dont je t'ai parlé.
C'est le garçon dont la sœur est la petite amie de Robert. C'est le garçon dont je connais le père. C'est le garçon dont la mère est directrice de l'école.

C Confusion. *Complétez avec* ce qui *ou* ce que.

1. Je ne comprends pas ___ tu dis.
2. Tu ne comprends pas ___ je dis parce que tu ne sais pas ___ est arrivé.
3. C'est vrai. Dis-moi ___ est arrivé.
4. Tu ne sais pas ___ Michèle a écrit dans sa lettre?
5. Non, mais je vais bientôt savoir ___ elle a écrit.

Le pronom relatif *dont*   *Expressing "Of Which" and "Whose"*

1. You have already seen that the relative pronouns *qui* and *que* are used to join two sentences. *Qui* replaces the subject of the relative clause and *que* replaces the direct object of the clause. The relative pronoun *dont* is also used to join two sentences. *Dont* replaces the preposition *de* and its object in the relative clause.

   Il parle à une femme. *Elle* travaille avec lui.
   Il parle à une femme *qui* travaille avec lui.

   Elle va manger dans un restaurant. Il a recommandé *ce restaurant*.
   Elle va manger dans un restaurant *qu'*il a recommandé.

   Il a fait un voyage. Il parle souvent *de son voyage*.
   Il a fait un voyage *dont* il parle souvent.

   Les femmes sont sans abri. Elle s'occupe *de ces femmes*.
   Les femmes *dont* elle s'occupe sont sans abri.

2. The following is a list of verbs and verbal expressions which take *de*: *parler de, s'occuper de, se souvenir de, avoir envie de, avoir besoin de, être content(e) de, avoir peur de.*

3. *Dont* is also the equivalent of "whose," "of whom," and "of which" in English.

   Il a épousé une fille. Les parents *de cette fille* sont très riches.
   Il a épousé une fille *dont* les parents sont très riches.

   Il a épousé une fille. Je connais les parents *de cette fille*.
   Il a épousé une fille *dont* je connais les parents.

   Note the placement of *les parents* in the above example. It is the direct object of the verb *connaître*, and contrary to English usage, it remains after the verb.

282   CHAPITRE 6

INDEPENDENT PRACTICE

Assign any of the following:
1. Workbook, *Structure I*
2. Exercises on pages 281–282

Exercices

A **Le vieil homme.** Combinez les deux phrases en une seule.

1. Voilà le vieil homme. Je t'ai déjà parlé de ce vieil homme.
2. Il a un bon travail. Il est content de ce travail.
3. Il a une petite maison. Il s'occupe bien de cette maison.
4. Va lui porter ce livre. Il a besoin de ce livre.
5. C'est un homme très gentil. Tu ne devrais pas avoir peur de cet homme.

B **Familles.** Combinez les deux phrases en une seule.

1. Elle est fiancée à un garçon. Je connais la sœur de ce garçon.
2. Il a rencontré une fille. Le nom de cette fille est Marie.
3. Ce garçon est célèbre. J'ai oublié le nom de ce garçon.
4. C'est une femme remarquable. Il reconnaît son importance.
5. Je sors avec une fille. Le père de cette fille travaille avec mon père.

C **Les sans-abri.** Complétez avec *qui, que* ou *dont*.

Partout dans le monde il y a des sans-abri, des gens ___₁ n'ont pas de maison et ___₂ dorment dans les stations de métro ou dans les parcs. Ce sont les gens ___₃ on a l'habitude de voir sur les trottoirs des grandes villes avec des panneaux en carton ___₄ disent: «J'ai faim» ou «Au chômage, je cherche du travail». Il y en a d'autres ___₅ mendient dans les couloirs des stations de métro en jouant de la musique. Ces gens, ___₆ personne ne s'occupe vraiment, sont souvent des gens comme vous et moi mais ___₇ n'ont pas eu de chance et ___₈ la société a un peu peur. Il faut faire quelque chose pour aider ces gens à obtenir ce ___₉ ils ont besoin.

STRUCTURE I 283

JOURNALISME

Bell Ringer Review
Write the following on the board or use BRR Blackline Master 6-7: Quelles sont les grandes occasions que votre famille célèbre?

LES GRANDES OCCASIONS

Introduction

PRESENTATION *(page 284)*

A. Call on a student to read the *Introduction* aloud since it contains quite a bit of useful vocabulary.

B. After they have read the *Introduction,* ask students to make a list of the social occasions mentioned.

C. Ask students to describe their feelings, both positive and negative, about their own family celebrations. (As a departure point for this discussion, you may want to play *Unité 3, Scène 3* from the **Glencoe French 2 video** in which Mélanie talks with her brother Emmanuel about her feelings regarding the family Christmas celebration.)

D. For each of the occasions mentioned in the *Introduction*, you may also wish to ask students: *Qui participe à ces occasions? Comment célèbre-t-on cette ou ces occasions? Y a-t-il des traditions en ce qui concerne ces occasions? Est-ce que ces traditions sont les mêmes partout aux États-Unis? Est-ce que ça dépend de la région? De l'ethnie?*

E. After they read pages 284–287, have students make a list of differences and similarities between French and American traditions.

284

JOURNALISME

LES GRANDES OCCASIONS

INTRODUCTION

De nombreux journaux ont un carnet du jour où l'on annonce les événements de la vie. On envoie au journal les faire-part (les annonces) de naissance, de fiançailles, de mariage, de décès et les amis ainsi informés envoient leurs félicitations ou leurs condoléances. Dans le carnet du jour, on trouve aussi des communications diverses.

284 CHAPITRE 6

DID YOU KNOW?

1. Le parrain ou la marraine est la personne qui tient ou a tenu l'enfant sur les fonts du baptême. Ce sont souvent des amis proches des parents qui entretiennent une relation à vie avec leur filleul(e). Théoriquement le parrain et la marraine doivent veiller à ce que l'enfant reçoive une éducation religieuse. En fait il s'agit plus souvent de liens affectifs.

2. Les dragées sont des bonbons fabriqués avec des amandes recouvertes de sucre durci généralement blanc, rose ou bleu. On les offre à ses amis au baptême, première communion (confirmation), ou mariage. On les met dans un cornet de papier sur lequel sont inscrits le ou les noms des personnes et l'occasion. Dans le cas d'un baptême, on offre des dragées roses pour une petite fille, des dragées
(continued on page 285)

VOCABULAIRE

les fiançailles

la naissance

D'abord, ils se fiancent.
Ensuite, ils se marient.
Le mariage aura lieu dans un an.

Leur bébé est né la semaine dernière.

les obsèques, l'enterrement

décéder   mourir

Exercices

A   Votre famille.   Répondez personnellement.

1. Quelle est votre date de naissance?
2. Quel est le nom de jeune fille de votre mère?
3. Êtes-vous déjà allé(e) à un mariage? Racontez.
4. Qui s'occupe des obsèques dans votre ville?

B   Marie et Jean.   Complétez.

   Marie, qui est ___₁___ en 1970, et Jean, qui est ___₂___ en 1968, sont amoureux l'un de l'autre. Ils vont bientôt ___₃___ , et ensuite, ils vont ___₄___ . Les annonces des ___₅___ et du ___₆___ vont paraître dans le journal local.

   Trois ans plus tard, ils célèbrent ___₇___ d'un garçon. Malheureusement, les ___₈___ de la grand-mère de Marie ont lieu quand le bébé a un mois seulement.

JOURNALISME   285

Le carnet du jour ◆

PRESENTATION *(page 286)*

A. Have students take a look at the page to get an overall feel for it. Have them note that this page looks quite different from the social announcements page of one of our newspapers. Note too that the obituaries are not in a separate section.

B. Have students read or scan these announcements as if they were browsing through a newspaper. It is not necessary that they be read aloud.

---

le carnet du jour

naissances

M. Marc BABOIN-JAUBERT et Mme, née Alix d'Archimbaud, Inès ont la joie d'annoncer la naissance de

Laetitia
Lyon, le 12 décembre 1992.

M. et Mme Jean-Jacques HANAPPIER
ont la grande joie de vous annoncer la naissance de leurs septième, huitième et neuvième petits-enfants,

Louis
à Lyon, le 22 février 1992, chez **Jérôme et Marie HANAPPIER**

Margaux
à Paris, le 3 mai 1992, chez **Bertrand et Sophie PEYRELONGUE**

Nicolas
à Paris, le 11 décembre 1992, chez **Vincent et Muriel HANAPPIER**

adoptions

M. Olivier de DREUZY et Mme, née Pascaline Peugeot, ont la joie d'annoncer l'arrivée de

Clémence
née à Paris, le 8 septembre 1992.

fiançailles

M. Joël CHANTECAIL et Mme, née Elisabeth Corre,

M. Jean-Claude BREMME et Mme, née Claude Helm, ont le plaisir d'annoncer les fiançailles de leurs enfants

Béatrix et François
Montesson. Paris.

M. et Mme Jean-Jacques CHATEAU
M. et Mme François TARD
ont la joie d'annoncer les fiançailles de leurs enfants

Sibylle et Frédéric

M. Philippe CREMER et Mme, née Céline Monod, **M. Jean-Pierre GAUME Mme Erlgard von UNOLD-GAUME**
sont heureux d'annoncer les fiançailles de leurs enfants

Luce et Eric

signatures

Francesca-Yvonne CAROUTCH
signera
« Le Livre de la Licorne »
et
« Demeures du souffle »
à la
Galerie EOLIA
Françoise FRANCISCI
le lundi 21 décembre 1992, de 18 h 30 à 20 h 30, 10, rue de Seine, Paris (6e).

mariages

M. et Mme Patrick BOMMART
sont heureux de vous faire part du mariage de leur fils

Thierry
avec
Tereza GOUVÉAS
qui sera célébré à Ribeirao Preto (Brésil), le samedi 26 décembre 1992.

Véronique DELAUNEY
et
Philippe DELAERE
sont heureux de vous faire part de leur mariage, célébré dans l'intimité, le 12 décembre 1992.

communications diverses

M., Mme Jacques VERNE
anciens élèves de l'École nationale d'Administration
rappellent à leurs amis qu'ils vivent une agréable retraite[1], sans souci de santé[2].

Résidence Cap-Cabourg, Esc.P, 14390 Cabourg.

remerciements

Dominique BAGOUET
nous a quittés le 9 décembre. Ses parents, sa famille, ses amis, la compagnie Bagouet, centre chorégraphique national de Montpellier Languedoc-Roussillon, remercient tous ceux qui, par leurs divers témoignages, ont manifesté leur soutien[3] et leur amitié.

deuils[4]

Mme Catherine Ferri, ses enfants et petits-enfants, M. et Mme Jacques Bossu et leurs enfants, M. et Mme Christian Pernet et leurs enfants, Mlle Anna Guénegou ont la tristesse de vous faire part du décès de

Mme Roland PERNET
née Janine Favre, survenu le 16 octobre 1992.

Ses obsèques seront célébrées en la chapelle de l'Est, au cimetière du Père-Lachaise, à Paris (20e), le mercredi 21 octobre 1992, à 14 heures.

7, rue Jean-Baptiste-Charcot, 92400 Courbevoie.

La Fondation de France
L'Action Musicale
Pierre Wissmer
font part du décès de

Pierre WISSMER
compositeur de musique, survenu le 3 novembre 1992, à Valcros (Var).

Ils rendent hommage à

Marie Anne WISSMER
décédée le 1er mai 1990, qui fut un ardent défenseur de la musique contemporaine française.

Un concert commémoratif sera annoncé par voie de presse.

9, square de Mondovy, Résidence Rivoli, 78150 Le Chesnay.

---

[1] **retraite** retirement
[2] **sans souci de santé** free from health worries
[3] **soutien** support
[4] **deuils** deaths, losses

CHAPITRE 6

INDEPENDENT PRACTICE

Assign any of the following:
1. *Compréhension* exercises and activities on page 287
2. Workbook, *Journalisme*

Compréhension

A Familles. Répondez d'après le texte.

1. Comment s'appellent les grands-parents de Laetitia?
2. Combien de petits-enfants ont M. et Mme Jean-Jacques Hanappier?
3. Donnez les prénoms de trois des enfants de M. et Mme Jean-Jacques Hanappier.
4. Qui annonce le mariage de Véronique Delauney et Philippe Delaere?
5. D'après vous, que faisait Dominique Bagouet?

B Traditions. Commentez.

1. Que pensez-vous de l'idée d'annoncer une adoption?
2. À votre avis, pourquoi est-ce que M. et Mme Jacques Verne ont mis une annonce dans «Communications Diverses»?
3. Qui était Pierre Wissmer? Sa femme est-elle encore en vie?
4. Comment savez-vous qu'elle s'intéressait à la musique?
5. Comment va-t-on leur rendre hommage? Qu'en pensez-vous?

Activités

A Vos parents. Écrivez le faire-part (l'annonce) des fiançailles ou du mariage de vos parents.

B Votre naissance. Écrivez le faire-part de votre naissance.

C Faire-part. Choisissez une annonce de décès dans votre journal local et écrivez le faire-part de ce décès pour un journal français.

Paris: le cimetière du Père-Lachaise

JOURNALISME   287

DID YOU KNOW?

Le cimetière du Père-Lachaise est le plus grand et le plus intéressant de Paris. Il y a beaucoup d'arbres et de verdure si bien qu'on a un peu l'impression d'être dans un jardin. Beaucoup de Parisiens y vont simplement pour s'y promener. Le premier novembre, lors de la Toussaint, la fête de tous les saints et les morts, le cimetière est plein de gens venus fleurir la tombe de leurs parents disparus. Les fleurs que l'on met sur les tombes à cette époque de l'année sont des chrysanthèmes. D'où l'association d'idée bien française, chrysanthème = cimetière. Il n'est donc pas recommandé d'offrir des chrysanthèmes aux gens.

De nombreuses personnalités de tous les domaines sont enterrées au Père-Lachaise: Chopin, David, Molière, Alphonse Daudet, la famille Hugo, Édith Piaf, Marcel Proust, Apollinaire, Delacroix, Balzac.

Bell Ringer Review

Write the following on the board or use BRR Blackline Master 6-8: Même les moindres nécessités de la vie quotidienne présentent des problèmes pour les pauvres. Pourquoi?

ENTRETIEN AVEC L'ABBÉ PIERRE

Introduction

PRESENTATION *(page 288)*

A. Have students read the *Introduction* silently.
B. Ask them what world figures they can think of who have helped the poor. (La mère Thérèse, Florence Nightingale, Gandhi.)
C. Have students say as much as they can about this illustration in their own words and then ask them the following questions:
   Pourquoi y a-t-il des mendiants partout dans le monde? Y a-t-il des mendiants dans votre ville? Où les voyez-vous? Leur donnez-vous de l'argent? Pourquoi ou pourquoi pas?

Vocabulaire

Vocabulary Teaching Resources
1. Audio Cassette 6
2. Student Tape Manual
3. Workbook
4. Chapter Quizzes

PRESENTATION
(pages 288–289)

A. Present the new words and have students repeat them after you or Cassette 6.

ENTRETIEN AVEC L'ABBÉ PIERRE

INTRODUCTION

L'abbé Pierre est un prêtre qui a dédié sa vie aux pauvres, aux sans-abri (ceux qui n'ont pas de domicile) aux démunis[1] de ce monde. Toute sa vie, il a combattu la misère et le malheur. L'abbé Pierre est une grande figure, symbole de solidarité et de générosité. Il est, avec le commandant Cousteau, la personnalité préférée des Français, jeunes et adultes de même.

VOCABULAIRE

une étoile

Un mendiant mendie.

---
[1] démunis *poor, underprivileged*

288   CHAPITRE 6

se crever beaucoup se fatiguer
être matraqué(e) recevoir beaucoup de coups
laisser une empreinte laisser une impression
réjouir quelqu'un le rendre heureux
une sinistrose un pessimisme excessif
aisé qui a de l'argent
dépassé plus à la mode

une entreprise

un homme d'affaires

Exercices

A Familles de mots. Choisissez le mot qui correspond.

1. des démunis
2. un mendiant
3. un emploi
4. une entreprise
5. une matraque
6. un combat
7. une étoile

a. employer
b. combattre
c. étoilé
d. matraquer
e. mendier
f. entreprendre
g. démunir

B Definitions. De quel mot s'agit-il?

1. une société qui vend ou produit quelque chose
2. un homme qui travaille pour une société
3. une personne qui n'a pas de domicile
4. un pessimisme excessif
5. une personne qui demande de l'argent aux autres dans la rue
6. le malheur
7. point brillant dans le ciel, la nuit
8. laisser une impression

C Contraires. Donnez le contraire des mots suivants.

1. le bonheur
2. aisé
3. rendre triste
4. ne pas se fatiguer
5. à la mode
6. l'égoïsme

JOURNALISME 289

Le point de vue de l'abbé Pierre: «Et les autres?»

◆◆

PRESENTATION *(page 290)*

A. Before assigning the reading for homework, have students look at the title of the article and ask them: *Qu'est-ce que «les autres» veut dire? Pourquoi sont-ils «les autres»?* Write some of the students' ideas on the board. Have them look at the photos and the subtitles of the article and tell you what the article is about.

B. Tell students to look for the following information as they read: *Qu'est-ce que l'abbé Pierre a fait pendant toute sa vie pour combattre et soulager la misère des démunis?*

C. Have students look for the information from the *Compréhension* exercises on page 292 and write the answers as they read the interview at home. Go over the exercises in class.

LE POINT DE VUE DE L'ABBÉ PIERRE

«et les autres?»

Phosphore: Toute votre vie a été un combat pour soulager[1] la misère, être auprès des plus démunis. Qu'est-ce qui a guidé votre action?

L'abbé Pierre

Abbé Pierre: On peut donner deux directions à sa vie. Choisir de s'occuper de soi, de son confort, de sa réussite. Ou à l'inverse, se dire constamment: «Et les autres?», ne pas supporter d'être heureux sans les autres et savoir que ce bonheur-là est illusoire. Comment prend-on cette deuxième voie? En ce qui me concerne, cela remonte à mon enfance. Mon père était un homme d'affaires aisé qui, le dimanche matin, à l'insu de[2] tous, de moi en premier, devenait le coiffeur des pouilleux[3]. Un matin, quand j'avais 12 ans, il m'emmena avec lui. Dans une salle sordide, au milieu d'une trentaine de mendiants, je vis mon père qui les épouillait[4]. Ce fut le choc. Pour le croyant que je suis, cela s'appelle la grâce.

Une fois qu'une vie a pris une direction, reste le pilotage au jour le jour pour ne pas perdre le cap[5]. Mes sept années de noviciat, avant de devenir prêtre, ont été décisives. Elles furent très dures. Chaque nuit, nous étions réveillés et nous devions pendant deux heures nous consacrer à l'adoration. Cela a laissé en moi une empreinte, comme une seconde nature me poussant vers l'adoration. Comment la définir? Comme un éblouissement[6] supportable, un éblouissement devant la beauté des gens et des choses. C'est là aussi que j'ai trouvé la force de me reposer la question en permanence: «Et les autres?»

---

[1] **soulager** relieve
[2] **à l'insu de** unbeknownst to
[3] **pouilleux** lice-ridden
[4] **épouillait** was delousing
[5] **reste le pilotage... pour ne pas perdre le cap** daily steering will keep it from straying from its course
[6] **éblouissement** bedazzlement

290   CHAPITRE 6

DID YOU KNOW?

C'est en février 1954 que l'abbé Pierre lançait son appel «Mes amis, au secours!» Récemment, il a lancé son «J'accuse!» (référence à l'article d'Émile Zola dans la presse lors de l'affaire Dreyfus). Pour lui les priorités de l'État sont fausses. Selon lui, il est plus pressant de loger décemment les millions de personnes dans le besoin que de construire la Grande Arche ou la Pyramide du Louvre.

En effet, parallèlement à une grande prospérité, il y a eu une recrudescence de la pauvreté en France pendant les années 80. On estime actuellement à environ 400 000 le nombre de personnes sans domicile fixe (les SDF). Ces «nouveaux» pauvres, comme on les appelle, ne sont pas les clochards traditionnels qui vivent sous les ponts. Il s'agit de personnes qui n'ont pas été soutenues *(continued on page 291)*

La générosité n'arrive pas en tête des valeurs dans notre sondage. Le monde serait-il plus égoïste que jamais?

Nous sommes matraqués par les catastrophes, les famines, les guerres. Les télés, les journaux nous font vivre dans une sinistrose épouvantable[7]. Et l'on se sent impuissant[8]. Mais je ne crois pas qu'on soit moins généreux qu'autrefois[9]. Regardez la Somalie! Dès qu'on propose aux jeunes une action concrète, ils sont d'accord pour se mobiliser.

Mais il faut aussi se battre[10] contre les causes de la misère. Et ça, c'est un combat politique. Les jeunes doivent s'intéresser à la politique, s'informer, faire l'effort de comprendre les données politiques, économiques, sociales de chaque problème. Ils doivent s'engager, que ce soit dans des associations, syndicats, partis ou autre structure nouvelle.

Mais je remarque que dans votre sondage, l'honnêteté est très bien placée. Et cela me réjouit. L'homme honnête, c'est le réaliste qui refuse de rêver. Ce n'est pas celui qui exige un égalitarisme absolu. C'est celui qui, là où il est, fait bien ce qu'il a à faire. C'est l'industriel qui se crève pour trouver des commandes et maintenir l'emploi dans son entreprise. C'est la mère de famille qui, avec les moyens qu'elle a, élève bien ses enfants.

Vous qui avez été un résistant pendant la guerre de 1939–1945, qu'avez-vous à dire à ceux qui pensent que la patrie, le civisme, c'est dépassé?

C'est bien normal que la jeunesse ne vibre pas pour des valeurs comme le patriotisme. La patrie n'est pas menacée.

Les jeunes ont bien compris que les problèmes sont de plus en plus planétaires, qu'on est dépendant les uns des autres pour nos matières premières, nos exportations, notre environnement.

Que vous inspire le désordre, voire[11] le chaos, du monde actuel? Peut-on encore être optimiste?

Nous sommes une génération droguée d'informations, condamnée à tout savoir du malheur des autres. Mais je ne crois pas que cela soit pire qu'avant. Je lisais récemment un récit des temps mérovingiens*. Eh bien, c'était une époque horrible!

Étalé en permanence sous nos yeux, le malheur prend le pas sur[12] la beauté, sur la bonté[13]. Nous devons savoir regarder ce qui est beau. Je salue le père de famille qui réveille son petit garçon pour lui faire admirer la beauté d'un ciel étoilé.

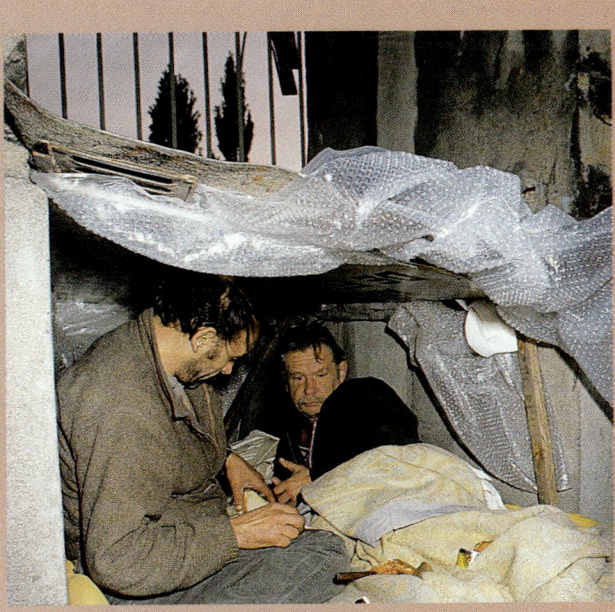

Paris: des sans-abri dans une tente de fortune

[7] **épouvantable** *terrible, dreadful*
[8] **impuissant** *powerless*
[9] **autrefois** *in the past*
[10] **se battre** *fight*
[11] **voire** *even*
[12] **prend le pas sur** *overshadows*
[13] **bonté** *goodness*

* **mérovingiens** *referring to the Merovingian dynasty who ruled Gaul (ancient name for France) from 511 to 751*

JOURNALISME   291

DID YOU KNOW?

(continued from page 290)
par leur entourage et qui se sont trouvées soudain dans des situations impossibles. Ce sont souvent des femmes seules ou avec enfants, des handicapés, des étrangers.

En 1988, la France a adopté le principe d'un revenu minimum, le revenu minimum d'insertion (le RMI). C'est une somme qui est versée temporairement et qui s'accompagne d'un programme d'insertion professionnelle tels que stage d'insertion professionnelle, aide à la recherche d'un emploi, etc. Le RMI complète éventuellement des revenus déjà en place pour atteindre le minimum fixé par la loi.

Quelques associations caritatives: l'Armée du Salut, Emmaüs-France, les Restaurants du Cœur, le Secours catholique, le Secours populaire, Sol en Si (Solidarité Enfants Sida).

Compréhension

A **Décisions.** Répondez d'après le texte.

1. Quelles deux directions peut-on donner à sa vie?
2. Quand l'abbé Pierre a-t-il choisi sa voie?
3. Quelle était la profession de son père?
4. Que faisait-il le dimanche matin?
5. Comment l'abbé Pierre voit-il les gens et les choses?
6. D'après l'abbé Pierre sommes-nous moins généreux maintenant qu'avant?
7. Pour l'abbé Pierre, l'homme honnête, c'est «celui qui, là où il est, fait bien ce qu'il a à faire». Quels exemples donne-t-il?
8. Pourquoi les jeunes pensent-ils que la patrie, le civisme, c'est dépassé?
9. Le monde est-il plus chaotique qu'avant?
10. Que devons-nous faire pour faire face au malheur?

B **L'abbé Pierre.**

1. D'après l'abbé Pierre, quel est le problème créé par les médias? Êtes-vous d'accord? Y en a-t-il d'autres à votre avis? Expliquez-les.
2. D'après cet entretien, écrivez un paragraphe qui résume la philosophie de l'abbé Pierre.

Activités

A **L'aide humanitaire.** Avec vos camarades, vous allez créer une organisation humanitaire. Choisissez d'abord une spécialité, puis élisez un(e) président(e), un(e) trésorier(ère), un(e) responsable du marketing, de la collecte des fonds, etc. Établissez un plan d'action et chacun fera un rapport à la classe sur ses fonctions et ses activités.

B **Personnalité.** Choisissez une personnalité, américaine ou autre, qui tout comme l'abbé Pierre, a passé sa vie à soulager la misère des autres. Faites un rapport sur sa vie.

C **Débats.**

1. L'abbé Pierre dit que «les jeunes doivent s'intéresser à la politique, s'informer, faire l'effort de comprendre les données politiques, économiques, sociales de chaque problème». Quelles sont ses raisons, et êtes-vous d'accord avec lui?
2. Pour l'abbé Pierre, l'homme honnête est «celui qui, là où il est, fait bien ce qu'il a à faire». Donnez vos propres exemples.
3. Que répondriez-vous à la dernière question de l'entretien: «Que vous inspire le désordre, voire le chaos, du monde actuel? Peut-on encore être optimiste»?

D **Que faites-vous?** Y a-t-il des clubs dans votre école ou votre église qui s'occupent des problèmes sociaux de votre ville? Faites-vous partie d'un de ces clubs? Décrivez ce que vous faites pour aider les autres.

292 CHAPITRE 6

STRUCTURE II

Les prépositions avec les pronoms relatifs

Making Complex Sentences

1. *Lequel, laquelle, lesquels,* and *lesquelles* are relative pronouns used to join two sentences. They follow prepositions and refer to things.

   C'est une voiture. Je suis parti en vacances *avec cette voiture*.
   C'est la voiture *avec laquelle* je suis parti en vacances.

   C'est un travail. J'ai beaucoup à faire *pour ce travail*.
   C'est un travail *pour lequel* j'ai beaucoup à faire.

2. The following contractions occur when *lequel* follows *à* and *de*.

   | à + lequel = auquel | à + lesquels = auxquels |
   | à + laquelle = à laquelle | à + lesquelles = auxquelles |

   | de + lequel = duquel | de + lesquels = desquels |
   | de + laquelle = de laquelle | de + lesquelles = desquelles |

   C'est un bureau. Je me suis   C'est le bureau *auquel*
   adressé *à ce bureau*.   je me suis adressé.

   C'est un parc. Il habite   C'est le parc près *duquel*
   près de ce parc.   il habite.

   Note that *lequel, lesquels,* and *lesquelles* are only contracted with the preposition *de* when *de* is part of a longer prepositional phrase (*à côté de, en face de,* etc.). Otherwise, *dont* is used. Study the following examples.

   DONT
   Je t'ai parlé *d'un travail*.   C'est le travail *dont* je t'ai parlé.

   LEQUEL
   J'habite *à côté de ces*   Ce sont les magasins *à côté desquels*
   magasins.   j'habite.

3. Note that when referring to a place or time, *où* is frequently used.

   J'habite dans une ville.   C'est la ville *où* j'habite.
   Il est parti cette année-là.   C'est l'année *où* il est parti.

Exercices

PRESENTATION (page 294)

A. It is suggested that you have students close their books and listen as you read each of the completed exercises. The purpose of this is to give students more opportunities to hear these pronouns used in sentences.
B. Then have students open their books and do the exercises without prior preparation. Correct as necessary.
C. For additional reinforcement, assign the exercises for homework.
D. Go over them once again the following day in class.

ANSWERS

Exercice A
1. que
2. qui
3. qui
4. dont
5. qui
6. qui

Exercice B
1. que
2. auquel
3. lequel
4. dont

Exercice C
1. où
2. laquelle
3. auxquels
4. dont
5. qui

Exercice D
Answers will vary.

---

4. After a preposition other than *de*, *lequel* is generally used only to refer to things. *Qui* is used to refer to people. Study the following chart.

	PEOPLE	THINGS
DE + NOUN	dont	dont
OTHER PREP. + NOUN	(avec) qui	(avec) lequel, laquelle (avec) lesquels, lesquelles
à + noun	à qui	auquel, à laquelle auxquels, auxquelles
(près) de + noun	(près) de qui	(près) duquel, de laquelle (près) desquels, desquelles
LOCATION chez (dans, sur, à)	chez qui	où
TIME		où

Exercices

A **Mon ami.** Complétez.

1. C'est une personne ___ j'aime bien.
2. C'est une personne avec ___ je parle souvent.
3. C'est une personne pour ___ je travaille.
4. C'est une personne ___ je t'ai souvent parlé.
5. C'est une personne à côté de ___ j'habite.
6. C'est une personne chez ___ je déjeune souvent.

B **Mon travail.** Complétez.

1. C'est un travail ___ j'aime assez.
2. C'est un travail ___ je pense beaucoup.
3. C'est un travail sans ___ je ne peux pas vivre.
4. C'est un travail ___ j'ai besoin.

C **Souvenirs.** Complétez.

1. C'est l'année ___ je suis parti.
2. C'est la raison pour ___ je suis parti.
3. Ce sont des moments ___ je pense souvent.
4. C'est une personne ___ je me souviens très bien.
5. Ce sont des gens pour ___ je ferais tout.

D **Jeu.** Faites des phrases selon le modèle.

la France
La France, c'est un pays où on mange bien.

1. les États-Unis
2. les professeurs
3. les élèves
4. les parents
5. les sports
6. les copains

294   CHAPITRE 6

COOPERATIVE LEARNING

For additional practice with relative pronouns, you may wish to do the Cooperative Learning activity described on page 283.

INDEPENDENT PRACTICE

Assign any of the following:
1. Exercises A–D on this page
2. Workbook, *Structure II*

Le subjonctif avec des expressions de doute

Expressing Uncertainty and Doubt

1. The subjunctive is used after any expression that implies doubt or uncertainty since it is not known whether the action will take place or not.

    Je doute qu'il vienne demain.
    Je ne crois pas qu'ils aient le temps de venir.

2. If the statement implies certainty rather than doubt, the indicative, not the subjunctive, is used.

    Je crois qu'ils viendront demain.
    Je suis sûr qu'ils n'ont pas le temps de lire ça.

3. Below is a list of common expressions of doubt and certainty.

SUBJUNCTIVE	INDICATIVE
douter que	ne pas douter que
ne pas être sûr(e) que	être sûr(e) que
ne pas être certain(e) que	être certain(e) que
ne pas croire que	croire que
ne pas penser que	penser que
il n'est pas sûr que	il est sûr que
il n'est pas certain que	il est certain que
il n'est pas probable que	il est probable que
il n'est pas évident que	il est évident que
ça m'étonnerait que	

Exercices

 Luc sait tout. Répondez selon le modèle.

   Luc croit que Marie réussira à l'examen.
   Moi, je doute qu'elle réussisse à l'examen.

1. Luc croit qu'elle sait toutes les réponses.
2. Il croit qu'ils nous donneront les résultats tout de suite.
3. Il croit que Marie aura les résultats demain.
4. Luc croit que tout le monde sera d'accord avec lui.

B **Pas d'accord.** Répondez en utilisant la forme négative du verbe en italique. Faites les changements nécessaires.

1. Je *doute* qu'il vienne.
2. Je *suis certain* qu'il le saura.
3. Je *crois* qu'il sera d'accord avec nous.
4. Je *suis sûre* qu'elle voudra y participer.
5. Il *est évident* que ce projet l'intéresse beaucoup.

STRUCTURE II 295

Bell Ringer Review

Write the following on the board or use BRR Blackline Master 6-10: Complétez au *passé composé.*

1. J'y ___ hier. (aller)
2. J'___ mes amis. (voir)
3. Nous ___. (se parler)
4. Nous nous ___ bien ___. (amuser)
5. Nous ___ un après-midi agréable ensemble. (passer)
6. J'___ mes amis à cinq heures. (quitter)
7. Je ___ chez moi vers sept heures. (rentrer)

Le plus-que-parfait ◆◆

Note: In comparison to many of the other grammatical points, this one is of relatively low frequency.

PRESENTATION (page 296)

A. Write the verb forms on the board and have the students repeat them.
B. The easiest way to have students understand this concept is to imagine two events that took place last week. One took place on Thursday, the other one the previous Tuesday. The event on Tuesday occurred before the event on Thursday.
C. Call on students to read the model sentences.
D. Before going on to the exercises, you may wish to do the following drill in which the students change sentences from the *passé composé* into the *plus-que-parfait* and vice versa: *j'ai parlé/j'avais parlé, nous sommes allé(e)s/nous étions allé(e)s,* etc.

Le plus-que-parfait

Talking About a Past Action that Occurred Before Another Past Action

1. The *plus-que-parfait* is formed by using the imperfect tense of either *avoir* or *être* and the past participle.

INFINITIF	PARLER	ARRIVER	SE COUCHER
PLUS-QUE-PARFAIT	j' avais parlé	j' étais arrivé(e)	je m'étais couché(e)
	tu avais parlé	tu étais arrivé(e)	tu t'étais couché(e)
	il avait parlé	il était arrivé	il s'était couché
	elle avait parlé	elle était arrivée	elle s'était couchée
	on avait parlé	on était arrivé	on s'était couché
	nous avions parlé	nous étions arrivé(e)s	nous nous étions couché(e)s
	vous aviez parlé	vous étiez arrivé(e)(s)	vous vous étiez couché(e)(s)
	ils avaient parlé	ils étaient arrivés	ils s'étaient couchés
	elles avaient parlé	elles étaient arrivées	elles s'étaient couchées

2. The *plus-que-parfait* describes a past action that occurred before another past action in the *passé composé* or imperfect.

Ils *étaient* déjà *partis* quand je *suis arrivé*.
They had already left when I arrived.

Sa mère ne *savait* pas qu'il *s'était marié*.
His mother didn't know that he had gotten married.

3. The rules of agreement for the past participle in the *plus-que-parfait* are the same as those for the past participle in the *passé composé.*

La vaisselle? Elle l'avait déjà faite quand je me suis proposé.

296 CHAPITRE 6

Exercices

A **Avant et après.** Formez une phrase d'après le modèle.

> Ils sont partis avant. Je suis arrivé après.
> Ils étaient déjà partis quand je suis arrivé.

1. Ils sont arrivés avant. Je suis arrivé après.
2. Ils sont rentrés avant. Je suis rentré après.
3. Ils l'ont vu avant. Je l'ai vu après.
4. Ils lui ont parlé avant. Je lui ai parlé après.
5. Ils l'ont fait avant. Je l'ai fait après.
6. Ils ont fini avant. J'ai fini après.

B **L'inverse.** Dites l'inverse de ce que vous avez dit précédemment dans l'Exercice A.

> Je suis parti avant. Ils sont arrivés après.
> J'étais déjà parti quand ils sont arrivés.

C **C'est fait.** Faites des phrases d'après le modèle.

> faire le ménage
> Ils avaient déjà fait le ménage quand je suis arrivé.
>
> se marier
> Je ne savais pas que tu t'étais marié.

1. déménager
2. partir en vacances
3. faire la vaisselle
4. finir de manger
5. se coucher
6. se lever
7. commencer son cours

Le nettoyage municipal à Paris

STRUCTURE II   297

LITTÉRATURE

LA MAUVAISE RÉPUTATION

Bell Ringer Review
Write the following on the board or use BRR Blackline Master 6-11: *Donnez des exemples de mauvaise conduite.*

Avant la lecture

PRESENTATION (page 298)

Have students do the pre-reading activity and discuss their answers in class. Then ask them: *Dire que quelqu'un est conformiste, c'est péjoratif ou pas?*

MUSIC CONNECTION

Poète ou chanteur? Souvent interrogé à ce sujet, Brassens répondit: «La chanson est tout à fait différente de la poésie qui est faite pour être lue ou dite. Quand on écrit pour l'oreille, on est quand même obligé d'employer un autre vocabulaire, des mots qui accrochent l'oreille plus vite».

Dans ses poèmes à chanter, il nous offre un «portrait puzzle» de lui-même entre la tendresse: «Les copains d'abord», l'humour noir: «Le Revenant» et l'amour: «J'ai rendez-vous avec vous».

Vocabulaire

Vocabulary Teaching Resources
1. Audio Cassette 6
2. Student Tape Manual
3. Workbook, *Littérature*
4. Chapter Quizzes

LITTÉRATURE

LA MAUVAISE RÉPUTATION

Georges Brassens

AVANT LA LECTURE

Anticonformiste: qui s'oppose au conformisme, dit le dictionnaire. *Conformisme: fait de se conformer aux normes et aux usages.* En français, le terme a souvent un sens péjoratif; il implique une attitude passive qui accepte tout sans poser de questions. Qu'est-ce que le conformisme pour vous?

Georges Brassens

VOCABULAIRE

298   CHAPITRE 6

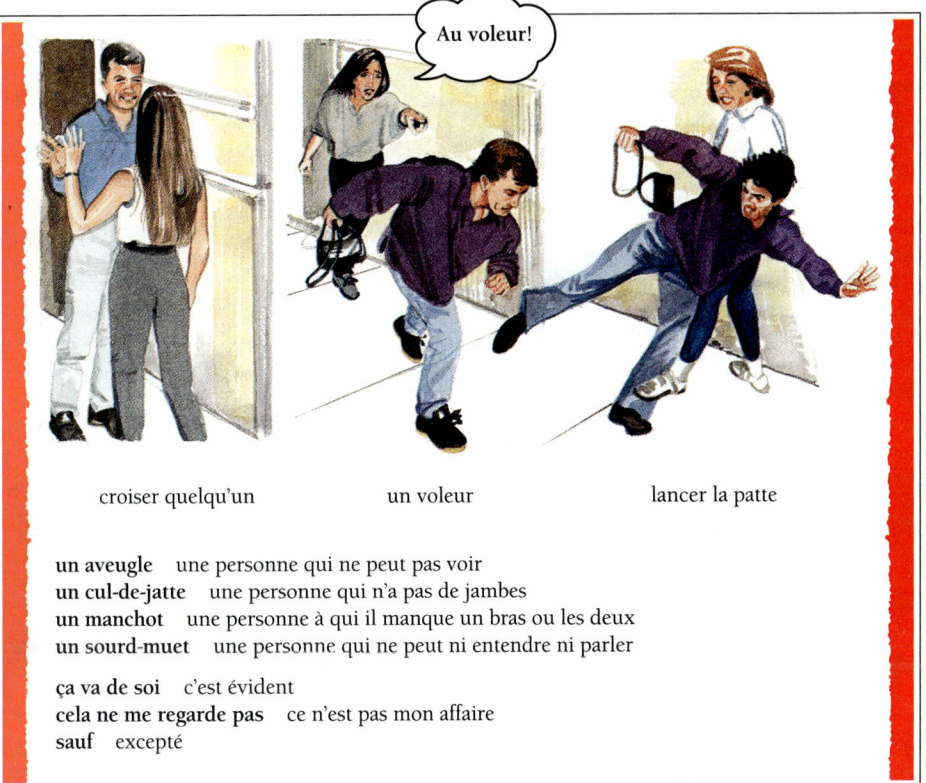

croiser quelqu'un   un voleur   lancer la patte

un aveugle une personne qui ne peut pas voir
un cul-de-jatte une personne qui n'a pas de jambes
un manchot une personne à qui il manque un bras ou les deux
un sourd-muet une personne qui ne peut ni entendre ni parler

ça va de soi c'est évident
cela ne me regarde pas ce n'est pas mon affaire
sauf excepté

Exercices

A Définitions. De quel mot s'agit-il?

1. quelqu'un qui n'a pas de bras
2. quelqu'un qui n'a pas de jambes
3. quelqu'un qui ne voit pas
4. quelqu'un qui n'entend pas
5. quelqu'un qui ne peut pas parler
6. quelqu'un qui prend la propriété des autres
7. faire tomber quelqu'un

B Au village. Complétez.

1. Le 14 juillet, c'est la ___ nationale.
2. Les soldats marchent ___.
3. Le clairon ___.
4. La fanfare joue de la ___.
5. Tout le monde était là ___ Mélanie qui était malade.
6. Moi, je ne veux pas le savoir. Ça ne me ___ pas!
7. Mais mon pauvre ami, c'est évident! Ça va ___!
8. J'ai ___ des tas de gens que je connaissais dans la rue.

LITTÉRATURE   299

INTRODUCTION

La chanson française a une longue tradition de popularité et de diversité. Les chansons françaises sont célèbres dans le monde entier. *La Mer* de Charles Trenet (*Somewhere beyond the Sea*) et *Les Feuilles mortes* de Jacques Prévert (*Autumn Leaves*) sont célèbres dans le monde entier. Dans des genres différents, de nombreux chanteurs deviennent célèbres. Certains le restent quelques années, d'autres s'imposent au-delà des modes passagères et dominent la chanson française. Parmi eux, Georges Brassens et Jacques Brel, tous deux disparus, dominent toujours la chanson française de l'après-guerre. La chanson qui suit est de Georges Brassens. Georges Brassens, (1921–1981) est un auteur, compositeur et interprète de chansons françaises. Ses chansons sont écrites dans un style très simple et parlent de l'amitié, l'amour, les copains et la mort. Il s'accompagnait simplement à la guitare (sans amplificateur) et chantait l'anticonformisme avec sensibilité.

LECTURE

La Mauvaise Réputation

1. Au village sans prétention
   J'ai mauvaise réputation
   Qu'je m'démène ou qu'je reste coi°
   Je pass' pour un je-ne-sais-quoi
   Je ne fais pourtant de tort° à personne
   En suivant mon ch'min de petit bonhomme°

   Refrain:

   Mais les brav's gens° n'aiment pas que
   L'on suive une autre route qu'eux
   Non les brav's gens n'aiment pas que
   L'on suive une autre route qu'eux

   Tout le monde médit° de moi
   Sauf les muets, ça va de soi!

Qu'je m'démène ou qu'je reste coi whether I try or do nothing
fais… de tort harm
En suivant mon ch'min de petit bonhomme carrying on in my own sweet way

les brav's gens decent people

médit badmouths

CHAPITRE 6

2. Le jour du 14 juillet
   Je reste dans mon lit douillet°   douillet *cozy*
   La musique qui marche au pas
   Cela ne me regarde pas
   Je ne fais pourtant de tort à personne
   En n'écoutant pas le clairon qui sonne

   (Refrain)

   Tout le monde me montre du doigt
   Sauf les manchots, ça va de soi.

3. Quand j'croise un voleur malchanceux°   malchanceux *unlucky*
   Poursuivi par un cul-terreux°   cul-terreux *peasant (derog.), yokel*
   J'lanc' la patte et, pourquoi le taire°   le taire *keep (it) quiet*
   Le cul-terreux se r'trouv' par terre
   Je ne fais pourtant de tort à personne
   En laissant courir les voleurs de pommes

   (Refrain)

   Tout le monde se rue sur° moi   se rue sur moi *pounces on me*
   Sauf les culs-de-jatte, ça va de soi.

4. Pas besoin d'être Jérémie*
   Pour d'viner l'sort° qui m'est promis   d'viner l'sort *guess the fate*
   S'ils trouv'nt une corde à leur goût°   à leur goût *that suits them*
   Ils me la passeront au cou°   cou *neck*
   Je ne fais pourtant de tort à personne
   En suivant les ch'mins qui n'mènent pas à Rome

   (Refrain)

   Tout l'mond' viendra me voir pendu°   pendu *hanged*
   Sauf les aveugles, bien entendu!

---

* Jérémie est un prophète juif.

Georges BRASSENS,
«La Mauvaise Réputation»,
Poèmes et Chansons,
© Éditions du SEUIL, 1993

301

LITERARY ANALYSIS

1. Dans cette chanson, Brassens nous peint le tableau d'une société de «brav's gens». Comment apparaît cette société?
2. Précisez de quelle(s) qualité(s) l'auteur fait preuve dans chacun des couplets.
3. Cette chanson est pleine d'humour. Quel(s) procédé(s) Brassens emploie-t-il pour nous faire sourire? Faites-en la liste.

Après la lecture Compréhension

Note: All these comprehension exercises involve critical thinking skills.

Before doing Exercise B, be sure students know the meaning of *ironie*.

ANSWERS

Compréhension A
1. Dans la première strophe, l'auteur se plaint de sa mauvaise réputation.
2. Le jour du 14 juillet, il reste dans son lit douillet. Non, ce n'est pas très patriotique.
3. Dans la troisième strophe, il aide un voleur malchanceux.
4. Les villageois se ruent sur lui; ils n'aiment pas que l'on suive une autre route qu'eux.
5. Il pourrait être pendu.

Compréhension B
Answers will vary but may include the following:
Les braves gens médisent de lui; ils le montrent du doigt; ils se ruent sur lui; ils lui passeront une corde au cou et viendront le voir pendu.

Compréhension C
Answers will vary.

Activités

PRESENTATION (page 302)
A. Allow students to select the activity or activities they wish to participate in.
B. You may wish to have several students prepare Activity C as a debate.

ANSWERS

Activités A, B, and C
Answers will vary.

302

APRÈS LA LECTURE

Compréhension

A **Quoi qu'il fasse.** Répondez d'après le texte.

1. Dans la première strophe (*stanza*), de quoi l'auteur se plaint-il?
2. Que fait-il le jour du 14 juillet? Est-ce très patriotique?
3. Qui aide-t-il dans la troisième strophe?
4. Quelle est la réaction des villageois?
5. D'après l'auteur, quel pourrait bien être son sort?

B **Ironie.** Relevez dans le texte tout ce qui indique que les «brav's gens» ne sont pas si braves que ça.

C **Humour.** Relevez dans le texte les expressions ou situations amusantes. Quelles sont celles qui vous amusent le plus? Pourquoi?

Activités

A **La Réputation.** Donnez un titre à chaque strophe, et racontez ce qui se passe à la troisième personne.

B **Plaidoirie.** Prenez la défense de l'auteur et essayez de redresser (*rectify*) le tort qu'on lui a fait.

C **Pour ou contre le conformisme.** Dans quel(s) cas doit-on être conformiste, dans quel(s) cas doit-on ne pas l'être? Donnez des exemples concrets. Discutez vos exemples avec vos camarades.

302   CHAPITRE 6

PAIRED ACTIVITY

Travaillez avec un(e) camarade pour répondre à la question suivante: Chaque société produit ses anticonformistes. Qui sont-ils dans notre société?

INDEPENDENT PRACTICE

Assign any of the following:
1. *Compréhension* exercises and activities on this page
2. Workbook, *Littérature*

Lettres persanes

Montesquieu

Avant la lecture

Réfléchissez à la façon dont vous vous habillez. Est-ce que vous vous habillez pour être à l'aise, pour être agréable à regarder, pour choquer? Il est sûr qu'à tort ou à raison, on juge les autres sur les apparences. À votre avis, comment les autres vous voient-ils quand ils vous rencontrent pour la première fois?

Vocabulaire

endosser mettre
des habits des vêtements
affreux horrible

Exercice

M. Berne. Complétez.

1. M. Berne fait des habits. C'est un ___.
2. Il regarde la pendule *(clock)* sur la ___.
3. Le soleil a immédiatement suivi la pluie. Maintenant il y a un bel ___.
4. M. Berne prend ses ___ parce qu'il va au théâtre ce soir.
5. Il ___ son manteau et il sort.
6. La pièce est vraiment horrible. Les acteurs sont ___!

LITTÉRATURE 303

Introduction

PRESENTATION *(page 304)*

A. Call on students to read the *Introduction* aloud.

B. You may wish to ask the following comprehension questions: *Quand Montesquieu est-il né? Quand est-il mort? Quel est le nom qu'on donne au XVIIIe siècle? Quels sont des philosophes célèbres de ce siècle-là? À quoi s'intéressaient-ils? Sur quoi ont-ils eu une profonde influence? Les Lettres Persanes, c'est quel genre de roman? Quand Montesquieu l'a-t-il écrit? Dans ce roman, qui est arrivé en France? Qu'est-ce qu'ils décrivent dans leurs lettres?*

LITERATURE CONNECTION

En 1748, Montesquieu publie *De l'Esprit des Lois,* qui est la première manifestation de la sociologie politique. Cette œuvre étudie l'ensemble de toutes les sociétés réelles qui se sont succédé dans l'histoire. Montesquieu est le premier à rechercher comment les différents éléments du corps politique (climats, lois, coutumes, économie...) sont reliés entre eux.

Montesquieu dénonce le despotisme. Il pose une question capitale: Comment peut-on sauvegarder la liberté dans une république ou dans une monarchie? Il examine aussi la question de l'esclavage encore en vigueur à cette époque. Montesquieu prend parti contre l'esclavage: «L'esclavage n'est pas bon par sa nature: il n'est utile ni au maître, ni à l'esclave...» écrit-il. Il condamne également l'Inquisition et les persécutions religieuses. Comme de nombreux écrivains du Siècle des Lumières, il prône la tolérance religieuse.

INTRODUCTION

Montesquieu (1689–1775) fut un des philosophes français du XVIIIe siècle. Comme les autres philosophes du Siècle des Lumières—Voltaire, Rousseau, Diderot—il s'intéressait beaucoup à l'histoire et à la philosophie politique. Ses idées et celles des autres philosophes exercèrent une profonde influence sur la société et préparèrent la Révolution française de 1789.

Montesquieu (1689–1775)

Montesquieu écrivit son roman satirique, *Les Lettres persanes,* en 1721. Dans ce roman, deux Persans, Rica et Usbek, arrivent en France pour la première fois. Ils regardent tout ce qui les entourent comme deux hommes transportés dans un autre monde. De leur perspective naïve et curieuse, tout chez les Français leur semble extraordinaire et parfois bizarre. Dans une série de lettres, ils décrivent d'une manière ironique leurs impressions des mœurs de la société française et des institutions politiques de l'époque.

Dans la Lettre XXX, Rica décrit d'une façon très humoristique la réaction des Français quand ils voient un Persan pour la première fois et qu'ils se demandent: «Comment peut-on être Persan?»

Montesquieu, lui, en nous montrant le caractère des Français, nous pose la question: «Comment peut-on être Français?»

Miniature persane, XVIIIe siècle

304 CHAPITRE 6

LECTURE

LETTRES PERSANES

LETTRE XXX
RICA AU MÊME, À SMYRNE

    Les habitants de Paris sont d'une curiosité qui va jusqu'à l'extravagance. Lorsque j'arrivai, je fus regardé comme si j'avais été envoyé du Ciel: vieillards, hommes, femmes, enfants, tous voulaient me voir. Si je sortais, tout le monde se mettait aux fenêtres; si j'étais aux Tuileries, je voyais aussitôt un cercle se former autour de moi: les femmes mêmes faisaient un arc-en-ciel, nuancé de mille couleurs, qui m'entourait; si j'étais aux spectacles, je trouvais d'abord cent lorgnettes dressées contre° ma figure: enfin jamais homme n'a tant été vu que moi. Je souriais quelquefois d'entendre des gens qui n'étaient presque jamais sortis de leur chambre, qui disaient entre eux: «Il faut avouer° qu'il a l'air bien persan.» Chose admirable! je trouvais de mes portraits partout; je me voyais multiplié dans toutes les boutiques, sur toutes les cheminées: tant on craignait° de ne m'avoir pas assez vu.

    Tant d'honneurs ne laissent pas d'être à charge°: je ne me croyais pas un homme si curieux et si rare; et, quoique j'aie très bonne opinion de moi, je ne me serais jamais imaginé que je dusse° troubler le repos d'une grande ville où je n'étais point° connu. Cela me fit résoudre à quitter l'habit persan et à en endosser un à l'européenne, pour voir s'il resterait encore dans ma physionomie quelque chose d'admirable. Cet essai me fit connaître ce que je valais réellement: libre de tous les ornements étrangers, je me vis apprécié au plus juste. J'eus sujet de me plaindre de° mon tailleur, qui m'avait fait perdre en un instant l'attention et l'estime publique: car j'entrai tout à coup dans un néant° affreux. Je demeurais° quelquefois une heure dans une compagnie sans qu'on m'eût regardé et qu'on m'eût mis en occasion d'ouvrir la bouche. Mais, si quelqu'un, par hasard, apprenait à la compagnie que j'étais Persan, j'entendais aussitôt autour de moi un bourdonnement°: «Ah! ah! Monsieur est Persan? c'est une chose bien extraordinaire! Comment peut-on être Persan?»

De Paris, le 6 de la lune de Chalval, 1712.

MONTESQUIEU, *Lettres Persanes*, GARNIER-FLAMMARION

---

dressées contre *pointed at*

avouer *admit*

craignait *were afraid*
ne laissent pas… charge *were a burden*
dusse *could*
ne… point *ne… pas (literary form)*

me plaindre de *complain about*
néant *obscurity*
demeurais *stayed*

bourdonnement *buzzing*

LITTÉRATURE

LITERARY ANALYSIS

1. Dans cet extrait, Montesquieu nous propose une satire de la société française de cette époque. Citez les passages du texte qui expriment cette satire.
2. Montrez en quoi ce texte est un appel à la tolérance.
3. Relevez les phrases du texte qui dénotent un certain sens de l'exagération. Quel est son but?

APRÈS LA LECTURE

Compréhension

A Un Persan à Paris. Répondez d'après le texte.

1. D'après Rica, comment sont les Parisiens?
2. Quand Rica est arrivé à Paris, comment est-il regardé?
3. Que se passait-il quand il sortait?
4. À quoi Rica compare-t-il les femmes qui l'entourent?
5. Où voyait-on des portraits de Rica?
6. Que décide de faire Rica?
7. Quelle est alors la réaction des gens?
8. Sur qui Rica met-il la faute?

B Humour. Relevez dans le texte les phrases qui montrent que Rica a un très bon sens de l'humour.

C Les autres. Décrivez l'attitude des gens qui entourent Rica avant et après son changement.

D Morale. Quelle est la morale de cette histoire?

Activités

A Moi et les autres. Que feriez-vous pour attirer l'attention des personnes suivantes?

vos camarades de classe
les amis de vos parents
vos professeurs
les gens dans la rue

Comparez vos réponses à celles de vos camarades.

B L'habit ne fait pas le moine (*You can't judge a book by its cover*). Il nous arrive souvent de nous tromper sur une personne. Racontez une histoire qui vous est arrivée à ce sujet.

306 CHAPITRE 6

«Collation dans un jardin»

LIBERTÉ

Paul Éluard

AVANT LA LECTURE

Le sondage de la page 266 indique que l'attachement à la patrie est un peu dépassé. Dans quels cas croyez-vous que cet attachement redevienne important?

VOCABULAIRE

Exercices

A **Définitions.** De quel mot s'agit-il?

1. un petit lac
2. ce qui reste après un feu
3. ce qui brille la nuit
4. ce qui forme un escalier
5. maison pour les oiseaux
6. des fleurs jaunes
7. on y fait de la farine
8. les bateaux ont besoin de sa lampe
9. une petite route
10. ce que le roi porte sur la tête
11. elle sonne

Max Ernst: «L'Europe après la pluie»

B **Associations.** Quels mots vont ensemble?

1. un nid   a. des nuages
2. un phare   b. le désert
3. la pluie   c. la lune
4. le sable   d. des bateaux
5. une vitre   e. une fenêtre
6. des murs   f. un roi
7. des marches   g. un escalier
8. le soleil   h. un oiseau
9. une couronne   i. une maison

308   CHAPITRE 6

INTRODUCTION

Paul Éluard (1895–1952) est un poète passionné par le langage. Tout jeune, il est influencé par le mouvement surréaliste qui prône l'exploration systématique de l'inconscient et s'intéresse à «la poésie involontaire». Peu à peu, il s'éloigne des surréalistes, mais garde le rêve et l'imaginaire qu'il allie à une simplicité et une candeur humaine. Les événements politiques de l'époque, d'abord la guerre civile espagnole, puis la Deuxième Guerre mondiale le voient s'engager à fond[1] dans la lutte[2] anti-fasciste. Le poème que vous allez lire ouvre le recueil[3] *Poésie et Vérité* publié en 1942. «Liberté» est l'un des grands chefs-d'œuvre de la poésie de la Résistance.

LECTURE

Liberté

Sur mes cahiers d'écolier
Sur mon pupitre° et les arbres   pupitre *desk*
Sur le sable sur la neige
J'écris ton nom

Sur toutes les pages lues
Sur toutes les pages blanches
Pierre sang° papier ou cendre   sang *blood*
J'écris ton nom

Sur les images dorées°   dorées *golden*
Sur les armes des guerriers
Sur la couronne des rois
J'écris ton nom

Sur la jungle et le désert
Sur les nids sur les genêts
Sur l'écho de mon enfance
J'écris ton nom

Sur les merveilles des nuits
Sur le pain blanc des journées
Sur les saisons fiancées
20 J'écris ton nom

Sur tous mes chiffons° d'azur   chiffons *rags*
Sur l'étang soleil moisi°   moisi *mildewed*
Sur le lac lune vivante
J'écris ton nom

---
[1] s'engager à fond *involve himself completely*
[2] la lutte *struggle*
[3] recueil *collection*

Max Ernst: «Au Rendez-vous des Amis» (1922)

LITERARY ANALYSIS

1. Quel effet Éluard veut-il créer par la répétition du mot «sur» au début de chaque strophe et du vers «j'écris ton nom»?
2. Relevez les associations de mots inattendus et les effets de surprise. Essayez d'expliquer ce que le poète a voulu dire. Par exemple, que signifie «chiffons d'azur»?

DID YOU KNOW?

Max Ernst: «Au Rendez-vous des Amis»
Debout (de gauche à droite): Soupault, Arp, Morise, Rafaele Sanzio, Éluard (au centre au costume marron), Aragon, Breton, Chirico, Gala Éluard.

Assis (de gauche à droite): Crevel, Ernst, Fédor Dostoïevsky, Fraenkel, Paulhan, Péret, Baargeld, Desnos.

LITERATURE CONNECTION

Max Ernst (1891–1976)

Ernst est un peintre, dessinateur, sculpteur et écrivain d'origine allemande. Après ses premières peintures expressionnistes, il fonda avec Baargeld le mouvement dada à Cologne. Installé ensuite à Paris, il participa aux activités surréalistes et multiplia les recherches sur les procédés susceptibles de faire émerger des images inconscientes.

Après la Première Guerre mondiale, les milieux artistiques et littéraires bouillonnent d'idées nouvelles. En peinture, le cubisme triomphe et c'est le poète Apollinaire qui prend sa défense. En musique, Erik Satie participe à cette même recherche de nouveauté. Pendant ce temps un jeune étudiant en médecine, André Breton, s'initie aux travaux de Sigmund Freud et découvre les possibilités artistiques de l'exploration de l'inconscient. En 1919, il fonde avec Louis Aragon, lui aussi médecin, et Philippe Soupault, la revue littéraire où paraît le premier texte surréaliste *Les Champs Magnétiques.* En 1924 paraît *le Manifeste du Surréalisme.* On y lit cette définition: «SURRÉALISME, n.m. Automatisme psychique pur par lequel on se propose d'exprimer, soit verbalement, soit par écrit, soit de toute autre manière, le fonctionnement de la pensée. Dictée de la pensée en l'absence de tout contrôle exercé par la raison, en dehors de toute préoccupation esthétique ou morale».

Introduction

PRESENTATION (page 309)

Call on students to read the *Introduction* aloud. You may wish to give students more information about Éluard from the LITERATURE CONNECTION on page 310.

LITERATURE CONNECTION

Paul Éluard

1. En 1926 paraît l'un des chefs-d'œuvres d'Éluard, *Capitale de la douleur*. Dans ce recueil de petits poèmes, Éluard explore le langage et dépasse l'écriture automatique. Il tente des alliances de mots inattendus comme, dans le célèbre vers: «La Terre est bleue comme une orange».

2. Après 1938, ses poèmes ont une inspiration plus politique. Il s'intéresse de plus en plus à la fonction de la poésie. Il écrit dans *Poèmes politiques* en 1948: «Car vous marchez sans but sans savoir que les hommes ont besoin d'être unis, d'espérer de lutter pour expliquer le monde et le transformer».

Lecture

PRESENTATION
(pages 309–311)

A. Have students think of what "freedom" means for them. They should give concrete examples.
B. Ask them if they think that their freedom has ever been taken away from them. Again, ask for specific examples.
C. Play Cassette 6 or read the poem aloud to the students as they follow along in their books. You may wish to ask them to listen to the "music" of this poem.
D. Ask them what emotions went through their minds as they listened to the poem.
E. With more able groups, you may wish to ask the analytical questions in LITERARY ANALYSIS at the bottom of page 309.

Sur les champs sur l'horizon
Sur les ailes des oiseaux
Et sur le moulin des ombres
J'écris ton nom

Sur chaque bouffée d'aurore°   bouffée d'aurore *glow of light at dawn*
Sur la mer sur les bateaux
Sur la montagne démente°   démente *fantastic*
J'écris ton nom

Sur la mousse des nuages
Sur les sueurs° de l'orage   sueurs *sweat*
Sur la pluie épaisse et fade°   épaisse et fade *heavy and dull*
J'écris ton nom

Sur les formes scintillantes°   scintillantes *sparkling*
Sur les cloches des couleurs
Sur la vérité physique°   la vérité physique *physical reality*
40 J'écris ton nom

Sur les sentiers éveillés°   éveillés *wide awake, alert*
Sur les routes déployées
Sur les places qui débordent°   débordent *overflow*
J'écris ton nom

Sur la lampe qui s'allume
Sur la lampe qui s'éteint
Sur mes maisons réunies
J'écris ton nom

Sur le fruit coupé en deux
Du miroir et de ma chambre
Sur mon lit coquille° vide   coquille *shell*
J'écris ton nom

Sur mon chien gourmand et tendre
Sur ses oreilles dressées°   dressées *pricked up*
Sur sa patte maladroite°   patte maladroite *clumsy paw*
J'écris ton nom

Sur le tremplin° de ma porte   tremplin *springboard*
Sur les objets familiers
Sur le flot du feu béni°   le flot du feu béni *flood of sacred fire*
60 J'écris ton nom

Sur toute chair° accordée   chair *flesh*
Sur le front de mes amis
Sur chaque main qui se tend°   se tend *is extended*
J'écris ton nom

Sur la vitre des surprises
Sur les lèvres attentives
Bien au-dessus du silence
J'écris ton nom

310   CHAPITRE 6

COOPERATIVE LEARNING

Pour faire un poème dadaïste:
Prenez un journal.
Prenez des ciseaux.
Choisissez dans ce journal un article ayant la longueur que vous comptez donner à votre poème.
Découpez l'article.
Découpez ensuite avec soin les mots qui forment cet article et mettez-les dans un sac.
Agitez doucement.
Sortez ensuite chaque coupure l'une après l'autre.
Copiez consciencieusement dans l'ordre où elles ont quitté le sac.
Le poème vous ressemblera.
Et vous voilà un écrivain infiniment original et d'une sensibilité charmante, encore qu'incomprise du vulgaire.

Tristan Tzara, Éd. Flammarion

Sur mes refuges détruits
Sur mes phares écroulés°   écroulés *in ruins*
Sur les murs de mon ennui
J'écris ton nom

Sur l'absence sans désirs
Sur la solitude nue°   nue *naked*
Sur les marches de la mort
J'écris ton nom

Sur la santé revenue
Sur le risque disparu
Sur l'espoir sans souvenirs
80 J'écris ton nom

Et par le pouvoir d'un mot
Je recommence ma vie
Je suis né pour te connaître
Pour te nommer

Liberté.

Paul ÉLUARD, *Poésie et Vérité*, 1942,
© Librairie GALLIMARD, éditeur

Groupe de maquisards après la libération de Montceau-les-Mines (SAÔNE-et-LOIRE), septembre 1944

APRÈS LA LECTURE

Compréhension

A **La Nature.** Jusqu'à la ligne 40, le poète utilise des images de la nature. Lesquelles?

B **L'humanité.** Le poète passe ensuite à des images liées aux êtres humains. Lesquelles?

Activités

A **La Résistance.** Pendant la guerre et l'occupation, Paul Éluard entre dans la Résistance, ainsi que deux autres poètes, Robert Desnos et Louis Aragon. Tous trois deviennent les poètes de la Résistance. Lisez quelques poèmes de ces écrivains et étudiez également l'époque troublée à laquelle ils ont été écrits.

B **Écriture automatique.** Influencés par Freud, les surréalistes voulaient explorer l'inconscient. Pour le faire, ils utilisaient deux méthodes, l'écriture automatique et le compte-rendu des songes (*dreams*). Essayez de faire de l'écriture automatique: écrivez (en français, bien sûr) tout ce qui vous vient à l'esprit, sans réfléchir à ce que vous écrivez. Comparez avec ce que vos camarades ont écrit.

LITTÉRATURE 311

CHAPITRE 7

CHAPTER OVERVIEW

In this chapter students will learn to talk about health and well-being. Topics covered include preventive medicine, good health habits, staying in shape, and going for a physical.

Students will also learn about the health-care system in France. They will learn expressions that convey physical and mental states as well as those used when cheering up a sick person.

They will also learn some other interrogative and possessive pronouns. They will read magazine articles about noise pollution and its effects on the ears, and about the pitfalls of snacking. In the *Littérature* section they will read short excerpts from Molière's *Le Malade imaginaire* and Jules Romains' farce, *Knock ou le Triomphe de la médecine*.

CHAPTER OBJECTIVES

By the end of this chapter, students will have:
1. learned how the French regard health and fitness
2. learned the vocabulary associated with a medical check-up
3. learned how to talk about health, both physical and mental
4. reviewed reflexive and reciprocal verbs in the present tense and *passé composé;* reviewed the interrogative pronouns *qui, que,* and *quoi*
5. read magazine articles about the ear, noise and noise pollution, and healthy eating habits
6. reviewed possessive adjectives and demonstrative pronouns; learned the interrogative pronoun *lequel* and possessive pronouns
7. read and analyzed scenes from two plays, one by the 17th-century playwright Molière, the other by the 20th-century playwright and novelist Jules Romains

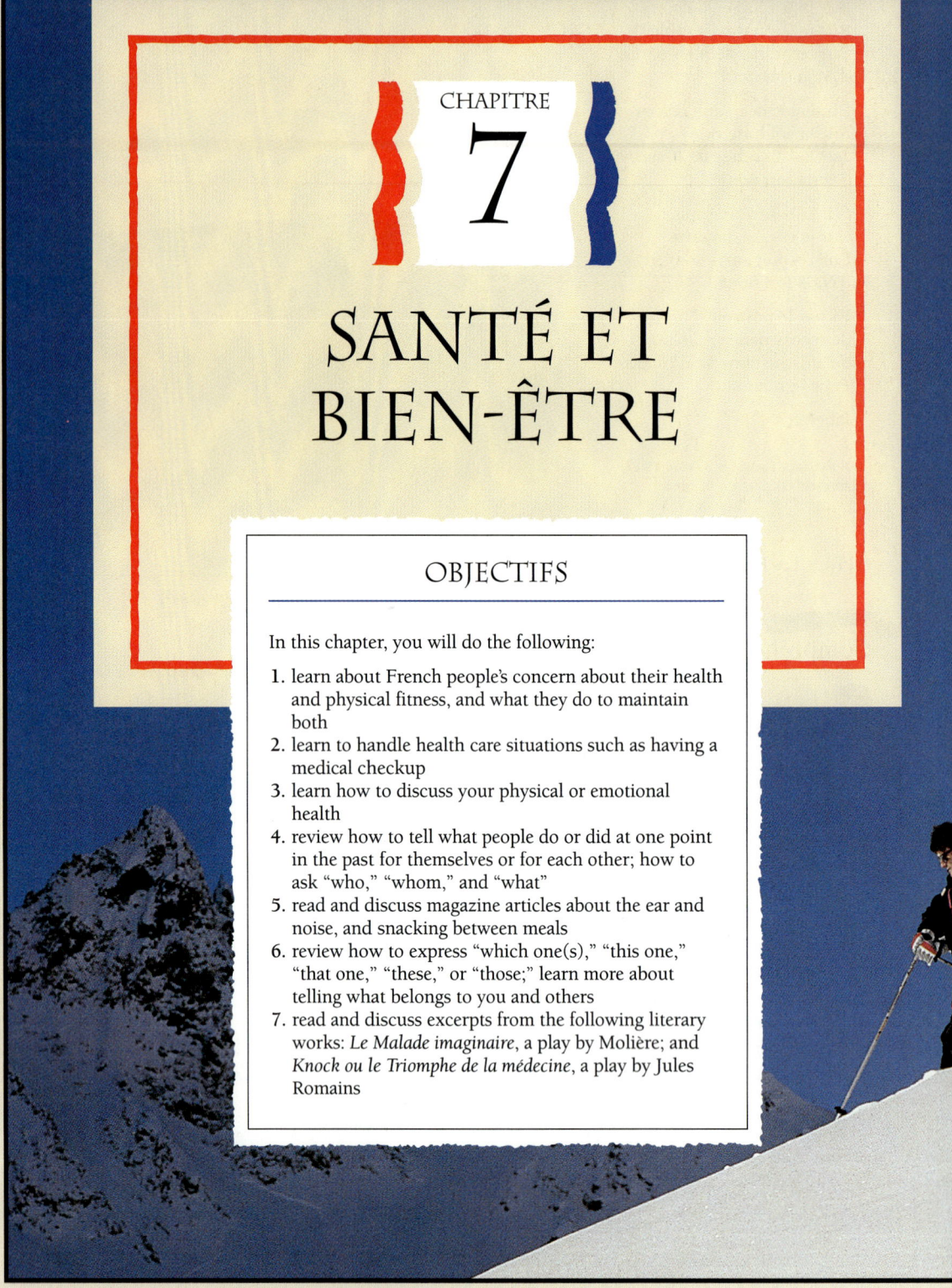

CHAPITRE 7

SANTÉ ET BIEN-ÊTRE

OBJECTIFS

In this chapter, you will do the following:

1. learn about French people's concern about their health and physical fitness, and what they do to maintain both
2. learn to handle health care situations such as having a medical checkup
3. learn how to discuss your physical or emotional health
4. review how to tell what people do or did at one point in the past for themselves or for each other; how to ask "who," "whom," and "what"
5. read and discuss magazine articles about the ear and noise, and snacking between meals
6. review how to express "which one(s)," "this one," "that one," "these," or "those;" learn more about telling what belongs to you and others
7. read and discuss excerpts from the following literary works: *Le Malade imaginaire*, a play by Molière; and *Knock ou le Triomphe de la médecine*, a play by Jules Romains

CHAPTER PROJECTS

(optional)
1. *La santé:*
   A. Demandez aux élèves de préparer un exposé sur des scientifiques français célèbres dont les découvertes ont fait avancer la médecine: Louis Pasteur, Louis Braille, Pierre et Marie Curie, Luc Montagnier, etc.
   B. Tous ensemble, imaginez que vous allez ouvrir un club de forme. Choisissez l'endroit, les exercices, les machines, la nourriture, etc. Faites une brochure publicitaire pour votre club.
   C. Demandez aux élèves de faire un exposé sur la Sécurité sociale en France et de faire une comparaison avec la situation aux États-Unis.

(continued on page 313)

CHAPTER 7 RESOURCES
1. Workbook
2. Student Tape Manual
3. Audio Cassette 7
4. Bell Ringer Review Blackline Masters
5. Situation Cards
6. Chapter Quizzes
7. Testing Program

DIFFICULTY PLATEAUS

In all chapters, each reading selection in *Culture, Journalisme,* and *Littérature*, as well as the *Conversation* and each structure topic, will be rated as follows:

◆ Easy
◆◆ Intermediate
◆◆◆ Difficult

Please note that the material in *En voyage* does not get progressively more difficult. Within each chapter there are easy and difficult sections.

The overall rating of this chapter is: ◆◆ Intermediate.

RANDOM ACCESS

You may either follow the exact order of the chapter or omit certain sections that you feel are not necessary for your students. Similarly, you may present a literary selection without interruption or you may wish to intersperse some material from the *Structure* section as you are presenting a literary piece.

EVALUATION

Quizzes: There is a quiz for every vocabulary presentation and every structure point.

Tests: To accompany *En voyage* there are global tests for both *Structures I* and *II*, a combined *Conversation/Langage* test, and one test for each reading in the *Culture, Journalisme,* and *Littérature* sections. There is also a chapter Listening Comprehension Test.

CHAPTER PROJECTS

(continued from page 312)

Demandez-leur ensuite de faire une liste des avantages et des désavantages des deux systèmes et de choisir celui qu'ils préfèrent.

2. *Verbes réfléchis:* Demandez aux élèves d'enregistrer une cassette qui décrira ce qu'ils font tous les jours. Ils peuvent inclure des bruits de fond.

3. *Le sport et la forme:* Interviewez les sportifs et les entraîneurs de votre école. Interrogez-les sur la façon dont ils se maintiennent en forme et faites un exposé.

4. *Le régime:* Organisez un festival de cuisine légère. Demandez aux élèves d'apporter quelque chose à manger qui soit diététique ainsi qu'une recette qui figurera dans un livre de cuisine légère fait par toute la classe.

313

CULTURE

LA SANTÉ DES FRANÇAIS

Introduction

PRESENTATION (page 314)

A. You may either read the *Introduction* to the students or have them read it silently.

B. Ask students the following questions about the *Introduction:* Comment répond-on à la question «Comment vas-tu?» (Bien, pas mal, comme ci comme ça, etc.) À votre avis, la forme est très importante pour notre bien-être? Pourquoi? Vous faites quelquefois des choses qui sont mauvaises pour votre santé? Lesquelles?

Vocabulaire

Vocabulary Teaching Resources
1. Audio Cassette 7
2. Student Tape Manual
3. Workbook
4. Chapter Quizzes

Bell Ringer Review

Write the following on the board or use BRR Blackline Master 7-1: Faites une liste de cinq choses que vous faites pour vous mettre en forme ou pour rester en forme.

PRESENTATION
(pages 314–315)

A. Have students repeat the new words in unison after you.

B. You can immediately ask questions 1–4 of Exercise A on page 316, all of which relate to the illustrations on this page.

RECYCLING

Have students volunteer to give as many words as they can think of related to health and health services.

314

CULTURE

LA SANTÉ DES FRANÇAIS

INTRODUCTION

«Comment vas-tu?» est presque toujours la première question que des amis se posent quand ils se rencontrent. La santé—la nôtre et celle de nos amis—nous intéresse toujours. De plus, non seulement nous voulons être en bonne santé mais, de nos jours, nous voulons aussi être «en forme». La forme—physique, mentale et morale—est très importante pour notre bien-être. Nous faisons tout pour préserver notre santé et notre bien-être.

VOCABULAIRE

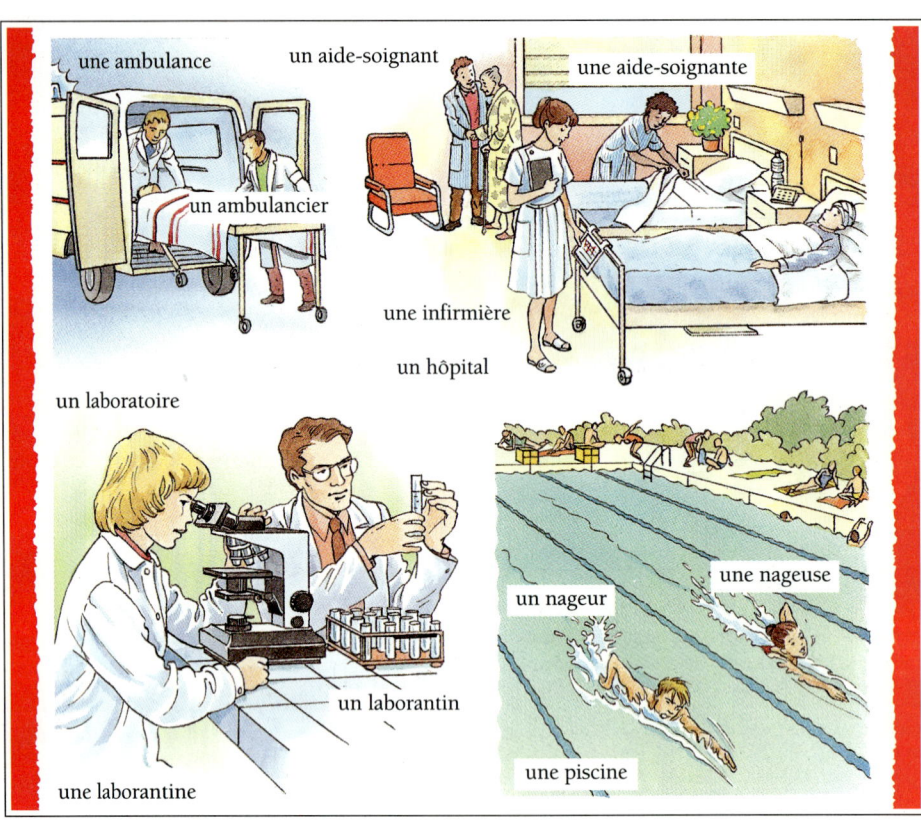

314   CHAPITRE 7

ADVANCED GAME

You may wish to play **Vocabulary Game I** described on page 155, Chapter 4.

un cavalier / une cavalière
Ils font de l'équitation.
Ils font de la marche.
Ils font du ski de fond.
Ils font de la randonnée.

prévenir prendre des précautions pour ne pas avoir de problème (de santé ou autre), assurer la prévention
guérir délivrer d'un mal physique ou mental, rendre la santé
privilégier favoriser, donner une situation privilégiée
se plaindre exprimer son mécontentement ou sa souffrance

les dépenses les frais, les charges, les sommes d'argent à payer
un ménage un groupe familial vivant ensemble
l'accueil l'action d'accueillir, de recevoir; la réception
la rémunération le salaire, l'argent qu'on reçoit pour faire quelque chose
la recherche l'action de chercher, la quête; les études qu'on fait pour découvrir quelque chose de nouveau
l'accroissement l'action d'augmenter, l'augmentation
un terrain de plein air un terrain de sport, de jeux

CULTURE   315

C. You may wish to read the new words and definitions to the class or you may prefer to have several students read them aloud.

D. If you wish, you may ask questions 5–8 of Exercise A on page 316, all of which relate to the illustrations on this page. Then you may ask the following questions: *Est-ce que vous vous plaignez beaucoup quand vous avez un rhume? Est-ce que vous espérez guérir vite quand vous êtes enrhumé(e)? Pour prévenir les rhumes, vous prenez de la vitamine C? Qu'est-ce que vous allez faire cet été? Vous cherchez du travail? Vous êtes à la recherche d'un travail d'été intéressant? Préférez-vous que le travail soit intéressant ou que la rémunération soit excellente? Avez-vous toujours beaucoup de dépenses? Quand vous étiez à l'école primaire aviez-vous des dépenses importantes? Vous vous plaignez quelquefois de l'accroissement de vos dépenses? Est-ce que vous aimez pratiquer un sport? Vous jouez sur un terrain de plein air ou dans un gymnase?*

Vocabulary Expansion

You may wish to distinguish between *faire de la marche* and *se promener* (or *faire une promenade*) which students already know. The former means "to go walking" (as an activity or sport), while the latter means "to go for a walk."

ADVANCED GAME

Set-up: Write the following on the board: le sportif, l'écologiste, le petit garçon, le moniteur.

Game: Read the following statements to the class, who will try to guess which person made the statement.

1. «L'équitation, c'est le concours hippique».
2. «L'équitation, c'est l'amitié, mon poney, je lui raconte tout».
3. «L'équitation, c'est la promenade en forêt au petit matin, le galop dans les sentiers, le respect de la nature».
4. «L'équitation est un sport éducatif qui enseigne à tous la discipline».
5. «L'équitation, c'est l'obstacle et la maîtrise du cheval».

Exercices

ANSWERS

Exercice A
1. Un ambulancier conduit une ambulance.
2. Un aide-soignant et une aide-soignante aident les infirmiers et les infirmières dans un hôpital.
3. Un laborantin et une laborantine aident les techniciens et les techniciennes dans un laboratoire.
4. Il faut aller nager dans une piscine.
5. Il faut faire de l'équitation.
6. Je préfère le ski de fond (le ski alpin).
7. Je préfère la marche (le jogging).
8. Je préfère l'alpinisme (la randonnée).
9. Oui, j'essaie de prévenir les maladies.
10. Oui, il veut toujours guérir les malades.
11. Non, il n'est pas toujours possible de les guérir.
12. Oui, tous les ménages ont des dépenses médicales.
13. Oui, la Sécurité sociale en France rembourse beaucoup de dépenses médicales.
14. Non, ils ne font pas de recherches en laboratoire.

Exercice B
1. rémunération
2. guérir, recherche
3. ménage, dépenses
4. l'accroissement
5. plein air
6. se plaindre

Exercice C
1. d
2. a
3. e
4. b
5. c

Exercices

A D'après vous. Répondez.

1. Qu'est-ce qu'un ambulancier conduit?
2. Qui aide les infirmiers et infirmières dans un hôpital?
3. Qui aide les techniciens et techniciennes dans un laboratoire?
4. Pour être un bon nageur ou une bonne nageuse, où faut-il aller nager?
5. Qu'est-ce qu'il faut faire comme sport pour devenir un bon cavalier ou une bonne cavalière?
6. Tu préfères le ski de fond ou le ski alpin?
7. Tu préfères la marche ou le jogging?
8. Tu préfères la randonnée ou l'alpinisme?
9. Tu essaies de prévenir les maladies?
10. Le médecin veut toujours guérir les malades?
11. Il est toujours possible de guérir les malades?
12. Est-ce que toutes les familles ou tous les ménages ont des dépenses médicales?
13. Est-ce que la Sécurité Sociale en France rembourse beaucoup de dépenses médicales (des frais médicaux)?
14. Est-ce que les médecins font de la recherche en laboratoire?

B Le mot juste. Complétez.

1. La ___ qu'un médecin reçoit s'appelle des honoraires.
2. En ce moment, il est impossible de ___ les gens qui ont le sida. Il faut continuer la ___ pour découvrir et développer un vaccin et des remèdes.
3. Il faut que chaque ___ consacre une partie de son budget familial aux ___ médicales.
4. L'___ de la pratique du sport est vraiment un phénomène mondial, surtout dans les pays industrialisés.
5. De nos jours, même les villages ont une piscine, un terrain de ___ et des courts de tennis.
6. Ils vont ___ de leurs conditions de travail qui ne sont pas très bonnes.

C Familles de mots. Choisissez le mot qui correspond.

1. marcher   a. la prévention
2. prévenir   b. la rémunération
3. dépenser   c. l'accueil
4. rémunérer   d. la marche
5. accueillir e. la dépense

316 CHAPITRE 7

ADDITIONAL PRACTICE

Have students make up original sentences using the following words: **prévenir, guérir, les frais médicaux, les dépenses médicales, la marche, la randonnée, l'alpinisme.**

INDEPENDENT PRACTICE

Assign any of the following:
1. Workbook, *Culture*
2. Exercises A–C on this page

LA SANTÉ ET LE SPORT

 Malgré les progrès considérables de la recherche médicale, les Français n'ont jamais eu aussi peur de la maladie, ni autant fait d'efforts pour la prévenir ou la guérir. Les dépenses de santé représentent 17% du budget des ménages en 1990 contre 8% en 1963.

La santé apparaît comme une condition nécessaire pour réussir sa vie

Mieux vaut être riche et en bonne santé que pauvre et malade. Jamais cette vérité[1] d'évidence n'aura été autant ressentie[2] que dans la société actuelle. Une société dure et compétitive qui tend à privilégier, dans les faits comme dans l'imagerie populaire, ceux qui affichent[3] une forme physique parfaite. La santé paraît d'autant plus[4] précieuse aux Français qu'elle constitue de plus en plus un atout[5] dans leur vie professionnelle et personnelle.

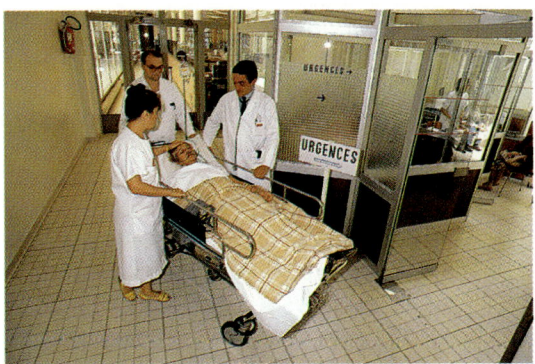

Les professions de santé

Un million de personnes exercent une profession de santé: près de 600 000 pratiquent des activités médicales ou paramédicales; plus de 400 000 sont agents des services hospitaliers, aides-soignants, ambulanciers, laborantins ou psychologues.

Le nombre de médecins a beaucoup augmenté; il est aujourd'hui pléthorique[6]. Il en est de même de la capacité d'accueil des hôpitaux. Beaucoup de membres de la profession médicale se plaignent de leurs conditions de travail et de leur rémunération, ainsi que de la dégradation de leur statut social. Depuis 1975, le pouvoir d'achat[7] des médecins généralistes a diminué régulièrement.

---

[1] vérité   truth
[2] ressentie   felt
[3] affichent   parade, sport
[4] d'autant plus… que   all the more… since
[5] un atout   asset
[6] pléthorique   excessive
[7] pouvoir d'achat   buying power

CULTURE   317

LEARNING FROM REALIA

Dans cette brochure, il s'agit des maladies ___.
a. des poumons
b. du cœur
c. du ventre
Comment le savez-vous?

DID YOU KNOW?

Le système français de Sécurité sociale date de 1945. C'est un organisme de protection sociale commun à toute la population. Aujourd'hui presque tous les Français sont couverts, ce qui signifie que tous leurs frais médicaux sont en grande partie remboursés.

Les activités physiques

Depuis le début des années 80, les sportifs sont plus nombreux et plus assidus[8]. Pourtant, la pratique sportive ne concerne encore qu'un peu moins d'un Français sur deux et reste modeste par rapport à[9] d'autres pays.

L'évolution des préférences et des pratiques est significative de l'état de la société française. Les sports en vogue sont plus individuels. La recherche du plaisir est plus importante que celle de la performance.

L'accroissement de la pratique du sport répond à un désir, collectif et inconscient, de mieux supporter les agressions de la vie moderne par une meilleure résistance physique. Elle traduit aussi la place prise par l'apparence dans une société qui valorise souvent plus la forme (dans tous les sens du terme) que le fond[10]. Elle a été aussi favorisée par le développement des équipements sportifs des communes (gymnases, piscines, courts de tennis, terrains de plein air).

[8] assidus   devoted
[9] par rapport à   in comparison with
[10] le fond   essence

Plus d'un Français sur trois pratique un sport individuel; un sur quinze pratique un sport collectif

La grande lame de fond[11] de l'individualisme ne pouvait pas épargner[12] le sport. L'engouement[13] pour le jogging, puis pour l'aérobic en a été, dès le début des années 80, la spectaculaire illustration. On peut y ajouter le tennis, l'équitation, le ski, le squash, le golf et bien d'autres sports.

Les femmes sont en train de rattraper[14] les hommes dans la pratique des sports individuels

Depuis une dizaine d'années, les femmes ont réduit leur retard sur les hommes en matières sportives. Les sports d'équipe ne les passionnent pas (à l'exception du basket et du hand-ball). Elles se ruent[15] en revanche[16] sur les sports individuels: plus de 75% des pratiquants de la gymnastique ou de la danse sont des femmes, plus de 60% des nageurs ou des cavaliers.

Les femmes sont aussi nombreuses que les hommes à pratiquer le ski de fond, la marche, la randonnée ou le hand-ball.

[11] la grande lame de fond   groundswell
[12] épargner   to spare
[13] l'engouement   craze
[14] en train de rattraper   catching up with
[15] se ruent sur   to throw themselves into
[16] en revanche   on the other hand

Compréhension

A **Oui ou non?** Corrigez d'après le texte.

1. De nos jours, les Français ont moins peur de la maladie qu'avant.
2. De nos jours, on fait plus pour prévenir et guérir les maladies que dans le passé.
3. Les dépenses de santé d'un ménage typique ont baissé.
4. Le nombre de médecins a augmenté en France.
5. Mais la capacité d'accueil des hôpitaux a baissé.
6. En France, le pouvoir d'achat des médecins augmente régulièrement, il devient de plus en plus fort.
7. Les Français sont plus sportifs que les autres Européens.
8. Les sports collectifs passionnent les Françaises.
9. L'apparence et la forme sont devenues de plus en plus importantes.
10. Les sportifs en France sont plus nombreux et plus assidus depuis la fin des années 80.
11. Les agressions de la vie moderne n'ont rien à voir avec la pratique du sport.
12. On considère en général que les Français sont très individualistes.
13. Les femmes n'ont rattrapé les hommes dans la pratique d'aucun sport.
14. Le basket et le hand-ball sont des sports populaires en France.
15. La plupart des personnes qui font la gymnastique sont des femmes.

CULTURE 319

DID YOU KNOW?

Quelques pionniers du tennis:

Suzanne Lenglen, première joueuse de tennis française. Elle fut championne dès l'âge de quinze ans et domina le tennis mondial féminin pendant longtemps. Elle fut notamment vainqueur six fois à Wimbledon de 1919 à 1925.

René Lacoste, joueur de tennis français, né à Paris en 1903, a gagné avec l'équipe des «Mousquetaires» la première victoire française en Coupe Davis. De 1925 à 1927, il a remporté de très nombreuses victoires en France et aux États-Unis. Son nom est aujourd'hui connu grâce à la célèbre marque de chemise ornée d'un crocodile vert.

Compréhension

PRESENTATION (continued)

Compréhension C

You may wish to have students work in groups and share their answers with one another.

ANSWERS

Compréhension B

1. Ceux qui affichent une forme physique parfaite.
2. Un million de personnes.
3. Ils se plaignent de leurs conditions de travail et de leur rémunération, ainsi que de la dégradation de leur statut social.
4. Le jogging, l'aérobic, le tennis, l'équitation, le ski, le squash, le golf, etc.
5. Le basket et le hand-ball.

Compréhension C

Answers will vary but may include the following:

1. La santé semble être plus importante pour les Français parce qu'elle est considérée comme un avantage dans leur vie professionnelle et personnelle.
2. Il est plus important d'aimer le sport qu'on pratique que de se comparer aux autres en faisant des sports collectifs.
3. On pratique plus le sport maintenant parce que, inconsciemment, on espère qu'une meilleure résistance physique nous aidera à supporter le stress de la vie moderne.
4. Le sport, comme beaucoup d'autres choses, a été influencé par l'individualisme en vogue dès le début des années 80.

Activités

PRESENTATION

(pages 320–321)

Activities A, B, and C can be done as individual projects or they can be done as a team effort in the form of a debate.

320

B Dans la société française actuelle. Répondez d'après le texte.

1. Qui tend à être privilégié dans la société française actuelle?
2. Combien de personnes exercent une profession de santé?
3. De quoi se plaignent de nombreux membres de la profession médicale?
4. Quels sont les sports en vogue depuis le début des années 80?
5. Quels sont les deux sports collectifs que les femmes tendent à pratiquer?

C Qu'est-ce que vous en pensez? Expliquez.

1. La santé paraît d'autant plus précieuse aux Français qu'elle constitue de plus en plus un atout dans leur vie personnelle et professionnelle.
2. Dans la pratique d'un sport, la recherche du plaisir est plus importante que celle de la performance.
3. L'accroissement de la pratique du sport répond à un désir, collectif et inconscient, de mieux supporter les agressions de la vie moderne par une meilleure résistance physique.
4. La grande lame de fond de l'individualisme ne pouvait pas épargner le sport.

Activités

A Médecins français et américains. Vous venez d'apprendre certains faits sur la situation des médecins français. Croyez-vous que la situation des médecins américains soit la même? Écrivez un paragraphe où vous comparez les deux.

320 CHAPITRE 7

LEARNING FROM PHOTOS

1. Ask students if they remember any words from «Les Feuilles mortes», Chapter 3, page 150, that would help them describe this photo.
2. C'est quelle saison? Décrivez cette saison. Vous l'aimez ou pas? Pourquoi?

DID YOU KNOW?

Un médecin «conventionné» est lié à la Sécurité sociale par un système de tarifs. Il doit fixer ses honoraires en fonction des tarifs imposés par la Sécurité sociale. De cette manière, le malade est remboursé presque totalement. Il existe également des médecins non-conventionnés qui, eux, peuvent demander les honoraires qu'ils désirent.

B **Le sport aux États-Unis.** Les sports individuels attirent les Français beaucoup plus que les sports collectifs. Si un Français vous demandait si la situation est semblable aux États-Unis, que répondriez-vous?

C **Les Américains sont individualistes?** Le texte que vous venez de lire dit: «La grande lame de fond de l'individualisme (français) ne pouvait pas épargner le sport.» Cette phrase indique que les Français sont de vrais individualistes. Que diriez-vous des Américains? Ils préfèrent les activités individuelles ou les activités «de groupe»? Justifiez votre opinion.

D **Discussion et débat.** Discutez avec un(e) camarade qui n'a pas la même opinion que vous sur cette dernière question. Préparez un débat pour la classe.

Une randonnée dans les Alpes près de Chamonix

CULTURE 321

CONVERSATION

EN PLEINE FORME

Vocabulaire

Vocabulary Teaching Resources
1. Audio Cassette 7
2. Student Tape Manual
3. Workbook
4. Chapter Quizzes

Bell Ringer Review
Write the following on the board or use BRR Blackline Master 7-3: Décrivez votre dernière visite chez le médecin.

PRESENTATION
(pages 322–323)

You may wish to follow the suggestions outlined in previous chapters.

322

CONVERSATION

EN PLEINE FORME

VOCABULAIRE

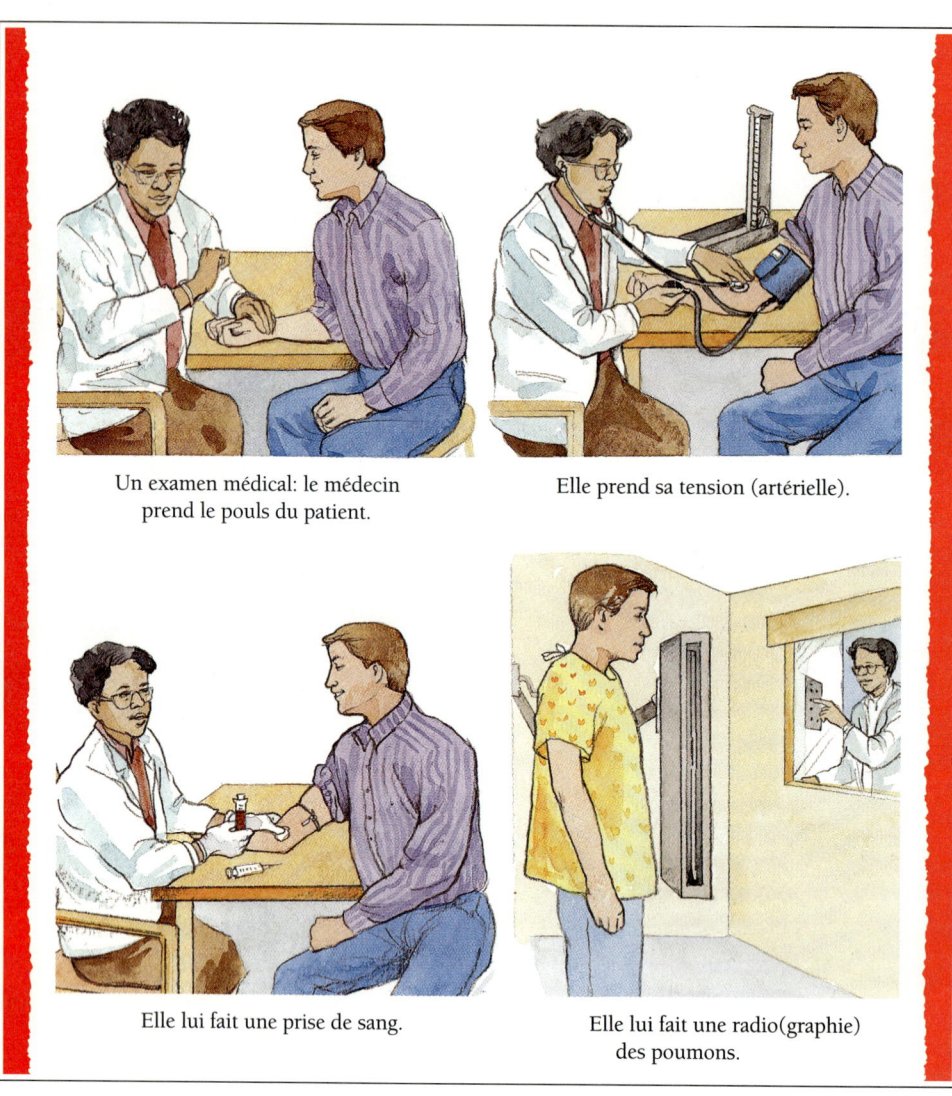

Un examen médical: le médecin prend le pouls du patient.

Elle prend sa tension (artérielle).

Elle lui fait une prise de sang.

Elle lui fait une radio(graphie) des poumons.

322   CHAPITRE 7

ADDITIONAL PRACTICE

Ask the following questions about the illustrations on this page: Est-ce que le patient passe un examen médical? Il est dans la salle des urgences ou dans le cabinet du médecin? Qu'est-ce que le médecin regarde quand elle prend le pouls du patient? On prend la tension artérielle pour vérifier si les poumons sont en bon état? Le médecin doit donner une piqûre pour faire une prise de sang? Est-ce qu'une radio indique si un os est cassé? Qu'est-ce qu'elle montre?

la nourriture / l'alimentation

exiger demander avec beaucoup d'autorité, commander, ordonner

être en bonne (parfaite) santé aller bien

pulmonaire qui concerne les poumons

cardiaque qui concerne le cœur

Exercices

A **Oui ou non?** Corrigez si nécessaire.

1. Une tension (artérielle) élevée est dangereuse.
2. Pour faire une prise de sang, il faut faire une piqûre.
3. Une radio(graphie) est une photographie faite avec des rayons X.
4. Prendre le pouls est une activité sportive.
5. Quand on respire, on utilise ses poumons.

B **Quel est le mot?** Trouvez le mot qui correspond à la définition donnée ici.

1. quand on se réfère aux poumons
2. aller très bien
3. ordonner
4. les aliments, ce qu'on mange
5. quand on se réfère au cœur

CONVERSATION 323

Scènes de la vie

PRESENTATION

(pages 324–325)

A. Have students listen to the recording of the *Conversation* on Cassette 7.
B. Call on two students to read the *Conversation* aloud.
C. Have students make up questions about the conversation. They may call on whomever they want to answer their questions.

SCÈNES DE LA VIE

Christophe (25 ans) rend visite à sa mère, Mme Perrin. Comme toujours, elle veut tout savoir de la vie de son fils préféré.

Le médecin me trouve en parfaite santé!

CHRISTOPHE: Je viens de passer un examen médical.
MME PERRIN: Pourquoi? Tu es malade?
CHRISTOPHE: Non, mais je veux faire de la plongée sous-marine et le club exige un examen médical complet.
MME PERRIN: Qu'est-ce que le médecin t'a fait?
CHRISTOPHE: Il m'a pris le pouls et la tension.
MME PERRIN: Et alors?
CHRISTOPHE: Normaux. J'ai 120 sur 74 de tension.
MME PERRIN: Il t'a fait une prise de sang?
CHRISTOPHE: Oui, et ça je n'aime pas du tout! Mais il faut bien, pour faire une analyse de sang!
MME PERRIN: Tu as les résultats?
CHRISTOPHE: Oui, il m'a dit que tout est normal: le cholestérol, le sucre… tout ça, ça va.
MME PERRIN: Il t'a fait une radio des poumons?
CHRISTOPHE: Oui, négatif: pas de problèmes pulmonaires. Et l'électrocardiogramme est normal: pas de troubles cardiaques.
MME PERRIN: Autrement dit, tu es en bonne santé?
CHRISTOPHE: Absolument! En parfaite santé!

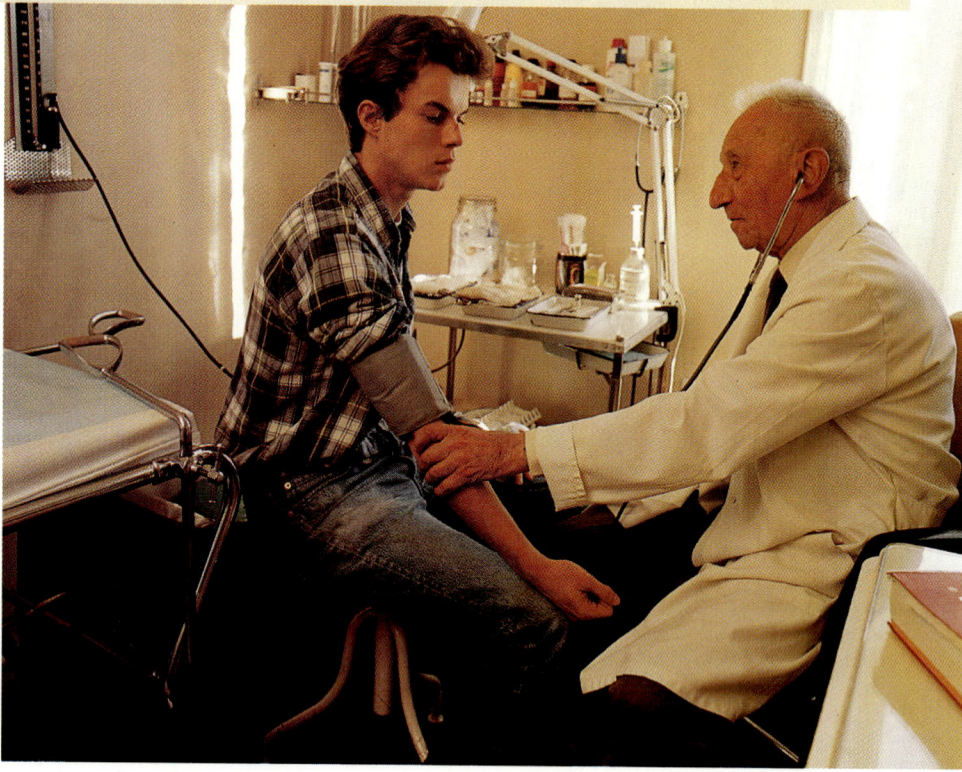

CHAPITRE 7

LEARNING FROM PHOTOS

As a review exercise, have students give all the expressions they know for activities that can take place in a doctor's office.

Et je suis en pleine forme!

CHRISTOPHE: Et je suis en pleine forme!
MME PERRIN: Tu es en bonne forme parce que tu fais beaucoup de sport. Tu fais toujours du jogging?
CHRISTOPHE: Oui, je fais toujours mes 10 km par semaine. Et puis, je fais très attention à ce que je mange. La nourriture, c'est important!
MME PERRIN: Tu commences la journée par un bon petit déjeuner, j'espère?
CHRISTOPHE: Certainement! Le matin, je bois un grand jus d'orange, et je mange un yaourt et des céréales. Et puis, je fais trois repas par jour, et je ne mange jamais entre les repas.
MME PERRIN: Jamais? Tu es sûr?!
CHRISTOPHE: Disons, *presque* jamais!

CONVERSATION 325

LEARNING FROM PHOTOS

Have students do the following:
1. Décrivez le garçon.
2. Décrivez ses vêtements.
3. Décrivez le parc.
4. Décrivez ce que fait le garçon.

Compréhension

PRESENTATION (page 326)

Compréhension A
You can ask the questions from *Compréhension A* as you are going over the *Conversation*.

Compréhension B
You may allow students to look up the information if they can't recall it.

ANSWERS

Compréhension A
1. Il vient de passer un examen médical.
2. Il veut faire de la plongée sous-marine et le club exige un examen médical.
3. Le médecin lui a pris le pouls et la tension, et il lui a fait une prise de sang.
4. Oui, il a reçu les résultats.
5. Tout est normal: le cholestérol, le sucre.
6. Non, il n'a ni problèmes ni troubles.
7. Oui, il est en parfaite santé.
8. Oui, il est en pleine forme.
9. Il fait beaucoup de sport et il fait très attention à ce qu'il mange.
10. Il mange trois fois par jour.
11. Non, il ne mange presque jamais entre les repas.
12. Au petit déjeuner, il mange un yaourt et des céréales.

Compréhension B
1. 120 sur 74.
2. Tout est normal.
3. Négatif: pas de problèmes.
4. Normal: pas de troubles cardiaques.
5. Il fait du jogging.
6. Trois repas par jour.

Activités de communication

ANSWERS

Activités A and B
Answers will vary.

326

Compréhension

A **Comment va Christophe?** Répondez d'après la conversation.

1. Qu'est-ce que Christophe vient de passer?
2. Pour quelle raison?
3. Qu'est-ce que le médecin lui a fait?
4. Il a reçu les résultats?
5. Quels sont les résultats?
6. Il a des problèmes ou des troubles?
7. Il est en bonne santé?
8. Il est en forme?
9. Que fait-il pour rester en forme?
10. Quand mange-t-il?
11. Il mange entre les repas?
12. Que mange-t-il au petit déjeuner?

B **Le dossier médical de Christophe.** Donnez les renseignements suivants sur la santé de Christophe.

1. sa tension artérielle
2. le résultat de son analyse de sang
3. le résultat de sa radiographie des poumons
4. le résultat de son électrocardiogramme
5. les sports qu'il pratique
6. le nombre de repas qu'il fait chaque jour

Activités de communication

A **Chez le médecin.** Vous voulez devenir membre d'un club d'alpinisme. Ce club exige que vous alliez voir votre médecin pour un examen médical complet. Avec un(e) camarade de classe, préparez la conversation que vous allez avoir avec votre médecin. Votre camarade jouera le rôle du médecin.

B **Il faut être en forme pour faire du ski.** Un(e) ami(e) vous invite à aller passer une semaine à la montagne pour faire du ski. Vous n'en avez jamais fait. Votre ami(e) vous dit que ce n'est pas difficile, mais qu'il faut être en forme—ce qui n'est pas votre cas. Vous demandez à votre ami(e) ce qu'il faut que vous fassiez pour vous mettre en forme. Travaillez avec un(e) camarade de classe qui jouera le rôle de votre ami(e).

Ski alpin au Canada

326   CHAPITRE 7

LEARNING FROM PHOTOS

Décrivez une station de sports d'hiver.

INDEPENDENT PRACTICE

Assign any of the following:
1. Exercises and activities on this page
2. Workbook, *Conversation*

LANGAGE

LA SANTÉ PHYSIQUE

Quand quelqu'un vous pose la question: «Comment allez-vous?» ou «Comment vas-tu?», vous pouvez répondre:

POSITIF	NÉGATIF
Je vais très bien.	Pas très bien.
Ça va bien.	Comme ci, comme ça.
Je suis en pleine forme.	Je ne suis pas en forme.
	Je ne suis pas dans mon assiette.*
	Je suis souffrant(e).
	Je suis malade.

Notez qu'il y a une différence entre «Je suis souffrant(e)» et «Je suis malade»: «malade» indique quelque chose de plus grave que «souffrant(e)».

Je ne suis pas dans mon assiette.

Quand on vous pose la question: «Qu'est-ce que tu as?» (*What's the matter?*) ou «Qu'est-ce qui ne va pas?» (*What's wrong?*), vous pouvez donnez des détails:

COURANT	FAMILIER
J'ai (un rhume/la grippe/etc.)	
J'ai mal à (la tête/l'estomac/etc.)	
Je suis très fatigué(e).	Je suis crevé(e).
Je dors tout le temps.	Je dors debout.
Je n'ai pas d'appétit.	J'ai un appétit d'oiseau.
J'ai beaucoup de fièvre.	J'ai une fièvre de cheval.

J'ai une fièvre de cheval.

* This expression is somewhat familiar.

Exercices

PRESENTATION (page 328)
Have students close their books. Do these exercises orally. Answers will vary. Encourage students to answer in as much detail as possible.

ANSWERS

Exercice A
Answers will vary.

Exercice B
Answers will vary but may include the following:
1. Comment allez-vous aujourd'hui?
2. Je suis en pleine forme.
3. Je ne suis pas en forme.
4. Il est souffrant.
5. Il a un appétit d'oiseau.
6. Qu'est-ce que je suis crevé(e)!
7. Il dort debout, ce type.
8. Elle a une fièvre de cheval.
9. Remettez-vous vite!

Si quelqu'un vient de vous dire qu'il est malade, vous pouvez lui dire:

Soigne-toi bien!	Soignez-vous bien!
Remets-toi vite!	Remettez-vous vite!
Je te souhaite un prompt rétablissement.	Je vous souhaite un prompt rétablissement.

Exercices

A Et vous? Comment va la santé? Donnez des réponses personnelles.

1. Comment allez-vous aujourd'hui?
2. Vous êtes en forme?
3. Vous connaissez quelqu'un qui est malade? Qui? Qu'est-ce qu'il (elle) a?
4. Vous connaissez quelqu'un qui est souffrant? Qui? Qu'est-ce qu'il (elle) a?
5. Vous êtes en pleine forme quand vous avez un rhume? Comment êtes-vous?
6. Vous êtes fatigué(e) en ce moment?
7. Vous dormez bien ou mal?
8. Vous avez bon appétit?

B Question de style. Exprimez d'une autre façon.

1. Ça va?
2. Je vais très bien.
3. Je ne vais pas très bien.
4. Il n'a rien de grave. Il a un rhume, c'est tout.
5. Il n'a pas d'appétit.
6. Qu'est-ce que je suis fatigué(e)!
7. Il dort tout le temps, ce type.
8. Elle a une grosse fièvre.
9. Nous vous souhaitons un prompt rétablissement.

328 CHAPITRE 7

LEARNING FROM REALIA
Qui offre cette brochure? De quelles maladies parle-t-elle? À quelles questions va-t-elle répondre?

INDEPENDENT PRACTICE
Assign any of the following:
1. Workbook, *Langage*
2. Exercises on this page

LE BIEN-ÊTRE PSYCHOLOGIQUE

Il y a des choses qui vous rendent contents et il y en a d'autres qui vous rendent mécontents.

Pour exprimer votre contentement, vous pouvez utiliser les expressions suivantes:

COURANT	FAMILIER
Je me sens bien.	J'ai le moral.
Je suis de bonne humeur.	Je suis de bon poil.
Je suis très content(e).	Je suis super-content(e).
Je suis très heureux (-se).	Je suis vachement heureux (-se).

Pour exprimer votre mécontentement, vous pouvez utiliser les expressions suivantes:

COURANT	FAMILIER
Je suis triste.	J'ai le moral à zéro.
Je suis déprimé(e).	J'ai le cafard.
J'ai beaucoup de peine.	J'ai le cœur gros.
Je suis énervé(e).	Je suis sur les nerfs.
Je suis de mauvaise humeur.	Je suis de mauvais poil.
Je suis fâché(e)/en colère.	Je suis furax.
Je suis furieux (-se).	Je suis furibard(e).

J'ai le cafard.

LANGAGE

PRESENTATION (continued)

B. After presenting the information about *s'ennuyer* you may wish to have students make up additional model sentences. You may ask the following questions to elicit them: *Ce discours vous ennuie? Il y a quelque chose d'autre qui vous ennuie? Qu'est-ce qu'il/elle fait qui vous ennuie? Et qu'est-ce que vous faites qui l'ennuie? Qu'est-ce qu'il faut que vous fassiez de temps en temps qui vous ennuie?*

Exercices
PRESENTATION
(pages 330–331)

When going over Exercises B and D call on several students in order to elicit different responses.

ANSWERS
Exercice A
Answers will vary.

GESTURES
Pour exprimer la lassitude, on expire une bouffée d'air tout en levant les yeux au ciel.

Les choses qui vous rendent mécontents vous affectent d'une façon négative parce qu'elles vous ennuient (annoy). Pour exprimer votre ennui, vous pouvez dire:

COURANT	FAMILIER
C'est ennuyeux.	C'est rasoir!
	C'est embêtant!
Ça m'ennuie.	Ça me rase!
	Ça m'embête!
J'en ai assez.	J'en ai marre!
Tu nous ennuies.	Tu nous rases!
Tu nous embêtes.	Tu nous casses les pieds!

J'en ai marre!

Notez que le verbe *ennuyer* est très utilisé en français, et qu'il peut avoir des sens différents selon le contexte.

Ce discours m'**ennuie**.	This speech **bores** me.
Il fait des choses qui m'**ennuient**.	He does things that **annoy** me.
Ça m'**ennuie** de vous demander de l'argent.	It **bothers** (**upsets**) me to ask you for money.
Ça m'**ennuie** de refaire ce que je viens de faire.	I **don't like** to redo what I have just done.

Enfin, de temps en temps nous avons tous besoin d'un peu d'encouragement. Pour encourager quelqu'un à faire ou à endurer quelque chose, vous pouvez dire:

Vas-y! (Allez-y!)
Allez, du courage!
Allez, ça ira bientôt mieux!
Allez, encore un petit effort!
Ça y est presque!

Exercices

A Et vous? Comment va le moral?
Donnez des réponses personnelles.

1. Vous êtes content(e) ou triste, aujourd'hui?
2. Vous êtes toujours content(e)?
3. Vous êtes de bonne humeur ou de mauvaise humeur, aujourd'hui?
4. Vous êtes toujours de bonne humeur?
5. Vous êtes déprimé(e) en ce moment?

330 CHAPITRE 7

DID YOU KNOW?

De nombreuses lignes téléphoniques d'entraide existent aujourd'hui en France: S.O.S. Amitié, pour ceux qui se sentent seuls et veulent parler à quelqu'un, S.O.S. Drogue et S.O.S. Santé Information qui traitent plus spécifiquement des questions de bien-être physique.

Ces communications ont été facilitées par l'arrivée en France du Minitel. C'est un terminal d'interrogation vidéotex, une sorte de téléphone qui permet d'avoir accès à des banques de données.

B **Comment réagissez-vous?** Imaginez que vous êtes dans les situations suivantes. Qu'est-ce que vous dites?

1. Votre petit frère fait toujours des choses que vous n'aimez pas du tout, des bêtises.
2. Votre ami(e) a pris votre bicyclette et il(elle) l'a perdue. Il(Elle) l'a laissée quelque part.
3. Un(e) de vos ami(e)s est très malade.
4. Vous venez de recevoir une très bonne nouvelle.
5. Vous venez de gagner à la loterie.
6. Vous savez que vous allez recevoir de très mauvaises notes.
7. Vous le ferez si c'est absolument nécessaire, mais vous ne voulez pas.
8. Votre ami(e) a presque fini ses devoirs et il(elle) se sent un peu frustré(e).

C **Question de style.** Exprimez d'une autre façon.

1. C'est ennuyeux, ça.
2. Ça m'embête.
3. Je suis énervé(e).
4. Il est en colère.
5. J'en ai assez.
6. Tu m'ennuies.
7. Tes bêtises m'ennuient.
8. Elle est furieuse.
9. Elle est triste, la pauvre.
10. Il est de mauvaise humeur.
11. Tu te sens bien?
12. Je suis déprimé(e).
13. Il a de la peine.
14. Elle est très heureuse.
15. Allez, encore un petit effort!

Il est énervé.

D **Quelles sont les choses qui vous ennuient?** Complétez. Donnez des réponses personnelles.

1. Je suis de mauvais poil quand…
2. Ça me casse les pieds de…
3. Je suis sur les nerfs quand…
4. Je suis furax de…
5. J'ai le cafard si…

Il est furax.

LANGAGE 331

ADVANCED GAME

Divide the class into two teams. Give each student an index card. Have all students make up possible situations which would elicit any of the positive or negative expressions on pages 329–330. (They can model the situations on the sentences in Exercise B on this page.) Each team takes turns reading their situations to the other team. A point is given for an appropriate response or deducted for an inappropriate one. The team being questioned should continue until someone makes an error.

Élève 1: Tu as échoué à ton examen de maths!
Élève 2: J'ai le moral à zéro.

Exercice B
Answers will vary but may include the following:
1. Tu nous casses les pieds!
2. C'est ennuyeux.
3. Allez, ça ira bientôt mieux!
4. Je suis super-content(e)!
5. Je suis vachement heureux(-se)!
6. J'ai le moral à zéro.
7. Ça m'ennuie.
8. Allez, encore un petit effort!

Exercice C
1. C'est rasoir, ça.
2. Ça m'ennuie.
3. Je suis sur les nerfs.
4. Il est furax.
5. J'en ai marre.
6. Tu me rases.
7. Tu me casses les pieds. (Tu me rases.)
8. Elle est furibarde.
9. Elle a le moral à zéro, la pauvre.
10. Elle est de mauvais poil.
11. Tu as le moral?
12. J'ai le cafard.
13. Il a le cœur gros.
14. Elle est vachement heureuse.
15. Ça y est presque!

Exercice D
Answers will vary.

GESTURES

A. Pour exprimer son énervement, on crispe les doigts, la paume de la main vers le ciel. En général, on montre aussi les dents.
B. Pour exprimer violemment sa colère, on donne un coup de poing sur la table.

E **Quelles sont les choses qui les ennuient?** Complétez. Donnez des réponses personnelles.

1. Je connais bien mon prof, et je sais qu'il ne sera pas content si je…
2. Mes parents deviennent furieux quand…
3. Ça ennuie mes amis que je…
4. Mes frères sont de mauvaise humeur quand…
5. Ma grand-mère a de la peine si…

Activités de communication

A **Meilleure santé!** Vous aviez rendez-vous avec un(e) ami(e) pour jouer au tennis, dimanche. Samedi matin, vous vous réveillez avec la grippe. Vous téléphonez à votre ami(e) pour lui dire que vous ne pourrez pas jouer avec lui (elle) et pourquoi. Votre ami(e) est désolé(e), mais lui (elle) aussi ne se sent pas bien. Vous échangez des détails sur vos problèmes de santé, et des encouragements. Travaillez avec un(e) camarade de classe qui jouera le rôle de votre ami(e).

B **Quand on fait du sport, on se sent mieux.** Vous rencontrez trois copains sur la plage. Ils ont l'air de s'ennuyer. Vous leur proposez d'aller faire de la planche à voile. Vos copains réagissent très négativement. Vous leur demandez ce qui ne va pas. L'un dit qu'il est triste, l'autre qu'elle est déprimée, le troisième qu'il a de la peine. Vous demandez à chacun(e) pourquoi. Et puis vous les encouragez à venir faire de la planche à voile pour oublier leurs problèmes. Travaillez avec trois camarades de classe qui joueront les rôles de vos copains.

On fait de la planche à voile sur l'Erdre, près de Nantes.

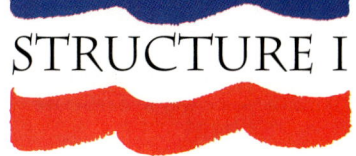

STRUCTURE I

Les verbes réfléchis
Telling What People Do for Themselves or for Each Other

1. A reflexive verb is one whose action is both performed and received by the subject.

   Je *me* lave.   *I wash myself.*
   Il *se* rase.   *He's shaving (himself).*

   It is the reflexive pronoun (here: *me* and *se*) which indicates that the action of the verb is reflected back on the subject. Review the following.

SE LAVER	S'HABILLER
je *me* lave	je *m'* habille
tu *te* laves	tu *t'* habilles
il/elle/on *se* lave	il/elle/on *s'* habille
nous *nous* lavons	nous *nous* habillons
vous *vous* lavez	vous *vous* habillez
ils/elles *se* lavent	ils/elles *s'* habillent

   Other commonly used reflexive verbs are:

   | s'amuser | se baigner | se brosser | se coucher |
   | se lever | se peigner | se raser | se réveiller |

2. Remember that a reflexive pronoun is used only when the subject also receives the action of the verb. If a person or object other than the subject receives the action of the verb, no reflexive pronoun is used. Compare the following sentences.

REFLEXIVE	NON-REFLEXIVE
Pierre *se* lave.	Il lave *sa voiture*.
Anne *se* couche.	Anne couche *le bébé*.
Je *me* regarde dans le miroir.	Je regarde *la télé*.

STRUCTURE I   333

PRESENTATION (continued)

C. The reciprocal construction presents few problems in the present tense. It is more problematic in the compound tenses because of the agreement with the past participle.
D. Correct placement of the negative words takes a great deal of ear training. This is a point students learn better through examples than explanation.

Exercices

PRESENTATION (page 334)
Exercice A
Exercise A can be done with books closed after the vocabulary has been presented.

Extension of Exercice A
Call on one student to tell all about his/her morning routine.

ANSWERS
Exercice A
Answers will vary.

---

3. A reciprocal verb is one in which people do something to or for each other. A reciprocal verb in French functions the same way as a reflexive verb. Review the following examples.

   Nous *nous* voyons souvent.   *We see each other often.*
   Ils *s'*embrassent sur la joue.   *They kiss one another on the cheek.*

4. In the negative, *ne* is placed before the reflexive pronoun, and *pas (plus, jamais)* follows the verb.

   Je *ne* me couche *pas* avant minuit.
   Il *ne* se rase *plus* tous les jours.
   Elles *ne* se parlent *jamais*.

5. When a reflexive verb is used in the infinitive form, the reflexive pronoun must agree with the subject.

   Je vais *me* coucher.

Exercices

A **Et vous?** Donnez des réponses personnelles.

1. Comment t'appelles-tu?
2. Tu te couches à quelle heure?
3. Et tu te lèves à quelle heure?
4. Est-ce que tu te réveilles facilement?
5. Tu te laves le matin ou le soir?
6. Tu te brosses les dents après le petit déjeuner?
7. Tu t'habilles avant de prendre le petit déjeuner?

Il se lave la figure.

334   CHAPITRE 7

LEARNING FROM PHOTOS

Ask students: **Le garçon fait sa toilette? Il se lave la figure? Avec quoi est-ce qu'il se lave? Il s'est déjà brossé les dents, à votre avis? Il s'est déjà habillé? Est-ce qu'il va se peigner ou se brosser les cheveux? De quoi est-ce qu'il va se servir pour se peigner (ou se brosser) les cheveux?**

B La routine quotidienne. Complétez.

1. Je ___ à 7 heures du matin. (se lever)
2. Quand je ___, je ___ la figure et je ___ les dents. (se lever, se laver, se brosser)
3. Mais ma sœur ne ___ pas à 7 heures. Elle ___ à 7 heures, mais elle reste au lit jusqu'à 7 heures et demie. (se lever, se réveiller)
4. Elle ne ___ pas le matin. Elle ___ le soir avant de ___. (se laver, se laver, se coucher)
5. Nous prenons notre petit déjeuner et ensuite nous ___ les dents. (se brosser)
6. À quelle heure ___-tu? (se lever)
7. Et ta sœur, à quelle heure ___-t-elle? (se lever)
8. Est-ce que vous ___ le soir avant de ___? (se laver, se coucher)

C Pour soi ou pour les autres? Complétez avec le pronom réfléchi quand c'est nécessaire.

1. Je ___ couche à onze heures du soir.
2. Je ___ lave avant de me coucher.
3. Maman ___ lave le bébé, ensuite papa ___ couche le bébé.
4. Elle ___ amuse bien à l'école.
5. Elle ___ amuse tous mes amis aussi.
6. Tous les matins, je ___ réveille mon frère. Si je ne ___ réveillais pas mon frère, il ne ___ lèverait pas.
7. Mon chien a de très longs poils (fur). Je ___ brosse souvent mon chien.

D C'est réciproque. Complétez.

1. Je la vois tous les jours et elle me voit tous les jours. Nous ___ ___ à l'école.
2. Il lui donne la main et elle lui donne la main. Ils ___ ___ la main chaque fois qu'ils se rencontrent.
3. Elle me connaît et je la connais. Nous ___ ___ depuis longtemps.
4. Elle m'écrit souvent et je lui écris souvent. Nous ___ ___ souvent.
5. Elle m'aime et je l'aime. Nous ___ ___ beaucoup.
6. Pierre aime Thérèse et Thérèse aime Pierre. Ils ___ ___ beaucoup.
7. Il l'embrasse et elle l'embrasse. Ils ___ ___ sur les joues.

Ils s'embrassent sur les joues.

Les verbes réfléchis au passé composé

Telling What People Did for Themselves or for Each Other at One Point in the Past

1. The *passé composé* of reflexive verbs is formed with *être*, not *avoir*.

SE LEVER	S'AMUSER
je *me* suis levé(e)	je *me* suis amusé(e)
tu *t'* es levé(e)	tu *t'* es amusé(e)
il *s'* est levé	il *s'* est amusé
elle *s'* est levée	elle *s'* est amusée
nous *nous* sommes levé(e)s	nous *nous* sommes amusé(e)s
vous *vous* êtes levé(e)(s)	vous *vous* êtes amusé(e)(s)
ils *se* sont levés	ils *se* sont amusés
elles *se* sont levées	elles *se* sont amusées

2. The past participle of reflexive verbs agrees in gender and number with the reflexive pronoun when the reflexive pronoun is the direct object of the sentence.

   Elle s'est *lavée*.   Elles se sont *lavées*.
   Il s'est *lavé*.   Ils se sont *lavés*.

3. When the reflexive pronoun is not the direct object of the sentence, there is no agreement of the past participle.

   Elle s'est *lavé* les mains.   Elles se sont *lavé* les mains.
   Il s'est *lavé* les mains.   Ils se sont *lavé* les mains.

   In the above sentences, *les mains* (not the reflexive pronoun *se*) is the direct object of the sentence. *Se* is the indirect object. Consequently, there is no agreement of the past participle.

336   CHAPITRE 7

4. With reciprocal verbs in the *passé composé*, it is very important to determine whether the reflexive pronoun is a direct or an indirect object. When the reciprocal pronoun is the direct object of the verb, the past participle must agree with the reciprocal pronoun. If the pronoun is the indirect object, however, there is no agreement.

DIRECT OBJECT PRONOUN	INDIRECT OBJECT PRONOUN
Ils se sont *embrassés*.	Ils se sont *donné* la main.
Ils se sont *fiancés*.	Ils se sont *parlé*.
Ils se sont *mariés*.	Ils se sont *souri*.

Note that some verbs like *se parler* or *se sourire* never have a direct object, consequently their past participle is invariable.

5. In the negative, *ne* is placed before the reflexive pronouns, and *pas* (*plus, jamais*) follows the verb *être*.

> Je *ne* me suis *pas* amusé(e).
> Elle *ne* s'est *jamais* mariée.
> Ils *ne* se sont *plus* parlé, après ça.

Elles se sont parlé.

Note: Many students have problems with this point (Step 4) because they are not always sure if the object is direct or indirect. In comparison to many other structure points, this one is not very important.

STRUCTURE I

Exercices

PRESENTATION
(pages 338–339)

A. Call students who have good penmanship to the board to write the answers.

B. As you have the class read the answers, underline the endings of the past participles.

ANSWERS

Exercice A
1. Oui (Non), il (ne) s'est (pas) couché de bonne heure hier soir.
2. Oui (Non), sa sœur (ne) s'est (pas) couchée de bonne heure aussi (non plus).
3. Oui (Non), Jacques (ne) s'est (pas) endormi tout de suite.
4. Oui (Non), sa sœur Annette (ne) s'est (pas) endormie tout de suite.
5. Ils se sont réveillés à sept heures ce matin.
6. Oui (Non), ils (ne) se sont (pas) levés tout de suite.

Exercice B
1. Je me suis réveillé(e) à sept heures.
2. Je me suis levé(e) tout de suite.
3. Ma mère s'est levée à la même heure.
4. Mon père ne s'est pas levé avant huit heures.
5. Je me suis lavé(e), et ensuite ma mère s'est lavée.
6. Mon père s'est lavé en dernier, et il s'est rasé.
7. Nous nous sommes habillé(e)s rapidement.
8. Corinne et Anne, vous vous êtes dépêchées ce matin?

Exercice C
1. e
2. -
3. e
4. -
5. s
6. -
7. s
8. -

338

Exercices

A Qui s'est couché de bonne heure? Répondez.

1. Est-ce que Jacques s'est couché de bonne heure hier soir?
2. Et sa sœur? Elle s'est couchée de bonne heure aussi?
3. Est-ce que Jacques s'est endormi tout de suite?
4. Et sa sœur Annette? Elle s'est endormie tout de suite?
5. À quelle heure se sont-ils réveillés ce matin?
6. Se sont-ils levés tout de suite?

B Ce matin. Mettez au passé composé.

1. Je me réveille à sept heures.
2. Je me lève tout de suite.
3. Ma mère se lève à la même heure.
4. Mon père ne se lève pas avant huit heures.
5. Je me lave, et ensuite ma mère se lave.
6. Mon père se lave en dernier, et il se rase.
7. Nous nous habillons rapidement.
8. Corinne et Anne, vous vous dépêchez ce matin?

Il s'est habillé.

C Florence et les autres. Faites l'accord quand c'est nécessaire.

1. Florence s'est lavé___.
2. Elle s'est lavé___ les mains avant de manger.
3. Avant de sortir, elle s'est habillé___.
4. Elle s'est brossé___ les cheveux.
5. Ses frères se sont rasé___.
6. Ils se sont lavé___ la figure et les mains.
7. Et ils se sont vite habillé___.
8. Paul, tu t'es dépêché___ ce matin?

338   CHAPITRE 7

D Isabelle et Philippe s'aiment bien? Répondez par «oui» ou par «non».

1. Isabelle et Philippe se sont vus hier?
2. Ils se sont embrassés quand ils se sont rencontrés?
3. Ils se sont donné la main?
4. Ils se sont souri?
5. Ils se sont parlé longtemps?

E L'histoire de Gigi et Robert.
Faites l'accord quand c'est nécessaire.

1. Ils se sont regardé___.
2. Ils se sont souri___.
3. Ils se sont dit___ bonjour.
4. Ils se sont présenté___.
5. Ils se sont parlé___.
6. Ils se sont beaucoup amusé___.
7. Ils se sont dit___ au revoir.
8. Ils se sont téléphoné___.
9. Ils se sont écrit___.
10. Ils se sont rencontré___ une deuxième fois.
11. Ils se sont fiancé___.
12. Un an après, ils se sont marié___.

Ils se sont souri.

STRUCTURE I   339

LEARNING FROM PHOTOS

You may wish to have students do the following activity based on the bottom photo on this page: **Comment les jeunes gens sur cette photo se sont-il rencontrés? Où se sont-il rencontrés? Écrivez au passé composé l'histoire de leur première rencontre.**

Exercice D
1. Oui (Non), Isabelle et Philippe (ne) se sont (pas) vus hier.
2. Oui (Non), ils (ne) se sont (pas) embrassés quand ils se sont rencontrés.
3. Oui (Non), ils (ne) se sont (pas) donné la main.
4. Oui (Non), ils (ne) se sont (pas) souri.
5. Oui (Non), ils (ne) se sont (pas) parlé longtemps.

Exercice E
1. s
2. –
3. –
4. –
5. –
6. s
7. –
8. –
9. –
10. s
11. s
12. s

339

Le pronom interrogatif *qui*

Bell Ringer Review
Write the following on the board or use BRR Blackline Master 7-7: Regardez la liste que vous avez faite pour «Bell Ringer Review 7-6» à la page 336 et dites si vous avez fait chaque activité hier matin.

PRESENTATION (page 340)

A. The two important points for students to remember are that *qui* always refers to a person and that it can be used as a subject, an object, or as an object of a preposition.

B. It is the longer forms (Step 2) of *qui* that pose problems for students. The use of the long form is becoming much less frequent because of the overwhelming tendency to put the interrogative word at the end of the sentence. One will hear *Tu as vu qui?* far more frequently than *Qui est-ce que tu as vu?*

Exercices

ANSWERS

Exercice A
1. Qui (Qui est-ce qui)
2. Qui (Qui est-ce qui)
3. Qui (Qui est-ce qui)
4. qui
5. Qui
6. qui

MUSIC CONNECTION
Camille Saint-Saëns était un compositeur français de la fin du XIXème siècle. Il a été d'abord organiste à l'Église de la Madeleine à Paris. Il a parcouru le monde comme virtuose du piano et de l'orgue. Il a composé de nombreuses pièces d'orgue et des poèmes symphoniques tels que *La Danse macabre* en 1874 et *Le Carnaval des animaux*.

Le pronom interrogatif *qui* — Asking "Who" or "Whom"

1. *Qui* refers to a person and can be the subject or object of the verb, or the object of a preposition.

SUBJECT	OBJECT	OBJECT OF A PREPOSITION
—*Qui* est là?	—Tu as vu *qui?*	—Tu as dîné *avec qui?*
—Paul.	—Anne.	—Avec elle.
—*Qui* parle?	—*Qui* avez-vous vu?	—*Pour qui* l'avez-vous acheté?
—Lui.	—Luc.	—Pour lui.

Remember that *qui* followed by the inversion (verb + subject) is used in formal or written French.

2. You will sometimes hear *qui est-ce qui* or *qui est-ce que* being used in informal conversation. Study the following.

SUBJECT	OBJECT
—*Qui est-ce qui* parle à Paul?	—*Qui est-ce que* tu as vu?
—Son ami Luc.	—J'ai vu Jacqueline.

OBJECT OF A PREPOSITION
—*Avec qui est-ce que* tu as dîné?
—Avec Paul.

Exercices

A Qui ça? Complétez.

1. —Marie joue au tennis.
   —___ joue au tennis?
2. —Paul est très bon joueur.
   —___ est très bon joueur?
3. —Son frère aime faire du jogging.
   —___ aime faire du jogging?
4. —J'aime écouter Marie.
   —Tu aimes écouter ___?
5. —J'ai vu son frère.
   —___ as-tu vu?
6. —Elle chante avec son frère.
   —Avec ___ chante-t-elle?

340 CHAPITRE 7

LEARNING FROM REALIA

Ask students if they can guess what key the Saint-Saëns violin concerto pictured above is in. (*Ut majeur*, or C Major) Unlike English, which uses words (do, re, mi, etc.) to designate the notes of the scale and letters to designate the keys (A, B, C, etc.), French uses the same terms for both the notes and the keys: *Ut (do), ré, mi, fa, sol, la, si*. The word for sharp is *dièse* and for flat, *bémol*. You may wish to give students a key, such as *Sol dièse majeur*, and have them tell you what its equivalent in English would be.

B Qui? Complétez.

1. —Marie chante.
   —___ est-ce ___ chante?
2. —Elle a une très belle voix.
   —___ est-ce ___ a une belle voix?
3. —Et son frère l'accompagne au piano.
   —___ est-ce ___ l'accompagne au piano?
4. —J'aime écouter Marie.
   —___ est-ce ___ tu aimes écouter?
5. —Et j'aime écouter son frère.
   —___ est-ce ___ tu aimes écouter?
6. —Elle chante avec son frère.
   —Avec ___ est-ce ___ elle chante?

C Vous n'avez pas bien entendu. Posez des questions d'après le modèle.

—*Catherine va partir demain.*
—*Pardon, qui va partir demain?*

1. *Philippe* va partir demain.
2. *Philippe* va en Italie.
3. J'ai parlé avec *Philippe* hier.
4. J'ai vu *Philippe* hier.
5. Il va en Italie avec *Catherine*.

STRUCTURE I

Exercice B
1. Qui… qui
2. Qui… qui
3. Qui… qui
4. Qui… que
5. Qui… que
6. qui… qu'

Exercice C
1. Pardon, qui (est-ce qui) va partir demain?
2. Pardon, qui (est-ce qui) va en Italie?
3. Pardon, avec qui as-tu parlé (avec qui est-ce que tu as parlé) hier?
4. Pardon, qui as-tu vu (qui est-ce que tu as vu) hier?
5. Pardon, avec qui va-t-il (avec qui est-ce qu'il va) en Italie?

DID YOU KNOW?

Gaveau est le nom d'une firme française qui fabriquait des pianos de grande renommée. Elle a été fondée en 1847 par Joseph Gaveau. Son fils, Étienne, ouvrit la salle de concert située rue de la Boétie, à Paris. La salle Gaveau se consacre aux concerts de musique classique et aux conférences.

INDEPENDENT PRACTICE

Assign any of the following:
1. Exercises on pages 340–341
2. Workbook, *Structure I*

Les pronoms interrogatifs *que et quoi*

PRESENTATION (page 342)

A. The difference between *qu'est-ce qui* and *qu'est-ce que* is confusing to many students. It is suggested that you emphasize the model sentences and the sentences that appear in the exercises. The more students hear and use these pronouns, the more accurately they will use them.

B. Ask the students frequently to make up their own questions so that this point gets reintroduced often.

Les pronoms interrogatifs *que* et *quoi* — Asking "What"

1. When "what" is the subject of the question, *qu'est-ce qui* must be used.

   —*Qu'est-ce qui* ne va pas?
   —J'ai mal à la tête.

   —*Qu'est-ce qui* se passe?
   —Rien de spécial.

2. When "what" is the object of the question, *qu'est-ce que* can be used, or *que* followed by the inversion (verb + subject).

   —*Qu'est-ce que* vous voyez?/*Que* voyez-vous?
   —Mars et Jupiter.

   —*Qu'est-ce qu'*il a?/*Qu'*a-t-il?
   —Il a la grippe.

   Remember that *que* followed by the inversion is used in formal or written French.

3. *Quoi* is always used after a preposition when referring to a thing.

   —*De quoi* avez-vous peur?
   —De la maladie.

   —*À quoi* pense-t-il?
   —À ses problèmes.

   —*Dans quoi* est-ce que tu mets ça?
   —Dans un sac.

4. Review the following chart.

	PERSONS	THINGS
SUBJECT	Qui Qui est-ce qui	Qu'est-ce qui
OBJECT	Qui (+ inversion) Qui est-ce que	Que (+ inversion) Qu'est-ce que
OBJECT OF A PREPOSITION	De qui (+ inversion) De qui est-ce que	De quoi (+ inversion) De quoi est-ce que

CHAPITRE 7

Exercices

A Dites-moi! Complétez.

1. Jacques, ___ se passe?
2. ___ est arrivé?
3. ___ a fait ce bruit?
4. ___ tu as fait, mon petit?
5. ___ tu as vu?
6. De ___ tu as peur?
7. ___ va-t-il faire?
8. À ___ pensez-vous?

B Qu'est-ce qu'on fait? Écrivez des questions d'après le modèle.

> Je pense *à mes examens.*
> *À quoi pensez-vous?*

1. Bernard va faire *un voyage en Suisse.*
2. Beaucoup de gens ont peur *de voyager en avion.*
3. Je vais mettre mes affaires *dans cette grande valise.*
4. Nous pensons souvent *à notre voyage en France.*
5. Elle a besoin *d'un passeport.*
6. Elle va obtenir *son passeport* la semaine prochaine.

C Vous voulez tout savoir. Complétez.

1. Le téléphone a sonné.
   ___ a sonné?
2. Lisette a répondu au téléphone.
   ___ a répondu au téléphone?
3. Robert est à l'appareil.
   ___ est à l'appareil?
4. Lisette parle avec Robert.
   Avec ___ parle-t-elle?
5. Ils parlent du marathon.
   De ___ parlent-ils?
6. Leur ami Pierre a gagné le marathon.
   ___ a gagné le marathon?
7. Pierre a reçu un trophée.
   ___ il a reçu?
8. Pierre a donné son trophée à sa mère.
   À ___ a-t-il donné son trophée?
9. Il a embrassé sa mère.
   ___ a-t-il embrassé?
10. Robert et Lisette vont donner une fête pour Pierre.
    ___ vont-ils donner? Pour ___?

STRUCTURE I 343

JOURNALISME

Bell Ringer Review
Write the following on the board or use BRR Blackline Master 7-8: Trouvez le mot qui correspond.
1. les doigts   a. la vue
2. le nez   b. le toucher
3. les yeux   c. l'ouïe
4. les oreilles   d. l'odorat
5. la langue   e. le goût

L'OREILLE ET LE BRUIT
Introduction
PRESENTATION (page 344)
You may wish to read the *Introduction* aloud or have the students read it silently.

Vocabulaire

Vocabulary Teaching Resources
1. Audio Cassette 7
2. Student Tape Manual
3. Workbook
4. Chapter Quizzes

PRESENTATION (page 344)
A. Have students repeat the new vocabulary after you.
B. Call on students to read the new words and definitions. You may wish to ask the following questions: *Est-ce que les Acadiens accueillent les invités? Ils les accueillent d'une façon chaleureuse? Est-ce que le chant d'un oiseau vous tire du sommeil? Et une sirène d'alarme?*
C. Have students give you an antonym for each of the following words:
endormir
fort
doux
permanent
temporaire

344

JOURNALISME

L'Oreille et le Bruit

INTRODUCTION

On parle toujours de la pollution de l'environnement. Malheureusement, nous sommes tous exposés à la pollution par le bruit. Les personnes qui vivent dans des endroits bruyants ont souvent des troubles de l'oreille et entendent de moins en moins bien. Les jeunes surtout, qui jouent leur musique très fort, sont affectés.

Les deux articles qui suivent et qui concernent l'oreille et le bruit ont paru dans *Okapi*, un magazine français consacré aux jeunes.

VOCABULAIRE

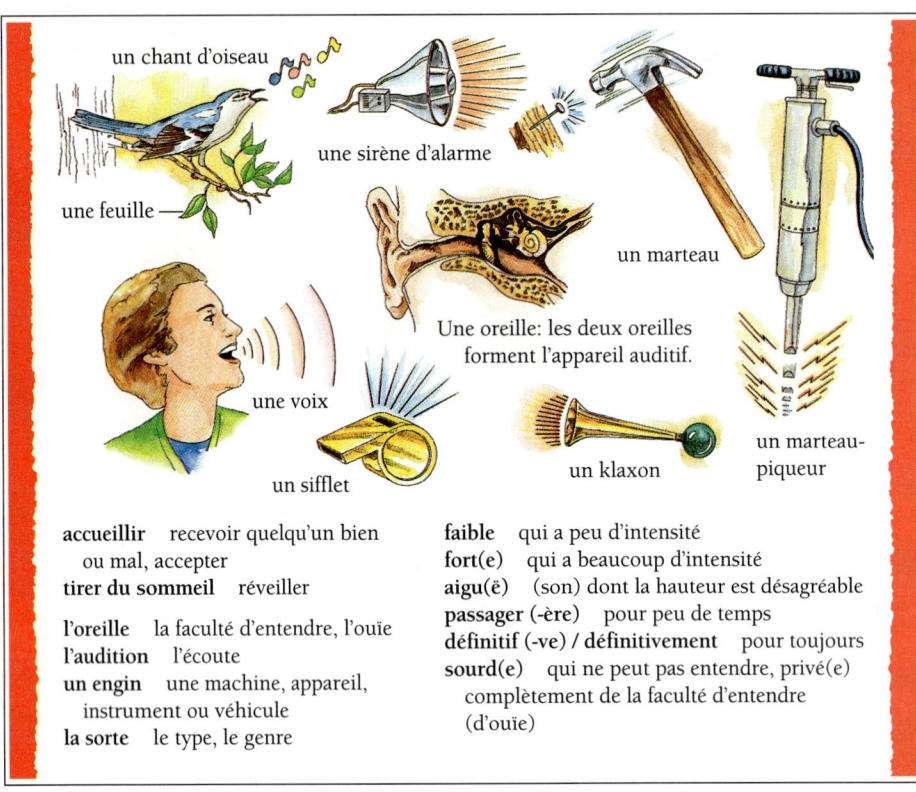

accueillir recevoir quelqu'un bien ou mal, accepter
tirer du sommeil réveiller
l'oreille la faculté d'entendre, l'ouïe
l'audition l'écoute
un engin une machine, appareil, instrument ou véhicule
la sorte le type, le genre

faible qui a peu d'intensité
fort(e) qui a beaucoup d'intensité
aigu(ë) (son) dont la hauteur est désagréable
passager (-ère) pour peu de temps
définitif (-ve) / définitivement pour toujours
sourd(e) qui ne peut pas entendre, privé(e) complètement de la faculté d'entendre (d'ouïe)

344   CHAPITRE 7

ADVANCED GAME

To practice the vocabulary words and definitions, you may wish to play **Vocabulary Game III:** *Le jeu de Loto*, which was explained in Chapter 5, page 234.

Exercices

A **Quels sont vos goûts?** Donnez des réponses personnelles.

1. Tu préfères les sons faibles ou forts?
2. Tu aimes les sons aigus?
3. Tu aimes être tiré(e) du sommeil par une sirène d'alarme?
4. Tu aimes quelle sorte de musique?
5. Tu accueilles tes amis à bras ouverts?
6. Tu aimes chanter? Tu as une belle voix?

B **Sons agréables ou désagréables?** Répondez d'après le modèle.

> Une belle voix douce?
> C'est très agréable!

1. Le chant des oiseaux?
2. Le vent dans les feuilles des arbres?
3. Une sirène d'alarme?
4. Un marteau-piqueur?
5. Le sifflet d'un agent de police?
6. La voix d'une personne aimée?
7. Les klaxons de cent voitures?
8. Un son très aigu?
9. Un engin très bruyant?

C **Quel est le mot?** Complétez.

1. Cette chanteuse a une ___ très agréable.
2. Une voiture a un ___.
3. Une ambulance a une ___.
4. Un charpentier utilise souvent un ___.
5. Ceux qui font des travaux dans les rues ou sur les routes utilisent souvent des ___.
6. Les sons très ___ et ___ ne sont pas agréables.
7. Les organes de l'ouïe sont les ___. Elles forment l'appareil ___.
8. Tu vas devenir ___ si tu continues à mettre cette musique aussi fort.
9. Il y a différentes ___ de musiques: classique, jazz, etc.
10. À la première ___, ils ont beaucoup aimé cette musique.
11. Je ne peux pas juger cette musique: j'ai une très mauvaise ___.

D **Familles de mots.** Choisissez le mot qui correspond.

1. cesser
2. crier
3. enregistrer
4. perdre
5. détruire
6. définitif
7. percevoir
8. reposer
9. passer

a. la perte
b. la perception
c. un cri
d. sans cesse
e. passager
f. le repos
g. l'enregistrement
h. la destruction
i. définitivement

JOURNALISME 345

L'Oreille ◆◆

Bell Ringer Review
Write the following on the board or use BRR Blackline Master 7-9: Qu'est-ce que vous faites quand…
1. … vous avez soif?
2. … vous avez faim?
3. … vous avez sommeil?
4. … vous avez mal à la tête?

PRESENTATION (page 346)
A. You may wish to call on students to read some paragraphs aloud. You may have them read others silently. Or, you may wish to have students read the entire article silently.
B. You may wish to intersperse the reading with the following questions: Quand les oreilles accueillent-elles les bruits? Depuis quand est-ce qu'on entend? Qu'est-ce que nos oreilles nous signalent? Qu'est-ce qui a été utilisé comme une sorte de torture? Qu'est-ce qui peut blesser l'oreille?

Vocabulary Expansion
On retrouve les mots «bruit» et «oreille» dans de nombreuses expressions:

avoir de l'oreille = avoir le sens musical

se faire tirer l'oreille = résister, faire quelque chose de mauvaise grâce

avoir la puce à l'oreille = se méfier de quelque chose

avoir l'oreille basse = être humilié, confus

de bouche à oreille = «word of mouth»

faire du bruit = se dit d'un événement remarqué

C'est un bruit qui court = se dit d'une rumeur

C'est un faux bruit = se dit d'une fausse rumeur

346

L'OREILLE

Nos oreilles fonctionnent sans cesse

Nos oreilles, quels appareils! Tandis que[1] nos yeux peuvent se fermer, nos oreilles, elles, restent ouvertes. Elles ne cessent d'entendre. Nuit et jour, immobiles, elles accueillent les bruits.

Notre oreille est pleine de souvenirs

Il y a longtemps que vous entendez, bien longtemps! Dans le ventre de votre mère déjà, vous aviez deux oreilles qui entendaient. De là, vous entendiez vivre le monde des hommes. Les voix, les musiques, les bruits d'engins, tout vous parvenait[2], feutré[3]. Ainsi, par vos oreilles, vous avez eu vos premiers contacts avec le monde extérieur.

Notre oreille veille à[4] notre sécurité

Nous n'avons pas d'yeux derrière la tête, mais nos deux oreilles nous signalent les dangers que nous ne voyons pas: le klaxon de la voiture qui arrive à toute vitesse, la sirène d'alarme qui nous tire du sommeil pour nous permettre de fuir[5] l'incendie[6]. Grâce à[7] notre oreille, nous courons moins de dangers.

Nous avons soif de sons

Le son, c'est la vie. Nous aimons l'entendre, le produire. Quand nous sommes joyeux, que nous faisons la fête, nous chantons, nous rions, nous crions, nous applaudissons. Dans certaines prisons, le silence total a été utilisé comme une sorte de torture: il rendait souvent les gens fous[8] d'angoisse.

Le bruit peut-il blesser?

Notre oreille perçoit bien la différence entre un son faible et un son fort. L'intensité d'un son se mesure en décibels, avec un sonomètre.

Zéro décibel correspond à la force du bruit le plus faible que l'oreille peut entendre. Cela ne se trouve à peu près jamais. Même dans une campagne très calme, la nuit, le sonomètre enregistre toujours quelques décibels.

À partir de 90 décibels, l'oreille se fatigue. À 130 décibels, on commence à ressentir de la douleur[9]. Au-dessus de 150 décibels, l'oreille se détruit: on est définitivement sourd.

[1] *tandis que* while
[2] *parvenait* reached
[3] *feutré* filtered
[4] *veille à* looks out for
[5] *fuir* to flee
[6] *incendie* fire
[7] *grâce à* thanks to
[8] *fous* crazy
[9] *ressentir de la douleur* to feel pain

346 CHAPITRE 7

ADDITIONAL PRACTICE

To review the interrogative words from *Structure I* of this chapter, have students formulate questions by replacing the italicized word(s) in each of the sentences below with a question word.
1. *Nos oreilles* fonctionnent sans cesse.
2. *Nos oreilles* restent toujours ouvertes.
3. Notre oreille est pleine de *souvenirs*.
4. Nos oreilles nous signalent *des dangers*.
5. *La sirène d'alarme* nous tire du sommeil.
6. Nous avons soif de *sons*.
7. *L'intensité d'un son* se mesure en décibels.

Faut-il faire la guerre¹ aux décibels? Pas nécessairement, car le bruit est parfois agréable: la musique, le chant des oiseaux, le vent dans les arbres, une voix que l'on aime… Ces sons n'ont aucun rapport avec ceux des marteaux-piqueurs, sirènes et autres engins bruyants.

Vous qui êtes «branché²», débranchez³ un instant votre walkman pour lire ce qui suit. Vous y trouverez «tout ce que vous avez toujours voulu savoir sur le bruit, sans oser⁴ le demander».

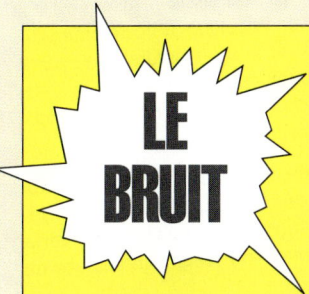

LA MUSIQUE, C'EST DU BRUIT?

Oui et non, les dictionnaires ne sont pas d'accord. Distinguons:

- *le son*, terme général qui désigne toutes les ondes⁵ qui parviennent⁶ à notre oreille qu'elles soient agréables ou désagréables;
- *le bruit*, ensemble de sons non désirés ou non contrôlés.

Mais les définitions ont des limites: le reggae, la musique des Andes, le Rock'n roll, les percussions, pour certains constituent un ensemble harmonieux, pour d'autres une cacophonie.

Et pour aller plus loin, définissons les principales caractéristiques du son et du bruit.

¹ **la guerre** war
² **branché** "with it," cool (lit.: plugged in)
³ **débranchez** unplug
⁴ **oser** to dare
⁵ **ondes** waves
⁶ **parviennent** reach

JOURNALISME 347

Le bruit ◆◆

PRESENTATION
(*pages 347–348*)

A. You may wish to have students read this selection silently. Tell them to look for the information below as they read. You may want to write the answers on the board.
des bruits agréables
des bruits désagréables
ce qu'est le son
ce qu'est le bruit

MUSIC CONNECTION

Les jeunes Français sont passionnés de rock. Eux aussi regardent les «clips» de leur vedette préférée à la télé. Ils se rendent aussi à de grandes manifestations, telle que La Grande Fête du Disque et de la Musique, qui ont lieu une fois par an. De nombreux concerts de rock attirent des foules de jeunes. À Paris, parmi les salles de concert de rock les plus importantes se trouvent le Palais Omnisports de Bercy qui compte 15 000 places et le Zénith, de 4 000 à 6 000 places.

COOPERATIVE LEARNING

Demandez aux élèves de faire une enquête sur la pollution par le bruit et de vous présenter leurs résultats en français.

PRESENTATION *(continued)*

B. You may have the students read the material in the left-hand column silently. Tell them to look for the main idea in each section. (*L'intensité du son se mesure en décibels. Le bruit peut détruire l'oreille parce qu'elle ne s'adapte pas au niveau d'un bruit.*)

C. You may wish to read *Le walkman: pour ou contre?* aloud. Have students answer the following questions: *Quels sont les vrais risques d'un walkman? Qu'est-ce qui se passe si l'oreille se fatigue souvent? Quel est un très bon conseil pour ceux qui utilisent un walkman?*

Un son a une certaine intensité (force) qui se mesure en décibels (la voix humaine est environ de 55 db, le bruissement[7] des feuilles en forêt 30 db, un orchestre de musique pop 110 db). Il a aussi une fréquence, c'est-à-dire que le son produit est plus ou moins haut, plus ou moins aigu, cette mesure s'exprime en Hertz.

L'oreille humaine ne perçoit pas toutes les fréquences existantes: en dessous de 16 Hz on n'entend rien, c'est le domaine des infrasons que l'on peut percevoir par le toucher. Au-delà de 16.000 Hz, nous n'entendons rien non plus, ce sont les ultra-sons que certains animaux perçoivent (c'est le principe utilisé pour les sifflets des chiens, le maître n'entend rien mais son chien accourt[8]).

LE BRUIT, C'EST MAUVAIS POUR LA SANTÉ?

Distinguons bruits désagréables (craie qui crisse sur le tableau), bruits gênants[9] (le marteau du voisin quand on essaie d'apprendre un cours), bruits dangereux (explosion proche). Il n'y a pas d'adaptation de l'oreille au niveau[10] d'un bruit. Même lorsqu'on croit s'y être habitué, on est touché par le bruit. C'est ainsi qu'on peut devenir sourd, malade, avoir des problèmes nerveux parce que l'on a été soumis longtemps à un bruit élevé (c'est le cas dans certaines professions…) ou parce que l'on a entendu un bruit brusque très important (explosion).

En résumé, l'oreille peut subir[11] deux sortes de traumatismes:

■ *une fatigue passagère*, il suffit alors de rester au calme pendant un certain temps pour retrouver ses facultés auditives;

■ *une lésion définitive*, alors là, il faut un appareil (prothèse auditive).

LE WALKMAN: POUR OU CONTRE? L'AVIS DU MÉDECIN

Le walkman n'est pas un objet dangereux en soi. Le seul vrai risque pour la santé résulterait d'une écoute prolongée de musique à forte intensité. L'oreille «se fatigue» et le sujet perdrait une partie de sa faculté auditive pendant quelques heures. Si cette opération se renouvelle souvent, la perte de capacité auditive peut devenir définitive.

Mais en fait, les vrais risques du walkman résident plutôt dans les conséquences «psychologiques» de l'écoute. Absorbé par l'audition d'un morceau musical, on ne verra peut-être pas une voiture arriver, on réagira moins vite au danger.

En bref, un conseil valable lorsqu'on écoute de la musique à un niveau sonore assez élevé (walkman ou chaîne hifi): FAIRE DES PAUSES pour permettre aux membranes de l'oreille interne de se reposer. En effet, sous l'action du bruit, elles vibrent en permanence et elles ont besoin d'un temps de repos pour reprendre leur place.

---

[7] **le bruissement**   *rustling*
[8] **accourt**   *comes running*
[9] **gênants**   *bothersome, annoying*
[10] **niveau**   *level*
[11] **subir**   *be subjected to*

348   CHAPITRE 7

Compréhension

A **Tout sur l'oreille.** Répondez d'après le texte.

1. Quand les oreilles fonctionnent-elles?
2. Qu'est-ce qu'elles accueillent?
3. Qu'est-ce que notre oreille perçoit?
4. Comment l'intensité d'un son se mesure-t-elle?
5. Est-ce que l'oreille peut entendre un son à zéro décibel?
6. Quand l'oreille commence-t-elle à se fatiguer?
7. À combien de décibels commence-t-on à ressentir de la douleur?
8. Quand l'oreille se détruit-elle?
9. Comment l'oreille peut-elle nous protéger du danger? Donnez des exemples.

B **Oui ou non?** Corrigez d'après le texte.

1. Le bruit n'est jamais agréable.
2. La musique est toujours du bruit.
3. Ce qui est considéré comme étant du bruit varie d'un individu à l'autre.
4. L'intensité d'un son se mesure en décibels.
5. Les Hertz mesurent la fréquence d'un son.
6. L'oreille perçoit toutes les fréquences existantes.

C **C'est fragile, l'oreille.** Répondez d'après le texte.

1. Donnez des exemples de bruits agréables.
2. Quelles sont les fréquences que l'oreille ne perçoit pas?
3. Quels troubles les bruits désagréables entraînent-ils?
4. Quelles sortes de traumatismes l'oreille peut-elle subir?
5. Quand le walkman peut-il être dangereux?
6. Quel conseil donne-t-on aux personnes qui utilisent un walkman?

D **Pour savoir de quoi on parle.** Définissez.

1. le son
2. le bruit
3. l'ultrason
4. l'infrason

Activités

A **Oreille = sécurité.** Écrivez un paragraphe intitulé: «Nos oreilles nous protègent».

B **Le son, c'est la vie.** Vous êtes d'accord ou pas? Expliquez comment et pourquoi en un paragraphe.

C **Pollution sonore.** Discutez avec vos camarades: donnez des exemples de pollution par le bruit, là où vous habitez.

D **Goûts sonores.** Travaillez avec un(e) camarade de classe. Chacun(e) fera une liste des bruits qu'il/elle considère agréables ou désagréables. Ensuite, comparez vos listes et voyez si vous avez des goûts communs.

JOURNALISME 349

Bell Ringer Review

Write the following on the board or use BRR Blackline Master 7-10: Qu'est-ce que vous aimez manger entre les repas? Faites-en une liste.

RÉGIME

Introduction

PRESENTATION *(page 350)*

A. Have students read the *Introduction* silently.
B. Ask students if they agree or disagree with the following statement and why: «*Pour les gens qui veulent maigrir, il est absolument nécessaire de ne rien manger entre les repas*».

Vocabulaire

Vocabulary Teaching Resources
1. Audio Cassette 7
2. Student Tape Manual
3. Workbook
4. Chapter Quizzes

PRESENTATION *(page 350)*

A. You may wish to use some of the suggestions given for previous vocabulary sections.
B. Have students answer the following questions using the new words: *Vous aimez le maïs? Le fromage? Vous aimez picorer (grignoter)? Vous escamotez des repas? Quels repas escamotez-vous? Vous suivez un régime?*

RÉGIME

INTRODUCTION

Récemment, il y avait dans le magazine *Santé*, un régime pour perdre 5 kilos. Pour les gens qui veulent perdre des kilos, c'est-à-dire maigrir, il est absolument nécessaire de ne rien manger entre les repas. Il est interdit de «picorer» ou de «grignoter». Quels sont les pièges (les dangers) du grignotage? Vous le saurez en lisant l'article qui suit.

VOCABULAIRE

Les poulets picorent les grains de maïs.
La souris grignote des petits bouts de fromage.

éviter s'abstenir
picorer/grignoter manger peu mais souvent
effacer faire disparaître, éliminer
escamoter supprimer, éviter

un régime discipline observée dans l'alimentation (souvent pour perdre du poids)
le grignotage l'action de grignoter
un piège danger caché, qu'on ne voit pas

350 CHAPITRE 7

Exercices

A **Tu as une bonne alimentation?** Donnez des réponses personnelles.

1. Tu aimes picorer ou grignoter?
2. Qu'est-ce que tu aimes grignoter?
3. On peut grignoter quand on est au régime?
4. Tu suis un régime de temps en temps?

B **Synonymes.** Exprimez d'une autre façon ce qui est en italique.

1. Je voudrais un petit *morceau* de fromage.
2. Il est interdit de *grignoter* quand on est au régime.
3. Il faut *s'abstenir* de manger entre les repas.
4. Les «grignotis» (ce qu'on grignote) *n'éliminent pas* le besoin de faire un repas.
5. Il ne faut pas *supprimer* un repas. Il faut faire trois repas par jour.

C **Définitions.** Trouvez le mot qui correspond.

1. ce qu'on donne à picorer aux poulets
2. ce que les souris aiment bien grignoter
3. l'action de grignoter
4. danger caché
5. fruit du pommier

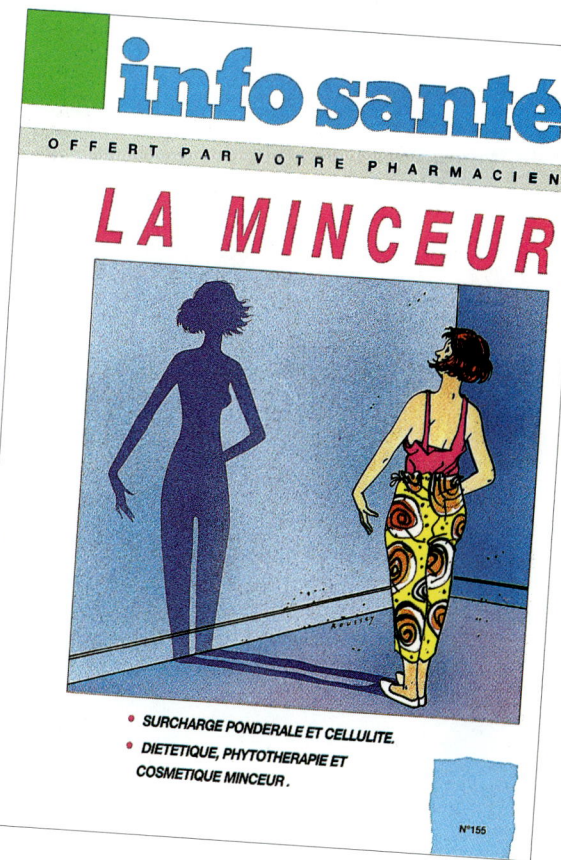

JOURNALISME 351

Exercices

PRESENTATION (page 351)

Exercice A
This exercise can be done immediately after the vocabulary has been presented.

Exercices A and B
You may wish to have students prepare Exercises A and B and then go over them in class.

ANSWERS

Exercice A
Answers will vary.

Exercice B
1. bout
2. picorer
3. éviter
4. n'effacent pas
5. escamoter

Exercice C
1. des grains de maïs
2. des petits bouts de fromage
3. manger peu mais souvent
4. un piège
5. une pomme

INDEPENDENT PRACTICE

Assign any of the following:
1. Exercises on this page
2. Workbook, *Journalisme*

Les pièges du grignotage

◆

PRESENTATION *(page 352)*

A. You may wish to have students read this short, easy selection aloud since it contains some good advice.

B. Have students restate the secondary headline to the left of the article in their own words.

TROIS REPAS PAR JOUR PRIS À TABLE, AVEC ASSIETTE ET COUVERTS: TELLE EST LA DÉMARCHE[1] ESSENTIELLE D'UNE ALIMENTATION STRUCTURÉE ET D'UN RÉGIME EFFICACE.

LES PIÈGES DU GRIGNOTAGE

Ne replongez pas dans vos erreurs passées. Et surtout évitez les grignotages et les repas escamotés. Vous reprendriez inévitablement vos kilos, même si vous croyez ne pas trop manger.

De cette période de régime, gardez la bonne habitude de faire trois repas par jour. Pas debout, mais à table. Même pour le petit déjeuner. Avec une assiette et des couverts. C'est la démarche essentielle pour avoir une alimentation structurée. Et ne pas picorer. Les calories des «grignotis» (un petit bout de fromage par-ci, une petite pomme par-là...) sont immédiatement comptabilisées, enregistrées, utilisées par l'organisme. Et elles n'effacent pas le besoin de manger, plus tard, à l'heure où l'on doit manger. Elles s'additionnent inévitablement.

Alors, un peu de volonté[2], que diable![3] Et un verre d'eau à la place du petit bout de quelque chose. Ça, on est sûr que ça fait 0 calorie.

[1] **démarche** *step, procedure*   [2] **volonté** *willpower*   [3] **que diable!** *for Pete's sake!*

352   CHAPITRE 7

COOPERATIVE LEARNING

Divisez la classe en groupes de trois: un diététicien (une diététicienne) et deux clients — l'un voulant perdre du poids, l'autre voulant en gagner. Les deux clients expliquent leur cas au médecin et celui-ci leur prescrit un régime approprié.

Compréhension

A **Pour perdre des kilos.** Répondez d'après le texte.

1. On doit faire combien de repas par jour?
2. Où doit-on les prendre?
3. Comment doit-on les prendre?
4. Que deviennent les calories des «grignotis»?
5. Qu'est-ce qu'on doit prendre à la place du petit bout de quelque chose?
6. Pourquoi?

B **Oui ou non?** Corrigez d'après le texte.

1. Il est prudent d'escamoter un repas de temps en temps.
2. Si on mange entre les repas, on n'a plus faim à l'heure des repas.
3. On peut prendre son petit déjeuner debout.
4. On conseille de ne pas prendre de petit déjeuner.

Activités

A **Un repas équilibré.** Préparez un menu pour un repas bien équilibré en calories, vitamines, etc. Comparez votre menu avec ceux de vos camarades de classe.

B **Grignotage.** Quand on n'est pas au régime, on peut grignoter de temps en temps, mais il faut manger des choses saines, c'est-à-dire bonnes pour la santé. Préparez une liste de ce qu'il est permis de grignoter. Puis préparez une autre liste pour les «grignotis» qui ne sont pas recommandés. Travaillez avec un(e) camarade.

JOURNALISME 353

DID YOU KNOW?

Certains gâteaux français portent des noms évocateurs comme par exemple le «millefeuille» qui indique la manière dont il est préparé: il faut de très nombreuses couches de pâte feuilletée pour faire un millefeuille. D'autres sont amusants comme la «religieuse» composée de deux boules de pâte superposées et remplies de crème.

INDEPENDENT PRACTICE

Assign any of the following:
1. *Compréhension* exercises and activities on this page
2. Workbook, *Journalisme*

STRUCTURE II

Vocabulary Teaching Resources

1. Workbook, *Structure II*
2. Student Tape Manual, *Structure II*
3. Audio Cassette 7
4. Chapter Quizzes, *Structure II*
5. Testing Program, *Structure II*

Bell Ringer Review

Write the following on the board or use BRR Blackline Master 7-10: Complétez et répondez.
1. ___ âge as-tu? J'ai ___ ans.
2. ___ est ton adresse? J'habite ___.
3. ___ est ton numéro de téléphone? C'est le ___.
4. ___ est ton code postal? C'est ___.
5. ___ livres préfères-tu lire? Je préfère ___.
6. ___ musique préfères-tu? Moi, je préfère ___.

Les pronoms interrogatifs et démonstratifs ◆◆

PRESENTATION *(page 354)*

A. Read the explanatory material aloud.
B. Call on individuals to read or have the class repeat the model sentences in unison.

Note: Although students should be familiar with these pronouns, the adjectives *quel* and *ce* are used with a much higher degree of frequency.

STRUCTURE II

Les pronoms interrogatifs et démonstratifs

Expressing "Which One(s)" and "This One," "That One," "These," or "Those"

1. The interrogative adjective *quel* means "which" or "what." The pronoun "which one(s)" is a combination of *quel* and the definite article. Review the following forms.

ADJECTIVE	PRONOUN
quel	lequel
quels	lesquels
quelle	laquelle
quelles	lesquelles

2. The interrogative pronoun must agree in gender and number with the noun to which it refers.

—J'ai lu *un livre* super.	—Ah, oui? *Lequel?*
—J'ai lu *des livres* super.	—Ah, oui? *Lesquels?*
—J'ai entendu *une cassette* super.	—Ah, oui? *Laquelle?*
—J'ai entendu *des cassettes* super.	—Ah, oui? *Lesquelles?*

3. When the question "which one(s)" is asked, one often answers with "this one," "that one," "these," or "those." These are called demonstrative pronouns. Review the following forms of the demonstrative pronouns in French.

—*Quel livre* préfères-tu?	—*Celui-là.*
—*Quels livres* préfères-tu?	—*Ceux-là.*
—*Quelle cassette* préfères-tu?	—*Celle-là.*
—*Quelles cassettes* préfères-tu?	—*Celles-là.*

354 CHAPITRE 7

4. The demonstrative pronouns are never used alone. They are followed by:

- *-là*, to single out
  —*Lequel* de ces stylos aimes-tu?
  —J'aime bien *celui-là*.

- *de* to indicate possession
  —C'est *ton livre*?
  —Non, c'est *celui de* Jean.

- *qui/que/dont* to identify
  —*Laquelle* de ces filles est ta sœur?
  —C'est *celle qui* parle à Jean.
  —*Lesquels* de ces disques as-tu écoutés?
  —J'ai écouté *ceux que* mon ami m'a recommandés.
  —*Lequel* de ces livres préfères-tu?
  —Je préfère *celui dont* le prof nous a parlé.

5. Note that *-ci* is used to refer to a person or object that is nearer the speaker and *-là* to a person or object farther away.

  —Quel livre préfères-tu: *ce livre-ci* ou *ce livre-là*?
  —*Celui-ci* est bien, mais je préfère *celui-là*.

Exercices

A Vous ne faites pas attention à ce qu'on vous dit. *Suivez le modèle.*

—Je voudrais ce livre.
—Pardon, lequel voulez-vous?
—Je voudrais celui-là.

1. Je voudrais ces livres.
2. Je voudrais ce disque.
3. Je voudrais ces cassettes.
4. Je voudrais cette cassette.
5. Je voudrais ces skis.
6. Je voudrais ce dentifrice.
7. Je voudrais cette brosse à dents.

DID YOU KNOW?

Un sondage récent montre que 80% des Français commencent la lecture de leur journal par les B.D. Jeunes et moins jeunes «consomment» des B.D. Les plus jeunes lisent *Astérix, Tintin, Pilote*. Les moins jeunes, eux, se penchent sur *Gaston Lagaffe* et sur les B.D. de science-fiction ou de politique-fiction, comme *Valérian, agent spatio-temporel*.

PRESENTATION (continued)
Exercice C
Exercise C must be done with books open for students to determine if the singular or plural pronoun is called for in questions 2 and 3.

Note: It is recommended that you also have students write these exercises since the major problem with *lequel* is a written one.

ANSWERS
Exercice B
1. Excusez-moi… Lesquels préférez-vous?
2. Excusez-moi… Lesquelles préférez-vous?
3. Excusez-moi… Laquelle préférez-vous?
4. Excusez-moi… Lequel préférez-vous?

Exercice C
1. Lequel
2. Lesquels
3. Laquelle
4. Lesquelles
5. Lequel
6. Lesquels

Exercice D
1. celui de
2. celui dont
3. celui que
4. celles que
5. celui de

Exercice E
1. Lesquelles? Celles-ci. Ah, oui. Celle-ci est à Robert et celle-là est à Carole.
2. Lesquelles? Celles-ci. Ah, oui. Celle-ci est à Robert et celle-là est à Carole.
3. Lesquelles? Celles-ci. Ah, oui. Celle-ci est à Robert et celle-là est à Carole.
4. Lesquels? Ceux-ci. Ah, oui. Celui-ci est à Robert et celui-là est à Carole.
5. Lesquels? Ceux-ci. Ah, oui. Celui-ci est à Robert et celui-là est à Carole.

356

B Vous êtes un peu dur d'oreille. *Suivez le modèle.*

—Je préfère celui-là.
—Excusez-moi… Lequel préférez-vous?

1. Je préfère ceux-là.
2. Je préfère celles-là.
3. Je préfère celle-là.
4. Je préfère celui-là.

C Lequel avez-vous choisi? *Complétez.*

1. ___ de ces livres avez-vous choisi?
2. ___ de ces livres avez-vous choisis?
3. ___ de ces chansons a-t-elle chantée?
4. ___ de ces chansons a-t-elle chantées?
5. ___ de ces sports as-tu pratiqué?
6. ___ de ces sports as-tu pratiqués?

D Un vélo neuf. *Complétez avec une forme de* celui de, celui qui/que *ou* celui dont.

Je fais beaucoup de vélo en ce moment et j'ai envie d'acheter un vélo neuf. Je voudrais en acheter un comme ___₁ mon ami Marc. C'est ___₂ on a vraiment besoin pour faire de longues promenades en montagne. De tous les modèles, c'est ___₃ je préfère.

Le mois prochain, nous allons faire une excursion dans les Alpes. ___₄ nous avons faites l'année dernière étaient vraiment formidables. J'espère que le voyage que nous allons faire cette année sera aussi amusant que ___₅ l'année dernière.

On fait du vélo dans les Alpes–Maritimes

E À qui est-ce? *Suivez le modèle.*

—Tu vois les deux voitures?
—*Lesquelles?*
—*Celles-ci.*
—*Ah, oui. Celle-ci est à Robert et celle-là est à Carole.*

1. Tu vois les deux mobylettes?
2. Tu vois les deux planches à voile?
3. Tu vois les deux raquettes?
4. Tu vois les deux walkmans?
5. Tu vois les deux sacs à dos?

356   CHAPITRE 7

DID YOU KNOW?

Le cyclotourisme a toujours existé mais il s'est récemment beaucoup développé. C'est une excellente manière de découvrir une région et de goûter aux joies de la nature tout en faisant du sport. La bicyclette de randonnée, aussi appelée VTT (vélo-tout-terrain), doit pouvoir passer partout et par tous les temps, de nuit comme de jour. On peut faire du cyclotourisme en forêt, en montagne. De nombreux jeunes Français participent à de longues expéditions à vélo tels que «la route des Moulins» en Hollande.

Les pronoms possessifs

Telling What Belongs to You and Others

1. A possessive pronoun is used to replace a noun that is modified by a possessive adjective. The possessive pronoun must agree in gender and number with the noun it replaces. Note that the possessive pronoun is accompanied by the appropriate definite article.

mon livre	le mien	ma cassette	la mienne
mes livres	les miens	mes cassettes	les miennes
ton livre	le tien	ta cassette	la tienne
tes livres	les tiens	tes cassettes	les tiennes
son livre	le sien	sa cassette	la sienne
ses livres	les siens	ses cassettes	les siennes
notre livre	le nôtre	notre cassette	la nôtre
nos livres	les nôtres	nos cassettes	les nôtres
votre livre	le vôtre	votre cassette	la vôtre
vos livres	les vôtres	vos cassettes	les vôtres
leur livre	le leur	leur cassette	la leur
leurs livres	les leurs	leurs cassettes	les leurs

—Tu as *mon billet?*
—J'ai *le mien*, mais je n'ai pas *le tien*.

—C'est *le sac de Marie-France?*
—Oui, c'est *le sien*.

—Ce sont *les valises de Pierre?*
—Oui, ce sont *les siennes*.

Note that contrary to English usage, in French the possessive pronoun agrees in gender with the object possessed (rather than the possessor).

2. Possessive pronouns are not used to express ownership in sentences with *être* where the subject is a noun or a personal pronoun. Instead, the preposition *à* is used with the stress pronoun.

Ce sac est *à moi.*   This bag is mine.
Cette moto est *à elle.*   This motocycle is hers.

However, possessive pronouns can be used after *c'est* and *ce sont.*

—C'est *à moi* ce stylo?
—Non, c'est *le mien*.

Ma moto est plus belle que la tienne!

STRUCTURE II 357

Exercices

PRESENTATION
(pages 358–359)

Exercice A
A. Have students prepare this exercise.
B. Then call on two students to read it aloud as a conversation.
C. Call on another student to paraphrase the conversation. This will necessitate changes from *le mien/le tien* to *le sien* and *celui de…*

ANSWERS
Exercice A
1. le mien
2. le mien
3. le tien
4. le mien
5. le mien
6. la mienne
7. la tienne
8. la mienne

Exercices

A **À l'aéroport.** Complétez la conversation.

LUC: Yves, tu as ton billet?

YVES: Oui, j'ai ___₁ . Le voilà.

LUC: Zut! Je ne sais pas ce que j'ai fait avec ___₂ . Où est-ce que je l'ai mis? J'espère que je ne l'ai pas perdu.

YVES: Non, tu ne l'as pas perdu. J'ai ___₃ aussi. Je l'ai mis avec ___₄ .

LUC: Alors, donne-moi ___₅ , s'il te plaît. Je vais le mettre avec ma carte d'embarquement.

YVES: Mais, calme-toi, mon vieux! Tu n'as pas ta carte d'embarquement. C'est moi qui l'ai. J'ai ___₆ et ___₇ .

LUC: Tu as ___₈ aussi? Alors, donne-la-moi.

358   CHAPITRE 7

B Sa chemise ou la mienne? Refaites les phrases en utilisant des pronoms possessifs.

1. Aurélie a acheté sa chemise aux Galeries Lafayette; mais j'ai acheté *ma chemise* dans une petite boutique.
2. Nos chemises sont du même modèle, mais *ma chemise* est verte, et *sa chemise* est bleue.
3. Mais *ma chemise* a coûté plus cher que *sa chemise*.
4. Pourquoi? Parce qu'Aurélie a acheté *sa chemise* en solde, et moi pas.

C Ma voiture ou la vôtre? Refaites les phrases en utilisant des pronoms possessifs.

—Ma voiture est une Renault. De quelle marque est *votre voiture*?
—*Ma voiture* est une Peugeot.
—Combien avez-vous payé *votre voiture*?
—*Ma voiture* a coûté soixante-cinq mille francs. Et *votre voiture*?

D C'est à qui? Suivez le modèle.

—C'est à vous, ces livres?
—*Lesquels?*
—*Ceux-ci.*
—Ah oui, ce sont les miens.

1. Ces cassettes sont à vous?
2. C'est à toi, la mobylette?
3. C'est à Philippe, ce ballon?
4. Ces disques sont à Marie?
5. C'est à nous, ce billet?
6. C'est aux enfants, ce walkman?
7. Ces livres sont à nous?
8. Ces raquettes sont aux filles?
9. C'est à Christophe, cette planche à voile?

STRUCTURE II 359

INDEPENDENT PRACTICE

Assign any of the following:
1. Exercises A–D on pages 358–359
2. Workbook, *Structure II*

LITTÉRATURE

LE MALADE IMAGINAIRE

Bell Ringer Review
Write the following on the board or use BRR Blackline Master 7-13: *Faites une liste de toutes les parties du corps que vous connaissez (en français, bien sûr).*

Avant la lecture
PRESENTATION (page 360)
A. Call on a student to read the introduction aloud as the others follow along.
B. Then ask: *Qui est l'auteur de la comédie? Comment s'appelle la comédie? Qui sont les deux personnages dans l'extrait que vous allez lire? Qu'est-ce qu'Argan s'imagine? Qui est Toinette?*
C. Tell students to look for the answer to the question at the end of the *Avant la lecture* section as they read the excerpt.

Vocabulaire

Vocabulary Teaching Resources
1. Audio Cassette 7
2. Student Tape Manual
3. Workbook, *Littérature*
4. Chapter Quizzes

PRESENTATION (page 360)
You may wish to follow some of the suggestions given for previous Vocabulary sections.

CROSS-CULTURAL COMPARISON
Les Français disent souvent qu'ils ont mal au foie. Ce mal n'est pas grave: il s'agit généralement de troubles de digestion dus à un repas trop riche ou trop abondant.

360

LITTÉRATURE

LE MALADE IMAGINAIRE

Molière

AVANT LA LECTURE

Vous allez lire un extrait d'une célèbre comédie de Molière (1622–1673), *Le Malade imaginaire*. Cet extrait met en scène le héros de la pièce, Argan, qui s'imagine toujours qu'il est malade—d'où le titre de la pièce. Dans cette scène, Argan parle avec sa servante, Toinette. Mais Argan ne sait pas que la personne à qui il parle est Toinette, car celle-ci est déguisée. En quoi, à votre avis? Est-ce que vous pouvez deviner?

VOCABULAIRE

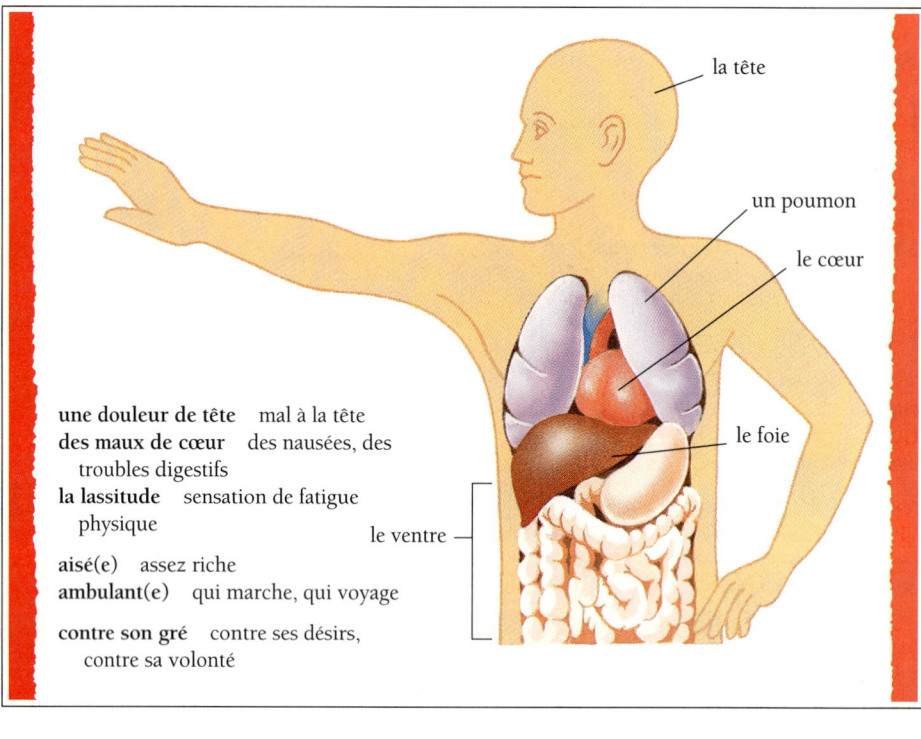

une douleur de tête mal à la tête
des maux de cœur des nausées, des troubles digestifs
la lassitude sensation de fatigue physique

aisé(e) assez riche
ambulant(e) qui marche, qui voyage
contre son gré contre ses désirs, contre sa volonté

360 CHAPITRE 7

DID YOU KNOW?

You may wish to tell students about a well-known French advertising slogan for a brand of mineral water: *Mon foie? Connais pas!* The implication is that if you drink this mineral water your liver will function so well you won't be aware of it.

Exercices

A **Oui ou non?** Corrigez.
1. L'être humain a un poumon et deux cœurs.
2. Le poumon est un organe vital.
3. Le poumon est le principal organe de l'appareil respiratoire.
4. «Ventre» veut dire «abdomen».
5. Quand on a des maux de cœur ou mal au cœur, on a des troubles cardiaques.
6. Quand on a des douleurs de tête ou mal à la tête, il faut prendre de l'aspirine.
7. Quand on a mal au foie, il faut manger des aliments riches.

B **La bonne réplique.** Choisissez.
1. Il a des douleurs abdominales.
    a. Il a mal à la tête?
    b. Il a mal au ventre?
    c. Il a mal au foie?
2. Elle l'a fait contre son gré.
    a. Elle voulait le faire?
    b. Elle était contente?
    c. Elle ne voulait pas le faire?
3. Il a des maux de cœur.
    a. Il fait une crise cardiaque?
    b. Il souffre de troubles digestifs?
    c. Il a un problème pulmonaire?
4. Quelle lassitude!
    a. Tu es plein d'énergie?
    b. Tu ne peux pas dormir?
    c. Tu es fatigué?
5. Il vient d'une famille aisée.
    a. Ils sont pauvres?
    b. Ils sont riches?
    c. Ils sont assez riches?
6. Ce sont des comédiens ambulants.
    a. Ils jouent toujours dans le même théâtre?
    b. Ils voyagent dans tout le pays?
    c. Ils sont acrobates?

LITTÉRATURE 361

Exercices

PRESENTATION (page 361)

Exercices A and B

Exercises A and B can be done immediately after the vocabulary has been presented.

ANSWERS

Exercice A
1. Non, l'être humain a deux poumons et un cœur.
2. Oui.
3. Oui.
4. Oui.
5. Non, on a des nausées, des troubles digestifs.
6. Oui.
7. Non, il ne faut pas manger d'aliments riches.

Exercice B
1. b
2. c
3. b
4. c
5. c
6. b

Vocabulary Expansion

Le mot «cœur» apparaît dans de nombreuses expressions: souvent elles ont peu à voir avec l'organe musculaire que nous connaissons:
  avoir le cœur gros, avoir le cœur serré = être triste, être angoissé
  avoir un coup de cœur pour quelque chose = être enthousiasmé
  faire quelque chose de bon cœur = avec plaisir
  parler à cœur ouvert = parler franchement

INDEPENDENT PRACTICE

Assign any of the following:
1. Exercises A and B on this page
2. Workbook, *Littérature*

Introduction

PRESENTATION *(page 362)*

A. Present the information about Molière as a mini-lecture. Write the important names and dates on the board. (Note that Molière's death is dealt with in the Activity on page 364.)

B. After you present the information, ask: Où est né Jean-Baptiste Poquelin? Quand? Où a-t-il fait ses études? Quand il était enfant, où allait-il? Qu'est-ce qu'il y voyait? Quel âge avait-il quand il est devenu comédien? Quel nom a-t-il pris? Qu'est-ce qu'il a fondé? Pour qui a-t-il écrit des comédies? Combien en a-t-il écrit? Quelle est sa dernière comédie?

LITERATURE CONNECTION

Molière

Les Précieuses ridicules, premier grand succès de Molière, est joué devant le roi Louis XIV en 1659. Avec *l'École des femmes*, montée en 1662, Molière inaugure une série de pièces satiriques, dont les idées sont souvent opposées aux traditions morales, religieuses et sociales de l'époque.

«Faire rire, mais pour corriger les vices des hommes», telle était sa devise. Le nombre des ennemis de Molière augmente et *Tartuffe* provoque un véritable scandale. Cette pièce dénonçait les faux dévots, c'est-à-dire ceux qui font semblant d'être très pratiquants mais qui ne sont, en fait, que des hypocrites. La pièce ne sera jouée qu'en 1669 après cinq ans de controverses religieuses et littéraires.

Tartuffe interdit, Molière écrit *Dom Juan* en 1665. Cette pièce qui reprend le personnage du séducteur espagnol Don Juan, est l'une des plus étranges: elle mêle le comique au tragique dans une suite de scènes qui éclairent un Dom Juan complexe, immoral et cynique.

INTRODUCTION

Jean-Baptiste Poquelin naquit à Paris en 1622, dans une famille de bourgeois aisés. Il fit de solides études au collège de Clermont (maintenant lycée Louis-le-Grand).

Quand il était enfant, il allait souvent à la foire, voir les comédiens ambulants, et il eut très tôt la vocation du théâtre.

À vingt ans, il se fit comédien, prit le nom de «Molière» et fonda une troupe d'acteurs. C'est pour sa troupe que Molière devint auteur et écrivit une trentaine de comédies et farces.

La dernière comédie de Molière, *Le Malade imaginaire*, fut présentée en 1673. Elle met en scène un «malade imaginaire», Argan. Pour être sûr d'être bien soigné pendant le reste de sa vie, Argan veut marier, contre son gré, sa fille, Angélique, à un médecin, Thomas. Mais Angélique est amoureuse de Cléante. Elle ne veut pas épouser le médecin. À la fin de la pièce, Argan consent au mariage d'Angélique et de Cléante, et il se fait lui-même médecin.

Dans la scène qui suit, Toinette, la servante d'Argan, est déguisée.

Molière, par Pierre Mignard

Une représentation du «Malade imaginaire», au Théâtre de l'Atelier

LECTURE

Le Malade imaginaire

TOINETTE
De quoi disent-ils que vous êtes malade?

ARGAN
Certains disent de la rate°*, d'autres du foie.   la rate   *spleen*

TOINETTE
Ce sont des ignorants. C'est le poumon. Que sentez-vous?

ARGAN
Je sens de temps en temps des douleurs de tête.

TOINETTE
Le poumon.

ARGAN
Il me semble que parfois° j'ai un voile devant les yeux.   parfois   *sometimes*

TOINETTE
Le poumon.

ARGAN
J'ai quelquefois des maux de cœur.

TOINETTE
Le poumon.

ARGAN
Je sens parfois des lassitudes dans tous les membres.

TOINETTE
Le poumon.

ARGAN
Et il me prend des douleurs dans le ventre.

TOINETTE
Le poumon, le poumon, vous dis-je!

MOLIÈRE, *Le Malade imaginaire*

* la rate   17th century doctors thought it was the seat of emotions, especially melancholia

LITTÉRATURE   363

LITERARY ANALYSIS

1. D'où vient le comique de cette brève scène?
2. Dans plusieurs de ses pièces, Molière se moque des médecins. Trouvez les éléments de ce dialogue qui confirment ce jugement.
3. Le personnage d'Argan. Comment apparaît-il d'après cette scène?

PAIRED ACTIVITY

Avec un(e) camarade, imaginez une petite mise en scène de ce dialogue: costumes, mouvements, gestes…

Après la lecture
Compréhension
PRESENTATION (page 364)

Compréhension A
This exercise can be done orally without preparation.

Compréhension B
Have students look up the answers and write them.

ANSWERS

Compréhension A
1. Argan est un malade imaginaire.
2. Toinette est la servante d'Argan.
3. Toinette est déguisée en médecin.
4. Oui, Argan répond sérieusement à ses questions.
5. Toinette dit qu'Argan est malade du poumon.

Compréhension B
Des douleurs de tête, un voile devant les yeux, des maux de cœur, des lassitudes dans tous les membres, des douleurs dans le ventre.

Activité
PRESENTATION (page 364)

A. Call on a student to read the first paragraph aloud since the information is a continuation of the biography of Molière.
B. You may wish to collect the articles, select the best ones and have the "authors" read them to the class.

ANSWERS
Answers will vary.

APRÈS LA LECTURE

Compréhension

A **La consultation.** Répondez d'après la lecture.

1. Qui est Argan?
2. Qui est Toinette?
3. Qui est déguisé en médecin?
4. Argan répond sérieusement à ses questions?
5. Quel est le diagnostic de Toinette?

B **C'est vous le médecin.** Faites une liste de tous les symptômes du malade.

Activité

Mort en scène. Quand Molière écrit *Le Malade imaginaire*, il est malade lui-même. Mais le roi Louis XIV lui a commandé une comédie-ballet à l'occasion du carnaval, et Molière s'est mis au travail. Il présente cette comédie en trois actes le 10 février 1673. C'est lui qui joue le rôle d'Argan. Le 17 février, pendant la quatrième représentation, la comédie tourne à la tragédie: alors que Molière est en scène, il est pris de convulsions. Il meurt quelques heures après.

Décrivez cet événement tragique, comme si vous étiez journaliste et écriviez pour un journal français de l'époque.

364 CHAPITRE 7

«Molière», sculpture qui se trouve à Avignon, devant le théâtre

---

DID YOU KNOW?

La Comédie-Française date de l'époque où le roi Louis XIV créa une troupe unique soumise à sa seule autorité. Aujourd'hui la troupe est une «coopérative» d'acteurs: 29 sociétaires et 23 pensionnaires engagés sur un contrat d'un an, renouvelable. La Comédie-Française peut se définir comme «une troupe au service d'un répertoire» en général classique.

INDEPENDENT PRACTICE

Assign any of the following:
1. *Compréhension* exercises and activity on this page
2. Workbook, *Littérature*

KNOCK

Jules Romains

AVANT LA LECTURE

Vous allez lire un extrait d'une pièce de théâtre intitulée: *Knock ou le Triomphe de la médecine*. Dans cet extrait, il n'y a que deux personnages: Knock, qui est médecin, et le tambour de ville—ce qu'on appelait en anglais «town crier». Knock pose des questions au tambour, au sujet de sa santé. En lisant cet extrait, décidez si ces questions du médecin sont sérieuses ou pas.

VOCABULAIRE

Ça te chatouille? Tu es chatouilleux?

la plante des pieds

Il réfléchit. Il médite.

Ha! Ha! Ha! Arrête de me chatouiller!

les côtes

LITTÉRATURE 365

PRESENTATION (continued)

C. After you present *grattouiller,* have students pronounce: *chatouiller/grattouiller. Ça me chatouille. Ça me grattouille.*

Vocabulary Expansion

Le verbe «grattouiller» n'existe pas. Il est formé sur le verbe «gratter» et «ouill» pour faire un parallèle avec «chatouiller».

Exercices

PRESENTATION *(page 366)*

Exercice A
Have students close their books and answer the questions orally.

Exercice B
Have students read the original version first. Then have them read the re-worded version.

Exercice C
You may wish to have students use each verb in an original sentence.

ANSWERS

Exercice A
Answers will vary.

Exercice B
1. davantage
2. il garde le lit
3. réfléchir
4. comme d'habitude
5. Admets
6. une espèce de
7. prospectus

Exercice C
1. c
2. e
3. d
4. f
5. a
6. g
7. b

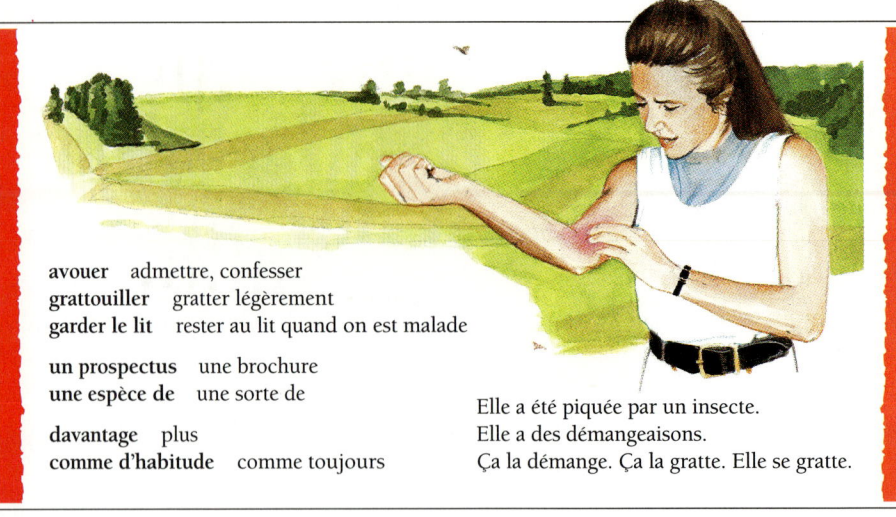

avouer   admettre, confesser
grattouiller   gratter légèrement
garder le lit   rester au lit quand on est malade

un prospectus   une brochure
une espèce de   une sorte de

davantage   plus
comme d'habitude   comme toujours

Elle a été piquée par un insecte.
Elle a des démangeaisons.
Ça la démange. Ça la gratte. Elle se gratte.

Exercices

A **Et toi?** Donnez des réponses personnelles.

1. Ça te chatouille quand quelqu'un te touche les côtes ou la plante des pieds?
2. Tu connais des gens qui ne sont pas chatouilleux?
3. Est-ce qu'une piqûre d'insecte peut donner des démangeaisons?
4. Tu as déjà été piqué(e) par un insecte? Est-ce que ça t'a démangé(e)?
5. Tu réfléchis avant de faire quelque chose?

B **Synonymes.** Exprimez d'une autre façon ce qui est en italique.

1. Quand je me gratte, ça me démange encore *plus*.
2. Quand il a la grippe, *il ne se lève pas*.
3. Il faut *méditer* un peu.
4. Il le fait *comme toujours*.
5. Allez! *Avoue* que tu es chatouilleux!
6. J'ai été piqué par *une sorte de* gros insecte.
7. Tu as lu les *brochures* de l'agence de voyage?

C **Familles de mots.** Choisissez le mot qui correspond.

1. chatouiller   a. l'habitude
2. gratter   b. une démangeaison
3. méditer   c. chatouilleux (-se)
4. piquer   d. la méditation
5. s'habituer   e. grattouiller
6. réfléchir   f. une piqûre
7. démanger   g. la réflexion

366   CHAPITRE 7

INDEPENDENT PRACTICE

Assign any of the following:
1. Exercises A–C on this page
2. Workbook, *Littérature*

INTRODUCTION

Jules Romains était poète et romancier. Mais il a aussi occupé une place importante dans le théâtre des années 1920–1930. En 1923, il publia *Knock ou le Triomphe de la médecine*. Cette pièce eut un énorme succès. C'est une farce satirique, dans laquelle Romains attaque le charlatanisme de certains médecins et la crédulité de leurs clients.

La pièce a lieu dans un petit village de montagne. Le vieux médecin, Paraplaid, avait très peu de clients. Il a vendu sa clientèle à Knock. Le nouveau médecin vient s'installer au village et découvre très vite que sa clientèle est presque inexistante. Il essaie donc de persuader tous les habitants du village qu'ils sont malades. Knock n'a pas beaucoup

d'expérience, et il avoue lui-même qu'il a beaucoup appris en lisant les prospectus pharmaceutiques.

Une représentation de «Knock» avec le célèbre acteur Louis Jouvet dans le rôle de Knock

LITTÉRATURE 367

DID YOU KNOW?

Louis Jouvet, acteur et directeur de théâtre français, est mort en 1951 à Paris. Directeur du théâtre de l'Athénée en 1934, il s'est distingué par ses mises en scène et ses interprétations de Romains, Molière et Giraudoux. Il a rendu célèbre au théâtre le personnage de Knock. Il est aussi connu par ses nombreux rôles cinématographiques. Il arrivait à faire rire tout en restant sobre et presque cynique.

Introduction

PRESENTATION (page 367)

A. Before going over the *Introduction*, go over the meaning of *une satire, une farce*. (Une farce est «une petite pièce comique populaire très simple où dominent les jeux de scène». Une satire est «un écrit, un discours qui s'attaque à quelque chose ou à quelqu'un, en se moquant».)

B. Read the *Introduction* aloud to the students. Ask: *Qu'est-ce que le charlatanisme? Vous connaissez le mot «charlatan» en anglais? Qu'est-ce que c'est?*

C. Ask the following questions about the second paragraph: *Où la pièce a-t-elle lieu? Comment s'appelait le vieux médecin? Il avait une grande clientèle? À qui a-t-il vendu sa clientèle? Est-ce que le nouveau médecin est content quand il s'installe au village? Pourquoi? Qu'est-ce qu'il fait alors? Pourquoi? Qu'est-ce qui indique que le nouveau médecin Knock n'a pas eu beaucoup d'expérience?*

LITTERATURE CONNECTION

Knock a fait la réputation de Romains comme auteur comique.

Comme nous allons voir dans l'extrait qui suit, Knock n'a pas assez de patients. Tout le monde est soit en trop bonne santé, soit trop ignorant pour faire appel au médecin. Knock décide alors de faire de la publicité et d'offrir des consultations gratuites. Il exploite la mentalité paysanne et superstitieuse de ces gens si bien qu'il finit par les transformer tous en patients qui ne pensent plus qu'à être guéris des fièvres, coliques, etc. dont ils croient souffrir.

Lecture

PRESENTATION *(page 368)*

A. Divide the scene into three parts. Call on three sets of students to read the parts of *Le Tambour* and *Knock*.

B. You may wish to ask the following comprehension questions after each pair of students has read: *Que veut le tambour? Avec qui Knock a-t-il rendez-vous? Qu'est-ce que le tambour sent quand il dîne? Est-ce que le tambour peut décider si ça le chatouille ou le grattouille? Est-ce que le tambour montre à Knock l'endroit exact où il sent la démangeaison? Est-ce que ça lui fait mal quand le médecin y met son doigt, quand il enfonce son doigt? Est-ce que ça le grattouille plus quand il a mangé de la tête de veau? Quel âge a le tambour? Quand sera son anniversaire? Qu'est-ce que le médecin lui dit de faire?*

C. With more able groups, you may wish to ask the analytical questions in **LITERARY ANALYSIS** at the bottom of this page.

LECTURE

KNOCK

Le Tambour *(après plusieurs hésitations):* Je ne pourrai pas venir plus tard ou j'arriverai trop tard. Est-ce que ça serait un effet de votre bonté° de me donner ma consultation maintenant?

Knock: Heu… oui. Mais dépêchons-nous. J'ai un rendez-vous avec M. Bernard, l'instituteur, et avec M. le pharmacien Mousquet. Il faut que je les reçoive avant que les gens n'arrivent. De quoi souffrez-vous?

Le Tambour: Attendez que je réfléchisse! *(Il rit.)* Voilà. Quand j'ai dîné, il y a des fois que je sens une espèce de démangeaison ici. *(Il montre son estomac.)* Ça me chatouille ou plutôt ça me grattouille.

Knock: *(d'un air de profonde concentration)* Attention! Ne confondons pas! Est-ce que ça vous chatouille ou est-ce que ça vous grattouille?

Le Tambour: Ça me grattouille. *(Il médite.)* Mais ça me chatouille bien un peu aussi.

Knock: Montrez-moi exactement l'endroit.

Le Tambour: Par ici.

Knock: Par ici? Ou cela, par ici?

Le Tambour: Là, ou peut-être là… entre les deux.

Knock: Juste entre les deux?… Est-ce que ça ne serait pas un petit peu à gauche, là, où je mets mon doigt?

Le Tambour: Il me semble bien.

Knock: Ça vous fait mal quand j'enfonce° mon doigt?

Le Tambour: Oui, on dirait que ça me fait mal.

Knock: Ah! Ah! *(Il médite d'un air sombre.)* Est-ce que ça ne vous grattouille pas davantage quand vous avez mangé de la tête de veau° à la vinaigrette?

Le Tambour: Je n'en mange jamais. Mais il me semble que si j'en mangeais, effectivement° ça me grattouillerait plus.

Knock: Ah! Ah! Très important. Ah! Ah! Quel âge avez-vous?

Le Tambour: Cinquante et un. Dans mes cinquante-deux°.

Knock: Plus près de cinquante-deux ou de cinquante et un?

Le Tambour *(Il se trouble un peu°.):* Plus près de cinquante-deux. Je les aurai fin novembre.

Knock *(lui mettant la main sur l'épaule°):* Mon ami, faites votre travail aujourd'hui comme d'habitude. Ce soir, couchez-vous de bonne heure. Demain matin, gardez le lit. Je passerai° vous voir.

Jules ROMAINS, *Knock,* © Éditions GALLIMARD

est-ce que… bonté   would you be so kind as

enfonce   press

tête de veau   calf's head

effectivement   indeed, certainly

dans mes cinquante-deux   going on fifty-two

il se trouble un peu   he gets a little flustered

l'épaule   shoulder

je passerai   I'll stop by

368   CHAPITRE 7

LITERARY ANALYSIS

1. Relevez dans ce texte les passages qui montrent que Knock a une pratique très personnelle de la médecine.
2. Par quels mots le lecteur devine-t-il que le tambour n'est pas très sûr de ses symptômes?
3. Quels sont les éléments comiques de cette scène?
4. «Est-ce que ça vous chatouille ou est-ce que ça vous grattouille?» Cette réplique est devenue célèbre. À votre avis, pourquoi?

APRÈS LA LECTURE

Compréhension

A **Dans le cabinet du docteur Knock.** Répondez d'après la lecture.

1. Pourquoi Knock est-il pressé?
2. De quoi le tambour souffre-t-il?
3. Où a-t-il une espèce de démangeaison?
4. Ça le chatouille ou ça le grattouille?
5. Ça lui fait mal quand Knock enfonce le doigt?
6. Quel âge le tambour a-t-il?
7. Quand aura-t-il cinquante-deux ans?

B **Oui ou non?** Corrigez d'après la lecture.

1. Le tambour peut expliquer les symptômes de sa maladie immédiatement.
2. Le tambour a mal au foie.
3. Le tambour mange toujours de la tête de veau à la vinaigrette.
4. Knock décide que le tambour n'a pas besoin d'une autre consultation.

C **Bien Docteur!** Expliquez:

1. le diagnostic de Knock
2. ses conseils au malade

Activités

A **Problèmes de santé.** Vous êtes médecin généraliste. Faites une liste des problèmes de santé que vous voyez le plus souvent.

B **Pour rire un peu de nos problèmes.** Avec un(e) camarade de classe, choisissez dans votre liste un problème de santé qui peut faire rire. Écrivez une petite scène satirique que vous présenterez ensuite à la classe.

LITTÉRATURE

CHAPITRE 8

CHAPTER OVERVIEW

In this chapter, students will learn about the artistic and scientific achievements of France and the French people's love for their cultural heritage. Students will learn about the architectural grandeur of Paris, both past and present. They will also learn about the great centers of scientific research in France.

All of the readings in both the *Journalisme* and *Littérature* sections have art or science themes.

CHAPTER OBJECTIVES

By the end of this chapter, students will have:
1. read about the Grand Louvre, the Centre national de la recherche scientifique, and a visit to the Grande Arche
2. learned how to express positive and negative reactions to plays, films, and works of art
3. reviewed the present conditional and learned the formation and uses of the past infinitive and the present participle
4. read a magazine article about Toulouse-Lautrec by the director Federico Fellini, and an episode from the adventures of Tintin, the comic-strip character
5. learned the past conditional and reviewed *si* clauses and the *faire causatif*
6. read "Le Jet d'eau," a poem by the 20th-century poet Apollinaire; an excerpt from *Sans Dessus Dessous*, a "science-fiction" novel by the 19th-century author Jules Verne; and a contemporary tale, *La Légende de la Peinture*, by Michel Tournier

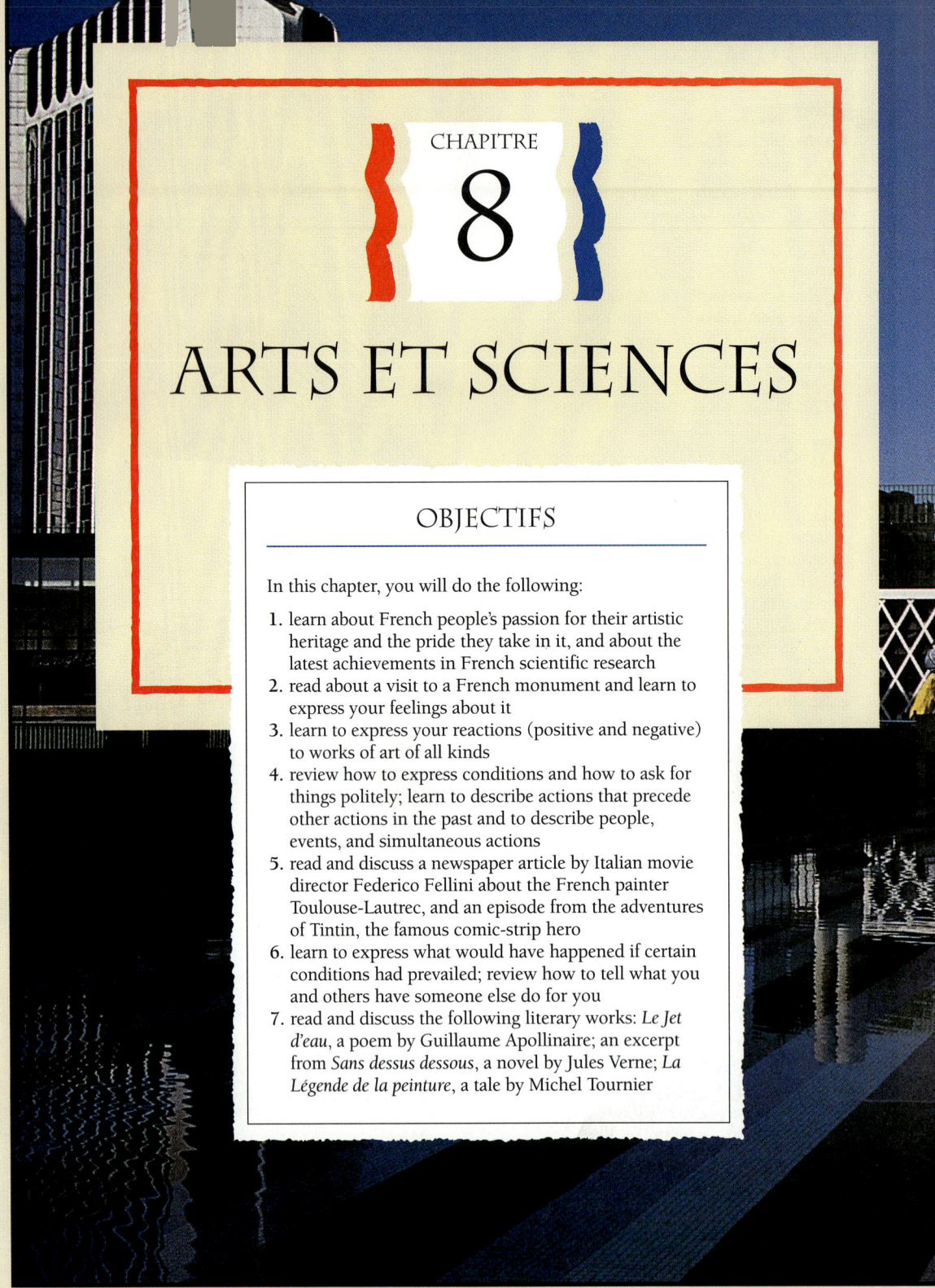

CHAPITRE 8

ARTS ET SCIENCES

OBJECTIFS

In this chapter, you will do the following:

1. learn about French people's passion for their artistic heritage and the pride they take in it, and about the latest achievements in French scientific research
2. read about a visit to a French monument and learn to express your feelings about it
3. learn to express your reactions (positive and negative) to works of art of all kinds
4. review how to express conditions and how to ask for things politely; learn to describe actions that precede other actions in the past and to describe people, events, and simultaneous actions
5. read and discuss a newspaper article by Italian movie director Federico Fellini about the French painter Toulouse-Lautrec, and an episode from the adventures of Tintin, the famous comic-strip hero
6. learn to express what would have happened if certain conditions had prevailed; review how to tell what you and others have someone else do for you
7. read and discuss the following literary works: *Le Jet d'eau*, a poem by Guillaume Apollinaire; an excerpt from *Sans dessus dessous*, a novel by Jules Verne; *La Légende de la peinture*, a tale by Michel Tournier

CHAPTER PROJECTS

(optional)

1. *Le Louvre*: Montrez à vos élèves une vidéo d'une visite guidée du Louvre. Distribuez des images d'œuvres d'art exposées au Louvre. Demandez aux élèves d'identifier l'œuvre d'art qu'ils ont reçue, son créateur si possible, et s'ils l'aiment ou pas. Recommencez chaque jour en prenant soin de ne pas donner deux fois la même image au même élève. Vous pouvez aussi organiser une exposition dans le centre de documentation ou dans la salle de classe et faire des visites guidées. Une vraie visite dans un vrai musée exposant des œuvres d'art d'artistes français serait une conclusion parfaite pour ce chapitre.

(continued on page 371)

CHAPTER 8 RESOURCES

1. Workbook
2. Student Tape Manual
3. Audio Cassette 8
4. Bell Ringer Review Blackline Masters
5. Situation Cards
6. Chapter Quizzes
7. Testing Program

DIFFICULTY PLATEAUS

In all chapters, each reading selection in *Culture, Journalisme,* and *Littérature*, as well as the *Conversation* and each structure topic, will be rated as follows:
◆ Easy
◆◆ Intermediate
◆◆◆ Difficult

Please note that the material in *En voyage* does not get progressively more difficult. Within each chapter there are easy and difficult sections.

The overall rating of this chapter is: ◆◆◆ **Difficult**.

RANDOM ACCESS

You may either follow the exact order of the chapter or you may omit certain sections that you feel are not necessary for your students. Similarly, you may wish to present a literary selection without interruption or you may intersperse some material from the *Structure* section as you are presenting a literary piece.

EVALUATION

Quizzes: There is a quiz for every vocabulary presentation and every structure point.

Tests: To accompany *En voyage* there are global tests for both *Structures I* and *II*, a combined *Conversation/Langage* test, and one test for each reading in the *Culture, Journalisme,* and *Littérature* sections. There is also a chapter Listening Comprehension Test.

CHAPTER PROJECTS

(continued)

2. *Les Inventions*: Dites aux élèves de choisir une des inventions citées à la page 383. Dites-leur ensuite d'écrire un rapport sur cette invention et son auteur sans oublier de mentionner comment cette invention a changé ou a amélioré les conditions existantes.

LEARNING FROM PHOTOS

Le sculpteur L.E. Barrias avait élevé un monument à la mémoire des défenseurs de Paris, lors du siège de la ville en 1870–71. C'est à ce site et à cette statue que le quartier de la Défense doit son nom.

371

CULTURE

LES FRANÇAIS ET LES ARTS

Bell Ringer Review
Write the following on the board or use BRR Blackline Master 8-1: **Faites une liste de tout ce qu'on peut voir dans un musée.**

Introduction

PRESENTATION *(page 372)*

A. Have students read the *Introduction* aloud. You may wish to explain to them that there is always much discussion in Paris about the pros and cons of architectural changes.

B. Ask students the following questions: *Qu'est-ce que le patrimoine artistique? C'est l'héritage de la France, toutes les œuvres d'art, toute la culture française? Combien d'années y a-t-il dans une vingtaine d'années? Quels projets de construction est-ce qu'on voit se succéder à Paris depuis les années 70? Quel est leur but, leur raison d'être? Qu'est-ce que tous ces projets de construction ont en commun? Les Français sont fiers du centre Pompidou, de la Grande Arche, du Grand Louvre?*

CULTURE

LES FRANÇAIS ET LES ARTS

L'inauguration de l'aile «Richelieu» du Grand Louvre

INTRODUCTION

Les Français sont très fiers de leur patrimoine artistique. Depuis une vingtaine d'années, on voit se succéder de vastes projets de construction dont le but est de rendre la culture accessible à tous. Rien qu'à Paris, on a vu la construction du centre Pompidou et de la Grande Arche, et la création du Musée d'Orsay et celle du Grand Louvre. Toutes ces réalisations combinent avec audace le passé et le présent, la tradition et la technologie moderne. Même si elles sont critiquées par certains, elles n'en font pas moins la fierté des Français. Le Grand Louvre en est un exemple.

CHAPITRE 8

CRITICAL THINKING ACTIVITY

(Thinking skills: Identifying Causes)

D'après vous, pour quelles raisons la culture n'a-t-elle pas toujours été accessible à tout le monde?

LEARNING FROM PHOTOS

After going over the new vocabulary on page 373, you may wish to ask students the following questions about the photo on this page: Regardez la légende sous la photo. Que signifie «l'inauguration»? Ce sont des notables, des gens importants? Comment le savez-vous? Il y a deux hommes célèbres sur la photo. Savez-vous lesquels? (François *(continued on page 373)*

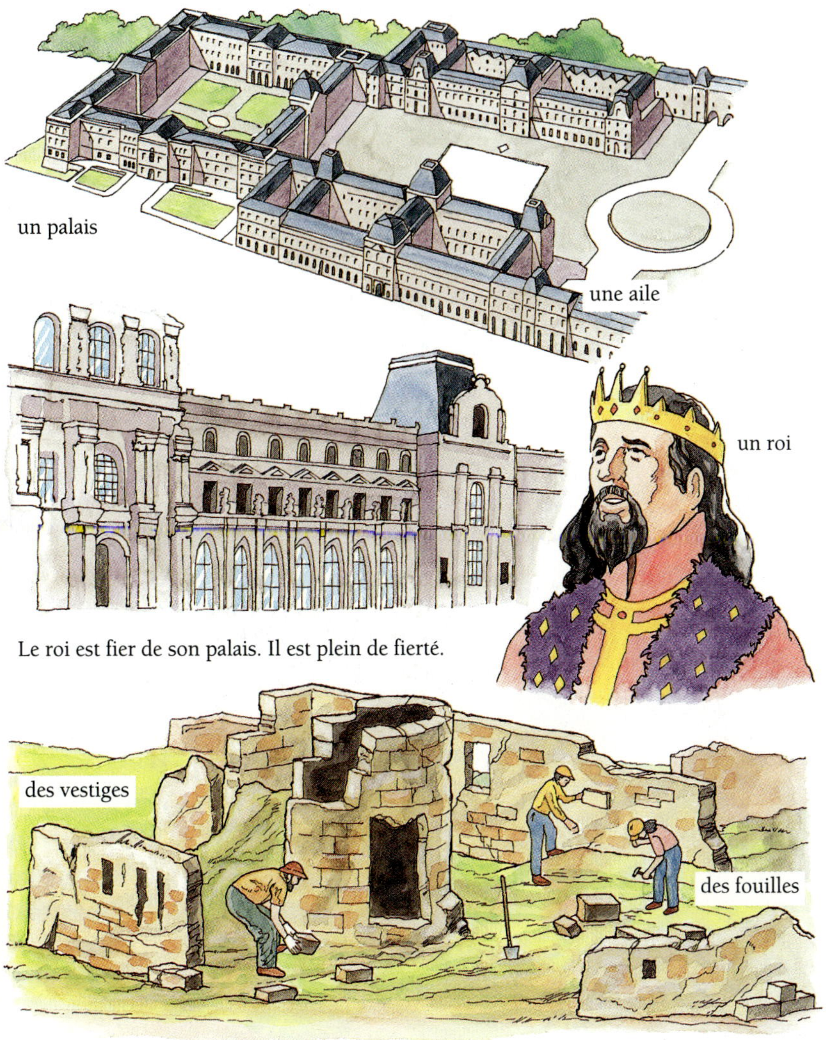

VOCABULAIRE

un palais

une aile

un roi

Le roi est fier de son palais. Il est plein de fierté.

des vestiges

des fouilles

un chantier de fouilles archéologiques

le patrimoine la propriété, l'héritage, la fortune, ce qui est hérité du «père»

souterrain(e) sous la terre, en sous-sol

piétonnier(-ère) pour les piétons seulement, pas pour les voitures

Exercices

PRESENTATION (page 374)

Exercices A and B

Have students do these exercises for homework and go over them the next day in class. Call on students to read their answers.

Extension of Exercice B

After a student gives the word being defined, you may ask him/her to use the word in an original sentence.

ANSWERS

Exercice A
1. e
2. d
3. a
4. f
5. b
6. c

Exercice B
1. souterrain
2. un roi
3. le patrimoine
4. être fier
5. un chantier
6. des vestiges
7. une aile

Exercices

A Associations. Choisissez les mots qui sont associés.

1. des fouilles
2. un musée
3. une aile
4. fier
5. une rue piétonnière
6. le patrimoine

a. un palais
b. une promenade
c. le père
d. une exposition
e. un chantier
f. la fierté

B Définitions. Trouvez le mot qui correspond.

1. ce qui est en sous-sol
2. un monarque
3. l'héritage
4. être content d'être associé à quelque chose ou à quelqu'un
5. lieu où on fait des fouilles archéologiques
6. ce qu'on trouve en faisant des fouilles
7. partie d'un palais

La pyramide du Louvre

374 CHAPITRE 8

LEARNING FROM PHOTOS

Ask students: À votre avis, la photo de la pyramide est belle? Pourquoi? Y a-t-il des contrastes inattendus? Lesquels? Quel est le bâtiment au fond, derrière la pyramide? (le Louvre)

COOPERATIVE LEARNING

Divisez la classe en deux groupes—ceux qui aiment la pyramide et ceux qui la détestent. Demandez à chaque groupe de justifier leur opinion.

LE GRAND LOUVRE

Le Grand Louvre est un espace culturel spectaculaire qui redonne à l'ancien palais des rois toute sa splendeur, et au musée une nouvelle vie. Avec en plus, en sous-sol, une ville piétonnière dédiée à l'art, et des parkings souterrains.

Point de départ: la Pyramide

Le point de départ de la visite de ce que les Français appellent déjà «le plus beau musée du monde» est la pyramide de Pei*, le monument d'art moderne qui attire le plus de

Le «Scribe assis»

La «Victoire de Samothrace»

Buste d'Akhenaton (Aménophis IV)

* **Ieogh Ming Pei** architecte américain d'origine chinoise, a conçu la pyramide de verre par laquelle les visiteurs ont accès au musée du Louvre

CULTURE 375

DID YOU KNOW?

Le Louvre comprend une immense collection d'antiquités: orientales, grecques, romaines et égyptiennes. «La Victoire de Samothrace» qui domine un des grands escaliers du Louvre est le monument commémoratif d'un succès militaire remporté sur mer. «La Victoire» s'élevait dans l'île de Samothrace au nord-est de la mer Égée. Elle était placée en biais sur une terrasse surplombant le sanctuaire et elle annonçait l'événement, le bras levé.

Dans la collection des antiquités égyptiennes se trouve «le Scribe assis». Cette magnifique statue représente un homme pris sur le vif en train d'écrire. Cette statue fut taillée dans du calcaire puis soigneusement peinte, pour mieux imiter la vie: les yeux sont en albâtre et en cristal de roche, cerclés de cuivre.

visiteurs en France (5 millions par an). De là, on peut choisir entre des visites thématiques ou des visites à la carte[1], des visites en groupes ou individuelles.

Le musée s'agrandit d'une aile

Nombreux sont les visiteurs étrangers qui ont admiré «La Joconde», la «Vénus de Milo», «Le Sacre» (de Napoléon) ou la «Victoire de Samothrace». Mais étrangers et Français vont maintenant pouvoir découvrir ou redécouvrir de nombreux objets d'art, redistribués de façon plus fonctionnelle dans un espace plus vaste. En effet, le musée peut maintenant disposer de toute une aile du palais, l'aile Richelieu, qui jusqu'à ces dernières années était occupée par le ministère des Finances.

Découvert: des vestiges du premier Louvre

La vaste opération de restauration du Louvre a été entreprise[2] en 1983, lorsqu'on a mis au jour[3], sous la Cour Carrée du palais, des vestiges du premier Louvre: le château fort[4] construit en 1190 par le roi Philippe Auguste. Ce fut alors le plus grand chantier urbain de fouilles archéologiques.

---
[1] à la carte   *free-choice*
[2] entreprise   *launched*
[3] mis au jour   *brought to light*
[4] château fort   *fortified castle*

Le Grand Louvre = palais restauré + musée agrandi + …

Finalement, qu'est-ce que le Grand Louvre? C'est l'ancien palais du Louvre, restauré, modernisé, entièrement voué aux activités de musée, entouré de jardins transformés en une promenade splendide, avec en sous-sol toute une ville souterraine liée aux activités culturelles.

Visiteurs devant «La Joconde» de Léonard de Vinci

«Le Sacre» par Jacques Louis David

Compréhension

A Le Grand Louvre. Répondez d'après le texte.

1. Qu'est-ce que le Louvre était avant d'être un musée?
2. Quelles œuvres d'art est-ce que les touristes veulent voir en priorité quand ils visitent le Louvre?
3. Comment les visiteurs entrent-ils dans le Grand Louvre?
4. Qu'est-ce qui a permis de réorganiser le musée de façon plus fonctionnelle?
5. Qu'est-ce qu'on a découvert en faisant des fouilles sous la Cour Carrée du Louvre?
6. Depuis combien d'années le palais du Louvre est-il en existence?
7. En quoi consiste le Grand Louvre?

B Un ville piétonnière. Décrivez une ville piétonnière. En quoi diffère-t-elle d'une ville habituelle?

Activité

La culture. À l'heure actuelle, les Français sont passionnés de culture. La peinture, la musique, l'opéra en particulier, la danse, sont en plein renouveau de popularité. Faites une enquête sur la situation de la culture aux États-Unis, ou plus précisément dans votre région.

LA RECHERCHE SCIENTIFIQUE

INTRODUCTION

Depuis le début du XXe siècle, la science française occupe une place de tout premier plan. En physique, les noms de Pierre et Marie Curie sont associés au radium, ceux d'Irène et Frédéric Joliot-Curie à la structure de l'atome. En mathématiques, biologie et médecine, de nombreux scientifiques français ont fait des découvertes de premier ordre: le docteur Montagnier, par exemple, qui a isolé le virus du sida (Syndrome Immuno-Déficitaire Acquis) en 1983.

En France, la recherche scientifique est assurée principalement par l'État; elle est donc en majeure partie au service du bien public. Cette recherche a lieu dans de grands centres de recherche tels que l'**Institut national de santé et de la recherche médicale** (INSERM), le **Centre national d'études des télécommunications** (CNET), le **Centre national d'études spatiales** (CNES), l'**Institut Pasteur**, et, le plus important, le **Centre national de la recherche scientifique** (CNRS).

VOCABULAIRE

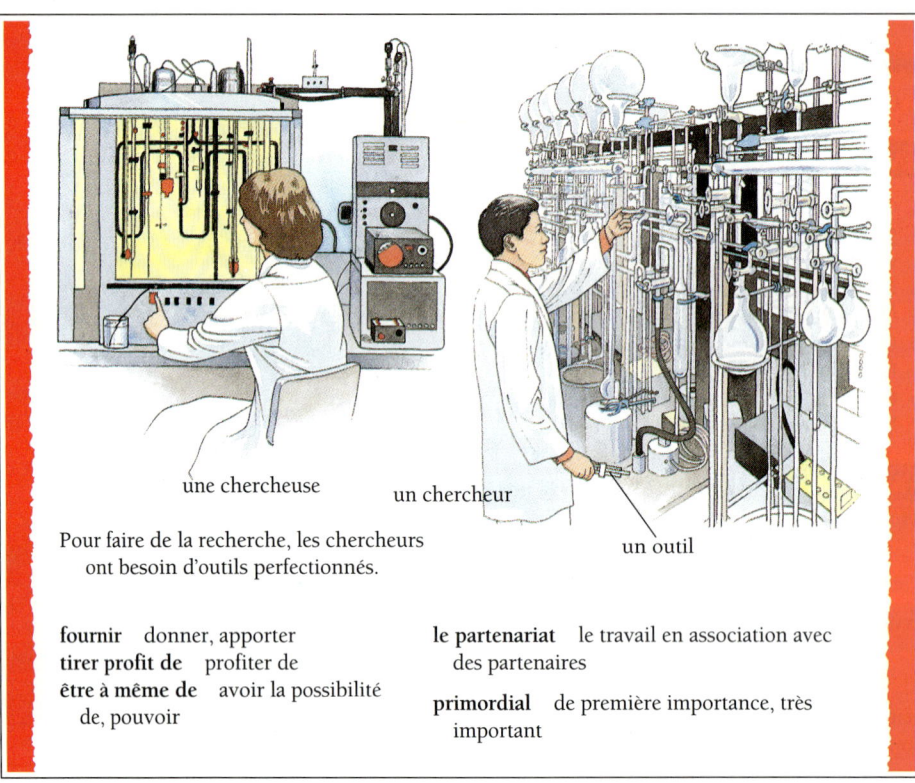

une chercheuse   un chercheur   un outil

Pour faire de la recherche, les chercheurs ont besoin d'outils perfectionnés.

fournir donner, apporter
tirer profit de profiter de
être à même de avoir la possibilité de, pouvoir

le partenariat le travail en association avec des partenaires
primordial de première importance, très important

378   CHAPITRE 8

DID YOU KNOW?

Le CNES (le Centre national d'études spatiales): un centre industriel et commercial qui anime et coordonne la politique spatiale en France.

Le CNIT (le Centre des nouvelles industries et technologies): se trouve dans le quartier de la Défense.

L'INSERM (l'Institut de la santé et de la recherche médicale): a pour fonction l'étude des problèmes sanitaires du pays et l'orientation de la recherche médicale.

L'Institut Pasteur: un établissement scientifique, fondé en 1888, qui poursuit l'œuvre de Pasteur. C'est aussi un grand centre de production de vaccins et de sérums.

Exercices

A **Familles de mots.** Choisissez le mot qui correspond.

1. un partenaire
2. des fournitures
3. profiter
4. une découverte
5. la richesse
6. la connaissance
7. un chercheur
8. perfectionné

a. le profit
b. découvrir
c. parfait
d. la recherche
e. le partenariat
f. riche
g. connaître
h. fournir

B **Synonymes.** Exprimez d'une autre façon ce qui est en italique.

1. Avec des *instruments* aussi perfectionnés, ces chercheurs *ont la possibilité* de faire une découverte importante.
2. Ils *profitent* de leurs rencontres avec d'autres *personnes qui se consacrent à la recherche scientifique*.
3. Ces rencontres leur *apportent* des informations *de première importance*.
4. Cet organisme de recherche scientifique favorise le *travail en association avec des partenaires*.

Montage d'une sonde pour l'étude des ions en phase gazeuse

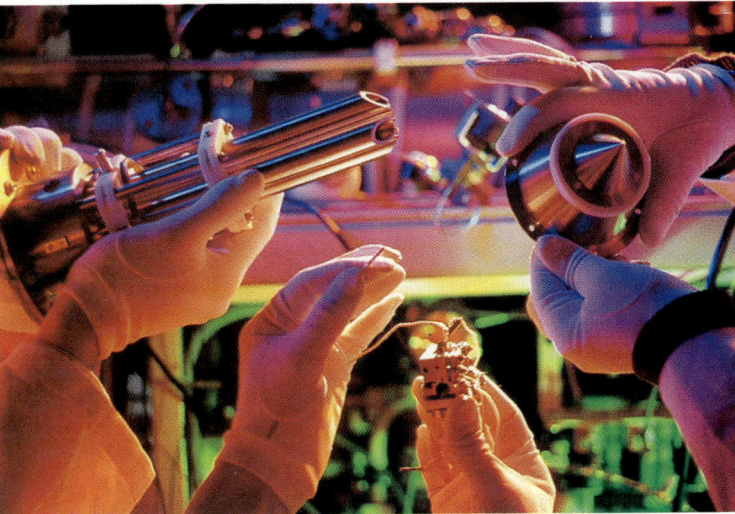

Étude de magnétisme par spectroscopie à la température de l'hélium liquide

CULTURE 379

Exercices

ANSWERS

Exercice A
1. e
2. h
3. a
4. b
5. f
6. g
7. d
8. c

Exercice B
1. outils, sont à même
2. tirent profit, chercheurs
3. fournissent, primordiales
4. le partenariat

Le Centre national de la recherche scientifique
◆◆◆

PRESENTATION
(pages 380–381)

A. Ask students who are interested in science if they can tell the class anything about the photo on this page.

B. Call on individuals to read about a paragraph at a time. You may wish to intersperse the *Compréhension* questions from page 382 after each student has read.

C. **Paraphrasing:** Have students skim the selection to find another way to say the following:
- *depuis sa naissance (dès son origine)*
- *les gens qui font de la recherche (les chercheurs)*
- *les efforts en commun de chercheurs de diverses disciplines (l'approche conjuguée de scientifiques de différents horizons)*
- *toujours en train d'écouter la société (en permanence à l'écoute de la société)*
- *pour lequel on a donné le prix Nobel à Jean-Marie Lehn (qui a valu le Prix Nobel à Jean-Marie Lehn)*

Le Centre national de la recherche scientifique

L'atout[1] de la multidisciplinarité

Dès son origine en 1939, le CNRS s'est organisé pour couvrir la totalité du champ scientifique, pour être présent dans toutes les disciplines majeures. Là réside sa principale originalité. Là est aussi sa plus grande force.

Son activité sur tous les fronts de la connaissance fournit au CNRS deux avantages primordiaux: d'une part les chercheurs tirent profit de leurs rencontres, bénéficiant des comparaisons qu'ils sont à même d'établir entre la logique, les méthodes et les outils propres à[2] leurs différentes spécialités; d'autre part, l'approche conjuguée[3] de scientifiques[4] de différents horizons favorise l'émergence et l'exploration d'une richesse de thèmes et préoccupations interdisciplinaires. Or[5], c'est aux interfaces entre disciplines que naissent de nombreuses découvertes.

Voile souple de sphères creuses utilisé pour la fabrication d'un matériau composite alvéolaire isotrope

[1] **atout** advantage
[2] **propres à** characteristic of
[3] **conjuguée** joint
[4] **scientifiques** scientists
[5] **or** now

380 CHAPITRE 8

Radiotélescope de l'IRAM à Grenoble

Ouverture et partenariat

La pratique du partenariat est une caractéristique du CNRS, inscrite au plus profond de sa culture.

En permanence à l'écoute de la société, l'organisme mène[6] une constante politique d'ouverture, multipliant des liens[7] qu'il ne cesse aujourd'hui de renforcer: par son association avec les universités, les grandes écoles et les autres organismes de recherche; par ses collaborations avec de nombreuses entreprises; par ses actions d'information; par ses différents modes de coopération internationale.

Cette capacité de travail en commun et d'échanges avec ses divers partenaires est une des plus grandes richesses du CNRS. Elle lui permet d'être présent dans la majorité des découvertes et avancées scientifiques réalisées en France depuis ces cinquante dernières années.

Au cœur[8] des découvertes

De nombreux exemples récents en témoignent[9]:
- les travaux des chimistes et des physiciens sur les matériaux supraconducteurs à haute température critique, les quasi-cristaux ou encore la chimie supramoléculaire qui a valu le prix Nobel 1987 à Jean-Marie Lehn;
- la découverte du virus du sida par Luc Montagnier (directeur de recherche au CNRS) et son équipe à l'Institut Pasteur;
- l'analyse des forages[10] profonds en Antarctique et au Groenland par Claude Lorius et son équipe, qui a permis de déterminer dans des glaces vieilles de 30 000 ans les caractéristiques du climat et de l'environnement de la Terre;
- la mise au jour d'un important oppidum gaulois[11] à Bibracte, près d'Autun;
- la découverte d'un manuscrit inconnu des sermons de saint Augustin, apportant des informations inédites[12] sur l'agitation politique et religieuse en Afrique du Nord vers l'an 400.

Antenne embarquée à bord de la sonde interplanétaire Galileo d'exploration de Jupiter

[6] **mène** carries on
[7] **liens** connections
[8] **cœur** heart
[9] **en témoignent** attest to this
[10] **forages** drilling, boring
[11] **oppidum gaulois** Gallic citadel
[12] **inédites** new, original

CULTURE **381**

D. If you are familiar with any of the scientific discoveries outlined in the last section of this reading, you may wish to tell students more about them. For example, they may not be aware that the isolation of the AIDS virus by Luc Montagnier is disputed by certain American researchers who regard Dr. Robert Gallo as having isolated it before Montagnier.

Compréhension

ANSWERS

1. Pour couvrir la totalité du champ scientifique, pour être présent dans toutes les disciplines majeures.
2. Les chercheurs tirent profit de leurs rencontres et l'approche conjuguée de scientifiques de différents horizons favorise l'émergence et l'exploration d'une richesse de thèmes et préoccupations interdisciplinaires.
3. C'est le travail en commun et les échanges avec divers partenaires. Avec les universités, les grandes écoles et les autres organismes de recherche.
4. Ce partenariat permet au CNRS d'être présent dans la majorité des découvertes et avancées scientifiques réalisées en France depuis les cinquante dernières années.
5. La chimie supramoléculaire.
6. Luc Montagnier.
7. Pour pouvoir déterminer les caractéristiques du climat et de l'environnement de la Terre.
8. Un important oppidum gaulois.
9. Un manuscrit inconnu.

Activités

PRESENTATION (page 382)

Activité A
You may wish to have students do this activity in pairs or small groups.

ANSWERS

Activité A
Answers will vary.

Compréhension

 Le CNRS. Répondez d'après le texte.

1. Dans quel but le CNRS a-t-il été créé?
2. Quels sont les avantages de son activité sur tous les fronts? Donnez des exemples concrets.
3. Expliquez ce qu'est le partenariat. Avec quels organismes le CNRS est-il partenaire?
4. Quel profit le CNRS tire-t-il de ce partenariat?
5. Qu'est-ce qui a valu le prix Nobel à Jean-Marie Lehn?
6. Qui est-ce qui a découvert le virus du sida?
7. Pour quelle raison Claude Lorius et son équipe ont-ils analysé des glaces de l'Antarctique et du Groenland vieilles de 30 000 ans?
8. Qu'est-ce qu'on a mis au jour à Bibracte, près d'Autun?
9. Qu'est-ce qu'on a découvert de saint Augustin?

Activités

A Thèmes de recherche.
Voici une liste de quelques thèmes de recherche au CNRS. Quels thèmes vous intéressent le plus? Pour quelles raisons?

Quelques thèmes de recherche...

- Recherche polaire en coopération nationale et internationale
- Histoire du temps présent
- Communication homme/machine: informatique, robotique, langages
- Mise au point de molécules actives dans le traitement de certains cancers
- Les institutions pénales et la population carcérale
- L'étude des climats et les interactions atmosphère, océan et biosphère
- L'électronique et les semi-conducteurs
- Recherches sur les bases moléculaires des maladies
- Le chercheur, l'artiste et la production
- Projet de TGV à 2 étages
- Evolution du monde rural
- Optique et lasers
- Etude sur les modes et influences du transfert technologique
- Bosons et neutrinos
- La biodisponibilité des médicaments
- Chantiers d'archéologie: l'oppidum de Bibracte, les fours de potiers de Sallèles d'Aude
- Transformation génomique des plantes
- Dynamique et bilan de la Terre
- Recherche multidisciplinaire sur le sida: biologie, éthique, sociologie
- Astrophysique de l'univers froid: milieu interstellaire et formation d'étoiles
- Mathématiques et outils de modélisation

B **Inventions.** Voici une liste d'inventions faites par des Français, inventions qui ont changé la vie de tous les jours. Faites une liste semblable d'inventions faites par des Américains.

1826—la photographie
   (Nicéphore Niépce)
1829—l'alphabet pour aveugles
   (Louis Braille)
1858—le réfrigérateur
   (Ferdinand Carré)
1859—le moteur à explosion
   (Étienne Lenoir)
1891—le pneu
   (les frères Michelin)
1893—le périscope
   (T. Garnier)
1895—le cinéma
   (les frères Lumière)
1910—l'hydravion
   (Henri Fabre)
1952—le four solaire
   (CNRS)

Scène d'un des premiers films français: «Le Voyage à travers l'impossible» de Georges Méliès (1904)

Photo de Daguerre: Boulevard parisien (1839)
Daguerre perfectionna l'invention de Niépce.

CULTURE 383

DID YOU KNOW?

1. Georges Méliès était un pionnier du spectacle cinématographique. Il a été l'inventeur des premiers trucages et constructeur des premiers studios de cinéma. Entre 1869 et 1913, il réalisa plus de 500 petits films.

2. Daguerre, inventeur français qui imagina en 1822 le diorama. Par la suite, avec Niépce, il perfectionna l'invention de la photographie. C'est ainsi qu'il obtint les premiers «daguerréotypes».

CONVERSATION

VISITE À LA GRANDE ARCHE

VOCABULAIRE

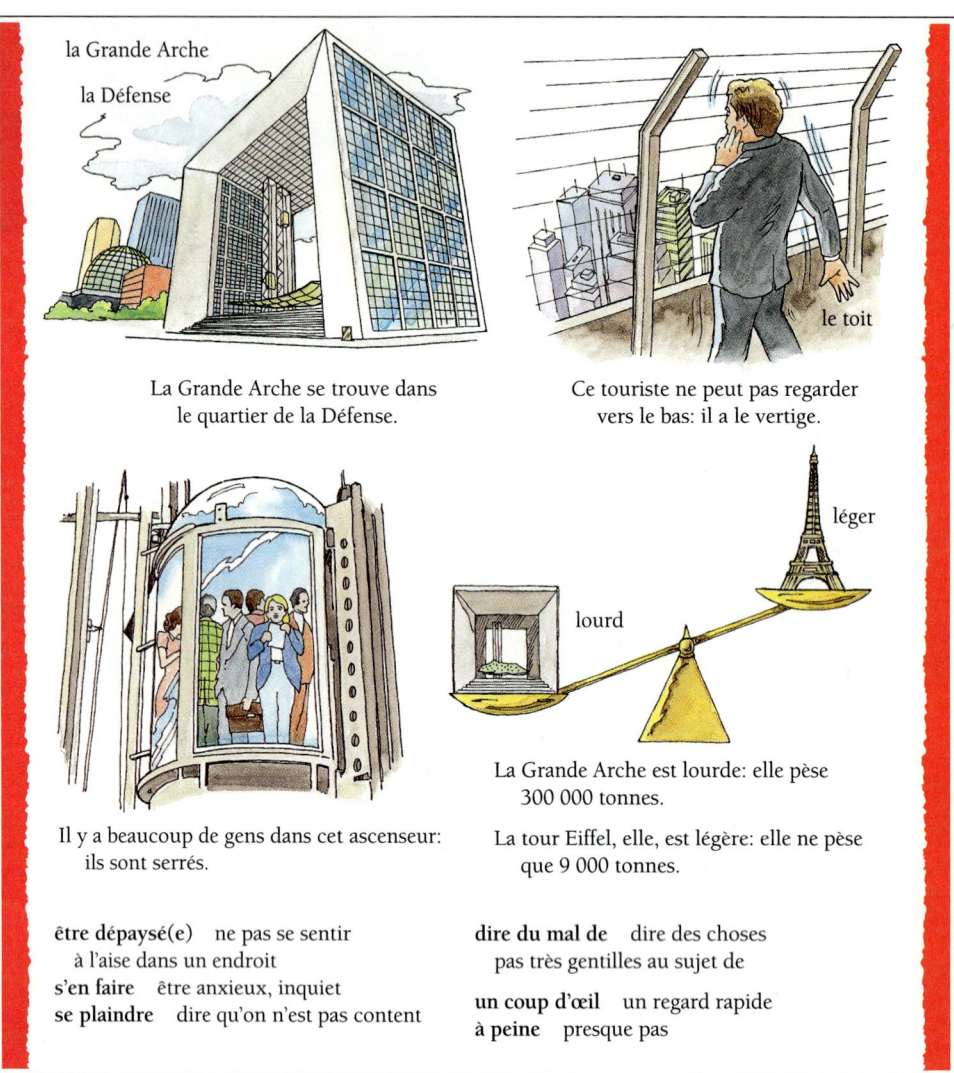

la Grande Arche
la Défense

La Grande Arche se trouve dans le quartier de la Défense.

le toit

Ce touriste ne peut pas regarder vers le bas: il a le vertige.

léger
lourd

La Grande Arche est lourde: elle pèse 300 000 tonnes.

La tour Eiffel, elle, est légère: elle ne pèse que 9 000 tonnes.

Il y a beaucoup de gens dans cet ascenseur: ils sont serrés.

être dépaysé(e) ne pas se sentir à l'aise dans un endroit
s'en faire être anxieux, inquiet
se plaindre dire qu'on n'est pas content

dire du mal de dire des choses pas très gentilles au sujet de
un coup d'œil un regard rapide
à peine presque pas

384 CHAPITRE 8

Exercices

A Quel est le mot? Complétez.

1. Il y a une terrasse sur le ___. De là-haut, il y a une très belle vue sur tout Paris.
2. Je ne veux pas monter en haut de la tour Eiffel. Ça va me donner le ___.
3. J'ai horreur des ascenseurs. Il y a toujours plein de gens et on est trop ___.
4. Quand il était bébé, il était ___, je pouvais le porter. Mais maintenant, je ne peux plus: il pèse trop ___.
5. C'est la première fois qu'elle vient à Paris. Elle est toute ___.
6. Ils ne sont jamais contents. Ils sont toujours en train de ___.
7. Elle est inquiète pour lui. Elle ___.
8. Il m'a dit des choses pas très gentilles au sujet de Marianne. Il adore ___ de ses amis.
9. Je n'ai presque pas dormi. J'ai ___ fermé l'œil.
10. Ne regarde pas vers le bas trop longtemps: un ___ suffit, sinon tu vas avoir le vertige.

B Connaissez-vous Paris? Dites de quoi il s'agit.

1. le quartier des affaires
2. un monument qui se trouve à la Défense
3. le monument place Charles-de-Gaulle
4. le monument place de la Concorde
5. un monument qui se trouve dans les jardins du Carrousel
6. le monument par lequel on a accès au musée du Louvre

La pyramide du Louvre et l'arc de triomphe du Carrousel

CONVERSATION 385

DID YOU KNOW?

Pyramide: Les équipes de nettoyage de la structure arachnéenne doivent périodiquement jouer les funambules. Les équipes ont été initiées par des grimpeurs professionnels.

INDEPENDENT PRACTICE

Assign any of the following:
1. Exercises A and B on this page
2. Workbook, *Conversation*

Exercices

PRESENTATION (page 385)

Assign the exercises and then go over them in class.

ANSWERS

Exercice A
1. toit
2. vertige
3. serré
4. léger; lourd
5. dépaysée
6. se plaindre
7. s'en fait
8. dire du mal
9. à peine
10. coup d'œil

Exercice B
1. (le quartier de) la Défense
2. la Grande Arche
3. l'arc de triomphe de l'Étoile
4. l'Obélisque
5. l'arc de triomphe du Carrousel
6. la pyramide de Pei

Scènes de la vie

PRESENTATION

(pages 386–387)

A. Before reading the *Conversation*, have students locate La Défense, la place Charles-de-Gaulle, la place de la Concorde, and the Louvre on the map of Paris on page 432 so they can see the Grande Arche-Louvre axis being referred to.

B. Divide the *Conversation* into four parts. Call on different pairs of students to read each section aloud. Have them use as much expression as possible.

C. As each segment of the conversation is read, go over the corresponding exercise on page 388 orally.

D. Assign the exercises for homework.

RECYCLING

Ask students:
1. Qu'est-ce que le RER?
2. Qu'est-ce que vous vous rappelez à propos de la Grande Arche? (*Lettres et Sciences*, page 111, À bord.)

SCÈNES DE LA VIE

En route pour la Grande Arche

ROGER: Comment va-t-on à la Grande Arche? On prend un taxi?

ALAIN: Non. Ce n'est pas la peine. Avec le RER, on est à la Défense en dix minutes!

ROGER: C'est formidable le progrès! Tout ça n'existait pas la dernière fois que je suis venu à Paris.

ALAIN: Pas étonnant puisque tu ne viens pratiquement que tous les trente ans!

ROGER: Tous les trente ans, n'exagérons pas!

ALAIN: Si tu venais un peu plus souvent, tu serais moins dépaysé.

Au pied de la Grande Arche

ALAIN: Nous y voilà!

ROGER: C'est impressionnant! C'est énorme!

ALAIN: Ouais. Ça pèse 300 000 tonnes!

ROGER: 300 000 tonnes! Ben dis donc! C'est pas léger! Mais..., c'est les ascenseurs qu'on voit là dehors?

ALAIN: Oui. Tu vas voir, on a une vue formidable en montant.

ROGER: Euh, oui, mais... euh... j'ai facilement le vertige, moi.

ALAIN: Ne t'en fais pas. Tu vas aimer!

Dans l'ascenseur

ROGER: Oh, là, là. Mon pauvre estomac!
ALAIN: Regarde donc la vue au lieu de te plaindre.
ROGER: Je ne peux pas. Il y a tellement de monde, je peux à peine respirer. On est serré comme des sardines ici.

Sur le toit de la Grande Arche

ALAIN: Maintenant, tu peux voir la vue. Regarde, tu vois l'arc de triomphe de l'Étoile, et dans l'axe, l'obélisque, l'arc de triomphe du Carrousel et la pyramide du Louvre. Tu vois?
ROGER: Ah oui. C'est intéressant cette perspective.
ALAIN: Intéressant! C'est tout ce que tu trouves à dire! En un coup d'œil, tu contemples 2 000 ans d'histoire de France, mon cher!
ROGER: Il faut reconnaître que c'est un beau panorama!
ALAIN: C'est pas dans ta province qu'on voit ça, tout de même!
ROGER: Ah attention! Ne dis pas de mal de «ma province». Il y a des choses très bien à Montagnac. Ce n'est pas parce que c'est petit...

CONVERSATION

HISTORY CONNECTION

1. L'arc de triomphe du Carrousel fut édifié par Pescier et Fontaine sous Napoléon Ier pour célébrer les victoires de celui-ci lors des campagnes de 1805. Ses huit colonnes de marbre rose sont surmontées de statues de soldats portant le costume des diverses armes.

2. L'Obélisque se tient au milieu de la place de la Concorde et provient des ruines du temple de Louksor. Le vice-roi d'Égypte l'offrit à Charles X, mais à cause de diverses complications, l'Obélisque n'arriva en France qu'en 1833. Ce monument, en granit rose, vieux de trente-trois siècles, est couvert d'hiéroglyphes.

Compréhension

PRESENTATION
(pages 388–389)

You can go over these exercises without prior preparation as students are doing the *Conversation* in class or you may assign them for homework and then go over them in class.

ANSWERS

Compréhension A
1. La Grande Arche se trouve dans le quartier de la Défense.
2. Ils prennent le RER.
3. Le RER et la Grande Arche n'existaient pas la dernière fois que Roger est venu à Paris.
4. Non, il ne vient pas souvent à Paris.
5. S'il venait plus souvent, il serait moins dépaysé.

Compréhension B
1. Non, elle est très lourde; elle pèse 300 000 tonnes.
2. Ils se trouvent dehors.
3. Non, parce qu'il a facilement le vertige.
4. Il dit qu'il peut à peine respirer parce qu'ils sont serrés comme des sardines dans l'ascenseur.

Compréhension C
1. On peut voir l'arc de triomphe de l'Étoile, l'Obélisque, l'arc de triomphe du Carrousel et la pyramide du Louvre.
2. Il la trouve intéressante.
3. Non, il trouve que Roger ne montre pas assez d'enthousiasme.
4. On contemple 2 000 ans d'histoire de France.
5. Non, il habite dans une petite ville.
6. Non, il n'aimerait pas habiter dans une grande ville comme Paris parce qu'il aime la province.

Activités de communication

ANSWERS

Activités de communication A and B
Answers will vary.

388

Compréhension

A **En route pour la Grande Arche.** Répondez d'après la conversation.

1. Dans quel quartier se trouve la Grande Arche?
2. Quel moyen de transport les deux amis prennent-ils pour y aller?
3. Qu'est-ce qui n'existait pas la dernière fois que Roger est venu à Paris?
4. Est-ce que Roger vient souvent à Paris?
5. Pourquoi est-ce qu'Alain lui conseille de venir plus souvent?

B **Au pied de la Grande Arche et dans l'ascenseur.** Répondez d'après la conversation.

1. Est-ce que la Grande Arche est légère? Combien pèse-t-elle?
2. Où se trouvent les ascenseurs pour monter à la terrasse?
3. Est-ce que Roger est content à la perspective de prendre l'un de ces ascenseurs? Pour quelle raison?
4. De quoi se plaint-il en montant dans l'ascenseur? Pour quelle raison?

C **Sur le toit de la Grande Arche.** Répondez d'après la conversation.

1. Quels monuments peut-on voir dans l'axe Grande Arche-Louvre?
2. Comment Roger trouve-t-il cette perspective?
3. Est-ce qu'Alain trouve que Roger montre assez d'enthousiasme?
4. Quand on voit Paris de haut, qu'est-ce qu'on contemple?
5. Est-ce que Roger habite dans une grande ville?
6. D'après vous, est-ce qu'il aimerait habiter dans une grande ville comme Paris? Pour quelles raisons?

Activités de communication

A **Votre ville.** Vous organisez la visite culturelle de votre ville (ou de la ville la plus proche) pour des amis français. Travaillez avec un groupe de camarades.

B **Paris.** Si vous n'êtes jamais allé(e) à Paris, prenez un guide (comme le guide Michelin) et organisez votre visite, en choisissant ce qui vous intéresse le plus. Travaillez avec un(e) camarade. Si vous êtes déjà allé(e) à Paris, faites un exposé oral sur votre visite.

388   CHAPITRE 8

COOPERATIVE LEARNING

Activités A and *B*, page 388
1. You can use the results of these activities for a bulletin board display.
2. Have different students and/or groups compare their itineraries.

INDEPENDENT PRACTICE

Assign any of the following:
1. Exercises and activities on this page
2. Workbook, *Conversation*

LANGAGE

RÉACTIONS

Comment exprimer ce que vous ressentez devant un spectacle, une œuvre d'art, une réalisation technique ou scientifique?

D'une façon générale…

Si vous avez aimé, vous pouvez dire:

C'est une merveille!

> C'est formidable!
> C'est extraordinaire!
> C'est incroyable!
> C'est superbe!
> C'est splendide!
> C'est génial!
> J'adore!
> Ça m'a beaucoup plu.
> J'ai été enthousiasmé(e)!
> J'ai trouvé ça extra!

Si vous n'avez pas aimé, vous pouvez dire:

> C'est débile!
> C'est horrible!
> J'ai été très déçu(e).
> J'ai trouvé ça nul.

Pour un spectacle…

Si vous avez aimé, vous pouvez dire:

> C'est émouvant/très drôle…
> C'est plein d'humour/de poésie…
> L'histoire est vraiment originale.
> Les acteurs sont extraordinaires.
> Les chanteurs sont de première classe.
> Les décors sont superbes.
> Les costumes sont splendides.
> La photographie est remarquable.
> J'ai pleuré comme une madeleine.
> Je le (la) reverrais avec plaisir.

LANGAGE

RÉACTIONS

PRESENTATION (page 389)
Read the explanatory information to the class. Have the class repeat in unison or call on individuals to read the expressions. Insist that they read them with proper intonation and animated expression.

GESTURES
Pour montrer qu'on a aimé quelque chose (très souvent de la nourriture) on embrasse le bout de ses doigts réunis puis on projette en avant sa main ouverte comme pour envoyer ce baiser.

GESTURES

Pour montrer qu'on n'a pas du tout aimé quelque chose, on lève les yeux et la main vers le ciel.

Si vous n'avez pas aimé, vous pouvez dire:

> C'est ennuyeux à mourir.
> C'est bête à pleurer.
> Quel mélo!
> L'histoire ne tient pas debout.
> Les acteurs sont lamentables.
> Les chanteurs n'ont pas de voix.

C'est minable!

Pour une exposition ou une réussite technologique…

Si vous avez aimé, vous pouvez dire:

> C'est incroyable ce qu'on fait maintenant!
> On n'arrête pas le progrès.
> Je n'en reviens pas.
> C'est à vous couper le souffle.
> C'est grandiose!

Si vous n'avez pas aimé, vous pouvez dire:

> C'est horrible! On dirait un(e)…
> Pour le prix que ça a coûté!
> Ils auraient pu mieux faire.
> Ils auraient mieux fait de…
> C'est horriblement laid.
> C'est une honte!

ADVANCED GAME

Set-up:
1. Prepare cards with pictures of paintings, sculptures, monuments, names of movies, plays, etc.
2. Prepare another set of cards on colored paper with *Vous avez détesté* on some and *Vous avez aimé* on others. Prepare as many of these as you have picture cards.

Game:
1. A student draws a card from the picture pile and one from the reaction pile and produces an appropriate expression, i.e., Picture: *La Joconde*, Reaction: *Vous avez détesté*. Student says: *J'ai trouvé ça nul*.
2. This can be done in teams.

Hint: This works best with at least three students: one can "listen in" with book open to check the accuracy of the reponses.

Activité de communication

 Exprimez vos réactions.

1. Vous êtes à une exposition de peinture avec un(e) camarade. Vous voyez un tableau que vous trouvez extraordinaire, mais que votre camarade n'aime pas du tout. Vous discutez.
2. Faites la critique d'un film, d'une pièce, d'un opéra que vous venez de voir.
3. Vous avez vu en photo la pyramide du Louvre et la Grande Arche. Quelles ont été vos réactions? Maintenant regardez ces photos. Elles montrent d'autres réalisations artistiques récentes à Paris. Quelles sont vos réactions?

Les colonnes de Buren (cour du Palais-Royal à Paris)

Sculpture de Niki de Saint-Phalle (fontaine Stravinski à Paris)

«La Géode» (Cité des Sciences de La Villette à Paris)

Le centre Pompidou à Paris

Sculpture devant l'église Saint-Eustache à Paris

Sculpture d'Arman: «L'Heure de tous» (devant la gare Saint-Lazare à Paris)

LANGAGE

CRITICAL THINKING ACTIVITY

(Thinking skills: Supporting Statements with Reasons)

Activité, Question 3, this page: With more able groups, you may wish to have a student explain why he/she agrees or disagrees with the reaction of another student.

INDEPENDENT PRACTICE

Assign any of the following:
1. Workbook, Langage
2. Activity on this page

Activité de communication

ANSWERS

Answers will vary.

ART CONNECTION

1. *La Cité des sciences et de l'industrie:* C'est une construction monumentale de granit, d'acier et de verre. Elle a été construite sur les bases de l'ancienne salle de vente des abattoirs. Elle propose d'importantes expositions permanentes et temporaires sur des thèmes scientifiques: l'eau, la matière, la vie, l'univers.

   La Géode est une immense salle de cinéma en forme de sphère: elle pèse 6 000 tonnes et n'est soutenue que par un seul pilier! Des films à tendance scientifique composent le répertoire actuel de la Géode.

2. *Les colonnes de Buren,* du nom de leur créateur, ont créé une véritable polémique. Certains des habitants de ce quartier chargé d'histoire protestèrent amèrement contre ce mélange sans goût. Ils pensaient que ces sculptures modernes ne se mariaient pas bien avec l'architecture du quartier. Malgré les protestations, les colonnes furent installées. Elles servent quelquefois de siège aux promeneurs et offrent un effet visuel intéressant.

3. *Niki de Saint-Phalle, sculpteur:* Elle était membre du groupe des Nouveaux Réalistes dans les années 60. Elle est surtout connue pour ses «Nanas», des sculptures représentant des femmes très colorées et opulentes.

4. *L'église St. Eustache* est une des grandes églises de Paris. Elle se trouve dans le quartier des anciennes Halles et fut construite entre 1532 et 1637.

STRUCTURE I

Structure Teaching Resources

1. Workbook, *Structure I*
2. Student Tape Manual, *Structure I*
3. Audio Cassette 8
4. Chapter Quizzes, *Structure I*
5. Testing Program, *Structure I*

Bell Ringer Review

Write the following on the board or use BRR Blackline Master 8-4: Complétez au futur:
1. Moi, j' ___ en France et mon ami ___ en Espagne. (aller, aller)
2. Nous ___ le même vol parce qu'il ___ une semaine à Paris avant d'aller à Madrid. (prendre, être)
3. En huit jours, nous ___ visiter tous les quartiers intéressants. (pouvoir)
4. Moi, j'___ beaucoup de souvenirs mais mon ami n'___ rien. (acheter, acheter)

Le conditionnel présent ◆
PRESENTATION (page 392)

A. You may wish to call on a student to read the explanatory material aloud.
B. Have the class repeat the verb forms and the model sentences.

Exercice
PRESENTATION (page 392)

This exercise can be gone over with or without prior preparation.

ANSWERS

1. pourrais
2. arrangerait, pourrais
3. aimerais
4. étonnerait
5. viendraient
6. pourrais
7. serions

STRUCTURE I

Le conditionnel présent — *Expressing Conditions*

1. The present conditional is formed by adding the imperfect endings to the future stem of the verb. (For future stems of other verbs, see p. 174.)

INFINITIVE	FUTURE STEM	IMPERFECT ENDINGS	PRESENT CONDITIONAL
parler	parler	-ais	je parlerais
finir	finir	-ais	tu finirais
vendre	vendr	-ait	il vendrait
faire	fer	-ions	nous ferions
pouvoir	pourr	-iez	vous pourriez
acheter	achèter	-aient	ils achèteraient

2. The conditional is used in French to express what would take place if it were not for some other circumstances.

   J'irais bien au cinéma, mais il faut que je travaille.
   J'aimerais aller à Paris.

3. The conditional is used to make a polite request.

   Je voudrais deux billets, s'il vous plaît.
   Pourriez-vous vous pousser un peu, s'il vous plaît?

4. The conditional is used to express a future action in a past context.

   Il a dit qu'il irait avec vous à l'opéra.

Exercice

 Un petit service. Complétez au conditionnel présent.

1. ___-tu m'acheter trois billets pour samedi? (pouvoir)
2. Ça m'___, parce que sinon, je ne ___ pas y aller moi-même. (arranger, pouvoir)
3. J'___ aussi que tu m'envoies le programme pour le mois prochain. (aimer)
4. Car ça m'___ que je puisse me libérer avant ça. (étonner)
5. Philippe et Jean m'ont dit qu'ils ___ peut-être aussi. (venir)
6. Au fait, tu ___, toi aussi, venir avec nous. (pouvoir)
7. Nous ___ très heureux d'avoir ta compagnie. (être)

392 CHAPITRE 8

ADVANCED GAME

Conditional Game: *Qu'est-ce que vous feriez?*

Set-up: With students, brainstorm difficult or unusual situations people might find themselves in.

Sample situation: *Vous êtes sorti(e) en robe de chambre pour chercher le journal et la porte de la maison s'est refermée derrière vous. Personne n'est à la maison.* Write the situations on the board.

Game:
1. Two students leave the room while the class picks a situation from the board.
2. The students return and take turns asking other students questions using the conditional to find out which situation the class has chosen. The first one to guess wins.

L'infinitif passé

Describing Actions that Occurred Prior to Other Actions

1. There are two forms of the infinitive in French—present and past. You already know the present form which you have been using to identify verbs: *aimer, répondre, sortir.* There is also a past infinitive which is composed of two parts: the infinitive of the verb *avoir* or *être* (depending on which verb the infinitive takes in the *passé composé*) and the past participle of that verb.

> avoir fini
> être sorti(e)(s)

Note that the rules of agreement for the past infinitive are the same as those for the *passé composé.*

> Cette statue? Il est content de *l'avoir finie.*
> Elle est contente *d'être allée* à cette exposition.
> Nous sommes tous désolés de *nous être trompés.*

2. The past infinitive is used to express an action that occurred prior to another one.

> Elle est parti *sans avoir entendu* les plus belles chansons.
> Elle regrette beaucoup *d'être partie* avant la fin du spectacle.

3. The past infinitive is always used after *après.*

> *Après avoir vu* le film, elles sont allées au restaurant.
> *Après s'être bien amusées,* elles sont rentrées en métro.

4. To make a past infinitive negative, *ne pas* is placed before *avoir* or *être.*

> Elle est très heureuse de *ne pas avoir vu* cette pièce.

Rodin: «Les Bourgeois de Calais»

STRUCTURE I 393

Exercices

ANSWERS

Exercice A
1. Après avoir fait du jogging dans le parc, ils sont allés faire des courses en ville.
2. Après avoir fait des courses en ville, ils ont déjeuné dans un bon restaurant.
3. Après avoir déjeuné dans un bon restaurant, ils sont allés à l'exposition Degas.
4. Après être allés à l'exposition Degas, ils ont pris quelque chose dans un café.
5. Après avoir pris quelque chose dans un café, ils ont vu le dernier film de Catherine Deneuve.
6. Après avoir vu le dernier film de Catherine Deneuve, ils ont dîné chez des amis.
7. Après avoir dîné chez des amis, ils sont allés dans un cabaret.
8. Après être allés dans un cabaret, ils sont rentrés chez eux.
9. Après être rentrés chez eux, ils se sont couchés tout de suite.
10. Après s'être couchés tout de suite, ils se sont endormis immédiatement.

Exercice B
Answers will vary.

Exercice C
1. Non, je regrette de ne pas l'avoir vu.
2. Non, je regrette de ne pas les avoir lus.
3. Non, il regrette de ne pas l'avoir écouté.
4. Non, elle regrette de ne pas l'avoir visité.
5. Non, ils regrettent de ne pas y être allés.
6. Non, elles regrettent de ne pas s'y être amusées.

Exercices

A **Le samedi de Corinne et Pierre.** Racontez ce que Corinne et Pierre ont fait samedi dernier. Lisez le modèle et continuez.

> se lever tôt
> *Ils se sont levés tôt.*
>
> prendre le petit déjeuner ensemble
> *Après s'être levés tôt, ils ont pris le petit déjeuner ensemble.*
>
> faire du jogging dans le parc
> *Après avoir pris le petit déjeuner ensemble, ils ont fait du jogging dans le parc.*

1. aller faire des courses en ville
2. déjeuner dans un bon restaurant
3. aller à l'exposition Degas
4. prendre quelque chose dans un café
5. voir le dernier film de Catherine Deneuve
6. dîner chez des amis
7. aller dans un cabaret
8. rentrer chez eux
9. se coucher tout de suite
10. s'endormir immédiatement

B **Et vous?** Racontez de la même façon ce que vous avez fait (véritablement) samedi dernier.

> Je me suis levé(e) tôt/tard.
> Après m'être levé(e) tôt/tard,…

C **Loisirs culturels.** Répondez aux questions suivantes. Suivez le modèle.

> —Tu as vu l'exposition Picasso?
> —*Non, je regrette de ne pas l'avoir vue.*

1. Tu as vu le dernier film d'Yves Montand?
2. Vous avez lu les poèmes de Prévert?
3. Il a écouté le disque d'Édith Piaf?
4. Elle a visité le musée du Louvre?
5. Ils sont allés à la Grande Arche?
6. Elles se sont amusées à la Comédie-Française?

CHAPITRE 8

DID YOU KNOW?

Degas, peintre impressionniste, s'est attaché à peindre le mouvement. Il passait des heures entières à l'Opéra de Paris où il observait les répétitions des danseuses afin de les représenter dans différentes attitudes.

INDEPENDENT PRACTICE

Assign any of the following:
1. Exercises A–C on this page
2. Workbook, *Structure I*

Le participe présent

Talking About People, Events, and Successive or Simultaneous Actions

1. The present participle of all verbs, except *avoir*, *être*, and *savoir*, is formed by adding *-ant* to the "*nous*" form of the present tense.

INFINITIVE	STEM	ENDING	PRESENT PARTICIPLE
parler	parl	-ant	parlant
finir	finiss	-ant	finissant
vendre	vend	-ant	vendant
faire	fais	-ant	faisant
pouvoir	pouv	-ant	pouvant

2. The following verbs have irregular present participles.

INFINITIVE	PRESENT PARTICIPLE
avoir	ayant
être	étant
savoir	sachant

3. The present participle has a compound form. It is formed with the present participle of either *avoir* or *être* and the past participle of the verb.

   ayant parlé
   étant sorti(e)(s)

4. The present participle is used in the following cases:

   - to express the reason why an action happens or happened

     Le tableau étant très célèbre, ils ont pris une grosse assurance.

   - to express an action which occurred prior to the main verb (compound form only)

     Étant parti trop tard, j'ai manqué mon rendez-vous.

   - to express an action occurring at the same time as another one. In such cases, the present participle is often preceded by *en*

     | **Ils marchaient en chantant.** | *They walked while singing (as they sang).* |
     | **Elle m'a dit bonjour en arrivant.** | *She said hello upon arriving.* |

STRUCTURE I

Exercices

PRESENTATION (*page 396*)

Give students the opportunity to prepare these exercises before going over them in class.

ANSWERS

Exercice A
1. Il s'est senti mal en montant en ascenseur.
2. Il a eu le vertige en regardant en bas.
3. Il a découvert une vue magnifique en allant au 3e étage.
4. Il a appris des tas de choses en parlant au garde.
5. Il a fait de la monnaie en achetant des souvenirs.
6. Il s'est senti fatigué en rentrant chez lui.

Exercice B
1. Ayant décidé de partir, ils sont partis.
2. Ayant été occupée toute la journée, je ne me suis pas occupée de vous.
3. Ayant choisi un itinéraire, ils ont appelé l'agence de voyages.
4. Ayant peint le plus beau tableau de sa vie, il s'est arrêté de peindre.
5. Étant arrivé en haut, il a décidé de redescendre immédiatement.

Exercices

A **Sur la tour Eiffel.** Faites une seule phrase. Utilisez *en* + le participe présent.

1. Il est monté en ascenseur. Il s'est senti mal.
2. Il a regardé en bas. Il a eu le vertige.
3. Il est allé au 3e étage. Il a découvert une vue magnifique.
4. Il a parlé au garde. Il a appris des tas de choses.
5. Il a acheté des souvenirs. Il a fait de la monnaie.
6. Il est rentré chez lui. Il s'est senti fatigué.

B **Décisions.** Refaites la phrase en utilisant le participe présent composé.

1. Après avoir décidé de partir, ils sont partis.
2. Après avoir été occupée toute la journée, je ne me suis pas occupée de vous.
3. Après avoir choisi un itinéraire, ils ont appelé l'agence de voyages.
4. Après avoir peint le plus beau tableau de sa vie, il s'est arrêté de peindre.
5. Après être arrivé en haut, il a décidé de redescendre immédiatement.

CHAPITRE 8

DID YOU KNOW?

On dit que la plus belle avenue de Paris est une voie d'eau. Elle traverse non seulement la ville, mais aussi son histoire. La Seine a inspiré de nombreuses chansons, dont celle-ci écrite par Jacques Prévert et chantée par Catherine Sauvage:

La Seine a de la chance
elle n'a pas de souci
et quand elle se promène tout au long de ses quais
avec sa belle robe verte et ses lumières dorées
Notre-Dame jalouse
immobile et sévère du haut de toutes ses pierres
la regarde de travers.

Jacques PRÉVERT, © Éditions GALLIMARD

JOURNALISME

Toulouse-Lautrec vu par Fellini

INTRODUCTION

De nos jours, il ne fait aucun doute que le cinéma est un art: tout comme un peintre, un cinéaste peut représenter sa vision personnelle du monde qui l'entoure. Il n'est donc pas surprenant que Federico Fellini (1920–1993), l'un des cinéastes les plus influents de notre époque, exprime sa «sympathie» pour le peintre Toulouse-Lautrec (1864–1901). Tous deux, à des époques différentes et dans des pays différents, ont su décrire en images le monde fabuleux et grotesque qui les fascinait.

Toulouse-Lautrec, dans le Paris de la fin du XIXe siècle, a peint Montmartre et le monde des artistes qui y vivaient. Il est considéré comme le père de l'affiche (poster) moderne.

Federico Fellini, lui, nous a présenté l'Italie de son époque telle qu'il la voyait—riche en images, couleurs, formes—dans des films comme *La Strada, La Dolce Vita, Huit et demi, Juliette des Esprits* ou *Amarcord*.

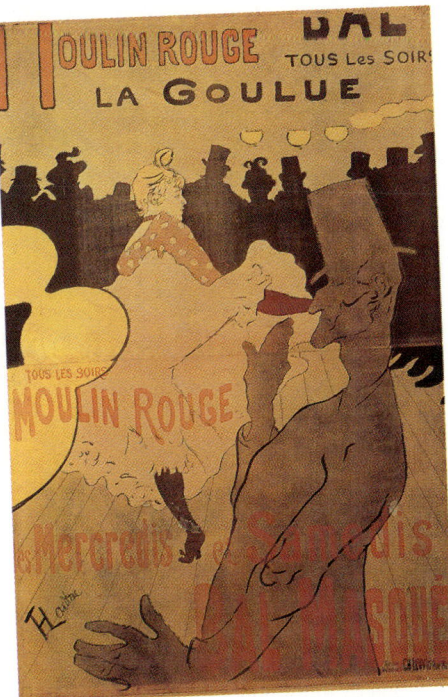

Toulouse-Lautrec*: «Moulin Rouge, la Goulue» (le Moulin Rouge est un café-concert; la Goulue est le nom de la danseuse; le danseur au premier plan s'appelle Valentin le Désossé†)

Toulouse-Lautrec

* Henri de Toulouse-Lautrec belonged to a very old aristocratic family with ties to the royal families of France, England, and Spain. He was 5 feet tall and deformed (due to a genetic bone disease, and two falls he took while horseback riding when he was fourteen years old).

† Valentin le Désossé ("désossé" meaning "boneless" or in this case "supple") was one of the café-concert dancers whom Toulouse-Lautrec painted.

Vocabulaire

Vocabulary Teaching Resources
1. Audio Cassette 8
2. Student Tape Manual
3. Workbook
4. Chapter Quizzes

PRESENTATION (page 398)

You may wish to ask the following questions to practice the new vocabulary: *Aimez-vous les foires? Quelles attractions préférez-vous? Le grand huit? La grande roue? Les montagnes russes? Êtes-vous déjà allé(e) au cirque? Est-ce que vous préférez les écuyers ou les trapézistes? Aimez-vous leurs habits? Aimez-vous les clowns et les mimes? Les mimes, comment s'expriment-ils? Par les paroles ou par le regard et les gestes? Avez-vous déjà vu un spectacle de marionnettes? Où? Savez-vous les noms de quelques metteurs en scène français? Lesquels?*

VOCABULAIRE

une foire

une trapéziste

un trapéziste

un écuyer

une écuyère

une marionnette

un spectacle de marionnettes   un spectacle de cirque

un regard   action de regarder; expression des yeux de celui qui regarde
un geste   mouvement des bras, des mains ou de la tête
un cinéaste   auteur ou réalisateur de films
un metteur en scène   personne qui dirige la réalisation d'un spectacle (pièce de théâtre, film, etc.)

les habits   les vêtements, costumes
les rentes   l'argent qu'on reçoit sans travailler: des intérêts, par exemple
un rentier   personne qui vit de ses rentes, qui ne travaille pas
émerveillé   fasciné
exprimer   dire, donner ses impressions

398   CHAPITRE 8

DID YOU KNOW?

1. Les petits enfants français assistent très souvent à des spectacles de marionnettes. Il existe des théâtres de marionnettes dans de nombreux jardins parisiens: les marionnettes du Luxembourg ou du Jardin d'Acclimatation. Le personnage principal est toujours Guignol. Il est accompagné de son ami Gnafron. Ils symbolisent l'esprit populaire frondeur contre les agents de l'autorité.

2. Le créateur du cirque fut l'Anglais Philip Astley. Il ouvrit une succursale à Paris dès 1783. Aujourd'hui parmi les grands cirques français se trouvent les cirques Bouglione, Amar et Pinder.

Exercices

A Le monde du spectacle. Donnez des réponses personnelles.

1. Vous aimez le monde du spectacle?
2. Vous êtes déjà allé(e) au cirque?
3. Qu'y avez-vous vu?
4. Vous êtes déjà allé(e) dans une foire?
5. Avez-vous déjà vu un spectacle de marionnettes? Où ça?
6. Allez-vous souvent au cinéma?
7. Quel est le dernier film que vous avez vu? Il y a combien de temps?
8. Quels sont vos cinéastes préférés?

Federico Fellini

B Un cinéaste célèbre. Complétez.

1. Il a besoin de travailler! Il ne peut pas vivre de ses ___. Ce n'est pas un ___.
2. C'est toujours lui, le ___; il ne veut jamais que quelqu'un d'autre dirige la réalisation de ses films.
3. Il s'occupe de tout, même des costumes, des ___ que portent les acteurs.
4. Il aime beaucoup montrer le monde du ___: des chanteurs, des danseurs, des acrobates, etc.
5. Il veut que les acteurs ___ leurs émotions en toute liberté.
6. Il veut voir leurs émotions dans leurs yeux, dans leur ___.
7. Il parle beaucoup avec ses mains: il fait de grands ___.
8. Je suis toujours ___ par la beauté de ses films.

Une scène de «La Strada» de Federico Fellini avec Giulietta Masina et Anthony Quinn (1954)

JOURNALISME 399

Toulouse, mon frère ◆◆◆

PRESENTATION *(page 400)*

A. Have students look at the title and subtitle of the article and at the pictures by Fellini and Toulouse-Lautrec on pages 400–401. Ask them why Fellini gave his article this title.

B. It is suggested that you have students read this selection silently as if they were browsing through the magazine.

C. After you have finished the reading, have students look at the works by Toulouse-Lautrec on pages 397, 400, and 401. Ask them which of the things Fellini talks about in the article they can see in the art. (*le goût de Lautrec pour la caricature, son amour pour le monde du spectacle, sa façon de peindre les femmes, son effort pour faire voir le monde tel qu'il le voyait avec cette affectueuse déformation de quelqu'un qui regarde d'en bas…*) (To expand this analysis, you may also wish to bring in other examples of Lautrec paintings.)

Note: Some of the vocabulary in this selection is a bit difficult. It is not necessary that students learn it.

Toulouse-Lautrec: «Au cirque Fernando, l'écuyère», 1888

Fellini: «Le dompteur de rêves»
© Diogenes Verlag AG Zürich

LA FAMILLE DU SPECTACLE
Toulouse, mon frère

PAR FEDERICO FELLINI

«Il avait une mentalité de cinéaste…»

Comme Toulouse-Lautrec, j'ai toujours été fasciné par le cirque, les foires, les marionnettes, le music-hall. Comme lui aussi, je fais partie de la famille des clowns, des trapézistes, des écuyers et des chanteurs de cabaret. Enfant, je ne me demandais jamais si je serais avocat, médecin ou prêtre[1], mais peintre, oui, parce que les peintres ont gardé ce privilège de pouvoir se barbouiller de[2] couleurs sans que personne n'ose[3] protester.

Lautrec adorait le spectacle. Il avait une mentalité de cinéaste, une façon d'exprimer à travers[4] ses cadrages[5] un sentiment, une émotion, une idée qui sont ceux du metteur en scène. Toulouse n'a jamais voulu jouer les peintres aristocratiques. Il a préféré un autre genre: faiseur de BD[6], de posters, de caricatures. Toutes choses qui me le rendent très proche et me donnent l'impression de l'avoir connu.

Il aimait les femmes. Mais les autres aussi, au fond[7]. Il avait pour eux le regard émerveillé de l'enfant. Il leur serrait la taille[8], leur allongeait le nez, colorait leurs habits, enrichissait leurs regards et leurs gestes. Il voulait faire voir le monde tel qu'[9]il le voyait. Et il le voyait en perspective. Avec cette affectueuse déformation de ceux qui regardent d'en bas.

Pas plus que Toulouse-Lautrec, je n'ai le goût du grotesque. Il se trouve simplement que toute vision artistique est stylisation, synthèse, concentration, et ne peut donc être objective. Comme Toulouse encore, je gomme[10] beaucoup et je reconstruis. Quand j'ai refait le visage lisse[11] et marécageux[12] de Donald Sutherland pour «Casanova», je me suis senti tel un peintre qui récrit l'essentiel d'un personnage; tel Toulouse-Lautrec réinventant Valentin le Désossé.

C'est peut-être pour cela que, par-delà les rhétoriques faciles, cet homme incroyable ne peut que susciter[13] ma sympathie: ce visage trop lourd sur un corps trop petit, ces évidents complexes d'infériorité et d'infirmité, qui ont à coup sûr stimulé sa créativité… Il est béni des dieux[14], l'artiste qui naît avec une disgrâce, une blessure psychologique, une humiliation mortifiante qui, parce qu'il est marginal, le rendent pour ainsi dire illégitime. Ces traumatismes sont une richesse, un magasin de stockage[15] où le créateur puise[16] indéfiniment. Comme un rentier qui vivrait de ses rentes!

Propos recueillis par Marcelle Padovani

---

[1] **prêtre** *priest*
[2] **se barbouiller de** *to daub themselves with*
[3] **n'ose** *dare*
[4] **à travers** *through*
[5] **ses cadrages** *his way of centering, framing*
[6] **faiseur de BD** (bandes dessinées) *comic-strip artist*
[7] **au fond** *basically*
[8] **leur serrait la taille** *made their waists smaller*
[9] **tel qu'** *as*
[10] **gomme** *rub out, erase*
[11] **lisse** *smooth*
[12] **marécageux** *marshlike*
[13] **susciter** *arouse*
[14] **béni des dieux** *blessed by the gods*
[15] **un magasin de stockage** *warehouse*
[16] **puise** *draws from*

Compréhension

A Deux artistes. Répondez.

1. Qui parle dans cet article?
2. De qui nous parle-t-il?
3. Qu'est-ce qui a toujours fasciné les deux hommes?
4. Faites une liste des comparaisons entre les deux hommes.

B Oui ou non? Répondez d'après le texte.

1. Toulouse-Lautrec regardait le monde comme une vieille personne.
2. Toulouse-Lautrec adorait le grotesque.
3. Il croyait que toute vision artistique devait être objective.
4. Il voyait le monde tel qu'il était.
5. Quand il était petit, Fellini voulait être avocat.
6. Toulouse-Lautrec était cinéaste.

C Que veut dire…? Expliquez les phrases suivantes tirées du texte.

1. «Toulouse-Lautrec n'a jamais voulu jouer les peintres aristocratiques».
2. «Il voulait faire voir le monde tel qu'il le voyait».
3. «Il voyait le monde avec cette affectueuse déformation de ceux qui regardent d'en bas».
4. «Comme Toulouse-Lautrec, je gomme et je reconstruis».

Toulouse-Lautrec: «Portrait d'Yvette Guilbert», 1894

JOURNALISME   401

Activités

A **Le cinéma.** En France, il y a beaucoup de ciné-clubs et les rétrospectives sont très populaires. Imaginez que vous et votre camarade allez ouvrir un ciné-club. Choisissez les films que vous allez présenter.

B **Débat.** Fellini dit que l'infirmité de Toulouse-Lautrec «a stimulé sa créativité». On dit aussi souvent qu'on ne peut pas être créatif si on ne souffre pas. Qu'en pensez-vous?

Les Aventures de Tintin

Introduction

La bande dessinée est universelle. Elle s'adresse à des publics très différents. Il y a des bandes dessinées pour enfants, il y a celles pour adultes. Il y a des bandes dessinées qui n'ont aucune prétention intellectuelle ou artistique, d'autres qui sont de véritables œuvres d'art. En France, la bande dessinée est très appréciée. Tous les enfants connaissent les aventures de Tintin, et celle du cowboy Lucky Luke, «l'homme qui tire plus vite que son ombre» (*the man who shoots faster than his shadow*).

Vous allez lire un épisode d'une aventure de Tintin: *On a marché sur la Lune*. Comme dans toutes les aventures de Tintin, on y retrouve ses fidèles compagnons: Milou, son chien; le capitaine Haddock, un ancien marin qui jure (*swears*) tout le temps—ses jurons favoris étant «Tonnerre de Brest!» et «Mille millions de mille sabords!» (*Blistering barnacles!*); les Dupont et Dupont, deux policiers jumeaux (*twins*) qui font gaffe (*blunder*) sur gaffe. Tout ce petit monde se retrouve dans de nombreuses aventures qui se passent aux quatre coins de la planète. Mais dans l'épisode qui suit, ils viennent d'atterrir sur une autre planète: la Lune!

Vocabulaire

la Lune
une fusée
la Terre

une étoile
un paysage lunaire

JOURNALISME 403

DID YOU KNOW?

1. Devant le succès des personnages tels que Tintin, Lucky Luke ou Astérix, le dessinateur n'est plus libre de changer le profil de son héros. Ceux-ci deviennent des sortes de mythes. Ainsi Tintin aura-t-il toujours besoin de Milou, Lucky Luke se battra toujours contre les Dalton et Astérix sera toujours le débrouillard que l'on connaît.

2. Dans les bandes dessinées, on trouve de nombreuses onomatopées qui sont une manière d'introduire le son dans l'image de la B.D. et la rendre plus réaliste. Certaines sont empruntées à l'anglais. Un bruit d'eau fait «splatch». Tandis qu'une voiture fait «vroââr» ou «rac pout pout» selon sa marque, et le galop d'un cheval «cataclop, cataclop».

PRESENTATION (continued)

Est-ce que le paysage lunaire est joli? La nuit, voit-on beaucoup d'étoiles dans le ciel? Quand il n'y a pas de lune, est-ce que le ciel est d'un noir d'encre?

B. Ask: *Vous ronflez quand vous dormez? Est-ce qu'il y a quelqu'un qui ronfle dans votre famille? Faites-vous quelquefois des cauchemars? Quand vous vous réveillez d'un mauvais rêve, êtes-vous content(e) d'être sain(e) et sauf(ve)? Vous affolez-vous facilement ou restez-vous calme? Avez-vous quelquefois des taches d'encre sur les mains? Pourquoi?*

Exercices

PRESENTATION (page 404)
Exercices A and B
These exercises can be done immediately after the new vocabulary has been presented.

ANSWERS
Exercice A
1. g
2. e
3. i
4. a
5. h
6. c
7. b
8. d
9. f

Exercice B
1. Terre, Lune
2. paysage
3. vivant, mort
4. cauchemar
5. sains, saufs
6. doute

Vocabulary Expansion

Give students the following expressions with *lune* and *terre* and see if they can come up with the equivalent expression in English.
être dans la lune
une lune de miel
demander (promettre) la lune
il y a bien des lunes…
être six pieds sous terre
remuer ciel et terre

404

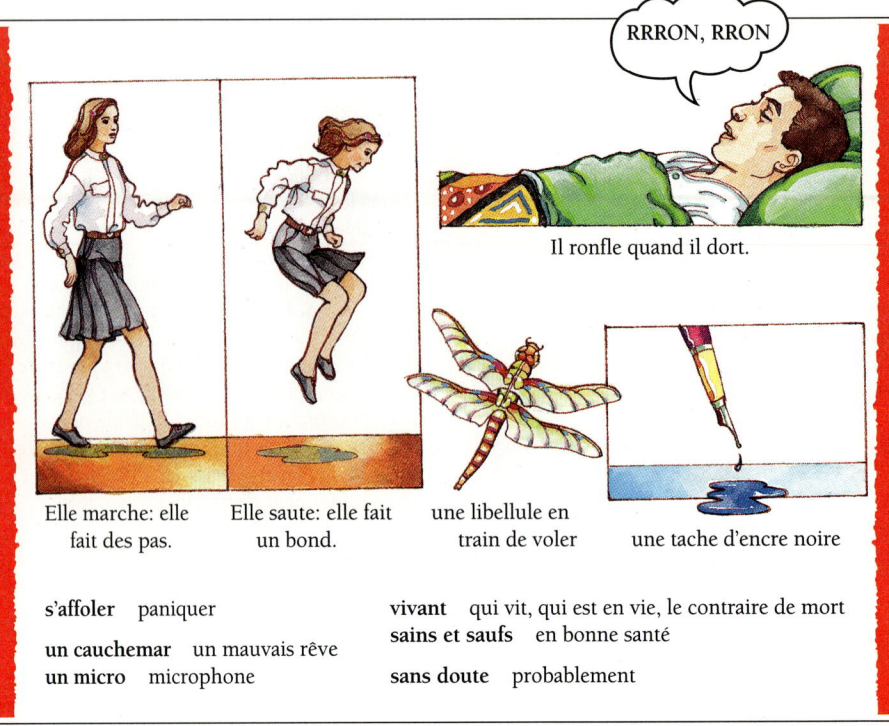

Il ronfle quand il dort.

Elle marche: elle fait des pas.
Elle saute: elle fait un bond.
une libellule en train de voler
une tache d'encre noire

s'affoler   paniquer
un cauchemar   un mauvais rêve
un micro   microphone
vivant   qui vit, qui est en vie, le contraire de mort
sains et saufs   en bonne santé
sans doute   probablement

Exercices

A **Associations.** Quels mots vont ensemble?

1. ronfler   a. marcher
2. une étoile   b. la peur
3. de l'encre   c. l'espace
4. un pas   d. un bond
5. une libellule e. le ciel
6. une fusée   f. parler
7. s'affoler   g. dormir
8. sauter   h. voler
9. un micro   i. un stylo

B **L'espace.** Complétez.

1. Pour aller de la ___ à la ___, il faut une fusée.
2. Sur la Lune, il n'y a pas de végétation. Le ___ est lunaire.
3. Rien ne vit sur la Lune; rien n'est ___. Tout semble ___.
4. Le paysage lunaire ressemble à un mauvais rêve, à un ___.
5. Le voyage des astronautes n'a pas été facile, mais ils sont arrivés ___ et ___.
6. On construira sans ___ prochainement une station spatiale sur la Lune.

404   CHAPITRE 8

INDEPENDENT PRACTICE

Assign any of the following:
1. Exercises on this page
2. Workbook, *Journalisme*

ON A MARCHÉ SUR LA LUNE

[1] avaries *damage*
[2] trépidations *vibrations*
[3] ont secoué *shook*
[4] fouler *to tread*
[5] scaphandre *space suit*
[6] faire le vide *create a vacuum*
[7] les échelons mobiles *accommodation ladder*

JOURNALISME 405

On a marché sur la Lune
♦♦♦

PRESENTATION (page 405)

A. Give students a copy of this reading with blank speech bubbles. Have them work in groups to write what they think the dialogue should be for different sections of the comic strip based solely on the pictures. After the reading, you can compare the students' versions with the actual story.

B. Have students read this selection silently as if they were actually reading a comic book.

C. Tell students to read the selection once. Have them read it a second time as they look for the information in the *Compréhension A* exercise on page 408. It is recommended that this be done as a homework assignment.

[8] *prodigieux*   prodigious, fantastic
[9] *la pesanteur*   gravity
[10] *moindre*   less
[11] *le plus fort… c'est que*   the amazing thing… is
[12] *pourvu que*   let's hope that
[13] *me dégourdir les (jambes) pattes*   to stretch my legs
* *Nom d'un homme!*   Milou's version (a dog's) of the expression "Nom d'un chien!" which means "Golly! Gee!"

JOURNALISME   407

COOPERATIVE LEARNING

Have students do the following in groups:
1. Trouvez un titre pour ces pages.
2. Jouez les rôles des personnages.
3. Racontez l'histoire d'un autre point de vue.

Compréhension

ANSWERS

Compréhension A

1. Parce qu'ils ont appelé la fusée lunaire pendant plus d'une demi-heure sans obtenir de réponse.
2. Tournesol.
3. Sur la Lune.
4. Les deux policiers.
5. Tintin, parce qu'il est le plus jeune.
6. Un paysage de cauchemar, un paysage de mort, effrayant de désolation…
7. Il est enthousiasmé: il marche, il court, il saute.
8. Il a un peu peur, mais il est content de pouvoir se dégourdir les pattes.
9. Ils sont six fois plus légers que sur la Terre.

Compréhension B

Answers will vary.

Activités

PRESENTATION

(pages 408–409)

Activité A

This activity can be done as an individual assignment or as a group activity.

Note: You may wish to tell students the following:

Tintin et le capitaine Haddock ressentent un tremblement de terre ou plutôt de lune. C'est une météorite qui vient de s'abattre juste à l'endroit où ils se trouvaient quelques instants plus tôt.

Extension of *Activité C*

Use a comic-strip from a local newspaper and white-out the bubbles. Students fill in the conversation in French. You may wish to display the best comic-strips on the bulletin board.

ANSWERS

Activités A, B, and C

Answers will vary.

408

Compréhension

A **Suspense.** Répondez d'après le texte.

1. Pourquoi les ingénieurs sur la Terre s'inquiètent-ils?
2. Qui répond à l'appel de la Terre?
3. Où sont nos amis?
4. Qui ronfle?
5. Qui va sortir le premier de la fusée? Pourquoi?
6. Comment Tintin décrit-il le paysage lunaire?
7. Quelle est la réaction du capitaine Haddock quand il met le pied sur la Lune?
8. Quelle est celle de Milou?
9. Quel est l'effet de la pesanteur lunaire sur nos trois amis?

B **On a marché sur la Lune.** Cette bande dessinée a été écrite bien avant que l'homme n'ait vraiment marché sur la Lune. Essayez de deviner en quelle année cette bande dessinée a paru. Vous savez certainement en quelle année et qui a marché sur la Lune pour la première fois. Pour savoir la réponse à ces deux questions, regardez en bas de la page.

Imaginez maintenant que c'est vous qui marchez sur la Lune pour la première fois. Utilisez le vocabulaire de ce texte pour décrire vos impressions.

Activités

A **La suite.** La dernière image de cet épisode montre que quelque chose va arriver à nos héros. Imaginez ce que c'est.

B **Vos héros.** Avec un(e) camarade, vous discutez des mérites de vos héros de bande dessinée préférés.

C **Votre propre BD.** Avec un groupe de camarades, faites votre propre BD. Il vous faudra combiner trois éléments:

—une histoire courte racontée en images
—un personnage central ou un groupe de personnages centraux
—un texte ou des dialogues écrits à l'intérieur des dessins.

Réponses
• Cette bande dessinée a paru en 1953.
• Neil Armstrong a été le premier être humain à marcher sur la Lune, le 21 juillet 1969.

408   CHAPITRE 8

ADVANCED GAME

1. Have students work in groups. Give each group a French comic-book page that you have cut up into sections. Each student must read his/her section silently then describe it to the others. The object of the activity is to reassemble the page in its correct sequence. Then ask students to give a resumé of their page.

Hint: Use pages from the same book and have the class put the groups' pages in order as well.

2. Give each group another French comic-book page with blank speech bubbles. Have students work together to write the dialogue. The group whose version most resembles the original "wins."

D **Débat: les bandes dessinées.** Les parents et les professeurs n'aiment pas toujours que les jeunes lisent des bandes dessinées. En effet, ils trouvent souvent que les bandes dessinées ne sont pas éducatives et qu'au lieu de développer l'esprit, elles le déforment. Qu'en pensez-vous? Préparez vos arguments avant de débattre avec vos camarades.

JOURNALISME 409

STRUCTURE II

Le conditionnel passé — *Expressing What Would Have Happened Under Certain Conditions*

1. The conditional perfect is formed by using the present conditional of *avoir* or *être* and the past participle of the verb.

INFINITIVE	FINIR	SORTIR
PAST CONDITIONAL	j' aurais fini tu aurais fini il aurait fini elle aurait fini nous aurions fini vous auriez fini ils auraient fini elles auraient fini	je serais sorti(e) tu serais sorti(e) il serait sorti elle serait sortie nous serions sorti(e)s vous seriez sorti(e)(s) ils seraient sortis elles seraient sorties

2. The conditional perfect is used to express what would have happened or what the situation would have been, if conditions had been different.

   Dans ce cas là, j'aurais refusé.
   Je serais bien allée avec vous, mais j'avais du travail à faire.

Exercice

 Pas possible. Complétez.

1. J'___ essayer, mais j'avais peur de ne pas réussir. (pouvoir)
2. J'___ dormir mais je n'avais pas sommeil. (vouloir)
3. J'___ quelque chose, mais le frigidaire était vide. (manger)
4. Je l'___ mais je n'avais pas d'argent. (acheter)
5. J'___ quelque chose, mais le café était fermé. (boire)
6. J'___ quelque chose, mais j'avais peur de prendre la parole. (dire)

Les propositions avec si — Expressing Conditions

A clause beginning with *si* is often used in conditional sentences. In French, sentences with *si* use a particular sequence of tenses.

SI + PRÉSENT	FUTUR/IMPÉRATIF
Si elle a le temps,	elle ira au cinéma.
Si vous avez le temps,	allez au cinéma!

SI + IMPARFAIT	CONDITIONNEL PRÉSENT
Si elle avait le temps,	elle irait au cinéma.

SI + PLUS-QUE-PARFAIT	CONDITIONNEL PASSÉ
Si elle avait eu le temps,	elle serait allée au cinéma.

Do not confuse *si* (if) with the *si* that means "whether." *Si* meaning "whether" can take any tense.

> Je ne sais pas si Paul viendra avec nous.

Exercices

A **Oui ou non.** Répondez personnellement.

1. Si tu as le temps, tu iras au théâtre?
2. Si tu avais le temps, tu irais au théâtre?
3. Si tu avais eu le temps, tu serais allé(e) au théâtre?
4. Si tu as de l'argent, tu iras en Chine?
5. Si tu avais de l'argent, tu irais en Chine?
6. Si tu avais eu de l'argent, tu serais allé(e) en Chine?

B **Avec des *si*.** Dites ce que vous feriez si…

1. vous aviez un an de vacances.
2. vous aviez beaucoup d'argent.
3. vous parliez vingt langues étrangères.
4. vous étiez président des États-Unis.

C **Dans le passé.** Dites ce que vous auriez pu faire, voir, aimer, si…

1. vous aviez vécu au 17ᵉ siècle.
2. vous étiez né(e) en 1850.
3. vous aviez eu 20 ans en 1910.

D **Toujours dans le passé.** Maintenant dites ce que vous n'auriez pas pu faire, voir, aimer.

STRUCTURE II 411

ADDITIONAL PRACTICE

Have students answer the following questions giving as many answers as possible:
1. Qu'est-ce que vous auriez fait l'année dernière si vous aviez eu plus d'argent?
2. Qu'est-ce que vous auriez fait le mois dernier si vous aviez eu plus de temps?

PAIRED ACTIVITY

Have students work in pairs. The first student begins a sentence with a *si* clause and the partner must finish the sentence with an appropriate ending in the correct tense.

Les propositions avec si
❖❖❖

PRESENTATION (page 411)
A. Write the sequence of tenses on the board.
B. Have students read the model sentences.
C. Assign the exercises for homework and go over them in class the next day.

Exercices
ANSWERS

Exercices A, B, C, and D
Answers will vary.

Bell Ringer Review

Write the following on the board or use BRR Blackline Master 8-8: Faites une liste de toutes les expressions que vous connaissez qui utilisent le verbe *faire*.

Le faire causatif ◆◆◆

Note: Although many students find this point somewhat difficult, it is of quite high frequency in French.

PRESENTATION (page 412)

A. Read the explanatory material aloud.
B. Call on students to read the model sentences aloud.
C. Give as many examples as possible. This is one of those points that students learn better through examples than explanation.

Je fais chanter (danser) les enfants. Mes parents me font travailler (étudier, bien manger, dormir huit heures, me coucher de bonne heure).

Le *faire* causatif

Telling What You and Others Have People Do for You

An important use of the verb *faire* in French is in causative constructions.

1. A causative construction is used to express what one makes another do. In a causative construction, the verb *faire* is followed by an infinitive.

Je *fais chanter* les enfants.	I make (have) the children sing.
Je *fais restaurer* un tableau.	I have a painting restored.
Il *fait construire* une maison.	He's having a house built.

2. When object pronouns are used, they precede the verb *faire*.

Je fais chanter *la chanson*.	Je *la* fais chanter.
Je fais chanter *les enfants*.	Je *les* fais chanter.
Je fais chanter *la chanson aux enfants*.	Je *la leur* fais chanter.

3. In the *passé composé*, the past participle of the verb *faire* does not agree with the preceding direct object pronoun since the pronoun is actually the object of the infinitive that follows the verb *faire*.

   Il a fait restaurer *la statue*.   Il *l'*a fait restaurer.

4. A causative construction is often reflexive. In that case, the auxiliary *être* is used in the *passé composé*. Note that again, there is no agreement of the past participle *fait*.

   Elle *s'est fait faire* une robe.   She had a dress made for herself.
   Il *s'est fait couper* les cheveux.   He had his hair cut.

Un homme restaurant un tableau ancien

412   CHAPITRE 8

DID YOU KNOW?

Les rapports entre la science et l'art ont une longue histoire. Peu après la Première Guerre mondiale, des médecins utilisent déjà des appareils de radiographie médicale pour regarder à travers les tableaux. On peut, grâce à ces techniques, reconstituer l'approche de l'artiste et souvent dater l'œuvre. C'est sur ces techniques d'analyse que s'appuie la restauration des tableaux.

En sculpture, certaines statues sont nettoyées et restaurées dans les ateliers du Louvre. Les marbriers nébulisent la pierre, comblent les fissures et quelquefois enlèvent un élément parasite. «Nos ancêtres ne supportaient pas les statues anciennes incomplètes», explique Alain Pasquier, conservateur. «Alors, ils ajoutaient des bras, des jambes, des torses. Depuis Rodin nous acceptons beaucoup mieux les œuvres incomplètes».

Exercices

A **Leur nouvelle maison.** Ils ne vont pas le faire eux-mêmes. Dites ce qu'ils vont faire.

1. restaurer la façade
2. réparer les meubles
3. repeindre les pièces
4. nettoyer la cave
5. planter des fleurs dans le jardin
6. refaire la route

B **Encore une fois.** Récrivez les phrases de l'Exercice A en remplaçant les noms par des pronoms.

C **Ils ont tout fait faire.** Complétez.

1. Les peintures qu'il a fait___, je les ai vu___. Je les ai trouvé___ magnifiques.
2. Les peintures qu'il a fait___ restaurer, je les ai vu___. Je les ai trouvé___ magnifiques.
3. La robe qu'elle a fait___, je l'ai vu___. Je l'ai trouvé___ très belle.
4. La robe qu'elle a fait___ faire, je l'ai vu___. Je l'ai trouvé___ très belle.
5. Les maisons qu'ils ont fait___, je les ai vu___. Je les ai trouvé___ très belles.
6. Les maisons qu'ils ont fait___ faire, je les ai vu___. Je les ai trouvé___ très belles.

Le Musée d'Orsay

LITTÉRATURE

LE JET D'EAU

Bell Ringer Review

Write the following on the board or use BRR Blackline Master 8-9: Faites une liste des choses qui vous rendent mélancolique.

Avant la lecture

PRESENTATION *(page 414)*

A. Have students look at the poem «Le Jet d'eau» on page 416 before they read *Avant la lecture*. (You may also wish to show them the poem «La cravate» on page 324, *Bienvenue*.)

B. Then ask students to explain Apollinaire's statement: «Moi aussi, je suis peintre.»

Vocabulaire

Vocabulary Teaching Resources

1. Audio Cassette 8
2. Student Tape Manual
3. Workbook, *Littérature*
4. Chapter Quizzes

PRESENTATION
(pages 414–415)

Have students repeat the new words and expressions after you.

HISTORY CONNECTION

La Première Guerre mondiale, déclenchée en 1914 par l'assassinat de l'Archiduc d'Autriche, se transforme très vite, par jeu des alliances, en un immense conflit armé. Cette guerre, très meurtrière, fut surnommée la «der des der» parce que tout le monde pensait qu'elle serait la dernière.

414

LITTÉRATURE

LE JET D'EAU

Guillaume Apollinaire

AVANT LA LECTURE

Le poète Guillaume Apollinaire disait: «Moi aussi, je suis peintre». Dans ses *Calligrammes*, Apollinaire allie la poésie et le dessin. Connaissez-vous d'autres artistes qui allient plusieurs formes d'art?

VOCABULAIRE

La Guerre de 1914: les Français se battent contre les Allemands.

Les blessés saignent. Ils perdent beaucoup de sang. Le combat a été sanglant.

Elle pleure.

un laurier-rose
un jet d'eau
une fleur

Le soleil va se lever. C'est l'aube. L'eau jaillit de la fontaine.

414 CHAPITRE 8

Exercice

 À la guerre. Complétez.

1. Pendant une guerre, les gens se ___.
2. Il y a beaucoup de blessés: les combats sont ___.
3. Quand on est blessé, on ___.
4. Le blessé saigne. Il perd beaucoup de ___.
5. Il est triste. Il ___.
6. Quand le soleil est sur le point de se lever, c'est l'___.
7. Le laurier-rose a de grandes ___.
8. L'eau ___ de la fontaine.

INTRODUCTION

Guillaume de Kostrowitzky, «Kostro» pour ses amis, a écrit sous le pseudonyme d'«Apollinaire».

Il est né à Rome en 1880 et a eu une vie très fantaisiste et mouvementée, au cours de laquelle il s'est lié avec de nombreux poètes, peintres et musiciens de son époque. C'est la période de l'avant-guerre de 14, une période riche en idées en tous genres. C'est le début du cubisme, par exemple, qui ne laisse aucun artiste indifférent. Apollinaire est l'ami du poète Max Jacob et des peintres Braque, Derain et Picasso.

En décembre 1914, Apollinaire s'engage volontairement dans l'armée. Il est blessé à la tête en mars 1916 et subit une trépanation. Affaibli par sa blessure, il meurt en novembre 1918 pendant l'épidémie de «grippe espagnole».

Jean Metzinger: «Apollinaire en 1914»

LITTÉRATURE 415

Lecture

PRESENTATION (page 416)

A. Before going over the poem, tell students that Apollinaire wrote this poem after being wounded in World War I. He thinks of his friends who are still on the battle front. (You may wish to ask students to research who Braque, Max Jacob, and Derain were.)
B. Have students read the *Compréhension* questions on page 417 so they can look for the information as they read the poem.
C. Read the poem once aloud to the class or have the students listen to Cassette 8.
D. Call on a student to read aloud.
E. You may wish to paraphrase the poem to help students understand its meaning.
F. Have students find the names of Apollinaire's friends in the poem.
G. Have students think how they would feel if these names were those of their friends.
H. With more able groups, you may wish to ask the analytical questions in LITERARY ANALYSIS at the bottom of this page.

LECTURE

Le Jet d'eau

Tous les souvenirs de naguère[1]
Ô mes amis partis en guerre
Jaillissent vers le firmament[2]
Et vos regards en l'eau dormant
Meurent mélancoliquement
Où sont-ils Braque et Max Jacob
Derain aux yeux gris comme l'aube
Où sont Raynal Billy Dalize
Dont les noms se mélancolisent
Comme des pas dans une église
Où est Cremnitz qui s'engagea[3]
Peut-être sont-ils morts déjà
De souvenirs mon âme[4] est pleine
Le jet d'eau pleure sur ma peine[5]

CEUX QUI SONT PARTIS A LA GUERRE AU NORD SE BATTENT MAINTENANT

Le soir tombe O sanglante mer
Jardins où saigne abondamment le laurier rose fleur guerrière

Guillaume APOLLINAIRE, *Calligrammes*, © Éditions GALLIMARD

---

[1] naguère *yore*
[2] le firmament *le ciel*
[3] s'engagea *enlisted*
[4] âme *soul*
[5] peine *sorrow*

416   CHAPITRE 8

LITERARY ANALYSIS

1. Quelle atmosphère se dégage de ce calligramme?
2. Que devient le jet d'eau à la fin du poème?
3. Regardez la deuxième partie du poème. («Ceux qui sont partis» jusqu'à «fleur guerrière») À quoi vous fait penser la forme de cette partie? Comment interprétez-vous ce choix?

Gromaire: «La Guerre»

Après la lecture

Compréhension

 **Images.**

1. Notez tous les mots qui suggèrent une fontaine.
2. Notez tous les mots qui suggèrent la guerre et la mort.
3. Étudiez comment ces deux thèmes finissent par se mêler (*mixing*).

Activité

Calligramme. Écrivez votre propre calligramme. Choisissez d'abord un thème, puis une forme qui conviendrait à ce thème.

LITTÉRATURE 417

SANS DESSUS DESSOUS

SANS DESSUS DESSOUS

Jules Verne

AVANT LA LECTURE

On dit que la science a progressé plus vite ces 50 dernières années qu'elle ne l'avait fait en 500 ans. Quels sont les «événements» scientifiques que vous avez vécus?

VOCABULAIRE

La Norvège

La chaleur fait fondre le glacier.

ajouter dire en plus
jouir de avoir

les Joviens les habitants de Jupiter
les Terrestriens les habitants de la Terre

diurne pendant le jour, pendant la journée
enchanté(e) très content(e)
accru(e) augmenté(e)
amoindri(e) diminué(e)

418   CHAPITRE 8

Exercice

Quel est le mot? Complétez.

1. Oslo est la capitale de la ___.
2. Le soleil émet des ___.
3. Quand il fait chaud, il n'est pas content: il n'aime pas la ___.
4. Il aime le froid: quand il fait froid, il est ___.
5. Quand il fait chaud, les glaciers ___.
6. Il va faire beau cet été: nous allons ___ d'un bel été.
7. Il fait plus chaud depuis hier: la chaleur s'est ___.
8. Il fait moins froid depuis hier: le froid s'est ___.
9. Il fera chaud pendant la journée: les températures ___ seront comprises entre 20° et 25°.
10. Elle ne peut pas s'arrêter de parler, il faut toujours qu'elle ___ quelque chose.
11. On ne peut pas vivre sur Jupiter; il ne peut pas y avoir de ___.
12. Il y a de plus en plus d'habitants sur la Terre; il y a maintenant 5 billions de ___.

INTRODUCTION

L'extrait que vous allez lire est tiré de *Sans dessus dessous*, un roman de Jules Verne qui n'est pas aussi connu que *Vingt Mille Lieues sous les mers*, *De la Terre à la Lune* ou *Le Tour du Monde en quatre-vingts jours*.

Jules Verne (1828-1905) est l'écrivain qui a introduit en France le roman de science-fiction. Des années plus tard, les explorations que Jules Verne avaient décrites dans ses romans sont devenues réalités: la conquête de l'air, celle de l'espace et l'exploration sous-marine, entre autres.

Dans *Sans dessus dessous**, il s'agit d'un projet encore plus grandiose: redresser (*straighten*) l'axe terrestre. Les membres du prestigieux Gun-Club de Baltimore et son président, Mr. Barbicane, ont acheté le Pôle nord à cette fin. Dans l'extrait qui suit, Jules Verne décrit les changements qu'entraînerait le redressement de l'axe terrestre.

Caricature de Jules Verne par Gill, 1874

*****Sans dessus dessous** translated literally means "without top or bottom." It is also a play on words referring to the expression *sens dessus dessous*, "topsy turvy."

LITTÉRATURE 419

Lecture

PRESENTATION *(page 420)*

A. Before going over the selection, have students read the *Compréhension* questions on page 421 so they can look for the information as they read the excerpt.

B. With more able groups, you may wish to ask the analytical questions in **LITERARY ANALYSIS** at the bottom of this page.

LECTURE

SANS DESSUS DESSOUS

Ainsi donc, d'après le problème résolu par le calculateur du Gun-Club, un nouvel axe de rotation allait être substitué à l'ancien axe, sur lequel la Terre tourne «depuis que le monde est monde» suivant l'adage vulgaire°. En outre°, ce nouvel axe de rotation serait perpendiculaire au plan de son orbite. Dans ces conditions, la situation climatérique de l'ancien Pôle nord serait exactement égale à la situation actuelle de Trondjhem en Norvège au printemps. Sa cuirasse paléocrystique° fondrait donc naturellement sous les rayons du Soleil. En même temps, les climats se distribueraient sur notre sphéroïde comme à la surface de Jupiter. [...]

Jupiter, qui fait partie du monde solaire, comme Mercure, Vénus, la Terre, Mars, Saturne, Uranus et Neptune, circule à près de deux cents millions de lieues° du foyer° commun, son volume étant environ° quatorze cents fois celui de la Terre.

Or°, s'il existe une vie «jovienne», c'est-à-dire s'il y a des habitants à la surface de Jupiter, voici quels sont les avantages certains que leur offre ladite planète. [...]

En premier lieu, pendant la révolution diurne de Jupiter qui ne dure que 9 heures 55 minutes, les jours sont constamment égaux aux nuits par n'importe quelle° latitude—soit 4 heures 57 minutes pour le jour, 4 heures 57 minutes pour la nuit.

«Voilà, firent observer les partisans de l'existence des Joviens, voilà qui convient aux gens d'habitudes régulières. Ils seront enchantés de se soumettre à cette régularité!»

Eh bien! c'est ce qui se produirait sur la Terre, si le président Barbicane accomplissait son œuvre. Seulement, comme le mouvement de rotation sur le nouvel axe terrestre ne serait ni accru ni amoindri, comme vingt-quatre heures sépareraient toujours deux midis successifs, les nuits et les jours seraient exactement de douze heures en n'importe quel point de notre sphéroïde. Les crépuscules° et les aubes° allongeraient les jours d'une quantité toujours égale. On vivrait au milieu d'un équinoxe perpétuel, tel qu'il se produit le 21 mars et le 21 septembre sur toutes les latitudes du globe, lorsque l'astre radieux° décrit sa courbe° apparente dans le plan de l'Équateur.

«Mais le phénomène climatérique le plus curieux, et non le moins intéressant, ajoutaient avec raison les enthousiastes, ce sera l'absence de saisons!»

En effet, c'est grâce à l'inclinaison de l'axe sur le plan de l'orbite, que se produisent ces variations annuelles, connues sous les noms

l'adage vulgaire — *the common saying*
en outre — *in addition*

cuirasse paléocrystique — *ancient polar ice sheet*

lieues — *leagues*
foyer — *center*
environ — *about*
or — *now*

n'importe quelle — *any*

le crépuscule — *dusk*
l'aube — *dawn*

astre radieux — *radiant star*
décrit sa courbe — *follows its orbit*

420 CHAPITRE 8

LITERARY ANALYSIS

1. Relevez dans ce texte le vocabulaire scientifique.
2. D'après cet extrait, faites la liste des conséquences de la mise en place de ce nouvel axe de rotation.
3. Dans ce texte, l'emploi du conditionnel est abondant. Justifiez cet emploi.

CRITICAL THINKING ACTIVITY

(Thinking skills: Supporting Arguments with Reasons)

Sujet à débattre en petits groupes: «Science sans conscience n'est que ruine de l'âme».*(Rabelais)* Pouvez-vous appliquer ce jugement à ce texte? Justifiez votre réponse.

de printemps, d'été, d'automne et d'hiver. Or, les Joviens ne connaissent rien de ces saisons. Donc les Terrestriens ne les connaîtraient plus. Du moment que le nouvel axe serait perpendiculaire à l'écliptique, il n'y aurait plus de zones glaciales ni de zones torrides, mais toute la Terre jouirait d'une zone tempérée. […]

Le Soleil se maintiendrait immuablement° dans le plan de l'Équateur. Durant toute l'année, il tracerait pendant douze heures sa course imperturbable, en montant jusqu'à une distance du zénith égale à la latitude du lieu, par conséquent d'autant plus haut que° le point est plus voisin de° l'Équateur. […]

Donc les jours conserveraient une régularité parfaite, mesurés par le Soleil, qui se lèverait et se coucherait toutes les douze heures au même point de l'horizon.

«Et voyez les avantages! répétaient les amis du président Barbicane. Chacun, suivant son tempérament, pourra choisir le climat invariable qui conviendra à ses rhumes ou à ses rhumatismes, sur un globe où l'on ne connaîtra plus les variations de chaleur actuellement si regrettables!» […]

À la vérité°, l'observateur y perdrait quelques-unes des constellations ou étoiles qu'il est habitué à voir sur le champ du ciel. […] Mais, en somme, quel profit pour la généralité des humains!

immuablement *perpetually*

d'autant plus haut que *ever higher*

plus voisin de *closer to*

à la vérité *to be honest*

Jules VERNE, *Sans dessus dessous*

APRÈS LA LECTURE

Compréhension

A Comme sur Jupiter. Décrivez ce qui se passe sur Jupiter, d'après le calculateur du Gun-Club.

B Résumé. Résumez à votre façon ce qui se passerait sur la Terre si son axe était redressé.

Activités

A Changements. Décrivez les changements qui se produiraient dans votre vie s'il n'y avait plus de saisons.

B Découverte. Quelle est la découverte scientifique de ces cinquante dernières années qui vous a le plus impressionné(e)? Pour quelles raisons? Discutez avec vos camarades et faites un sondage dans la classe.

Un membre du Gun-Club regarde la Terre.

LITTÉRATURE   421

LA LÉGENDE DE LA PEINTURE

LA LÉGENDE DE LA PEINTURE

Michel Tournier

AVANT LA LECTURE

En France, la collection «Contes et Légendes (de tous les pays)» est une des lectures préférées des jeunes enfants. Les contes inspirés de mythologies grecques et latines sont aussi bien connus des enfants. Quels contes avez-vous lus? Quels contes vous sont familiers? Comparez vos réponses à celles de vos camarades. Quelle(s) conclusion(s) pouvez-vous tirer? Y a-t-il des contes que la plupart des jeunes Américains connaissent?

VOCABULAIRE

le plafond

un mur

le sol

un Chinois

422   CHAPITRE 8

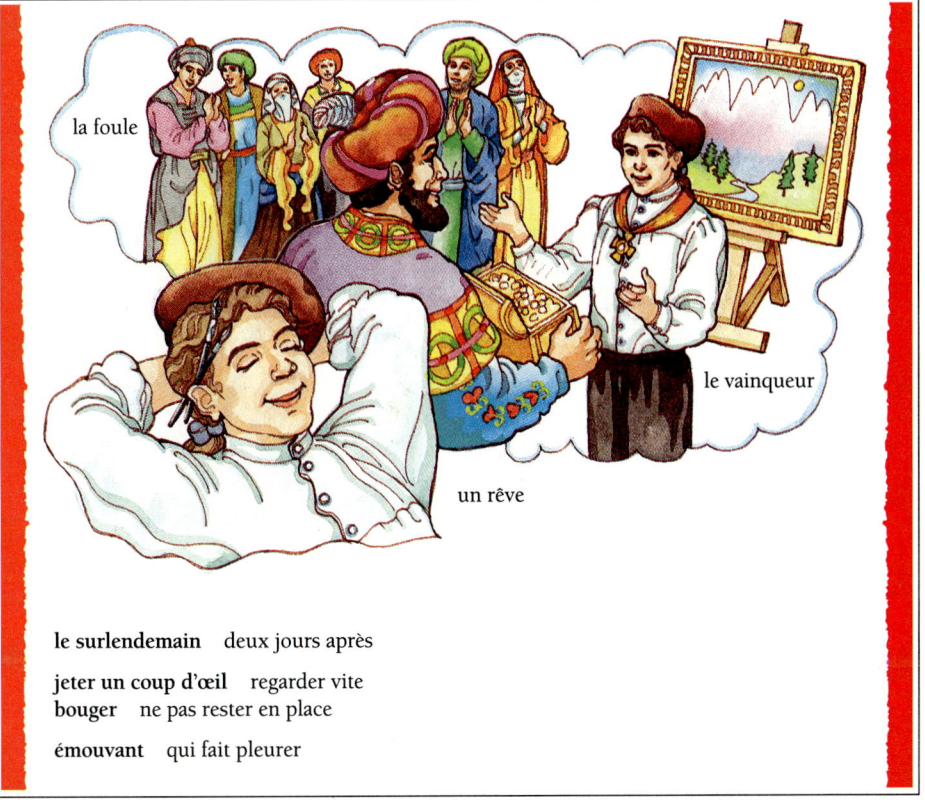

le surlendemain deux jours après

jeter un coup d'œil regarder vite

bouger ne pas rester en place

émouvant qui fait pleurer

Exercices

A **Définitions.** Trouvez le mot qui correspond.

1. celui qui arrive le premier dans une course
2. là où on marche
3. ce qui est au-dessus de nous dans une pièce
4. beaucoup de gens
5. ce que l'on voit quand on dort
6. ce qui divise un appartement en pièces
7. un habitant de la Chine

B **Contraires.** Trouvez le contraire.

1. jeter un coup d'œil   a. froid
2. bouger   b. deux jours avant
3. émouvant   c. regarder fixement
4. le surlendemain   d. rester en place

LITTÉRATURE 423

Introduction

PRESENTATION (page 424)

A. Call on students to read the *Introduction* aloud.
B. You may wish to give students the additional information about *Le Médianoche amoureux* in the LITERATURE CONNECTION below.
C. With more able groups you may wish to ask the analytical questions in LITERARY ANALYSIS at the bottom of the page.

LITERATURE CONNECTION

Un médianoche est un repas fait peu avant minuit. Dans *Le Médianoche amoureux*, Nadège et Yves forment un couple qui ne s'entend plus. Ils décident de se séparer et invitent leurs amis à un médianoche au cours duquel ils leur annonceront la nouvelle. Mais chacun des invités, tout comme les convives du *Décaméron* de Boccace, raconte une histoire et ces 19 récits qui sont tantôt des contes, tantôt des nouvelles, modifient les relations d'Yves et de Nadège. Après le départ de leurs invités, Nadège et Yves savent qu'ils ne se sépareront pas.

INTRODUCTION

Michel Tournier est né à Paris en 1924. Il est d'abord professeur de philosophie, puis, à l'âge de 43 ans, il décide de devenir écrivain. Il reçoit le prix Goncourt en 1970 pour son roman *Le Roi des Aulnes*.

«La Légende de la Peinture» est extraite de son livre de contes et nouvelles intitulé *Le Médianoche amoureux* publié en 1989.

LECTURE

LA LÉGENDE DE LA PEINTURE

Il était une fois° un calife° de Bagdad qui voulait faire décorer les deux murs de la salle d'honneur° de son palais. Il fit venir deux artistes, l'un d'Orient, l'autre d'Occident. Le premier était un célèbre peintre chinois qui n'avait jamais quitté sa province. Le second, grec, avait visité toutes les nations, et parlait apparemment toutes les langues. Ce n'était pas qu'un peintre. Il était également versé dans l'astronomie, la physique, la chimie, l'architecture. Le calife leur expliqua son propos° et confia à° chacun l'un des murs de la salle d'honneur.

—Quand vous aurez terminé, dit-il, la cour° se réunira en grande pompe. Elle examinera et comparera vos œuvres, et celle qui sera jugée la plus belle vaudra à son auteur une immense récompense.

Puis, se tournant vers le Grec, il lui demanda combien de temps il lui faudrait pour achever sa fresque. Et mystérieusement le Grec répondit: «Quand mon confrère° chinois aura terminé, j'aurai terminé.» Alors le calife interrogea le Chinois, lequel demanda un délai° de trois mois.

—Bien, dit le calife. Je vais faire diviser la pièce en deux par un rideau afin que vous ne vous gêniez° pas, et nous nous reverrons dans trois mois.

Les trois mois passèrent, et le calife convoqua les deux peintres. Se tournant vers le Grec, il lui demanda: «As-tu terminé?» Et mystérieusement le Grec lui répondit: «Si mon confrère chinois

il était une fois *once upon a time*
un calife *caliph* (Moslem ruler)
la salle d'honneur *reception hall*

son propos *what he wanted*
confia à *entrusted with*

la cour *court*

confrère *colleague*

un délai *time-limit*

vous ne vous gêniez pas *you don't get in each other's way*

424   CHAPITRE 8

LITERARY ANALYSIS

1. Notez tous les mots et toutes les expressions qui contribuent au pittoresque de ce conte.
2. Relevez les éléments qui appartiennent à l'univers merveilleux du conte.
3. Que symbolise la fin de ce conte?
4. Montrez comment, par sa description des deux peintres dans le premier paragraphe, l'auteur nous annonce lequel des deux gagnera le concours.

a terminé, j'ai terminé.» Alors le calife interrogea à son tour le Chinois qui répondit: «J'ai terminé.»

La cour se réunit le surlendemain et se dirigea en grand arroi vers° la salle d'honneur afin de juger et comparer les deux œuvres. C'était un cortège° magnifique où l'on ne voyait que robes brodées°, panaches de plumes°, bijoux d'or°, armes ciselées°. Tout le monde se rassembla d'abord du côté du mur peint par le Chinois. Ce ne fut alors qu'un cri d'admiration. La fresque figurait en effet un jardin de rêve planté d'arbres en fleurs avec des petits lacs en

se dirigea en grand arroi vers	*made its way in great array toward*
un cortège	*procession*
brodées	*embroidered*
plumes	*feathers*
bijoux d'or	*gold jewels*
ciselées	*chiselled*

Eugène Delacroix: «Le Sultan du Maroc avec son entourage», 1845

LITTÉRATURE 425

CRITICAL THINKING ACTIVITY

(Thinking skills: Supporting Arguments with Reasons)

Sujet à débattre en petits groupes: «Pour créer des œuvres d'art valables, l'artiste doit quitter sa province, c'est-à-dire qu'il doit voyager pour connaître le monde». En appliquant cette idée au conte que vous venez de lire ou bien à des artistes (romanciers, etc.) que vous connaissez, dites pourquoi vous êtes ou vous n'êtes pas d'accord.

Lecture

PRESENTATION
(pages 424–426)

A. You may wish to ask some comprehension questions as students are going over this selection (pages 424–425): Qui voulait faire décorer les deux murs de son palais? D'où a-t-il fait venir deux artistes? Qui était le plus connu des deux? Combien de murs chaque artiste allait-il peindre? Qui déterminera quelle peinture est la plus belle? Combien de temps faudrait-il au Grec pour faire sa fresque? Combien de temps faudrait-il au Chinois? Pourquoi les deux artistes n'ont-ils pas pu voir l'œuvre de l'autre? Le jour du concours, qui a exposé son œuvre le premier? Comment la cour a-t-elle réagi? Qu'est-ce que le Chinois avait peint?

ART CONNECTION

Delacroix

L'engouement pour l'Orient se manifeste en Europe dès le XVIIème siècle, mais ce n'est qu'après la campagne d'Égypte de Napoléon Ier en 1798 que de nombreux peintres ont représenté les foules grouillantes et les couleurs éclatantes du Moyen-Orient. Ce même enthousiasme atteignit Delacroix qui séjourna en Algérie où il découvrit un monde fastueux. À son retour, il peignit ses toiles les plus célèbres parmi lesquelles «Femmes d'Alger dans leur appartement».

425

ART CONNECTION

Chassériau

Chassériau est un peintre français né à Haïti en 1819. Dès l'âge de 11 ans il entre dans l'atelier du peintre Ingres qui l'encourage. Sous l'influence de Delacroix et après sa découverte de l'Algérie en 1846, et d'un certain exotisme, il s'oriente vers des scènes mythologiques, bibliques ou orientales, par exemple «le Tepidarium» en 1853, qui montre comment les Européens se représentaient l'Orient.

PRESENTATION (continued)

B. Ask (page 426): *Quand la foule (la cour) a-t-elle laissé échapper une exclamation de stupeur? Qu'avait peint le Grec? Qu'avait-il établi? Pourquoi l'image créée était-elle plus belle? Qui a été le vainqueur? Êtes-vous d'accord avec la décision de la cour? Pourquoi?*

C. With more able groups, you may wish to ask the analytical questions in **LITERARY ANALYSIS** at the bottom of page 424.

Intérieur d'un palais, peinture de Théodore Chassériau (1819–1856)

forme de haricot qu'enjambaient° de gracieuses passerelles°. Une vision paradisiaque dont on ne se lassait pas° de s'emplir° les yeux. Si grand était l'enchantement que d'aucuns° voulaient qu'on déclarât le Chinois vainqueur du concours°, sans même jeter un coup d'œil à l'œuvre du Grec.

Mais bientôt le calife fit tirer le rideau qui séparait la pièce en deux, et la foule se retourna. La foule se retourna et laissa échapper une exclamation de stupeur émerveillée.

Qu'avait donc fait le Grec? Il n'avait rien peint du tout. Il s'était contenté d'établir un vaste miroir qui partait du sol et montait jusqu'au plafond. Et bien entendu ce miroir reflétait le jardin du Chinois dans ses moindres° détails. Mais alors, direz-vous, en quoi cette image était-elle plus belle et plus émouvante que son modèle? C'est que le jardin du Chinois était désert et vide° d'habitants, alors que, dans le jardin du Grec, on voyait une foule magnifique avec des robes brodées, des panaches de plumes, des bijoux d'or et des armes ciselées. Et tous ces gens bougeaient, gesticulaient et se reconnaissaient avec ravissement°.

À l'unanimité, le Grec fut déclaré vainqueur du concours.

Michel TOURNIER, *La Légende de la Peinture*, © Éditions GALLIMARD

enjambaient spanned
passerelles small bridges
ne se lassait pas didn't tire
s'emplir to fill
d'aucuns some people
un concours competition

moindres smallest

vide empty

ravissement rapture

426   CHAPITRE 8

APRÈS LA LECTURE

Compréhension

L'art. À votre avis.

1. Avant de connaître la fin de l'histoire, comment expliquiez-vous la réponse mystérieuse du peintre grec?
2. D'après vous, pour quelles raisons le peintre grec a-t-il gagné?
3. Quelle est, d'après vous, la morale de cette histoire?

Activités

A Débat. La décision finale est-elle juste? Préparez vos arguments avant de débattre avec vos camarades.

B Le paradis. Décrivez ce que serait pour vous le paradis.

Henri Matisse: «Fenêtre ouverte sur Tanger»

APPENDICES

CARTES

VERBES

A. Verbes réguliers

	parler		**finir**	
INFINITIF	*to talk*		*to finish*	
INFINITIF PASSÉ	avoir parlé		avoir fini	
PRÉSENT	je parle	nous parlons	je finis	nous finissons
	tu parles	vous parlez	tu finis	vous finissez
	il parle	ils parlent	il finit	ils finissent
IMPÉRATIF	parle	parlons	finis	finissons
		parlez		finissez
PASSÉ COMPOSÉ	j'ai parlé	nous avons parlé	j'ai fini	nous avons fini
	tu as parlé	vous avez parlé	tu as fini	vous avez fini
	il a parlé	ils ont parlé	il a fini	ils ont fini
PASSÉ SIMPLE	je parlai	nous parlâmes	je finis	nous finîmes
	tu parlas	vous parlâtes	tu finis	vous finîtes
	il parla	ils parlèrent	il finit	ils finirent
IMPARFAIT	je parlais	nous parlions	je finissais	nous finissions
	tu parlais	vous parliez	tu finissais	vous finissiez
	il parlait	ils parlaient	il finissait	ils finissaient
PLUS-QUE-PARFAIT	j'avais parlé	nous avions parlé	j'avais fini	nous avions fini
	tu avais parlé	vous aviez parlé	tu avais fini	vous aviez fini
	il avait parlé	ils avaient parlé	il avait fini	ils avaient fini
FUTUR	je parlerai	nous parlerons	je finirai	nous finirons
	tu parleras	vous parlerez	tu finiras	vous finirez
	il parlera	ils parleront	il finira	ils finiront
FUTUR ANTÉRIEUR	j'aurai parlé	nous aurons parlé	j'aurai fini	nous aurons fini
	tu auras parlé	vous aurez parlé	tu auras fini	vous aurez fini
	il aura parlé	ils auront parlé	il aura fini	ils auront fini
CONDITIONNEL	je parlerais	nous parlerions	je finirais	nous finirions
	tu parlerais	vous parleriez	tu finirais	vous finiriez
	il parlerait	ils parleraient	il finirait	ils finiraient
CONDITIONNEL PASSÉ	j'aurais parlé	nous aurions parlé	j'aurais fini	nous aurions fini
	tu aurais parlé	vous auriez parlé	tu aurais fini	vous auriez fini
	il aurait parlé	ils auraient parlé	il aurait fini	ils auraient fini
SUBJONCTIF PRÉSENT	que je parle	que nous parlions	que je finisse	que nous finissions
	que tu parles	que vous parliez	que tu finisses	que vous finissiez
	qu'il parle	qu'ils parlent	qu'il finisse	qu'ils finissent
SUBJONCTIF PASSÉ	que j'aie parlé	que nous ayons parlé	que j'aie fini	que nous ayons fini
	que tu aies parlé	que vous ayez parlé	que tu aies fini	que vous ayez fini
	qu'il ait parlé	qu'ils aient parlé	qu'il ait fini	qu'ils aient fini
PARTICIPE PRÉSENT	parlant		finissant	
PARTICIPE PASSÉ	parlé		fini	

Verbes réguliers

INFINITIF	**répondre** *to answer*	
INFINITIF PASSÉ	avoir répondu	
PRÉSENT	je réponds tu réponds il répond	nous répondons vous répondez ils répondent
IMPÉRATIF	réponds	répondons répondez
PASSÉ COMPOSÉ	j'ai répondu tu as répondu il a répondu	nous avons répondu vous avez répondu ils ont répondu
PASSÉ SIMPLE	je répondis tu répondis il répondit	nous répondîmes vous répondîtes ils répondirent
IMPARFAIT	je répondais tu répondais il répondait	nous répondions vous répondiez ils répondaient
PLUS-QUE-PARFAIT	j'avais répondu tu avais répondu il avait répondu	nous avions répondu vous aviez répondu ils avaient répondu
FUTUR	je répondrai tu répondras il répondra	nous répondrons vous répondrez ils répondront
FUTUR ANTÉRIEUR	j'aurai répondu tu auras répondu il aura répondu	nous aurons répondu vous aurez répondu ils auront répondu
CONDITIONNEL	je répondrais tu répondrais il répondrait	nous répondrions vous répondriez ils répondraient
CONDITIONNEL PASSÉ	j'aurais répondu tu aurais répondu il aurait répondu	nous aurions répondu vous auriez répondu ils auraient répondu
SUBJONCTIF PRÉSENT	que je réponde que tu répondes qu'il réponde	que nous répondions que vous répondiez qu'ils répondent
SUBJONCTIF PASSÉ	que j'aie répondu que tu aies répondu qu'il ait répondu	que nous ayons répondu que vous ayez répondu qu'ils aient répondu
PARTICIPE PRÉSENT	répondant	
PARTICIPE PASSÉ	répondu	

VERBES

B. Verbes réfléchis

INFINITIF	**se laver** *to wash oneself*	
INFINITIF PASSÉ	s'être lavé(e)(s)	
PRÉSENT	je me lave tu te laves il se lave	nous nous lavons vous vous lavez ils se lavent
IMPÉRATIF	lave-toi	lavons-nous lavez-vous
PASSÉ COMPOSÉ	je me suis lavé(e) tu t'es lavé(e) il s'est lavé	nous nous sommes lavé(e)s vous vous êtes lavé(e)(s) ils se sont lavés
PASSÉ SIMPLE	je me lavai tu te lavas il se lava	nous nous lavâmes vous vous lavâtes ils se lavèrent
IMPARFAIT	je me lavais tu te lavais il se lavait	nous nous lavions vous vous laviez ils se lavaient
PLUS-QUE-PARFAIT	je m'étais lavé(e) tu t'étais lavé(e) il s'était lavé	nous nous étions lavé(e)s vous vous étiez lavé(e)(s) ils s'étaient lavés
FUTUR	je me laverai tu te laveras il se lavera	nous nous laverons vous vous laverez ils se laveront
FUTUR ANTÉRIEUR	je me serai lavé(e) tu te seras lavé(e) il se sera lavé	nous nous serons lavé(e)s vous vous serez lavé(e)(s) ils se seront lavés
CONDITIONNEL	je me laverais tu te laverais il se laverait	nous nous laverions vous vous laveriez ils se laveraient
CONDITIONNEL PASSÉ	je me serais lavé(e) tu te serais lavé(e) il se serait lavé	nous nous serions lavé(e)s vous vous seriez lavé(e)(s) ils se seraient lavés
SUBJONCTIF PRÉSENT	que je me lave que tu te laves qu'il se lave	que nous nous lavions que vous vous laviez qu'ils se lavent
SUBJONCTIF PASSÉ	que je me sois lavé(e) que tu te sois lavé(e) qu'il se soit lavé	que nous nous soyons lavé(e)s que vous vous soyez lavé(e)(s) qu'ils se soient lavés
PARTICIPE PRÉSENT	se lavant	
PARTICIPE PASSÉ	lavé(e)(s)	

C. Verbes avec changements d'orthographe

	acheter[1] *to buy*		**appeler** *to call*	
INFINITIF PASSÉ	avoir acheté		avoir appelé	
PRÉSENT	j'achète tu achètes il achète	nous achetons vous achetez ils achètent	j'appelle tu appelles il appelle	nous appelons vous appelez ils appellent
IMPÉRATIF	achète	achetons achetez	appelle	appelons appelez
PASSÉ COMPOSÉ	j'ai acheté tu as acheté il a acheté	nous avons acheté vous avez acheté ils ont acheté	j'ai appelé tu as appelé il a appelé	nous avons appelé vous avez appelé ils ont appelé
PASSÉ SIMPLE	j'achetai tu achetas il acheta	nous achetâmes vous achetâtes ils achetèrent	j'appelai tu appelas il appela	nous appelâmes vous appelâtes ils appelèrent
IMPARFAIT	j'achetais tu achetais il achetait	nous achetions vous achetiez ils achetaient	j'appelais tu appelais il appelait	nous appelions vous appeliez ils appelaient
PLUS-QUE-PARFAIT	j'avais acheté tu avais acheté il avait acheté	nous avions acheté vous aviez acheté ils avaient acheté	j'avais appelé tu avais appelé il avait appelé	nous avions appelé vous aviez appelé ils avaient appelé
FUTUR	j'achèterai tu achèteras il achètera	nous achèterons vous achèterez ils achèteront	j'appellerai tu appelleras il appellera	nous appellerons vous appellerez ils appelleront
FUTUR ANTÉRIEUR	j'aurai acheté tu auras acheté il aura acheté	nous aurons acheté vous aurez acheté ils auront acheté	j'aurai appelé tu auras appelé il aura appelé	nous aurons appelé vous aurez appelé ils auront appelé
CONDITIONNEL	j'achèterais tu achèterais il achèterait	nous achèterions vous achèteriez ils achèteraient	j'appellerais tu appellerais il appellerait	nous appellerions vous appelleriez ils appelleraient
CONDITIONNEL PASSÉ	j'aurais acheté tu aurais acheté il aurait acheté	nous aurions acheté vous auriez acheté ils auraient acheté	j'aurais appelé tu aurais appelé il aurait appelé	nous aurions appelé vous auriez appelé ils auraient appelé
SUBJONCTIF PRÉSENT	que j'achète que tu achètes qu'il achète	que nous achetions que vous achetiez qu'ils achètent	que j'appelle que tu appelles qu'il appelle	que nous appelions que vous appeliez qu'ils appellent
SUBJONCTIF PASSÉ	que j'aie acheté que tu aies acheté qu'il ait acheté	que nous ayons acheté que vous ayez acheté qu'ils aient acheté	que j'aie appelé que tu aies appelé qu'il ait appelé	que nous ayons appelé que vous ayez appelé qu'ils aient appelé
PARTICIPE PRÉSENT	achetant		appelant	
PARTICIPE PASSÉ	acheté		appelé	

[1] Verbes similaires: *emmener, peser, soulever*

VERBES

Verbes avec changements d'orthographe

	commencer[2］ *to begin*		envoyer[3］ *to send*	
INFINITIF				
INFINITIF PASSÉ	avoir commencé		avoir envoyé	
PRÉSENT	je commence tu commences il commence	nous commençons vous commencez ils commencent	j'envoie tu envoies il envoie	nous envoyons vous envoyez ils envoient
IMPÉRATIF	commence	commençons commencez	envoie	envoyons envoyez
PASSÉ COMPOSÉ	j'ai commencé tu as commencé il a commencé	nous avons commencé vous avez commencé ils ont commencé	j'ai envoyé tu as envoyé il a envoyé	nous avons envoyé vous avez envoyé ils ont envoyé
PASSÉ SIMPLE	je commençai tu commenças il commença	nous commençâmes vous commençâtes ils commencèrent	j'envoyai tu envoyas il envoya	nous envoyâmes vous envoyâtes ils envoyèrent
IMPARFAIT	je commençais tu commençais il commençait	nous commencions vous commenciez ils commençaient	j'envoyais tu envoyais il envoyait	nous envoyions vous envoyiez ils envoyaient
PLUS-QUE-PARFAIT	j'avais commencé tu avais commencé il avait commencé	nous avions commencé vous aviez commencé ils avaient commencé	j'avais envoyé tu avais envoyé il avait envoyé	nous avions envoyé vous aviez envoyé ils avaient envoyé
FUTUR	je commencerai tu commenceras il commencera	nous commencerons vous commencerez ils commenceront	j'enverrai tu enverras il enverra	nous enverrons vous enverrez ils enverront
FUTUR ANTÉRIEUR	j'aurai commencé tu auras commencé il aura commencé	nous aurons commencé vous aurez commencé ils auront commencé	j'aurai envoyé tu auras envoyé il aura envoyé	nous aurons envoyé vous aurez envoyé ils auront envoyé
CONDITIONNEL	je commencerais tu commencerais il commencerait	nous commencerions vous commenceriez ils commenceraient	j'enverrais tu enverrais il enverrait	nous enverrions vous enverriez ils enverraient
CONDITIONNEL PASSÉ	j'aurais commencé tu aurais commencé il aurait commencé	nous aurions commencé vous auriez commencé ils auraient commencé	j'aurais envoyé tu aurais envoyé il aurait envoyé	nous aurions envoyé vous auriez envoyé ils auraient envoyé
SUBJONCTIF PRÉSENT	que je commence que tu commences qu'il commence	que nous commencions que vous commenciez qu'ils commencent	que j'envoie que tu envoies qu'il envoie	que nous envoyions que vous envoyiez qu'ils envoient
SUBJONCTIF PASSÉ	que j'aie commencé que tu aies commencé qu'il ait commencé	que nous ayons commencé que vous ayez commencé qu'ils aient commencé	que j'aie envoyé que tu aies envoyé qu'il ait envoyé	que nous ayons envoyé que vous ayez envoyé qu'ils aient envoyé
PARTICIPE PRÉSENT	commençant		envoyant	
PARTICIPE PASSÉ	commencé		envoyé	

[2] Verbe similaire: *effacer*
[3] Verbe similaire: *renvoyer*

VERBES   439

Verbes avec changements d'orthographe

	manger[4] *to eat*		payer[5] *to pay*	
INFINITIF				
INFINITIF PASSÉ	avoir mangé		avoir payé	
PRÉSENT	je mange tu manges il mange	nous mangeons vous mangez ils mangent	je paie tu paies il paie	nous payons vous payez ils paient
IMPÉRATIF	mange	mangeons mangez	paie	payons payez
PASSÉ COMPOSÉ	j'ai mangé tu as mangé il a mangé	nous avons mangé vous avez mangé ils ont mangé	j'ai payé tu as payé il a payé	nous avons payé vous avez payé ils ont payé
PASSÉ SIMPLE	je mangeai tu mangeas il mangea	nous mangeâmes vous mangeâtes ils mangèrent	je payai tu payas il paya	nous payâmes vous payâtes ils payèrent
IMPARFAIT	je mangeais tu mangeais il mangeait	nous mangions vous mangiez ils mangeaient	je payais tu payais il payait	nous payions vous payiez ils payaient
PLUS-QUE-PARFAIT	j'avais mangé tu avais mangé il avait mangé	nous avions mangé vous aviez mangé ils avaient mangé	j'avais payé tu avais payé il avait payé	nous avions payé vous aviez payé ils avaient payé
FUTUR	je mangerai tu mangeras il mangera	nous mangerons vous mangerez ils mangeront	je paierai tu paieras il paiera	nous paierons vous paierez ils paieront
FUTUR ANTÉRIEUR	j'aurai mangé tu auras mangé il aura mangé	nous aurons mangé vous aurez mangé ils auront mangé	j'aurai payé tu auras payé il aura payé	nous aurons payé vous aurez payé ils auront payé
CONDITIONNEL	je mangerais tu mangerais il mangerait	nous mangerions vous mangeriez ils mangeraient	je paierais tu paierais il paierait	nous paierions vous paieriez ils paieraient
CONDITIONNEL PASSÉ	j'aurais mangé tu aurais mangé il aurait mangé	nous aurions mangé vous auriez mangé ils auraient mangé	j'aurais payé tu aurais payé il aurait payé	nous aurions payé vous auriez payé ils auraient payé
SUBJONCTIF PRÉSENT	que je mange que tu manges qu'il mange	que nous mangions que vous mangiez qu'ils mangent	que je paie que tu paies qu'il paie	que nous payions que vous payiez qu'ils paient
SUBJONCTIF PASSÉ	que j'aie mangé que tu aies mangé qu'il ait mangé	que nous ayons mangé que vous ayez mangé qu'ils aient mangé	que j'aie payé que tu aies payé qu'il ait payé	que nous ayons payé que vous ayez payé qu'ils aient payé
PARTICIPE PRÉSENT	mangeant		payant	
PARTICIPE PASSÉ	mangé		payé	

[4]Verbes similaires: *changer, exiger, nager, voyager*
[5]Verbes similaires: *appuyer, employer, essayer, essuyer, nettoyer, tutoyer*

	Verbes avec changements d'orthographe		D. Verbes irréguliers	
INFINITIF	**préférer**[6] *to prefer*		**aller** *to go*	
INFINITIF PASSÉ	avoir préféré		être allé(e)(s)	
PRÉSENT	je préfère tu préfères il préfère	nous préférons vous préférez ils préfèrent	je vais tu vas il va	nous allons vous allez ils vont
IMPÉRATIF	préfère	préférons préférez	va	allons allez
PASSÉ COMPOSÉ	j'ai préféré tu as préféré il a préféré	nous avons préféré vous avez préféré ils ont préféré	je suis allé(e) tu es allé(e) il est allé	nous sommes allé(e)s vous êtes allé(e)(s) ils sont allés
PASSÉ SIMPLE	je préférai tu préféras il préféra	nous préférâmes vous préférâtes ils préférèrent	j'allai tu allas il alla	nous allâmes vous allâtes ils allèrent
IMPARFAIT	je préférais tu préférais il préférait	nous préférions vous préfériez ils préféraient	j'allais tu allais il allait	nous allions vous alliez ils allaient
PLUS-QUE-PARFAIT	j'avais préféré tu avais préféré il avait préféré	nous avions préféré vous aviez préféré ils avaient préféré	j'étais allé(e) tu étais allé(e) il était allé	nous étions allé(e)s vous étiez allé(e)(s) ils étaient allés
FUTUR	je préférerai tu préféreras il préférera	nous préférerons vous préférerez ils préféreront	j'irai tu iras il ira	nous irons vous irez ils iront
FUTUR ANTÉRIEUR	j'aurai préféré tu auras préféré il aura préféré	nous aurons préféré vous aurez préféré ils auront préféré	je serai allé(e) tu seras allé(e) il sera allé	nous serons allé(e)s vous serez allé(e)(s) ils seront allés
CONDITIONNEL	je préférerais tu préférerais il préférerait	nous préférerions vous préféreriez ils préféreraient	j'irais tu irais il irait	nous irions vous iriez ils iraient
CONDITIONNEL PASSÉ	j'aurais préféré tu aurais préféré il aurait préféré	nous aurions préféré vous auriez préféré ils auraient préféré	je serais allé(e) tu serais allé(e) il serait allé	nous serions allé(e)s vous seriez allé(e)(s) ils seraient allés
SUBJONCTIF PRÉSENT	que je préfère que tu préfères qu'il préfère	que nous préférions que vous préfériez qu'ils préfèrent	que j'aille que tu ailles qu'il aille	que nous allions que vous alliez qu'ils aillent
SUBJONCTIF PASSÉ	que j'aie préféré que tu aies préféré qu'il ait préféré	que nous ayons préféré que vous ayez préféré qu'ils aient préféré	que je sois allé(e) que tu sois allé(e) qu'il soit allé	que nous soyons allé(e)s que vous soyez allé(e)(s) qu'ils soient allés
PARTICIPE PRÉSENT	préférant		allant	
PARTICIPE PASSÉ	préféré		allé(e)(s)	

[6]Verbes similaires: *accélérer, célébrer, espérer, oblitérer, récupérer, sécher, suggérer*

Verbes irréguliers

	avoir *to have*		s'asseoir *to sit*	
INFINITIF				
INFINITIF PASSÉ	avoir eu		s'être assis(e)(s)	
PRÉSENT	j'ai tu as il a	nous avons vous avez ils ont	je m'assieds tu t'assieds il s'assied	nous nous asseyons vous vous asseyez ils s'asseyent
IMPÉRATIF	aie	ayons ayez	assieds-toi	asseyons-nous asseyez-vous
PASSÉ COMPOSÉ	j'ai eu tu as eu il a eu	nous avons eu vous avez eu ils ont eu	je me suis assis(e) tu t'es assis(e) il s'est assis	nous nous sommes assis(es) vous vous êtes assis(e)(es) ils se sont assis
PASSÉ SIMPLE	j'eus tu eus il eut	nous eûmes vous eûtes ils eurent	je m'assis tu t'assis il s'assit	nous nous assîmes vous vous assîtes ils s'assirent
IMPARFAIT	j'allais tu allais il allait	nous allions vous alliez ils allaient	je m'asseyais tu t'asseyais il s'asseyait	nous nous asseyions vous vous asseyiez ils s'asseyaient
PLUS-QUE-PARFAIT	j'avais eu tu avais eu il avait eu	nous avions eu vous aviez eu ils avaient eu	je m'étais assis(e) tu t'étais assis(e) il s'était assis	nous nous étions assis(es) vous vous étiez assis(e)(es) ils s'étaient assis
FUTUR	j'aurai tu auras il aura	nous aurons vous aurez ils auront	je m'assiérai tu t'assiéras il s'assiéra	nous nous assiérons vous vous assiérez ils s'assiéront
FUTUR ANTÉRIEUR	j'aurai eu tu auras eu il aura eu	nous aurons eu vous aurez eu ils auront eu	je me serai assis(e) tu te seras assis(e) il se sera assis	nous nous serons assis(es) vous vous serez assis(e)(es) ils se seront assis
CONDITIONNEL	j'aurais tu aurais il aurait	nous aurions vous auriez ils auraient	je m'assiérais tu t'assiérais il s'assiérait	nous nous assiérions vous vous assiériez ils s'assiéraient
CONDITIONNEL PASSÉ	j'aurais eu tu aurais eu il aurait eu	nous aurions eu vous auriez eu ils auraient eu	je me serais assis(e) tu te serais assis(e) il se serait assis	nous nous serions assis(es) vous vous seriez assis(e)(es) ils se seraient assis
SUBJONCTIF PRÉSENT	que j'aie que tu aies qu'il ait	que nous ayons que vous ayez qu'ils aient	que je m'asseye que tu t'asseyes qu'il s'asseye	que nous nous asseyions que vous vous asseyiez qu'ils s'asseyent
SUBJONCTIF PASSÉ	que j'aie eu que tu aies eu qu'il ait eu	que nous ayons eu que vous ayez eu qu'ils aient eu	que je me sois assis(e) que tu te sois assis(e) qu'il se soit assis	que nous nous soyons assis(es) que vous vous soyez assis(e)(es) qu'ils se soient assis
PARTICIPE PRÉSENT	ayant		s'asseyant	
PARTICIPE PASSÉ	eu		assis(e)(es)	

VERBES

Verbes irréguliers

	boire *to drink*		**conduire** *to drive*	
INFINITIF				
INFINITIF PASSÉ	avoir bu		avoir conduit	
PRÉSENT	je bois tu bois il boit	nous buvons vous buvez ils boivent	je conduis tu conduis il conduit	nous conduisons vous conduisez ils conduisent
IMPÉRATIF	bois	buvons buvez	conduis	conduisons conduisez
PASSÉ COMPOSÉ	j'ai bu tu as bu il a bu	nous avons bu vous avez bu ils ont bu	j'ai conduit tu as conduit il a conduit	nous avons conduit vous avez conduit ils ont conduit
PASSÉ SIMPLE	je bus tu bus il but	nous bûmes vous bûtes ils burent	je conduisis tu conduisis il conduisit	nous conduisîmes vous conduisîtes ils conduisirent
IMPARFAIT	je buvais tu buvais il buvait	nous buvions vous buviez ils buvaient	je conduisais tu conduisais il conduisait	nous conduisions vous conduisiez ils conduisaient
PLUS-QUE-PARFAIT	j'avais bu tu avais bu il avait bu	nous avions bu vous aviez bu ils avaient bu	j'avais conduit tu avais conduit il avait conduit	nous avions conduit vous aviez conduit ils avaient conduit
FUTUR	je boirai tu boiras il boira	nous boirons vous boirez ils boiront	je conduirai tu conduiras il conduira	nous conduirons vous conduirez ils conduiront
FUTUR ANTÉRIEUR	j'aurai bu tu auras bu il aura bu	nous aurons bu vous aurez bu ils auront bu	j'aurai conduit tu auras conduit il aura conduit	nous aurons conduit vous aurez conduit ils auront conduit
CONDITIONNEL	je boirais tu boirais il boirait	nous boirions vous boiriez ils boiraient	je conduirais tu conduirais il conduirait	nous conduirions vous conduiriez ils conduiraient
CONDITIONNEL PASSÉ	j'aurais bu tu aurais bu il aurait bu	nous aurions bu vous auriez bu ils auraient bu	j'aurais conduit tu aurais conduit il aurait conduit	nous aurions conduit vous auriez conduit ils auraient conduit
SUBJONCTIF PRÉSENT	que je boive que tu boives qu'il boive	que nous buvions que vous buviez qu'ils boivent	que je conduise que tu conduises qu'il conduise	que nous conduisions que vous conduisiez qu'ils conduisent
SUBJONCTIF PASSÉ	que j'aie bu que tu aies bu qu'il ait bu	que nous ayons bu que vous ayez bu qu'ils aient bu	que j'aie conduit que tu aies conduit qu'il ait conduit	que nous ayons conduit que vous ayez conduit qu'ils aient conduit
PARTICIPE PRÉSENT	buvant		conduisant	
PARTICIPE PASSÉ	bu		conduit	

Verbes irréguliers

	connaître *to know*		**croire** *to believe*	
INFINITIF				
INFINITIF PASSÉ	avoir connu		avoir cru	
PRÉSENT	je connais tu connais il connaît	nous connaissons vous connaissez ils connaissent	je crois tu crois il croit	nous croyons vous croyez ils croient
IMPÉRATIF	connais	connaissons connaissez	crois	croyons croyez
PASSÉ COMPOSÉ	j'ai connu tu as connu il a connu	nous avons connu vous avez connu ils ont connu	j'ai cru tu as cru il a cru	nous avons cru vous avez cru ils ont cru
PASSÉ SIMPLE	je connus tu connus il connut	nous connûmes vous connûtes ils connurent	je crus tu crus il crut	nous crûmes vous crûtes ils crurent
IMPARFAIT	je connaissais tu connaissais il connaissait	nous connaissions vous connaissiez ils connaissaient	je croyais tu croyais il croyait	nous croyions vous croyiez ils croyaient
PLUS-QUE-PARFAIT	j'avais connu tu avais connu il avait connu	nous avions connu vous aviez connu ils avaient connu	j'avais cru tu avais cru il avait cru	nous avions cru vous aviez cru ils avaient cru
FUTUR	je connaîtrai tu connaîtras il connaîtra	nous connaîtrons vous connaîtrez ils connaîtront	je croirai tu croiras il croira	nous croirons vous croirez ils croiront
FUTUR ANTÉRIEUR	j'aurai connu tu auras connu il aura connu	nous aurons connu vous aurez connu ils auront connu	j'aurai cru tu auras cru il aura cru	nous aurons cru vous aurez cru ils auront cru
CONDITIONNEL	je connaîtrais tu connaîtrais il connaîtrait	nous connaîtrions vous connaîtriez ils connaîtraient	je croirais tu croirais il croirait	nous croirions vous croiriez ils croiraient
CONDITIONNEL PASSÉ	j'aurais connu tu aurais connu il aurait connu	nous aurions connu vous auriez connu ils auraient connu	j'aurais cru tu aurais cru il aurait cru	nous aurions cru vous auriez cru ils auraient cru
SUBJONCTIF PRÉSENT	que je connaisse que tu connaisses qu'il connaisse	que nous connaissions que vous connaissiez qu'ils connaissent	que je croie que tu croies qu'il croie	que nous croyions que vous croyiez qu'ils croient
SUBJONCTIF PASSÉ	que j'aie connu que tu aies connu qu'il ait connu	que nous ayons connu que vous ayez connu qu'ils aient connu	que j'aie cru que tu aies cru qu'il ait cru	que nous ayons cru que vous ayez cru qu'ils aient cru
PARTICIPE PRÉSENT	connaissant		croyant	
PARTICIPE PASSÉ	connu		cru	

Verbes irréguliers

	devoir *to have to, to owe*		dire *to say*	
INFINITIF				
INFINITIF PASSÉ	avoir dû		avoir dit	
PRÉSENT	je dois tu dois il doit	nous devons vous devez ils doivent	je dis tu dis il dit	nous disons vous dites ils disent
IMPÉRATIF	dois	devons devez	dis	disons dites
PASSÉ COMPOSÉ	j'ai dû tu as dû il a dû	nous avons dû vous avez dû ils ont dû	j'ai dit tu as dit il a dit	nous avons dit vous avez dit ils ont dit
PASSÉ SIMPLE	je dus tu dus il dut	nous dûmes vous dûtes ils durent	je dis tu dis il dit	nous dîmes vous dîtes ils dirent
IMPARFAIT	je devais tu devais il devait	nous devions vous deviez ils devaient	je disais tu disais il disait	nous disions vous disiez ils disaient
PLUS-QUE-PARFAIT	j'avais dû tu avais dû il avait dû	nous avions dû vous aviez dû ils avaient dû	j'avais dit tu avais dit il avait dit	nous avions dit vous aviez dit ils avaient dit
FUTUR	je devrai tu devras il devra	nous devrons vous devrez ils devront	je dirai tu diras il dira	nous dirons vous direz ils diront
FUTUR ANTÉRIEUR	j'aurai dû tu auras dû il aura dû	nous aurons dû vous aurez dû ils auront dû	j'aurai dit tu auras dit il aura dit	nous aurons dit vous aurez dit ils auront dit
CONDITIONNEL	je devrais tu devrais il devrait	nous devrions vous devriez ils devraient	je dirais tu dirais il dirait	nous dirions vous diriez ils diraient
CONDITIONNEL PASSÉ	j'aurais dû tu aurais dû il aurait dû	nous aurions dû vous auriez dû ils auraient dû	j'aurais dit tu aurais dit il aurait dit	nous aurions dit vous auriez dit ils auraient dit
SUBJONCTIF PRÉSENT	que je doive que tu doives qu'il doive	que nous devions que vous deviez qu'ils doivent	que je dise que tu dises qu'il dise	que nous disions que vous disiez qu'ils disent
SUBJONCTIF PASSÉ	que j'aie dû que tu aies dû qu'il ait dû	que nous ayons dû que vous ayez dû qu'ils aient dû	que j'aie dit que tu aies dit qu'il ait dit	que nous ayons dit que vous ayez dit qu'ils aient dit
PARTICIPE PRÉSENT	devant		disant	
PARTICIPE PASSÉ	dû		dit	

Verbes irréguliers

	dormir		**écrire**	
INFINITIF	*to sleep*		*to write*	
INFINITIF PASSÉ	avoir dormi		avoir écrit	
PRÉSENT	je dors	nous dormons	j'écris	nous écrivons
	tu dors	vous dormez	tu écris	vous écrivez
	il dort	ils dorment	il écrit	ils écrivent
IMPÉRATIF		dormons		écrivons
	dors	dormez	écris	écrivez
PASSÉ COMPOSÉ	j'ai dormi	nous avons dormi	j'ai écrit	nous avons écrit
	tu as dormi	vous avez dormi	tu as écrit	vous avez écrit
	il a dormi	ils ont dormi	il a écrit	ils ont écrit
PASSÉ SIMPLE	je dormis	nous dormîmes	j'écrivis	nous écrivîmes
	tu dormis	vous dormîtes	tu écrivis	vous écrivîtes
	il dormit	ils dormirent	il écrivit	ils écrivirent
IMPARFAIT	je dormais	nous dormions	j'écrivais	nous écrivions
	tu dormais	vous dormiez	tu écrivais	vous écriviez
	il dormait	ils dormaient	il écrivait	ils écrivaient
PLUS-QUE-PARFAIT	j'avais dormi	nous avions dormi	j'avais écrit	nous avions écrit
	tu avais dormi	vous aviez dormi	tu avais écrit	vous aviez écrit
	il avait dormi	ils avaient dormi	il avait écrit	ils avaient écrit
FUTUR	je dormirai	nous dormirons	j'écrirai	nous écrirons
	tu dormiras	vous dormirez	tu écriras	vous écrirez
	il dormira	ils dormiront	il écrira	ils écriront
FUTUR ANTÉRIEUR	j'aurai dormi	nous aurons dormi	j'aurai écrit	nous aurons écrit
	tu auras dormi	vous aurez dormi	tu auras écrit	vous aurez écrit
	il aura dormi	ils auront dormi	il aura écrit	ils auront écrit
CONDITIONNEL	je dormirais	nous dormirions	j'écrirais	nous écririons
	tu dormirais	vous dormiriez	tu écrirais	vous écririez
	il dormirait	ils dormiraient	il écrirait	ils écriraient
CONDITIONNEL PASSÉ	j'aurais dormi	nous aurions dormi	j'aurais écrit	nous aurions écrit
	tu aurais dormi	vous auriez dormi	tu aurais écrit	vous auriez écrit
	il aurait dormi	ils auraient dormi	il aurait écrit	ils auraient écrit
SUBJONCTIF PRÉSENT	que je dorme	que nous dormions	que j'écrive	que nous écrivions
	que tu dormes	que vous dormiez	que tu écrives	que vous écriviez
	qu'il dorme	qu'ils dorment	qu'il écrive	qu'ils écrivent
SUBJONCTIF PASSÉ	que j'aie dormi	que nous ayons dormi	que j'aie écrit	que nous ayons écrit
	que tu aies dormi	que vous ayez dormi	que tu aies écrit	que vous ayez écrit
	qu'il ait dormi	qu'ils aient dormi	qu'il ait écrit	qu'ils aient écrit
PARTICIPE PRÉSENT	dormant		écrivant	
PARTICIPE PASSÉ	dormi		écrit	

Verbes irréguliers

	être *to be*		faire *to do, to make*	
INFINITIF				
INFINITIF PASSÉ	avoir été		avoir fait	
PRÉSENT	je suis tu es il est	nous sommes vous êtes ils sont	je fais tu fais il fait	nous faisons vous faites ils font
IMPÉRATIF	sois	soyons soyez	fais	faisons faites
PASSÉ COMPOSÉ	j'ai été tu as été il a été	nous avons été vous avez été ils ont été	j'ai fait tu as fait il a fait	nous avons fait vous avez fait ils ont fait
PASSÉ SIMPLE	je fus tu fus il fut	nous fûmes vous fûtes ils furent	je fis tu fis il fit	nous fîmes vous fîtes ils firent
IMPARFAIT	j'étais tu étais il était	nous étions vous étiez ils étaient	je faisais tu faisais il faisait	nous faisions vous faisiez ils faisaient
PLUS-QUE-PARFAIT	j'avais été tu avais été il avait été	nous avions été vous aviez été ils avaient été	j'avais fait tu avais fait il avait fait	nous avions fait vous aviez fait ils avaient fait
FUTUR	je serai tu seras il sera	nous serons vous serez ils seront	je ferai tu feras il fera	nous ferons vous ferez ils feront
FUTUR ANTÉRIEUR	j'aurai été tu auras été il aura été	nous aurons été vous aurez été ils auront été	j'aurai fait tu auras fait il aura fait	nous aurons fait vous aurez fait ils auront fait
CONDITIONNEL	je serais tu serais il serait	nous serions vous seriez ils seraient	je ferais tu ferais il ferait	nous ferions vous feriez ils feraient
CONDITIONNEL PASSÉ	j'aurais été tu aurais été il aurait été	nous aurions été vous auriez été ils auraient été	j'aurais fait tu aurais fait il aurait fait	nous aurions fait vous auriez fait ils auraient fait
SUBJONCTIF PRÉSENT	que je sois que tu sois qu'il soit	que nous soyons que vous soyez qu'ils soient	que je fasse que tu fasses qu'il fasse	que nous fassions que vous fassiez qu'ils fassent
SUBJONCTIF PASSÉ	que j'aie été que tu aies été qu'il ait été	que nous ayons été que vous ayez été qu'ils aient été	que j'aie fait que tu aies fait qu'il ait fait	que nous ayons fait que vous ayez fait qu'ils aient fait
PARTICIPE PRÉSENT	étant		faisant	
PARTICIPE PASSÉ	été		fait	

Verbes irréguliers

	lire *to read*		**mettre**[1] *to put*	
INFINITIF				
INFINITIF PASSÉ	avoir lu		avoir mis	
PRÉSENT	je lis tu lis il lit	nous lisons vous lisez ils lisent	je mets tu mets il met	nous mettons vous mettez ils mettent
IMPÉRATIF	lis	lisons lisez	mets	mettons mettez
PASSÉ COMPOSÉ	j'ai lu tu as lu il a lu	nous avons lu vous avez lu ils ont lu	j'ai mis tu as mis il a mis	nous avons mis vous avez mis ils ont mis
PASSÉ SIMPLE	je lus tu lus il lut	nous lûmes vous lûtes ils lurent	je mis tu mis il mit	nous mîmes vous mîtes ils mirent
IMPARFAIT	je lisais tu lisais il lisait	nous lisions vous lisiez ils lisaient	je mettais tu mettais il mettait	nous mettions vous mettiez ils mettaient
PLUS-QUE-PARFAIT	j'avais lu tu avais lu il avait lu	nous avions lu vous aviez lu ils avaient lu	j'avais mis tu avais mis il avait mis	nous avions mis vous aviez mis ils avaient mis
FUTUR	je lirai tu liras il lira	nous lirons vous lirez ils liront	je mettrai tu mettras il mettra	nous mettrons vous mettrez ils mettront
FUTUR ANTÉRIEUR	j'aurai lu tu auras lu il aura lu	nous aurons lu vous aurez lu ils auront lu	j'aurai mis tu auras mis il aura mis	nous aurons mis vous aurez mis ils auront mis
CONDITIONNEL	je lirais tu lirais il lirait	nous lirions vous liriez ils liraient	je mettrais tu mettrais il mettrait	nous mettrions vous mettriez ils mettraient
CONDITIONNEL PASSÉ	j'aurais lu tu aurais lu il aurait lu	nous aurions lu vous auriez lu ils auraient lu	j'aurais mis tu aurais mis il aurait mis	nous aurions mis vous auriez mis ils auraient mis
SUBJONCTIF PRÉSENT	que je lise que tu lises qu'il lise	que nous lisions que vous lisiez qu'ils lisent	que je mette que tu mettes qu'il mette	que nous mettions que vous mettiez qu'ils mettent
SUBJONCTIF PASSÉ	que j'aie lu que tu aies lu qu'il ait lu	que nous ayons lu que vous ayez lu qu'ils aient lu	que j'aie mis que tu aies mis qu'il ait mis	que nous ayons mis que vous ayez mis qu'ils aient mis
PARTICIPE PRÉSENT	lisant		mettant	
PARTICIPE PASSÉ	lu		mis	

[1] Verbe similaire: *remettre*

Verbes irréguliers

INFINITIF	**ouvrir**[2] *to open*		**partir**[3] *to leave*	
INFINITIF PASSÉ	avoir ouvert		être parti(e)(s)	
PRÉSENT	j'ouvre tu ouvres il ouvre	nous ouvrons vous ouvrez ils ouvrent	je pars tu pars il part	nous partons vous partez ils partent
IMPÉRATIF	ouvre	ouvrons ouvrez	pars	partons partez
PASSÉ COMPOSÉ	j'ai ouvert tu as ouvert il a ouvert	nous avons ouvert vous avez ouvert ils ont ouvert	je suis parti(e) tu es parti(e) il est parti	nous sommes parti(e)s vous êtes parti(e)(s) ils sont partis
PASSÉ SIMPLE	j'ouvris tu ouvris il ouvrit	nous ouvrîmes vous ouvrîtes ils ouvrirent	je partis tu partis il partit	nous partîmes vous partîtes ils partirent
IMPARFAIT	j'ouvrais tu ouvrais il ouvrait	nous ouvrions vous ouvriez ils ouvraient	je partais tu partais il partait	nous partions vous partiez ils partaient
PLUS-QUE-PARFAIT	j'avais ouvert tu avais ouvert il avait ouvert	nous avions ouvert vous aviez ouvert ils avaient ouvert	j'étais parti(e) tu étais parti(e) il était parti	nous étions parti(e)s vous étiez parti(e)(s) ils étaient partis
FUTUR	j'ouvrirai tu ouvriras il ouvrira	nous ouvrirons vous ouvrirez ils ouvriront	je partirai tu partiras il partira	nous partirons vous partirez ils partiront
FUTUR ANTÉRIEUR	j'aurai ouvert tu auras ouvert il aura ouvert	nous aurons ouvert vous aurez ouvert ils auront ouvert	je serai parti(e) tu seras parti(e) il sera parti	nous serons parti(e)s vous serez parti(e)(s) ils seront partis
CONDITIONNEL	j'ouvrirais tu ouvrirais il ouvrirait	nous ouvririons vous ouvririez ils ouvriraient	je partirais tu partirais il partirait	nous partirions vous partiriez ils partiraient
CONDITIONNEL PASSÉ	j'aurais ouvert tu aurais ouvert il aurait ouvert	nous aurions ouvert vous auriez ouvert ils auraient ouvert	je serais parti(e) tu serais parti(e) il serait parti	nous serions parti(e)s vous seriez parti(e)(s) ils seraient partis
SUBJONCTIF PRÉSENT	que j'ouvre que tu ouvres qu'il ouvre	que nous ouvrions que vous ouvriez qu'ils ouvrent	que je parte que tu partes qu'il parte	que nous partions que vous partiez qu'ils partent
SUBJONCTIF PASSÉ	que j'aie ouvert que tu aies ouvert qu'il ait ouvert	que nous ayons ouvert que vous ayez ouvert qu'ils aient ouvert	que je sois parti(e) que tu sois parti(e) qu'il soit parti	que nous soyons parti(e)s que vous soyez parti(e)(s) qu'ils soient partis
PARTICIPE PRÉSENT	ouvrant		partant	
PARTICIPE PASSÉ	ouvert		parti(e)(s)	

[2] Verbes similaires: *couvrir, découvrir, offrir, souffrir*
[3] Verbe similaire: *sortir*

VERBES

Verbes irréguliers

	pouvoir *to be able*		**prendre**[4] *to take*	
INFINITIF PASSÉ	avoir pu		avoir pris	
PRÉSENT	je peux tu peux il peut	nous pouvons vous pouvez ils peuvent	je prends tu prends il prend	nous prenons vous prenez ils prennent
IMPÉRATIF	(pas d'impératif)		prends	prenons prenez
PASSÉ COMPOSÉ	j'ai pu tu as pu il a pu	nous avons pu vous avez pu ils ont pu	j'ai pris tu as pris il a pris	nous avons pris vous avez pris ils ont pris
PASSÉ SIMPLE	je pus tu pus il put	nous pûmes vous pûtes ils purent	je pris tu pris il prit	nous prîmes vous prîtes ils prirent
IMPARFAIT	je pouvais tu pouvais il pouvait	nous pouvions vous pouviez ils pouvaient	je prenais tu prenais il prenait	nous prenions vous preniez ils prenaient
PLUS-QUE-PARFAIT	j'avais pu tu avais pu il avait pu	nous avions pu vous aviez pu ils avaient pu	j'avais pris tu avais pris il avait pris	nous avions pris vous aviez pris ils avaient pris
FUTUR	je pourrai tu pourras il pourra	nous pourrons vous pourrez ils pourront	je prendrai tu prendras il prendra	nous prendrons vous prendrez ils prendront
FUTUR ANTÉRIEUR	j'aurai pu tu auras pu il aura pu	nous aurons pu vous aurez pu ils auront pu	j'aurai pris tu auras pris il aura pris	nous aurons pris vous aurez pris ils auront pris
CONDITIONNEL	je pourrais tu pourrais il pourrait	nous pourrions vous pourriez ils pourraient	je prendrais tu prendrais il prendrait	nous prendrions vous prendriez ils prendraient
CONDITIONNEL PASSÉ	j'aurais pu tu aurais pu il aurait pu	nous aurions pu vous auriez pu ils auraient pu	j'aurais pris tu aurais pris il aurait pris	nous aurions pris vous auriez pris ils auraient pris
SUBJONCTIF PRÉSENT	que je puisse que tu puisses qu'il puisse	que nous puissions que vous puissiez qu'ils puissent	que je prenne que tu prennes qu'il prenne	que nous prenions que vous preniez qu'ils prennent
SUBJONCTIF PASSÉ	que j'aie pu que tu aies pu qu'il ait pu	que nous ayons pu que vous ayez pu qu'ils aient pu	que j'aie pris que tu aies pris qu'il ait pris	que nous ayons pris que vous ayez pris qu'ils aient pris
PARTICIPE PRÉSENT	pouvant		prenant	
PARTICIPE PASSÉ	pu		pris	

[4]Verbes similaires: *apprendre, comprendre*

Verbes irréguliers

INFINITIF	**recevoir** *to receive*		**rire**[5] *to laugh*	
INFINITIF PASSÉ	avoir reçu		avoir ri	
PRÉSENT	je reçois tu reçois il reçoit	nous recevons vous recevez ils reçoivent	je ris tu ris il rit	nous rions vous riez ils rient
IMPÉRATIF	reçois	recevons recevez	ris	rions riez
PASSÉ COMPOSÉ	j'ai reçu tu as reçu il a reçu	nous avons reçu vous avez reçu ils ont reçu	j'ai ri tu as ri il a ri	nous avons ri vous avez ri ils ont ri
PASSÉ SIMPLE	je reçus tu reçus il reçut	nous reçûmes vous reçûtes ils reçurent	je ris tu ris il rit	nous rîmes vous rîtes ils rirent
IMPARFAIT	je recevais tu recevais il recevait	nous recevions vous receviez ils recevaient	je riais tu riais il riait	nous riions vous riiez ils riaient
PLUS-QUE-PARFAIT	j'avais reçu tu avais reçu il avait reçu	nous avions reçu vous aviez reçu ils avaient reçu	j'avais ri tu avais ri il avait ri	nous avions ri vous aviez ri ils avaient ri
FUTUR	je recevrai tu recevras il recevra	nous recevrons vous recevrez ils recevront	je rirai tu riras il rira	nous rirons vous rirez ils riront
FUTUR ANTÉRIEUR	j'aurai reçu tu auras reçu il aura reçu	nous aurons reçu vous aurez reçu ils auront reçu	j'aurai ri tu auras ri il aura ri	nous aurons ri vous aurez ri ils auront ri
CONDITIONNEL	je recevrais tu recevrais il recevrait	nous recevrions vous recevriez ils recevraient	je rirais tu rirais il rirait	nous ririons vous ririez ils riraient
CONDITIONNEL PASSÉ	j'aurais reçu tu aurais reçu il aurait reçu	nous aurions reçu vous auriez reçu ils auraient reçu	j'aurais ri tu aurais ri il aurait ri	nous aurions ri vous auriez ri ils auraient ri
SUBJONCTIF PRÉSENT	que je reçoive que tu reçoives qu'il reçoive	que nous recevions que vous receviez qu'ils reçoivent	que je rie que tu ries qu'il rie	que nous riions que vous riiez qu'ils rient
SUBJONCTIF PASSÉ	que j'aie reçu que tu aies reçu qu'il ait reçu	que nous ayons reçu que vous ayez reçu qu'ils aient reçu	que j'aie ri que tu aies ri qu'il ait ri	que nous ayons ri que vous ayez ri qu'ils aient ri
PARTICIPE PRÉSENT	recevant		riant	
PARTICIPE PASSÉ	reçu		ri	

[5] Verbe similaire: *sourire*

Verbes irréguliers

	savoir *to know*		servir[6] *to serve*	
INFINITIF				
INFINITIF PASSÉ	avoir su		avoir servi	
PRÉSENT	je sais tu sais il sait	nous savons vous savez ils savent	je sers tu sers il sert	nous servons vous servez ils servent
IMPÉRATIF	sache	sachons sachez	sers	servons servez
PASSÉ COMPOSÉ	j'ai su tu as su il a su	nous avons su vous avez su ils ont su	j'ai servi tu as servi il a servi	nous avons servi vous avez servi ils ont servi
PASSÉ SIMPLE	je sus tu sus il sut	nous sûmes vous sûtes ils surent	je servis tu servis il servit	nous servîmes vous servîtes ils servirent
IMPARFAIT	je savais tu savais il savait	nous savions vous saviez ils savaient	je servais tu servais il servait	nous servions vous serviez ils servaient
PLUS-QUE-PARFAIT	j'avais su tu avais su il avait su	nous avions su vous aviez su ils avaient su	j'avais servi tu avais servi il avait servi	nous avions servi vous aviez servi ils avaient servi
FUTUR	je saurai tu sauras il saura	nous saurons vous saurez ils sauront	je servirai tu serviras il servira	nous servirons vous servirez ils serviront
FUTUR ANTÉRIEUR	j'aurai su tu auras su il aura su	nous aurons su vous aurez su ils auront su	j'aurai servi tu auras servi il aura servi	nous aurons servi vous aurez servi ils auront servi
CONDITIONNEL	je saurais tu saurais il saurait	nous saurions vous sauriez ils sauraient	je servirais tu servirais il servirait	nous servirions vous serviriez ils serviraient
CONDITIONNEL PASSÉ	j'aurais su tu aurais su il aurait su	nous aurions su vous auriez su ils auraient su	j'aurais servi tu aurais servi il aurait servi	nous aurions servi vous auriez servi ils auraient servi
SUBJONCTIF PRÉSENT	que je sache que tu saches qu'il sache	que nous sachions que vous sachiez qu'ils sachent	que je serve que tu serves qu'il serve	que nous servions que vous serviez qu'ils servent
SUBJONCTIF PASSÉ	que j'aie su que tu aies su qu'il ait su	que nous ayons su que vous ayez su qu'ils aient su	que j'aie servi que tu aies servi qu'il ait servi	que nous ayons servi que vous ayez servi qu'ils aient servi
PARTICIPE PRÉSENT	sachant		servant	
PARTICIPE PASSÉ	su		servi	

[6] Verbe similaire: *desservir*

Verbes irréguliers

INFINITIF	**suivre** *to follow*		**venir**[7] *to come*	
INFINITIF PASSÉ	avoir suivi		être venu(e)(s)	
PRÉSENT	je suis tu suis il suit	nous suivons vous suivez ils suivent	je viens tu viens il vient	nous venons vous venez ils viennent
IMPÉRATIF	suis	suivons suivez	viens	venons venez
PASSÉ COMPOSÉ	j'ai suivi tu as suivi il a suivi	nous avons suivi vous avez suivi ils ont suivi	je suis venu(e) tu es venu(e) il est venu	nous sommes venu(e)s vous êtes venu(e)(s) ils sont venus
PASSÉ SIMPLE	je suivis tu suivis il suivit	nous suivîmes vous suivîtes ils suivirent	je vins tu vins il vint	nous vînmes vous vîntes ils vinrent
IMPARFAIT	je suivais tu suivais il suivait	nous suivions vous suiviez ils suivaient	je venais tu venais il venait	nous venions vous veniez ils venaient
PLUS-QUE-PARFAIT	j'avais suivi tu avais suivi il avait suivi	nous avions suivi vous aviez suivi ils avaient suivi	j'étais venu(e) tu étais venu(e) il était venu	nous étions venu(e)s vous étiez venu(e)(s) ils étaient venus
FUTUR	je suivrai tu suivras il suivra	nous suivrons vous suivrez ils suivront	je viendrai tu viendras il viendra	nous viendrons vous viendrez ils viendront
FUTUR ANTÉRIEUR	j'aurai suivi tu auras suivi il aura suivi	nous aurons suivi vous aurez suivi ils auront suivi	je serai venu(e) tu seras venu(e) il sera venu	nous serons venu(e)s vous serez venu(e)(s) ils seront venus
CONDITIONNEL	je suivrais tu suivrais il suivrait	nous suivrions vous suivriez ils suivraient	je viendrais tu viendrais il viendrait	nous viendrions vous viendriez ils viendraient
CONDITIONNEL PASSÉ	j'aurais suivi tu aurais suivi il aurait suivi	nous aurions suivi vous auriez suivi ils auraient suivi	je serais venu(e) tu serais venu(e) il serait venu	nous serions venu(e)s vous seriez venu(e)(s) ils seraient venus
SUBJONCTIF PRÉSENT	que je suive que tu suives qu'il suive	que nous suivions que vous suiviez qu'ils suivent	que je vienne que tu viennes qu'il vienne	que nous venions que vous veniez qu'ils viennent
SUBJONCTIF PASSÉ	que j'aie suivi que tu aies suivi qu'il ait suivi	que nous ayons suivi que vous ayez suivi qu'ils aient suivi	que je sois venu(e) que tu sois venu(e) qu'il soit venu	que nous soyons venu(e)s que vous soyez venu(e)(s) qu'ils soient venus
PARTICIPE PRÉSENT	suivant		venant	
PARTICIPE PASSÉ	suivi		venu(e)(s)	

[7] Verbes similaires: *devenir, revenir, se souvenir*

Verbes irréguliers

	vivre *to live*		voir *to see*	
INFINITIF				
INFINITIF PASSÉ	avoir vécu		avoir vu	
PRÉSENT	je vis tu vis il vit	nous vivons vous vivez ils vivent	je vois tu vois il voit	nous voyons vous voyez ils voient
IMPÉRATIF	vis	vivons vivez	vois	voyons voyez
PASSÉ COMPOSÉ	j'ai vécu tu as vécu il a vécu	nous avons vécu vous avez vécu ils ont vécu	j'ai vu tu as vu il a vu	nous avons vu vous avez vu ils ont vu
PASSÉ SIMPLE	je vécus tu vécus il vécut	nous vécûmes vous vécûtes ils vécurent	je vis tu vis il vit	nous vîmes vous vîtes ils virent
IMPARFAIT	je vivais tu vivais il vivait	nous vivions vous viviez ils vivaient	je voyais tu voyais il voyait	nous voyions vous voyiez ils voyaient
PLUS-QUE-PARFAIT	j'avais vécu tu avais vécu il avait vécu	nous avions vécu vous aviez vécu ils avaient vécu	j'avais vu tu avais vu il avait vu	nous avions vu vous aviez vu ils avaient vu
FUTUR	je vivrai tu vivras il vivra	nous vivrons vous vivrez ils vivront	je verrai tu verras il verra	nous verrons vous verrez ils verront
FUTUR ANTÉRIEUR	j'aurai vécu tu auras vécu il aura vécu	nous aurons vécu vous aurez vécu ils auront vécu	j'aurai vu tu auras vu il aura vu	nous aurons vu vous aurez vu ils auront vu
CONDITIONNEL	je vivrais tu vivrais il vivrait	nous vivrions vous vivriez ils vivraient	je verrais tu verrais il verrait	nous verrions vous verriez ils verraient
CONDITIONNEL PASSÉ	j'aurais vécu tu aurais vécu il aurait vécu	nous aurions vécu vous auriez vécu ils auraient vécu	j'aurais vu tu aurais vu il aurait vu	nous aurions vu vous auriez vu ils auraient vu
SUBJONCTIF PRÉSENT	que je vive que tu vives qu'il vive	que nous vivions que vous viviez qu'ils vivent	que je voie que tu voies qu'il voie	que nous voyions que vous voyiez qu'ils voient
SUBJONCTIF PASSÉ	que j'aie vécu que tu aies vécu qu'il ait vécu	que nous ayons vécu que vous ayez vécu qu'ils aient vécu	que j'aie vu que tu aies vu qu'il ait vu	que nous ayons vu que vous ayez vu qu'ils aient vu
PARTICIPE PRÉSENT	vivant		voyant	
PARTICIPE PASSÉ	vécu		vu	

Verbes irréguliers

INFINITIF	**vouloir** *to want*	
INFINITIF PASSÉ	avoir voulu	
PRÉSENT	je veux tu veux il veut	nous voulons vous voulez ils veulent
IMPÉRATIF	veuille	voulons veuillez
PASSÉ COMPOSÉ	j'ai voulu tu as voulu il a voulu	nous avons voulu vous avez voulu ils ont voulu
PASSÉ SIMPLE	je voulus tu voulus il voulut	nous voulûmes vous voulûtes ils voulurent
IMPARFAIT	je voulais tu voulais il voulait	nous voulions vous vouliez ils voulaient
PLUS-QUE-PARFAIT	j'avais voulu tu avais voulu il avait voulu	nous avions voulu vous aviez voulu ils avaient voulu
FUTUR	je voudrai tu voudras il voudra	nous voudrons vous voudrez ils voudront
FUTUR ANTÉRIEUR	j'aurai voulu tu auras voulu il aura voulu	nous aurons voulu vous aurez voulu ils auront voulu
CONDITIONNEL	je voudrais tu voudrais il voudrait	nous voudrions vous voudriez ils voudraient
CONDITIONNEL PASSÉ	j'aurais voulu tu aurais voulu il aurait voulu	nous aurions voulu vous auriez voulu ils auraient voulu
SUBJONCTIF PRÉSENT	que je veuille que tu veuilles qu'il veuille	que nous voulions que vous vouliez qu'ils veuillent
SUBJONCTIF PASSÉ	que j'aie voulu que tu aies voulu qu'il ait voulu	que nous ayons voulu que vous ayez voulu qu'ils aient voulu
PARTICIPE PRÉSENT	voulant	
PARTICIPE PASSÉ	voulu	

Verbes irréguliers		
INFINITIF	**falloir** *to be necessary*	**pleuvoir** *to rain*
INFINITIF PASSÉ	avoir fallu	avoir plu
PRÉSENT	il faut	il pleut
PASSÉ COMPOSÉ	il a fallu	il a plu
PASSÉ SIMPLE	il fallut	il plut
IMPARFAIT	il fallait	il pleuvait
PLUS-QUE-PARFAIT	il avait fallu	il avait plu
FUTUR	il faudra	il pleuvra
FUTUR ANTÉRIEUR	il aura fallu	il aura plu
CONDITIONNEL	il faudrait	il pleuvrait
CONDITIONNEL PASSÉ	il aurait fallu	il aurait plu
SUBJONCTIF PRÉSENT	qu'il faille	qu'il pleuve
SUBJONCTIF PASSÉ	qu'il ait fallu	qu'il ait plu
PARTICIPE PRÉSENT	(pas de participe présent)	pleuvant
PARTICIPE PASSÉ	fallu	plu

F. Verbes avec *être* au passé composé

aller (*to go*)	je suis allé(e)
arriver (*to arrive*)	je suis arrivé(e)
descendre (*to go down, to get off*)	je suis descendu(e)
devenir (*to become*)	je suis devenu(e)
entrer (*to enter*)	je suis entré(e)
monter (*to go up*)	je suis monté(e)
mourir (*to die*)	je suis mort(e)
naître (*to be born*)	je suis né(e)
partir (*to leave*)	je suis parti(e)
passer (*to go by*)	je suis passé(e)
rentrer (*to go home*)	je suis rentré(e)
rester (*to stay*)	je suis resté(e)
retourner (*to return*)	je suis retourné(e)
revenir (*to come back*)	je suis revenu(e)
sortir (*to go out*)	je suis sorti(e)
tomber (*to fall*)	je suis tombé(e)
venir (*to come*)	je suis venu(e)

VOCABULAIRE FRANÇAIS-ANGLAIS

The *Vocabulaire français-anglais* contains all productive and receptive vocabulary from Levels 1, 2, and 3. The numbers following each entry from Levels 1 and 2 indicate the level, chapter, and vocabulary section in which the word is introduced. For example, II-3.2 means that the word first appeared in *À Bord, Chapitre 3, Mots 2*. Entries from Levels 1 and 2 without a *Mots* reference indicate vocabulary introduced in the grammar sections of the given chapter. I-BV refers to the Level 1 introductory *Bienvenue* lesson. Words without chapter references indicate receptive vocabulary (not taught in the vocabulary sections) in Levels 1, 2, and 3. Boldface numbers indicate vocabulary introduced in the Level 3 vocabulary.

The following abbreviations are used in this glossary.

adj.	adjective
adv.	adverb
conj.	conjunction
dem. adj.	demonstrative adjective
dem. pron.	demonstrative pronoun
dir. obj.	direct object
f.	feminine
fam.	familiar
ind. obj.	indirect object
inf.	infinitive
inform.	informal
interr.	interrogative
interr. adj.	interrogative adjective
interr. pron.	interrogative pronoun
inv.	invariable
lit.	literally
liter.	literary
m.	masculine
n.	noun
past part.	past participle
pej.	pejorative
pl.	plural
poss. adj.	possessive adjective
poss. pron.	possessive pronoun
prep.	preposition
pron.	pronoun
sing.	singular
subj.	subject
subjunc.	subjunctive

A

à at, in, to, I-3.1
   à la, à l' at the, in the, to the, I-5
   à bord (de) on board, I-7.2
   à coup sûr definitely
   à côté next door, I
   à côté de next to, I-5
   À demain. See you tomorrow., I-BV
   à demi-tarif half-price, I
   à destination de to (plane, train, etc.), I-7.1
   à domicile to the home, I
   à dos de chameau on camel(back), II-14.2
   à droite de to, on the right of, I-5
   à gauche de to, on the left of, I-5
   à l'avance in advance, II-4.2
   à l'égard de regarding
   à l'étranger abroad, in a foreign country, 4
   à l'extrême in the extreme
   à l'heure on time, I-8.1
   à l'intérieur inside, I
   à l'unanimité unanimously
   à la mode in style, "in," I
   à la vérité to be honest
   à mi-temps part-time, I-3.2
   à moins que (+ subjunc.) unless, II-15
   à mon avis in my opinion, I-10.2
   à part apart
   à partir de from... on; based on, I
   à peine hardly, barely
   à peu près about, II-16.2
   à pied on foot, I-5.2
   à plein temps full-time, I-3.2
   à point medium-rare (meat), I-5.2
   à propos by the way
   à propos de concerning, as regards, I
   À quelle heure? At what time?, I-2
   à suivre to be continued
   à ta (sa, votre, etc.) place if I were you (him, her, etc.), II-9.2
   à titre de as
   à tort wrongly
   À tout à l'heure. See you later., I-BV
   à tout casser at the most
   à travers through
abattre to chop down, 4
abattu(e) exhausted, despondent
l' abbaye (f.) abbey, II
l' abbé (m.) abbot
abdiquer to abdicate, II
l' abécédaire (m.) elementary reader
l' abeille (f.) bee, 4
abîmer to destroy, 5
abolir to abolish, II
l' abolition (f.) abolition
l' abomination (f.) horror
abondant(e) abundant, II
l' abonnement (m.) subscription, phone service, 2
abreuvé(e) de steeped in
l' abri (m.): nul ne sera à l'abri no one will escape
abriter to house, shelter, 1
absent(e) absent
absolu(e) absolute
absolument absolutely, I
absorber to absorb, I
absurde absurd
l' absurdité (f.) absurdity
l' Acadie (f.) Acadia (region of eastern Canada)
acadien(ne) Acadian
accablant(e) overwhelming
accablé(e) (par) overwhelmed by
l' accalmie (f.) lull
accélérer to speed up, go faster, I-12.1
accepter to accept, I
l' accès (m.) access
l' accessoire (m.) accessory, I
l' accident (m.) accident, I-14.2
accidenté(e) hilly, 5
acclamer to acclaim
accompagné(e) (de) accompanied (by), I
accompagner to go with, accompany
accomplir to accomplish, II
l' accord (m.) agreement
accorder to tune
accourir to rush up to, to come running
accoutumé(e) accustomed
l' accroissement (m.) growth, increase, 7
accru(e) increased, 8
l' accueil (m.) welcome, 1
   la capacité d'accueil number of beds available
accueillant(e) welcoming, 1; friendly
accueilli(e): bien accueilli(e) well-received, I
accueillir to welcome, 1
l' achat (m.) purchase (n.), I
   faire des achats to shop, I-10.1
   le pouvoir d'achat buying power
acheter to buy, I-6.1
achever to complete
   achever (quelqu'un) to finish (someone) off, 2
l' acidité (f.) acidity, I
l' acier (m.) steel, 4
l' acte (m.) act, I-16.1
l' acteur (m.) actor (m.), I-16.1
actif, active active, I-10
l' action (f.) action, I
l' activité (f.) activity, I
l' actrice (f.) actress, I-16.1
l' actualité (f.) current events, 2
actuel(le) current, present, II
actuellement currently
l' adage (m.) saying
adapter to adapt
l' addition (f.) check, bill (restaurant), I-5.2
l' adepte (m. et f.) follower
adieux: faire ses adieux to say good-bye, 2
admettre to admit
admirer to admire, I
l' adolescence (f.) adolescence
l' adolescent(e) adolescent, teenager, I
adopter to adopt, I
l' adoption (f.) adoption
adorable adorable, I
adorer to love, I-3.2
l' adresse (f.) address, II-1.2
l' adulte (m. et f.) adult, 6
adverse opposing, I-13.1
aérien(ne) air, flight (adj.), I-9; aerial, II
   les tarifs aériens airfares, I
l' aérogare (f.) terminal with bus to airport, I-7.2
l' aérogramme (m.) airgram, II-1.1
l' aéroport (m.) airport, I-7.1
aérospatial(e) aerospace (adj.), I
affaibli(e) weakened
les affaires (f. pl.) business, I
   l'homme d'affaires businessman, 6
affectueux (-se) affectionate
l' affiche (f.) poster, 4
afficher to put up (a poster, etc.); to parade, sport
affolé(e) panic-stricken, I
s' affoler to panic, 8
affreux, affreuse terrible, horrible, 6
l' affrontement (m.) confrontation
s' affronter to collide, I
afin que so that
l' Afrique (f.) Africa, II-14.2
africain(e) African, I
l' âge (m.) age, I-4.1
   Tu as quel âge? How old are you? (fam.), I-4.1
âgé(e) old, 3

460   VOCABULAIRE FRANÇAIS-ANGLAIS

l' **agence (m.) de voyages** travel agency, II
l' **agenda (m.)** datebook, I-2.2
l' **agent (m.)** agent (m. and f.), I-7.1
l' **agent (m.) de police** police officer (m. and f.), II-8.2
l' **agglomération (f.)** populated area, **5**
agir to act; to produce a result, **2**
s' **agir de** to be a matter of, to be about, II
l' **agitation (f.)** disturbance, unrest
agité(e) agitated, I; rough, stormy, **1**
agiter to agitate
l' **agneau (m.)** lamb, II-14.1
s' **agrandir** to get larger
agréable pleasant, I
agressif, agressive aggressive
agricole agricultural, farm (adj.)
l' **agriculteur (m.)** farmer (m. and f.), II-15.2
l' **agriculture biologique** organic farming
l' **aide (f.)** help, II
aider to help, I
l' **aide-soignant(e)** auxiliary nurse, **7**
aigu(ë) high-pitched, **7**
l' **aile (f.)** wing, II-7.1
ailleurs elsewhere
aimable nice (person), I-1.2
aimer to like, love, I-3.2
l' **aîné(e)** elder
ainsi thus, II
l' **air (m.)** air, I; manner, expression
en plein air outdoor(s), I
aise pleased
aisé(e) well-off, **7**
ajouter to add, **8**
l' **alcoolisme** alcoholism, II
l' **alcool-test** test for drunk driving
l' **alcôve (f.)** alcove
alerte alert
alerter to alert, II
l' **algèbre (f.)** algebra, I-2.2
l' **Algérie (f.)** Algeria, II-14.1
l' **aliment (m.)** food, I
l' **alimentation (f.)** nutrition, diet, **7**
alimenter to feed, II
l' **Allemagne (f.)** Germany, I-16
allemand(e) German (adj.), I
l' **allemand (m.)** German (language), I
aller to go, I-5.1
aller à la chasse to go hunting, **4**
aller à la pêche to go fishing, I-9.1
aller au bout d'eux-mêmes to push themselves to the limit
aller çà et là to go here and there
aller pêcher to go fishing, I

ça va de soi of course, it goes without saying, **6**
l' **aller simple (m.)** one-way ticket, I-8.1
l' **aller-retour (m.)** round-trip ticket, I-8
s'**en aller** to go away
l' **allergie (f.)** allergy, I-15.1
allergique allergic, I-15.1
l' **alliance (f.)** wedding ring, II-11.2
l' **allié (m.)** ally, II
allier to combine
Allô. Hello. (when answering telephone), II-3.2
allonger to stretch out, II; to lengthen
allouer to allow, allocate
allumer to light, II-11.2; to turn on (a TV, etc.), II-2.1
l' **allumeur (m.) de réverbères** gas-lamp lighter, **2**
l' **allure** allure, attractiveness, II
alors so, then, well then, I
les **Alpes (f. pl.)** the Alps, I
l' **alpinisme (m.)** mountain climbing, I
l' **Alsacien(ne)** Alsatian (person)
alsacien(ne) (adj.) Alsatian (from the French province of Alsace)
l' **altitude (f.)** altitude, I
amaigri(e) emaciated, thin
l' **amant, l'amante** lover
l' **amateur (m.): l'amateur d'art** art lover, I
l' **ambassade (f.)** embassy
l' **ambiance (f.)** surroundings, environment, **3**
l' **ambulance (f.)** ambulance, II-6.1
l' **ambulancier (m.)** ambulance driver, **7**
ambulant(e) strolling, travelling, **7**
l' **âme (f.)** soul
l' **amélioration (f.)** improvement
améliorer to improve, II
aménager to renovate, transform, I
l' **amende (f.)** fine, II-8.1
américain(e) American (adj.), I-1.1
l' **Américain(e)** American (person), I
l' **Amérique (f.) du Nord** North America, I-16
l' **Amérique (f.) du Sud** South America, I-16
l' **ami(e)** friend, I-1.2
l' **amidon (m.)** starch, II-9.1
l' **amitié (f.)** friendship, I
Amitiés Love (to close a letter), II
amoindri(e) diminished, **8**

l' **amour (m.)** love, **4**
amoureux, amoureuse in love
tomber amoureux (amoureuse) de to fall in love with
l' **ampoule (f.)** light bulb, **2**
amusant(e) funny, I-1.1
s' **amuser** to have fun, I-11.2
l' **an: avoir... ans** to be... years old, I-4.1; **le jour de l'An** New Year's Day, II-11.2
l' **analyse (f.) de sang** blood test
analyser to analyze
l' **anatomie (f.)** anatomy, I
l' **ancêtre (m.)** ancestor, II
ancien(ne) old, I; former
l' **âne (m.)** donkey, II-15.2
l' **anesthésiste (m. et f.)** anesthesiologist, II-6.2
l' **angine (f.)** throat infection, tonsillitis, I-15.1
l' **anglais (m.)** English (language), I-2.2
l'**Anglais(e)** Englishman, Englishwoman, I
l' **anglaise (f.)** ringlet, **2**
l' **angle (m.)** corner
l' **Angleterre (f.)** England, I-16
l' **angoisse (f.)** anguish
l' **animal (m.)** animal, I
l'**animal (m.) domestique** farm animal, II-15.1
l' **animateur, l'animatrice** camp counselor, **2**
animé(e) lively, animated, I
l' **anneau (m.)** ring, II
l' **année (f.)** year, I-4.1
l'année dernière last year, I-13
l'année scolaire school year, II
Bonne Année! Happy New Year!, II-11.2
l' **anniversaire (m.)** birthday, I-4.1
Bon (Joyeux) anniversaire! Happy birthday!, I
C'est quand, ton anniversaire? When is your birthday? (fam.), I-4.1
l' **annonce (f.)** announcement, I-8.1
l'annonce publicitaire (television or radio) commercial, **3**
la petite annonce classified ad, II-16.2
annoncer to announce, I-8.1
l' **annuaire (m.)** telephone book, II-3.1
annuel(le) annual
annuellement yearly, annually, II-8
annuler to cancel, II-7.2
l' **anorak (m.)** ski jacket, I-14.1
l' **Antarctique (f.)** Antarctica
antérieur(e) previous, former, I

VOCABULAIRE FRANÇAIS-ANGLAIS 461

l' **anthropologie (f.)** anthropology, I
l' **antibiotique (m.)** antibiotic, I-15.1
l' **anticonformisme (m.)** nonconformism
l' **anticyclone (m.)** high pressure area, I
les **Antilles (f. pl.)** West Indies, II
    antillais(e) West Indian (adj.), I
l' **antilope (f.)** antelope
l' **antipathie (f.)** dislike
    antipathique unpleasant (person), I-1.2
l' **Antiquité (f.)** ancient times, I
anxieux, anxieuse anxious, I
août (m.) August, I-4.1
apercevoir to catch sight of
    s'apercevoir to notice, 2
apparaître to appear, II
l' **appareil (m.)** machine, appliance, II; system, 4; aircraft, 5
    l'appareil auditif auditory system, 7
    l'appareil circulatoire circulatory system, 4
    l'appareil respiratoire respiratory system, 4
apparenté: le mot apparenté cognate, I
l' **apparence (f.)** (physical) appearance
l' **apparition (f.)** appearance
l' **appartement (m.)** apartment, I-4.2
appartenir to belong, II
l' **appel (m.)** call, II-3.1; an appeal, II
    l'appel interurbain long-distance call, II-3.1
appeler to call, II-3.1
    s'appeler to be called, be named, I-11.1
l' **appétit (m.)** appetite
    avoir un appétit d'oiseau to eat like a bird
applaudir to applaud, II-11.1
s' **appliquer** to work hard
apporter to bring, I
apprécier to appreciate, II
l' **appréhension (f.)** apprehension, II
apprendre (à) to learn (to), I-9.1
    apprendre à quelqu'un à faire quelque chose to teach someone to do something, I-14.1
    apprendre ses leçons to learn one's lessons, II-12.1
apprenti(e) apprenticed, II
l' **apprenti(e)** apprentice, II
s' **approcher de** to approach, 2
approprié(e) appropriate, II
s' **approprier** to take for one's own

l' **appui (m.)** sill
appuyer sur to press, II-10.2
    s'appuyer contre to lean (against), II-10.2
    s'appuyer sur to count on
après after, I-3.2
    l'après-demain (m.) the day after tomorrow
    l'après-guerre (m.) post-war period
    l'après-midi (m.) afternoon, I-2
l' **arabe (m.)** Arabic (language)
l' **Arabe (m. et f.)** Arab (person)
l' **arbitre (m.)** referee, I-13.1
l' **arbre (m.)** tree, 4
    l'arbre de Noël Christmas tree, II-11.2
l' **arc (m.)** arch
    l'arc de triomphe triumphal arch
l' **arc-en-ciel (m.)** rainbow, 6
l' **arc-boutant** flying buttress, II
l' **arche (f.)** arch, I
l' **archipel (m.)** archipelago, I
l' **architecte (m. et f.)** architect, I
l' **architecture (f.)** architecture, I
l' **argent (m.)** money, I-3.2; silver, 3
    l'argent liquide cash, I-18.1
    l'argent de poche allowance, I
    les couverts (m. pl.) en argent silverware, 5
l' **argenterie (f.)** silverware, 5
l' **Argentine (f.)** Argentina, I-16
l' **argument (m.)** argument
l' **argot (m.)** slang, I
aride arid
l' **aristocrate (m. et f.)** aristocrat, I
l' **arme (f.)** weapon, 4
armé(e) armed
l' **armée (f.)** army, I
arraché(e) torn, II
arracher to tear or pull out
l' **arrêt (m.)** stop, II-10.2
l' **arrêté (m.) préfectoral** administrative order
arrêter to stop, II-8.1; to arrest
    s'arrêter to stop oneself, I-12.1
l' **arrière (m.)** back (of an object), II-10.2
l' **arrivée (f.)** arrival, I-7.2; finish line, 3
arriver to arrive, I-3.1; to happen, I
l' **arrogance (m.)** arrogance
l' **arroi (m.): en grand arroi** in great array
l' **arrondissement (m.)** district (in Paris), I
arroser to water
l' **art (m.)** art, I-2.2
les **articles (m. pl.) de sport** sporting goods, I
s' **articuler** to be expressed

l' **artisan(e)** craftsperson, II
artistique artistic, I
l' **ascenseur (m.)** elevator, I-4.2
l' **asepsie (f.): pratiquer l'asepsie** to sterilize, disinfect, I
l' **Asie (f.)** Asia, I-16
l' **asile (f.)** asylum
aspiré(e) pulled in, I
l' **aspirine (f.)** aspirin, I-15.1
s' **assembler** to gather
s' **asseoir** to sit (down), II-2.1
assez fairly, quite; enough, I
    assez de (+ noun) enough (+ noun), I-18
    en avoir assez (de) to be fed up (with)
l' **assiette (f.)** plate, I-5.2
    ne pas être dans son assiette to be feeling out of sorts, I-15.1
assis(e) seated, I-8.2
l' **assistant(e)** assistant, I
    l'assistante (f.) sociale social worker, II-16.1
assister (à) to attend, II
l' **association (f.)** association, I
associer to associate, I; to link
l' **assurance (f.)** insurance, I
assurant used by
assurer to insure, II-1.2; to assure, II; to carry out
l' **astre (m.)** star
l' **astronome (m. et f.)** astronomer, I
l' **atelier (m.)** workshop, II-14.1
l' **atmosphère (f.)** atmosphere, I
atmosphérique atmospheric
atomique atomic, II
l' **atout (m.)** advantage, asset, chance for success, II
attacher to attach
l' **attaque (f.)** attack, assault
s' **attaquer à** to attack
attendre to wait (for), I-8.1
    attendre la tonalité to wait for the dial tone, II-3.1
    s'attendre à to expect
l' **attentat (m.)** (murder/assassination) attempt
l' **attente: la salle d'attente** waiting room, I-8.1
attentif, attentive attentive
l' **attention: faire attention** to pay attention, I-6; be careful, I-9.1
    Attention! Careful! Watch out!, I; Watch it!
    «**Attention au départ!**» "The train is leaving!", II-4.1
    «**Attention à la fermeture des portes!**» "Watch the closing doors!", II-4.1
atterrir to land, I-7.1
l' **atterrissage (m.)** landing (plane), II-7.1

attirer to attract, **1**
l' **attraction (f.)** attraction
 attraper un coup de soleil to get a sunburn, I-9.1
 au at the, to the, in the, on the, I-5
  au bord de la mer by the ocean; seaside, I-9.1
  au contraire on the contrary, I
  au-dessous: la taille au-dessous the next smaller size, II-10.2
  au-dessus: la taille au-dessus the next larger size, I-10.2
  au-dessus de above, I
  au fond de at the bottom of, I; at the back of
  au large de off
  au moins at least, I
  au revoir goodbye, I-BV
  au sujet de about, I
l' **aube (f.)** dawn, **8**
l' **auberge (f.)** inn, **1**
  l'auberge de jeunesse youth hostel, I
l' **aubergine (f.)** eggplant, II-14.1
 aucun(e) any, none, II; no, not any
  d'aucuns some people
l' **audace (f.)** daring
 audacieux, audacieuse audacious, bold, I
 au-delà beyond
l' **auditeur, l'auditrice** listener, **2**
 auditif(-ve) auditory, hearing, **7**
  une prothèse auditive hearing aid
l' **audition (f.)** hearing, **7**
l' **augmentation (f.)** increase
 augmenter to increase (in size), **1**
 aujourd'hui today, I-2.2
 auprès de close to
l' **aurore (f.)** dawn, II
 ausculter to listen with a stethoscope, I-15.2
 aussi also, too, I-1.1; as (comparisons), I-10
l' **Australie (f.)** Australia, I-16
 autant de as many, II
  d'autant (plus) que all the more so since
l' **auteur (m.)** author (m. and f.), I
  l' **auteur dramatique** playwright
l' **auto-école (f.)** driving school, I-12.2
l' **autobus (m.)** bus, I-10.2
l' **autocar (m.)** bus, coach, I-7.2
l' **autodétermination** self-determination, II
 automatiquement automatically, II
l' **automobiliste (m. et f.)** motorist, II-8.1

 autoritaire authoritarian
l' **autorité (f.)** authority
l' **autoroute (f.)** highway, I
  l'autoroute (f.) à péage toll highway, I-12.2
 autour de around, I
 autre other, I-BV
  Autre chose? Anything else? (shopping), I-6.2
  les autres others, II
 autrefois formerly, in the past, **3**
 autrement dit in other words
l' **Autriche (f.)** Austria, II
 aux at the, to the, in the, I-5
l' **avance: à l'avance** in advance, I
  en avance early, ahead of time, I-8.1
 avancé(e) advanced, I
l' **avancée (f.)** advance
 (s') avancer to go ahead, move forward, **5**
 avant before (prep.), I-7.1
  avant de (+ inf.) before (+ verb), I
  avant hier the day before yesterday, I-13
  avant que (+ subjunc.) before (conj.), II-15
l' **avant (m.)** front, II-10.2
  vers l'avant forward, ahead
l' **avantage (m.)** advantage, II
l' **avant-bras (m.)** forearm, II-13.1
l' **avarie (f.)** damage
 avec with, I-5.1
  Avec ça? What else? (shopping), I-6.2
l' **avenir (m.)** future, II
  dans un proche avenir in the near future, II
l' **aventure (f.)** adventure, I
 aventureux, aventureuse adventurous, II
l' **averse (f.)** downpour, **1**
 avertir to warn, II
l' **aveugle (m. et f.)** blind person, **6**
l' **avion (m.)** airplane, I-7.1
  en avion (by) plane, I-7.1
  par avion (by) airmail, II-1.2
l' **avis (m.)** opinion, I
  à mon avis in my opinion, I-10.2
l' **avocat(e)** lawyer, II-16.1
l' **avoine (f.)** oats, II-15.1
 avoir to have, I-4.1
  avoir l'air to seem, II-13.2
  avoir... ans to be... years old, I-4.1
  avoir besoin de to need, I-11.1, I
  avoir de la chance to be lucky, I
  avoir droit à to be entitled to
  avoir envie de to feel like (doing something), II-3.1

  avoir faim to be hungry, I-5.1
  avoir une faim de loup to be very hungry, I
  avoir l'impression to have the feeling
  avoir lieu to take place, II-11.2
  avoir du mal à (+ inf.) to have difficulty (doing something), **5**
  avoir mal à to have a(n)...-ache, to hurt, I-15.2
  avoir l'occasion de (+ inf.) to have the opportunity (+ inf.), I
  avoir peur (de) to be afraid (of), II-13.2
  avoir raison to be right, I
  avoir soif to be thirsty, I-5.1
  avoir tendance à (+ inf.) to tend (+ inf.), I
  avoir tort to be wrong
  ne pas avoir un sou to be penniless
 avouer to admit, **2**
 avril (m.) April, I-4.1
l' **axe (m.)** axis, street, I
  dans l'axe on the same line
l' **azote (m.)** nitrogen

B

le **baccalauréat (bac, bachot)** French high school exam, I-12.2
le **bacon** bacon, I
la **bactérie** bacteria
 bactérien(ne) bacterial, I-15.1
les **bagages (m. pl.)** luggage, I-7.1
  les bagages à main carry-on luggage, I-7.1
le **bagne** prison with hard labor, **5**
la **baguette** loaf of French bread, I-6.1
la **baie** bay, **3**
 baigner: ça baigne everything's cool (fam.)
 se baigner to swim, II
le **bain** bath, I-11.2
  le bain de soleil: prendre un bain de soleil to sunbathe, I-9.1
  le bain turc Turkish bath, II-14.1
la **baisse** decrease, **1**; fall, decline
 baisser to lower
  se baisser to bend over, **5**
le **bal** ball, formal dance, II
le **baladeur** Walkman, **3**
la **balance** scale, II-1.2
le **balcon** balcony, I-4.2
la **baleine** whale, **4**

VOCABULAIRE FRANÇAIS-ANGLAIS

la **balle** ball (tennis, etc.), I-9.2; franc (slang), I-18.2
le **ballon** ball (soccer, etc.), I-13.1
banal(e) commonplace, ordinary
la **banane** banana, I-6.2
le **banc** bench, 4
la **bande dessinée (BD)** comic strip, I
la **banlieue** suburbs, I
le/la **banlieusard(e)** suburbanite, II
la **banque** bank, I-18.1
le **banquier**, la **banquière** banker, I
baptiser to christen, I
barbant(e) boring (slang)
la **barbe** beard, II
    à la barbe fleurie with a flowing white beard, II
se **barbouiller (de)** to daub oneself (with)
Barcelone Barcelona, I-16
bardé(e) (de) filled (with)
la **barricade** barricade
bas(se) low, I-10
    à talons bas low-heeled (shoes), I-10
    à voix basse quietly, in a low voice, 5
le **bas** bottom, 8
le **base-ball** baseball, I-13.2
la **base: de base** basic, I; basically
le **basket(-ball)** basketball, I-13.2
la **basilique** basilica, II
le **basque** language of the Basque region of northern Spain
le **bateau** boat, I
le **bâtiment** building, II-15.1
le **bâtisseur** builder, II
le **bâton** ski pole, I-14.1; stick
la **batterie** drums, II-11.1
battre to beat, strike
    battre un record to beat a record
    battre en retraite to retreat in battle, II
    se **battre (contre)** to fight (against), 5
battu beaten, II
bavard(e) talkative
bavarder to chat, I-4.2
beau (bel) beautiful (m.), I-4
    Il fait beau. It's nice weather., I-9.2
beaucoup a lot, I-3.1
    beaucoup de (+ noun) a lot of, many, I-10.1
    beaucoup de monde a lot of people, a crowd, II
la **beauté** beauty, I
les **Beaux-arts (m. pl)** fine arts, I
le **bec de gaz** gas lamp, 2
beige (inv.) beige, I-10.2
le **beignet chinois** fortune cookie, II
belge Belgian (adj.), I
le/la **Belge** Belgian (person), I

la **Belgique** Belgium, I
belle beautiful (f.), I-4
la **bénédiction** blessing
béni(e) blessed, sacred
    béni des dieux blessed by the gods
les **béquilles (f.)** crutches, II-6.1
berbère (inv.) Berber (relating to the culture of various tribal groups living in northern Africa, i.e. the Kabyle or the Tuareg)
bercail: au bercail at home, 2
le **berceau** barrel vault, II
bercer to lull
le **béribéri** beriberi, I
le **besoin** need, I
    avoir besoin de to need, I-11.1
le **bétail** livestock, II-15.1
la **bêtise** stupid thing, nonsense, I
le **beurre** butter, I-6.2
la **bibliothèque** library, II
le **bicentenaire** bicentennial, I
bien fine, well, I-BV
    bien accueilli(e) well-received, I
    bien cuit(e) well-done (meat), I-5.2
    bien élevé(e) well-mannered, II-13.1
    Bien entendu. Of course, That's understood.
    bien que (+ subjunc.) although (conj.), II-15
    bien sûr of course, I
le **bien** possession, 4; good (n.), 5
    faire le bien to do good
    le **bien public** public good
le **bien-être** well-being, 7
bienfaisant(e) charitable, kind, 4
bientôt soon, I
Bienvenue! Welcome!, I
la **bière** beer, I
les **bijoux (m. pl.)** jewels, jewelry
le **bilan** appraisal
le **billet** bill (currency), I-18.1; ticket, I-7.1
    le **billet aller-retour** round-trip ticket, I-8.1
biodégradable biodegradable
la **biologie** biology, I-2.2
le/la **biologiste** biologist, I
bizarre strange, odd, I
bizarrement oddly
la **blague: Sans blague!** No kidding!, I
blanc, blanche white, I-10.2
la **blanchisserie** laundry, II
le **blé** wheat, II-15.1
le/la **blessé(e)** injured person, 8
se **blesser** to hurt oneself, II-6.1
la **blessure** cut, wound, II-6.1
bleu(e) blue, I-10.2
    bleu marine (inv.) navy blue, I-10.2

blond(e) blond, I-1.1
bloquer to block, I; to jam
la **blouse** smock, 2
le **blouson** jacket, I-10.1
le **bœuf** beef, I-6.1; ox, II-15.1
boire to drink, II-13
la **boisson** beverage, I-5.1
le **bois** wood, the woods, II
la **boîte** box, 2
    la **boîte aux lettres** mailbox, II-1.1
    la **boîte de conserve** can of food, I-6.2
bon(ne) correct; good, I-9
    Bonne Année! Happy New Year!, II-11.2
    Bonne Santé! Good health!, II
    le **bon numéro** the right number, II-3.1
    bon marché (inv.) inexpensive, I
bond leap, 8
    faire un bond to leap, 8
bondé(e) packed, 1
le **bonheur** happiness, 2
le **bonhomme** fellow
bonjour hello, I-BV
la **bonne** maid, 2
le **bonnet** ski cap, hat, I-14.1
la **bonté** goodness
    est-ce que ça serait un effet de votre bonté would you be so kind
le **bord: à bord de** aboard (plane, etc.), I-7.2
    au bord de la mer by the ocean, seaside, I-9.1
bordé(e) de bordered, lined with, I
le **bordereau** receipt, I
la **borne** road marker, II
la **bosse** mogul (ski), I-14.2
la **botanique** botany, I
la **botte** boot, I
la **bouche** mouth, I-15.1
la **boucherie** butcher shop, I-6.1
le **bouchon** traffic jam, II-8.1
la **boucle** curl, ringlet, 2
bouclé(e) wavy, curly II-5.1
le **boudin blanc** white sausage, II
la **boue** sludge
la **bouffée** breath (of air)
bouger to move, 8
la **bougie** candle, II-11.2
le **bouillon de poulet** chicken soup, I
la **boulangerie-pâtisserie** bakery, I-6.1
la **boule** ball, II
    la **boule de neige** snowball, I-14.2
    en boule curled up in a ball, II
    les **boules** French bowling, II
le **boulevard périphérique** beltway, II-8.1
le **boulot** job (slang), 2

bouleverser to stun; to change drastically
le **bouquetin** ibex, **4**
le **bouquin** book (fam.), **2**
le **bourdonnement** buzzing
la **bourgeoisie** middle class
le **bourgeon** bud, II
la **bourse** grant, scholarship, **2**
bousculer to shove, II-13.1
bout (inf. bouillir) boils (v.), I
le **bout** piece, bit, scrap, **7**; end
   au bout de at the end of
la **bouteille** bottle, I-6.2
la **boutique** shop, boutique, I
le **bouton** button, II-9.2; bud, I
   boutonné(e) buttoned
le **bowling** bowling alley
le **brancard** stretcher, II-6.1
la **branche** branch, II-11.2
   branché(e) plugged in; "with it," cool
le **bras** arm, II-6.1
le **braséro** charcoal grill, II-14.1
les **bravades (f. pl.)** bravado, boasts
brave good, decent
Bravo! Good! Well done!, I
le **break** station wagon, I-12.1
le **Brésil** Brazil, I-16
la **Bretagne** Brittany, I
   breton(ne) (adj.) from Brittany, II
   le/la Breton(ne) person from Brittany, I
le **brigadier** (police) sergeant
brillant(e) brilliant, shining
briller to shine, **1**
le **brin (d'herbe)** blade (of grass)
bricoler to tinker with things around the house, **3**
la **brioche** sweet roll, I
la **brise** breeze, wind
briser to break, **5**
brodé(e) embroidered
la **broderie** embroidery
bronzé(e) tan, I
bronzer to tan, I-9.1
la **brosse** brush, I; blackboard eraser, II-12.2
se brosser (les dents, etc.) to brush (one's teeth, etc.), I-11.1
le **brouillard** fog, **1**
brouter to graze, **4**
la **bruine** drizzle, **1**
le **bruissement** rustling
le **bruit** noise, II-13.1
brûlant(e) hot, burning
brûler to burn, II
la **brume** haze, mist, **1**
brun(e) brunette, I-1.1; brown, I-10.2
brutaliser to brutalize
brute: la sève brute rising, crude sap, II
Bruxelles Brussels

bruyant(e) noisy, II-13.1
la **bûche: la bûche de Noël** Christmas cake in shape of a log, II
le **budget** budget
le **bulletin de notes** report card, I
le **bulletin de remboursement** credit slip
le **bulletin météorologique** weather report, I
le **bureau** desk, I-BV; office, II-2.2; bureau, I
   à bureaux fermés sold out (performance), **3**
   le bureau de change foreign exchange office (for foreign currency), I-18.1
   le bureau de location reservations office, II-4.2
   le bureau de placement employment agency, II-16.2
   le bureau de poste post office, II-1.1
   le bureau de tabac tobacco shop, II-3.1
   le bureau de vie scolaire school office, II-12.2
le **bus: en bus** by bus, I-5.
le **but** goal, I-13.1
   marquer un but to score a goal, I-13.1

C

c'est it is, it's, I-BV
   C'est ça. That's right., I
   C'est combien? How much is it?, I-BV
   C'est de la part de qui? Who's calling?, II-3.2
   C'est entendu. Agreed.
   C'est quand, ton anniversaire? When is your birthday? (fam.), I-4.1
   C'est quel jour? What day is it?, I-2.2
   C'est tout? Is that all?, I-6.2
   C'est une erreur. You have the wrong number., II-3.2
   C'est une honte! That's a disgrace!
ça that (dem. pron.), I-BV
   Ça coûte cher. It's expensive., I
   Ça fait combien? How much is it?, I-6.2
   Ça fait... francs. That's... francs, I-6.2
   Ça fait mal. It hurts., I-15.2
   Ça me convient. That's fine with me.
   ça m'étonnerait I would be very surprised, II-14
   Ça ne tient pas debout. It makes no sense.

   Ça par exemple! My word!
   Ça va. Fine., OK., I-BV
   Ça va? How's it going?, How are you? (inform.), I-BV
   Ça y est! That's it. Finished! I have done it!
le **cabaret** small nightclub with musical entertainment, **3**
la **cabine** cabin (airplane or boat), I-7.1
   la cabine classe affaires business-class cabin, II-7.1
   la cabine classe économique economy-class cabin, II-7.1
   la cabine première classe first-class cabin, II-7.1
   la cabine téléphonique telephone booth, II-3.1
le **cabinet** office (doctor's), I
se cacher to hide
caché(e) dark, hidden, II
le **cadeau** gift, present, I-10.2
   le cadeau de Noël Christmas gift, II-11.2
cadet(te) younger, youngest, II
le **cadrage** way of centering a picture (photography, movie)
le **cadran** dial, II-3.1
   le téléphone à cadran dial phone, II-3.1
le **cadre, la femme cadre** executive, II-16.1
cafard: avoir le cafard to be down in the dumps, to be feeling blue
le **café** café; coffee, I-5.1
   le café au lait coffee with milk, I
la **cafétéria** cafeteria, II
le **cahier** notebook, I-BV
Le **Caire** Cairo
la **caisse** cash register, checkout counter, I-6.2
le **caissier, la caissière** cashier, I-17.2
la **calamité** disaster
le **calcium** calcium, I
le **calcul** calculation, I
la **calculatrice** calculator, I-BV
calculer to calculate, I
le **calendrier** calendar, II
calme quiet, calm, I
   Calmez-vous. Calm down., I
la **calorie** calorie, I
le/la **camarade** companion, friend, I
le **cambriolage** burglary, **5**
le **cambrioleur** burglar, **5**
le **camion** truck, II-8.1
le **camp** side (in a sport or game), I-13.1
   le camp adverse opponents, other side, I-13.1
   le camp de fortune makeshift refugee camp

VOCABULAIRE FRANÇAIS-ANGLAIS   **465**

le **camp d'internement** internment camp
campagnard(e) country (adj.), **3**
la **campagne** country(side), II-15.1; campaign
    en rase campagne in the middle of the countryside, **5**
le **campeur** camper, II
le **camping** campground, **1**
le **Canada** Canada, I-16
canadien(ne) Canadian (adj.), I-9
le **canal** canal
le **canard** duck, II-15.2
le/la **candidat(e)** applicant, II-16.2
    être candidat(e) à un poste to be an applicant for a position, II-16.2
la **candidature** candidacy, II-16.2
    poser sa candidature to apply for a position, II-16.2
le **canne à sucre** sugar cane, II
le **canot** canoe, I
la **cantine** school cafeteria, II-12.2
la **capacité: la capacité d'accueil** number of beds available
le **capitaine** captain, II
capital(e) capital
la **capitale** capital, I
capituler to capitulate, II
capter to collect, receive, II
la **captivité** captivity
car because, for, II
le **car** bus (coach), I
le **caractère** personality; letter
    à caractère familial family-style, I
la **caractéristique** characteristic, I
la **caravane** caravan, II-14.2; trailer, II-8.1
le **carburant** fuel
carcéral(e) prison (adj.)
cardiaque cardiac, of the heart
le **car-ferry** car ferry, **5**
le **carnet** book of ten subway tickets, II-10.1; notebook, booklet
    le **carnet d'adresses** address book
    le **carnet d'anniversaires** birthday book, I
la **carotte** carrot, I-6.2
carré(e) square
le **carrefour** crossroads, I-12.2
la **carrière** career, II-16.2
la **carte** card, II-12.2; menu, I-5.1; map, I
    à la carte free-choice
    la **carte à mémoire** rapid-dial feature on a telephone, II
    la **carte d'anniversaire** birthday card, I
    la **carte de crédit** credit card, I-17.2

la **carte de débarquement** landing card, I-7.2
la **carte d'embarquement** boarding pass, I-7.1
la **carte grise** automobile registration card, II-8.1
la **carte postale** postcard, 1.1
la **carte routière** road map, II-8.1
la **carte verte** insurance card, II-8.1
la **carte de vœux** greeting card, II-11.2
le **carton: en carton** cardboard (adj.)
le **cas** case, II
    en tout cas in any case, I
casanier, casanière homebody
le **casier** cubbyhole, II
le **casque** helmet, II-8.1
la **casquette** cap, II-8.2
le **casse-cou** daredevil, I
casser to break, II-9.2
    à tout casser at the most
    casser les pieds à quelqu'un to get on somebody's nerves (slang)
    se casser to break (an arm, a leg, etc.), II-6.1
la **cassette** cassette, I-3.2
le **catalan** language of the Catalonia region of northeastern Spain
la **catastrophe** catastrophe
la **catégorie** category, I
la **cathédrale** cathedral, I
le **catholicisme** Catholicism, II
le/la **catholique** Catholic, II
le **cauchemar** nightmare, **8**
la **cause** cause (n.), II
    causer to cause, I
le **cavalier, la cavalière** rider, **7**
la **cave** basement
la **caverne** cavern
ce (cet) (m.) this, that (m.), I-8
    ce que c'est what it is, I
    Ce n'est rien. You're welcome., I-BV
céder to cede
la **ceinture de sécurité** seat belt, I-12.2
célèbre famous, I-1.2
célébrer to celebrate, II-11.2
la **célébrité** fame
célibataire single, unmarried, **4**
celle (f. sing. dem. pron.) this one, that one, II-5
    celles (f. pl. dem. pron.) these, those, II-5
la **cellule** cell, I
    la **cellule nerveuse** nerve cell, I
celui (m. sing. dem. pron.) this one, that one, II-5
    celui-là that one (over there), II
la **cendre** ash, **6**

le **censeur** vice-principal, II-12.2
cent hundred, I-5.2
les **centaines (f. pl.)** hundreds, I
le **centimètre** centimeter
centralisé(e) centralized, II
le **centre: le centre commercial** shopping center, I
    le **Centre de Documentation et d'Information (CDI)** school library, media center, II-12.2
    au centre de in the heart of, I
cependant still, nevertheless
les **céréales (f. pl.)** cereal, grains, II-15.1
la **cérémonie** ceremony, II-11.2
certain(e) certain, I
    être certain(e) to be certain, II-14
    il est certain (que) it's certain (that), II-14
    pour certains for some people, I
certainement certainly, II-8
ces (pl.) these, those, I-8
cesser to stop
le **cétacé** whale
cette (f.) this, that, I-8
ceux (m. pl. dem. pron.) these, those, II-5
chacun(e) each (one), I
la **chaîne** channel, II-2.1
    la **chaîne hôtelière** hotel chain, I
    la **chaîne stéréo** stereo, II-2.1
    la **chaîne de télévision** television channel, **2**
la **chair** flesh, **4**
la **chaire** seat, chair
la **chaise** chair, I-BV
le **châle** shawl, II-14.1
le **chalet** chalet, I
la **chaleur** warmth, heat, **8**
chaleureux, chaleureuse warm, **1**
la **chambre** room (in a hotel), I-17.1
    la **chambre à un lit** single room, I-17.1
    la **chambre à deux lits** double room, I-17.1
    la **chambre à coucher** bedroom, I-4.2
le **chameau** camel, II-14.2
    à dos de chameau on camel(back), II-14.2
le **champ** field, II-15.1
    le **champ de manœuvres** parade ground, I
le/la **champion(ne)** champion, I
le **championnat** championship, I
la **chance** luck, I
    avoir de la chance to be lucky, I
le **chandelier** candelabra, II-11.2
changeant(e) changeable, variable, **1**
le **changement** change, II
changer (de) to change, I-8.2; to exchange, I-18.1

VOCABULAIRE FRANÇAIS-ANGLAIS

changer de chaîne to change the channel, II-2.1
changer de ligne to change (subway) lines, II-10.1
changer de place to change places, II
changer de train to change trains, II-4.2
changer de voie to change lanes, II-8.1
la **chanson** song, 3
le **chant** song, II
    le **chant de Noël** Christmas carol, II-11.2
    un **chant d'oiseau** birdsong, 7
chanter to sing, I-3.2
le **chanteur**, la **chanteuse** singer, II-16.1
le **chantier** construction site, II
    le **chantier de fouilles archéologiques** archaeological site, 8
le **chapeau** hat, 4
le **chapitre** chapter
chaque each, every, I-16.1
le **charbon** coal, 4
    le **charbon de bois** charcoal, II-14.1
la **charcuterie** deli, I-6.1
charge: être à charge to be a burden
charger to put in charge, I
le **chariot** shopping cart, I
    le **chariot à bagages** luggage cart, II-7.2
le **charlatanisme** quackery
charmant(e) charming, I
le **charpentier** carpenter, II
la **charrette** cart, 2
chasse: aller à la chasse to go hunting, 4
chasser to hunt, 4; to chase
le **chasseur** hunter, 4
le **chat** cat, I-4.1
    avoir un chat dans la gorge to have a frog in one's throat, I-15.2
châtain brown (hair), II-5.2
le **château** castle, mansion, II-4.2
    le **château fort** fortified castle
le **châtiment** punishment
le **chaton** kitten, 5
chatouiller to tickle, 7
chatouilleux (-se) ticklish, 7
la **chatte** (female) cat, 5
chaud(e) warm, hot, I
    Il fait chaud. It's hot. (weather), I-9.2
chauffer to heat, I
le **chauffeur** driver
les **chaussettes (f. pl.)** socks, I-10.1
les **chaussures (f. pl.)** shoes, I-10.1
    les **chaussures de ski** ski boots, I-14.1

    les **chaussures de tennis** sneakers, tennis shoes, I-9.2
chauvin fanatically patriotic, 4
la **chaux** quicklime, I
le **chef** head, boss, chief, I
le **chef-d'œuvre** masterpiece
le **chemin** way, route, 2
    suivre son chemin de petit bonhomme to carry on in one's own sweet way
la **cheminée** fireplace, II-11.2; mantelpiece, 6
la **chemise** shirt, I-10.1
le **chemisier** blouse, I-10.1
le **chèque (bancaire)** check, I-18.1
    le **chèque de voyage** traveler's check, I-17.2
cher, chère dear; expensive, I-10
    Ça coûte cher. It's expensive., I
chercher to look for, seek, I-5.1
    chercher du travail to look for work, II-16.2
le **chercheur**, la **chercheuse** researcher, 8
le **cheval (pl. les chevaux)** horse, II-15.1
le **chevalier** knight, II
le **chevet** head of a bed, 5
les **cheveux (m. pl.)** hair, I-11.1
    les **cheveux en brosse** brush cut, II-5.1
la **cheville** ankle, I-6.1
la **chèvre** goat, 4
le **chevron** top tile
chez at the home (business) of, I-5
    chez soi home, I
chic chic, stylish, I
le **chien** dog, I-4.1
le **chiffon** rag, 2
le **chiffonnier** ragpicker, 2
chiffonné(e) wrinkled, II-9.1
le **chiffre** number, I
le **chignon** bun (hair), II-5.1
le **Chili** Chile, I-16
la **chimie** chemistry, I-2.2
chimique chemical, I
le/la **chimiste** chemist, I
la **Chine** China, I-16
chinois(e) Chinese (adj.), I
    le **Chinois**, la **Chinoise** Chinese person, 8
le **chirurgien** surgeon (m. and f.), II-6.2
    le **chirurgien-orthopédiste** orthopedic surgeon, II-6.2
le **chocolat: au chocolat** chocolate (adj.), I-5.1
choisir to choose, I-7.1
le **choix** choice, I
le **choléra** cholera, I
le **cholestérol** cholesterol, I
le **chômage** unemployment, II-16.2
    être au chômage to be unemployed, II-16.2

la **chose** thing, I
    pas grand-chose not much, I
le **chott** salt lake, II-14.2
le **chou-fleur** cauliflower, II
chouette great (inform.), I-2.2
chrétien(ne) Christian, II
la **chronique** chronicle, II
la **chute: faire une chute** to fall, I-14.2
ci-dessus above (adv.), I
ciao goodbye (inform.), I-BV
ci-contre opposite (prep.)
ci-dessous below
le **ciel** sky, I-14.2; heaven
    un **ciel d'encre** ink-black sky
la **cigale** grasshopper, I
les **cils (m. pl.)** eyelashes, II-5.2
le **cinéaste** film-maker, 8
le **cinéma** movie theatre, movies, I-16.1
le/la **cinéphile** movie buff, I
cinq five, I-BV
cinquante fifty, I-BV
    cinquantaine fifty or so
le **cintre** hanger, I-17.2
la **circonstance** circumstance, I
la **circulation** traffic, I-12.2; circulation, I
    la **circulation à double sens** two-way traffic, I
circulatoire circulatory
circuler to circulate, II
le **cirque** circus, 8
les **ciseaux (m. pl.)** scissors, II-5.2
ciselé(e) chiselled
la **cité U** student dorms
citer to cite, mention, I
le/la **citoyen(ne)** citizen, II
le **citron pressé** lemonade, I-5.1
le/la **civilisé(e)** civilized person, I
le **civisme** public-spiritedness, 6
clair(e) light, II; clear
le **clairon** bugle, 6
clandestinement secretly
la **classe** class (people), I-2.1
    la **classe économique** coach class (in plane), I
le **classement** classification, I
classer to classify, I
classique classic
le **clavier** keyboard, II
la **clé** key, I-12.1
la **clef** key, 5
clément(e) mild
le/la **client(e)** customer, I-10.1
la **clientèle** practice (physician)
le **climat** climate, I
le **clin d'œil** wink (of the eye)
la **clinique** private hospital, II
la **cloche** bell, 6
les **clous (m. pl.)** pedestrian crossing, I-12.2
le **clown** clown

VOCABULAIRE FRANÇAIS-ANGLAIS

le **club** club
    le **club d'art dramatique** drama club, I
    le **club de forme** health club, I-11.2
le **coca** Coca-Cola, I-5.1
le **cocher** coachman, **2**
le **cochon** pig, II-15.1
le **code postal** zip code, II-1.2
le **cœur** heart, **7**
    avoir le cœur gros to have a heavy heart
    avoir des maux de cœur to feel sick, nauseous, **7**
    par cœur by heart
coi: rester coi to remain silent
se coiffer to fix one's hair, II-5.1
le **coiffeur**, la **coiffeuse** hair stylist, II-5.2
le **coffre** trunk (of car), I
    le **coffre à bagages** luggage compartment, II-7.1
la **coiffure** hairstyle, II-5.1
le **coin** corner, II-8.2; spot
    au coin de at the corner of, II-10.1
    du coin neighborhood (adj.), I
coincé(e) wedged (in), in a jam, stuck in a tight spot, **2**
coincer to trap, to jam, **5**
le **col de Roncevaux** Roncesvalles Pass, II
la **colère** anger
    en colère angry, **4**
le **colis** package, II-1.2
le **collaborateur**, la **collaboratrice** co-worker, associate, I
le **collant** pantyhose, I-10.1
la **collation** snack, II-7.1
le **collège** junior high, middle school, I
le/la **collègue** colleague, II
coller to stick
le **collet** scruff of the neck
la **colline** hill, II
la **colonie de vacances** summer camp, **2**
le **colonisateur** colonizer
la **colonisation** colonization
coloniser to colonize
le **combat** fight, **8**
combattre to combat, fight, I
combien (de) how much, how many, I-6.2
    C'est combien? How much is it?, I-BV
    Ça fait combien? How much is that?, I-6.2, I
le **combinaison** wetsuit
la **combine** system, method, **2**
le **combiné** telephone receiver, II
comble (adj.) packed (stadium), I-13.1

la **combustion** combustion
la **comédie** comedy, I-16.1
    la **comédie musicale** musical comedy, I-16.1, I
le **comédien** actor, II-16.1
la **comédienne** actress, II-16.1
comique funny, I-1.2
le **commandant de bord** captain (on an airplane), II-7.1
commander to order, I-5.1
comme like, as, I
    comme ci, comme ça so-so, **2**
    comme d'habitude as usual, **7**
le **commencement** beginning, I
commencer to begin, I
comment how; what, I
    Comment vas-tu? How are you? (fam.), I-BV
    Comment est...? What is... like? (description), I-1.1
    Comment t'appelles-tu? What's your name? (fam.), I-1.1
    Comment vous appelez-vous? What's your name? (form.), I-1.1
le **commerce** business, II
le/la **commerçant(e)** merchant, II-16.1
commettre to commit
le **commissariat** police station, **5**
commode convenient, **2**
commun(e) common, I
    en commun in common, I
la **commune** (small administrative) district, **5**
la **communauté** community, I
    la **Communauté Économique Européenne (CEE)** European Economic Community (EEC), I
le **compact disc** compact disc, I-3.2
la **compagnie aérienne** airline, I-7.1
le **compagnon** companion, fellow-worker, journeyman
le **compagnonnage** guild, II
la **comparaison** comparison
le **compartiment** compartment, I-7.2
le **complément** complement
complet, complète full, II-4.1; complete
complètement completely, II
le **complet** suit (man's), I-10.1
compléter to complete, I
le/la **complice** accomplice, **5**
le **comportement** behavior, I
composer to compose, I
    composer le numéro to dial a telephone number, II-3.1
le **compositeur**, la **compositrice** composer
composter to stamp, validate (a ticket), I-8.1

comprendre to understand, I-9.1; to include, II-7; to be made up of
le **comprimé** pill, tablet I-15.2
compris(e) included (in the bill), I
    Le service est compris. The tip is included., I-5.2
comptabilisé(e) accounted for, II
le/la **comptable** accountant, II-16.1
le **compte: au compte-gouttes** sparingly
    le **Compte-Chèques Postal** postal checking account
    le **compte d'épargne** savings account, I-18.1
    le **compte-rendu** report, review
    être à son compte to be self-employed, II-16.2
compter to count
le **compteur** meter, **1**
le **comptoir** counter, I-7.1
le **concentré** concentration, essence
concerné(e) involved
concerner to concern, II
le/la **concierge** concierge, caretaker, I
conclure to conclude
le **concours** competition, contest, I
le/la **concurrent(e)** competitor
condamner to condemn
les **condoléances** (f. pl.) condolences, **6**
le **conducteur**, la **conductrice** driver, I-12.1
conduire to drive, I-12.2
la **conduite** behavior, conduct, **6**
    des **leçons de conduite** driving lessons, I-12.2
les **confettis** (m. pl.) confetti, II-11.1
confiant(e) confident, I-1.1
confier to confide, **5**
    confier (quelque chose à quelqu'un) to entrust (something to someone)
confondre to mix up, confuse
le **conformisme** conformity
le **confort** comfort, I
confortable comfortable, I
le **confrère** colleague
la **confrérie** brotherhood, II
confusément vaguely
le **congé** day off, vacation day
    le **jour de congé** day off, II
conjugué(e) joint
la **connaissance** knowledge
    faire la connaissance de to meet, I
connaître to know, I-16.2
connu(e) known, I
la **conquête** conquest, I
conquis(e) conquered, II
consacrer to dedicate, **3**; to devote, II
la **conscience** conscience
conscient(e) conscious, II

468   VOCABULAIRE FRANÇAIS-ANGLAIS

le **conseil** advice, II
conseiller to advise
le **conseiller**, la **conseillère**
 d'éducation dean of discipline,
 II-12.2
le **conseiller** (la **conseillère**)
 d'orientation guidance
 counselor, II-12.2
la **conséquence** consequence, II
conséquent: par conséquent
 consequently, II
conservateur, conservatrice
 conservative, I
le **conservatoire** music school
conserve: la boîte de conserve
 can (food), I-6.2
conserver to conserve, I
considérable considerable
considérablement considerably
la **consigne** checkroom, I-8.1
 la **consigne automatique**
 locker, I-8.1
la **consommation** consumption
consommer to consume, I
la **constatation** proof, verification
constater to notice
constitué(e) made (up) of
constituer to make up
construire to build
 se construire to be built
 construit(e) built, I
le **consulat** consulate
la **consultation** consultation,
 medical visit, I
le **contact: mettre le contact** to start
 (a car), I-12.1
contagieux, contagieuse
 contagious
contaminer to contaminate, I
le **conte** story, tale, II
comtempler to gaze upon
contemporain(e) contemporary
contenir to contain, I
content(e) happy, I-1.1
le **contenu** contents, II-1.2
le **continent** continent
 le **continent Antarctique**
 Antarctica
continu(e) continual, ongoing, I
continuer to continue, I
la **contractuelle** meter maid, I-12.2
le **contraire** opposite, I
 au contraire on the contrary, I
contrairement contrary, as
 opposed (to)
la **contravention** traffic ticket, I-12.2
contrasté(e) different
contre against, I-13.1
 contre le gré de quelqu'un
 against somebody's will, 7
 par contre on the other hand,
 however, I
le **contremaître** foreman, II-2.2

la **contremaîtresse** forewoman,
 II-2.2
le **contrôle de sécurité** security
 (airport), I-7.1
 **passer par le contrôle de
 sécurité** to go through
 security (airport), I
le **contrôleur** conductor, I-8.2
convaincu(e) convinced
convenable correct, I
les **convenances (f. pl.)** social
 customs, conventions, II
convenir to fit; to be appropriate;
 to suit
la **conversation** conversation, I
convoquer to summon
la **coopération** cooperation, I
coordonner to coordinate, II
le **copain** friend, pal (m.), I-2.1
la **copine** friend, pal (f.), I-2.1
le **coq** rooster, II-15.2
le **coquelicot** poppy, II
la **coqueluche** whooping cough, I
la **coquille** shell
le **cor** horn, II
le **Coran** Koran, II
la **corbeille** dress circle (of a theater), 3
la **corde** rope
 la **corde à linge** clothesline, 2
la **corne** horn (of an animal), 4
le **corps** body, I
correspondre to correspond, I
corriger to correct, I
le **cortège** procession, party, II
le **costume** costume, I-16.1
cote: avoir la cote to be very
 popular, 6
la **côte** coast, I; rib, 7
 la **Côte d'Azur** French Riviera, I
 la **Côte d'Ivoire** Ivory Coast,
 I-16
le **côté** side, II-5.1
 côté couloir aisle (seat in
 airplane), I-7.1
 côté fenêtre window (seat in
 airplane), I-7.1
le **coton: en coton** cotton (adj.),
 II-9.2
le **cou** neck
la **couche** cover, II; layer
 la **couche de peinture** coat of
 paint
 la **couche d'ozone** ozone layer
se coucher to go to bed, I-11.1
le **coucher du soleil** sunset, II-15.2
la **couchette** bunk (on a train), I-8.2
le **coude** elbow, II-13.1
couler to flow, II
la **couleur** color, I-10.2
 De quelle couleur est... ?
 What color is... ?, I-10.2
les **coulisses (f.pl.)** backstage, 3
le **couloir** aisle, corridor, I-8.2

le **coup** blow, 4
 le **coup d'œil** glance, 8
 à coup sûr definitely
 tout à coup suddenly
coupable guilty
la **coupe** haircut, II-5.2; winner's
 cup I-13.2
 la **coupe au rasoir** haircut with
 razor, II-5.2
 la **coupe aux ciseaux** haircut
 with scissors, II-5.2
couper to cut, II-5.2
 se faire couper les cheveux to
 get a haircut, II-5
 c'est à vous couper le souffle
 it takes your breath away
la **cour** courtyard, I-4.2; court, I
courageux, courageuse
 courageous, brave, I
couramment fluently, II-8
courant(e) common, II-13.1;
 current, II; running
le **courant** current
le **coureur** runner, I-13.2
 le **coureur cycliste** racing cyclist,
 I-13.2
la **courgette** zucchini, II-14.1
courir to run, II-2.2
 faire courir to be a big hit, 3
la **couronne** crown, 6
couronné(e) crowned, I
le **courrier** mail, II-1.1
le **cours** course, class, I-2.2
 le **cours facultatif** elective (n.),
 II-12.2
 le **cours obligatoire** required
 course, II-12.2
 le **cours du change** exchange
 rate, I-18.1
la **course** race, I-13.2
 la **course cycliste** bicycle race, I
les **courses (f. pl.): faire les courses**
 to go grocery shopping, I-6.1
court(e) short, I-10.2
le **court de tennis** tennis court, I-9.2
le **couscous** couscous (dish made
 of semolina, meats, and
 vegetables), II-14.1
le/la **cousin(e)** cousin, I-4.1
le **couteau** knife, I-5.2
coûter to cost, I
 Ça coûte cher. It's expensive., I
la **coutume** custom, I
le **couturier** designer (of clothes),
 I-10.1
couver quelque chose to be
 coming down with something, 2
couvert: Le ciel est couvert. The
 sky is overcast., I-14.2
le **couvert** table setting, I-5.2
 les **couverts en argent**
 silverware, 5

VOCABULAIRE FRANÇAIS-ANGLAIS

mettre le couvert to set the table, I-8
la couverture blanket, I-17.2
le couvreur roofer, II
couvrir to cover, I-15
le crabe crab, I-6.1
la craie: le morceau de craie piece of chalk, I-BV
craindre to fear, 5
la crainte fear, 4
de crainte que (+ subjunc.) for fear that
le cratère crater, II
la cravate tie, I-10.1
le crayon pencil, I-BV
la crèche day-care center, I
la crédulité gullibility
créer to create, I
la crème cream, I-6.1
la crème pour le visage face cream, II-5.2
la crème solaire suntan lotion, I-9.1
le crème coffee with cream (in a café), I-5.1
la crémerie dairy store, I-6.1
créole creole, II
la crêpe crepe, pancake, I-5.1
la crêperie crepe restaurant, I
le crépuscule dusk
le crétin (m.) jerk
creusé(e) burrowed
crevé(e) exhausted (fam.), 2
se crever (au travail) to work oneself to death, 6
la crevette shrimp, I-6.1
le cri sound, II-15.2; shout
crier to shout, I
le crime crime (specific act)
le crime de sang violent crime
la criminalité crime (in general)
le/la criminel(le) criminal
la crise crisis, I
crisser to screech
critique critical
la critique criticism, I
le/la critique critic, I
critiquer to criticize, I
croire to believe, think, I-10.2
la croisade crusade
la croisée window
le croisement intersection, I-12.2
croiser (quelqu'un) to pass someone
se croiser to cross (intersect), II-10.1
la croissance growth, I
croissant(e) growing, increasing, 1
le croissant croissant, crescent roll, I-6.1
la croix d'honneur school medal, award, 2

le croque-monsieur grilled ham and cheese sandwich, I-5.1
le cross cross country race, 3
crotté(e) covered with mud
croustillant(e) crusty, I
la croûte de sel salt crust, II-14.2
la croyance belief, I
le/la croyant(e) believer
le cube cube, I
le cubisme Cubism, I
cueillir to pick, gather, II
la cuiller spoon
la cuillère spoon, I-5.2
le cuir leather
en cuir leather (adj.), II-9.2
les objets (m.) en cuir leather goods, II-14.1
la cuisine kitchen, I-4.2
faire la cuisine to cook, I-6
la cuisson des confitures jam-making
cuit(e): bien cuit(e) well-done (meat), I-5.2
le cul-de-jatte legless cripple, 6
le cul-terreux yokel, country bumpkin, (fam. and pej.)
cultivé(e) cultivated, II
cultiver to cultivate, II-15.1
la culture culture, I; farming (raising crops), II-15.1
culturel(le) cultural, I
la cure cure, I
le curé priest
le curriculum vitae (CV) resume, II-16.2
la cuve basin, II
le cycle cycle, I
le cycle de l'eau water cycle, I
le cyclisme cycling, bicycle riding, I-13.2
le cycliste cyclist, I
les cymbales (f. pl.) cymbals, II-11.1

D

d'abord first (adv.), I-11.1
d'accord O.K., I-3
être d'accord to agree, I-2.1
d'ailleurs moreover
d'après according to, I
le daim deer, II
la dame lady, I
le Danemark Denmark
le danger: en danger in danger, I
dangereux, dangereuse dangerous, I
dans in, I-BV
dans mes cinquante-deux going on fifty-two (years old)
la danse dance, I
danser to dance, I-3.2
le danseur, la danseuse dancer, II-16.1

la date: Quelle est la date aujourd'hui? What is today's date?, I-4.1
dater de to date from
la datte date (fruit), II-14.2
davantage more, 7
de from, I-1.1; of, belonging to, I-5
de base basically
de bonne heure early, II-2.2
de côté aside, I-17.2
de crainte que (+ subjunc.) for fear that
de façon que (+ subjunc.) so that
de loin by far, I
de manière que (+ subjunc.) so that
de nos jours today, nowadays, I
de peur que (+ subjunc.) for fear that
de plus moreover
de plus en plus more and more, I
De quelle couleur est... ? What color is... ?, I-10.2
de rêve dream (adj.), I
De rien. You're welcome. (informal), I-BV
de sorte que (+ subjunc.) so that
de temps en temps from time to time, occasionally, II-4
débarrasser la table to clear the table, II-2.1
le débarquement landing, deplaning, I
débarquer to get off (an airplane), I-7.2
le débat debate
débile stupid, idiotic (slang)
déboisé(e) deforested, II
le déboisement deforestation, II
déborder to overflow, I
debout standing, I-8.2
débrancher to unplug
débrouillard(e) resourceful
le début beginning (n.), I
le/la débutant(e) beginner, I-14.1
débuter to begin, 3
le décalage horaire time difference, I
la décapotable convertible (car), I-12.1
décéder to die, 6
décembre (m.) December, I-4.1
le décès death, 2
le déchet waste, I
déchirer to tear, II-9.2
décider (de) to decide (to), I
la déclaration declaration
déclarer to declare, call, I; to report (a crime), 5

470 VOCABULAIRE FRANÇAIS-ANGLAIS

déclencher launched
le décollage take-off (of an airplane), II-7.1
décoller to take off (airplane), I-7.1
(se) décomposer to decompose, II
déconcertant(e) disconcerting, surprising
décontracté(e) relaxed, informal, II
le décor set (for a play), I-16.1
le décorateur (de porcelaine) painter (of china), I
les décorations (f.pl.) decorations, II-11.2
découper to carve (meat), II
découvert(e) uncovered, 4
à découvert exposed, uncovered, II
la découverte discovery, I
le découvreur discoverer
découvrir to discover, I-15
décrire to describe, I
la planète décrit sa courbe the planet follows its orbit
décrocher to pick up a telephone receiver, II-3.1
déçu(e) disappointed
dedans inside, II
dédié(e) dedicated, I
se dédier to dedicate (oneself), II
le défaut negative trait
se défendre to defend oneself
défense de doubler no passing (traffic sign), I
défensive: sur la défensive on the defensive
le défilé parade, II-11.2
défiler to march, II-11.1
défiler au pas to march in step, II-11.1
définir to define, I
définitif (-ve) permanent, 7
définitivement permanently, 7
la définition definition, I
déformer to warp, corrupt
dégagé(e) cleared, clearing (weather), 1
se dégager to clear (weather), 1; to clear up
dégager to free, 5
se dégourdir (les jambes/pattes) to stretch (one's legs), II
dégoûté(e) disgusted
le degré degree, I-14.2
Il fait... degrés (Celsius). It's... degrees (Celsius)., I-14.2
la dégustation tasting
déguster to savor, 4
dehors outside, I
en dehors de outside (of), I
déjà already, I-14
déjeuner to eat lunch, I-5.2

le déjeuner lunch, II-2
le délai time-limit
délicieux, délicieuse delicious, I-10
la délinquance delinquency
le delta delta, I
demain tomorrow, I-2.2
À demain. See you tomorrow., I-BV
la demande d'emploi job application, II-16.2
demander to ask (for), I
demander son chemin to ask the way, II-8.2
se demander to wonder, I
la démangeaison itch, 7
avoir des démangeaisons to be itchy, 7
démanger to itch, 7
ça la démange she is itchy, 7
la démarche process
déménager to move (one's residence), 2
se démener to exert oneself
dément(e) fantastic
demeurer to stay
demi(e) half, I
à demi-tarif half-price, I
et demie half past (time), I
le demi-cercle semi-circle; top of the key (on a basketball court), I-13.2
le demi-kilo half a kilo, 500 grams, I
la démission: donner sa démission to resign, II
la démocratie democracy
se démoder to go out of style, 1
la demoiselle young woman
la demoiselle d'honneur maid of honor, II-11.2
démuni(e) poor, underprivileged
dénoncer to denounce
dense dense
la dent tooth, I-11.1
avoir mal aux dents to have a toothache, I-15
le dentifrice toothpaste, I-11.1
le déodorant deodorant, I-11.1
la dépanneuse tow-truck, II-8.2
le départ departure, I-7.1
le département one of 95 official regional divisions of France, II
le département d'outre-mer French overseas department, I
dépassé(e) surpassed, II; outmoded, 6
dépasser to pass, surpass, 5
dépaysé: être dépaysé(e) to feel strange, like a fish out of water, 8
le dépaysement disorientation, 1
se dépêcher to hurry, II-2.2
dépendre (de) to depend (on), I

ça dépend that depends
la dépense expense, 3
dépenser to spend (money), I-10.1
dépérir to wither
dépister to detect
déplacer to move, II
se déplacer to move (around)
déplaire to displease
Ça me déplaît. I don't like that.
se déposer to be put (down) on
la dépression low-pressure area (weather), I
déprimé(e) depressed
depuis since, for, I-8.2
le dérangement displacement
déranger to disturb
dériver to derive, I
dernier, dernière last, I-10
le déroulement unfolding (of a story), 3
derrière behind, I-BV
des some, any, I-3; I-6; of the, from the, I-5
dès que as soon as
désagréable unpleasant, I-1.2
désapprouver to disapprove
descendre to get off, I-8.2; to take down, I-8; to go down, I-14.1
descendre en spirale to spiral down
la descente getting off (a bus), II-10.2
la description description
le désert desert, II-14.2
désertique desert (adj.)
se déshabiller to get undressed, I
désirer to want, I
Vous désirez? May I help you? (store); What would you like? (restaurant), I
désolé(e) sorry, II-3.2; sad, II-13.2
être désolé(e) to be sorry, II-3.2
désossé(e) boneless, supple
le dessert dessert, I
desservir to serve, fly to, etc. (transportation), II-4.2
le dessin illustration, I
le dessin animé cartoon, I-16.1
la dessinatrice illustrator, I
dessous: au-dessous smaller (size), I-10.2
le dessous bottom
dessus: au-dessus larger (size), I-10.2
le dessus top
le destin fate, destiny
le/la destinataire addressee, I-1.2
la destruction destruction, I
désuète old-fashioned
désuni(e) apart, separated

VOCABULAIRE FRANÇAIS-ANGLAIS

détenir to keep (a person)
la **détente** relaxation
le **détergent** detergent, I
détester to hate, I-3.2
détourner l'attention de quelqu'un to divert someone's attention, 5
détriment: au détriment de to the detriment of
détruire to destroy
détruit(e) destroyed, II
le **deuil** death, loss
deux two, I-BV
les **deux roues (f. pl.)** two-wheeled vehicles, I
tous (toutes) les deux both, I
deuxième second, I-4.2
la **Deuxième Guerre mondiale** World War II, I
deuxièmement second of all, secondly, I
devant in front of, I-BV; ahead of
le **développement** development, I
se **développer** to develop
devenir to become, I-16
le **déversement** pouring
deviner to guess, II
la **devise** currency, I
le **devoir** homework (assignment), I-BV; duty
faire les devoirs to do homework, I-6
diable: Que diable! For Pete's sake!
le **diagnostic: faire un diagnostic** to diagnose, I-15.2
le **diamant** diamond, II
la **diapo(sitive)** (photo) slide, II-12.2
la **diarrhée** diarrhea
la **dictée** dictation
dicter to dictate, I
le **dictionnaire** dictionary, II-12.1
le **dieu** god, II
le **Dieu** God
la **différence** difference, I
différencier to distinguish, differentiate, II
différent(e) different, I
difficile difficult, I-2.1
la **difficulté** difficulty
être en difficulté to be in trouble, I
diffusé(e) broadcasted
digérer to digest
la **digue** dike
diluvien(ne) torrential
dimanche (m.) Sunday, I-2.2
diminuer to diminish, II
la **diminution** decrease, thinning
le **dinar** dinar (unit of currency in North Africa), II-14.1
la **dinde** turkey (for eating), II

le **dindon** turkey (animal), II-15.2
dîner to eat dinner, I-4.2
le **dîner** dinner, I-4.2
dingue crazy, II
être dingue de quelque chose / quelqu'un to be crazy about something/somebody
la **diphtérie** diphtheria, I
la **diplomatie** diplomacy, II
le **diplôme** diploma, II-12.2
diplômé(e): être diplômé(e) (de) to get a degree from, I
dire to say, tell, I-12.2
Dis donc! Hey!, Say!, Listen!
Ben dis donc! No kidding!
dire que to think that
on dirait que it seems that
pour ainsi dire so to speak
directement directly, II-3.1
la **direction: prendre la direction...** to take the... line (subway), II-10.1
le **directeur, la directrice** manager, II-16.1
la **directrice** high school principal (f.), II-12.2
le/la **dirigeant(e)** director (of a company)
diriger to direct, I
se diriger (vers) to head, make one's way (towards), II
discerner to discern, distinguish
discuter to discuss, I
le **diseur, la diseuse de bonne aventure** fortune teller, II
disparaître to disappear, I
la **disparition** disappearance
disponible available, II-4.1
disposer to have at hand
se **disputer** to argue
le **disque** record, I-3.2
la **distance** distance, I
distant(e) distant
distingué(e) distinguished, I
la **distraction** entertainment
distraire to distract
distribuer to distribute, to deliver (mail), II-1.1
le **distributeur automatique** stamp machine, II-1.1; ticket machine, II-10.1
le **distributeur automatique de billets** automated teller machine (ATM), I
diurne diurnal, 8
divers(es) (pl.) various
divisé(e) divided, I
le **divorce** divorce, I
divorcer to divorce, II
dix ten, I-BV
la **dizaine** around ten, II
dix-huit eighteen, I-BV
dix-neuf nineteen, I-BV

dix-sept seventeen, I-BV
le **docteur** doctor (title), I
la **doctrine** doctrine
le **documentaire** documentary, I-16.1
le/la **documentaliste** school librarian, II-12.2
dodo sleep (slang), II
faire dodo to go to sleep (slang), II
le **doigt** finger, II-6.1
le **doigt de pied** toe, II-6.1
le **dollar** dollar, I-3.2
le **dolmen** dolmen (prehistoric stone monument), II
le **domaine** domain, field, I
domestique domestic
le **domicile** home, II
à domicile to the home, I
dominer to dominate, II
le **dommage** damage
c'est dommage it's a shame
donc so, therefore, II
les **données (f. pl.)** facts
donner to give, I-3.2
donner à manger à to feed, I
donner un coup de fil to call (on the phone), II-3.1
donner un coup de peigne to comb, II-5.2
donner un coup de pied to kick, I-13.1
donner sa démission to resign, II
donner une fête to throw a party, I-3.2
donner sur to face, overlook, I-17.1
dont of which, from which, whose, 6
doré(e) golden
dormir to sleep, I-7.2
dormir à la belle étoile to sleep outdoors, II
dormir debout to be asleep on one's feet
le **dortoir** dormitory, I
le **dos** back (body), I
à dos de chameau on camel(back), II-14.2
le **dossier** file, II
le **dossier du siège** back of the seat, II-7.1
la **douane** customs, I-7.2
passer à la douane to go through customs, I-7.2
doublé(e) dubbed (movies), I-16.1
doubler to pass (car), II-8.1
doucement gently, II
la **douceur** gentleness
la **douche** shower, I
prendre une douche to take a shower, I-11.1

472 VOCABULAIRE FRANÇAIS-ANGLAIS

douillet(te) cozy
la douleur pain, 7
douloureux, douloureuse painful, I
doute: sans aucun doute no doubt
sans doute probably, 8
douter to doubt, II-14.2
doux, douce soft, II; mild; sweet
la douzaine dozen, I-6.2
douze twelve, I-BV, I
le drame drama, I-16.1
le drap sheet, I-17.2
le drapeau flag, II-11.1
se draper to cover (oneself) with cloth
dresser to draw up (a list), II
dresser les oreilles to prick up one's ears
se dresser (contre) to rise up (against)
dribbler to dribble (basketball), I-13.2
la drogue drug(s)
le droit right
le droit de vote right to vote, II
droite: à droite de to, on the right of, I-5
drôle funny, strange
du of the, from the, I-5; some, any, I-6
du coin neighborhood (adj.), I
du tout: pas du tout not at all, I
le duc duke
la dune dune, II-14.2
duper to trick, fool
dur(e) hard
la durée length (of time), I
durer to last, II-11.2

E

l' eau (f.) water, I
l'eau de Javel bleach, II
l'eau minérale mineral water, I-6.2
l'eau de toilette cologne, II-5.2
l' éblouissement (m.) bedazzlement
s' écailler to flake off
ecclésiastique clerical, church (adj.)
l' échange (m.) exchange, I
échanger to exchange, 5
échapper (à) to escape, 4
s'échapper to escape, I
l' écharpe (f.) scarf, I-14.1
l' échelon (m.) rung (ladder)
les échelons mobiles accomodation ladder
l' écho (m.) echo
échouer à un examen to fail an exam, II-12.1
l' éclair (m.) lightning
l' éclairage (m.) lighting
l' éclaircie (f.) clearing, break (in clouds), 1
éclaircir to clear
éclairer to light, II
l' école (f.) school, I-1.2
l'école maternelle pre-school, II
l'école primaire elementary school, I
l'école secondaire junior high, high school,, I
l' écolier, l'écolière pupil, schoolchild, I
l' écologie (f.) ecology
l' écologiste (m. et f.) ecologist, I
l' économie (f.) economy, I
les économies (f. pl.): faire des économies to save money, I-18.2
économique economic, economical
la classe économique coach class (plane), I
l' écorce (f.) bark (of a tree), II
l' écoute listening (n.), 3
écouter to listen (to), I-3.1
les écouteurs (m. pl.) headphones, II-7.1
l' écran (m.) screen, I-7.1
s'écraser to crash, 5
s' écrier to exclaim
écrire to write, I-12.2
l' écrit (m.) writing, II
l' écriteau (m.) sign, 2
l' écriture (f.) handwriting, penmanship, 2
l' écrivain (m.) writer (m. and f.), I
écroulé(e) in ruins
l' ECU (f.) European Currency Unit
l' écureuil (m.) squirrel, II
l' écuyer, l'écuyère (circus) rider, 8
éducatif, éducative educational, I
l' éducation (f.) civique social studies, I-2.2
l' éducation (f.) physique physical education, I
effacer to erase, II-12.1
effectivement in fact; that's true; indeed, certainly
effectuer to accomplish, carry out
l' effet (m.) effect
en effet yes, indeed
est-ce que ça serait un effet de votre bonté would you be so kind
efficace efficient, I; effective
effrayant(e) terrifying, dreadful
s' effriter to crumble away
égal: Ça m'est égal. I don't care., II
également as well, also, II
égaliser to tie (score), I
égaré(e) distraught
l' église (f.) church, II-11.2
égorger to cut the throat (of), 2
l' Égypte (f.) Egypt
élaboré(e) worked on (adj.), refined, II
l' électricien (m.) electrician
l' électricité (f.) electricity, I
électrifié(e) electrified
électrique electric, I
l' électrocardiogramme (m.) electrocardiogram
électronique electronic, II
l' élément (m.) element, I
l' élevage (m.) farming (raising livestock), II-15.1
l' élève (m. et f.) student, I-1.2
élevé(e) high, I-15.
bien élevé(e) well brought-up, I
éliminer to eliminate, I
l' élite (f.) elite, II
elle she, it, I-1; her (stress pron.), I-9
elle-même herself, II
elles they (f.), I-2; them (stress pron.), I-9
s' éloigner (de) to withdraw, move away (from)
emballé(e) thrilled
l' embarquement (m.) boarding, leaving, 1
embarquer to board (a plane, etc.), I-7.2
embaumer to perfume, II
embêtant(e) boring, annoying
embêter to bore, annoy
l' embouteillage (m.) traffic jam, 8.2
l' embrassade (f.) embrace, II
s' embrasser to kiss (each other), II-13.1
Je t'embrasse Love (to close a letter), II
s' embrouiller to get mixed up
émerveillé(e) filled with wonder, 8
émigrer to emigrate, I
éminent(e) eminent
l' émission (f.) TV show, II-2.1
emmener to bring, take (a person somewhere), II-6.1
émotif, émotive emotional, II
l' émotion (f.) emotion
émouvant(e) moving, touching, 8
émouvoir to move (emotionally)
s'émouvoir to get excited
s' emparer to take, II
l' empereur (m.) emperor, I
l' empire (m.) empire, II
empirer to get worse
s' emplir to fill
l' emploi (m.) job, II-16.2
la demande d'emploi job application, II-16.2

VOCABULAIRE FRANÇAIS-ANGLAIS

l'**emploi** (m.) **du temps** schedule, I
l'**employé(e)** employee, II-16.2
l'**employé(e) des postes** postal employee, II-1.2
employer to use, II-1
l'**employeur, l'employeuse** employer, II-16.2
emporter to bring (something), II-4.2; to carry off
l'emporter to win, 3
l'**empreinte: laisser une empreinte** to leave one's mark, 6
emprunter to borrow, I-18.2
en of it, of them, etc., I-18.2; in; as, I
  en avance early, ahead of time, I-8.1
  en avion plane (adj.), by plane, I-7.1
  en baisse coming down (in value), I
  en bas to, at the bottom, I; down(stairs), 2
  en boule in a ball, I
  en ce moment right now, I
  en classe in class, I
  en commun in common, I
  en dehors (de) outside (of), I
  en dehors de besides, I
  en dépit de in spite of
  en effet in fact, I
  en exclusivité first run (movie), I
  en face de across from, opposite, II-4.1
  en fait in fact, I
  en faveur de in favor of
  en fin de compte finally, 2
  en fonction de in terms of, in accordance with, I
  en général in general, I
  en hausse going up (in value), I
  en haut up(stairs), 2
  en haut de on, to the top of, I
  en plein(e) (+ noun) right in, on, etc. (+ noun), I
  en plein air outdoor(s), I
  en plus de besides, in addition, II
  en première in first class, I-8.1
  en outre in addition
  en provenance de arriving from (flight, train), I-7.1
  en rase campagne out in the countryside, 5
  en retard late, I-8.2
  en revanche on the other hand
  en seconde in second class, I-8.1
  en solde on sale, I-10.2
  en somme in short

  en tout cas in any case, I
  en train de (+ inf.) in the middle of (doing something)
  en version originale original language version, I-16.1
  en vertu de in accordance with
  en ville in town, in the city, I
enceinte pregnant, II
l'**enceinte** (f.) confines
enchanté(e) delighted, II-13.2
encombré(e) congested (road), 8.2
encore still (adv.); another; again, I
encourager to encourage, I
l'**encre** (f.) ink, 1
l'**encyclopédie** (f.) encyclopedia, II-12.1
s'**endetter** to go into debt, II
endommager to damage, 5
endormi(e) sleepy
s'**endormir** to fall asleep, I-11.1
endosser to put on (clothes), 6
l'**endroit** (m.) place, II-8.1
l'**énergie** (f.) energy, I
énergique energetic, I-1.2
énervé(e) irritated; nervous, edgy
énerver to annoy, get on (someone's) nerves
  s'énerver to get irritated, 4; to get (all) worked up, 6
l'**enfance** (f.) childhood
l'**enfant** (m.) child (m. and f.), I-4.1
enfermer to lock up, enclose, confine, 2
enfin finally, I
enfoncer to press
enfoui(e) buried, hidden
s'**enfuir** to run away, 5
engager to hire, II
  s'engager to commit oneself; to enlist (in the army)
l'**engin** (m.) machine; tool; (large) vehicle; aircraft, 7
l'**engouement** (m.) craze
l'**engrais** (m.) fertilizer, I
enjamber to step over; to span
enlaidir to make ugly
enlever to lift, II
enneigé(e) covered with snow, II
l'**ennemi** (m.) enemy, II
l'**ennui** (m.) trouble, problem, II; boredom, annoyance
ennuyer to bore; to annoy; to bother
s'**ennuyer (de quelqu'un)** to miss (someone), 2
ennuyeux, ennuyeuse boring, II
  c'est ennuyeux à mourir it's deadly dull
énorme enormous
énormément enormously, I
l'**enquête** (f.) survey, opinion poll, I; investigation

enragé(e) rabid, enraged, I
enregistrer to record, II-2.1
enrhumé(e): être enrhumé(e) to have a cold, I-15.1
l'**enseignement** (m.) education; teaching (n.), I
enseigner to teach, II-12.2
ensemble together, I-5.2
ensoleillé(e) sunny
ensuite then (adv.), I-11.1
s'**entasser** to be crammed
entendre to hear, I-8.1
s'**entendre: bien s'entendre** to get along well, 2
entendu: Bien entendu. Of course.
  C'est entendu. Agreed.
l'**enterrement** (m.) funeral, burial, 6
entêté(e) stubborn
l'**enthousiasme** (m.) enthusiasm, I
enthousiasmé(e) filled with enthusiasm
entier, entière entire, whole, I-10
entourer to surround, II-8.1
l'**entracte** (m.) intermission, I-16.1
l'**entraide** (f.) mutual help
entraîné(e) trained
entraîner to carry along, I; to lead to, cause
  s'entraîner to practice (on)
entre between, among, I-9.2
l'**entrée** (f.) entrance, I-4.2; admission, I
l'**entreposage** (m.) storage, II-15.2
entreposer to store, II-15.2
entreprendre to launch
l'**entreprise** (f.) company, II-16.2
entrer to enter, I-3.1
  entrer par effraction to break into (a house, etc.), 5
entretenir to keep up, maintain, 3
l'**entretien** (m.) interview, II-16.2; upkeep, care, II-15.1
entrevoir to catch a glimpse of
l'**énumération** (f.) enumeration
énumérer to enumerate
envahir to invade, II
l'**enveloppe** (f.) envelope, II-1.1
s'**envelopper dans** to wrap oneself up (in), II-14.1
envers toward
environ around, about, 3
l'**environnement** (m.) environment, I
envoler to fly away, II
envoyer to send, I-13.1
  envoyé(e) en exil sent into exile, II
épais(e) thick, heavy, II
épargné(e) spared
épargner to spare
l'**épaule** (f.) shoulder
l'**épave** (f.) wreckage, 5

474   VOCABULAIRE FRANÇAIS-ANGLAIS

l' **épée** (f.) sword, II
épeler to spell, 4
éperonner to ram, 5
éphémère ephemeral, short-lived
l' **épice** (f.) spice, II
épicé(e) spicy
l' **épicerie** (f.) grocery store, I-6.1
l' **épilogue** (m.) epilogue, ending
l' **épine** (f.) thorn, 1
l' **épingle** (f.) **à linge** clothespin, 2
l' **épisode** (m.) episode
l' **époque** (f.) period, times, age, era, II
épouiller to delouse
épouser to marry, II
épouvantable horrible, dreadful, 3
épuisé(e) exhausted, 4
l' **équilibre** (m.) balance, I
équilibré(e) balanced, I
l' **équipage** (m.) flight crew, II-7.1
l' **équipe** (f.) team, I-13.1
équipé(e) equipped, II
l' **équipement** (m.) equipment, I
   les équipements sportifs sports facilities
équitablement fairly, 6
l' **équitation** (f.): **faire de l'équitation** to go horseback riding, 7
l' **erreur** mistake
   C'est une erreur. You have the wrong number., II-3.2
l' **escalade** (f.) climb
escalader to climb over, 5
l' **escalator** (m.) escalator, II-10.1
l' **escalier** (m.) staircase, I-17.1
   l'escalier mécanique (m.) escalator, II-10.1
escamoter to skip, 7
l' **espace** (m.) space, I
l' **Espagne** (f.) Spain, I-16
espagnol(e) Spanish (adj.), I
   l'espagnol (m.) Spanish (language), I-2.2
l' **espèce** (f.) species, group, II
   une espèce de a kind/sort of, 7
les **espèces** (f. pl.): **payer en espèces** to pay cash, I-17.2, I
espérer to hope
l' **espionnage** (m.) spying (n.), I
l' **espoir** (m.) hope, 4
l' **esprit** (m.) spirit, II
   l'esprit de compétition spirit of competition
l' **essai** (m.) attempt
essayer to try
l' **essence** (f.) gas(oline), I-12.1
   l'essence ordinaire regular gas, I
   l'essence super super gas, I
   l'essence sans plomb unleaded gas, I
essentiel(le) essential, I

l' **essentiel** (m.) the essential(s)
essentiellement essentially, I
s' **essuyer** to wipe (one's hands, etc.), II-13.1
l' **est** (m.) east, I
estimer to consider, I
l' **estomac** (m.) stomach, I
l' **estuaire** (m.) estuary
et and, I-1
et toi? and you? (fam.), I-BV
l' **étable** (f.) cowshed, II-15.1
établir to establish, I
l' **établissement** (m.) establishment, II
   l'établissement de soins polyvalents multi-care center, II
l' **étage** (m.) floor (of a building), I-4.2
l' **étain** (m.) pewter
l' **étal** (m.) (market) stall, I
étalé(e) spread out
l' **étang** (m.) pond, 4
l' **état** (m.) state, I
   en état d'ivresse intoxicated, II
   les États-Unis (m. pl.) United States, I-13.2
l' **été** (m.) summer, I-9.1
   en été in summer, I-9.1
éteindre to turn off (the T.V., etc.), II-2.1
étendu(e) extended, II
éternel(le) eternal
éternuer to sneeze, I-15.1
l' **ethnie** (f.) ethnic group
l' **étoile** (f.) star, 6
étonnant(e) surprising
étonné(e) astonished, II-13.2
étonner: ça m'étonnerait I would be very surprised, II-14
   s'étonner (de) to be very surprised (at)
étouffer to suffocate, smother, 4
   s'étouffer to choke, II
étrange strange
étranger, étrangère foreign, I-16.1
   à l'étranger abroad, in a foreign country, 4
être to be, I-2.1
   Ça y est! That's it. Finished! I've done it!
   être à l'heure to be on time, I-8.1
   être à même de to be able to, 8
   être au courant to be informed, 2
   être d'accord to agree, I-2.1
   être de passage to be passing through
   être désolé(e) to be sorry, II-3.2
   être en avance to be early, I-8.1

   être en bonne (mauvaise) santé to be in good (poor) health, I-15.1
   être en retard to be late, I-8.2
   être enrhumé(e) to have a cold, I-15.1
   être frappé(e) to be struck (by), notice, 4
   être reçu(e) à un examen to pass an exam, II-12.1
   être vite sur pied to be back on one's feet in no time, I-15.2
   J'y suis! I get it!
   ne pas être dans son assiette to be feeling out of sorts, I-15.2
   Vous y êtes? Are you ready?
l' **être: l'être** (m.) **humain** human being, I
   l'être vivant living being, II
étroit(e) tight (shoes), narrow, I-10.2
les **études** (f. pl.) education, studies
   faire des études to study, II-7.2
l' **étudiant(e)** (university) student, I
   l'étudiant(e) en licence undergraduate student
étudier to study, I-3.1
européen(ne) European (adj.), I-9
eux them (m. pl. stress pron.), I-9
évangélique evangelical
s' **évanouir** to faint
s' **évaporer** to evaporate, I
éveillé(e) active, wide awake, alert
éveiller to awaken
l' **événement** (m.) event, II
éventuellement possibly, I
l' **évêque** (m.) bishop, 5
évidemment obviously, II-8
évident: il est évident it's obvious, II-14
l' **évier** (m.) sink, II-2.1
éviter to avoid, 7
évoquer to evoke, I
exact: C'est exact. That's correct., II
exactement exactly
l' **exactitude** (f.) exactness, promptness, II
exagérer to exaggerate, II
l' **examen** (m.) test, exam, I-3.1
   passer un examen to take a test, I-3.1
   réussir à un examen to do well on a test, I-7
examiner to examine, I-15.2
excéder to exceed
excellent(e) excellent, I
l' **excentrique** (m. et f.) eccentric person
exceptionnel(le) exceptional, I
exclus impossible

VOCABULAIRE FRANÇAIS-ANGLAIS

Excusez-moi. Excuse me., I'm sorry., II-4.1
exécuter to carry out
l' **exemple (m.)** example, I
    par exemple for example, I
    Ça par exemple! My word!
exercer to exert, to exercise, II
    s'exercer to practice, I
exigeant(e) exacting, particular, II
l' **exigence (f.)** strictness, 6
exiger to require, II-12.1
l' **existence (f.)** existence
existentialiste existentialist
existentiel(le) existential
exister to exist
l' **exorcisme (m.)** exorcism
l' **expansion (f.)** expansion, I
l' **expéditeur, l'expéditrice** sender, II-1.2
l' **expédition (f.)** expedition, I
l' **explication (f.)** explanation
expliquer to explain, I
l' **exploitant (m.)** farmer, II-15.2
l' **exploitation (f.)** farm, II-15.2
exploiter to exploit
l' **explorateur (m.)** explorer, I
l' **explosion (f.)** explosion
l' **exposé (m.)** oral report, II-12.1
    faire un exposé to give an oral report, II-12.1
exposer to exhibit, I
l' **exposition (f.)** exhibit, show, I-16.2
l' **express (m.)** espresso, black coffee, I-5.1
expressement expressly, purposely, II
expressif, expressive expressive
l' **expression (f.)** expression
exprimer to express
expulser to expel, to drive out
l' **expulsion (f.)** expulsion
exquis(e) exquisite, I
exténué(e) exhausted
l' **extérieur (m.)** exterior, outside, I
l' **extermination (f.)** extermination, killing
externe day (student), non-resident, II
extra terrific (informal), I-2.2
l' **extrait (m.)** extract, excerpt, II
extraordinaire extraordinary, I
l' **extraterrestre (m.)** extraterrestrial, II
extrêmement extremely, I

F

la **fabrication** manufacture, II
la **fabrique** factory, II-2.2
fabriqué(e) made, I
fabriquer to make, II-2.2

fabuleux, fabuleuse fabulous, I
la **façade** façade
    face à face face to face
fâché(e) angry, I-12.2; sorry
se fâcher to lose one's temper, 6
facile easy, I-2.1
facilement easily, 4
la **facilité** skill, ease
la **façon** way, manner, I
    de façon que (+ subjunc.) so that
    de toute façon anyway, II
    d'une façon générale in a general way, I
le **facteur** mail carrier, II-1.1
la **facture** bill (hotel, etc.), I-17.2
facultatif, facultative elective, II-12.2
    le cours facultatif elective (n.), II-12.2
la **fac(ulté)** university, 2
fade dull
faible weak, 1; faint, feeble, 7
faiblir to weaken
failli (past participle of **faillir**): **J'ai (tu as, il a, etc.) failli (+ inf.)** to almost (+ verb)
la **faim** hunger
    avoir faim to be hungry, I-5.1
    avoir une faim de loup to be starving
faire to do, make, I-6.1
    faire des achats to shop, make purchases, I-10.1
    faire de l'aérobic to do aerobics, I-11.2
    faire une anesthésie to give anesthesia, II-6.2
    faire l'annonce to announce, I
    faire un appel to make a phone call, II-3.2
    faire attention to pay attention, I-6; to be careful, I-9.1
    faire le bien to do good
    faire un brushing to blow dry someone's hair, II-5.2
    faire du camping to go camping, II
    faire une chute to fall, take a fall, I-14.2
    faire une comédie to make a fuss, a scene
    faire le compte to count
    faire connaissance to meet, get acquainted, II
    faire la connaissance de to meet (for the first time), II-13.2
    faire une coupe (au rasoir, aux ciseaux) to give a haircut (with a razor, scissors), II-5.2
    faire courir to draw crowds, be a big hit, 3
    faire les courses to do the grocery shopping, I-6.1

faire cuire to cook, II-14.1
faire la cuisine to cook, I-6
faire les devoirs to do homework, I
faire un diagnostic to diagnose, I-15.2
faire demi-tour to make a U-turn, II-8.2
faire du (+ nombre) to take size ... , I-10.2
faire des économies to save money, I-18.2
faire enregistrer to check (luggage), I-7.1
faire des études to study, I-6
faire de l'exercice to exercise, I-1.2
faire un exposé to give an oral report, II-12.1
faire face à to face up to
faire du français (etc.) to study French (etc.), I-6
faire de la gymnastique to do gymnastics, I-11.2; to exercise
faire (+ inf.) to have something done for oneself, II
faire du jogging to jog, I-11.2
faire le levé topographique to survey (land), I
faire son manger to prepare food and eat it
faire mal to hurt
faire de la marche to do a bit of walking, 7
faire le maximum to do one's best
faire le ménage to do housework
faire de la monnaie to make change, I-18.1
faire la morale to scold, lecture
faire de la natation to swim, go swimming, I
faire la navette to go back and forth, I
faire le numéro to dial a telephone number, II-3.1
faire une ordonnance to write a prescription, I-1.2
faire part to announce, 6
faire partie de to be a part of, I
faire du patin to skate, I-1.2
faire du patin à glace to iceskate, I-14.2
faire du patin à roulettes to rollerskate, I
faire de la peine à quelqu'un to hurt someone (emotionally), 4
faire peur à to frighten, 4
faire un pique-nique to have a picnic, I-6

476   VOCABULAIRE FRANÇAIS-ANGLAIS

faire une piqûre to give an injection, II-6.2
faire plaisir (à) to please
faire de la planche à voile to go windsurfing, I-9.1
faire le plein to fill up (a gas tank), I-12.1
faire de la plongée sous-marine to go deep-sea diving, I-9.1
faire des points de suture to give stitches, II-6.2
faire une prise de sang to take a blood sample, 7
faire une promenade to take a walk, I-9.1
faire la queue to wait in line, I-8.1
faire de la randonnée (pédestre) to go back-packing, II
faire une radio(graphie) to take an X-ray, II-6.2
faire une rédaction to write a composition or paper, II-12.1
faire un régime to go on a diet, I
faire serment to pledge, II
faire un shampooing to shampoo, II-5.2
faire du ski to ski, I-14.1
faire signe de (+ inf.) to signal (someone) to do something, II
faire du ski nautique to waterski, I-9.1
faire du sport to play sports, I
faire du surf to go surfing, I-9.1
faire du surf des neiges to go snowboarding, I
faire le tour du monde to go around the world
faire la vaisselle to do the dishes, II-2.1
faire les valises to pack (suitcases), I-7.1
faire un voyage to take a trip, I-7.1
faire du yoga to do yoga
se faire couper les cheveux to get a haircut, II
s'en faire to worry, 8
le **faire-part** announcement (birth, marriage, death), 6
le **faiseur (de)** maker (of)
  faiseur de BD comic-strip artist
le **fait** fact, I
  les faits divers (m.pl.) local news items, 2
familial(e) family (adj.), II
se familiariser (avec) to familiarize oneself with, II

familier, familière informal, II
la **famille** family, I-4.1
  la famille à parent unique single-parent family, I
le/la **fana** fan, I
fanatique fanatical
la **fanfare** marching band, II-11.1
la **fantaisie** imagination
fantaisiste whimsical, eccentric, I
fantastique fantastic, I-1.2
farci(e) stuffed, II
fascinant(e) fascinating
fasciner to fascinate, II
fatigué(e) tired, II-7.2
fauché(e) broke (slang), I-18.2
faut: il faut (+ noun) (noun) is (are) necessary, I
  il faut (+ inf.) one must, it is necessary to, I-9.1
  il faut que (+ subjunc.) it is necessary that, II-11
la **faute** error
le **fauteuil** seat (in a theater), 3
  le fauteuil roulant wheelchair, II-6.1
faux, fausse false, I
favorable in favor of
favori(te) favorite, I-10
favoriser to favor; to promote
le **fax** fax machine
les **félicitations (f. pl.)** congratulations, 6
féliciter to congratulate
la **femme** woman, I-2.1; wife, I-4.1
la **fenêtre** window, 5
  côté fenêtre (adj.) window (seat on plane, etc.), I-7.1
la **fente** slot, II-3.1
le **fer** iron, 4
la **ferme** farm, II-15.1
fermé(e) closed, I-16.2
la **fermeture éclair** zipper, II-9.2
le **fermier** farmer, II-15.2
la **fertilité** fertility, I
les **festivités (f.)** festivities, II-11.1
la **fête** holiday; party, I-3.2
  la Fête des Lumières Festival of Lights, II-11.2
  la Fête des Mères (Pères) Mother's (Father's) Day, I
  la fête nationale national holiday, II-11.1
le **feu** traffic light, I-12.2; fire, 5
  les feux (m. pl.) d'artifice fireworks, II-11.1
  le feu de détresse hazard light (on a car)
  le feu orange yellow traffic light, I-12.2
la **feuille** leaf, 3
  la feuille de papier sheet of paper, I-BV
le **feutre** felt-tip pen, II-12.1

feutré(e) filtered
la **fève** dried bean, II
février (m.) February, I-4.1
le **fiacre** hackney cab, 2
les **fiançailles (f. pl.)** engagement, 6
le/la **fiancé(e)** fiancé(e)
la **fiche d'enregistrement** registration card (hotel), I-17.1
fidèle faithful, 3
fier, fière proud, 8
se fier to go by
  fièrement proudly
la **fierté** pride, 8
la **fièvre** fever, I-15.1
  la fièvre jaune yellow fever, I
  avoir une fièvre de cheval to have a high fever, I-15.2
la **figue** fig, II-14.2
la **figure** face, I-11.1
figurer to represent, show
la **file (de voitures)** line (of cars), II-8.1
le **filet** net shopping bag, I-6.1; net (tennis, etc.), I-9.2; rack (train), I
la **filiale** branch office, II
la **fille** girl, I-BV; daughter, I-4.1
la **fillette** little girl, 5
le **film** film, movie, I-16.1
  le film d'amour love story, I-16.1
  le film d'aventures adventure movie, I-16.1
  le film étranger foreign film, I-16.1
  le film d'horreur horror film, I-16.1
  le film policier detective movie, I-16.1
  le film de science-fiction science-fiction movie, I-16.1
le **fils** son, I-4.1
la **fin** end
  fin(e) fine, I
finalement finally, I
finances: le ministère des Finances the Treasury Department
fines herbes: aux fines herbes with herbs, I-5.1
finir to finish, I-7
le **firmament** sky (liter.)
fiscal(e) financial
fixe: à prix fixe at a fixed price, I
fixer to stare at
le **flacon** bottle, II
flambé(e) flaming, I
le **flambeau** candlestick
le **flamboyant** West Indian tree with bright red flowers, II
la **flamme** flame, II
flâner to stroll, wander, 1
le **fléau** plague, evil, 5

VOCABULAIRE FRANÇAIS-ANGLAIS

la **flèche** arrow, II-8.1
le **fleuve** river, I
la **fleur** flower, **1**
le **flot** waves, flood
flotter to float, I
la **fluctuation** fluctuation, I
la **foi** faith, **6**
le **foie** liver, **7**
    avoir mal au foie to have indigestion, I-15
le **foin** hay, II-15.1
la **foire** (fun) fair, **8**
la **fois** time (in a series), I
le/la **fonctionnaire** government worker, civil servant, II-16.1
le **fonctionnement** functioning (n.), I
fonctionner to function, work, I
le **fond** bottom, back; essence
    à fond completely
    au fond basically
    au fond de at the bottom of, I; at the back of, **2**
    dans le fond really
fondamental(e) basic, fundamental
le **fondateur,** la **fondatrice** founder, I
fonder to found, I
fondre to melt, **4**
la **fontaine** fountain, **8**
le **foot(ball)** soccer, I-13.1
    le **football américain** football, I
le **forage** drilling, boring
le **forçat** convict, **3**
la **force** force, power, I
forcer to force
le **forcing: faire le forcing** to put pressure on, I
la **forêt** forest, I
le **forfait-journée** lift ticket (skiing), I
le **forgeron** blacksmith, **4**
la **formation** education
la **forme** form, shape, I
    la **forme (physique)** physical fitness, I
    le **club de forme** health club, I-11.2
    être en (pleine) forme to be in (great) shape, I-11.2
    rester en forme to stay in shape, I-11.2
    se mettre en forme to get in shape, I-11.2
former to form; to train, I
se former to form
formidable great, tremendous
le **formulaire** form, data sheet, II-6.2
la **formule** formula, I
fort (adv.) hard, I-9.2
fort(e) good, I; strong, **1**; loud, **7**
    le plus fort, c'est que... the amazing thing is that...

le **fort** fort, I
fortement strong, hard, II
fou, folle crazy, I
les **fouilles (f. pl.)** excavation(s), dig, **8**
la **foule** crowd, **8**
    venir en foule to crowd (into), I
la **foulée** stride
fouler to tread upon
    se fouler to sprain, II-6.1
le **four solaire** solar furnace
la **fourchette** fork, I-5.2
le **fourgon à bagages** luggage car (train), II-4.2
la **fourmi** ant, I
fournir to produce, **1**; to provide, **8**
la **fourniture** supply, equipment
la **fourrure** fur, **4**
le **foyer** fire(side), II; household; lobby (of a theater); center
    le **foyer (des artistes)** green room (of a theater), **3**
la **fracture (compliquée)** (multiple) fracture, II-6.2
frais, fraîche fresh, cool, II
les **frais (m. pl.)** expenses, charges, I-17.2
    partager les frais to "go dutch," to share expenses, II-13.1
le **franc** franc, I-18.1
français(e) French (adj.), I-1.1
    le **français** French (language), I-2.2
    le/la **Français(e)** Frenchman, Frenchwoman, I
la **France** France, I-16
franchement frankly, I
franchir to pass beyond
francophone French-speaking, I
la **frange** bangs, II-5.1
frapper to hit, I-9.2; to strike
    frapper à la porte to knock on the door, **5**
la **fraude** fraud
le **frein à main** emergency brake, II
freiner to brake, put on the brakes, I-12.1
frémir to shudder
fréquemment frequently, II-4
la **fréquence** frequency
fréquent(e) frequent, I
fréquenter to frequent, patronize, II
le **frère** brother, I-1.2
le **fric** money, dough (slang), I-18.2
    avoir plein de fric to have lots of money (slang), I-18.2
la **frime: frime** glitzy, flashy (slang)
frisé(e) curly, II-5.1
les **frissons (m. pl.)** chills, I-15.1

les **frites (f. pl.)** French fries, I-5.1
froid(e) cold, I-14.2
    avoir froid to be cold, I
    Ça me laisse froid(e). That leaves me cold.
    Il fait froid. It's cold. (weather), I-9.2
le **fromage** cheese, I-5.1
le **front** front (weather), I; forehead, II-5.1
la **frontière** border, **4**
le **fruit** fruit, I-6.2
    les **fruits (m. pl.) de mer** seafood, I
le **fruitier** fruit tree, II
fuir to flee, escape from, II
la **fuite** flight, escape
la **fumée** smoke
fumer to smoke, I
    fumeurs smoking (section), I-7.1
    non fumeurs no smoking (section), I-7.1
les **funérailles (f. pl.)** funeral, II
furax livid, hopping mad, II
furibard(e) livid, hopping mad
furieux, furieuse furious, II-13.21
la **fusée** rocket, **4**
le **futur** future, I

G

gâché(e) wasted, **6**
le **gadget** gadget, II
la **galaxie** galaxy, I
le/la **gagnant(e)** winner, I-13.2
    gagner to earn, I-3.2; to win, I-9.2; to reach
gaiement cheerfully
la **gaieté** cheerfulness, joy
la **galerie** upper balcony (in a theater), **3**
le **galet** small stone, I
galeux, galeuse covered with scabs
le **gamin (des rues)** urchin, **2**
le **Gange** Ganges River, I
le **gant** glove, I-14.1
    le **gant de toilette** washcloth, I-17.2
le **garage** garage, I-4.2
le **garçon** boy, I-BV
    le **garçon d'honneur** best man, II-11.2
garder to guard, I; to keep, II
    garder le lit to stay in bed, **7**
la **garderie d'enfants** day-care center, II
le **gardian** French "cowboy," II
le **gardien de but** goalie, I-13.1
la **gare** train station, I-8.1
    la **gare d'arrivée** station train arrives at, II-4.2

478   VOCABULAIRE FRANÇAIS-ANGLAIS

la gare de départ station from which train departs, II-4.2
garer la voiture to park the car, I-12.2
gastronomique gastronomic, gourmet, I
le **gâteau** cake, I-6.1
gauche: à gauche de to, on the left of, I-5
gaulois(e) Gallic
le **gaz** gas, I
   le **gaz carbonique** carbon dioxide, 4
   le **gaz d'échappement** exhaust (fumes), 4
gazeux, gazeuse gaseous
géant(e) gigantic
le **gel** gel, I-5.2
geler to freeze, I
   Il gèle. It's freezing. (weather), I-14.2
le **gémissement** moan
le **gendarme** police officer, II-8.1
la **gendarmerie** police force
le **gendre** son-in-law
gênant(e) bothersome, annoying
gêner to bother
   se gêner to be in each other's way
général(e) general (adj.), I
   en général in general, I
le **général** general, I-7
généralement generally, I
généraliser to generalize, I
la **génération** generation
généreux, généreuse generous, I-10, I
la **générosité** generosity, I
le **genêt** broom (plant), 6
génial(e) superb, 3
   C'est génial! That's fantastic!
le **génie** genius, II
le **genou** knee, II-6.1
le **genre** type, kind, I-16.1
les **gens (m. pl.)** people, 4
   les **brav's gens** decent people
gentil(le) nice (person), I-9
le **gentilhomme** gentleman, 3
le **géographe** geographer
la **géographie** geography, I-2.2
la **géométrie** geometry, I-2.2
géométrique geometric, I
le **geste** gesture, 8
la **geste** exploit, heroic achievement, II
la **gigue** jig, 1
   giguer to jig, 1
le **gilet de sauvetage** life vest, II-7.1
la **glace** ice, I-4.2; ice cream, I-5.1; mirror, I-11.1
glacé(e) frozen
le **glacier** glacier, 8
la **glande** gland, I

glisser to slip, slide, I
   glisser (de... à...) to go from... to...
globalement in a mass, taken as a whole
la **gloire** glory, II
la **glucide** carbohydrate, I
le **golfe** gulf, I
gominé(e) plastered down, II
la **gomme** eraser, II-12.1
gommer to erase, rub out
les **gonds (m. pl.)** hinges
la **gorge** throat, I-15.1
   avoir la gorge qui gratte to have a scratchy throat, I-15.1
   avoir un chat dans la gorge to have a frog in one's throat, I-15.2
   avoir mal à la gorge to have a throat infection, tonsilitis, I-15.1
gothique gothic, II
goulu(e) glutton (adj.)
gourmand(e) greedy
le **goût** taste, 5
la **goutte (de pluie)** (rain)drop, 1
le **gouvernement** government, I
gouverner to govern, II
grâce à thanks to, I
le **gradin** bleacher (stadium), I-13.1
les **graffitis (m. pl.)** graffiti
le **grain (de maïs)** (corn) kernel, 7
la **graisse** fat, I
   la **graisse animale** animal fat, I
la **grammaire** grammar textbook
le **gramme** gram, I-6.2
grand(e) tall, big, I-1.1
   le **grand couturier** clothing designer, I-10.1
   le **grand magasin** department store, I-10.1
   de grand standing (adj.) luxury, I
   les **Grands (m. pl.) Lacs** The Great Lakes, I
   la **Grande-Bretagne** Great Britain, I-16
grandeur: Votre Grandeur Your Grace
grandir to grow up (children), I; to grow, get larger
la **grand-mère** grandmother, I-4.1
le **grand-père** grandfather, I-4.1
les **grands-parents (m. pl.)** grandparents, I-4.1
la **grange** barn, II-15.1
la **grappe** bunch of grapes, II
le **gratte-ciel** skyscraper, II
gratter to itch, 7
   ça la gratte she has an itch, 7
   gratter (de l'argent) sur to scrimp on, 2
   se gratter to scratch, 7

grattouiller to itch a bit, 7
   Ça me grattouille. I've got a bit of an itch., 7
gratuit(e) free, 2
la **gratuité** costing no money, II
grave serious, 4
   Ce n'est pas grave. Don't worry about it. (after an apology), II-4.1
la **gravité** seriousness, II
gré: contre le gré de quelqu'un against somebody's will, 7
grec(que) Greek
   le **Grec, la Grecque** Greek person
la **grêle** hail, 1
la **griffe** label, I
le **grignotage** nibbling, 7
grignoter to nibble (at), 7
le **gril(l)-express** snack bar (train), II-4.1
la **grimace** grimace
grimper to climb
la **grippe** flu, I-15.1
gris(e) gray, I-10.2
griser to thrill
le **Groenland** Greenland
grogner to grunt, II
grommeler to grumble
   grommeler sourdement to grumble to oneself
gronder to scold, 4
gros(se) large, big, II
   Grosses bises Love and kisses (to close a letter), II
   le **gros titre** (newspaper) headline, 5
grossir to gain weight, I-11.2
la **Guadeloupe** Guadeloupe, I
guérir to cure, 7
la **guerre** war, 4
   la **Deuxième Guerre mondiale** World War II, I
   la **guerre franco-allemande** Franco-Prussian War
   la **Première Guerre mondiale** World War I, II
le **guerrier** warrior
guetter to watch, lie in wait
le **gui** mistletoe
le **guichet** ticket window, I-8.1; box office, I-16.1; counter window (in a post office), II-1.2
le **guide** guidebook, I-12.2
guillotiner to guillotine, II
la **guirlande** garland, II-11.2
la **guitare** guitar, II-11.1
le **gymnase** gym(nasium), I-11.2
la **gymnastique** gymnastics, I-2.2
   faire de la gymnastique to do gymnastics, I-11.2; to exercise

VOCABULAIRE FRANÇAIS-ANGLAIS

H

le **H.L.M.** low-income housing, I
habillé(e) dressy, I-10.1
s' **habiller** to get dressed, I-11.1
l' **habit (m.)** suit jacket, morning coat, 4; dress, outfit, 6
les **habits** clothes, 6
l' **habitant(e)** resident, I
l' **habitat (m.)** habitat
habiter to live (in a city, house, etc.), I-3.1
l' **habitude (f.): avoir l'habitude de** to be in the habit of, 2
comme d'habitude as usual, 7
d'habitude usually, II
l' **habitué(e)** frequent customer
s' **habituer (à)** to get used to
la **haine** hatred
hallucinant(e) staggering, incredible
le **hammam** Turkish bath, II-14.1
handicapé(e) handicapped, II
le **hangar** shed, II-15.1
Hanouka Hanukkah, II-11.2
le **haricot** bean
les **haricots verts** green beans, I-6.2
hasard: par hasard by chance
l' **hâte (f.): en hâte** in haste, in a hurry, II
la **hausse** increase, 1
hausser to shrug
haut (adv.) loudly
haut(e) high, I-10.2;
avoir... mètres de haut to be ... meters high, I
du haut de from the top of, I
en haut de to, at the top of, II
à talons hauts high-heeled (shoes), I
le **haut** top, II-5.1
le **haut-parleur** loudspeaker, I-8.1
la **haute couture** high fashion, I
l' **hebdomadaire (m.)** weekly magazine or newspaper, 2
l' **hectare (m.)** hectare (2.47 *acres*), II
hélas alas
l' **hélicoptère (m.)** helicopter
l' **hémisphère (m.)** hemisphere, II
l' **hémorragie (f.)** hemorrhage, II
l' **herbe (f.)** grass, II-15.1
herbivore plant-eating (adj.)
l' **héritier (m.)** heir, II
le **héros** hero, I
hésiter to hesitate, II
l' **heure (f.)** time (of day), I-2
à l'heure actuelle nowadays
à quelle heure? at what time?, I-2
À tout à l'heure. See you later., I-BV; Talk to you later.

de bonne heure early, II-2.2
être à l'heure to be on time, I-8.1
les **heures (f.) de pointe,** II-8.1; **les heures d'affluence** rush hour
Il est quelle heure? What time is it?, I-2
heureusement fortunately, II
heureux, heureuse happy, I-10.2
l' **hexagone (m.)** hexagon, I
l' **Hexagone (f.)** France, 1
hier yesterday, I-13.1
avant hier the day before yesterday, I-13
hier matin yesterday morning, I-13
hier soir last night, I-13
l' **histoire (f.)** history, I-2.2; story
l' **historien(ne)** historian
l' **hiver (m.)** winter, I-14.1
en hiver in winter, I-14.2
le **hockey** hockey, I
le hockey sur glace ice hockey, I
l' **homicide (m.)** homicide, murder
l' **homme (m.)** man, I-2.1
l'homme d'affaires businessman, 6
honnête honest
l' **honnêteté (f.)** honesty
l' **honneur (m.)** honor
les **honoraires (m. pl.)** fees (doctor), I
la **honte** shame, disgrace
C'est une honte! That's a disgrace!
l' **hôpital (m.)** hospital, II-6.1
l' **horaire (m.)** schedule, timetable, I-8.1
la **horde** pack (of animals)
l' **hormone (f.)** hormone, I
hors de portée out of reach
hors des limites out of bounds, I-9.2
hospitalier, hospitalière hospital (adj.), II
hospitaliser to hospitalize
l' **hospitalité (f.)** hospitality
l' **hôte (m.)** host, II
l' **hôtel (m.)** hotel, I-17.1
l' **hôtesse (f.) de l'air** flight attendant (f.), I-7.2
le **houblon** hop (plant)
le/la **huguenot(e)** Huguenot (French Protestant)
huit eight, I-BV
l' **huître (f.)** oyster, II
humain(e) human, I
humanitaire humanitarian, II
l' **humeur (f.)** mood
humide wet, humid, I
humoristique humorous, I

l' **humour (m.)** humor
hurler to shout, 3
hurler de rire to roar with laughter, 3
l' **hydrate (m.) de carbone** carbohydrate, I
l' **hydravion (m.)** hydroplane
l' **hymne (m.)** hymn, song
l'hymne national national anthem, II-11.1
hyper extremely, II
l' **hypermarché (m.)** large supermarket, 2
hypocrite hypocritical
l' **hypocrite (m. et f.)** hypocrite
hystérique hysterical, I

I

l' **idée (f.)** idea, I
une idée de génie a bright idea, 2
identifier to identify, I
l' **identité (f)** identity
idiot(e) stupid, foolish
l' **idiot(e)** idiot
ignorant(e) ignorant, uninformed
il he it, I-1
Il est quelle heure? What time is it?, I-2
Il est... heure(s). It's... o'clock, I-2
il faut (+ noun) (noun) is (are) needed, I
il faut (+ inf.) it is necessary, one must, I-9.1
Il n'y a pas de quoi. You're welcome., I-BV
il vaut mieux it is better, I
il y a there is, there are, I-4.2; ago, II
l' **île (f.)** island, I
l' **Île-du-Prince-Édouard** Prince Edward Island
illuminé(e) illuminated, lighted, II
illustré(e) illustrated, I; illustrious, II
illustrer to illustrate
l' **îlot (m.)** small island, plot of land, II
ils they (m.), I-2
l' **image (f.)** image
l' **imbécile (m.)** imbecile
imiter to imitate
immense immense
l' **immeuble (m.)** apartment building, I-4.2
l' **immigration (f.)** immigration, I-7.2
passer à l'immigration to go through immigration (airport), I-7.2

VOCABULAIRE FRANÇAIS-ANGLAIS

immigré(e) immigrant (adj.), II
l' immigré(e) immigrant
immobile unmoving
immobiliser to immobilize, stop
impatient(e) impatient, I-1.1
l' impératrice (f.) empress, II
l' imper(méable) (m.) raincoat, II-9.2
implanter to establish oneself (business), II
impliqué(e) implicated
impoli(e) impolite, II-13.1
important(e) important, I
   il est important que (+ subjunc.) it's important that, II-11
importer: n'importe no matter; n'importe quel(le) any one (of them)
   n'importe quoi any old thing; anything and everything
imposer to impose
impossible: il est impossible que (+ subjunc.) it's impossible that, II-11
impressionnant(e) impressive, II
impressioner to impress
les Impressionnistes (m. pl.) Impressionists (painters), I
impuissant(e) powerless
imputable (à) attributable (to)
inarticulé(e) inarticulate
inauguré(e) inaugurated, I
incarner to bring to life, II
l' incendie (m.) fire, 5
l' incitation (f.) encouragement
s' incliner to slope, II
inclure to include, I
incolore colorless
l' inconditionnel (m.) fan, advocate
inconnu(e) unknown, I
inconscient(e) unconscious, II
l' inconvénient (m.) disadvantage, II
incroyable incredible, I
l' Inde (f.) India, I
l' indépendance (f.) independence
l' indicatif (m.) de la ville area code, II-3.1
   l'indicatif du pays country code, II-3.1
l' indication (f.) cue, I
l' indifférence (f.) indifference
indiquer to indicate, I
l' individu (m.) individual
individuel(le) individual
industrialisé(e) industrialized, I
l' industrie (f.) industry, I
industriel(le) industrial
l' industriel manufacturer, 4
inédit(e) new, original
l' inégalité (f.) inequality
l' infâme (m. et f.) villain, criminal

infectieux, infectieuse infectious, I
infect (inv.) horrible (slang)
l' infection (f.) infection, I-15.1
l' infériorité (f.) inferiority
infiltrer to seep (into), I
infini(e) infinite
l' infinité (f.) infinity
l' infirmier, l'infirmière nurse, II-6.1
l' infirmité (f.) disability, being a cripple
influencer to influence, I
l' info (f.) info(rmation), 2
l' informaticien(ne) computer scientist, II-16.1
informatique computer (adj.)
l' informatique (f.) computer science, I-2.2
s' informer to get informed
l' infortuné(e) unfortunate person
les infos (f. pl.) news, 2
l' infra-son (m.) infrasonic vibration
l' ingénieur, la femme ingénieur engineer, II-16.1
l' initiation (f.) initiation
s' initier to take up (a hobby), 1
l' injure (f.) insult, 2
   se dire des injures to insult each other, 2
l' injustice (f.) injustice
inodore odorless
l' inondation (f.) flood, I
inquiet, inquiète worried, II
inquiéter to concern, to worry
   s'inquiéter to worry
l' inquiétude (f.) worry, concern, II
s' inscrire to register, II
l' insecte (m.) insect, 7
s' insérer (dans) to become part (of)
insister to insist, II-12.1
inspirer to inhale, II
installer to settle (someone), II
   s'installer to get settled, II
l' institut (m.) institute, I
l' institution (f.) institution, I
l' institutrice (f.) schoolteacher, 2
les instructions (f. pl.) instructions, I-9.1
instruit(e) educated, II
l' instrument (m.) instrument, I
insu: à l'insu de unbeknownst to
insuffisament inadequately, insufficiently
intelligent(e) intelligent, I-1.1
l' intensité (f.) intensity
interdire to forbid
interdit(e) forbidden, prohibited, 2
   Il est interdit de stationner. Parking is prohibited., I-12.2
   rester interdit(e) to be taken aback

intéressant(e) interesting, I-1.1
intéresser to interest, I
   Ça ne m'intéresse pas. I'm not interested in that.
s' intéresser à to be interested in, I
l' intérêt (m.) interest
intérieur(e) interior
l' intérieur (m.) interior, inside, I
intérieur(e) domestic (flight) (adj.), I-7.1
l' interlocuteur, l'interlocutrice person being spoken to, II
international(e) international, I-7.1
interne boarding (student), resident, II; inner
   l'oreille interne inner ear
interpréter to interpret, II
interroger to question, interrogate, 1
interrompre to interrupt, II
l' interruption (f.) publicitaire commercial break
interurbain long-distance (phone call), II-3.1
interviewer to interview
l' intimité (f.): dans l'intimité in a private ceremony
intitulé(e) entitled, II
introduire to introduce, II
   introduire (une pièce) to put in (a coin), 3.1
inutile useless
inventer to invent
l' inverse (m.) opposite, II
l' investissement (m.) investment, II
inviter to invite, I-3.2
l' Irlande (f.) Ireland
l' islam Islam, II
islamique Islamic, II
isolé(e) isolated
isoler to isolate, I
l' Israël (m.) Israel
l' issue (f.) de secours emergency exit, II-7.1
l' Italie (f.) Italy, I-16
italien(ne) Italian (adj.), I-9
l' ivoire ivory

J

jaillir to gush, 8
jamais ever, I
   ne... jamais never, I
la jambe leg, II-6.1
le jambon ham, I-5.1
janvier (m.) January, I-4.1
le Japon Japan, I-16
japonais(e) Japanese (adj.), I
le jardin garden, I-4.2
le jasmin jasmine, II

VOCABULAIRE FRANÇAIS-ANGLAIS   481

jaune yellow, I-10.2
je I, I-1.2
   Je t'en prie. You're welcome. (fam.), I-BV
   je voudrais I would like, I-5.1
   Je vous en prie. You're welcome. (form.), I-BV; please, I beg of you, I
le **jean** jeans, I-10.1
   en jean denim (adj.), II-9.2
la **jeep** jeep, II-8.1
le **jersey: en jersey** jersey (adj.), II-9.2
le **jet d'eau** fountain, spray, 8
jeter to throw, I; to throw away
   jeter un coup d'œil to glance, 1
le **jeton** token, II-3.2
le **jeu** game, II
   le **jeu vidéo** video game
   les **jeux de la lumière** play of light, I
jeudi (m.) Thursday, I-2.2
jeune young, I-4.1
   les **jeunes (m. pl.)** young people, the young, 6
   la **jeune fille** girl, I
la **jeunesse** youth, 1
le **job d'été** summer job
le **jogging: faire du jogging** to jog, I-11.2
la **joie** joy, II
joindre to join, II
joli(e) pretty, I-4.2
la **joue** cheek, II-13.1
jouer to play, to perform, I-16.1
   jouer à (un sport) to play (a sport)
   jouer d'un instrument de musique to play a musical instrument, II-11.1
   se jouer to be performed, 3
le **jouet** toy, II-2.2
le **joueur** player, I-9.2
jouir (de) to enjoy, 8
le **jour** day, I-2.2
   au jour le jour from day to day
   C'est quel jour? What day is it?, I-2.2
   de nos jours today, nowadays, I
   le **jour de l'An** New Year's Day, II-11.2
   par jour a (per) day, I-3
   tous les jours every day, I
le **journal** newspaper, I-8.1
   le **journal intime** diary, I
   le **journal télévisé** newscast, I
le/la **journaliste** journalist, 2
la **journée** day, I
joyeux, joyeuse happy, 7
   Joyeux Noël! Merry Christmas!, II-11.2
le **judaïsme** Judaism, II
le **juge** judge (m. and f.), II-16.1

juger to judge
juif, juive Jewish, II-11.2
les **Juifs (m.)** Jews, II
juillet (m.) July, I-4.1
   le **14 juillet** July 14, French national holiday, II-11.1
juin (m.) June, I-4.1
la **jupe** skirt, I-10.1
la **jupette** tennis skirt, I-9.2
le **Jura** Jura Mountains, I
jurer to swear
le **juron** swear word
le **jury** selection committee, I
jus: le jus d'orange orange juice
jusqu'à (up) to, until (prep.), I-13.2
   jusqu'à ce que (+ subjunc.) until (conj.), II-15.2
   jusqu'en bas de la piste to the bottom of the trail, I
juste right, exact(ly)
   il est juste que (+ subjunc.) it's right that, II-11
la **justice** justice

K

le **kabyle** Berber dialect of the Kabyles, 2
le **kilo(gramme)** kilogram, I-6.2
le **kilomètre** kilometer, I
le **kiosque** newsstand, I-8.1
le **klaxon** (car) horn, 7
le **kleenex** tissue, Kleenex, I-15.1

L

la the (f.), I-1; her, it (dir. obj.), I-16
là there, I
   là-bas over there, I-BV
   là-haut up there
le **laborantin,** la **laborantine** lab assistant, 7
le **laboratoire** laboratory, 7
le **lac** lake, I
   les **Grands Lacs (m. pl.)** The Great Lakes, I
   le **lac salé** salt lake, II-14.2
le **lacet** (boot)lace, 2
lâcher to release
laïc, laïque lay, non-religious
laid(e) ugly
la **laine** wool, II-9.2
   en laine wool (adj.), II-9.2
laisser to leave (something behind), I; to let, allow, 4
   Ça me laisse froid(e). That leaves me cold.
   laisser une empreinte to leave one's mark, 6

laisser un message to leave a message, II-3.2
laisser un pourboire to leave a tip, I-5.2
ne pas laisser de not to fail to (liter.)
le **lait** milk, I-6.1
   laitier: le produit laitier dairy product, II
la **laitue** lettuce, I-6.2
la **lame de fond** groundswell
lamentable awful
lancer to throw, I-13.2;
   lancer un appel to make an appeal, II
   lancer la patte (à quelqu'un) to trip (someone), 6
   se lancer to get started, II
la **langue** language, I-2.2
   la **langue maternelle** native language
le **lapin** rabbit, II-15.1
la **laque** hairspray, II-5.2
laquelle (f. sing. interr. pron.) which one, II-5
large loose, wide, I-10.2
   au large de off
largement widely
se **lasser** to tire
la **lassitude** weariness, 7
le **latin** Latin, I-2.2
le **laurier-rose** oleander, 8
le **lavabo** sink, 2
la **lavande** lavender, II
le **lave-vaisselle** (automatic) dishwasher, II-2.1
laver to wash, I-11.1
   se laver to wash oneself, I-11.1
   se laver les cheveux (la figure, etc.) to wash one's hair (face, etc.), I-11
   la **machine à laver** washing machine, II-2.1
la **laverie automatique** laundromat, II-9.1
le the (m.), I-1; him, it (dir. obj.), I-16.1
lécher to lick, 5
la **leçon** lesson, I-9.1
   la **leçon de conduite** driving lesson, I-12.2
la **lecture** reading, I
légendaire legendary, I
la **légende** legend, caption, I; legend, fairy tale
léger, légère light, 8
léguer to bequeath, leave, II
le **légume** vegetable, I-6.2
le **lendemain** the next day, II
lent(e) slow, I
lentement slowly, I
lépreux, lépreuse peeling

lequel which one (m. sing. interrog. pron.), II-5
les the (pl.), I-2; them (dir. obj.), I-16
lesquelles which ones (f. pl. interr. pron.), II-5
lesquels which ones (m. pl. interr. pron.), II-5
la **lessive** laundry, II-9.1
    faire la lessive to do the laundry, II-9.1
la **lettre** letter, II-1.1
leur (to) them (ind. obj.), I-17
leur, leurs their (poss. adj.), I-5
le leur, la leur, les leurs theirs (poss. pron.), 7
levant rising, I
    le soleil levant rising sun, 5
le **levé: faire le levé topographique** to survey, I
se **lever** to get up, I-11.1; to rise (sun), 8
le **lever du jour** daybreak
le **lever du soleil** sunrise, II-15.2
la **lèvre** lip, II-5.2
le **lexique** vocabulary, I
la **liaison** liaison
la **libellule** dragonfly, 8
la **liberté** liberty, freedom
libre free, I-2.2
    libre-service self-service, I
    être libre immédiatement to be available immediately, II-16.2
librement freely
la **Libye** Libya
le **lien** connection
le **lieu** place, I
    au lieu de instead of
    avoir lieu to take place, II-11.2
    le lieu de travail workplace, II-16.1
les **lieues (f. pl.)** leagues
la **ligne** line, II-3.1
    les lignes de banlieue commuter trains, II-4.2
    les grandes lignes main lines (trains), I
la **limitation de vitesse** speed limit, I
les **limites (f. pl.)** boundaries (on tennis court), I-9.2
    hors de limites out of bounds I-9.2
la **limonade** lemon-lime drink, I
le **linge** laundry, II-9.1
le **lion** lion
la **lipide** fat (n.), I
    lire to read, I-12.2
lisse smooth
le **lit** bed, I-8.2
le **litre** liter, I-6.2
    littéraire literary, I

la **littérature** literature, I-2.2
la **livre** pound, I-6.2
le **livre** book, I-BV
    le livre scolaire textbook, II-12.1
localiser to locate, 5
le/la **locataire** renter
la **location** rental, I; box office
le **logement** rent, boarding expenses
loger to put someone up, give shelter
la **loi** law
loin de far from, I-4.2
lointain(e) far away
le **loisir** leisure, spare time
les **loisirs (m.)** leisure activities, I-16
Londres London, I
long: le long de along, I
    tout au long all the way through
long(ue) long, I-10.2
    de longue portée long-range, II
la **longueur** length, I
longtemps (for) a long time, I
le **loquet** latch
les **lorgnettes (f. pl.)** opera glasses, 6
lorsque when; while, I
louer to rent, I; to reserve (train seat), II-4.2
le **loup** wolf, 4
lourd(e) heavy, 8
lui him (m. sing. stress pron.), I-9; (to) him, (to) her (ind. obj.), I-17.1
la **lumière** light (n.), I
lunaire lunar, 8
lundi (m.) Monday, I-2.2
la **lune** moon, 5
les **lunettes (f. pl.)** (ski) goggles, I-14.1; (eye)glasses
    les lunettes de soleil sunglasses, I-9.1
la **lutte** fight, struggle, II
lutter to fight, I
le **luxe** luxury, I
luxueux, luxueuse luxurious, I
le **lycée** high school, I-1.2
le/la **lycéen(ne)** high school student, II-12.2
lyonnais(e) from Lyon

M

ma my (f. sing. poss. adj.), I-4
machinalement mechanically
la **machine** machine, II-10.2
    la machine à écrire typewriter, II-12.1
    la machine à laver washing machine, II-2.1
    la machine à traitement de texte word processor, II-12.1

Madame (Mme) Mrs., Ms., I-BV
Mademoiselle (Mlle) Miss, Ms., I-BV
le **magasin** store, I-3.2
    le magasin de stockage warehouse
le **magazine** magazine, I-3.2
magique magic
le **magnétophone** tape recorder, II-2.1
le **magnétoscope** video recorder, II-2.1
le **Maghreb** region of northwest Africa including Algeria, Morocco, and Tunisia, II-14.1
maghrébin(e) from the Maghreb region of northwest Africa, II-14.2
    le/la Maghrébin(e) person from the Maghreb, II
magnifique magnificent, I
mai (m.) May, I-4.1
maigrir to lose weight, I-11.2
le **maillot de bain** bathing suit, I-9.1
la **main** hand, I-11.1
    se serrer la main to shake hands, II-13.1
    se tenir la main to hold hands
    tendre la main to hold out one's hand, 2
maintenant now, I-2
le **maire** mayor, II-11.2
la **mairie** town hall, II-16.2
mais but, I-1
    Mais oui (non)! Of course (not)!, I
le **maïs** corn, II-15.1
    le grain de maïs corn kernel,
la **maison** house, I-3.1
le **maître** master, I
    le maître d'hôtel maitre d', I-5.2
    le maître (d'école) schoolteacher, 4
la **maîtresse d'école** schoolteacher, 2
la **maîtrise** mastery, command
majestueux, majestueuse majestic
la **majorité** majority
mal badly, I
    avoir mal à to have a(n)...-ache, to hurt, I-15.1
    faire mal to hurt
    mal élevé(e) rude, II-13.1
    Où avez-vous mal? Where does it hurt?, I-15.2
    pas mal de a lot, quite a few, II
    pas mal de fois rather often, II
le **mal** evil, 5
    avoir des maux de cœur to feel sick, nauseous, 7
    dire du mal de to speak ill of, 8

VOCABULAIRE FRANÇAIS-ANGLAIS   483

le/la **malade** sick person, patient, I-15.1
  malade sick, I-15.1
la **maladie** illness, I
  la **maladie sexuellement transmissible** sexually transmitted disease, II
  maladroit(e) clumsy
le **malaise** dissatisfaction
malchanceux (-se) unlucky
le **malentendu** misunderstanding
malfaisant(e) harmful, 4
malgré in spite of, 1
le **malheur** unhappiness, misfortune, misery
malheureusement unfortunately, II-7.2
malheureux, malheureuse unfortunate
  c'est malheureux it's unfortunate
malhonnête dishonest
la **malle** trunk, 2
la **manade** herd of cattle (or horses), II
la **Manche** English Channel, I
la **manche** sleeve, I-10.1
  à manches longues (courtes) long- (short-) sleeved, I-10
la **manchette** headline, 5
le **manchot** penguin, 4
le/la **manchot(e)** one-armed person, person with no arms, 6
manger to eat, I
la **manie** mania, II
manier to handle, 2
la **manière** manner, way, I
  avoir de bonnes manières to have good manners, I
  de manière que (+ subjunc.) so that
la **manifestation** demonstration, II
se **manifester** to be shown
la **manivelle** crank
manquer to lack
  il manque (+ noun) (noun) is missing, II-9.2
le **maquillage** makeup, II-5.2
le **maquisard** Resistance fighter
se **maquiller** to put on make-up, I-11.1
le **marathon** marathon, 5
le **marbre** marble, I
le/la **marchand(e) (de fruits et légumes)** (produce) seller, I-6.2
  la **marchande des quatre saisons** produce seller
marchander to bargain, II-14.1
la **marchandise** merchandise, I
la **marche** walking, 3; step (staircase), 6
  faire de la marche to do a bit of walking, 7
  sur les marches on the stairs, 6

le **marché** market, I-6.2
  faire le marché to go to the market, to go grocery shopping, 6
  le **marché arabe couvert** Arab covered market, II-14.1
  le **Marché Commun** Common Market, I
marcher to walk, II-6.1
  marcher au pas to march in step, 6
mardi (m.) Tuesday, I-2.2
marécageux (-se) marshy
la **marée** tide, I
le **mari** husband, I-4.1
le **mariage** marriage, II-11.2; wedding, 6
marié(e) married, I
le **marié** groom, II-11.2
la **mariée** bride, II-11.2
se **marier** to get married, II-11.2
les **mariés (m.)** bride and groom, II-11.2
le **marin** sailor, 2
la **marionnette** puppet, 8
  un spectacle de marionnettes puppet show, 8
le **Maroc** Morocco, I-16
le **maroquinier** leather worker, II-14.1
la **marque** make (of car), I-12.1
marquer un but to score a goal, I-13.1
la **marquise** French noblewoman, 3
marrant(e) very funny, hilarious (slang)
marre: en avoir marre (de) to be fed up (with) (slang)
marron (inv.) brown, I-10.2
le **marron** chestnut, II
mars (m.) March, I-4.1
le **marteau** hammer, 7
  le **marteau-piqueur** jackhammer, 7
la **Martinique** Martinique, II-7.1
martiniquais(e) from Martinique, I
le **mascara** mascara, II-5.2
le **masque à oxygène** oxygen mask, II-7.1
la **masse** mass, I
massif, massive massive, II
le **match** game, I-9.2
le **matelas** mattress, I
le **matériau** material
le **matériel agricole** farm equipment, II-15.1
le **matériel scolaire** school supplies, II-12.1
maternel(le): l'école maternelle pre-school
les **mathématiques (f. pl.)** mathematics, I
les **maths (f. pl.)** math, I-2.2

la **matière** subject (school), I-2.2; matter, I; material, II-9.2
  la **matière première** raw material
le **matin** morning, in the morning, I-2
  du matin A.M. (time), I-2
la **matinée** morning, II-2.2
matraqué(e) bombarded, 6
la **maturité** adulthood
mauvais(e) bad; wrong, I
  Il fait mauvais. It's bad weather., I-9.2
  le **mauvais numéro** the wrong number, II-3.1
mauve mauve (color), II
le **mazout** fuel oil, I
me (to) me (dir. and ind. obj.), I-15.2
le **mec** guy (slang)
la **mèche** lock of hair, II-5.1
la **Mecque** Mecca, II-14.1
le **médecin** doctor (m. and f.), I-15.2
  chez le médecin at, to the doctor's, I-15.2
la **médecine** medicine (medical profession), I-15
les **médias (f. pl.)** media
médical(e) medical, I
le **médicament** medicine (remedy), I-15.2
la **médina** old Arab section of northwest African towns, II-14.1
médire (de quelqu'un) to badmouth (someone)
méditer to meditate (on), 7
meilleur(e) better (adj.), I-10
  le/la meilleur(e), the best (adj.), II-6
  Meilleurs souvenirs Yours (to close a letter), II
mélangé(e) (à) mixed (with)
se **mêler** to mix
mélo(drame): Quel mélo! What a soap opera!
le **membre** member, I
même same (adj.), I-2.1; even (adv.), I; itself, II
  être à même de to be able to, 8
  la **lettre même** the letter itself, II
  lui-même (moi-même, etc.) himself (myself, etc.), II
  tout de même all the same
menacer to threaten
le **ménage** household, 7
ménager, ménagère household (adj.), II
le **mendiant** beggar, 6
mendier to beg, 6
mener to lead, carry on
le **menhir** menhir (prehistoric stone monument), II
la **menorah** menorah, II-11.2

484   VOCABULAIRE FRANÇAIS-ANGLAIS

le **mensonge** lie, 6
mensuel(le) monthly, II
mental(e) mental, I
mentionner to mention
menteur, menteuse lying (adj.), dishonest
mentir to lie, 6
le **menu: le menu touristique** budget (fixed price) meal, I
le **mépris** contempt, scorn
la **méprise** misunderstanding, 5
méprisé(e) scorned
la **mer** sea, I-9.1
    la **mer des Caraïbes** Caribbean Sea, I
    la **mer Méditerranée** Mediterranean Sea, I
merci thank you, I-BV
mercredi (m.) Wednesday, I-2.2
la **mère** mother, I-4.1
    la **mère poule** mother hen, II
le **méridien** meridian, I
la **mérite** merit
mériter to deserve
merveille: C'est une merveille! It's marvelous!
merveilleux, merveilleuse marvelous, I-10.2
mes my (pl. poss. adj.), I-4
la **mésentente** dissension
le **message** message, II-3.2
    laisser un message to leave a message, II-3.2
la **messe de minuit** midnight mass, II-11.2
la **mesure** measurement, I
    dans la mesure où insofar as
mesurer to measure, I
le **métabolisme** metabolism, I
la **météo** weather forecast, I
météorologique meteorological, I
le **métier** profession, trade, II-16.1; craft, II
le **mètre** meter, I
métrique metric, I
le **métro** subway, I-4.2I
    en métro by subway, I-5.2
    la **station de métro** subway station, I-4.2
métropolitain(e) metropolitan, II
le **mets** food, dish, 1
le **metteur en scène** (movie) director, 8
mettre to put (on), to place, I-8.1; to put on (clothes), I-10; to turn on (appliance), I-10, I
    mettre au jour to bring to light
    mettre au point to come out with, develop, I
    mettre de l'argent de côté to put money aside, save, I-18.2
    mettre de l'huile dans les rouages to oil the gears, to make things run smoothly

    mettre en scène to direct (a play), II; to present
    mettre fin à to put an end to, II
    mettre la main à la pâte to pitch in, 6
    mettre le contact to start the car I-12.1
    mettre le couvert to set the table, I-8
    mettre une lettre à la poste to mail a letter, II-1.1
    se mettre à table to sit down for a meal, II-2.1
    se mettre au premier rang to get in the front row, II-11.1
    se mettre d'accord to agree
    se mettre en forme to get in shape, I-11.1
le **meuble** piece of furniture
le **meurtre** murder
le **Mexique** Mexico, I-16
la **mi-temps** half (sporting event), I
le **microbe** microbe, I
la **microbiologie** microbiology, I
le **micro(phone)** microphone, 8
le **microscope** microscope, I
midi (m.) noon, I-2.2
le **mien, la mienne, les miens, les miennes** mine (poss. pron.), 7
mieux better (adv.), II-6
le **mieux** (the) best (adv.), II-6
la **mi-journée** midday
le **milieu** middle, II-10.2; environment
militaire military, II-11.1
le **militaire** soldier, I
mille (one) thousand, I-6.2
les **milliers (m. pl.)** thousands, I
le **million** million, II
le/la **millionnaire** millionaire
mi-long(ue) medium length, II-5.1
le **mimosa** mimosa, II
minable pathetic, terrible
le **minaret** minaret, tower of a mosque, II-14.1
mince thin, II
le **minéral** mineral, I
le **ministère** ministry, I
minuit (m.) midnight, I-2.2
miraculeux, miraculeuse miraculous
se **mirer** to look at oneself or each other, to be reflected, 4
le **miroir** mirror
la **mise** putting, setting
    la **mise au jour** bringing to light
    la **mise en plis** set (with hair curlers), II-5.1
    la **mise au point** adjusting

le/la **misérable** poor person; miserable person
la **misère** (extreme) poverty
miser sur to bet on, II
la **mission** mission, I
le **mistral** strong cold wind that blows from the north/northwest toward the Mediterranean
mixte co-ed (school)
le **mobile** motive
moche terrible, ugly, I-2.2
la **mode** fashion
le **mode** form, mode
le **modèle** model, I
moderne modern, I
moderniser to modernize, I
modeste modest, reasonably priced, I
moi me (sing. stress pron.), I-9
    moi de même likewise (responding to an introduction), II-13.2
    moi-même myself, II
moindre less, lesser
    le/la moindre the least
    la moindre des choses the least one can do
le **moine** monk, II
moins less, I
    à moins que (+ subjunc.) unless, II-15
    au moins at least, I
    Il est une heure moins dix. It's ten to one. (time), I-2
    moins... que less... than, I
le **mois** month, I-4.1
moisi(e) mildewed
la **moissonneuse-batteuse** combine harvester, II-15.1
les **moissons (f. pl.)** harvest, II
la **moitié** half
le/la **môme** kid (slang)
le **moment: en ce moment** right now, I
    Un moment, s'il vous plaît. One moment, please., II-3.2
mon my (m. sing. poss. adj.), I-4
la **monarchie** monarchy, I
le **monarque** monarch
le **monastère** monastery, II
le **monde** world, people I
    beaucoup de monde a lot of people, I-13.1
    faire le tour du monde to go around the world
    un monde fou crowds of people, II
    le Nouveau Monde the New World
    tout le monde everyone, everybody, I-BV
    tout ce petit monde this little group (of people)

VOCABULAIRE FRANÇAIS-ANGLAIS

mondial(e) world (adj.)
le **moniteur, la monitrice** instructor, I-9.1; camp counselor, I
la **monnaie** change; currency, I-18.1
   faire de la monnaie to make change, I-18.1
monseigneur His Grace (My Lord)
Monsieur (M.) Mr., sir, I-BV
le **montagnard** mountain-dweller, II
la **montagne** mountain, I-14.1
   à la montagne in the mountains, I
le **montant** amount, 1
monter to go up, get on, in, I-8.2; to take upstairs, I-17.1
   monter en voiture to board (a train), II-4.2
   monter une pièce to put on a play, I-16.1
le **moteur à explosion** internal combustion engine
montrer to show, I-17.1
se **moquer de** to not care about, 2
la **moquerie** ridicule
moral(e) moral, I
le **moral** morale
   avoir le moral to be in good spirits
   avoir le moral à zéro to be feeling down in the dumps
la **morale** moral
   faire la morale to scold, lecture
la **moralité** morality
le **morceau** piece
   le morceau de craie piece of chalk, I-BV
mordu(e) bitten, I
morne glum
mort(e) dead, I
la **mort** death, I
mortel(le) fatal, 5
Moscou Moscow, I
la **mosquée** mosque, II-14.1
le **mot** word, I
   le mot apparenté cognate, I
le **motard** motorcycle cop, I-12.2
le **moteur** engine (car, etc.), I-12.1
la **moto(cyclette)** motorcycle, I-12.1
le/la **motocycliste** motorcyclist, 5
le **mouchoir** handkerchief, I-15.1
mouillé(e) wet, II-5.2
le **moulin** mill, 6
mourir to die, I-17
la **moutarde** mustard, I-6.2
le **mouton** sheep, II-15.1
le **mouvement** movement, I
   le mouvement de regret pang of remorse
mouvementé(e) eventful, I
moyen(ne) average, intermediate, 3
   en moyenne on average
   le Moyen-Âge the Middle Ages, II

le **moyen de transport** mode of transportation, I
les **moyens médicaux** medical personnel
moyennement moderately
le **muezzin** In Muslim countries, the person who calls the faithful to prayer, II-14.1
multiplier to multiply
municipal(e) municipal, I
le **mur** wall, 2
musclé(e) muscular, I
le **musée** museum, I-16.2
le/la **musicien(ne)** musician, II-11.1
la **musique** music, I-2.2
musulman(e) Muslim (adj.), II
   les musulmans (m. pl.) Muslims (people), II-14.1
muter to transfer
le **mutilé de guerre** wounded veteran, II
la **mythologie** mythology, I

N

n'est-ce pas? isn't it, doesn't it (he, she, etc.)?, I-1.2
nager to swim, I-9.1
le **nageur, la nageuse** swimmer, 7
naguère yore
la **naissance** birth, 6
naître to be born, I-17
la **nana** gal (slang)
la **nappe** tablecloth, I-5.2
natal(e) native, 5
   la maison natale house where someone was born, II
la **natation** swimming, I-9.1
la **nation** nation, I
national(e) national, II-11.1
la **natte** braid, II-5.1; straw mat, 4
la **nature** nature, I
nature plain (adj.), I-5.1
la **nausée** nausea
naviguer to sail
ne... guère hardly, 1
ne... jamais never, I-12
ne... pas not, I-1.2
ne... personne no one, nobody, I-12.2
ne... plus no longer, II-2
ne... que only, II-2.1
ne... rien nothing, I-12.2
né: il est né he was born, I
le **néant** nothingness, void, obscurity
nécessaire necessary, I
   il est nécessaire de it is necessary to, II-3.1
   il est nécessaire que (+ subjonc.) it's necessary that, 11

néfaste unfortunate, disastrous, harmful, 4
négatif, négative negative, I
la **négritude** black pride, II
la **neige** snow, I-14.2
   Il neige. It's snowing., I-14.2
le **néophyte** beginner
nerf: être sur les nerfs to be all keyed up
nerveux, nerveuse nervous, 4; emotional (illness), II
   les cellules nerveuses (f. pl.) nerve cells, I
nettement clearly
le **nettoyage à sec** dry-cleaning, II-9.1
nettoyer à sec: faire nettoyer à sec to dry-clean, II-9.1
neuf nine, I-BV
neuf, neuve new
neutraliser to neutralize, I
neutre neutral
le **neveu** nephew, I-4.1
le **nez** nose, I-15.1, I
   avoir le nez qui coule to have a runny nose, I-15.1
ne... ni... ni neither... nor, I
le **nid** nest, 6
la **nièce** niece, I-4.1
nippon(e) Japanese
le **nitrate** nitrate
le **niveau** level, I
   avoir un bon niveau to be experienced
   vérifier les niveaux to check under the hood, I-12.1
la **noblesse** nobility
les **noces** nuptials, II
   le voyage de noces honeymoon
nocif, nocive harmful, toxic, 4
Noël Christmas, II-11.2
   Joyeux Noël! Merry Christmas!, II-11.2
le **nœud** knot, 3
noir(e) black, I-10.2
   le tableau noir blackboard, I-3.1
le **nom** name, I-16.2; noun, I
nomade nomadic
le **nombre** number, I-5.2
nombreux, nombreuse numerous, II-4.1
nommer to name, mention, I
non no, I
   non fumeurs no smoking (section), I-7.1
   non seulement not only, I
le **nord** north, I
normal(e) normal, I
normalement normally, usually, I
la **Norvège** Norway, 8
nos our (pl. poss. adj.), I-5

486   VOCABULAIRE FRANÇAIS-ANGLAIS

la **nostalgie** nostalgia, I; longing
le **notable** dignitary, II-11.1
notamment notably
la **note** bill (currency), I-17.2; grade (on a test, etc.), I-12.1
    recevoir de bonnes notes to get good grades, II-12.1
noter to note
notre our (sing. poss. adj.), I-5
le **nôtre, la nôtre, les nôtres** ours (poss. pron.), 7
nouer: nouer une relation to form a relationship
nourri(e) fed
nourrir to feed, I
    se nourrir to get food, nourishment, II
la **nourriture** food, nutrition, 7
nous we, I-2; us (stress pron.), II-9; (to) us (dir. and ind. obj.), I-15
nouveau (nouvel) new (m.), I-4
    à nouveau again, 1
    le Nouveau Monde the New World
nouvelle new (f.), I-4
la **nouvelle** short story, II
La **Nouvelle-Orléans** New Orleans
les **nouvelles (f. pl.)** news, I
novembre (m.) November, I-4.1
nu(e) naked
le **nuage** cloud, I-9.2
    nuageux, nuageuse cloudy, 1
nuancer to vary slightly
la **nuit** night, I
    à la nuit tombante at nightfall, II
nul(le) hopeless, worthless
nullement not at all
le **numéro** number, 1.2; issue (of a magazine), II
    le bon (mauvais) numéro the right (wrong) number, II-3.1
    le numéro de téléphone telephone number, II-3.1
    Quel est le numéro de téléphone de... ? What is the phone number of... ?, I-5.2
numéroté(e) numbered, II-4.1
la **nuque** nape of the neck, II-5.1
nutritif, nutritive nutritive

O

l' **oasis (f.)** oasis, II-14.2
obéir (à) to obey, I-7
l' **obéissance (f.)** obedience
l' **objet (m.)** object, I
obligatoire mandatory, I; required, II-12.2
obligatoirement necessarily
obligé(e) required, II
obliger to oblige, I

oblitérer to validate (a bus ticket), II-10.2
les **obsèques (f. pl.)** funeral, 6
obtenir to obtain, II-12.2; to get
l' **occasion (f.): les grandes occasions** special occasions
l' **Occident (m.)** the West, II
occidental(e) western
occupé(e) busy, I-2.2
    sonner occupé to be busy (telephone), II-3.1
occuper to occupy, I
l' **océan (m.)** ocean, I
octobre (m.) October, I-4.1
l' **odeur (f.)** scent, smell, I; odor
l' **œil (m., pl. yeux)** eye, I
l' **œuf (m.)** egg, I-6.2
    l'œuf sur le plat fried egg, I
l' **œuvre (f.)** work (of art), I-16
officiel(le) official, I
l' **officier (m.)** officer, II
offrir to offer, give I-15
l' **ogive (f.)** pointed Gothic arch, II
l' **oignon (m.)** onion, I-6.2
    C'est pas tes oignons! None of your business!, II
l' **oiseau (m.)** bird, II-15.2
    un chant d'oiseau birdsong, 7
l' **ombre (f.)** shadow, 5
l' **omelette (f.)** omelette, I-5.1
    l'omelette aux fines herbes omelette with herbs, I-5.1
    l'omelette nature plain omelette, I-5.1
l' **omnibus (m.)** omnibus
omniprésent(e) omnipresent
on we, they, people, I-3
    On y va(?) Let's go.; Shall we go?, I-5
on dirait que it seems that
l' **oncle (m.)** uncle, I-4.1
l' **onde (f.)** wave
l' **ondée (f.)** shower (rain)
l' **ongle (m.)** nail (finger, toe), II-5.2
onze eleven, I-BV
l' **opéra (m.)** opera, I-16.1
opérer to operate, I
l' **oppidum (m.)** citadel
opposer to oppose, I-13.1
    s'opposer à to be opposed to, II
l' **or (m.)** gold, 3
or now
l' **orage (m.)** storm, 1
orageux, orageuse stormy, 1
orange (inv.) orange (color), I-10
l' **orange (f.)** orange (n.), I-6.2
l' **oranger (m.)** orange tree, II
l' **Orangina (m.)** orange soda, I-5.1
l' **oratoire (m.)** private chapel
l' **orchestre (m.)** band, II-11.1; orchestra (front rows in a theater), 3
l' **orchidée (f.)** orchid

ordinaire regular (gasoline), I-12.1
    d'ordinaire usually
l' **ordinateur (m.)** computer, I-BV
l' **ordonnance (f.)** prescription, I-15.2
    faire une ordonnance to write a prescription, I-15.2
l' **ordre (m.)** order
    en ordre in order, II
les **ordures (f. pl.)** garbage, 6
l' **oreille (f.)** ear, I-15.1; hearing, 7
    avoir mal aux oreilles to have an earache, I-15
    l'oreille interne inner ear
l' **oreiller (m.)** pillow, I-17.2
les **oreillons (m. pl.)** mumps, I
l' **organisateur, l'organisatrice** organizer
organisé(e) organized, I
l' **organisme (m.)** organism, I; body
orienter to turn
l' **origine (f.): à l'origine** originally, I
originairement originally
original(e) original, I
orner to decorate, I
l' **os (m.)** bone, II-6.2
oser to dare
ôter to take off (clothing), I
ou or, I-1.1
où where, I-BV
ouais yeah (fam.)
l' **oubli (m.)** oblivion
oublier to forget, II-3.1
l' **oued (m.)** wadi (river bed in northern Africa)
l' **ouest (m.)** west, I
oui yes, I-1.1
l' **ouïe (f.)** hearing, 7
l' **ours (m.)** bear, 4
l' **oursin (m.)** sea urchin
l' **outil (m.)** tool, instrument, 8
outre: en outre in addition
ouvert(e) open, I-16
l' **ouverture (f.)** opening, I
l' **ouvrage (m.)** work (of art)
l' **ouvrier, l'ouvrière** worker, II-2.2
ouvrir to open, I-15
ovale oval, I
l' **oxyde (m.)** oxide
l' **oxygène (m.)** oxygen, I
l' **ozone (m.)** ozone

P

les **pages (f. pl.) jaunes** yellow pages, II
le **paillasson** doormat, 5
le **pain** bread, I-6.1
    se vendre comme des petits pains to sell like hotcakes
la **paire** pair, I-10
la **paix** peace, 4

le **palais** palace, 8
le **palier** landing (of a staircase)
la **palmeraie** palm grove, II-14.2
le **palmier** palm tree, II-14.2
le **panache** plume
le **panier** basket, I-13.2
paniquer to panic, II
le **panneau** backboard (basketball), I-13.2; road sign, II-8.1
    le **panneau d'affichage** bulletin board, II-12.1
panoramique panoramic, I
le **pansement** bandage, II-6.1
le **pantalon** pants, I-10.1
le **Pape** Pope, II
la **papeterie** stationery store, I
le **papier** paper, I-6
    le **papier hygiénique** toilet paper, I-17.2
    la **feuille de papier** sheet of paper, I-BV
le **paquet** package, I-6.2
par by
    par avion (by) airmail, II-1.2
    par conséquent consequently
    par exemple for example, I
    par hasard by chance
    par jour a (per) day, I-3
    par rapport à compared with, 1
    par semaine a (per) week, I-3.2
    par la suite eventually
le **paragraphe** paragraph, I
paraître to appear, to be published
    il paraît it appears; apparently, II-14.1
le **parallèle** parallel, I
le **parc** park (n.), I-11.2
    le **parc d'attractions** amusement park, II
parce que because, I-9.1
le **parcmètre** parking meter, 5
parcourir to travel, go through, 3
par-delà beyond
par-dessus over, I-13
pardon excuse me, pardon me, I
le **pardon** pardon, forgiveness
le **parebrise** windshield, I-12
pareil(le), similar, like
le **parent** relative, II
    les **parents** parents, I-4.1
parer à to take care of
paresseux, paresseuse lazy
parfait(e) perfect, 7
parfaitement exactly
parfois at times
le **parfum** perfume, II-5.2
parisien(ne) Parisian, I-9
le **parking** parking lot, I
le **parlement** parliament, I
parler to speak, talk, I-3.1
    parler au téléphone to talk on the phone, I-3.2

parmi among, I
la **parole** word
    prendre la parole to begin to speak
    les **paroles (f. pl.)** lyrics
part: d'une part... d'autre part... on the one hand... on the other hand...
partager to share, II
    partager les frais to "go dutch," to share expenses, II-13.1
le **partenariat** work in partnership, 8
le **participe** participle
participer (à) to participate (in), I
particulier, particulière specific
particulièrement particularly, I
la **partie** game, match, I-9.2; part, I
    en partie partly, II
    la **partie en simple (en double)** singles (doubles) match (tennis), I-9.2
    faire partie de to be a part of, I
partir to leave, I-7.1
    à partir de from... on (date); based on, II
partout everywhere, I
parvenir to arrive, to reach
    parvenir à to manage to, succeed in, 3
pas: ne (verbe) pas not, I
    pas de (+ noun) no (+ noun), I
    Pas de quoi. You're welcome. (inform.), I-BV
    pas du tout not at all, I
    pas forcément not necessarily
    pas mal not bad, I-BV
    pas mal de quite a few, I
    pas question no way
le **pas** (foot)step, 3
    faire un pas to take a step, 8
le **passage: être de passage** to be passing through, II
passager, passagère passing, temporary 7
le **passager, la passagère** passenger, I-7.1
le **passé** past (n.), I
le **passeport** passport, I-7.1
passer to spend (time), I-3; to pass, go through, I-7.2; to show (a movie), I-16.1; to stop by
    passer à la douane to go through customs, I-7.2
    passer à l'immigration to go through immigration, I
    passer par le contrôle de sécurité to go through security (airport), I-7
    passer un examen to take an exam, I-3.1
    se passer to happen, I
la **passerelle** small bridge
passionnant(e) exciting

passionné(e) de excited by, I
passionner to excite, fascinate, I; (sport) to be a passion with
le **pasteur** shepherd, 4
patati: et patati et patata and so on and so forth
la **pâte: mettre la main à la pâte** to pitch in
le **pâté** pâté, I-5.1
patient(e) patient (adj.), I-1.1
le/la **patient(e)** patient, 7
le **patin à glace** ice skate (n.), I-14.2
    faire du patin to skate, I-14.2
    faire du patin à glace to ice-skate, I-14.2
    faire du patin à roulettes to roller-skate, I
le **patinage** skating, I-14.2
le **patineur, la patineuse** skater, I-14.2
la **patinoire** skating rink, I-14.2
le **pâtre** shepherd, II
la **patrie** native country, homeland, 4
le **patrimoine** heritage, 8
patriotique patriotic
le **patriotisme** patriotism
le/la **patron(ne)** boss, II
la **patte** leg, paw
    lancer la patte to trip (someone), 6
    les **pattes** sideburns, II-5.1
le **pâturage** pasture, 4
le/la **pauvre** poor thing, I-15.1
pauvre poor, I-15.1
la **pauvreté** poverty
le **pavillon** small house, bungalow, I
payant(e) requiring payment
payer to pay, I-6.1
    payer en espèces to pay cash, I-17
le **pays** country, I-7.1
les **Pays-Bas (m. pl.)** the Netherlands, I-16
le **paysage** landscape, 1
le **paysan** peasant, II
la **peau** skin, II
la **pêche** fishing, 1
    aller à la pêche to go fishing, I-9.1
le **pêcheur** fisherman, 3
    le **port de pêcheurs** fishing village, 1
le **peigne** comb, II-5.2
    donner un coup de peigne (à quelqu'un) to comb (someone's hair), II-5.2
se peigner to comb (one's hair), I-11.1
peindre to paint, 2
la **peine** sorrow
    avoir de la peine to be sad, upset

488   VOCABULAIRE FRANÇAIS-ANGLAIS

Ce n'est pas la peine. It's not worth it. Don't bother., II
faire de la peine à quelqu'un to hurt someone (emotionally), 4
la peine de mort death penalty, 5
à peine hardly, only just, 8
peiner to work hard, make great efforts, 3
le/la **peintre** painter, artist, I-16.2
la **peinture** painting (n.), I-16.2
péjoratif, péjorative pejorative, disparaging, I
Pékin Beijing
le **pèlerinage** pilgrimage, II
la **pelle** shovel, 3
le **peloton** the pack (of runners), 3
dans le peloton de tête at the top of the list
le **penalty** penalty (soccer), I
penché(e) slanting, 2
pendant during, for (time), I-3.2
pendant que while, I
pendu hanged
pénétrer to penetrate, II
la **pénicilline** penicillin, I-15.2
la **pensée** thought
penser to think, I-10.1
la **pension** small hotel, I
la **percée** breakthrough
percevoir to perceive, detect
perché(e) perched
la **perdition** despair
perdre to lose, I-8.2
perdre des kilos to lose weight, I
perdre patience to lose patience, I-8.2
perdre le cap to stray from one's course
le **père** father, I-4.1
le **Père Noël** Santa Claus, II-11.2
perfectionné(e) sophisticated, 8
le **perfectionnement** perfecting
perfectionner to perfect
périlleux, périlleuse dangerous, 5
la **périphérie** outskirts, I
périphérique: le boulevard périphérique beltway, ring road, II-8.1
la **perle** pearl, I
la **permanente** permanent (hair), II-5.1
permettre to permit, allow, I-14
Vous permettez? May I (sit here)?, II-4.1
le **permis** permit, I
le **permis de conduire** driver's license, I-12
perpétuer to perpetuate
persan(e) Persian
le **personnage** character, I

la **personne** person, I
ne... personne no one, nobody, I-12.2
personne ne (+ verb) no one (+ verb), II-4
personnel(le) personal, I
le **personnel de bord** flight attendants, I-7.2
personnellement personally, I-16.2
la **perspective** perspective, view
à la perspective at the prospect
la **perte** loss, I
la **perturbation** disturbance
la **pesanteur** gravity
peser to weigh, II-1.2
le **pétale** petal
petit(e) short, small, I-1.1
le **petit ami** boyfriend, II
la **petite amie** girlfriend, II
la **petite annonce** classified ad, II-16.2
le **petit déjeuner** breakfast, I-9
petit à petit little by little
prendre le petit déjeuner to eat breakfast, I-9
le **petit-fils** grandson, I-4.1
la **petite-fille** granddaughter, I-4.1
le **pétrolier** oil tanker, I
peu little, not much
peu (de) few, little, I-18, I
à peu près about, II-16.2
un peu (de) a little, I
le **peuple** people, nation
peur: avoir peur (de) to be afraid (of), II-13.2
de peur de for fear of, II
de peur que (+ subjunc.) for fear that
faire peur à to frighten, 4
peut-être maybe, perhaps
le **phare** lighthouse, 6
la **pharmacie** pharmacy, I-15.2, I
le/la **pharmacien(ne)** pharmacist, I-15.2
le **phénomène** phenomenon
le **philosophe** philosopher
la **philosophie** philosophy
philosophique philosophical
le **phosphate** phosphate
la **photo** photograph, I
photographier to photograph
la **photosynthèse** photosynthesis, II
la **phrase** sentence, I
le/la **physicien(ne)** physicist
la **physique** physics, I-2.2
physique physical, I
la **forme physique** physical fitness, I-13
physiquement physically
le **pickpocket** pickpocket, 5
picorer to peck, 7

la **pièce** room, I-4.2; play, I-16.1; coin, I-18.1; piece
le **pied** foot, I-13.1
à pied on foot, I-5.2
la plante du pied sole of the foot, 7
le **piège** trap, snare, 7
la **pierre** stone, 1
le/la **piéton(ne)** pedestrian, I-12.2
piétonnier(-ère) pedestrian (adj.), 8
pieux, pieuse pious, religious
le **pigeon** pigeon
le **pilier** pillar, II
piller to pillage, II
le **pilotage** steering
le/la **pilote** pilot, II-7.1
le/la **pilote de ligne** airline pilot, I
piloter to pilot, II-7.1
pincer to pinch, II
piquant(e) spicy, II
la sauce piquante spicy sauce, II-14.1
piquer to sting, 7
la **piqûre** injection, shot, II-6.2
faire une piqûre to give (someone) a shot, II-6.2
le **piratage** piracy
pire worse
la **piscine** pool, I-9.2
la piscine couverte indoor pool, I
la **piste** track, I-13.2; ski trail, I-14.1
la **pitié** pity
pittoresque picturesque, I
le **placard** closet, I-17.2
la **place** seat (plane, etc.), I-7.1; parking space, I-12.2; place, I
la place numérotée numbered seat, II-4.1
les places debout standing room, 3
le **plafond** ceiling, 2
la **plage** beach, I-9.1
la **plaie** plague
se plaindre to complain, 6
la **plaine** plain (n.), I
la **plaisanterie** joke
le **plan** map, I
le plan du métro subway map, II-10.2
le plan de la ville street map, II-8.1
au premier plan in the foreground
de tout premier plan of the first rank, foremost
la **planche à voile: faire de la planche à voile** to windsurf, I-9
la **planche (de surf)** surfboard, 3
la **planète** planet
la **plantation** grove, II-14.2

VOCABULAIRE FRANÇAIS-ANGLAIS

la **plante** plant, I
la **plante du pied** sole of the foot, 7
planté(e) set up
la **plaque d'immatriculation** license plate, II
le **plastique: en plastique** plastic (adj.), I
le **plateau** plateau, I; tray, II-7.1
la **plate-bande** flower bed
la **platine** platinum, II
le **plâtre** cast (for broken arm, etc.), II-6.2
plein(e) full, I-13.1
   avoir plein de fric to have lots of money (slang), I-18.2
   faire le plein to fill up (a gas tank), I-12.1
le **plein air: le terrain de plein air** playing field (sports), 7
pléthorique excessive
pleurer to cry, 8
   pleurer comme une madeleine to cry one's heart out
   C'est bête à pleurer. It's pitifully stupid.
pleuvoir to rain, 2
   Il pleut. It's raining., I-9
plier to bend; to fold, II-9.1
le **plomb** lead, 4
la **plongée sous-marine: faire de la plongée sous-marine** to go deep-sea diving, I-9.1
plonger to dive, I-9.1; to plunge
la **pluie** rain, 1
   les pluies (f.pl.) acides acid rain, I
la **plume** feather, pen
la **plupart (des)** most (of), I-8.2
le **pluriel** plural, I
plus: plus que quelques échelons only a few rungs left
plus more (comparative), I-10
   de plus moreover
   plus tard later, I
   en plus de in addition to, I
plusieurs several, I-18
plutôt quite, rather
pluvieux, pluvieuse rainy, 1
le **pneu** tire, I-12.1
   le pneu à plat flat tire I-12.1
la **poche** pocket, I-18 1
la **poésie** poetry, I
le **poème** poem, I
le **poète** poet, I
le **poids** weight, II-1.2
poignant(e) poignant
le **poignet** wrist, II-13.1
poil: être de bon (mauvais) poil to be in a good (bad) mood (slang)
poinçonner to punch (a hole in), II-4.1
le **point** point; period, I

le **point de suture** (surgical) stitch, II-6.2
le **point de vue** point of view, II
le **point noir** high-traffic area, II-8.1
point: ne... point not (liter.)
la **pointure** size (shoes), I-10.2
   Vous faites quelle pointure? What (shoe) size do you take?, I-10.2
le **poisson** fish, I-6.1
la **poissonnerie** fish store, I-6.1
le **pôle** pole, I
   le pôle Nord North Pole
poli(e) polite, II-13.1; polished
la **police secours** emergency aid, II-6.1
le **policier** police officer, 3
poliment politely, II
la **poliomyélite** polio, I
la **politesse** politeness
la **politique** politics, II; policy
le **polluant** pollutant
polluer to pollute, I
la **pollution** pollution, I
la **pomme** apple, I-6.2
la **pomme de terre** potato, I-6.2
le **pommier** apple tree, II
le **pompier** firefighter, 5
le/la **pompiste** gas station attendant, I-12.1
le **pont** bridge, II
populaire popular, I-1.2
la **porcelaine** porcelaine, china, I
le **port** port; wearing (n.)
   le port de pêche fishing port, I
   le port de pêcheurs fishing port, 3
la **porte** gate (airport), I-7.1; door, I-17.1
le **porte-monnaie** change purse, I-18.1
le **portefeuille** wallet, I-18.1
le **porte-plume** penholder, 2
porter to take (carry), II-9.1; to wear, I-10.1
   porter un toast to toast, make a toast, II
le **porteur** porter, I-8.1
la **portière** door (of a vehicle), II-10.2
le **portrait** portrait, I
le **Portugal** Portugal, I-16
poser: poser sa candidature to apply for a position, II-16.2
   poser une question to ask a question, I-3.1
possédé(e) possessed
la **possibilité** possibility, I
possible: il est possible que (+ subjunc.) it's possible that, II-11
la **poste** post office, II-1.1

mettre une lettre à la poste to mail a letter, II-1.1
le **poste** position, II-16.2
   le poste de péage tollbooth, II-8.1
   le poste de pilotage cockpit, II-7.1
   le poste de radio radio
   le poste de télévision television (set), II-2.1
le **poster** poster
le **pot** jar, I-6.2
le **pot-au-feu** braised beef with vegetables, II-2.1
le **pot catalytique** catalytic converter
le **pot d'échappement** exhaust pipe, 4
le **pouce** inch I; thumb, II-13.1
la **poule** hen, chicken (animal), II-15.1
le **pouls** pulse, II-6.2
le **poulet** chicken (for eating), I-6.1
pouilleux, pouilleuse lice-ridden
le **poumon** lung, 7
pour for; in order to, I-2
   pour que (+ subjunc.) so that, II-15
le **pourboire** tip (restaurant), I-5.2
   laisser un pourboire to leave a tip, I-5.2
le **pourcentage** percentage, I
pourchasser to chase, 4
pourquoi why, I-9.1
poursuivre to pursue
pourtant yet, still, nevertheless, I
pourvu que (+ subjunc.) provided that, II-15.2; let's hope that
la **poussée** push, shove
pousser to grow, I; to push, II-10.2
la **poussière** dust
pouvoir to be able to, I-6
   Pourrais-je parler à... ? May I speak to ... ?, II-3.2
le **pouvoir** power, II
   le pouvoir d'achat buying power
pratique practical, II
la **pratique** method
pratiquement virtually, in practice
pratiquer un sport to play a sport, I-11.2
le **pré** meadow, II-15.1
précieux, précieuse precious, I
se **précipiter à** to rush towards, 5
précis(e) precise, exact, I
   à l'heure précise right on time, I
préciser to specify, 1
la **précision** precision
la **prédiction** prediction, II
la **prédominance** predominance
préférable: il est préférable que (+ subjunc.) it's preferable that, II-11

490 VOCABULAIRE FRANÇAIS-ANGLAIS

préféré(e) favorite, II-2.1
préférer to prefer, I-5
le **préfixe** prefix, I
prélever to deduct, II
prélevé(e) deducted, II
premier, première first, I-4.1
en première in first class, I-8.1
les tout premiers very first, I
premièrement first of all, I
prendre to take, I-9.1
prendre un bain (une douche) to take a bath (shower), I-11.1
prendre un bain de soleil to sunbathe, I-9.1
prendre un billet to buy a ticket, I-9
prendre conscience de to become aware of, II
prendre la correspondance to change trains, II-4.2
prendre une décision to make a decision
prendre des kilos to gain weight, I
prendre en note to take note
prendre part à to take part in, I
prendre la parole to begin to speak
prendre le pas sur to pass, surpass, 3; to overshadow
prendre le petit déjeuner to eat breakfast, I-9
prendre possession de to take possession of, I
prendre un pot to have a drink, I
prendre le pouls to take someone's pulse, II-6.2
prendre rendez-vous to make an appointment, I
prendre les rênes to take command, be in charge
prendre des rides to get wrinkles, 3
prendre son temps to take one's time, II-2.2
prendre la tension (artérielle) to take someone's blood pressure, II-6.2
prendre le train (etc.) to take the train (etc.), I-9
prendre un verre to have a drink, 2
préparé(e) prepared, II-12.1
préparer to prepare, I-4.2
près de near, I-4.2
prescrire to prescribe, I-15.2
le **présentateur**, la **présentatrice** announcer, 2
les **présentations (f. pl.)** introductions, II-13.2

présenter to introduce, II-13.2; to present, I
la **préservation** preservation, I
préserver to preserve
presque almost, I
la **presse** press
pressé(e) in a hurry, 1
le **pressing** dry-cleaner's, II-9.1
la **pression artérielle** blood pressure, I
prêt(e) ready, I
prêt-à-porter ready-to-wear (adj.), I-10
le **rayon prêt-à-porter** ready-to-wear department, I-10.1
le **prêt** loan
prêter to lend, I-18.2
le **prêtre** priest
la **preuve** proof, I
prévenir to prevent, 7
la **prévision** forecast
prévoir to foresee, 1; to predict, I
prier to pray, II-14.1
je vous prie de please
la **prière: en prière** at prayer, praying, II
primaire: l'école (f.) primaire elementary school, I
primordial(e) essential, utmost, 8
le **prince** prince
principal(e) main, principal (adj.), II
le **professeur principal** homeroom teacher, II-12.2
principalement mainly
le **principe** principle, II
le **printemps** spring I-13.2
priorité: en priorité first and foremost
pris(e) taken, I-5.1; busy
faire une prise de sang to take a blood sample, 7
le **prisonnier** prisoner, II
la **privation** deprivation
privé(e) private, I
privilégier to favor, 7
le **prix** price, cost, I-10.1; prize
à prix fixe at a fixed price, I
probable: il est probable que it's probable, II-14
probablement probably, I
le **problème** problem, I-11.2
prochain(e) next, I-8.2; approaching, immediate
proche close, II-10.1; closely related
proclamer to proclaim, II
la **production** production, II-15.1
produire to produce
le **produit** product, I
le **produit de beauté** cosmetic, II-5.2

le **produit laitier** dairy product, II
le/la **prof** teacher (inform.), I-2.1
le **professeur (m.)** teacher (m. and f.), I-2.1
le **professeur principal** homeroom teacher, II-12.2
la **profession** profession, II-16.1
professionnel(le) professional, I
profit: tirer profit de to benefit from, 8
profiter de to take advantage of, profit from, I
profond(e) deep, I
profondément profoundly, deeply, II
la **progéniture** offspring, 2
la **programmation** computer programming
le **programme** TV program, I
le **progrès** progress, I
progressif, progressive progressive, I
progressivement progressively
le **projecteur** projector, II-12.1
le **projet** project, plan, I
la **promenade: faire une promenade** to take a walk, I-9.1
se **promener** to walk, I-11.2
le **promeneur**, la **promeneuse** walker
prononcer to pronounce, utter
le **pronostic** prediction
proportionellement proportionately
les **propos (m. pl.)** remarks
le **propos** intention
proposer to suggest, I
propre clean, II-9.1; own (adj.), I
le/la **propriétaire** owner
la **propriété** property, II-15.2
le **prospectus** brochure, leaflet
la **protection** protection
protéger to protect, I
la **protéine** protein, I
le **protestantisme** Protestantism, II
provenance: en provenance de arriving from (train, plane, etc.), I-7.1
provenir to come from, II
provençal(e) from Provence, the south of France, I
la **Provence** region in the South of France, II
la **province** province
le **proviseur** principal, II-12.2
les **provisions (f. pl.)** groceries, I
muni de provisions with food, II
provisoire provisional, II
provoquer to cause
prudemment carefully, I-12.2
la **prudence** prudence, caution

VOCABULAIRE FRANÇAIS-ANGLAIS **491**

le **prunier** plum tree
prussien(ne) Prussian
le/la **psychologue** psychologist
la **puberté** puberty
public, publique public (adj.), II-3.1
le **public** public (n.); audience, I
la **publicité** advertisement, I
publier to publish
les **Puces: le marché aux puces** flea market, I
puisque since, II
puiser to draw from
puissant(e) powerful, I
le **puits** well (n.), 4
le **pull** sweater, I-10.1
pulluler to proliferate
pulmonaire pulmonary, of the lungs, 7
punir to punish, I-7
la **punition** punishment
le **pupitre** student's desk in a school, 4
pur(e) pure, I
la **pureté** purity, I
la **pyjama** pajamas
la **pyramide** pyramid, I

Q

qu'est-ce que what (interr. pron.), II-6
Qu'est-ce que c'est? What is it?, I-BV
Qu'est-ce qu'il a? What's wrong with him?, I-15.1
qu'est-ce qui what (interr. pron.), II-6
Qu'est-ce qui arrive (se passe)? What's happening?, I
le **quai** platform (railroad), I-8.1; pier, 5
la **qualité** quality, I; positive trait
quand when, I-3.1
quant à as for, II
quarante forty, I-BV
le **quart: et quart** a quarter past (time), I-2
moins le quart a quarter to (time), I-2
le **quartier** neighborhood, district, I-4.2
la **quasi-totalité** almost the whole of
quatorze fourteen, I-BV
quatre four, I-BV
quatre-vingt-dix ninety, I-5.2
quatre-vingts eighty, I-5.2
que that, which, whom, I
Que diable! For Pete's sake!
quel(le) which, what, I-7
Quel est le numéro de téléphone de...? What is the phone number of...? I-5.2
Quelle est la date aujourd'hui? What is today's date?, I-4.1
Quel temps fait-il? What's the weather like?, I-9.2
quelque some, I
à quelques pointes d'accent près apart from the hint of an accent
quelque chose à manger something to eat, I-5.1
quelquefois sometimes, I-5
quelques some, I-8.2
le **qu'en-dira-t-on** gossip, 4
la **question: poser une question** to ask a question, I-3.1
hors question out of the question
Il n'en est pas question. It's out of the question.
pas question no way
la **quête** search, quest
la **queue: faire la queue** to wait in line, I-8.1
la **queue de cheval** ponytail, II-5.1
qui who, I-BV; whom, I-11; which, that, I
C'est de la part de qui? Who's calling?, II-3.2
Qui ça? Who (do you mean)?, I-BV
Qui est-ce? Who is it?, I-BV
quinze fifteen, I-BV
tous les quinze jours every two weeks
quitter to leave (a room, etc.), I-3.1
Ne quittez pas. Hold on. (telephone), II-3.2
quoi what (after prep.) I-14
de quoi wherewithal; means
quoique (+ subjunc.) although
quotidien(ne) daily
le **quotidien** daily newspaper, 2

R

raccrocher to hang up (telephone), II-3.1
la **racine** root, II
raconter to tell (about), I
radicalement radically, II
radieux (-se) radiant
la **radio** radio, I-3.2
la **radio(graphie)** X-ray, II-6.2
radioactif, radioactive radioactive, I
la **radioscopie** radioscopy
la **rafale** gust of wind, 1
la **rage** rabies, I
raide steep, I-13.2; straight (hair), II-5.1
la **raie** part (in hair), II-5.1
le **raisin** grape(s), II
les **raisins secs** raisins, II-14.1
la **raison** reason, I
ralentir to slow down, II-8.1
le **ralentissement** slowing, II-8.1
ramasser to collect, II-4.1; to pick up, 5
ramener to bring back
le **ramoneur** chimney-sweep, 2
la **randonnée (pédestre)** backpacking, 7
en randonnée backpacking, hiking, II
faire de la randonnée to go backpacking, hiking, 7
le **randonneur**, la **randonneuse** hiker, I
le **rang** row, II
rangé(e) ordered; arranged in rows
le **rapatriement** repatriation, 2
rapide quick, fast, I
rapidement quickly, II-2.2
rappeler to call back, II-2.2
se rappeler to remember, 2
le **rapport** relationship; report, I
par rapport à in comparison with
rapporter to report, I; to bring back
le **rapprochement** reconciliation, II
la **raquette** racket, I-9.2
rare rare, I
rarement rarely, II
se raréfier to become less frequent, become rare
raser to bore
Ça me rase! It bores me stiff.
se raser to shave, I-11.1
rasoir boring (slang)
le **rasoir** razor, shaver, II-5.1
la coupe au rasoir razor cut, II-5.1
rassembler to collect, gather together, I
rassurer to reassure, II
la **rate** spleen
rater le train to miss the train, II-4.2
ratisser to comb
rattraper to catch up with
le **ravissement** rapture
le **rayon** department (in a store), I-10.1; ray of light, 8
les rayons X X-rays, II
le **rayonnement** ray
la **réaction** reaction, I
réagir to react, II
la **réalisation** achievement
réaliser to realize (an ambition), achieve, I
la **réalité** reality, I

492 VOCABULAIRE FRANÇAIS-ANGLAIS

rebelote here we go again
le reboisement reforestation, II
récemment recently, II
la réception front desk (hotel), I-17.1
    la réception par cable cable television
le/la réceptionniste desk clerk, I-17.1
recevoir to receive, I-18.1
    recevoir de bonnes notes to get good grades, II-12.1
se réchauffer to get warm(er)
la recherche research, search, 7
    faire de la recherche to do research, I
recherché(e) sought after
le récipient recipient
réciproque reciprocal, II
le récit story, account
réciter to recite
réclamer to demand
la réclusion confinement, incarceration, 2
    la réclusion solitaire solitary confinement, 2
la récolte harvest, II-15.1
récolter to harvest, II-15.1
recommandé(e) recommended, I
la récompense reward, 3
la réconciliation reconciliation, II
reconnaître to recognize, 4; to admit
reconnu(e) recognized, I
reconstruire to rebuild, II
la récréation recess, I
recréer to recreate
récrire to rewrite, I
reculé(e) distant, remote
le recueil collection
recueillir to take down, to take note of
reculer to draw back
récupérer to claim (luggage), I-7.2; to collect
le recyclage recycling
la rédaction paper, composition; writing, II-12.1
    faire une rédaction to write a paper, II-12.1
redistribuer to redistribute, pass (something) out again, II
redresser to straighten up
réduire to reduce, II
réduit(e) reduced
refaire to do over, make over, II
réfléchi(e) reflexive, II
réfléchir to think, 7
le reflet reflected light
refléter to reflect, I
se réfugier to take shelter
le regard look, 8
    regarder to look at, watch I-3.1

cela ne me regarde pas that doesn't concern me, 6
se regarder to look at oneself, look at one another, I
le régime diet, 7
    suivre un régime to go on a diet, 7
la région region, I
régional(e) regional
la règle rule, I; ruler, 4
le règlement rule, I; regulations
régler to direct (traffic), I
le règne reign, I
régner to reign, II
le regret regret
regretter to be sorry, II-13.2; to miss
    Je regrette. I'm sorry., II-3.2
régulier, régulière regular, I
régulièrement regularly, I
le rejet emission
rejeter to give off, II
rejoindre to join
réjouir to delight, 6
le réjouissance festivity, II
le relâche respite, dark (theatre)
la relation relationship
relativement relatively, I
relax(e) carefree
le relevé (de compte) statement (bank), I
relever to raise again
    se relever to get up, II
relié(e) connected, II
relier to connect
religieux, religieuse religious, II-11.2
relire to reread
se remarier to remarry, II
remarquer to notice, I
le remboursement reimbursement
rembourser to pay back, reimburse, I-18.2
remédier to remedy, II
le remembrement regrouping, II
les remerciements (m. pl.) thank-you messages
remercier to thank, 3
remettre to put back, to replace
    remettre en place to reset (a bone), II-6.2
    remettre sur pied to put (someone) back on his/her feet, II
se remettre to recover (from an illness), 5
    se remettre en route to get back on the road, 2
remise: la remise en question calling into question
les remparts (m. pl.) ramparts, II
remplir to fill out, I-7.2
remporter to take back

remporter la victoire to be victorious, 3
la rémunération payment, 7
renaître to be reborn, II
la rencontre meeting, I
rencontrer to meet, I
    se rencontrer à mi-chemin to meet someone halfway, 4
le rendez-vous meeting, appointment, II
    prendre rendez-vous to make an appointment, I
rendre to give back, I-18.2; to make, II
    rendre compte to tell about
    se rendre compte to realize, 5
se renforcer to grow stronger
renoncer (à) to give up (on)
renouveau: le renouveau de popularité renewed popularity
se renouveler to be repeated
les renseignements (m. pl.) information, I
les rentes (f. pl.) private income, 8
le rentier person of independent means, 8
la rentrée des classes beginning of school year, II-12.2
rentrer to go home, I-3.1
renverser to overthrow, II
renvoyer to return (tennis ball), I-9.2; to send back
réparateur, réparatrice refreshing
reparler to talk again
réparti(e) divided, distributed
repartir to go away again; to answer, retort
répartir to divide up, distribute, 6
se répartir to be divided, distributed
la répartition distribution, I
le repas meal, II-2.1
le repassage ironing, II-9.1
repasser to iron, II-9.1
repeindre to repaint
le répertoire repertory
répéter to repeat, I
la répétition rehearsal
se replacer to regain one's position
le répondeur automatique answering machine, II-2.1
répondre to answer, I-8
la réponse answer, I
le repos rest, 3
reposer to place, 2
se reposer to rest, I
repoussé(e) pushed back, I
reprendre to take again
la représaille reprisal
le/la représentant(e) representative
la représentation performance (play)
représenter to represent, I
    représenter une pièce to stage a play

VOCABULAIRE FRANÇAIS-ANGLAIS

la **répression** repression
la **reprise** reshowing, I
le **reproche** reproach
reproduire to reproduce, I
la **république** republic, democracy, I
répudier to repudiate, cast off, II
le/la **rescapé(e)** survivor
le **réseau** system, II
la **réserve** reserve, supply, I; nature preserve, **4**
réservé(e) reserved, I
réserver to reserve, II-4.2
le **réservoir** gas tank, I-12.1
résidentiel(le) residential, I
la **résistance** resistance, I
résoudre to solve, II
le **respect** respect
respecter to respect, II-8.1
respectif, respective respective
la **respiration** breathing, I
respiratoire respiratory
respirer (à fond) to breathe (deeply), I-15.2
resplendissant(e) glittering
responsable responsible, II
resquiller to cut ahead (in line), II-13.1
ressembler à to resemble, I
ressentir to feel, I
resservir to be reused
le **ressortissant** citizen, national, II
le **restaurant** restaurant, I-5.2
   le **restaurant d'entreprise** company restaurant, **2**
la **restauration** food service, I
   la **restauration rapide** fast food, II
reste: du reste moreover
rester to stay, remain, I-17
   rester en forme to stay in shape, I-11.1
   rester interdit(e) to be taken aback
le **restoroute** roadside restaurant
le **résultat** result, **6**
résumer to summarize
rétablir to reinstate
le **rétablissement** reinstatement; recovery (from an illness)
   Je vous souhaite un prompt rétablissement. Hope you will get better soon.
le **retard** delay, II-7.2
   en retard late, I-8.2
retarder to delay
retirer to take away
   se retirer to retire, II
retomber to fall back down, I
le **retour** return, I
   à votre retour when you return, I
se retourner to turn round
la **retraite** retirement

la **retransmission** rebroadcast, I
rétrécir to shrink, II-9.1
retrouver to find again, **2**
   se retrouver to meet (again), II-13.1
la **réunion** meeting
réunir to bring together, I; to reunite, II
   se réunir to meet, to get together
réussir (à) to succeed, to pass (exam), I-7
la **réussite** success
réutiliser to use
revanche: en revanche on the other hand
le **rêve** dream, **8**
réveiller to reawaken
   se réveiller to wake up, I-11.1
le **réveillon** Christmas or New Year's dinner, II-11.2
la **révélation** revelation, I
révéler to reveal
revenir to come back, I-16
   Je n'en reviens pas! I can't get over it!
le **revenu** revenue, income
rêver to dream, I; to daydream
le **réverbère** gas lamp, **2**
revêtir to don, put on
revoir to see again, II
la **révolution** revolution, I
révolutionner to revolutionize, I
le **rez-de-chaussée** ground floor, I-4.2
le **rhinocéros** rhinoceros, **4**
le **rhume** cold (illness), I-15.1
   avoir un rhume to have a cold, I-15.1
riche rich, I
la **richesse** wealth, I; blessing, boon
la **ride** wrinkle, **3**
le **rideau** curtain I-16.1
   le lever du rideau at curtain time (theatre), I
ridicule ridiculous
rien nothing, II-2
   Rien ne (+ verb) Nothing (+ verb), II-4
   ne... rien nothing, anything, I-12.2
   rien à voir avec nothing to do with, II
   Rien d'autre. Nothing else., I-6.2
   rien que just, alone
   Il n'en est rien. Not so.; Nothing could be further from the truth., II
rieur, rieuse merry, **2**
rigoler to joke around, I-3.2
   Tu veux rigoler! Are you kidding?!, I

rigolo funny, hilarious (slang)
rigueur: de rigueur necessary, obligatory, II
rincer to rinse, II-2.1
rire to laugh, II-12.1
le **rire** laugh (n.)
risquer to risk, II
le **rite** rite, ritual, I
le/la **rival(e)** rival, **3**
la **rivière** river, I
la **robe** dress, I-10.1
Robin des Bois Robin Hood, II
le **robinet** faucet, II-2.1
le **rocher** rock, **3**
le **roi** king, **6**
le **rôle** role, I
romain(e) Roman, II
roman(e) Romanesque, II
le **roman** novel, I
le **roman policier** detective novel, mystery, I
le **romancier** novelist, II
rompre to break, II-13.1
rond(e) round, I
le **rond** circle, II
le **ronflement** throbbing; snoring
ronfler to snore, **8**
rose pink, I-10.2
la **rosée** dew, II
le **rosier** rosebush, I
roucouler to coo, **4**
la **roue** wheel, I-12.1
   la roue de secours spare tire, I-12.1
   les deux roues two-wheeled vehicles, I
rouge red, I-10.2
le **rouge à lèvres** lipstick, II-5.2
la **rougeole** measles, I
le **rouleau de papier hygiénique** roll of toilet paper, I-17.2
le **rouleau chauffant** electric roller, II-5.2
rouler (vite) to go, drive (fast) I-12.1
roumain(e) Romanian
la **route** road, I-12.1
   En route! Let's go!, I
routier road (adj.), II
roux, rousse redheaded, II-5.1
le **royaume** kingdom, II
   le Royaume-Uni United Kingdom
le **ruban** ribbon, **2**
la **rubéole** German measles, I
la **rubrique** heading, column
la **rue** street, I-3.1
la **ruelle** alley, II-14.1
se ruer (sur) to throw oneself (into); to pounce (on)
le **rugby** rugby, I
se ruiner to be financially ruined
les **ruines (f.)** ruins, II

le **ruisseau** brook, stream, 4
la **rupture** departure, break
rural(e) rural, I
le/la **Russe** Russian (person), I
le **rythme** rhythm, I

S

s'il te plaît please (fam.), I-BV
s'il vous plaît please (form.), I-BV
sa his, her (f. sing. poss. adj.), I-4
le **sable** sand, II-14.2
le **sac** bag, I-6.1; pocketbook, purse, I-18.1
    le **sac à dos** backpack, I-BV
    le **sac de couchage** sleeping bag, II
sacré(e) holy
sacrer to crown, II
la **sacrifice** sacrifice
le **safari** safari, II
sage good (child's behavior), II-11.2
le **Sahara** Sahara, II-14.2
saignant(e) rare (meat), I-5.2
saigner to bleed, 8
sain: sain et sauf alive and well, 8
saint(e) holy, II
la **saison** season, I
    la **belle saison** summer, I
la **salade** salad, I-5.1
le **salaire** salary, II-16.2
le **salarié** full-time employee, II
sale dirty, II-9.1
salé(e) salt (adj.) II-14.2
    le **lac salé** salt lake, II-14.2
salir to make dirty
la **salle à manger** dining room, I-4.2
la **salle d'attente** waiting room, I-8.1
la **salle de bains** bathroom, I-4.2
la **salle de bal** ballroom
la **salle de cinéma** movie theatre, I-16.1
la **salle de classe** classroom, I-2.1
la **salle d'honneur** reception hall
la **salle d'opération** operating room, II-6.2
la **salle de permanence** study hall, II-12.2
la **salle de séjour** living room, I-4.2
la **salle des urgences** emergency room, II-6.1
le **Salon** official art show, I
le **salon de coiffure** hair salon, II
saluer to greet, II
salut hi, I-BV
le **salut** salute
samedi (m.) Saturday, I-2.2
le **sandwich** sandwich, I-5.1
le **sang** blood, 7
    une **analyse de sang** blood test

    faire une prise de sang to take a blood sample, 7
le **sang-froid** calm, II
    garder votre sang-froid to keep calm, II
sanglant(e) bloody, 4
sans without (prep.), I-12.1
    sans aucun doute without a doubt, I
    Sans blague! No kidding!, I
    sans escale non-stop (flight), II-7.2
    sans plomb unleaded, I-12.1
    sans que (subjunc.) without (conj.), II-15
les **sans-abri (m. pl.)** the homeless
la **santé** health, I-15.1
    être en bonne (mauvaise) santé to be in good (poor) health, I-15.1
le **sapin** pine tree, II-11.2
    le **sapin de Noël** Christmas tree, II-11.2
le **sas** airlock
satisfait(e) satisfied, II
la **sauce piquante** spicy sauce, II-14.1
la **saucisse de Francfort** hot dog, I-5.1
le **saucisson** salami, I-6.1
sauf except, I-16.2
sauter to jump, 5
sauvage wild, II
sauver to save, I
le **sauveteur** rescue worker, 5
la **savane** savanna
le **savant** scientist, 1
la **saveur** flavor
savoir to know (information), I-16.2
le **savoir** knowledge
le **savoir-vivre** good manners, II-13
le **savon** soap, I-11.1
scandalisé(e) scandalized, shocked, I
le **scaphandre** space-suit
le **scarabée** beetle, II
la **scène** scene, I-16.1; stage, 3
les **sciences (f. pl.)** science, I-2.2
    les **sciences humaines** social sciences, I
    les **sciences naturelles** natural sciences, I
scientifique scientific
le/la **scientifique** scientist
la **scierie** sawmill
scintillant(e) sparkling
le **scintillement** twinkling
scintiller to glitter, II
scolaire school (adj.), II-12.1
la **scolarité** school attendance
le **scorbut** scurvy, I
le **score** score, I-9.2

le **sculpteur** sculptor (m. and f.), I-16.2
la **sculpture** sculpture, I-16.2
la **séance** show (movie) I-16.1
sec, sèche dry, II-5.2
le **sèche-linge** clothes dryer, II-9.1
sécher to dry, II-9.1
    se sécher to dry (off), I-17.2
la **sécheresse** dryness, drought, 4
le **séchoir** (hair) dryer, II-5.2
secondaire: l'école (f.) secondaire junior high, high school, I
la **seconde** second (time), I
    en seconde in second class, I-8.1
secouer to shake
le **secourisme** first aid, II
le/la **secouriste** certified first-aid practitioner, II
les **secours (m. pl.)** emergency crews, 5
le/la **secrétaire** secretary, II-16.1
sécurisant(e) reassuring
la **sécurité** safety
    la **Sécurité civile** air rescue team
sédentaire settled, stationery
seize sixteen, I-BV
le **séjour** stay (n.), I
le **sel** salt
    la **croûte de sel** salt crust, II-14.2
    le **sel minéral** mineral salt, II
sélectif, sélective selective, II
la **selle** seat (bicycle, motorcycle), II
selon according to, II-1.2
les **semailles** sowing, II
la **semaine** week, I-2.2; allowance, I
    par semaine a (per) week, I-3.2
semblable similar, alike, II
sembler to seem, I
    il me (te, lui, etc.) semble que it seems to me (you, him, her, etc.) that, II-14.1
semer to sow, 4
la **semoule de blé** semolina wheat, II-14.1
le **Sénégal** Senegal, I-16
le **sens** direction, II-8.2; meaning, I; sense
    le **sens de commandement** leadership abilities
    sens interdit (m.) wrong way (traffic sign), I
    sens unique (m.) one way (traffic sign), I
sensass sensational (slang)
sensationnel, sensationnelle sensational
sensible sensitive, II; noticeable
le **sentier** (foot)path, 6
le **sentiment** feeling

VOCABULAIRE FRANÇAIS-ANGLAIS   **495**

sentir to take (slang)
    Je ne peux pas le sentir. I can't take him.
    se sentir to feel (well, etc.), I-15.1
    ne pas se sentir dans son assiette to not feel well, 2
séparer to separate, I
sept seven, I-BV
septembre (m.) September, I-4.1
la **série** series, I
sérieusement seriously, II-8
sérieux, sérieuse serious, I-10
le **serpentin** streamer, II-11.2
serré(e) tight, I-10.2
    être serré(e)(s) to be packed, 8
serrer to grip, to squeeze
    serrer la main to shake hands, II-13.1
    serrer la taille to make the waist smaller
    se serrer la ceinture to tighten one's belt, 2
la **serrure** lock, 5
la **servante** maid
le **serveur**, la **serveuse** waiter, waitress, I-5.1
le **service** tip; service, I-5.2
    le service du personnel personnel department, II-16.2
    Le service est compris. The tip is included., I-5.2
la **serviette** napkin, I-5.2; towel, I-17.2
servir to serve (food), I-7.2; to serve (a ball in tennis, etc.), I-9.2
    servir à to be used for
    se servir de to use, II-2.2
le **serviteur** servant
ses his, her, (pl. poss. adj.), I-5.
le **seuil** doorstep, threshold
seul(e) alone; single; only (adj.), I
    tout(e) seul(e) all alone, by himself/herself, I
seulement only (adv.), II-2.1
la **sève** sap, II
    la sève brute rising, crude sap, II
sévère strict, I
le **sexe** sex, I
    le sexe opposé opposite sex
le **shampooing** shampoo, II-5.2
    le shampooing-crème shampoo-conditioner, II-5.2
le **short** shorts, I-9.2
si if, whether 9; yes (after neg. question), I
le **sida** (Syndrome Immuno-Déficitaire Acquis) AIDS, I
le **siècle** century, I
le **siège** seat, I-7.1
    le siège réglable adjustable seat, II-4.1
le **sien, les siens** his (poss. pron.), 7

la **sienne, les siennes** hers (poss. pron.), 7
la **sieste** nap
siffler to (blow a) whistle, I-13.1
le **sifflet** whistle, 7
le **signal** sign, I
la **signalisation** signaling (in a car)
signer to sign, I-18.1
la **signification** meaning, II
signifier to mean, I
silencieux, silencieuse silent; still
simplement simply, I
simplifier to simplify
sincère sincere, I-1.2
la **sinistrose** excessive pessimism
sinon otherwise, or else, II
la **sirène** siren, 7
    la sirène d'alarme fire alarm, 7
situé(e) located, I
six six, I-BV
le **ski** ski (n.), skiing (n.), I-14.1
    le ski alpin downhill skiing, I-14.1
    le ski de fond cross-country skiing, I-14.1
    faire du ski to ski, I-14.1
    faire du ski nautique to water-ski, I-9.1
le **skieur**, la **skieuse** skier, I-14.1
sociable sociable
social(e) social, I
la **société** company, II-16.2; society, I
    la grosse société large company, II-16.2
la **sociologie** sociology, I
la **sœur** sister, I-1.2
soi oneself
    chez soi home, I
    en soi in itself, II
la **soie** silk, II-9.2
    en soie silk (adj.), II-9.2
soigner to take care of, II-6.1
soigneusement carefully, II
soi-même himself, herself, oneself
le **soir** evening, in the evening, I-2
    du soir P.M. (time) I-2
    ce soir tonight, II-2.1
la **soirée** evening, I; evening party, II
    la soirée dansante dance (party)
    la soirée théâtrale evening at the theater, II
soit is, exists (subjunctive), I; let's say
    soit... soit either... or
soixante sixty, I-BV
soixante-dix seventy, I-5.2
le **sol** ground, soil, I-13.2; floor, 8
solaire solar
le **soldat** soldier, II-11.1
le **solde** (bank) balance, II
les **soldes (f. pl.)** sale (in a store) I-10.2

le **soleil** sun, II-14.2
    le coucher du soleil sunset, II-15.2
    le lever du soleil sunrise, II-15.2
    le soleil levant rising sun, 5
    Il fait du soleil. It's sunny., I-9.2
solennel(le) solemn
la **solennité** solemnity
solide solid
soluble dans l'eau water-soluble, I
soluble dans la graisse fat-soluble, I
sombre dark, I
la **somme** sum, I
le **sommeil** sleep, 5
    tirer quelqu'un du sommeil to arouse someone from sleep, 7
le **sommet** summit, mountaintop, I-14.1
son his, her (m. sing. poss. adj.), I-4
le **son** sound
    l'infra-son infrasonic vibration
    l'ultra-son ultrasonic sound
le **sondage** (opinion) survey, 2
songer (à) to think (about)
sonner to ring, II-3.1; to sound, 6
    sonner occupé to be busy (telephone), II-3.1
    sonner le clairon to sound the bugle, 6
la **sonnerie** bell, II-12.1
sonore resonant
sorcier: Ce n'est pas sorcier! It's not hard!, 6
le **sort** fate
la **sorte** sort, kind, 7
    de sorte que (+ subjunc.) so that
la **sortie** exit, I-7.1
    la sortie de secours emergency exit, II-7.1
sortir to go out, take out, I-7
    s'en sortir to get out of a bad situation, 2
le **sou** copper coin worth 5 centimes
    ne pas avoir un sou to be penniless
le **souci** worry
soudanien(ne) from Sudan, II
soudain suddenly
souffler to blow, 1
la **souffrance** suffering
souffrant(e) unwell, poorly
souffrir to suffer, I-15.2
le **souhait** wish (n.)
souhaiter to wish, II-12
    se souhaiter to wish each other, II-11.2
le **souk** Arab market, II-14.1

soulager to relieve, II
soulever to lift, II-3.2
se soulever to rise up, II
les souliers (m.) shoes, II-11.2
soumettre to submit
soumis(e) submitted, II
la soupe à l'oignon onion soup, I-5.1
le souper supper, II
le souper-spectacle dinner theater
soupir to sigh
la source source, I
sourd deaf, 7
le sourd-muet, la sourde-muette deaf-mute, 6
sourire to smile, II-12
le sourire smile
la souris mouse, 7
sous under, I
sous-estimer to underestimate
le sous-marin submarine, II
le sous-sol underground, basement
les sous-titres (m. pl.) subtitles, I-16.1
soutenir to support
soutenu(e) supported, II
souterrain(e) underground (adj.), 8
le soutien support
le souvenir memory, II
se souvenir de to remember, II-3.1
souvent often, I-5
spatial(e) space (adj.), II
se spécialiser to specialize, I
le spectacle show, I
le monde du spectacle show business, entertainment
spectaculaire spectacular
le spectateur spectator, I-13.1
la splendeur splendor, I
splendide splendid, I
le sport: faire du sport to play sports, I
pratiquer un sport to play a sport, I
le sport collectif team sport, I
le sport d'équipe team sport, I
les sports d'hiver winter sports, skiing, I-14.1
sport casual (clothes) (adj.), I-10.1
sportif, sportive athletic, I
le sportif, la sportive participant (in a sport)
le/la standardiste telephone operator, II-3.1
le stade stadium, I-13.1; stage (of a process), I
le stage training, 1
la station balnéaire seaside resort, I-9.1
la station de métro subway station, I-4.2

la station de sports d'hiver ski resort, I-14.1
la station de radio radio station, 2
la station de taxis taxi stand, 1
la station-service gas station, I-12.1
la station thermale spa, II
le stationnement parking, I
stationnement interdit no parking (traffic sign), I
stationner to park, I-12.2
Il est interdit de stationner No parking (traffic sign), I-12.2
la statue statue, I
steak frites steak and French fries, I-5.2
le steward flight attendant (m.), I-7.2
stipuler to stipulate
stop stop (traffic sign), I
le strapontin folding seat (on subway, etc.), II
la stratosphère stratosphere
le stress stress
stressé(e) stressed out
strict(e) strict, I
la strophe stanza
stupéfait(e) dumbfounded
la stupeur astonishment, amazement
le style style, II-5.1
le stylo (ballpoint) pen, I-BV
le stylo-bille ballpoint pen, II-12.1
subir to suffer; to undergo (operation)
subitement suddenly
subventionner to subsidize, II
se succéder to follow one another, I
le succès success, I
la succession succession
le sud south, I
sudaméricain(e) South American (adj.), II
le sud-est southeast, I
le sud-ouest southwest, II
suer: suer comme un bœuf to sweat like a pig, II
la sueur sweat
à la sueur de son front by the sweat of one's brow
suffire to suffice, be enough, I
suggérer to suggest
se suicider to commit suicide
suisse Swiss (adj.), I
la Suisse Switzerland, II
suite: par la suite eventually
suivant(e) following (adj.), I
suivre to follow, II-6
à suivre... to be continued
le sujet subject, I
super terrific, super, I-2.2; super (gasoline), I-12.1
super chouette fantastic (slang)

superbe superb, I
la superficie area (geography), I
supérieur(e) upper, II
la supériorité superiority
le supermarché supermarket, I-6.1
superposé(e) on top of each other, 2
supersonique supersonic, I
le supplément surcharge (train fare), I
payer un supplément to pay a surcharge (train), I
supporter to stand; to withstand
Je ne peux pas le supporter. I can't stand him.
la suppression abolition, 5
supprimer to abolish, to eliminate
suprême supreme
sur on, I-BV
sûr(e) sure, I; safe, 4
être sûr(e) to be sure, II-14.2
il est sûr que it's sure that, II-14
la surface surface, I
le surf-board surfboard, 3
le surfeur, la surfeuse surfer, 3
surgelé(e) frozen, I-6.2
le surlendemain two days later, 8
le surnom nickname
surnommé(e) nicknamed
surpasser to surpass
surprenant surprising
surprendre to surprise, 1
surpris(e) surprised, II-13.2
la surprise surprise
surtout especially, above all, II-3.2
le/la surveillant(e) monitor, II-12
surveiller to watch, keep an eye on, I-12.2
le survêtement warmup suit, I-11.2
le/la survivant(e) survivor, 5
survivre to survive, II
susceptible likely
susciter to arouse
le sweat-shirt sweatshirt, I-10.1
sympa(thique) nice (person), I-1.2
le symptôme symptom, I
le syndicat (trade) union
le syndicat d'initiative tourist office, I
le synonyme synonym, I
le système system, I

T

ta your (f. sing. poss. adj.), I-4
la table table, I-BV
la table d'opération operating table, II-6.2
le tableau blackboard, I-BV; painting, I-16.2, I

VOCABULAIRE FRANÇAIS-ANGLAIS 497

le tableau des arrivées arrival board, II-4.2
le tableau des départs departure board, II-4.2
le tableau des départs et arrivées arrival and departure board, I
la tablette rabattable fold-down tray, II-4.1
le tablier apron, 2
la tache spot, stain, II-9.2
la tâche task, work, 6
   les tâches ménagères domestic chores, housework, 6
la taille size, I-10.2; waist
   la taille au-dessous next smaller size, I-10.2
   la taille au-dessus next larger size, I-10.2
   Vous faites quelle taille? What size do you take?, I-10.2
tailler to trim, II-5.2; to sharpen (a pencil), 1
le tailleur suit (woman's), I-10.1
le tailleur tailor, 2
   le tailleur de pierre stone cutter, II
taire (quelque chose) to hush (something) up
le talc talcum powder, II-5.2
le talon heel, I-10.2
   à talons hauts (bas) high- (low-) heeled (shoes), I
le tambour drum, II-11.1
   le tambour de ville town crier
tandis que while
tant so much
   en tant que as, II
   tant pis too bad
la tante aunt, I-4.1
taper to tap, 4
   taper à la machine to type, II-12.1
le tapis carpet, rug, II
le tapis roulant moving sidewalk, II-7.2
tard late, I
   plus tard later, I
le tarif fare, I
   à tarif réduit at a discount
   les tarifs aériens airfares, I
la tarte pie, tart, I-6.1
   la tarte aux fruits fruit tart, pie, I
la tartine slice of bread (with butter, jam, etc.), II-2.1
tas: des tas de lots of, many, II
la tasse cup, I-5.2
le taureau bull, II
le taux level, rate, I
le taxi taxi, I-7.2
te (to) you (fam.) (dir. and ind. obj.), I-15.

le technicien, la technicienne technician, II-16.1
technique technical, I
technologiquement technologically, I
le tee-shirt T-shirt, I-9.2
teinté(e) dyed
la teinture dye
la teinturerie dry cleaner's, II-9.1
le teinturier dry cleaner (person), II
tel(le) such, like, as
tel(le) que as, such as, II
la télé TV, I-3.2
   à la télé on TV, I
la télécarte prepaid telephone card, II-3.1
la télécommande television remote control, II-2.1
le télécopieur fax machine, II
le téléphone telephone, I
   le téléphone sans fil cordless telephone, II-2.1
téléphoner to telephone, II-3.2
téléphonique telephone (adj.), II
le télésiège chairlift, I-14.1
le téléspectateur, la téléspectatrice television viewer, 2
le téléviseur television (set), II-2.1
la télévision television, II-2.1
tellement so much, II
témoigner (de) to attest (to)
le témoin witness, II
la température temperature, I-14.1
la tempête tempest, storm, 1
le temps weather, I-9.2
   de temps en temps from time to time, II-4
   il est temps que (subjunc.) it's time that, II-11
   Quel temps fait-il? What's the weather like?, I-9.2
tenace strong, tough
la tendance: avoir tendance à to tend (+ inf.), I
tendre tender
tendre à to tend (+ inf.), II
tendre la main to hold out one's hand, 2
tenir: Ça ne tient pas debout. It makes no sense.
tenir à to be determined to
se tenir bien/mal to behave well/badly, II-13.1
se tenir informé(e) to keep informed, 2
tenter to tempt, II
tenter de to try to
le tennis tennis, I-9.2
   les tennis (f. pl.) sneakers, I
la tension (artérielle) blood pressure, II-6.2
la tente tent, 4

le terminal terminal (bus, etc.), II-7.2
terminale: en terminale in the last year of school, II
terminer to finish, II
se terminer to end, finish, II
le terminus last stop (of bus, train line), II-10.2
le terrain de basket basketball court, II-12.2
le terrain de camping campground, II
le terrain de football soccer field, I-13.1
le terrain de hand handball court, II-12.2
le terrain de plein air playing field (sports), 7
le terrain de sport playing field, II
la terrasse terrace, I-4.2
   la terrasse d'un café sidewalk café, I-5.1
la terre earth, soil, II-15.1
   la Terre the Earth, 8
   la terre cuite terra cotta, earthenware, II
Terre-Neuve Newfoundland, I
terrible terrible; terrific (inform.), I-2.2
le territoire territory, I
le terrorisme terrorism
le tétanos tetanus, I
la tête head, I-13.1
   avoir mal à la tête to have a headache, I-15.1
   avoir mal dans la tête to be mentally ill
   en tête in the lead
   la tête de veau calf's head
le texte passage, text
la Thaïlande Thailand
le thé citron tea with lemon, I-5.1
   le thé à la menthe mint tea, II-14.2
le théâtre theater, I-16.1
la théorie theory, I
la thèse theme
le thym thyme
le ticket bus or subway ticket, II-10.1
   le ticket-restaurant restaurant voucher, 2
tiède lukewarm, 3
le tien, la tienne, les tiens, les tiennes yours (poss. pron.), 7
Tiens! Hey! Well! Look! I-10.1
le tiers one-third
le tigre tiger
le tilleul linden tree, I
le timbre stamp, II-1.1
timide timid, shy, I-1.2
le tir à l'arc archery, 3

VOCABULAIRE FRANÇAIS-ANGLAIS

tirer (de) to take (from)
  tirer des feux d'artifice to shoot off fireworks, II-11.1
  tirer quelqu'un du sommeil to arouse somebody from sleep, 7
  se tirer d'une mauvaise situation to get out of a bad situation, II-8.1
le tissu fabric, II-9.2
le titre title, II
  à titre de by way of
  le gros titre title of a newspaper article, headline, 5
toi you (sing., stress pron.), I-9
la toilette: faire sa toilette to wash and groom oneself, I-11.1
les toilettes (f. pl.) bathroom, I-4.2
le toit roof, 8
  le toit-terrasse rooftop-terrace, I
tolérer to tolerate
la tomate tomato, I-6.2
tomber to fall, I-17
  tomber amoureux (amoureuse) de to fall in love with
  tomber en panne to break down (car), II-8.2
  tomber sur quelqu'un à bras raccourcis to jump all over someone, 4
ton your (m. sing. poss. adj.), I-4
la tonalité dial tone, II-3.1
  attendre la tonalité to wait for the dial tone, II-3.1
la tondeuse clipper, II
la tonne ton, 8
le tonnère thunder, 1
le topographe topographer (m. and f.), I
se tordre to twist (one's knee, etc.), II-6.1
le tort wrong
  à tort ou à raison rightly or wrongly
  faire du tort to harm
la torture torture
tôt early, I
total(e) total, I
la touche key (on a keyboard), II-3.1
  à touches touch-tone (adj.), II-3.1
toucher to cash (a check), I-18.1; to touch, I
toujours always, I-5
la tour tower, II
  la tour Eiffel Eiffel Tower, I
le tour lap (of a race)
  à son tour in turn
  à votre tour (it's) your turn, I
  faire le tour du monde to go around the world
  Le Tour du monde en quatre-vingts jours "Around the World in Eighty Days," II

le/la touriste tourist, 8
tourner to turn, II-8.2; to stir
  sa chance tourne his luck changes, II
  se tourner to turn
le tournesol sunflower, II
tous, toutes all, every, I-7
  tous (toutes) les deux both, I
tout(e) the whole, the entire, I-7
  C'est tout? Is that all?, I-6.2
  tout à fait exactly, II
  tout autour de all around (prep.), I
  tout de même all the same
  Tout de même! Well now! Come on!
  tout de suite right away, I
  tout droit straight ahead, II-8.2
  tout le monde everyone, everybody, I-BV
  tout(e) seul(e) all alone, I-5.2
  les tout premiers (m.) the very first, I
toutefois still, nevertheless, II
la toxicomanie drug addiction, II
toxique toxic, I
tracer to trace
le tracteur tractor, II-15.1
traduire to translate
  se traduire to be translated
le trafic trafficking, trade
la tragédie tragedy, I-16.1
tragique tragic
le train train, I-8.1
  le train à grande vitesse (TGV) high-speed train, I
  être en train de faire quelque chose to be in the middle of doing something
traire to milk, II
le traité treaty, II
traiter to treat
le trajet distance, I; trip, II-10.2
la tramontane strong cold wind that blows from the north/northwest towards the Mediterranean
tranquillement peacefully
transformer to change, transform
le transistor (transistor) radio
transporter to transport, II-6
les transports (m.) en commun public transportation, II-10
le/la trapéziste trapeze artist, 8
le traumatisme traumatism
le travail work, II-2.2
  chercher du travail to look for work, II-16.2
travailler to work, I-3.1
  travailler à mi-temps to work part-time, II-16.2
  travailler à plein temps to work full-time, II-16.2

travailleur, travailleuse hardworking, I
le travailleur worker, II
les travaux (m. pl.) construction work, road work
  les travaux forcés hard labor
travers: à travers through
traverser to cross, I-12.2
treize thirteen, I-BV
trembler to shake
trempé(e) soaked
tremper to dunk
le tremplin springboard
trente thirty, I-BV
la trépidation vibration
très very, I-1.2
la tribu tribe, II
le tribunal court, II-16.1
la tribune grandstand, II-11.1
le tricolore: le drapeau tricolore French flag, I
le tricot knit (n.), II-9.2
  en tricot knit (adj.), II-9.2
la trigonométrie trigonometry, I-2.2
trinquer to clink glasses
triste sad, II-13.2
trois three, I-BV
troisième third, I-4.2
le tronc trunk, II
le trombone trombone, II-11.1
tromper to fool, trick
  se tromper: Vous vous trompez. You're mistaken., II-4.1
la trompette trumpet, II-11.1
trop too (excessive), I-10.2
  trop de too many, too much, I
le trophée trophy, I
tropical(e) tropical, I-9
le trottoir sidewalk, I-12.2
  le trottoir roulant moving sidewalk, II-10.1
le trou hole, II
le troubadour troubadour (poet-musician in medieval southern France)
les troubles (m. pl.) problems
  les troubles digestifs digestive troubles, I
se troubler to become flustered
la troupe troop
le troupeau herd, II-15.1
trouver to find, I-5.1; to think (opinion), I-10.2
se trouver to be located, found, I
  il se trouve que what happens is that
le trouvère wandering minstrel in medieval northern France
le truc trick
tu you (fam., subj., pron.), I-1
la tuberculose tuberculosis, I
tuer to kill, 5

VOCABULAIRE FRANÇAIS-ANGLAIS

la **Tunisie** Tunisia, I-16
   tunisien(ne) Tunisian, II-14.2
      le/la Tunisien(ne) Tunisian man, woman, II
   turquoise turquoise, 3
la **tutelle** supervision
le **tutoiement** informal address using *tu*, II-13.1
se **tutoyer** to address (each other) as *tu*, II-13.1
le **type** guy (informal), I
   typique typical, II
le **typhoïde** typhoide, I
   typique typical, I

U

ultraviolet(te) ultraviolet
l' **ultra-son** (m.) ultrasonic sound
un, une a, one, I-BV
unanimité: à l'unanimité unanimously
la **une** page one (of a newspaper), 2
   unir to unite, I
   unisexe unisex, II-5.2
l' **unité** (f.) unit, I
l' **univers** (m.) universe, II
   universitaire university (adj.), I
l' **université** (f.) university, I
   urbain(e) urban, II
      l'appel inter-urbain long-distance call, II-3.1
   urbanisé(e) urban, developed
l' **usage** (m.) use
l' **usager, l'usagère** user
      l'usager de la route motorist
l' **usine** (f.) factory, II-2.2
l' **ustensile** (m.) utensil, I
   utiliser to use, I
      en utilisant using, I

V

les **vacances** (f. pl.) vacation, I
   en vacances on vacation, I
le **vacancier, la vacancière** vacationer
le **vaccin** vaccination (shot), I
la **vaccination** vaccination, I
   vacciner to vaccinate, I
la **vache** cow, II-15.1
   vachement really (informal), I
la **vague** wave, I-9.1
   vainement in vain, II
le **vainqueur** winner, **8**
le **vaisseau** vessel, II
la **vaisselle** dishes, II-2.1
   faire la vaisselle to do the dishes, II-2.1
la **valeur** value, II-1.2
   valider to validate, II-10.2

la **valise** suitcase I-7.1
   faire les valises to pack, I-7.1
la **vallée** valley, I-14.1
   valoir to be worth, II; to earn
      Ça lui a valu le prix Nobel. It earned him the Nobel prize.
   valoriser to enhance the value of
la **vanille: à la vanille** vanilla (adj.), I-5.1
la **vapeur d'eau** water vapor, I
la **variation** variation, I
   varié(e) varied, I
   varier to vary, I
la **variété** variety, I
   vaste vast, enormous, I
   vaut: il vaut mieux que (+ subjunc.) It's better that, II-11
le **veau** calf, II-15.1
      la tête de veau calf's head
la **vedette** star (actor or actress), I-16.1
le **végétal** vegetable, plant, I
   végétarien(ne) vegetarian, I
la **veille** the night before
la **veillée** evening gathering, II
   veiller to watch, to guard
      veiller à to guard against
      veiller sur to watch over, guard, 4
le **veinard** lucky devil
le **vélo** bicycle, I-13.2
   à vélo by bicycle, I
      le vélo tout terrain (VTT) mountain bike, I
le **vélodrome** bicycle racing track, I
le **vélomoteur** moped, I-12.1
les **vendanges** (f. pl.) grape harvest, II
le **vendeur, la vendeuse** salesperson, I-10.1
   vendre to sell, I-8.1
      se vendre comme des petits pains to sell like hotcakes
   vendredi (m.) Friday, I-2.2
se **venger** to take revenge
   venir to come, I-16
      venir de (+ inf.) to have just (+ past part.), II-10.1
le **vent** wind, I-14.2
      Il fait du vent. It's windy., I-9.2
la **vente** sale, I
le **ventre** abdomen, stomach, I-15.1
      avoir mal au ventre to have a stomach-ache, I-15.1
le **ver à soie** silkworm, I
le **verbe** verb, I
   vérifier to check, verify, I-7.1
      vérifier les niveaux to check under the hood, I-12.1
   véritable real, I
la **vérité** truth, I
   à la vérité to be honest
le **vermouth sec** dry vermouth
le **vernis à ongles** nail polish, II-5.2

le **verre** glass, I-5.2
le **verrier** glass-maker, II
   vers around (time); towards, **8**
le **vers** line (of a poem or song)
le **versement** deposit, I
   verser to empty, pour (out), II
      verser (de l'argent) to deposit (money), **1**
la **version originale (V.O.)** original language version (of a movie), I-16.1
   vert(e) green, I-10.2
   vertical(e) vertical, I
la **vertu** virtue
   en vertu de in accordance with
la **veste** (sport)jacket, I-10.1
les **vestiges** (m. pl.) remains, **8**
   vestimentaire: normes vestimentaires dress code, I
le **veston** (suit) jacket, I
les **vêtements** (m. pl.) clothes, I-10.1
se **vêtir** to dress
   Veuillez agréer, Madame (Mademoiselle, Monsieur), l'expression de mes sentiments distingués Sincerely yours (to close a letter), II
la **veuve** widow, II
la **viande** meat, I-6.1
la **victime** victim
la **victoire** victory, I
   vide empty, **4**
le **vide** vacuum, space, I
      faire le vide to create a vacuum
la **vidéo(cassette)** videocassette, I-3.2
   vider to empty (out), **6**
      vider les ordures to empty the trash, **6**
se **vider** to empty
la **vie** life, I
le **vieillard** old man
   vieille old (f.), I-4.1
la **vieillesse** old age
   vieillir to get old
   vieux (vieil) old (m.), I-4.1
      vieux jeu (adj. inv.) old-fashioned
   vif, vive bright (color), I
   vigilant(e) vigilant, watchful, I
le **vignoble** vineyard, II-15.1
la **villa** house, I
le **village** village, small town, I
le/la **villageois(e)** villager
la **ville** city, town, II-1.2
le **vin (rouge, blanc)** (red, white) wine, I
   vingt twenty, I-BV
      Vingt Mille Lieues sous les mers "Twenty Thousand Leagues Under the Sea," II

vingtaine: une vingtaine de about twenty
violent(e) violent, I
violet(te) violet
la **violette** violet
le **violon** violin, II
viral(e) viral, I-15.1
la **virgule** comma, I
le **virus** virus, I
visible visible
la **visite** visit, I
    faire une visite à, rendre visite à to visit a person
visiter to visit (a place), I-16.2
la **vitamine** vitamin, I
vite fast (adv.), I-12.2
la **vitesse** speed, II
    en perte de vitesse losing momentum
    la limitation de vitesse speed limit, II-8.1
le **vitrail (pl. les vitraux)** stained-glass window, II
la **vitre** window pane, 2
le **vitrier** glass-maker, 2
la **vitrine** (store) window, I
la **vivacité** liveliness
    vivant(e) living, alive, 8
    Vive... ! Long live... !, Hooray for... !, I
vivement vigorously
vivre to live, II-6
    vivre en solitaire to live alone
la **vocation** hobby, pastime
les **vœux (m. pl.)** good wishes, 4
voici here is, here are, I-1.1
la **voie** track (railroad), I-8.1; lane (of a road), I-12.1
    en voie de in the process of
voilà there is, there are (emphatic), I
    nous y voilà here we are
le **voile** veil, II-14.1
voilé(e) veiled, wearing a veil, II
se voiler to cloud over
voir to see, I-10.1, I
    voir rouge to "see red" (get angry)
    voir tout en rose to look at things through rose-colored glasses, II
voire nay, even, II
voisin(e) (de) next (to)
la **voiture** car, I-4.2
    la voiture à couloir central train car with central aisle, II-4.1
    la voiture gril(l)-express train snack bar, II-4.1
    la voiture-lit sleeping car, I-8.2
    la voiture-restaurant dining car, I
    la voiture de sport sports car, I-12.1
    en voiture by car, I-5.2; "All aboard!", I-8
    monter en voiture to board the train, I-8
la **voix** voice, 7
le **vol** flight, I-7.1; theft, robbery, 5
    le vol libre hang-gliding, 3
le **volant** steering wheel, 5
le **volcan** volcano
    le volcan en activité active volcano
    le volcan éteint extinct volcano
voler to fly, 8
le **voleur, la voleuse** thief, robber, 5
«Au voleur!» "Stop, thief!", 5
le **volley-ball** volleyball, I-13.2
la **volonté** willpower
volontiers willingly
le **volume** volume, I
la **volupté** pleasure
vos your (pl. poss. adj.), I-5
voter to vote, II
votre your (sing. poss. adj.), I-5
    votre grandeur Your Grace
le **vôtre, la vôtre, les vôtres** yours (poss. pron.), 7
voudrais: je voudrais I would like, I-5.1
voué(e) devoted, dedicated
vouloir to want, I-6.1
    s'en vouloir to hold something against someone, 4
vous you (sing. form., pl.), I-2; you (stress pron.), I-9; (to) you (dir. and ind. obj.), I-15
la **voûte** vault, arch, II
le **vouvoiement** formal address as *vous*, II
se vouvoyer to address (each other) as *vous*, II
le **voyage** trip, I
    faire un voyage to take a trip I-7.1
    le voyage de noces honeymoon (trip), II
voyager to travel, I-8.1
le **voyageur, la voyageuse** passenger, I-8.1
    le voyageur à mobilité réduite handicapped traveler, II
vrai(e) true, real, I
vraiment really, I-2.1
vu que seeing as how
la **vue** view, I
vulgaire common
la **vulgarité** vulgarity, I

W

le **wagon à compartiments (à couloir latéral)** train car with compartments (with side aisle), II-4.1
le **walkman** Walkman, I-3.2
le **week-end** weekend, I-2.2

Y

y there, I-5.2; I-18.2
le **yaourt** yogurt, I-6.1
les **yeux (m. pl; sing. œil)** eyes, I-15.1
    avoir les yeux qui piquent to have stinging eyes, I-15.1

Z

le **zappeur** television remote control, II-2.1
zéro zero, I-BV
la **zone** area, zone, section, I-7.1
    la zone tempérée temperate zone, I
    en pleine zone tempérée right in the temperate zone, I
la **zoologie** zoology, I
Zut! Darn!, I-12.2

VOCABULAIRE ANGLAIS-FRANÇAIS

The *Vocabulaire anglais-français* contains all productive vocabulary from Levels 1, 2, and 3. The numbers following each entry from Levels 1 and 2 indicate the level, chapter, and vocabulary section in which the word is introduced. For example, II-2.2 means that the word first appeared actively in Level 2, *Chapitre 2, Mots 2*. Entries from Levels 1 and 2 without a *Mots* reference indicate vocabulary introduced in the grammar sections of the given chapter. I-*BV* refers to the Level 1 introductory *Bienvenue* chapter. Boldface numbers indicate vocabulary introduced in Level 3.

The following abbreviations are used in this glossary.

adj.	adjective
adv.	adverb
conj.	conjunction
dem. adj.	demonstrative adjective
dem. pron.	demonstrative pronoun
dir. obj.	direct object
f.	feminine
fam.	familiar
ind. obj.	indirect object
inf.	infinitive
inform.	informal
interr.	interrogative
interr. adj.	interrogative adjective
interr. pron.	interrogative pronoun
inv.	invariable
lit.	literally
liter.	literary
m.	masculine
n.	noun
past part.	past participle
pl.	plural
poss. adj.	possessive adjective
poss. pron.	possessive pronoun
prep.	preposition
pron.	pronoun
sing.	singular
subj.	subject
subjunc.	subjunctive

VOCABULAIRE ANGLAIS-FRANÇAIS

A

a un, une, I-1.1
   a day (week) par jour (semaine), I-3.2
   a lot beaucoup, I-3.1
abdomen le ventre, I-15.1
able: to be able to pouvoir, I-6; être à même de, 8
abolition la suppression, 5
about à peu près, II-16.2
abroad à l'étranger, 4
to **accelerate** accélérer, II-8.1
accident l'accident (m.), I-14.2
accomplice le complice, 5
according to selon, II-1.2
accountant le/la comptable, II-16.1
across from en face de, II-4.1
act l'acte (m.), I-16.1
to **act** agir, 2
active actif, active, I-10
actor l'acteur (m.), I-16.1; le comédien, I-16.1
actress l'actrice (f.), II-6.1; la comédienne, II-16.1
to **add** ajouter, 8
address l'adresse, (f.), II-1.2
to **address (each other) as "tu"** se tutoyer, II-13.1
   informal address using "tu" le tutoiement, II-13.1
addressee le/la destinataire, II-1.2
to **admit** avouer, 2
adult l'adulte (m. et f.), 6
advance: in advance à l'avance, II-4.2
advertisement: classified advertisement la petite annonce, II-16.2
aerobics: to do aerobics faire de l'aérobic, I-11.2
afraid: to be afraid avoir peur, II-13.2
Africa l'Afrique (f.), II-14.2
after après, I-3.2
afternoon l'après-midi (m.), I-2
again à nouveau, 1
against contre, I-13.1
age l'âge (m.), I-4.1
agent (m. and f.) l'agent (m.), I-7.1
to **agree** être d'accord, I-2.1
air aérien(ne) (adj.), I-9
air terminal l'aérogare (f.), I-7.1
aircraft l'appareil (m.), 5
airgram l'aérogramme (m.), II-1.1
airline la compagnie aérienne, I-7.1
airmail par avion, II-1.2
airplane l'avion (m.), I-7.1
airport l'aéroport (m.), I-7.1
aisle le couloir, I-8.2
   aisle seat (une place) côté couloir, I-7.1
algebra l'algèbre (f.), I-2.2
Algeria l'Algérie (f.), II-14.1
alive vivant(e), 8
   alive and well sain(e) et sauf (-ve), 8
all tous, toutes, I-7
   "All aboard!" «En voiture!», II-4.1
   all alone tout(e) seul(e), I-5.2
   all right d'accord (agreement), I-3; comme ci, comme ça (not bad), 2
   Is that all? C'est tout?, I-6.2
allergic allergique, I-15.1
allergy l'allergie (f.), I-15.1
alley la ruelle, II-14.1
to **allow** laisser, 4
already déjà, I-14
also aussi, I-1.1
although bien que, II-15
always toujours, I-5
ambulance l'ambulance (f.), II-6.1
   ambulance driver l'ambulancier (m.), 7
American américain(e) (adj.), I-1.1
among entre, I-9.2
amount le montant, 1
and et, I-1
   and you? et toi? (fam.), I-BV
anesthesia: to give anesthesia faire une anesthésie, II-6.2
anesthesiologist l'anesthésiste (m. et f.), II-6.2
angry fâché(e), I-12.2; en colère, 4
ankle la cheville, II-6.1
to **announce** faire part, 6
announcement l'annonce (f.), I-8.1; le faire-part (birth, death, marriage), 6
announcer le présentateur, la présentatrice, 2
annually annuellement, II-8
to **answer** répondre, I-8
   answering machine le répondeur automatique, II-2.1
antibiotic l'antibiotique (m.), I-15.1
Anything else? Autre chose?, I-6.2
apartment l'appartement (m.), I-4.2
   apartment building l'immeuble (m.), I-4.2
appear: it appears il paraît, II-14.1
application: job application la demande d'emploi, II-16.2
to **applaud** applaudir, II-11.1
apple la pomme, I-6.2
applicant (for a job) le candidat, la candidate, II-16.2
to **apply for a position** poser sa candidature, être candidat(e) à un poste, II-16.2
to **approach** s'approcher de, 2
April avril (m.), I-4.1
apron le tablier, 2
area code l'indicatif (m.) de la ville, II-3.1
archery le tir à l'arc, 3
arm le bras, II-6.1
   one-armed person/person with no arms le/la manchot(e), 6
around environ, 3
to **arouse (somebody from sleep)** tirer (quelqu'un du sommeil), 7
arrival l'arrivée (f.), I-7.2
to **arrive** arriver, I-3.1
   arriving from (flight) en provenance de, I-7.1
arrow la flèche, II-8.1
art l'art (m.), I-2.2
as: as usual comme d'habitude, 7
ash la cendre, 6
to **ask (for)** demander, I-5
   to ask a question poser une question, I-3.1
   to ask for directions demander son chemin, II-8.2
aspirin l'aspirine (f.), I-15.1
astonished étonné(e), II-13.2
at à, I-3.1
   at the à la, à l', au, aux, I-5
   at the home (business) of chez, I-5
   at what time? à quelle heure?, I-2
athletic sportif, sportive, I-10
to **attract** attirer, 1
   auditory auditif (-ve), 7
August août, (m.), I-4.1
aunt la tante, I-4.1
autumn l'automne (m.), I-13.2
auxiliary nurse l'aide-soignant(e), 7
available disponible, II-4.1
   to be available immediately être libre immédiatement, II-16.2
average moyen(ne), 3
to **avoid** éviter, 7
award la croix d'honneur, 2

B

back (of an object) l'arrière (m.), II-10.2
   back of the seat le dossier du siège, II-7.1
   in the back of au fond de, 2
backboard (basketball) le panneau, I-13.2
backpack le sac à dos, I-BV
backpacking la randonnée (pédestre), 7
   to go backpacking faire de la randonnée, 7
backstage les coulisses (f. pl.), 3
bacterial bactérien(ne), I-15.1
bad: bad weather Il fait mauvais., I-9.1
bag le sac, I-6.1

bakery la boulangerie-pâtisserie, I-6.1
balcony le balcon, I-4.2
  upper balcony (in a theater) la galerie, 3
ball la balle (tennis, etc.), I-9.2; le ballon (soccer, etc.), I-13.1
banana la banane, I-6.2
band: marching band la fanfare, II-11.1
bandage le pansement, II-6.1
bangs (hair) la frange, II-5.1
bank la banque, I-18.1
barely à peine, 8
to bargain marchander, II-14.1
barn la grange, II-15.1
baseball le base-ball, I-13.2
basket le panier, I-13.2
basketball le basket(-ball), I-13.2
  basketball court le terrain de basket, II-12.2
bathing suit le maillot (de bain), I-9.1
bathroom la salle de bains (f.), les toilettes, I-4.2
bay la baie, 3
to be être, I-2.1
  to be able to pouvoir, I-6; être à même de, 8
  to be better soon être vite sur pied, I-15.2
  to be a big hit faire courir, 3
  to be born naître, I-17
  to be called s'appeler, I-11.1
  to be careful faire attention, I-9.1
  to be dizzy avoir le vertige, 8
  to be early être en avance, I-8.1
  to be hungry avoir faim, I-5.1
  to be in shape être en forme, I-11.2
  to be late être en retard, I-8.2
  to be located se trouver, 8
  to be on time être à l'heure, I-8.1
  to be out of sorts ne pas être dans son assiette, I-15.2
  to be tightly packed être serré(e)(s), 8
  to be performed se jouer, 3
  to be struck by être frappé(e) de, 4
  to be thirsty avoir soif, I-5.2
  to be victorious remporter la victoire, 3
  to be... years old avoir... ans, I-4.1
beach la plage, I-9.1
bear l'ours (m.), 4
beautiful beau (bel), belle, I-4
because parce que, I-9.1
to become devenir, I-16
bed le lit, I-8.2
  to go to bed se coucher, I-11.1
bedroom la chambre à coucher, I-4.2

bee l'abeille (f.), 4
beef le bœuf, I-6.1
  braised beef with vegetables le pot-au-feu, II-2.1
before (prep.) avant, I-7.1; (conj.) avant que (+ subjunc.), II-15
to beg mendier, 6
beggar le mendiant, 6
to begin commencer, débuter, 3
beginner le débutant, la débutante, I-14.1
beginning of the school year la rentrée, II-12.1
to behave well/badly se tenir bien/mal, II-13.1
behind (prep.) derrière, I-BV
beige beige, I-10.2
bell la sonnerie, II-12.1; la cloche, 6
to believe croire, I-10.2
beltway le boulevard périphérique, II-8.1
bench le banc, 4
to benefit (from) tirer profit (de), 8
best le mieux (adv.), II-6
  the best le meilleur, la meilleure (adj.), II-6
best man le garçon d'honneur, II-11.2
better meilleur(e) (adj.), I-10; mieux (adv.), II-6
  it's better that il vaut mieux que (+ subjunc.), II-11; il est préférable que (+subjunc.), II-11
between entre, I-9.2
beverage la boisson, I-5.2
bicycle le vélo, I-13.2
  bicycle racer le coureur cycliste, I-13.2
  by bicycle à vélo, I-5.2
big grand(e), I-1.1; gros, grosse, II-8.1
bill le billet (currency), I-18.1; la facture, I-17.2
biology la biologie, I-2.2
bird l'oiseau (m.), II-15.2
  birdsong le chant d'oiseau, 7
birth la naissance, 6
birthday l'anniversaire (m.), I-4.1
  When is your birthday? C'est quand, ton anniversaire? (fam.), I-4.1
birthplace la maison natale, 5
bishop l'évêque (m.), 5
black noir(e), I-10.2
blackboard le tableau, I-BV
blacksmith le forgeron, 4
blanket la couverture, I-17.2
bleacher le gradin, I-13.1
to bleed saigner, 8
blind person l'aveugle (m. et f.), 6
blond blond(e), I-1.1

blood le sang, 7
  to take a blood sample faire une prise de sang, 7
blood pressure la tension (artérielle), II-6.2
  to take someone's blood pressure prendre la tension artérielle de quelqu'un, II-6.2
bloody sanglant(e), 8
blouse le chemisier, I-10.1
to blow souffler, 1
  to blow a whistle siffler, I-13.1
blow le coup, 4
to blow-dry faire un brushing, II-5.2
blue bleu(e), I-10.2
  navy blue bleu marine (inv.), I-10.2
board: arrival board le tableau des arrivées, II-4.2
  departure board le tableau des départs, II-4.2
to board embarquer (plane), II-7.2; monter (train), I-8.2; monter en voiture (train), II-4.2
boarding pass la carte d'embarquement, I-7.1
bombarded matraqué(e), 6
bone l'os (m.), II-6.2
book le livre, I-BV; le bouquin (slang), 2
  book of ten tickets (subway) le carnet, II-10.1
bookbag le cartable, II-12.1
bootlace le lacet, 2
border la frontière, 4
born: to be born naître, I-17
to borrow emprunter, I-18.2
bottle la bouteille, I-6.2
bottom le bas, 8
boundaries (on a tennis court) les limites (f. pl.), I-9.2
box la boîte, 2
box office le guichet, I-16.1
boy le garçon, I-BV
braid la natte, II-5.1
to brake freiner, I-12.2
branch la branche, II-11.2
bread le pain, I-6.1
  loaf of French bread la baguette, I-6.1
  slice of bread (with butter, jam, etc.) la tartine, II-2.1
break (in clouds) l'éclaircie (f.), 1
to break casser, II-9.2; rompre, II-13.1; (an arm, leg, etc.) se casser, II-6.1; briser, 5
  to break down (car) tomber en panne, II-8.2
  to break into (a house, etc.) entrer par effraction, 5
breakfast le petit déjeuner, II-2.1
to breathe (deeply) respirer (à fond), I-15.2

VOCABULAIRE ANGLAIS-FRANÇAIS 505

bride la mariée, II-11.2
    bride and groom les mariés, I-11.2
to **bring** emmener (a person), II-6.1; emporter, II-4.2
brochure le prospectus, 7
broke (slang) fauché(e), I-18.2
brook le ruisseau, 4
broom (plant) le genêt, 6
brother le frère, I-1.2
brown brun(e), marron (inv.), I-10.2; châtain (hair), II-5.2
brunette brun(e), I-1.1
to **brush (one's teeth, hair, etc.)** se brosser (les dents, les cheveux, etc.), I-11.1
    brush cut les cheveux en brosse, II-5.1
bugle le clairon, 6
building le bâtiment, II-15.1
bulletin board le panneau d'affichage, II-12.1
bun (hair) le chignon, II-5.1
bunk (on a train) la couchette, I-8.2
burglar le cambrioleur, 5
burglary le cambriolage, 5
bus l'autocar (m.) I-7.2; l'autobus, II-10.2; le bus, I-5.2
    bus station le terminal, l'aérogare (f.) (airport buses), II-7.2
    by bus en bus, I-5.2
businessman l'homme d'affaires (m.), 6
busy occupé(e), I-2.2
    to be busy (telephone) sonner occupé, I-3.1
but mais, I-1
butcher shop la boucherie, I-6.1
butter le beurre, I-6.2
button le bouton, II-9.2
to **buy** acheter, I-6.1
    to buy a ticket prendre un billet, I-7

C

cabin (plane) la cabine, I-7.1
    business-class cabin la cabine classe affaires, II-7.1
    economy-class cabin la cabine classe économique, II-7.1
    first-class cabin la cabine première classe, II-7.1
café le café, I-5.1
cafeteria la cantine, II-12.2
cake le gâteau, I-6.1
calculator la calculatrice, I-BV
calf le veau, II-15.1
call l'appel (m.), II-3.1
to **call** appeler, II-3.1
    to call back rappeler, II-2.2

to **call (on the phone)** donner un coup de fil, II-3.1
    Who's calling? C'est de la part de qui?, II-3.2
camel le chameau, II-14.1
    on camel(back) à dos de chameau, II-14.2
camp: summer camp la colonie de vacances, 2
    camp counselor l'animateur, l'animatrice, 2
campground le camping, 1
can of food la boîte de conserve, I-6.2
Canadian canadien(ne), I-7
to **cancel** annuler, II-7.2
candelabra le chandelier, II-11.2
candle la bougie, II-11.2
cap (ski) le bonnet, I-14.1; (police officer's) la casquette, II-8.2
captain (on an airplane) le commandant de bord, II-7.1
car la voiture, I-4.2
    sports car la voiture de sport, I-12.2
    train car with central aisle la voiture à couloir central, II-4.1
    train car with compartments (with side aisle) le wagon à compartiments (à couloir latéral), II-4.1
caravan la caravane, II-14.2
carbon dioxide le gaz carbonique, 4
card la carte, II-12.2
    greeting card la carte de vœux, II-11.2
cardiac cardiaque, 7
care (maintenance) l'entretien (m.), II-15.1
    to not care about se moquer de, 2
    to take care of soigner, II-6.1
career la carrière, II-16.2
carefully prudemment, I-12.2
carrot la carotte, I-6.2
carry-on luggage les bagages (m. pl.) à main, I-7.1
cart la charrette, 2
cartoon le dessin animé, I-16.1
cash l'argent liquide (m.), I-18.1
    to cash (a check) toucher (un chèque), I-18.1
cash register la caisse, I-6.2
cashier le caissier, la caissière, I-17.2
cassette la cassette, I-3.2
cast (for broken arm, etc.) le plâtre, II-6.2
castle le château, II-4.2
casual (clothes) sport (adj. inv.), I-10.1
cat le chat, I-4.1; (female) la chatte, 5
ceiling le plafond, 2
to **celebrate** célébrer, II-11.2

ceremony la cérémonie, II-11.2
certain: to be certain être certain(e), II-14
    it's certain il est certain, II-14
certainly certainement, II-8
chair la chaise, I-BV
chairlift le télésiège, I-14.1
chalk: piece of chalk le morceau de craie, I-BV
change la monnaie, I-18.1
    to make change faire de la monnaie, I-18.1
to **change** changer (de), I-8.2
    to change the channel changer de chaîne, II-2.1
    to change lanes changer de voie, II-8.1
    to change (subway) lines changer de ligne, prendre la correspondance, II-10.1
    to change trains changer de train, prendre la correspondance, II-4.2
changeable changeant(e), 1
change purse le porte-monnaie, I-18.1
channel (TV) la chaîne, II-2.1
charcoal le charbon de bois, II-14.1
    charcoal grill le braséro, II-14.1
charitable bienfaisant, 4
to **chase** pourchasser, 4
to **chat** bavarder, I-4.2
to **check** vérifier, I-7.1; faire enregistrer (luggage), I-7.1;
    to check under the hood vérifier les niveaux, I-12.2
    to check out (of a hotel) libérer une chambre, I-17.2
check (n.) l'addition (f.) (in a restaurant), I-5.2; le chèque (bancaire), I-18.1
    traveler's check le chèque de voyage, I-17.2
checkout counter la caisse, I-6.2
checkroom la consigne, I-8.1
cheek la joue, II-13.1
cheese le fromage, I-5.1
chemistry la chimie, I-2.2
chicken (animal) la poule, II-15.2; (for eating) le poulet, I-6.1
child l'enfant (m. et f.), I-4.1
chills (n.) les frissons (m. pl.), I-15.1
chimney sweep le ramoneur, 2
Chinese (person) le Chinois, la Chinoise, 8
chocolate (adj.) au chocolat, I-5.1
to **choose** choisir, I-7.1
to **chop down** abattre, 4
chores: domestic chores les tâches ménagères, 6
Christmas Noël, II-11.2
    Christmas carol le chant de Noël, II-11.2

506   VOCABULAIRE ANGLAIS-FRANÇAIS

Christmas gift le cadeau de Noël, II-11.2
Christmas or New Year's dinner le réveillon, II-11.2
Christmas tree l'arbre (m.) de Noël, le sapin de Noël, II-11.2
Merry Christmas! Joyeux Noël!, II-11.2
church l'église (f.), II-11.2
circulatory system l'appareil (m.) circulatoire, 4
circus le cirque, 8
city la ville, II-1.2
city hall la mairie, II-16.1
civil servant le/la fonctionnaire, II-16.1
to **claim (luggage)** récupérer, I-7.2
class la classe (people), I-2.1; le cours (course), I-2.2
classroom la salle de classe, I-2.1
clean propre, II-9.1
    clean clothes le linge propre, II-9.1
to **clear (weather)** se dégager, 1
to **clear the table** débarrasser la table, II-2.1
clearing (n.) l'éclaircie (f.), 1
to **climb over** escalader, 5
close proche, II-10.1
closed fermé(e), I-16.2
closet le placard, I-17.2
clothes les vêtements (m. pl.), I-10.1; les habits (m. pl.), 6
clothesline la corde à linge, 2
clothespin l'épingle (f.) à linge, 2
clothing designer le grand couturier, I-10.1
cloud le nuage, I-9.2
cloudy nuageux, nuageuse, 1
coachman le cocher, 2
coal le charbon, 4
Coca-Cola le coca, I-5.1
cockpit le poste de pilotage, II-7.1
coffee le café, I-5.1
    black coffee l'express (m.), I-5.1
    coffee with cream (in a café) le crème, I-5.1
coin la pièce, I-18.1
    copper coin worth 5 centimes le sou, 5
cold froid(e) (adj.), I-14.2; le rhume (illness), I-15.1
    to have a cold être enrhumé(e), I-15.1
    It's cold (weather). Il fait froid., I-9.2
to **collect** ramasser, II-4.1
cologne l'eau (f.) de toilette, II-5.2
color la couleur, I-10.2
    What color is... ? De quelle couleur est... ?, I-10.2
comb le peigne, II-5.2

to **comb (hair)** donner un coup de peigne, II-5.2; se peigner, I-11.1
combine harvester la moissonneuse-batteuse, II-15.1
to **come** venir, I-16
    to be coming down with something couver quelque chose, 2
to **come back** revenir, I-16
comedy la comédie, I-16.1
    musical comedy la comédie musicale, I-16.1
comic-strip la bande dessinée, I-16
commercial (television or radio) l'annonce (f.) publicitaire, 3
common courant(e), II-13.1
company l'entreprise (f.), la société, II-16.1
    company restaurant le restaurant d'entreprise, 2
    large company la grosse société, II-16.2
compared with par rapport à, 1
compartment: baggage compartment le compartiment, I-7.2; le coffre à bagages, II-7.1
to **complain** se plaindre, 6
completely complètement, II-8
computer l'ordinateur (m.), I-BV
    computer science l'informatique (f.), I-2.2
    computer scientist l'informaticien(ne), II-16.1
concern: that doesn't concern me cela ne me regarde pas, 6
condolences les condoléances (f. pl.), 6
conduct la conduite, 6
conductor (train) le contrôleur, I-8.2
confetti les confetti (m. pl.), II-11.1
confident confiant(e), I-1.1
congested (road, etc.) encombré(e), II-8.2
congratulations les félicitations (f. pl.), 6
contents le contenu, II-1.2
convenient commode, 2
convertible (car) la décapotable, I-12.2
convict le forçat, 3
to **coo** roucouler, 4
to **cook** faire cuire, II-14.1; faire la cuisine, I-6
cordless: cordless telephone le téléphone sans fil, II-2.1
corn le maïs, II-15.1
    corn kernels les grains (m.) de maïs, 7
corner le coin, II-8.2
    at the corner of au coin de, II-10.1
corridor le couloir, I-8.2
cosmetic le produit de beauté, II-5.2

costume le costume, I-16.1
cotton (n.) le coton, II-9.2; (adj.) en coton, II-9.2
to **cough** tousser, I-15.1
counter le comptoir, I-7.1
country (n.) le pays (n.), I-7.1; (adj.) campagnard(e), 3
    country(side) la campagne, II-15.1
    out in the country en rase campagne, 5
    country code l'indicatif (m.) du pays, II-3.1
    native country la patrie, 4
course le cours, I-2.2
court le tribunal, II-16.1
courtyard la cour, I-4.2
couscous le couscous, II-14.1
cousin le cousin, la cousine, I-4.1
to **cover** couvrir, I-15
cow la vache, II-15.1
cowshed l'étable (f.), II-15.1
crab le crabe, I-6.1
cream la crème, I-6.1
    face cream la crème pour le visage, II-5.2
credit card la carte de crédit, I-17.2
crepe la crêpe, I-5.1
crew-cut les cheveux en brosse, II-5.1
cripple: legless cripple le cul-de-jatte, 6
croissant le croissant, I-6.1
to **cross (intersect)** se croiser, II-10.1; (a street) traverser, I-12.2
cross-country race le cross, 3
crossroads le carrefour, I-12.2
crowd la foule, 8
crown la couronne, 6
crutches les béquilles (f. pl.), II-6.1
to **cry** pleurer, 8
to **cultivate** cultiver, II-15.1
cup la tasse, I-5.2
    winner's cup la coupe, I-13.2
to **cure** guérir, 7
curl la boucle, 2
curly frisé(e), bouclé(e) II-5.1
currency la monnaie, I-18.1
current events l'actualité (f.), 2
curtain le rideau, I-16.1
customer le client, la cliente, I-10.1
customs la douane, I-7.2
    to go through customs passer à la douane, I-7.2
cut (on a person) la blessure, II-6.1
to **cut** couper, II-5.2
    to cut ahead (in line) resquiller, II-13.1
    to cut the throat (of) égorger, 2
cycling le cyclisme, I-13.2
cyclist (in a race) le coureur cycliste, I-13.2
cymbals les cymbales (f. pl.), II-11.1

VOCABULAIRE ANGLAIS-FRANÇAIS

D

daily newspaper le quotidien, 2
dairy store la crémerie, I-6.1
to **damage** endommager, 5
to **dance** danser, I-3.2
    dancer le danseur, la danseuse, II-16.1
dangerous périlleux, périlleuse, 5
Darn! Zut!, I-12.2
date (fruit) la datte, II-14.2; (day) la date, I-4.1; (outing) la sortie, 3
    What is the date today? Quelle est la date aujourd'hui?, I-4.1
datebook l'agenda (m.), I-2.2
daughter la fille, I-4.1
dawn l'aube (f.), 8
day le jour, I-2.2
    a (per) day par jour, I-3
    two days later le surlendemain, 8
    What day is it? C'est quel jour?, I-2.2
deaf sourd(e), 7
deaf-mute le/la sourd(e)-muet(te), 6
dean of discipline le conseiller, la conseillère d'éducation, II-12.2
death le décès, 2
    death penalty la peine de mort, 5
December décembre (m.), I-4.1
decorations les décorations (f. pl.), II-11.2
to **dedicate** consacrer, 3
    degree: It's... degrees Celsius. Il fait... degrés Celsius., I-14.2
delay le retard, II-7.2
delicatessen la charcuterie, I-6.1
delicious délicieux, délicieuse, I-10
to **delight** réjouir, 6
    delighted enchanté(e), II-13.2
to **deliver (mail)** distribuer, II-1.1
denim (adj.) en jean, II-9.2
deodorant le déodorant, I-11.1
department store le grand magasin, I-10.1
departure le départ, I-7.1
to **deposit** verser, I-18.1
to **descend** descendre, I-14.1
desert le désert, II-14.2
desk le bureau, I-BV
    desk clerk le/la réceptionniste, I-17.1
    student's desk in a school le pupitre, 4
to **destroy** abîmer, 5
detergent la lessive, II-9.1
diagnosis: to make a diagnosis faire un diagnostic, I-15.2
dial le cadran, II-3.1
    dial phone le téléphone à cadran, II-3.1
    to **dial (a telephone number)** composer le numéro; faire le numéro, II-3.1

dictionary le dictionnaire, II-12.1
to **die** mourir, I-17; décéder, 6
diet l'alimentation (f.), le régime, 7
    to be on a diet être au régime, suivre un régime, 7
difficult difficile, I-2.1
dig (archaeology) les fouilles (f. pl.), 8
dignitary le notable, II-11.1
diminished amoindri(e), 8
dinar le dinar, II-14.1
dining car la voiture-restaurant, I-8.2
dining room la salle à manger, I-4.2
dinner le dîner, I-4.2
    to eat dinner dîner, I-4.2
diploma le diplôme, II-12.2
direction le sens, II-8.2
directions: to ask for directions demander son chemin, II, 8.2
directly directement, II-3.1
director (movie, theater) le metteur en scène (m. et f.), 8
dirty sale, II-9.1
    dirty clothes le linge sale, II-9.1
disastrous néfaste, 4
to **discover** découvrir, I-15
dish (food) le mets, 1
    dishes la vaisselle, II-2.1
    to do the dishes faire la vaisselle, II-2.1
dishwasher le lave-vaisselle, II-2.1
disorientation le dépaysement, 1
displacement le dérangement, 1
to **distribute** répartir, 6
district le quartier, I-4.2
to **distribute** distribuer, II-1.1
disturbance le dérangement, 1
diurnal diurne, 8
to **dive** plonger, I-9.1
to **divert someone's attention** détourner l'attention de quelqu'un, 5
to **divide (up)** répartir, 6
diving: to go deep-sea diving faire de la plongée sous-marine, I-9.1
dizzy: to be dizzy avoir le vertige, 8
to **do** faire, I-6.1
    to do the shopping faire les courses, I-6.1
    to do the dishes faire la vaisselle, II-2.1
doctor le médecin (m. et f.), I-15.2
documentary le documentaire, I-16.1
dog le chien, I-4.1
dollar le dollar, I-18.1
domestic (flight) intérieur(e), I-7.1
donkey l'âne (m.), II-15.2
door la porte, I-17.1; (of a vehicle) la portière, II-10.2

doormat le paillasson, 5
to **doubt** douter, II-14.2
downpour l'averse (f.), 1
down(stairs) en bas, 2
downtown le centre-ville, II-8.2
dozen la douzaine, I-6.2
dragonfly la libellule, 8
drama le drame, I-16.1
to **draw (crowds)** faire courir, 3
dream le rêve, 8
dress la robe, I-10.1
dress circle (of a theater) la corbeille, 3
dressed: to get dressed s'habiller, I-11.1
dressy habillé(e), I-10.1
to **dribble (a basketball)** dribbler, I-13.2
drink: to have a drink prendre un verre, 2
to **drink** boire, II-13
to **drive** conduire, I-12.2
    driver le conducteur, la conductrice, I-12.2; l'automobiliste (m. et f.), II-8.1
    driver's license le permis de conduire, I-12.2
    driving lesson la leçon de conduite, I-12.2
    driving school l'auto-école (f.), I-12.2
drizzle la bruine, 1
drop la goutte, 1
drought la sécheresse, 4
drum le tambour, II-11.1
drums la batterie, II-11.1
dry sec, sèche, II-5.2
to **dry** sécher, II-9.1
    to dry (off) se sécher, I-17.2
to **dry-clean** faire nettoyer à sec, II-9.1
    dry-cleaner's le pressing, la teinturerie, II-9.1
    dry-cleaning le nettoyage à sec, II-9
dryer (hair) le séchoir, II-5.2
    clothes dryer le sèche-linge, II-9.1
dryness la sécheresse, 4
duck le canard, II-15.2
dubbed (movie) doublé(e), I-16.1
dune la dune, II-14.2
during pendant, I-3.2

E

each (adj.) chaque, I-16.1
each (one) (n.) chacun(e), II-13.1
ear l'oreille (f.), I-15.1
earache: to have an earache avoir mal aux oreilles, I-15.1
early de bonne heure, II-2.2
    to be early être en avance, I-8.1

508   VOCABULAIRE ANGLAIS-FRANÇAIS

to **earn** gagner, I-3.2
earth la terre, II-15.1
    the Earth la Terre, 8
easily facilement, 4
easy facile, I-2.1
to **eat** manger, I-5
    to eat breakfast prendre le petit déjeuner, I-7
    to eat dinner dîner, I-4.2
    to eat lunch déjeuner, I-5.2
egg l'œuf (m.), I-6.2
eggplant l'aubergine (f.), II-14.1
eight huit, I-BV
eighteen dix-huit, I-BV
eighty quatre-vingts, I-5.2
elbow le coude, II-13.1
elective (n.) le cours facultatif, II-12.2
elevator l'ascenseur (m.), I-4.2
eleven onze, I-BV
emergency: emergency aid la police secours, II-6.1
    emergency exit l'issue (f.) de secours, la sortie de secours, II-7.1
    emergency room la salle des urgences, II-6.1
employee l'employé(e), II-16.2
    postal employee l'employé(e) des postes, II-1.2
employer l'employeur, l'employeuse, 16.2
employment agency le bureau de placement, 16.2
empty vide, 4
to **empty (out)** vider, 6
to **enclose** enfermer, 2
encyclopedia l'encyclopédie (f.), II-12.1
energetic énergique, I-1.2
engagement les fiançailles (f. pl.), 6
engineer l'ingénieur, la femme ingénieur, II-16.1
English (language) l'anglais (m.), I-2.2
to **enjoy** jouir (de), 8
to **enter** entrer, I-3.1
entire entier, entière, I-10
entrance l'entrée (f.), I-4.2
to **entrust** confier, 5
envelope l'enveloppe (f.), II-1.1
environment l'ambiance (f.), 3
to **erase** effacer, II-12.1
eraser (pencil) la gomme, II-12.1; **(blackboard)** la brosse, II-12.1
escalator l'escalator (m.), l'escalier (m.) mécanique, II-10.1
to **escape** échapper, 4
especially surtout, II-3.2
espresso l'express (m.), I-5.1
essential primordial(e), 8
European (adj.) européen(ne), I-7

evening le soir, I-2
    in the evening (P.M.) du soir, I-2
every tous, toutes, I-7, chaque, I-16.1
everybody, everyone tout le monde, I-BV
everywhere partout, I
evil le mal, 5
exam l'examen (m.), I-3.1
    French high school exam le baccalauréat (bac, bachot), II-12
    to fail an exam échouer à un examen, II-12.1
    to pass an exam être reçu(e) à un examen, II-12.1; réussir à un examen, I-7
    to take an exam passer un examen, I-3.1
to **examine** examiner, I-15.2
excavation(s) les fouilles (f. pl.), 8
except sauf, I-16.2
to **exchange (money)** changer, I-18.1; échanger, 5
    exchange office (for foreign currency) le bureau de change, I-18.1
    exchange rate le cours du change, I-18.1
Excuse me. Excusez-moi., I-4.1
executive le cadre, la femme cadre, II-16.1
to **exercise** faire de l'exercice, I-11.2
exhausted crevé(e), 2; épuisé(e), 4
exhaust (fumes) le gaz d'échappement, 4
exhaust pipe le pot d'échappement, 4
exhibit l'exposition (f.), I-16.2
exit la sortie, I-7.1
expense la dépense, 3
    expenses les frais (m.pl.), I-17.2
    to share expenses partager les frais, II-13.1
expensive cher, chère, I-10.1
eye l'œil (m. pl., yeux), I-15.1
    to have stinging eyes avoir les yeux qui piquent, II-15.1
eyelashes les cils (m.), II-5.2

F

fabric le tissu, II-9.2
face la figure, I-11.1
    face cream la crème pour le visage, II-5.2
    to face donner sur, I-17.1
facing en direction de, II-14.1
factory la fabrique, l'usine (f.), II-2.2
to **fail an exam** échouer à un examen, II-12.1
faint faible, 7

fair (n.) la foire, 8
fairly équitablement, 6
faith la foi, 6
faithful fidèle, 3
to **fall** faire une chute, I-14.2; tomber, I-17
to **fall asleep** s'endormir, I-11.1
fall (season) l'automne (m.), I-13.2
family la famille, I-4.1
famous célèbre, I-1.2
fantastic fantastique, I-1.2
far from loin de, I-4.2
farm l'exploitation (f.), II-15.2; la ferme, II-15.1
    farm animal l'animal domestique, II-15.1
    farm equipment le matériel agricole, II-15.1
farmer l'agriculteur (m.), l'exploitant (m.), le fermier, II-15.2
farming (raising crops) la culture, II-15.1; **(raising animals)** l'élevage (m.), II-15.1
fast vite, I-12.2
father le père, I-4.1
faucet le robinet, II-2.1
to **favor** privilégier, 7
favorite favori(te), I-10; préféré(e), II-2.1
fear la crainte, 4
to **fear** craindre, 5
February février, I-4.1
to **feel (well, etc.)** se sentir, I-15.1
    to feel guilty s'en vouloir, 4
    to feel like a fish out of water être dépaysé(e), 8
    to feel like (doing something) avoir envie de, II-3.1
    to feel out of sorts ne pas être dans son assiette, I-15.2
    to feel strange être dépaysé(e), 8
    to not feel well ne pas se sentir dans son assiette, 2
Festival of Lights (Hanukkah) La fête des Lumières, II-11.2
festivities les festivités (f. pl.), II-11.1
fever la fièvre, I-15.1
    to have a high fever avoir une fièvre de cheval, I-15.2
few peu (de), I-18
field le champ, II-15.1
    playing field le terrain de plein air, 7
fifteen quinze, I-BV
fifty cinquante, I-BV
fig la figue, II-14.2
fight le combat, 8
to **fight (against)** se battre (contre), 5
to **fill out** remplir, I-7.2
to **fill up (gas tank)** faire le plein, I-12.2
film le film, I-16.1

VOCABULAIRE ANGLAIS-FRANÇAIS

love story (movie) le film d'amour, I-16.1
adventure film/movie le film d'aventures, I-16.1
foreign film le film étranger, I-16.1
horror film/movie le film d'horreur, I-16.1
detective film/movie le film policier, I-16.1
science fiction film/movie le film de science-fiction, I-16.1
film-maker le/la cinéaste, 8
finally enfin, I-11.1; en fin de compte, 2
to **find** trouver, I-5.1
    to **find again** retrouver, 2
fine (adj.) ça va bien, I-BV
fine (n.) l'amende (f.), II-8.1
finger le doigt, II-6.1
to **finish** finir, I-7
    to **finish (someone) off** achever (quelqu'un), 2
finish line l'arrivée (f.), 3
fire le feu, 5
    fire alarm la sirène d'alarme, 7
    firefighter le pompier, 5
    fireplace la cheminée, II-11.2
    fireworks le feu d'artifice, II-11.1
    to **shoot off fireworks** tirer des feux d'artifice, II-11.1
first premier, première (adj.), I-4.2; d'abord (adv.), I-11.1
    in first class en première, I-8.1
fish le poisson, I-6.1
    fish store la poissonnerie, I-6.1
fisherman le pêcheur, 3
fishing (n.) la pêche, 1
    fishing port le port de pêcheurs, 3
    to **go fishing** aller à la pêche, I-9.1
fitness (physical) la forme physique, I-11
five cinq, I-BV
to **fix one's hair** se coiffer, II-5.1
flag le drapeau, II-11.1
flesh la chair, 4
flight le vol, I-7.1
    flight attendant l'hôtesse (f.) de l'air, le steward, I-7.2
    flight attendants le personnel de bord, II-7.1
    flight crew l'équipage (m.), II-7.1
floor le sol, 8; (story) l'étage (m.), I-4.2
flower la fleur, 1
flu la grippe, I-15.1
fluently couramment, II-8
to **fly** voler, 8
fog le brouillard, 1
to **fold** plier, II-9.1
to **follow** suivre, II-6

food le mets, 1; la nourriture, l'alimentation, 7
foot le pied, I-13.1
    on foot à pied, I-5.2
footstep le pas, 3
for (time) depuis, I-8.2
forbidden interdit(e), I-12.2
forearm l'avant-bras (m.), II-13.1
forehead le front, II-5.1
foreign étranger, étrangère, I-16.1
    in a foreign country à l'étranger, 4
foreman le contremaître, II-2.2
forewoman la contremaîtresse, II-2.2
to **forget** oublier, II-3.1
fork la fourchette, I-5.2
form le formulaire, II-6.2
formerly autrefois, 3
forty quarante, I-BV
fountain la fontaine, le jet d'eau, 8
four quatre, I-BV
fourteen quatorze, I-BV
fracture la fracture, II-6.2
    multiple fracture la fracture compliquée, II-6.2
franc le franc, I-18.1
France la France, I-16; l'Hexagone (f.), 1
free libre, I-2.2; gratuit(e) (costing no money), 2
freezing: It's freezing. (weather) Il gèle., I-14.2
French français(e) (adj.), I-1.1; le français (language), I-2.2
    French fries les frites (f. pl.), I-5.2
    French noblewoman la marquise, 3
frequently fréquemment, II-4
Friday vendredi (m.), I-2.2
friend l'ami(e), I-1.2; le copain, la copine (pal), I-2.1
to **frighten** faire peur à, 4
from de, I-1.1
    from the du, de la, de l', des, I-5
front l'avant, II-10.2
    in front of devant, I-BV
    front desk la réception, I-17.1
frozen surgelé(e), I-6.2
fruit le fruit, I-6.2
full complet, complète (train car), II-4.1; plein(e), I-13.1
    full-time à plein temps, I-3.2
fun: to have fun s'amuser, I-11.2
funeral les obsèques (f. pl.), l'enterrement (m.), 6
funny amusant(e), I-1.1; comique, I-1.2
fur la fourrure, 4
furious furieux, furieuse, II-13.2

G

to **gain weight** grossir, I-11.2
game le match, I-9.2
garage le garage, I-4.2
garbage les ordures (m. pl.), 6
garden le jardin, I-4.2
garland la guirlande, II-11.2
gas lamp le bec de gaz, 2; le réverbère, 2
    gas-lamp lighter l'allumeur (m.) de réverbères, 2
gas(oline) l'essence (f.), I-12.1
    regular (gas) (de l'essence) ordinaire, I-12.1
    super (gas) (de l'essence) super, I-12.1
    unleaded (gas) (de l'essence) sans plomb, I-12.1
gas station la station-service, I-12.2
    gas station attendant le/la pompiste, I-12.2
gas tank le réservoir, I-12.2
gate (airport) la porte, I-7.1
gel le gel, II-5.2
gentleman le gentilhomme, 3
geography la géographie, I-2.2
geometry la géométrie, I-2.2
gesture le geste, 8
to **get** obtenir, II-12.2
    to **get along well** bien s'entendre, 2
    to **get back on the road** se remettre en route, 2
    to **get a sunburn** attraper un coup de soleil, I-9.1
    to **get in shape** se mettre en forme, I-11.1
    to **get in the front row** se mettre au premier rang, II-11.1
    to **get irritated** s'énerver, 4
    to **get off (bus, train, etc.)** descendre, I-8.2; débarquer (airplane), II-7.2
    getting off (a bus) la descente, II-10.2
    to **get on** monter, I-8.2
    to **get out of a bad situation** se tirer d'une mauvaise situation, II-8.1; s'en sortir, 2
    to **get up** se lever, I-11.1
    to **get (all) worked up** s'énerver, 6
    to **get wrinkles** prendre des rides, 3
gift le cadeau, I-10.2
girl la fille, I-BV
to **give** donner, I-3.2
    to **give back** rendre, I-18.2
glacier le glacier, 8
glance le coup d'œil, 8
to **glance** jeter un coup d'œil, 1
glass le verre, I-5.2

510   VOCABULAIRE ANGLAIS-FRANÇAIS

glass-maker le vitrier, 2
pane of glass la vitre, 2
glove le gant, I-14.1
to **go** aller, I-5.1
    to **go (in a car, etc.)** rouler, I-12.2
    to **go ahead** (s')avancer, 5
    to **go deep-sea diving** faire de la plongée sous-marine, I-9.1
    to **go down** descendre, I-14.1
    to **go "dutch"** partager les frais, II-13.1
    to **go fast** rouler vite, I-12.2
    to **go fishing** aller à la pêche, I-9.1
    to **go home** rentrer, I-3.1
    to **go hunting** aller à la chasse, 4
    to **go out** sortir, I-7
    to **go out of style** se démoder, 1
    to **go through** parcourir, 3
    to **go through customs** passer à la douane, I-7.2
    to **go to bed** se coucher, I-11.1
    to **go to the market/shopping** faire le marché, 6
    to **go up** monter, I-17.1
    to **go windsurfing** faire de la planche à voile, I-9.1
    it goes without saying ça va de soi, 6
    Shall we go? On y va?, I-5
goal le but, I-13.1
goalie le gardien de but, I-13.1
goat la chèvre, 4
goggles (ski) les lunettes (f. pl.) I-14.1
gold l'or (m.), 3
good (adj.) bon(ne), I-7; (a child's behavior) sage, II-11.2; (n.) le bien, 5
    good manners le savoir-vivre, II-13
    good wishes les vœux (m. pl.), 4
goodbye au revoir, ciao (inform.), I-BV
    to **say goodbye** faire ses adieux, 2
gossip le qu'en-dira-t-on, 4
government worker le/la fonctionnaire, II-16.1
grade (on a test, etc.) la note, II-12.1
    to **get good grades** recevoir de bonnes notes, II-12.1
grains les céréales (f. pl.), II-15.1
gram le gramme, I-6.2
granddaughter la petite-fille, I-4.1
grandfather le grand-père, I-4.1
grandmother la grand-mère, I-4.1
grandparents les grands-parents (m. pl.), I-4.1
grandson le petit-fils, I-4.1
grandstand la tribune, II-11.1

grant la bourse, 2
grass l'herbe (f.), II-15.1
gray gris(e), I-10.2
to **graze** brouter, 4
great chouette (inform.), I-2.2
green vert(e), I-10.2
    green beans les haricots (m. pl.) verts, I-6.2
    greenroom (of a theater) le foyer (des artistes), 3
grilled ham and cheese sandwich le croque-monsieur, I-5.1
grocery store l'épicerie (f.), I-6.1
groom le marié, II-11.2
ground le sol, I-13.2
ground floor le rez-de-chaussée, I-4.2
growing (adj.) croissant(e), 1
growth l'accroissement, 7
to **guard** veiller (sur), 4
guidance counselor le conseiller, la conseillère d'orientation, II-12.2
guide(book) le guide, I-12.2
guilty: to feel guilty s'en vouloir, 4
guitar la guitare, II-11.1
to **gush** jaillir, 8
gust (of wind) la rafale, 1
gym(nasium) le gymnase, I-11.2
gymnastics la gymnastique, I-2.2
    to **do gymnastics** faire de la gymnastique, I-11.2

H

habit: to be in the habit of avoir l'habitude de, 2
hackney cab le fiacre, 2
hail la grêle, 1
hair les cheveux (m. pl.), I-11.1
    to **fix one's hair** se coiffer, II-5.1
haircut: haircut with razor la coupe au rasoir, II-5.2
    haircut with scissors la coupe aux ciseaux, II-5.2
    to **give a haircut** faire une coupe, II-5.2
hairspray la laque, II-5.2
hairstyle la coiffure, II-5.1
hair stylist le coiffeur, la coiffeuse, II-5.2
half demi(e), I
    half past (time) et demie, I-2
ham le jambon, I-5.1
hammer le marteau, 7
hand la main, I-11.1
handball court le terrain de hand, II-12.2
handkerchief le mouchoir, I-15.1
handwriting l'écriture (f.), 2
hang-gliding le vol libre, 3
to **hang up (telephone)** raccrocher, II-3.1

hanger le cintre, I-17.2
Hanukkah Hanouka, II-11.2
happiness le bonheur, 2
happy content(e), I-1.1; heureux, heureuse, I-10.2; joyeux (-se), 7
    Happy New Year! Bonne Année!, II-11.2
hard (adv.) fort, I-9.2
    It's not hard. Ce n'est pas sorcier., 6
hardly ne... guère, 1; à peine, 8
harmful malfaisant(e), 4; nocif, nocive, 4, néfaste, 4
harvest (n.) la récolte, II-15.1
    to **harvest** récolter, II-15.1
hat le chapeau, 4
to **hate** détester, I-3.2
to **have** avoir, I-4.1
    to **have a(n)... -ache** avoir mal à..., I-15.2
    to **have a cold** être enrhumé(e), I-15.1
    to **have difficulty (doing something)** avoir du mal à (+ inf.), 5
    to **have a drink** prendre un verre, 2
    to **have a picnic** faire un pique-nique, I-6
    to **have just done something** venir de (+ inf.), II-10.1
    to **have to** devoir, I-18.2
hay le foin, II-15.1
haze la brume, 1
he il, I-1
head la tête, I-13.1
    head of a bed le chevet, 5
headache: to have a headache avoir mal à la tête, I-15.1
headline la manchette, le gros titre, 5
headphone l'écouteur (m.), II-7.1
health la santé, I-15.1
    to **be in good (poor) health** être en bonne (mauvaise) santé, II-15.1
    To your health! Bonne Santé!, II-11.2
    health club le club de forme, I-11.2
to **hear** entendre, I-8.1
    hearing l'oreille (f.), l'ouïe (f.), l'audition (f.), 7
heart le cœur, 7
heat la chaleur, 8
heavy lourd(e), 8
heel le talon, I-10.2
    high (low)-heeled (shoes) à talons hauts (bas), I-10.2
hello (when answering telephone) allô, 3.2; bonjour, I-BV
helmet le casque, II-8.1
her elle (stress pron.), I-9; la (dir. obj.), I-16; lui (ind. obj.), I-17.1; sa, son (poss. adj.), I-4

VOCABULAIRE ANGLAIS-FRANÇAIS

herd le troupeau, II-15.1
here is, here are voici, I-1.1
hers le sien, la sienne, les siens, les siennes, 7
heritage (cultural) le patrimoine, 8
hi salut, I-BV
high élevé(e), I-15; haut(e), I-10.2
   high-pitched aigu(ë), 7
   high school le lycée, I-1.2
   high school student le lycéen, la lycéenne, II-12.2
   high-traffic area le point noir, II-8.1
highway l'autoroute (f.), I-12
hiking la randonnée, 7
   to go hiking faire de la randonnée, 7
him le (dir. obj.), I-16.1; lui (stress pron.), I-9; lui (ind. obj.), I-17.1
his sa, son, I-4; ses, I-5; le sien, la sienne, les siens, les siennes (poss. pron.), 7
history l'histoire (f.), I-2.2
to hit frapper, I-9.2; envoyer, I-13.1
to hold out one's hand tendre la main, 2
Hold on. (telephone) Ne quittez pas., II-3.2
holiday: national holiday la fête nationale, II-11.1
home: at home au bercail, 2
   at the home of chez, II-2.1
homeland la patrie, 6
homework (assignment) le devoir, I-BV
   to do homework faire les devoirs, I-6
hope l'espoir (m.), 4
horn la corne (animal), 4; le klaxon (car), 7
horrible épouvantable, 3; affreux (-se), 6
horse le cheval, II-15.1
hospital l'hôpital (m.), II-6.1
hot: It's hot (weather). Il fait chaud., I-9.2
hot dog la saucisse de Francfort, I-5.1
hotel l'hôtel (m.), I-17.1
house la maison, I-3.1
housework les tâches ménagères (f. pl.), 6
to house abriter, 1
household un ménage, 7
how: How are you? Ça va? (inform.); Comment vas-tu? (fam.); Comment allez-vous? (form.), I-BV
   How beautiful they are! Qu'elles (ils) sont belles (beaux)!, 1
   how much combien, I-6.2
   How much is it? C'est combien?, I-6.2
   How much is that? Ça fait combien?, I-5.2
   How's it going? Ça va?, I-BV
hundred cent, I-5.2
to hunt chasser, 4
hunter le chasseur, 4
hurry: in a hurry pressé(e), 1
to hurry se dépêcher, II-2.2
to hurt avoir mal à, I-15.1
   to hurt oneself se blesser, II-6.1
   to hurt someone (emotionally) faire de la peine à quelqu'un, 4
   It hurts. Ça fait mal., I-15.2
   Where does it hurt (you)? Où avez-vous mal?, I-15.2
husband le mari, I-4.1

I

I je, I-1
ibex le bouquetin, 4
ice la glace, I-14.2
ice cream la glace, I-5.1
ice skate (n.) le patin à glace, I-14.2
   (ice) skating (n.) le patinage, I-14.2
   to (ice) skate faire du patin (à glace), I-14.2
idea: a bright idea une idée de génie, 2
if si, II-9
   if I were you (him, her, etc.) à ta (sa, votre, etc.) place, II-9.2
immigration l'immigration (f.), I-7.2
impatient impatient(e), I-1.1
impolite impoli(e), II-13.1
important: it's important that il est important que (+ subjunc.), II-11
impossible: it's impossible that il est impossible que (+ subjunc.), II-11
in dans, I-BV; à, I-3.1
   in back of derrière, I-BV
   in front of devant, I-BV
   in first (second) class en première (seconde), I-8.1
   in spite of malgré, 1
incarceration la réclusion, 2
income: private income les rentes (f. pl.), 8
increase (n.) la hausse, 1; l'accroissement (m.), 7
increased accru(e), 8
increasing (adj.) croissant(e), 1
independent: person of independent means le rentier, la rentière, 8
inexpensive bon marché (inv.), I-10.1
infection l'infection (f.), I-15.1
info(rmation) l'info (f.), 2

informed: to be informed être au courant, 2
   to keep informed se tenir au courant, 2
injection la piqûre, II-6.2
   to give an injection faire une piqûre, II-6.2
ink l'encre (f.), 1
inn l'auberge (f.), 1
insect l'insecte (m.), 7
to insist (that) insister (pour que + subjunc.), II-12.1
instructor le moniteur, la monitrice, I-9.1
instrument l'outil (m.), 8
to insure assurer, II-1.2
insult l'injure (f.), 2
to insult (each other) se dire des injures, 2
intelligent intelligent(e), I-1.1
interesting intéressant(e), I-1.1
intermission l'entracte (m.), I-16.1
international international(e), I-7.1
to interrogate interroger, 1
intersection le croisement, I-12.2
interview l'entretien (m.), II-16.2
to introduce présenter, II-13.2
introductions les présentations (f. pl.), II-13.2
to invite inviter, I-3.2
iron (metal) fer, 4
to iron repasser, II-9.1
   ironing le repassage, II-9.1
it (dir. obj.) le, la, I-16.1
   it is, it's... c'est... I-BV
   It's expensive. Ça coûte cher., I-7.2
   it is necessary (+ inf.) il faut (+ inf.), I-9.1
   it is necessary that il faut que (+ subjunc.), II-11.1
Italian italien(ne), I-7
Italy l'Italie (f.), I-16
to itch démanger, gratter, 7
   She is itchy. Ça la démange., 7
   She's got an itch. Ça la gratte., 7
   to be itchy avoir des démangeaisons, 7
   to itch a bit grattouiller, 7
itching la démangeaison, 7

J

jacket le blouson, I-10.1
   (suit) jacket la veste, I-10.1; l'habit (m.), 4
   ski jacket l'anorak (m.), I-14.1
January janvier (m.), I-4.1
jam: in a jam coincé(e), 2
to jam coincer, 5
jar le pot, I-6.2

jeans le jean, I-10.1
jeep la jeep, II-8.1
jersey (n.) jersey, II-9.2; (adj.) en jersey, II-9.2
Jewish juif, juive, II-11.2
jig (n.) la gigue, 1
to **jig** giguer, 1
job le boulot (slang), 2; l'emploi (m.), II-16.2
  job application la demande d'emploi, II-16.2
  job applicant le candidat, la candidate, II-16.2
to **jog** faire du jogging, I-11.2
to **joke around** rigoler, I-3.2
journaliste le/la journaliste, 2
judge le juge, II-16.1
July juillet (m.), I-4.1
  July 14 (French national holiday) le quatorze juillet, II-11.1
to **jump** sauter, 5
  to jump all over someone tomber sur quelqu'un à bras raccourcis, 4
June juin (m.), I-4.1

K

to **keep informed** se tenir au courant, 2
to **keep up** maintenir, 3
key (to a room, etc.) la clé, I-12.2; la clef, 5; (on a keyboard) la touche, II-3.1
to **kick** donner un coup de pied, I-13.1
to **kill** tuer, 5
kilogram le kilo, I-6.2
kind (n.) le genre, I-16.1; (adj.) bienfaisant(e), 4
  a kind of une espèce de, 7
king le roi, 6
to **kiss (each other)** s'embrasser, II-13.1
kitchen la cuisine, I-4.2
kitten le chaton, 5
kleenex le kleenex, I-15.1
knee le genou, II-6.1
knife le couteau, I-5.2
knit (n.) le tricot, II-9.2; (adj.) en tricot, II-9.2
to **knock on the door** frapper à la porte, 5
knot le nœud, 3
to **know (be acquainted with)** connaître; (information) savoir, I-16.2

L

laboratory le laboratoire, 7
  lab assistant le laborantin, la laborantine, 7

lamb l'agneau (m.), II-14.1
land la terre, II-15.1
landing (of an airplane) l'atterrissage (m.), II-7.1
  landing card la carte de débarquement, I-7.2
landscape le paysage, 1
lane (of a road) la voie, I-12.2
language la langue, I-2.2
last dernier, dernière, I-10
  last night hier soir, I-13
  last year l'année (f.) dernière, I-13
to **last** durer, II-11.2
late: to be late être en retard, I-8.2
Latin le latin, I-2.2
to **laugh** rire, II-12.1
laundromat la laverie automatique, II-9.1
laundry le linge, II-9.1
  to do the laundry faire la lessive, II-9.1
lawyer l'avocat(e), II-16.1
lead (metal) le plomb, 4
leaf la feuille, 3
leaflet le prospectus, 7
to **lean (against)** s'appuyer contre, II-10.2
leap le bond, 8
to **leap** faire un bond, 8
to **learn (to)** apprendre (à), I-9.1
  to learn one's lessons apprendre ses leçons, II-12.1
leather (n.) le cuir; (adj.) en cuir, II-9.2
  leather goods les objets (m. pl.) en cuir, II-14.1
  leather tanner le maroquinier, II-14.1
to **leave** partir, I-7
  to leave (a room, etc.) quitter, I-3.1
  to leave (something behind) laisser, I-5.2
  to leave one's mark laisser une empreinte, 6
  to leave a message laisser un message, II-3.2
  to leave a tip laisser un pourboire, I-5.2
left: to the left of à gauche de, I-5
leg la jambe, II-6.1
  legless cripple le cul-de-jatte, 6
lemonade le citron pressé, I-5.1
to **lend** prêter, I-18.2
lesson la leçon, I-9.1
to **let** laisser, 4
letter la lettre, II-1.1
lettuce la laitue, I-6.2
level le niveau, I-12.2
librarian (school) le/la documentaliste, II-12.2

library (school) le Centre de Documentation et d'Information (CDI), II-12.2
to **lick** lécher, 5
lie le mensonge, 6
to **lie** mentir, 6
life vest le gilet de sauvetage, II-7.1
to **lift** soulever, II-3.2
light (adj.) léger, légère, 8
to **light** allumer, II-11.2
  light bulb l'ampoule (f.), 2
lighthouse le phare, 6
to **like** aimer, I-3.2
  I would like je voudrais, I-5.1
likewise (responding to an introduction) moi de même, II-13.2
line (bus, train) la ligne, II-3.1; (suburban train line) la ligne de banlieue, II-4.2; (main line) la grande ligne, II-4.2; (of people) la queue, I-8.1
  finish line l'arrivée (f.), 3
  line of cars la file de voitures, II-8.1
  to take the... line prendre la direction..., II-10.1
  to wait in line faire la queue, I-8.1
lip la lèvre, II-5.2
lipstick le rouge à lèvres, II-5.2
listener l'auditeur, l'auditrice, 2
to **listen (to)** écouter, I-3.2
  to listen with a stethoscope ausculter, I-15.2
listening l'écoute (f.), 3
liter le litre, I-6.2
literature la littérature, I-2.2
to **live (in a city, house, etc.)** habiter, I-3.1; vivre, II-6
liver le foie, 7
livestock le bétail, II-15.1
living room la salle de séjour, I-4.2
lobby le hall, I-17.1
local news items les faits divers (m. pl.), 2
local local, II-3.2
  to **locate** localiser, 5
located: to be located se trouver, 8
lock la serrure, 5
  lock of hair la mèche, II-5.1
locker la consigne automatique, I-8.1
to **lock up** enfermer, 2
long long(ue), I-10.2
long-distance (phone call) interurbain, II-3.1
look le regard, 8
to **look at** regarder, I-3.1
  to look at oneself or each other se mirer, 4
to **look for** chercher, I-5.1

VOCABULAIRE ANGLAIS-FRANÇAIS 513

to look for work chercher du travail, II-16.2
to lose perdre, I-8.2
    to lose patience perdre patience, I-8.2
    to lose one's temper se fâcher, 6
    to lose weight maigrir, I-11.2
lot: a lot of beaucoup de, I-10.1
    a lot of people beaucoup de monde, I-13.1
loud fort(e), 7
loudspeaker le haut-parleur, I-8.1
love l'amour (m.), 4
to love aimer, I-3.2
low bas(se), I-10
    in a low voice à voix basse, 5
luggage les bagages (m. pl.), I-7.1
    carry-on luggage les bagages à main, I-7.1
    luggage carousel le tapis roulant, II-7.2
    luggage cart le chariot à bagages, II-7.2
    luggage compartment le coffre à bagages, II-7.1
    luggage car (on a train) le fourgon à bagages, II-4.2
lukewarm tiède, 3
lunar lunaire, 8
lunch le déjeuner, II-2
lung le poumon, 7

M

ma'am madame, I-BV
machine l'appareil (m.), II-7; la machine, II-10.2; l'engin (m.), 7
magazine le magazine, I-3.2
    weekly magazine l'hebdomadaire (m.), 2
maid la bonne, 2
maid of honor la demoiselle d'honneur, II-11.2
mail le courrier, II-1.1
to mail a letter mettre une lettre à la poste, II-1.1
mailbox la boîte aux lettres, II-1.1
mail carrier le facteur, II-1.1
to maintain maintenir, 3
maitre d' le maître d'hôtel, I-5.2
to make faire, I-6.1
    to make a phone call faire un appel (téléphonique), téléphoner, donner un coup de fil, II-3.2
    to make great efforts peiner, 3
make (of car) la marque, I-12.2
makeup le maquillage, II-5.2
    to put on makeup se maquiller, II-11.1
man l'homme (m.), I-10.1
to manage to parvenir à, 3

manager le directeur, la directrice, II-16.1
mantelpiece la cheminée, 6
manufacturer l'industriel (m.), 4
map: street map le plan de la ville, II-8.1
    road map la carte routière, II-8.1
    subway map le plan du métro, II-10.2
marathon le marathon, 5
March mars (m.), I-4.1
to march défiler, II-11.1; marcher au pas, 6
    to march in step défiler au pas, II-11.1
marching band la fanfare, II-11.1
market le marché, I-6.2
    Arab market le souk, II-14.1
    married: to get married se marier, II-11.2
marvelous merveilleux, merveilleuse, I-10.2
mascara le mascara, II-5.2
match (singles, doubles) (tennis) la partie (en simple, en double), I-9.2
material la matière, II-9.2
math les maths (f. pl.), I-2.2
May mai (m.), I-4.1
may: May I (sit here)? Vous permettez?, II-4.1
    May I speak to...? Pourrais-je parler à...?, II-3.2
mayor le maire, II-11.2
me me (dir. and ind. obj.), I-15.2; moi (stress pron.), I-1.2
meadow le pré, II-15.1
meal le repas, II-2.1
meat la viande, I-6.1
Mecca la Mecque, II-14.1
medicine (medical profession) la médecine, I-15; le médicament (remedy), I-15.2
to meditate méditer, 7
medium: medium-length mi-long(ue), II-5.1
    medium-rare (meat) à point, I-5.2
to meet (for the first time) faire la connaissance de, II-13.2
    to meet (again) se retrouver, II-13.1
    to meet someone halfway se rencontrer à mi-chemin, 4
to melt fondre, 4
menorah la menorah, II-11.2
menu la carte, I-5.1
merchant le/la commerçant(e), II-16.1; le marchand, la marchande, I-6.2
    produce merchant le marchand, la marchande de fruits et légumes, I-6.2

merry rieur, rieuse, 2
message le message, II-3.2
    to leave a message laisser un message, II-3.2
meter le compteur, 1
meter maid la contractuelle, I-12.2
method la combine, 2
microphone le micro(phone), 8
middle le milieu, II-10.2
midnight minuit (m.), I-2.2
    midnight mass la messe de minuit, II-11.2
milk le lait, I-6.1
mill le moulin, 6
minaret le minaret, II-14.1
mine le mien, la mienne, les miens, les miennes (poss. pron.), 7
mineral water l'eau (f.) minérale, I-6.2
mirror la glace, I-11.1
Miss (Ms.) Mademoiselle (Mlle), I-BV
to miss (the train) rater (le train), II-4.2
    to miss (someone) regretter, 2
missing: (noun) is missing il manque (+ noun), II-9.2
mist la brume, 1
mistaken: You're mistaken. Vous vous trompez., II-4.1
misunderstanding la méprise, 5
mogul la bosse, I-14.1
moment: One moment, please. Un moment, s'il vous plaît., II-3.2
Monday lundi (m.), I-2.2
money l'argent (m.), I-3.2
    to have lots of money avoir plein de fric (slang), I-18.2
monitor le surveillant, la surveillante, II-12.2
month le mois, I-4.1
moon la lune, 5
    the Moon la Lune, 8
moped le vélomoteur, I-12.2
more davantage, 7
morning le matin, I-2
    in the morning (A.M.) du matin, I-2
Morocco le Maroc, I-16
mosque la mosquée, II-14.1
most (of) la plupart (des), I-8.2
mother la mère, I-4.1
motorcycle la moto, I-12.2; la motocyclette, II-8.1
    motorcycle cop le motard, I-12.2
motorcyclist le/la motocycliste, 5
motorist l'automobiliste (m. et f.), II-8.1
mountain la montagne, I-14.1
mouse la souris, 7
mouth la bouche, I-15.1
to move bouger, 8
    to move (one's residence) déménager, 2

VOCABULAIRE ANGLAIS-FRANÇAIS

to move forward (s')avancer, 5
movie le film, I-16.1.
   movie theater le cinéma, la salle de cinéma, I-16.1
moving émouvant(e), 8
   moving sidewalk le trottoir roulant, II-7.2
Mr. Monsieur (M.), I-BV
Mrs. (Ms.) Madame (Mme), I-BV
museum le musée, I-16.2
music la musique, I-2.2
musician le musicien, II-11.1
Muslims les musulmans (m. pl.), II-14.1
   Muslim prayer leader le muezzin, II-14.1
must devoir, I-18.2
mustard la moutarde, I-6.2
my ma, mon, I-4; mes, I-5

N

nail (finger, toe) l'ongle (m.), II-5.2
   nail polish le vernis à ongles, II-5.2
name le nom, I-16.2
   What is your name? Tu t'appelles comment? (fam.), I-11.1
nape (of the neck) la nuque, II-5.1
napkin la serviette, I-5.2
narrow étroit(e), I-10.2
national national(e), II-11.1
   national anthem l'hymne (m.) national, II-11.1
   national holiday la fête nationale, II-11.1
native natal(e), 5
   native country la patrie, 4
nature preserve la réserve, 4
nauseous: to feel nauseous avoir des maux de cœur, 7
near près de, I-4.2
necessary: it is necessary (+ inf.) il faut (+ inf.), I-9.1; il est nécessaire de (+ inf.), II-3.1
   it's necessary that il faut que (+ subjunc.), il est nécessaire que (+ subjunc.), II-11.1
to need avoir besoin de, I-11.1
neighbor le voisin, la voisine, I-4.2
neighborhood (n.) le quartier, I-4.2
nephew le neveu, I-4.1
nervous nerveux, nerveuse, 4
nest le nid, 6
net le filet, I-9.2
   net bag le filet, I-6.1
never ne... jamais, I-12
next prochain(e), II-4.2
new nouveau (nouvel), nouvelle, I-4
news les infos (f. pl.), 2

newspaper le journal, I-8.1
   daily newspaper le quotidien, 2
   weekly newspaper l'hebdomadaire (m.), 2
newsstand le kiosque, I-8.1
New Year's Day le jour de l'An, II-11.2
   Happy New Year! Bonne Année!, II-11.2
next prochain(e), I-8.2
next to à côté de, I-5
to nibble (at) grignoter, 7
nibbling le grignotage, 7
nice (person) aimable, sympathique, I-1.2; gentil(le), I-9
niece la nièce, I-4.1
nightclub (with musical entertainment) le cabaret, 3
nightmare le cauchemar, 8
nine neuf, I-BV
nineteen dix-neuf, I-BV
ninety quatre-vingt-dix, I-5.2
no one (nobody) ne... personne, I-12.2; Personne ne..., I-2
no parking permitted il est interdit de stationner, I-12.2
no smoking (section) (la zone) non fumeurs, I-7.1
noise le bruit, II-13.1
noisy bruyant(e), II-13.2
non-stop (flight) sans escale, II-7.2
noon midi (m.), I-2.2
Norway la Norvège, 8
nose le nez, I-15.1
   to have a runny nose avoir le nez qui coule, I-15.1
not ne... pas, I-1
   not bad pas mal, I-BV
notebook le cahier, I-BV
nothing ne... rien, I-12.2; rien ne..., II-2
   Nothing else. Rien d'autre., I-6.2
to notice s'apercevoir, 2; constater, 5
novel le roman, I-16
November novembre (m.), I-4.1
now maintenant, I-2
number le numéro, I-5.2; le chiffre, 5
   the right (wrong) number le bon (mauvais) numéro, II-3.2
   What is the phone number of ... ? Quel est le numéro de téléphone de... ?, I-5.2
   You have the wrong number. C'est une erreur., II-3.2
numerous nombreux, nombreuse, II-4.1
nurse l'infirmier, l'infirmière, II-6.1
nutrition la nourriture, l'alimentation (f.), 7

O

oasis l'oasis (f.), II-14.2
oats l'avoine (f.), II-15.1
to obey obéir (à), I-7; respecter, II-8.1
obvious: it's obvious that il est évident que, II-14
obviously évidemment, II-8
occasionally de temps en temps, II-4
o'clock: it's... o'clock il est... heure(s), I-2.2
October octobre (m.), I-4.1
of de, I-5
   of the du, de la, de l', des, I-5
to offer offrir, I-15
office le bureau, II-2.2
   school office le bureau de vie scolaire, II-12.2
offspring la progéniture, 2
often souvent, I-5
OK (health) ça va; (agreement) d'accord, I-BV
old vieux (vieil), vieille, I-4.1; âgé(e), 3
   How old are you? Tu as quel âge? (fam.), I-4.1
oleander le laurier-rose, 8
omelette (with herbs/plain) l'omelette (f.) (aux fines herbes/nature), I-5.1
on sur, I-BV
   on board à bord de, I-7.2
   on foot à pied, I-5.2
   on time à l'heure, I-2
on-ramp la bretelle d'accès, II-8.1
one un, une, I-1
   one-way ticket l'aller simple (m.), I-8.1
onion l'oignon (m.), I-6.2
   onion soup la soupe à l'oignon, I-5.1
only ne... que, seulement, II-2.1
to open ouvrir, I-15.2
open ouvert(e), I-16.2
opera l'opéra (m.), I-16.1
   opera glasses les lorgnettes (f. pl.), 6
operating room la salle d'opération, II-6.2
operating table la table d'opération, II-6.2
operator le/la standardiste, II-3.1
opinion: in my opinion à mon avis, I-10.2
to oppose opposer, I-13.1
opposing adverse, I-13.1
opposite (prep.) en face de, II-4.1
or ou, I-1.1
oral report l'exposé, II-12.1
   to give an oral report faire un exposé, II-12.1
orange (fruit) l'orange (f.), I-6.2; (color) (inv.) orange, I-10.2

VOCABULAIRE ANGLAIS-FRANÇAIS

orange soda l'Orangina (m.), I-5.1
orchestra l'orchestre (m.), II-11.1
orchestra (front rows in a theater) l'orchestre (m.), 3
to **order** commander, I-5.1
original language version (of a film) la version originale, I-16.1
other autre, I-BV
our notre, nos, I-5
ours le nôtre, la nôtre, les nôtres, 7
outing la sortie, 3
outmoded dépassé(e), 6
out of bounds hors des limites, I-9.2
over (prep.) par dessus, I-13.2
over there là-bas, I-BV
overcast (cloudy) couvert(e), I-14.2
to **overlook** donner sur, I-17.1
to **owe** devoir, I-18.2
ox le bœuf, II-15.1
oxygen mask le masque à oxygène, II-7.1

P

pack (of runners) le peloton, 3
to **pack (suitcases)** faire les valises, I-7.1
package le paquet, I-6.2; le colis, II-1.2
packed bondé(e), 1; (stadium) comble, I-13.1
to be tightly packed être serré(e)(s), 8
page one la une, 2
pain la douleur, 7
to **paint** peindre, 2
painter le/la peintre, I-16.2
painting la peinture; le tableau, I-16.2
pair la paire, I-10.1
pal le copain, la copine, I-2.1
palace le palais, 8
palm grove la palmeraie, II-14.2
palm tree le palmier, II-14.2
pancake la crêpe, I-5.1
pane of glass la vitre, 2
to **panic** s'affoler, 8
pants le pantalon, I-10.1
pantyhose le collant, I-10.1
paper: sheet of paper la feuille de papier, I-BV
parade le défilé, II-11.1
parents les parents (m. pl.), I-4.1
Parisian parisien(ne), I-7
park le parc, I-11.2
to **park the car** garer la voiture, I-12.2
parking: no parking il est interdit de stationner, I-12.2
parking meter le parcmètre, 5
part (in hair) la raie, II-5.1

part-time à mi-temps, I-3.2
party la fête, I-3.2
to **pass** prendre le pas, 3; dépasser, 5
to pass (car) doubler, II-8.1
to pass someone croiser (quelqu'un), 6
to pass an exam être reçu(e) à un examen, II-12.1; réussir à un examen, I-7
to pass (something to someone) passer, I-7.2
passenger le passager, la passagère, I-7.1; le voyageur, la voyageuse (train), I-8
passport le passeport, I-7.1
past: in the past autrefois, 3
pasture le pâturage, 4
pâté le pâté, I-5.1
path le sentier, 6
patient (adj.) patient(e), I-1.1
patient (n.) un/une patient(e), 7
patriotic (fanatically) chauvin, 4
to **pay** payer, I-6.1
to pay attention faire attention, I-6
to pay back rembourser, I-18.2
to pay cash payer en espèces, I-17.2
payment la rémunération, 7
peace la paix, 4
to **peck (at)** picorer, 7
pedestrian (adj.) piétonnier(-ère), 8
pedestrian (n.) le piéton, la piétonne, I-12.2
pedestrian crossing les clous (m. pl.), I-12.2
pen le stylo, I-BV
ballpoint pen le stylo-bille, II-12.1
felt-tip pen le feutre, II-12.1
pencil le crayon, I-BV
penguin le manchot, 4
penholder le porte-plume, 2
penicillin la pénicilline, I-15.1
people les gens (m. pl.), 4
perfect parfait, 7
perfume le parfum, II-5.2
permanent définitif (-ve), 7
permanent (hair) la permanente, II-5.1
permanently définitivement, 7
to **permit** permettre, I-14
person la personne, I-17.1
personally personnellement, I-16.2
personnel department le service du personnel, II-16.2
pharmacist le pharmacien, la pharmacienne, I-15.2
pharmacy la pharmacie, I-15.2
physical education l'éducation (f.) physique, I-2.2
physics la physique, I-2.2

piano le piano, II-11.1
pickpocket le pickpocket, 5
to **pick up (a telephone receiver)** décrocher, II-3.1; (an object) ramasser, 5
picture le tableau, I-16.1
pie la tarte, I-6.1
piece le bout, 7
pier le quai, 5
pig le cochon, II-15.1
pill le comprimé, I-15.2
pillow l'oreiller (m.), I-17.2
pilot le pilote, II-7.1
to **pilot** piloter, II-7.1
pine tree le sapin, II-11.1
pink rose, I-10.2
to **pitch in** mettre la main à la pâte, 6
place l'endroit (m.), II-8.1
to take place avoir lieu, II-11.2
to place mettre, I-8.1
plague le fléau, 5
plain (adj.) nature, I-5.1
plate l'assiette (f.), I-5.2
platform (railroad) le quai, I-8.1
to **play, perform** jouer, I-16
to play (a sport) jouer à, I-9.2; pratiquer un sport, I-11.2
play la pièce, I-16.1
to put on a play monter une pièce, I-16.1
player le joueur, la joueuse, I-9.2
please s'il vous plaît (form.), s'il te plaît (fam.), I-BV
pneumatic drill le marteau-piqueur, 7
pocket la poche, I-18.1
pocketbook, purse le sac, I-18.1
police officer l'agent (m.) de police, II-8.2; le gendarme, II-8.1; le policier, 3
police station le commissariat, 5
polite poli(e), II-13.1
pond l'étang (m.), 4
ponytail la queue de cheval, II-5.1
pool la piscine, I-9.2
poor pauvre, I-15.1
poor thing le/la pauvre, I-15.1
popular populaire, I-1.2
to be very popular avoir la cote, 6
populated area l'agglomération (f.), 5
porter le porteur, I-8.1
position le poste, II-16.2
possession le bien, 4
possible: it's possible that il est possible que (+ subjunc.), II-11
postcard la carte postale, II-1.1
poster l'affiche (f.), 4
post office le bureau de poste, la poste, II-1.1
potato la pomme de terre, I-6.2
pound la livre, I-6.2
to **pray** prier, II-14.1

VOCABULAIRE ANGLAIS-FRANÇAIS

preferable: it's preferable that il est préférable que (+ subjunc.); il vaut mieux que (+ subjunc.), II-11
to **prepare** préparer, I-4.2
    prepared préparé(e), II-12.1
to **prescribe** prescrire, I-15.2
    prescription l'ordonnance (f.), I-15.2
        to write a prescription faire une ordonnance, I-15.2
to **press** appuyer sur, II-10.2
pretty joli(e), I-4.2
to **prevent** prévenir, 7
    price le prix, I-10.1
    pride la fierté, 8
    principal (n.) la directrice, le proviseur, II-12.2
    probable: it's probable that il est probable que, II-14
    probably sans doute, 8
    problem le problème, I-11.2
to **produce** fournir, 1
    to produce a result agir, 2
    production la production, II-15.1
    profession la profession, II-16.1
    prohibited: ... is prohibited il est interdit de... , II-7.1
    projector le projecteur, II-12.1
    property la propriété, II-15.2
    proud fier, fière, 8
to **provide** fournir, 8
    provided that pourvu que (+ subjunc.), II-15.2
    public public, publique, II-3.1
        public-spiritedness le civisme, 6
        public transportation les transports (m. pl.) en commun, II-10
    pulmonary pulmonaire, 7
    pulse: to take someone's pulse prendre le pouls, II-6.2
to **punch (a ticket)** poinçonner, II-4.1
to **punish** punir, I-7
    puppet la marionnette, 8
        puppet show le spectacle de marionnettes, 8
to **push** pousser, II-10.2
to **put (on)** mettre, I-8.1
    to put in (a coin) introduire (une pièce), II-3.1
    to put money aside mettre de l'argent de côté, I-18.2
    to put on (clothes) endosser (des vêtements), 6
    to put on makeup se maquiller, I-11.1

Q

quarter: quarter after (time) et quart, I-2
    quarter to (time) moins le quart, I-2

Arab quarter la médina, II-14.1
question: to ask a question poser une question, I-3.1
to **question** interroger, 1; interpeller, 5
quickly rapidement, II-2.2
quietly à voix basse, 5
quite assez, I-1

R

rabbit le lapin, II-15.1
race la course, I-13.2
racket la raquette, I-9.2
radio la radio, I-3.2
radio station la station de radio, 2
rag le chiffon, 2
ragpicker le chiffonnier, 2
rain la pluie, 1
to **rain** pleuvoir, 2
rainbow l'arc-en-ciel (m.), 6
raincoat l'imper(méable) (m.), II-9.2
raindrop la goutte de pluie, 1
raining: It's raining. Il pleut., I-9.2
rainy pluvieux, pluvieuse, 1
raisins les raisins secs, II-14.1
to **ram** éperonner, 5
rare (meat) saignant(e), I-5.2
ray le rayon, 8
razor le rasoir, II-5.2
    razor cut une coupe au rasoir, II-5.2
to **read** lire, I-12.2
ready-to-wear department le rayon prêt-à-porter, I-10.1
to **realize** se rendre compte, 5
really vraiment, I-2.1
to **receive** recevoir, I-18.1
to **recognize** reconnaître, 4
record le disque, I-3.2
to **record** enregistrer, II-2.1
to **recover (from an illness)** se remettre, 5
red rouge, I-10.2
redheaded roux, rousse, II-5.1
referee l'arbitre (m.), I-13.1
registration card (for an automobile) la carte grise, II-8; (at a hotel desk) la fiche d'enregistrement, I-17.1
regular ordinaire (gasoline), I-12.2
religious religieux, religieuse, II-11.2
remains (archeology) les vestiges (m. pl.), 8
to **remember** se rappeler, 2; se souvenir de, II-3.1
remote control le zappeur, la télécommande, II-2.1
to **rent** louer, II-4.2
repatriation la rapatriement, 2
to **report (a crime)** déclarer, 5

to **require** exiger, II-12.1
    required obligatoire, II-12.2
research la recherche, 7
    to do research faire de la recherche, 7
researcher le chercheur, la chercheuse, 8
reservations office le bureau de location, II-4.2
to **reserve (train seat)** louer, II-4.2; réserver, I-17
to **reset (a bone)** remettre en place, II-6.2
respiratory system l'appareil (m.) respiratoire, 4
rest le repos, 3
restaurant le restaurant, I-5.2
    company restaurant le restaurant d'entreprise, 2
    restaurant voucher le ticket-restaurant, 2
result le résultat, 6
résumé le curriculum vitae (CV), II-16.2
to **return (tennis ball, etc.)** renvoyer, I-9.2
reward la récompense, 3
rhinoceros le rhinocéros, 4
rib une côte, 7
ribbon le ruban, 2
rider le cavalier, la cavalière, 7, (circus) l'écuyer (m.), l'écuyère (f.), 8
riding l'équitation, 7
    to go horseback riding faire de l'équitation, 7
right: to the right of à droite de I-5
right: it's right that il est juste que (+ subjunc.), II-11
right away tout de suite, I-11.1
ring: wedding ring l'alliance (f.), II-11.2
to **ring** sonner, II-3.1
ringlet l'anglaise (f.), 2; la boucle, 2
to **rinse** rincer, II-2.1
to **rise (sun)** se lever, 8
    rising sun le soleil levant, 5
rival le rival, la rivale, 3
road la route, I-12.2
    road map la carte routière, II-8.1
    road sign le panneau (routier), II-8.1
to **roar with laughter** hurler de rire, 3
to **rob** voler, 5
    robber le voleur, la voleuse, 5
    robbery le vol, 5
rock le rocher, 3
rocket la fusée, 4
role le rôle, I-16
roller (for hair) le rouleau, II-5.2
    electric roller le rouleau chauffant, II-5.2

VOCABULAIRE ANGLAIS-FRANÇAIS

roof le toit, 8
room la pièce, I-4.1; (in a hotel) la chambre, I-17.1
   greenroom (of a theater) le foyer (des artistes), 3
   double room la chambre à deux lits, I-17.1
   single room la chambre à un lit, I-17.1
rooster le coq, II-15.2
rough agité(e), 1
round-trip ticket le billet aller-retour, I-8.1
route le chemin, 2
rude mal élevé(e), II-13.1
ruler la règle, 4
to **run** courir, II-2.2
   to run away s'enfuir, 5
   runner le coureur, I-13.2
rush hour les heures (f. pl.) de pointe, les heures d'affluence, II-8.1

S

sad triste, désolé(e), II-13.2
safe sûr(e), 4
Sahara le Sahara, II-14.2
sailor le marin, 2
salad la salade, I-5.1
salami le saucisson, I-6.1
salary le salaire, II-16.2
sales les soldes (f.pl.), I-10.2
salesperson le vendeur, la vendeuse, I-10.1
salt (adj.) salé(e), II-14.2
   salt crust la croûte de sel, II-14.2
   salt lake le chott, le lac salé, II-14.2
same même, I-2.1
sand le sable, I-9.1
sandwich le sandwich, I-5.1
   grilled ham and cheese sandwich le croque-monsieur, I-5.1
Santa Claus le Père Noël, II-11.2
Saturday samedi (m.), I-2.2
sauce: spicy sauce la sauce piquante, II-14.1
to **save money** faire des économies, I-18.2
   to save money on gratter sur, 2
savings account le compte d'épargne, I-18.1
to **savor** déguster, 4
to **say** dire, I-12.2
   to say good-bye faire ses adieux, 2
scale la balance, II-1.2
scarf l'écharpe (f.), I-14.1
scissors les ciseaux (m. pl.), II-5.2
scissor cut la coupe aux ciseaux, II-5.2

scene la scène, I-16.1
schedule l'horaire (m.), I-8.1
scholarship la bourse, 2
school (adj.) scolaire, II-12.1
school (n.) l'école (f.), I-1.2
   high school le lycée, I-1.2
   school supplies le matériel scolaire, II-12.1
schoolteacher l'institutrice (f.), 2; la maîtresse d'école, 2; le maître d'école, 4
science les sciences (f.pl.), I-2.2
scientist le savant, 1
to **scold** gronder, 4
score le score, I-9.2
   to score a goal marquer un but, I-13.1
to **scratch** se gratter, 7
screen l'écran (m.), I-7.1
sculptor le sculpteur (m. et f.), I-16.2
sculpture la sculpture, I-16.2
sea la mer, I-9.1
   by the sea au bord de la mer, I-9.1
search la recherche, 7
seashore le bord de la mer, I-9.1
seaside resort la station balnéaire, I-9.1
seat le siège, I-7.1
   seat (on an airplane, at movies, etc.) la place, I-7.1
   seat (in a theater) le fauteuil, 3
   adjustable seat le siège réglable, II-4.1
   back of the seat le dossier du siège, II-7.1
   numbered seat la place numérotée, II-4.1
seat belt la ceinture de sécurité, I-12.2
seated assis(e), I-8.2
second (adj.) deuxième, I-4.2
secretary le/la secrétaire, II-16.1
section la zone, I-7.1
   smoking (no smoking) section la zone (non) fumeurs, I-7.1
security (airport) le contrôle de sécurité, I-7.1
to **see** voir, I-10.1
   See you later. À tout à l'heure., I-BV
   See you tomorrow. À demain., I-BV
to **seem** avoir l'air, 13.2
   it seems to me (you, him, her, etc.) il me (te, lui, etc.) semble, II-14.1
self-employed: to be self-employed être à son compte, II-16.2
to **sell** vendre, I-8.1
semi-circle le demi-cercle, I-13.2
semolina wheat la semoule de blé, II-14.1

to **send** envoyer, II-1.1
   sender l'expéditeur, l'expéditrice, II-1.2
September septembre (m.), I-4.1
serious grave, 4
seriously sérieusement, II-8
to **serve** desservir (transportation), II-4.2; servir, I-7.2
service le service, I-5.2
service station la station-service, I-12.2
service station attendant le/la pompiste, I-12.2
set (for a play) le décor, I-16.1; (with hair curlers) la mise-en-plis, II-5.1
   to set the table mettre le couvert, I-8
seven sept, I-BV
seventeen dix-sept, I-BV
seventy soixante-dix, I-5.2
several plusieurs, I-18.2
shadow l'ombre (f.), 5
to **shake hands** se serrer la main, II-13.1
Shall we go? On y va?, I-5
shampoo le shampooing, II-5.2
   shampoo-conditioner le shampooing-crème, II-5.2
to **shampoo** faire un shampooing, II-5.2
to **share expenses** partager les frais, II-13.1
to **sharpen (a pencil)** tailler, 1
to **shave** se raser, I-11.1
shawl le châle, II-14.1
she elle, I-1
shed (storage) le hangar, II-15.1
sheep le mouton, II-15.1
sheet le drap, I-17.2
   sheet of paper la feuille de papier, I-BV
to **shelter** abriter, 1
shepherd le pasteur, 4
to **shine** briller, 1
shirt la chemise, I-10.1
shoes les chaussures (f. pl.), I-10.1; les souliers (m. pl.), II-11.2
shop la boutique, I-10.1
   to shop faire des achats, I-10.1
short petit(e), I-1.1; court(e), I-10.2
shorts le short, I-9.2
to **shout** hurler, 3
to **shove** bousculer, II-13.1
shovel la pelle, 3
show (movies) la séance, I-16.1; l'émission (TV), II-2.1
to **show** montrer, I-17.1
   to show a movie passer un film, I-16.1
shrimp la crevette, I-6.1
to **shrink** rétrécir, II-9.1
shy timide, I-1.2

VOCABULAIRE ANGLAIS-FRANÇAIS

sick malade, I-15.1
    sick person le/la malade, I-15.2
    to feel sick avoir des maux de cœur, 7
side (in a sporting event) le camp, I-13.1; (of an object, person, etc.), le côté, II-5.1
sideburns les pattes (f. pl.), II-5.1
sidewalk le trottoir, I-12.2
    sidewalk café la terrasse (d'un café), I-5.1
to **sign** signer, I-18.1
sign l'écriteau (m.), 2
silk (n.) la soie, II-9.2; (adj.) en soie, II-9.2
silver l'argent (m.), 3
silverware l'argenterie (f.), 5; les couverts (m. pl.) en argent, 5
since depuis, I-8.2
sincere sincère, I-1.2
to **sing** chanter, I-3.2
    singer le chanteur, la chanteuse, II-16.1
single (unmarried) célibataire, 4
sink l'évier (m.), II-2.1; le lavabo, 2
sir monsieur, I-BV
sister la sœur, I-1.2
to **sit (down)** s'asseoir, II-2.1
    to sit down for a meal se mettre à table, II-2.1
site: archaeological site le chantier de fouilles archéologiques, 8
six six, I-BV
sixteen seize, I-BV
sixty soixante, I-BV
size (clothes) la taille; (shoes) la pointure, I-10.2
    the next larger size la taille au-dessus, I-10.2
    the next smaller size la taille au-dessous, I-10.2
    to take size ... faire du (nombre), I-10.2
    What size do you take? Vous faites quelle pointure (taille)?, II-10.2
skate (ice) le patin à glace, I-14.2
    to (ice) skate faire du patin (à glace), I-14.2
    skater le patineur, la patineuse, I-14.2
    skating (n.) la patinage, I-14.2
    skating rink la patinoire, I-14.2
ski (n.) le ski, I-14.1
    to ski faire du ski, I-14.1
ski boot la chaussure de ski, I-14.1
ski jacket l'anorak (m.), I-14.1
ski pole le bâton, I-14.1
ski resort la station de sports d'hiver, I-14.1
skiing (n.) le ski, I-14.1
    downhill skiing le ski alpin, I-14.1
    cross-country skiing le ski de fond, I-14.1
skier le skieur, la skieuse, I-14.1
to **skip** escamoter, 7
skirt la jupe, I-10.1
sky le ciel, I-14.2
slanting penché(e), 2
sleep le sommeil, 5
to **sleep** dormir, I-7.2
    sleeping car la voiture-lit, I-8.2
sleeve la manche, I-10.2
    long- (short-) sleeved à manches longues (courtes), I-10.2
slide (photo) la diapo(sitive), II-12.1
slot la fente, II-3.1
to **slow down** ralentir, II-8.1
slowing le ralentissement, II-8.1
small petit(e), I-1.1
to **smile** sourire, II-12
smock la blouse, 2
smoking (section) (la zone) fumeurs, I-7.1
to **smother** étouffer, 4
snack la collation, II-7.1
    snack bar (train) le gril(l)-express, I-8, la voiture grill-express, II-4.1
sneakers les chaussures (f. pl.) de tennis, I-9.2
to **sneeze** éternuer, I-15.1
to **snore** ronfler, 8
    snowball la boule de neige, I-14.2
    snowing: It's snowing. Il neige., I-14.2
so: so that pour que (+ subjunc.), II-15
soap le savon, I-11.1
soccer le foot(ball), I-13.1
    soccer field le terrain de football, I-13.1
social worker l'assistante (f.) sociale, II-16.1
socks les chaussettes (f.pl.), I-10.1
soil la terre, II-15.1
soldier le soldat, II-11.1
sold out (performance) à bureaux fermés, 3
sole (of the foot) la plante (du pied), 7
solitary confinement la réclusion solitaire, 2
some quelques (pl.), I-8.2
somebody, someone quelqu'un, I-12.2
something to eat quelque chose à manger, I-5.1
sometimes quelquefois, I-5
son le fils, I-4.1
song la chanson, 3
sophisticated (object) perfectionné(e), 8
sore throat l'angine (f.), I-15.1
sorry désolé(e), II-3.2
    to be sorry être désolé(e), II-3.2, regretter, II-13.2
    I'm sorry. Excusez-moi., II-4.1; Je regrette., II-3.2
sort: a sort of une espèce de, 7
sound (of an animal) le cri, II-15.2
to **sound** sonner, 6
    to sound the bugle sonner le clairon, 6
to **sow** semer, 4
space (parking) la place, I-12.2
Spanish (language) l'espagnol (m.), I-2.2
to **speak** parler, I-3.1
    to speak ill of dire du mal de, 8
    to speak on the telephone parler au téléphone, I-3.2
spectator le spectateur, I-13.1
speed limit la limitation de vitesse, I-12.2
to **speed up** accélérer, I-12.2
to **spell** épeler, 4
to **spend (money)** dépenser, I-10.1
spite: in spite of malgré, 1
spoon la cuillère, I-5.2
sporty (clothes) sport (adj. inv.), I-10.1
spot la tache, II-9.2
to **sprain** se fouler, II-6.1
spray le jet d'eau, 8
spring (season) le printemps, I-13.2
stadium le stade, I-13.1
stage la scène, I-16.1
stain la tache, II-9.2
to **stain** faire une tache, II-9.2
staircase l'escalier (m.), I-17.1
stairs: on the stairs sur les marches, 6
stamp (postage) le timbre, II-1.1
to **stamp (a ticket)** composter, I-8.1
    stamp machine le distributeur automatique, II-1.1
standing debout, I-8.2
star l'étoile (f.), 6; la vedette (actor, actress), I-16.1;
starch l'amidon (m.), II-9.1
to **start the car** mettre le contact, I-12.2
station wagon le break, I-12.2
statue la statue, I-16.2
stay: to stay in bed garder le lit, 7
    to stay in shape rester en forme, I-11.1
steak and French fries le steak frites, I-5.2
to **steal** voler, 5
steel l'acier (m.), 4
steep raide, I-14.1
steering wheel le volant, 5
step le pas, 3; la marche (staircase), 6
    to take a step faire un pas, 8

VOCABULAIRE ANGLAIS-FRANÇAIS

stereo la chaîne stéréo, II-2.1
to sting piquer, 7
stitch le point de suture, II-6.2
   to give stitches faire des points de suture, II-6.2
stomach le ventre, I-15.1
   to have a stomachache avoir mal au ventre, I-15.1
stone la pierre, 1
stop l'arrêt (m.), II-10.2
to stop (someone) arrêter (quelqu'un), 8.1; (oneself) s'arrêter, I-12.2
   Stop, thief! Au voleur!, 5
storage l'entreposage (m.), II-15.2
storage shed le hangar, II-15.1
store le magasin, I-3.2
to store entreposer, II-15.2
storm l'orage (f.), 1; la tempête, 1
stormy agité(e), 1
straight (hair) raide, II-5.1
   straight ahead tout droit, II-8.2
straw mat la natte, 4
stream le ruisseau, 4
streamer le serpentin, II-11.2
street la rue, I-3.1
   street map le plan de la ville, II-8.1
stretcher le brancard, II-6.1
strictness l'exigence (f.), 6
to stroll flâner, 1
strolling ambulant(e), 7
strong fort(e), 1
student l'élève (m. et f.), I-1.2
   high school student le lycéen, la lycéenne, II-12.2
to study étudier, I-3.1; faire des études, II-7.2
   to study French (math, etc.) faire du français (des maths, etc.), I-6
study hall la salle de permanence, II-12.2
style le style, II-5.1
subject la matière (school), I-2.2
subscription l'abonnement (m.), 2
subtitles les sous-titres (m. pl.), I-16.1
subway le métro, I-4.2
   by subway en métro, I-5.2
   subway station la station de métro, I-4.2
to succeed réussir (à), I-7
   to succeed in doing something parvenir à (+ inf.), 3
to suffer souffrir, I-15.2
to suffocate étouffer, 4
sugar le sucre, 2
suit (men's) le complet; (women's) le tailleur, I-10.1
   (suit) jacket la veste, I-10.1
suitcase la valise, I-7.1
summer l'été (m.), I-9.1

summer camp la colonie de vacances, 2
summit le sommet, I-14.1
sun le soleil, II-14.2
   rising sun le soleil levant, 5
to sunbathe prendre un bain de soleil, I-9.1
Sunday dimanche (m.), I-2.2
sunglasses les lunettes (f. pl.) de soleil, I-9.1
sunny: It's sunny. Il fait du soleil., I-9.2
sunrise le lever du soleil, II-15.2
sunset le coucher du soleil, II-15.2
suntan lotion la crème solaire, I-9.1
super extra, super (inform.), I-2.2
   super (gasoline), (de l'essence) super, I-12.2
superb génial(e), 3
supermarket le supermarché, I-6.1
   large supermarket l'hypermarché (m.), 2
sure: to be sure être sur(e), II-14.2
   it's sure il est sûr, II-14
to surf faire du surf, I-9.1
surfboard la planche (de surf), le surf-board, 3
surfer le surfeur, la surfeuse, 3
surgeon le chirurgien, II-6.2
   orthopedic surgeon le chirurgien-orthopédiste, II-6.2
to surpass prendre le pas, 3; dépasser, 5
to surprise surprendre, 1
surprised surpris(e), II-13.2
   I would be very surprised ça m'étonnerait, II-14
to surround entourer, II-8.1
surroundings l'ambiance (f.), 3
survey (opinion) le sondage, 2
sweater le pull, I-10.1
sweatshirt le sweat-shirt, I-10.1
sweatsuit le survêtement, I-11.2
to swim nager, I-9.1
swimmer le nageur, la nageuse, 7
swimming (n.) la natation, I-9.1
system la combine, 2

T

T-shirt le tee-shirt, I-9.2
table la table, I-BV
   table setting le couvert, I-5.2
   to clear the table débarrasser la table, II-2.1
   to set the table mettre le couvert, I-5.2
tablecloth la nappe, I-5.2
tailor le tailleur, 2
to take prendre, I-9.1; (to take a person somewhere) emmener, II-6.1

to take a bath (a shower) prendre un bain (une douche), I-11.1
to take care of soigner, II-6.1
to take an exam passer un examen, I-3.1
to take off (airplane) décoller, I-7.1
to take place avoir lieu, II-11.2
to take size (number) faire du (+ nombre), I-10.2
to take something upstairs monter, I-17.1
to take the train (plane, etc.) prendre le train (l'avion, etc.), I-7
to take a trip faire un voyage, I-7.1
to take up (a hobby) s'initier, 1
to take a walk faire une promenade, I-9.1
taken pris(e), I-5.1
take-off (of an airplane) le décollage, II-7.1
talcum powder le talc, II-5.2
to talk parler, I-3.1
   to talk on the phone parler au téléphone, I-3.1
to tan bronzer, I-9.1
tape recorder le magnétophone, II-2.1
tart la tarte, I-6.1
taste le goût, 5
taxi le taxi, I-7.2
tea with lemon le thé citron, I-5.1
   mint tea le thé à la menthe, II-14.2
to teach enseigner, II-12.2
   to teach someone to do something apprendre à quelqu'un à faire quelque chose, I-14.1
teacher le professeur; le/la prof (inform.), I-2.1
   homeroom teacher le professeur principal, II-12.2
team l'équipe (f.), I-13.1
to tear déchirer, II-9.2
technician le technicien, la technicienne, II-16.1
telephone le téléphone, II-2.1
   cordless telephone le téléphone sans fil, II-2.1
   dial telephone le téléphone à cadran
   touchtone telephone le téléphone à touches
   pre-paid telephone card la télécarte, II-3.1
   telephone book l'annuaire (m.), II-3.1
   telephone booth la cabine téléphonique, II-3.1

VOCABULAIRE ANGLAIS-FRANÇAIS

telephone operator le/la standardiste, II-3.1
to **telephone** téléphoner, II-3.2
television la télé, I-3.2; (programming) la télévision, II-2.1; (set) le poste de télévision, le téléviseur, II-2.1
  television remote control la télécommande, le zappeur, II-2.1
  television viewer le téléspectateur, la téléspectatrice, 2
to **tell** dire, I-12.2
temperature la température, I-15.1
tempest la tempête, 1
temporary passager(ère), 7
ten dix, I-BV
tennis le tennis, I-9.2
  tennis court le court de tennis, I-9.2
  tennis shoes les chaussures (f. pl.) de tennis, I-9.2
  tennis skirt la jupette, I-9.2
tent la tente, 4
terrible terrible, I-2.2
terminal (with bus to airport) le terminal; l'aérogare (f.), II-7.2
terrace la terrasse, I-4.2
test l'examen (m.), I-3.1
  to take a test passer un examen, I-3.1
  to pass a test réussir à un examen, I-7, être reçu(e) à un examen, II-12.1
textbook le livre scolaire, II-12.1
to **thank** remercier, 3
  thank you merci, I-BV
that (dem. adj.) ce (cet), cette, I-8; (rel. pron.) (conj.) que; qui (subj.), 1
  That's expensive. Ça coûte cher., I-7.2
  that is to say c'est-à-dire, I-16.1
  that one celle (f. sing. dem. pron.); celui (m. sing. dem. pron.), II-5
the la, le, I-1; les, I-2
theft le vol, 5
there là, II-5
  over there là-bas, I-BV
theater le théâtre, I-16.1
their leur, leurs, I-5
theirs le leur, la leur, les leurs, 7
them elles, eux, (stress pron.), I-9; les (dir. obj.), I-16; leur (ind. obj.), I-17
then (adv.) ensuite, I-11.1
there y, I-5
  there is, there are il y a, I-4.2; voilà (emphatic), I-BV
  over there là-bas, I-BV
these ces (m. et f. pl.), I-8
they elles, ils, I-2

thief le voleur, la voleuse, 5
  Stop, thief! Au voleur!, 5
to **think** penser, I-10.2; réfléchir, 7
third troisième, I-4.2
thirteen treize, I-BV
thirty trente, I-BV
this ce (cet), cette, I-8
this one celle (f. sing. dem. pron.); celui (m. sing. dem. pron.), II-5
thorn l'épine (f.), 1
those ces (m. et f. pl.), I-8; celles (f. pl. dem. pron.); ceux (m. pl. dem. pron.), II-5
thousand mille, I-6.2
three trois, I-BV
throat la gorge, I-15.1
  to have a frog in one's throat avoir un chat dans la gorge, I-15.2
  to have a scratchy throat avoir la gorge qui gratte, I-15.1
  to have a throat infection avoir une angine, I-15.1
to **throw** lancer, I-13.2
thumb le pouce, II-13.1
thunder le tonnère, 1
Thursday jeudi (m.), I-2.2
ticket (train, theater, etc.) le billet, I-7.1; (bus, subway) le ticket, II-10.1
  one-way ticket l'aller simple (m.), I-8.1
  round-trip ticket le billet aller-retour, I-8.1
  ticket machine le distributeur automatique, II-10.1
  ticket window le guichet, I-8.1
  traffic ticket la contravention, I-12.2
tickle chatouiller, 7
ticklish chatouilleux (-se), 7
tie la cravate, I-10.1
tight serré(e); (shoes) étroit(e), I-10.2
to **tighten one's belt** se serrer la ceinture, 2
time (of day) l'heure (f.), I-2
  At what time? À quelle heure?, I-2
  it's time that il est temps que (+ subjunc.), II-11
  to be on time être à l'heure, I-8.1
  What time is it? Il est quelle heure?, I-2
to **tinker (with things around the house)** bricoler, 3
tip (restaurant) le pourboire, I-5.2
  to leave a tip laisser un pourboire, I-5.2
  The tip is included. Le service est compris., I-5.2
tire le pneu, I-12.2
  flat tire le pneu à plat, I-12.2
  spare tire la roue de secours, I-12.2
to à, I-3.1; à destination de (flight, etc.), I-7.1
  to the à la, à l', au, aux, I-5
  to the left (of) à gauche (de), I-5
  to the right (of) à droite (de), I-5
today aujourd'hui, I-2.2
toe le doigt de pied, II-6.1
together ensemble, I-5.1
toilet (bathroom) les toilettes (f.pl.), I-4.2
  toilet paper: roll of toilet paper le rouleau de papier hygiénique, I-17.2
token le jeton, II-3.2
tollbooth le poste de péage, II-8.1
toll highway l'autoroute (f.) à péage, I-12.2
tomato la tomate, I-6.2
tomorrow demain, I-2.2
  See you tomorrow. À demain., I-BV
ton la tonne, 8
tone (dial):
  to wait for the dial tone» attendre la tonalité, II-3.1
tonight ce soir, 2.1
too (also) aussi, I-1.1; trop (excessively), I-10.2
tool l'outil (m.), 8
tooth la dent, I-11.1
toothpaste le dentifrice, I-11.1
top le haut, II-5.1
  on top of each other superposé(e), 2
touching émouvant(e), 8
touch-tone à touches, II-3.1
tourist le/la touriste, 8
towards vers, 8
towel la serviette, I-17.2
town la ville, II-1.2
  town hall la mairie, II-16.2
tow truck la dépanneuse, II-8.2
toxic nocif, nocive, 4
toy le jouet, II-2.2
track la piste, I-13.2; (for running) la piste de course, II-12.2; la voie (train), I-8.1
tractor le tracteur, II-15.1
trade le métier, II-16.1
traffic la circulation, I-12.2
  high-traffic area le point noir, II-8.1
  traffic jam le bouchon, II-8.1; l'embouteillage (m.), II-8.2
  traffic light le feu, I-12.2
  yellow (traffic) light le feu orange, I-12.2
tragedy la tragédie, I-16.1
trail la piste, I-14.1
  slalom trail la piste de slalom, I-14.1
trailer la caravane, II-8.1

VOCABULAIRE ANGLAIS-FRANÇAIS

train le train, I-8.1
   train station la gare, I-8.1
   station train arrives at la gare d'arrivée, II-4.2
   station train departs from la gare de départ, II-4.2
training le stage, **1**
to **transfer (train, subway)** prendre la correspondance, II-4.2
to **transport** transporter, II-6
trap le piège, **7**
trapeze le trapèze
   trapeze artist le/la trapéziste **8**
tray le plateau, II-7.1
   pull-down tray la tablette rabattable, II-4.1
tree l'arbre (m.), **4**
   Christmas tree l'arbre de Noël (m.), II-11.2
trigonometry la trigonométrie, I-2.2
to **trim** tailler
trip le trajet, II-10.2
to **trip (someone)** lancer la patte, **6**
trombone le trombone, II-11.1
truck le camion, II-8.1
   tow truck la dépanneuse, II-8.2
trumpet la trompette, II-11.1
trunk la malle, **2**
truth la vérité, **6**
Tuesday mardi (m.), I-2.2
Tunisia la Tunisie, II-14.1
Tunisian tunisien(ne), II-14.2
turkey le dindon, II-15.2
Turkish bath le bain turc, le hammam, II-14.1
to **turn** tourner, II-8.2
   to turn off (the TV, etc.) éteindre, II-2.1
   to turn on (the TV, etc.) allumer, mettre (la télé, etc.), II-2.1
turquoise turquoise, **3**
TV la télé, I-3.2, (set) le poste de télévision, le téléviseur, II-2.1
twelve douze, I-BV
twenty vingt, I-BV
to **twist (one's knee, etc.)** se tordre, II-6.1
two deux, I-BV
type (n.) le genre, I-16.1
to **type** taper à la machine, II-12.1
   typewriter la machine à écrire, II-12.1

U

uncle l'oncle (m.), I-4.1
uncovered découvert(e), **4**
under sous, I-BV
underground (adj.) souterrain(e), **8**
to **understand** comprendre, I-9.1

unemployed: to be unemployed être au chômage, II-16.2
unemployment le chômage, II-16.2
unfolding (of a story) le déroulement, **3**
unfortunately malheureusement, II-7.2
unisex unisexe, II-5.2
United States les États-Unis (m. pl.), I-9.1
university la fac(ulté), **2**
unleaded sans plomb, I-12.2
unless à moins que (+ subjunc.), II-15
unmarried célibataire, **4**
unpleasant désagréable, antipathique (person), I-1.2
until (prep.) jusqu'à (+ noun); (conj.) jusqu'à ce que (+ subjunc.), II-15.2
upper balcony (in a theater) la galerie, **3**
up to jusqu'à, I-13.2
up(stairs) en haut, **2**
urchin le gamin (des rues), **2**
us nous, I-7
to **use** employer, se servir de, II-2.2
usual: as usual comme d'habitude, **7**
utmost primordial, **8**
U-turn: to make a U-turn faire demi-tour, II-8.2

V

to **validate (a bus ticket)** oblitérer, II-10.2; valider, II-10.2
valley la vallée, I-14.1
value la valeur, II-1.2
vanilla (adj.) à la vanille, I-5.1
variable changeant(e), **1**
vegetable le légume, I-6.2
veil le voile, II-14.1
vest: life vest le gilet de sauvetage, II-7.1
very très, I-1.1
vice-principal le censeur, II-12.2
videocassette la vidéo(cassette), I-3.2
video recorder (VCR) le magnétoscope, II-2.1
vineyard le vignoble, II-15.1
viral viral(e), I-15.1
voice la voix, **7**
volleyball le volley-ball, I-13.2

W

to **wait (for)** attendre, I-8.1
   to wait in line faire la queue, I-8.1
waiter le serveur, I-5.1
waiting room la salle d'attente, I-8.1
waitress la serveuse, I-5.1
to **wake up** se réveiller, I-11.1
to **walk** se promener, I-11.2
   walking la marche, **3**
   to do a bit of walking faire de la marche, **7**
   Walkman le walkman, I-3.2; le baladeur, **3**
wallet le portefeuille, I-18.1
wall le mur, **2**
to **wander** flâner, **1**
to **want** vouloir, I-6.1
war la guerre, **4**
warm chaleureux, chaleureuse, **1**
warm-up suit le survêtement, I-11.2
to **wash** laver, II-9.1; (one's face, hair, etc.) se laver (la figure, les cheveux, etc.), I-11.1; **2.2**
   to wash and groom oneself faire sa toilette, I-11.1
washcloth le gant de toilette, I-17.2
washing machine la machine à laver, II-2.1
wasted gâché(e), **6**
to **watch** regarder, II-2.1; surveiller, I-12.2
   to watch (over) veiller (sur), **4**
   Watch the closing doors! Attention à la fermeture des portes!, II-4.1
water l'eau, I-6.2
to **water-ski** faire du ski nautique, I-9.1
wave la vague, I-9.1
wavy bouclé(e), II-5.1
way le chemin, **2**
we nous, I-2
weak faible, **1**
weapon l'arme (m.), **4**
to **wear** porter, I-10.1
weariness la lassitude, **7**
weather le temps, I-9.2
   It's bad weather. Il fait mauvais., I-9.2
   It's nice weather. Il fait beau., I-9.2
   What's the weather like? Quel temps fait-il?, I-9.2
wedding le mariage, II-11.2
   wedding ring l'alliance (f.), II-11.2
wedged coincé(e), **2**
Wednesday mercredi (m.), I-2.2
week la semaine, I-2.2
   a (per) week par semaine, I-3.2
weekend le week-end, I-2.2

weekly magazine or newspaper l'hebdomadaire (m.), 2
to **weigh** peser, II-1.2
    weight le poids, 1.2
        to gain weight grossir, I-11.2
        to lose weight maigrir, I-11.2
welcome (n.) l'accueil (m.), 1
to **welcome** accueillir, 1
    welcoming (adj.) accueillant(e), 1
well (adv.) bien, I-BV; le puits (n.), 4
    well-done (meat) bien cuit(e), I-5.2
    well-mannered bien élevé(e), II-13.1
    well off aisé(e), 7
wet mouillé(e), II-5.2
whale la baleine, 4
what quel(le), I-7; qu'est-ce que, I-13; quoi, II-14
    What else? (shopping) Avec ça?, I-6.2
    What is it? Qu'est-ce que c'est?, I-BV
    What is ... like? (description) Comment est... ?, I-1.1; (interr. pron.) qu'est-ce que (dir. obj.), II-6; qu'est-ce qui (subj.), II-6
wheat le blé, II-15.1
    semolina wheat la semoule de blé, II-14.1
wheel la roue, I-12.2
wheelchair le fauteuil roulant, II-6.1
when quand, I-3.1
    When is your birthday? C'est quand, ton anniversaire? (fam.), I-4.1
where où, I-BV
which quel(le) (interr. adj.), I-7; (rel. pron.) (dir obj.) que; qui (subj.), II-1
    which one laquelle (f. sing. interr. pron.); lequel (m. sing. interr. pron.), II-5
    which ones lesquelles (f. pl. interr. pron.); lesquels (m. pl. interr. pron.), II-5
    of which dont, 6
whistle le sifflet, 7
to **whistle (blow a whistle)** siffler, I-13.1
white blanc, blanche, I-10.2
who qui, I-BV
    Who (do you mean)? Qui ça?, I-BV
    Who is it? Qui est-ce?, I-BV
    Who's calling? C'est de la part de qui?, II-3.2
whom qui, I-14; que, II-1
whose dont, 6
why pourquoi, I-9.1
wide large, I-10.2
wife la femme, I-4.1

will: against somebody's will contre le gré de quelqu'un, 7
to **win** gagner, I-9.2; l'emporter, 3
wind le vent, I-14.2
    gust of wind la rafale, 1
window la fenêtre, 5; (in post office, bank, etc.) le guichet, II-1.2; (seat in airplane, train, etc.) côté fenêtre, I-7.1
    window pane la vitre, 6
to **windsurf** faire de la planche à voile, I-9.1
windy: It's windy. Il fait du vent., I-9.2
wing l'aile (f.), II-7.1
winner le gagnant, la gagnante, I-13.2; le vainqueur, 8
winter l'hiver (m.), I-14.1
to **wipe (one's hands, etc.)** s'essuyer, II-13.1
to **wish** souhaiter, II-12; (each other) se souhaiter, II-11.2
wishes: good wishes les vœux (m. pl.), 4
with avec, I-5.1
without (prep.) sans, I-12.2; (conj.) sans que, II-15
wonder: filled with wonder émerveillé(e), 8
wool (n.) la laine, II-9.2, (adj.) en laine, II-9.2
word processor la machine à traitement de texte, II-12.1
work le travail, II-16.1
    work in partnership le partenariat, 8
    work (of art) l'œuvre (f.), I-16.2
to **work** travailler, I-3.2
    to work full-time travailler à plein temps, I-3.2
    to work hard peiner, 3
    to work oneself to death se crever (au travail), 6
    to work part-time travailler à mi-temps, I-3.2
worker l'ouvrier, l'ouvrière, II-2.2
workplace le lieu de travail, II-16.1
workshop l'atelier (m.), II-14.1
to **worry** s'en faire, 8
    Don't worry about it. (after an apology) Ce n'est pas grave., II-4.1
wound la blessure, II-6.1
wounded (n.) le blessé, la blessée, 8
to **wrap (oneself up in)** s'envelopper dans, II-14.1
wrinkle la ride, 3
    to get wrinkles prendre des rides, 3
    wrinkled (clothing) chiffonné(e), II-9.1
wrist le poignet, II-13.1
to **write** écrire, I-12.2

to **write a paper** faire une rédaction, II-12.1
wrong: What's wrong with him? Qu'est-ce qu'il a?, I-15.1

X

X-ray la radio(graphie), II-6.2
    to take an X-ray faire une radio(graphie), II-6.2

Y

year l'année (f.), I-4.1; l'an (m.)
    Happy New Year! Bonne année!, II-11.2
yellow jaune, I-10.2
yes oui, I-BV
yesterday hier, I-13.1
    the day before yesterday avant hier, I-13
    yesterday morning hier matin, I-13
yogurt le yaourt, I-6.1
you te (dir. and ind. obj.), I-15; toi (stress pron.), I-9; tu, (subj. pron.) (fam.), I-1; vous (sing. form. and pl.), I-2
    You're welcome. De rien., Je t'en prie., Pas de quoi. (fam.); Ce n'est rien., Il n'y a pas de quoi., Je vous en prie. (form.), I-BV
young jeune, I-4.1
    young people les jeunes, 6
your ta, ton, tes (fam.), I-4; votre, vos (form.), I-5
yours le tien, la tienne, les tiens, les tiennes (fam.); le vôtre, la vôtre, les vôtres (sing. form and pl.), 7
youth la jeunesse, II-3.2

Z

zero zéro, I-BV
zip code le code postal, II-1.2
zipper la fermeture éclair, II-9.2
zucchini la courgette, II-14.1

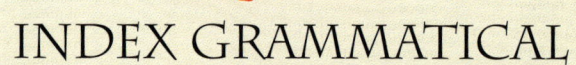

INDEX GRAMMATICAL

à
   with geographical names, **168** (4)
   nouns introduced by, **171** (4)
   in statements of ownership, **357** (7)

acheter
   conditional of, **392** (8)
   future of, **174** (4)
   subjunctive of, **93** (2)

adjectives
   agreement of, **88** (2)
   beau, **89** (2)
   change meaning according to position, **89** (2)
   double the consonant in the feminine, **88** (2)
   gender of, **88** (2)
   interrogative, **68** (2)
   irregular, **88–89** (2)
   nouveau, **89** (2)
   plural of, **88–89** (2)
   position of, **89** (2)
   possessive, **357** (7)
   preceding the noun, **89** (2)
   regular, **88** (2)
   vieux, **89** (2)

adverbs, in question-negative answer exchanges, **71** (2)

adverbial expressions
   with future, **173** (4)
   with imperfect, **73** (2)
   with *passé composé*, **17** (1)

afin que, subjunctive after, **250** (5)

agreement
   adjectives with nouns, **88** (2)
   of past participle, **21** (1); **227** (5); **296** (6); **336–7** (7); **412** (8)
   in causative constructions, **412** (8)
   with preceding direct objects, **227** (5)
   of verbs conjugated with *être*, **21** (1)

aller
   future of, **174** (4)
   with infinitive, **173** (4)
   passé composé of, **21** (1)
   subjunctive of, **35** (1)

à moins que, subjunctive after, **250** (5)

appeler
   future of, **174** (4)
   subjunctive of, **93** (2)

apprendre, subjunctive of, **93** (2)
   (see also *prendre*)

articles (see definite and partitive articles)

s'asseoir
   future of, **174** (4)
   passé simple of, **246** (5)

au with geographical names, **169** (4)

aussitôt que, with future and future perfect, **196** (4)

avant que, subjunctive after, **250** (5)

avoir
   future of, **174** (4)
   passé composé of, **18** (1)
   passé simple of, **246** (5)
   subjunctive of, **35** (1)

avoir (auxiliary)
   in future perfect, **194** (4)
   in *passé composé* **16**, **18** (1)
   in past conditional, **410** (8)
   in past subjunctive, **145** (3)
   in pluperfect, **296** (6)
   verbs conjugated with *avoir* and *être*, **23** (1)

beau, **89** (2)

bien, comparison of, **131** (3)

bien que, subjunctive after, **250** (5)

boire
   future of, **173** (4)
   passé composé of, **18** (1)
   passé simple of, **246** (5)

bon, comparison of, **131** (3)

ça faisait… que, **197** (4)

ça fait… que, **197** (4)

causative constructions, **412** (8)
   agreement of past participle in, **412** (8)
   with direct object, **412** (8)
   with *faire*, **412** (8)
   in *passé composé*, **412** (8)
   with *se faire*, **412** (8)
   with two objects, **412** (8)

celui, celle, ceux, celles, **354** (7)
   with *qui, que*, and *dont*, **355** (7)

celui-ci, celui-là, **354–5** (7)

ce que, **281** (6)

ce qui, **281** (6)

ce sont, possessive pronouns after, **357** (7)

c'est, possessive pronouns after, **357** (7)

clauses (see relative clauses, *si* clauses, subordinate clauses)

combattre, passé simple of, **245** (5)

commands (see imperative)

comparison
   of adjectives, adverbs, nouns, and verbs, **130** (3)
   of *bien*, **131** (3)
   of *bon*, **131** (3)

INDEX GRAMMATICAL

comprendre, subjunctive of, **93** (2) (see also *prendre*)

conditional
    past conditional, **410** (8)
    present, regular verbs, **392** (8)
    uses of, **392** (8)

conduire
    passé composé of, **18** (1)
    passé simple of, **247** (5)
    subjunctive of, **34** (1)

conjunctions requiring the subjunctive, **250** (5)

connaître
    future of, **173** (4)
    passé composé of, **18** (1)
    passé simple of, **246** (5)
    subjunctive of, **34** (1)

conquérir, *passé simple* of, **246** (5)

construire, *passé simple* of, **247** (5)

courir
    future of, **174** (4)
    passé simple of, **246** (5)
    subjunctive of, **34** (1)

craindre, *passé simple* of, **247** (5)

croire
    passé composé of, **18** (1)
    passé simple of, **246** (5)
    subjunctive of, **93** (2)

dans with geographical names, **168** (4)

de (preposition)
    with geographical names, **168** (4)
    introducing phrases replaced by *en*, **279** (6)

découvrir, *passé simple* of, **245** (5)

de crainte que, subjunctive after, **250** (5)

de façon que, subjunctive or indicative after, **250** (5)

de manière que, subjunctive or indicative after, **250** (5)

de sorte que, subjunctive or indicative after, **250** (5)

definite article
    with names of cities, **168** (4)
    in a negative sentence, **278** (6)
    with nouns used in a general sense, **277** (6)
    vs. partitive, **277** (6)

demonstrative pronouns, **354** (7)

depuis
    with imperfect tense, **197** (4)
    with present tense, **197** (4)

dès que
    with future tense, **196** (4)
    with future perfect tense, **196** (4)

devenir, *passé simple* of, **247** (5) (see also *venir*)

devoir
    future of, **174** (4)
    passé composé of, **18** (1)
    passé simple of, **246** (5)
    subjunctive of, **93** (2)

dire
    passé composé of, **18** (1)
    passé simple of, **246** (5)
    subjunctive of, **34** (1)

direct object
    agreement of past participles with, **227** (5); **336–7** (7)
    in causative constructions, **412** (8)
    pronouns, **227** (5)

disjunctive pronouns (see stress pronouns)

dont, **282**, **293–4** (6)
    vs. *de + lequel*, **293–4** (6)
    meaning *whose*, **282** (6)

dormir
    passé composé of, **16** (1)
    passé simple of, **245** (5)

doubt, expressions of, with subjunctive, **295** (6)

écrire
    passé composé of, **18** (1)
    passé simple of, **247** (5)
    subjunctive of, **34** (1)

emotion, expressions of, with subjunctive, **142** (3)

en (preposition)
    with geographical names, **168** (4)
    with present participle, **395** (8)

en (pronoun), **279** (6)
    with expressions of quantity, **279** (6)
    position of, **279** (6)
    replacing nouns referring to persons, **279** (6)
    replacing partitive, **279** (6)
    replacing phrases introduced by *de*, **279** (6)
    position of, with other pronouns, **279** (6)
    position of, with *y*, **171** (4)
    vs. stress pronouns, **279** (6)

envoyer
    future of, **174** (4)

-er verbs
    conditional of, **392** (8)
    future of, **173** (4)
    passé composé of, **16** (1)
    passé simple of, **244** (5)
    subjunctive of, **33** (1)

est-ce que, **67** (2)

être
  future of, **174** (4)
  passé composé of, **18** (1)
  passé simple of, **247** (5)
  in statements of ownership, **357** (7)
  subjunctive of, **35** (1)

être (auxiliary)
  in future perfect, **194** (4)
  in *passé composé*, **18** (1)
  in past conditional, **410** (8)
  in past subjunctive, **145** (3)
  in pluperfect, **296** (6)
  verbs conjugated with, **21** (1)
  verbs conjugated with *avoir* and *être*, **23** (1)

faire
  in causative constructions, **412** (8)
  conditional of, **392** (8)
  future of, **174** (4)
  passé composé of, **18** (1)
  passé simple of, **247** (5)
  subjunctive of, **35** (1)

falloir
  future of, **174** (4)
  passé composé of, **18** (1)
  passé simple of, **246** (5)
  subjunctive of, **35** (1)
  subjunctive with *il faut que*, **38** (1)

futur antérieur (see future perfect)

future tense, **173** (4)
  adverbial expressions with, **173** (4)
  with *quand*, **196** (4)
  of regular verbs, **173** (4)
  uses of, **173** (4)
  of verbs with spelling changes, **174** (4)

future perfect
  formation of, **194** (4)
  with *quand*, **196** (4)
  uses of, **194** (4)

gender
  of adjectives, **88** (2)
  of states, countries, continents, **168** (4)
  of irregular adjectives, **88–9** (2)

geographical names
  with *de*, **168** (4)
  with *en*, **168** (4)
  prepositions with, **168** (4)

il faut que, subjunctive after, **38** (1)

il y a... que with present tense, **197** (4)

il y avait... que with imperfect, **197** (4)

imperative
  object pronouns with, **232** (5)

imperfect tense, **73** (2); **128** (3)
  in descriptions, **73**, **74** (2)
  of *être*, **73** (2)
  formation of, **73** (2)
  vs. *passé composé*, **128** (3)
  in *si* clauses, **411** (8)
  uses of, **73** (2); **128** (3)
  of verbs ending in *-cer* and *-ger*, **73** (2)

impersonal expressions, subjunctive with, **38** (1)

indirect object
  in causative constructions, **412** (8)
  position of, with direct objects, **230** (5)
  pronouns, **227** (5)

infinitive
  after *aller*, **173** (4)
  in causative constructions, **412** (8)
  negative expressions with, **70** (2)
  past, **393** (8)
  vs. subjunctive, **92** (2)

interrogative, **67** (2)
  adjectives, **68** (2); **354** (7)
  with *est-ce que*, **67** (2)
  by intonation, **67** (2)
  with inversion, **67** (2)
  lequel, **354** (7)
  pronouns, **354** (7)
  que, **342** (7)
  quel(le)(s), **68** (2); **354** (7)
  qu'est-ce que, **342** (7)
  qu'est-ce qui, **342** (7)
  with question word at the end of the sentence, **68** (2)
  question words, **67** (2)
  qui, **340** (7)
  qui est-ce que, **340** (7)
  qui est-ce qui, **340** (7)
  quoi, **342** (7)

interrompre (see *rompre*)

intonation, **67** (2)

inversion
  in interrogatives, **67** (2)
  after *que*, **342** (7)
  after *qui*, **340**, **342** (7)
  after *quoi*, **342** (7)

-ir verbs
  conditional of, **392** (8)
  future of, **173** (4)
  passé composé of, **16** (1)
  passé simple of, **244** (5)
  subjunctive of, **33** (1)

jeter, future of, **174** (4)

jusqu'à ce que, subjunctive after, **250** (5)

le mien, le tien, le sien, etc., **357** (7)

lequel, 293 (6); 354 (7)
   contractions of, 293 (6)
   interrogative pronoun, 354 (7)
   as object of preposition, 293 (6)
   relative pronoun, 293 (6)

lever, future of, 174 (4)

lire
   passé composé of, 18 (1)
   passé simple of, 246 (5)
   subjunctive of, 34 (1)

lorsque, future with, 196 (4)

meilleur(e)(s), 131 (3)

mener, future of, 174 (4)

mettre
   passé composé of, 18 (1)
   passé simple of, 246 (5)
   subjunctive of, 34 (1)

mieux, 131 (3)

mourir
   future of, 174 (4)
   passé composé of, 21 (1)
   passé simple of, 247 (5)

naître
   passé composé of, 21 (1)
   passé simple of, 247 (5)

ne used alone in affirmative sense, 250 (5)

negative expressions, 70 (2)
   with an infinitive, 70 (2); 393 (8)

nouns
   geographical, 168 (4)
   used in a general sense, 277 (6)

nouveau, 89 (2)

objects, in causative constructions, 412 (8)
   (see also indirect object, direct object, pronouns)

offrir
   passé composé of, 18 (1)
   passé simple of, 245 (5)
   subjunctive of, 34 (1)

où in relative clauses, 293 (6)

ouvrir
   passé composé of, 18 (1)
   passé simple of, 245 (5)
   subjunctive of, 34 (1)

participle
   past, 16, 18, 21 (1)
     agreement of, 21 (1); 227 (5); 296 (6); 336–7 (7); 412 (8)
   present participle, 395 (8)

partir
   passé composé of, 21 (1)
   passé simple of, 245 (5)
   subjunctive of, 34 (1)

partitive
   replaced by *en*, 279 (6)
   vs. definite article, 277 (6)
   with negative expressions, 277 (6)

passé composé, 16, 18, 21, 23 (1)
   agreement of the past participle in, 21 (1); 336–7 (7); 412 (8)
   in causative constructions, 412 (8)
   with *être*, 21 (1)
   formation of questions in, 17 (1)
   vs. imperfect, 128 (3)
   of irregular verbs conjugated with *avoir*, 18 (1)
   of reciprocal verbs, 337 (7)
   of reflexive verbs, 336 (7)
   of regular verbs conjugated with *avoir*, 16 (1)
   of verbs conjugated with *avoir* and *être*, 23 (1)

passé simple
   formation of, 244 (5)
   of irregular verbs, 245, 246 (5)
   of regular verbs, 244 (5)
   of verbs ending in -*cer* and -*ger*, 244 (5)
   uses, 244 (5)

past conditional
   formation of, 410 (8)
   uses, 410 (8)

past infinitive, 393 (8)

past participle
   agreement of, 21 (1); 227 (5); 296 (6); 336–7 (7); 412 (8)
   in causative constructions, 412 (8)
   formation of, 16, 18, 21 (1)
   position of, in negative sentences, 17 (1)

past subjunctive, 145 (3)

pauvre, position of, 89 (2)

peindre, *passé simple* of, 247 (5)

pendant que
   with future tense, 196 (4)
   with future perfect tense, 196 (4)

plaire, *passé simple* of, 246 (5)

pleuvoir
   future of, 174 (4)
   passé simple of, 246 (5)
   subjunctive of, 35 (1)

pluperfect, 296 (6)
   in *si* clauses, 411 (8)

plural, of adjectives, 88 (2)

possessive adjectives, 357 (7)

possessive pronouns, 357 (7)
    after *c'est* and *ce sont*, 357 (7)

pour que, subjunctive after 250 (5)

pourvu que, subjunctive after, 250 (5)

pouvoir
    conditional of, 392 (8)
    future of, 174 (4)
    passé composé of, 18 (1)
    passé simple of, 246 (5)
    subjunctive of, 35 (1)

prendre
    passé composé of, 18 (1)
    passé simple of, 246 (5)
    subjunctive of, 93 (2)

prepositions
    with geographical names, 168 (4)
    in phrases replaced by *en*, 279 (6)
    in phrases replaced by *y*, 171 (4)
    with *quoi*, 342 (7)
    with *qui*, 294 (6); 342 (7)

present tense
    with *depuis*, 197 (4)
    with *il y a… que, voilà… que, ça fait… que*, 197 (4)
    in *si* clauses, 411 (8)

promettre (see *mettre*)

pronouns
    ce que, 281 (6)
    ce qui, 281 (6)
    demonstrative, 354 (7)
    direct object, 227 (5)
        in affirmative imperative, 232 (5)
        with an infinitive, 227 (5); 412 (8)
        in the negative imperative, 232 (5)
        with *y*, 171 (4)
    en, 279 (6)
    indirect object, 227–8 (5)
        in the affirmative imperative, 232 (5)
        with an infinitive, 227 (5); 412 (8)
        in the negative imperative, 232 (5)
    interrogative
        lequel, 354 (7)
        qui, que, quoi, 342 (7)
    le, la l', les, 227 (5)
    lui, leur, 171 (4); 228 (5)
    me, te, nous, vous, 227 (5)
    possessive, 357 (7)
    que (interrogative), 342 (7)
    que (relative), 281 (6)
    qui (interrogative), 340, 342 (7)
    qui (relative), 281, 294 (6)
    reflexive, 333 (7)
    relative
        ce que, 281 (6)
        ce qui, 281 (6)
        dont, 282 (6)
        lequel, 293 (6)
        qui, que, 281 (6)
    stress, 279 (6)
    two object pronouns in same sentence, 171 (4); 230, 232 (5); 279 (6)
    y, 171 (4)

quand
    with future, 196 (4)
    with future perfect, 196 (4)

que
    interrogative pronoun, 342 (7)
    relative pronoun, 281 (6)

quel(le)(s), 68 (2); 354 (7)

qu'est-ce qui, 342 (7)

question words (see interrogatives)

qui
    interrogative pronoun, 340, 342 (7)
    relative pronoun, 281, 294 (6)

qui est-ce que, 340, 342 (7)

qui est-ce qui, 340, 342 (7)

quoi, 342 (7)

-re verbs
    conditional of, 392 (8)
    future of, 173 (4)
    passé composé of, 16 (1)
    passé simple of, 244 (5)
    subjunctive of, 33 (1)

recevoir
    future of, 174 (4)
    passé composé of, 18 (1)
    passé simple of, 246 (5)
    subjunctive of, 93 (2)

reciprocal verbs, 334, 337 (7)

reflexive verbs, 333, 336 (7)
    vs. nonreflexive verbs, 333 (7)
    in the *passé composé*, 336 (7)

rejoindre, *passé simple* of, 247 (5)

relative clauses, subjunctive in, 143 (3)

relative pronouns
    ce que, 281 (6)
    ce qui, 281 (6)
    dont, 282 (6)
    lequel, 293 (6)
    qui, que, 281 (6)

rire
    passé composé of, 18 (1)
    passé simple of, 246 (5)

rompre, *passé simple* of, 245 (5)
   sans que, subjunctive after, 250 (5)

savoir
   future of, 174 (4)
   passé simple of, 246 (5)
   subjunctive of, 35 (1)

sentir
   passé composé of, 16 (1)
   passé simple of, 245 (5)

servir
   passé composé of, 16 (1)
   passé simple of, 245 (5)
   subjunctive of, 34 (1)

si clauses, 411 (8)

sortir
   passé composé of, 21 (1)
   passé simple of, 246 (5)

sourire, *passé composé* of, 18 (1)

stress pronouns
   in statements of ownership, 357 (7)
   vs. *en* to replace persons, 279 (6)

subjunctive
   after certain conjunctions, 250 (5)
   of *-er* verbs, 33 (1)
   with expressions of doubt, 295 (6)
   with expressions of emotions, 142 (3)
   with impersonal expressions, 38 (1)
   vs. infinitive, 92 (2)
   of *-ir* verbs, 33 (1)
   of irregular verbs, 34, 35 (1); 93 (2)
   past subjunctive, 145 (3)
   of *-re* verbs, 33 (1)
   of regular verbs, 33 (1)
   in relative clauses, 143 (3)
   in superlative statements, 144 (3)
   uses of, 33, 36, 38 (1); 143–5 (3)
   with verbs expressing wishes, preferences, and demands, 36 (1)
   of verbs with spelling changes, 93 (2)

subordinate clauses, subjunctive in, 143 (3)

suivre, subjunctive of, 34 (1)

superlative
   formation of, 130–1 (3)
   irregular forms of, 131 (3)
   subjunctive after, 144 (3)

tandis que with future tense, 196 (4)

tenir (also see *venir*)
   future of, 174 (4)
   passé simple of (see *venir*), 247 (5)

tenses (see names of individual tenses)

traduire, *passé simple* of, 247 (5)

vaincre, *passé simple* of, 247 (5)

valoir
   future of, 174 (4)
   passé simple of, 246 (5)
   subjunctive with *il vaut mieux que*, 38 (1)

venir
   future of, 174 (4)
   passé composé of, 21 (1)
   passé simple of, 247 (5)
   subjunctive of, 93 (2)

verbs
   conjugated with *avoir* in the *passé composé*, 16, 18 (1)
   conjugated with *être* in the *passé composé*, 21 (1)
   conjugated with both *avoir* and *être*, 23 (1)
   irregular (see names of individual verbs)
   reciprocal, 334, 337 (7)
   reflexive, 333, 336 (7)
   tenses of (see names of individual tenses)

vieux, 89 (2)

vivre
   passé composé of, 18 (1)
   passé simple of, 246 (5)

voilà… que
   with imperfect, 197 (4)
   with present, 197 (4)

voir
   future of, 174 (4)
   passé composé of, 18 (1)
   passé simple of, 247 (5)
   subjunctive of, 93 (2)

vouloir
   future of, 174 (4)
   passé composé of, 18 (1)
   passé simple of, 246 (5)
   subjunctive of, 35 (1)

vouloir que, subjunctive with, 36 (1)

y, 171 (4)
   in certain expressions, 171 (4)
   vs. *lui/leur*, 171 (4)
   position of with other object pronouns, 171 (4)
   replacing nouns introduced by *à*, 171 (4)
   replacing prepositional phrases, 171 (4)

Photography
Front Cover: Dallas & John Heaton/Westlight
Abad, Charlie/La Photothèque: 343; Abril Images/Image Bank: 5M; Allard/Imapress, Paris: 317; Antman, Mark/The Image Works: viTL, viiR, xiL, 7, 13, 17B, 22T, 22B, 23, 34, 39, 50, 51TL, 66TL, 69, 91T, 91B, 91MR, 128, 109B, 109M, 110B, 113B, 113TL, 127BL, 127BR, 129T, 144R, 158B, 163L, 163R, 176, 179T, 185, 265, 269T, 318BL, 318TL, 320, 330, 337, 339T, 353, 355, 357, 361, 364B, 375BR, 375L, 375TR, 376T, 376B, 391, 394, 413R; Arbios, Roger/La Photothèque: 242; ARCH/CPA/retour à Ciné Plus: 127T; Ascani, M./Agence Hoa-Qui: viiML, 189T, 190–191, 190 inset; Aurness, Craig/Westlight: 30T; ©Bassignac/Deville/Gaillard: 173; Barbier, Daniel/Image Bank: 413L; Bavendam, Fred/Peter Arnold: 188–189, 189B, 191T, 192L; Bayer, Carol/La Photothèque: ixBM, 296; Bear, Brent/Westlight: 19T; ©Berenguier-Jerrican: 103; Berman, Marshall: 151, 165T, 233; Bessin, J.F./Imapress, Paris: 201T; The Bettmann Archive: 20, 24B, 48, 383B, 397R; ©Bibliothèque Nationale, Paris: 304B; Bouillot, F./Marco Polo: xTR, 64, 110T, 172, 198, 262–263, 284, 319; Boyer-Viollet: 84M, 86; Bulloz: 148, détail (Bibliothèque Nationale, Paris), 211 (Bibliothèque Nationale, Paris), 249 (Louvre, Paris, France), 306, détail 362T; Burch, R./Bruce Coleman: viiL, 169; California Institute of Technology, Jet Propulsion Laboratory: 420; Canapress Photo Service, Montréal: 201B; Cap-Viollet: 84R, 206; Choisnet, Alain/Image Bank: 385; CNET/CNRS: 381, détail; ©CNRS/CNES/LERTS: 159B; Cody, W./Westlight: 150; Cohen, Stuart/Comstock: 267; Cotteau/Westlight: 2; Comnet/Westlight: 2; Cotteau/Imapress, Paris: 237; Debeauvais, François/La Photothèque: 241; Decout, B./Imapress, Paris: 288; Dewolf, Jean-Claude/La Photothèque: 5B, 192M, 412; Dubois, Daniel/Media Press: 102; Dumas, Patrick/CNRS: 380, 380, détail; Faint, Grant/Image Bank: 370–371; Fischer: ivR, vB, viMT, ixT, ixBR, xB, xiRT, 4, 10, 11, 12L, 12R, 15, 16, 35, 36, 37, 38, 47, 52–53, 54, 56, 59, 62, 63, 66B, 66TR, 68, 71, 72, 75, 77, 78, 79, 80, 91R, 91BL, 91TL, 92, 93, 101, 106, 108, 109TL, 111, 116, 117, 118, 121, 126, 134, 143, 144L, 156, 164, 165B, 168, 170B, 170T, 179B, 216, 217R, 217R, 221R, 230, 235R, 244, 251, 254, 255B, 269B, 272, 273, 274, 278, 280, 285, 297, 298, 299, 302M, 316, 324, 325, 334, 335, 336, 338, 339B, 341, 345, 348, 352, 358, 359, 364T, 366, 374B, 386, 387B, 387T, 421, 428–429; Foto Marburg/Art Resource, NY, détail: 205 (Gemaeldegalerie, Berlin, Germany); Gaillarde, Raphael/Gamma Liaison: 372; Gely/Imapress, Paris: 218B, 247; Giani, Bernard/Vandystadt/Allsport USA: xTM, 356; Gilles, Rolle/Imapress, Paris: 100, 396; Giraudon/Art Resource, NY: 255T (Archives Larousse, Photo: Étienne Carjat, France), 309 (Collection L. Bau, Hamburg, Germany), 397L (Musée Toulouse Lautrec, Albi, France), 400 (The Art Institute of Chicago, Chicago, Illinois) 425 (Musée des Augustins, Toulouse, France), 426 (Louvre, Paris, France); ©Gontier/Jerrican: 214; Gordon, Larry Dale/Image Bank: 302T; Goulard, Alain/Imapress, Paris: viiiTL, 217L, 228, 229; ©Granveaud/Imapress, Paris: 195; Grinsky, Jean/La Photothèque: 129B; Gscheidle, Gerhard: 349; Guichaqua, Yann/Vandystadt/Allsport USA: 131; Gunnar, Keith/Bruce Coleman: 204; Hallé/Marco Polo: 196, 287L; Hamon, P./Imapress, Paris: 424; Harlingue-Viollet: vTL, vMT, 42, 83T, 84L, 84R, 97, 248, 304T, 415; Jaffre, J./Agence Hoa-Qui: 192R; ©Jerrican, Dianne: 393; Johnston, Gord/Prince Edward Island Tourism: 26B; Jonathan/La Photothèque: xiv–1; Kalphi/Imapress, Paris: 30B; Klumpp, Don/Image Bank: 182 inset; Lacz, Gérard/Sunset: 283; Legrand, Regis/La Photothèque: 346; Lipnitski-Viollet: 149, 367B, 369T, 399T; Loïc, Jacques/La Photothèque: 212–213, 332; M., Joana/La Photothèque: 99, 312–313; Mahaux, Charles/Image Bank: 243; Marchal, Claude/La Photothèque: 6R; Marché, Guy/La Photothèque: ivL, 6L, 51TR, 174, 240, 281; Marcus, Joan: 261; Masiero, A./Imapress, Paris: 158T; Médiapress: ixBL, 287R; Meigneux/Imapress, Paris: viiiTR, 235L; Ministère de l'Intérieur: 222; Monroe, Paul/Camera Press London/Imapress, Paris: 302B; Morrow, Pat/Westlight: 326; Mouette, J./CNRS: xiM, 381 inset; Muncke, Bill/La Photothèque: 318R; Muriot, A./CNRS: 379; N'Diaye, Jean Claude/Imapress, Paris: viiiMR, viiiMT, 152–153, 160B, 160T, 223, 246, 291; NASA: 175; Osborne, Mitchel L.: 24T, 26T, 27B; ©Petitgenet, Vincent/Imapress, Paris: 290; Photothèque des Musées de la Ville de Paris: 417; Pons, Philippe/La Photothèque: 159T; ©Press Sports: viTR, 137, 138, 139, 140; Rat, Romuald/Imapress, Paris: 218T; Renaudeau, M./Agence Hoa-Qui: 191B; Rendre, A./Imapress, Paris: 157; Robichon, Alain/La Photothèque: 113TR; Roger-Viollet: vTR, xTL, 83B, 84L, 87, 95, 96, 205, 209, 256, 258, 292, 311, 362B, 363, 367T, 369B, 377 (Louvre, Paris, France), 383T, 399B, 419; Ross, Bill/Westlight: 41; Roussel, G./Médiapress: 142; Scala/Art Resource, NY: 22B (Musée d'Orsay, Paris, France), 401 (Musée Toulouse Lautrec, Albi, France), 427 (The Pushkin Museum of Fine Arts, Moscow, Russia); Schachmes, Gérard/Imapress, Paris: 300; ©Sefton/Bruce Coleman: 5T; Subervie, M&C/La Photothèque: 51BL; Sunset: 178; Superstock: 19B, 202; Sylvester, John/Westlight: 27T; Trench, Michael Le Poer: 135; Turnley, Peter/Black Star: 289; Vilcot, Paul/La Photothèque: 347; ©Wadsworth Atheneum, Hartford, Ella Gallup Sumner and Mary Catlin Sumner Collection: 308; Yamashita, Mike/Westlight: 104–105; Zuckerman, Jim/Westlight: 182.

Special thanks to the following for their assistance in photography arrangements: Air Inter, SNCF.

Illustration
Arenman, Cheryl: 60, 61; Broad, David: 181T, 275T, 327; Clark, Brad: 315; Collin, Marie: 3, 8, 9, 46, 107, 203, 215, 271, 305, 314; Farnsworth, Bill: 81, 82, 133; Fradin, Didier: 48, 49; Kieffer, Christa: 25, 28, 29, 40T, 146, 180, 181B, 307, 323, 350, 418; Kowalski, Mike: 238, 398; Magnuson, Diana: 14, 40B, 136, 220, 270, 275B, 404, 423; Martin, Frédéric: 4; Metivet, Henry: 177; Miyamoto, Masami: 360; Muir, Mike: 55, 132, 147, 239, 288, 298; Nicholson, Norman: 114, 115, 151, 187, 414; Raymond, Larry: 94, 98, 234, 264, 299, 365, 366, 422; Siculan, Dan: 76, 308; Spellman, Susan: 120, 122, 124, 125, 162, 166, 167, 224, 225, 226, 285, 322, 329, 330, 331, 389, 390; Thewlis, Diana: 199, 200, 252, 253, 378; Torrisi, Gary: 289, 303, 344, 373, 384, 403.

Culture and Journalism Readings
©L'Association touristique Évangéline: «L'Accueil acadien», 26
©Casterman: from Georges Hergé, On a marché sur la Lune, 405–407, 409
*Un chaton parcourt 1.000 km pour retrouver ses anciens maîtres
©CNRS: from «L'atout de la multidisciplinarité», 380–382
©Le Figaro: «Météorologie» (1992), 31; «Thierry Pantel gagne dans la tempête» (1993), 139, 141; «Un airbus d'Air Inter s'écrase en Alsace» (1993) par Valérie DUPONCHELLE, 240; «Le carnet du jour» (1993), 286
Jeune et jolie, ©Cogedipresse: «L'argent de poche», 78–79
©Librairie Larousse, 1990: from Gérard Melmet, Francoscopie, 1991: 5–6, 109–110, 217–218, 317–318
©Le Nouvel Observateur, «Toulouse, mon frère» par Federico Fellini (février 1992), 400
©Okapi, ©Bayard Presse Internationale: «Comment vivait-on en 1900?» (1986), 83–85; «Ces animaux en danger de mort» (1992), 183; «L'oreille» (1987), 346; «Le bruit» (1987), 347–8
Phosphore, ©Bayard Presse Internationale (1992): «Les Médias dans la vie des lycéens», avril 1992, 57–58; «Pour comprendre l'écologie», 178; «Les Hommes bleus», 186, 189–192; «Adultes/Jeunes: Avez-vous les mêmes valeurs?», 266–268; «Et les autres?», 290–291
©Le Provençal: «Un car-ferry éperonne une baleine», 242
©Santé: «Les pièges du grignotage», 352
©Vital: «Trois spots d'or pour une surfeuse d'argent», 138
*Efforts have been made to locate the copyright holder; Glenoce will provide appropriate acknowledgment in all future reprints.

Realia
Realia courtesy of the following: Air Inter: 47; Georges Brassens, ©Éditions du Seuil, 301; Jacques Brel, ℗ 1972 Barclay, Photos: A. Marouani: 298; Francis Cabrel, ℗ 1989 Chandelle Production, ©1989 Chandelle Productions/CBS, Photos Ruiz/Solanas: 345; Le Centre de Formation Linguistique/Nouvelles Frontières: 35; Clerc, Julien, ℗ 1992 Sidonie ÉD. Crecelles ©1992 Crecelles à Sidonie, Virgin France S.A., Photo Douglas Brothers: 345; ©1988 CMOL: vi, 134; Collections de la Comédie-Française: 18, 119, 364; Durand S.A. Éditions Musicales: 340; ©Diogenes Verlag AG Zürich, Federico Fellini: «Le dompteur de rêves», 400; ©Le Figaro (1992): 31, 32, 236; ©France-Soir (1992): 236; La Haute Provence by Didier Cornaille, Éditions Solar, Photo Tarta/Wallis: 47; ©Info Santé: 328, 351; Les Innocents, Éditions Virgin Musique, Virgin France S.A., Photo K. Kochanski: 345; Michel Jonasz, MJM-WEA Music: 345; Kuoni: 170; Paul Maurer, photo for Le Toit de la Grande Arche: 388; ©Le Monde (1992): 236; ©Librairie Hachette, Collection Hetzel: frontispiece from Sans Dessus Dessous, Jules Verne, 421; ©MICHELIN adapted from guide Hôtels et Restaurants PARIS ENVIRONS. Permission 93-890.: 36; Vanessa Paradis, F.A. Productions, Polydor France, Photo Frédéric Veysset: 345; Édith

531

Piaf, Polygram distribution, ℗ 1939, 1940, 1941, 1942, 1982, Phonogram S.A., Paris, Photo Jean-Louis Rancurel: 298; Cover of *La Réclusion solitaire*, ©Éditions DENOËL, 101; Théâtre de la Ville/Théâtre municipal populaire, Paris: 123; Monique Touvay, ©Éditions Hardy, Les Quatre Zéphires: 276; Charles Trenet, ©Réédition 1990 EMI France: 298.

Fabric designs: André Bon: 24, 40; Belle Fabrics: 2.

Maps
Eureka Cartography: 431, 432, 433; Gibson, Cyd: 51, 64, 138, 154, 186.